《云南大学区域国别学研究生论丛》编委会

编委会主任：林文勋
编委会副主任：廖炼忠　卢光盛
编委会委员：（按姓氏笔画排序）
　　　　　　孔建勋　孔　鹏　刘　磊
　　　　　　李　涛　李湘云　胡潇文
　　　　　　吴　磊　邹春萌　张永宏
　　　　　　姚继德　戴超武

云南大学区域国别学研究生论丛

主编：李 涛

云南大学出版社

图书在版编目（CIP）数据

云南大学区域国别学研究生论丛/李涛主编.——昆明：云南大学出版社，2023
ISBN 978-7-5482-4880-4

Ⅰ.①云… Ⅱ.①李… Ⅲ.①国际关系—文集 Ⅳ.①D81-53

中国国家版本馆CIP数据核字(2023)第006459号

策划编辑：赵红梅
责任编辑：李晓舟
装帧设计：刘　雨

云南大学区域国别学研究生论丛

YUNNAN DAXUE QUYU GUOBIEXUE YANJIUSHENG LUNCONG

主编　李　涛

出版发行：	云南大学出版社	社　　址：	云南省昆明市一二一大街182号（云南大学东陆校区英华园内）
印　　装：	昆明理煌印务有限公司		
开　　本：	787mm×1092mm　1/16	邮　　编：	650091
印　　张：	26	电　　话：	（0871）65031070　65033244
字　　数：	699千字	网　　址：	http://www.ynup.com
版　　次：	2023年3月第1版	E-mail：	market@ynup.com
印　　次：	2023年3月第1次印刷		
书　　号：	ISBN 978-7-5482-4880-4		
定　　价：	86.00元		

若发现本书有印装质量问题，请与印厂联系调换，联系电话：（0871）64167045。

序　言

2022年9月，国务院学位委员会颁布了《博士、硕士学位授予和人才培养学科专业目录》，在"交叉学科"门类下新增"区域国别学"一级学科，这是构建中国特色哲学社会科学体系的重要一环，更是国家为应对百年未有之大变局而在学科建设布局方面采取的一次重大创新举措。无疑，云南大学的区域国别研究作为国内高校的区域国别研究的培育基地和备案中心重要组成部分，将迎来新的发展和跨越。在此背景下，同年11月5日，由云南大学国际关系研究院牵头的区域国别研究院正式揭牌成立。

云南大学的区域国别研究历史悠久，最早可追溯至1964年成立的云南大学西南亚研究所时期。1964年，为了加强国际问题研究和专业人才培养，毛泽东主席亲笔签发中共中央《关于加强研究外国工作的报告》，在周恩来总理的亲切关怀下，全国多所有基础的高校纷纷成立了国际问题研究机构，云南大学西南亚研究所就是在当时的历史条件下应运而生的。成立伊始，西南亚研究所就把包括今天的中东地区在内的西亚北非区域研究作为重点方向，以国际问题研究为核心，以区域国别研究为基础，以国家需求为导向，开启了一系列卓有成效的学术探索，为二十世纪六七十年代我国对外交流合作、国际经贸往来和对外政策制定等提供了有力的学术支撑。80年代以来，依托毗邻南亚东南亚的地缘优势，云南大学又相继开拓了东南亚区域和国别研究，南亚区域和国别研究等优势方向，承担了大量国家级、省部级科研项目，产出了丰硕研究成果，先后为我国西部对外开放、国家能源安全、澜湄国家合作、中国东盟关系、中国西南周边外交和云南面向南亚东南亚辐射中心建设等一系列重大决策提供了智力支撑和决策咨询。经过近60年的发展，几代云大学者的接续努力，目前云南大学的区域国别研究已经形成以东南亚研究、南亚研究为优势，以西亚非洲研究和"一带一路"国别调查与研究为特色，以区域国别理论与方法研究为基础，缅甸和印度国别研究全国领先具有云大特色的区域国别研究新格局。云南大学还培养了大批基础理论扎实、综合素质高、实践能力强、掌握对象国语言和具备跨学科研究能力，具有国际化视野的区域国别研究复合型人才；建立了涵盖国内外主要相关教学科研机构的学术合作网络，成为我国国际问题研究和区域国别研究的学术高地和重要平台。

当前，在云南大学党委的坚强领导、精心组织、周密部署，并在组织、经费、资源配置等方面予以全面保障之下，云大区域国别学的各项建设工作正有序开展。我校区域国别研究未来将以"错位发展、云大特色、突出不可替代性"为基本思路，重点围绕区域国别理论与实践、东南亚研究、南亚研究、西亚非洲研究和"一带一路"国别调查与研究五个方向展开，在区域国别学一级学科建设、国别与区域研究示范基地建设、区域国别复合型人才培养、区域国别研究和资政服务等各方面，提供云大智慧支持，产出云大特色成果，做出云大应有贡献。

为更好地迎接2023年云大的百年华诞，奋力推进云大第二轮"双一流"建设，以及积极探索具有云大特色的区域与国别研究的路径和范式，建立完善的区域与国别研究学科体系和人才培养模式，云南大学国际关系研究院·区域国别研究院拟打造具有"云大国关"特色的《云南大学区域国别学研究生论丛》项目，以满足我校宽口径、广视野、高站位，具有良好专业素养的高层次、综合型、交叉型、复合型、应用型的区域国别研究人才培养的需要。

《云南大学区域国别学研究生论丛》主要精选与汇编云南大学国际关系研究院硕博士研究生近10年在公开学术刊物发表与区域国别学学科建设相关的具有代表性的高水平学术论文。汇编的学术论文内容包括但不限于东南亚南亚、西亚非洲的五大研究方向相关主题：（1）国别或区域的国情、政治、经济、文化、历史、教育、社会等领域的研究；（2）国别或区域的舆情数据库、"一带一路"沿线国家数据库调查建设研究；（3）国别或区域的经贸发展与国际合作研究；（4）高质量推进"一带一路"建设研究；（5）周边外交与跨境安全研究等。该论丛旨在融思政建设、人才培养、科学研究、资政服务与学术交流于一体，以习近平新时代中国特色社会主义思想为引领，坚持为社会主义服务的办学与人才培养方向，贯彻"百花齐放、百家争鸣"和"古为今用、洋为中用"的方针，坚持实事求是、理论与实际相结合的严谨学风，传播区域与国别研究方向的先进的科学文化知识，鼓励我校区域国别学的硕博士研究生产出高水平研究成果，支持优秀学术人才成长，促进中外学术交流，为服务国家与云南省经济社会发展，以及学校"双一流"建设提供知识人才储备和科学支撑。

《云南大学区域国别学研究生论丛》编委会

2023年1月

目 录

国际法院对岛礁争端的裁量与南海维权
　　——东南亚国家的经验及其对中国的启示　邵建平　刘　盈 / 1
泰国古代舟船发展述要　田雅琴 / 15
超越拥堵：澜湄合作机制的发展路径探析　卢光盛　金　珍 / 27
"印太战略"视域下印度与泰国安全合作探析　李　涛　林汉东 / 47
"一带一路"倡议下东南亚中资企业推进民心相通的实证分析　孔建勋　沈圆圆 / 61
"一带一路"倡议实施中的缅甸宗教风险研究　刘　稚　沙　莎 / 74
从安全到发展：话语认同与东盟演进的动力
　　——基于东盟历史文本的解读　杨　飞 / 83
东盟国家视角下的美国"印太战略"　刘　稚　安东程 / 104
中国在东南亚的国家角色构建及面临的角色冲突　毕世鸿　马丹丹 / 117
中资企业在湄公河流域国家的发展合作　任欣霖　孔建勋 / 130
殖民时期越南构建民族独立国家的理论探索与实践　毕世鸿　张　琼 / 148
越南民族性格形成的历史文化因素　罗圣荣　安东程 / 160
政治转型系统机制与中缅关系的变迁　祝湘辉　张　添 / 170
澜湄流域经济发展带建设：一江兴六国的发展思考　刘　稚　徐秀良 / 186
缅甸对中美竞争的认知与反应　李晨阳　马思妍 / 198
缅甸罗兴亚人问题的视差
　　——历史、现状与症结分析　张　添 / 215
克里斯多夫·戈沙的越南史研究叙论　王子奇 / 231
印度崛起视角下的"东向政策"：意图与实践
　　——兼论印度"东向政策"中的中国因素　孙现朴 / 245
中国和印度与东南亚区域合作的比较与竞合　卢光盛　聂　娇 / 259
南亚小国的战略对冲与中国的南亚地区政策选择　冯立冰　连昌惠 / 278
印度的 FTA 战略及对中国的启示　李　丽 / 296

伊核维也纳谈判的困境与前景初探　潘　登／306

泛索马里主义的历史渊源与变流

　　——兼论泛索马里主义与恐怖主义的关系　王　涛　赵跃晨／321

几内亚湾海盗问题及其治理　曹峰毓／335

撒哈拉以南非洲本土冲突解决机制：特点、作用边界及发展趋势

　　　　张永宏　程　实／351

国际关系学与外交史研究的借鉴与融合

　　——从约翰·加迪斯对国际关系理论的批评谈起　卢凌宇　沙子舒／366

美国外交决策的种族主义逻辑　潘亚玲　莫婉婷／380

全球海洋治理视阈下的中国海洋能源国际合作探析　吴　磊　詹红兵／393

国际法院对岛礁争端的裁量与南海维权

——东南亚国家的经验及其对中国的启示

邵建平　刘　盈

【摘　要】 东南亚国家中的马来西亚、印尼和新加坡通过国际法院裁决的方式成功地解决了相互之间的岛礁主权争端。在对马来西亚与印尼、马来西亚与新加坡岛礁主权争端案的裁决过程中，国际法院综合考量了有效控制、继承、禁止反言和先占原则。马来西亚与印尼、马来西亚与新加坡通过国际法院裁决解决相互间岛礁争端的经验对中国更好地维护南海主权具有一定的启示。

【关键词】 国际法院；东南亚国家；南海；主权

一、问题的提出及文献回顾

2011年以来，在各方因素共同作用下，菲律宾、越南等东南亚国家采取各种方式继续侵犯中国在南海海域的主权，使南海局势骤然升温和紧张。由于东南亚相关国家和中国因南海海域争端导致的冲突是非对称性冲突，因此他们极力推动南海问题地区化、国际化，试图通过"抱团"和引入域外大国力量等方式对付和制衡中国。菲律宾更是数次表示要将与中国在南海海域的争端提交国际法院或国际海洋法庭裁决。2006年8月25日，中国政府根据《联合国海洋法公约》第298条的相关规定，向联合国秘书长提交声明指出，"对涉及领土主权、海洋划界这样的纠纷，我们国家主张用政治的办法来解决"①。这表明，中国已经明确表示拒绝把与东南亚相关国家在南海海域的争端提交国际法院或国际海洋法庭裁决，而是坚持通过当事国之间的直接谈判解决争端。然而，东南亚国家中的马来西亚、印尼和新加坡却成功地通过国际法院的裁决，分别于2002年和2008年比较有效、彻底地解决了相互之间的岛礁主权争端。其中，马来西亚、印尼与中国在南海海域具有直接的争端，他们通过国际法院裁决岛礁主权争端的经验对中国在南海维权具有一定的启示。

对于马来西亚和印尼、马来西亚和新加坡之间的岛礁主权争端及其通过国际法院裁决得以和平解决，国内外学者给予了较多关注。有学者对马来西亚和印尼、马来西亚和新加坡之间岛礁主权争端的概况、争端原因及争端的影响进行了分析，② 认为历史原因、资源因素、

---

① http://www.un.org/depts/los/convention-agreements/convention-declarations.htm#China Upon ratification.
② 李辉、张学刚：《印度尼西亚和马来西亚安巴拉特领海争端概况》，《国际资料信息》2005年第5期，第10–17页；李晨阳、邵建平：《论白礁岛主权争端及其对新马关系和东盟发展的影响》，《东南亚研究》2009年第1期，第4–11页。

争端岛礁的地缘战略地位及其在海域划界中的重要作用是争端产生并激化的因素,争端对国家间关系和东盟的建设都造成了一定的消极影响。有学者对国际法院审理上述两个案件的过程、援引的国际法原则进行了研究,并对国际法院最终的判决进行了解读和评析,① 其中新加坡两位学者直接负责和全程参与了国际法院对新加坡与马来西亚间岛礁主权争端案的裁决,在国际法院做出最终判决后,他们以专著的形式对该案进行了详细介绍,并阐明了新加坡对国际法院判决的接受情况。② 在国际法院对新加坡和马来西亚之间的岛礁主权争端做出最终判决后,有学者提出,岛礁主权争端的解决为新加坡和马来西亚在新加坡海峡东部的划界工作扫除了障碍。③

从国内外研究现状来看,把马来西亚、印尼和新加坡通过国际法院裁决岛礁主权争端与南海争端相结合,挖掘前者对中国在南海维权的启示这方面的成果还不多见,只有少部分研究成果零星提及,④ 本文拟对此做深入探讨。全文分为三部分,第一部分总结国际法院在裁决领土争端时采用的主要原则,第二部分阐述国际法院在裁决马来西亚和印尼、马来西亚和新加坡之间岛礁争端时对这些原则的具体运用,第三部分挖掘马来西亚、印尼和新加坡通过国际法院裁决相互之间岛礁主权争端的经验及其对中国在南海维权的启示。

二、国际法院在裁决领土争端时采用的主要原则

在审理领土争端案件的过程中,国际法院形成了一系列"适用原则",其中最主要的有先占原则、时际法原则、有效控制原则、继承原则和禁止反言原则。在对具体案件的审理过程中,国际法院一般都综合考量上述五个原则。一般来说,假如一块无主地被占领,且没有发生易主,按照时际法原则,先占原则会被优先考虑;假如无主地发生了易主的情况,则继承原则、有效控制原则和禁止反言原则就会成为国际法院综合考量的原则。

(一) 先占原则

先占是主权国家获得领土的重要方式。"先占"亦称"占领",但不是指战时的占领。从目前的国际法角度来看,先占必须具备以下几个条件:第一,先占的主体必须是主权国

---

① 朱利江:《马来西亚和印度尼西亚岛屿主权争议案评析》,《南洋问题研究》2003 年第 4 期,第 60 - 69 页;曲波:《国际法院解决岛屿主权争端适用的法律原则》,《法学杂志》2011 年第 2 期,第 78 - 81 页;王子昌:《新马岛屿争端之判决:依据与启示》,《东南亚研究》2009 年第 1 期,第 13 - 25 页;王秀梅:《白礁岛、中岩礁和南礁案的国际法解读》,《东南亚研究》2009 年第 1 期,第 19 - 25 页;Coalter G. Lathrop, "Sovereignty over Pedra Branca/Pulau Batu Puteh, Middle Rocks and South Ledge (Malaysia/Singapore)," *The American Journal of International Law*, Vol. 102, No. 4, October 2008, pp. 828 - 834; David A Colson and Brian J. Vohrer, "Introductory Note to International Court of Justice Sovereignty over Pedra Branca/Pulau Batu Puteh, Middle Rocks and South Ledge (Malaysia/Singapore)," *Internalization Legal Materials*, Vol. 47, No. 5, 2008, pp. 833 - 835.

② S. Jayakumar and Tommy Koh, *Pedra Branca: The Road to the World Court*, Singapore NUS Press in Association with the MFA Diplomatic Academy, 2009.

③ Robert Beckman, "Moving beyond Disputes over Island Sovereignty: ICJ Decision Sets Stage for Maritime Boundary Delimitation in the Singapore Strait," *Ocean Development & International Law*, Vol. 40, No. 1, 2009, pp. 1 - 35.

④ 黄德明、黄赞琴:《从白礁岛案看领土取得的有效控制原则》,《暨南学报》(哲学社会科学版) 2009 年第 5 期,第 39 - 40 页;王秀梅:《白礁岛、中岩礁和南礁案的国际法解读》,《东南亚研究》2009 年第 1 期,第 19 - 25 页。

家，即"必须是一种国家行为，必须是为国家而实行的，或者必须在实行后由国家予以承认"①；第二，先占的客体是"无主地"，即尚未被任何国家占领，或者无人居住，或者土著居民尚未形成部落的地方；② 第三，主观上要有占有的意思表示，并适当行使和宣示主权。

在近现代国际法的理论和实践中，单纯的"发现"在国家领土主权取得过程中是否有效的问题经历了一个漫长的变化过程。早期的国际法认为，单纯的发现就可以对无主地产生完整的主权。在15—17世纪的外交实践中，存在着大量以发现为主权取得依据的实例。③ 很多国际法学家都认为，"带有象征性占有的发现"足以构成对无主地的领土主权。查尔斯·芬维克（Charles G. Fenwick）曾指出："作为发现的时代，前两个世纪（16、17世纪）存在着大量这样的实例，即仅仅根据一个航海家登上一块土地并以其国家的名义予以占有来主张权利。"④ 戴维·奥特（David H. Ott）认为，"16世纪，欧洲国家进行海外殖民的早期，一个国家的探险家们对于无主地的单纯发现及象征性的占领在法律上被认为足以赋予发现国以权利"。⑤ 英国国际法学家伊恩·布朗利（Ian Brownlie）也认为，"在15世纪和16世纪，单纯发现而无需进一步的行为即可取得完全的权利"。⑥

当然，目前世界上已几乎没有"无主地"可言。因此，"先占"作为取得领土主权的方式已失去意义，只有在国家间发生边界和领土纠纷，需要以先占原则证明国家领土主权的合理性时，它才成为判定领土归属的极为重要的根据。⑦

（二）时际法原则

时际法（Intertemporal Law）是指"在评价某一国际事件、解释某一国际条约时必须适用此一事件发生、此一条约签订时的国际法规则，而不应该适用尔后评价之时的法律"。此外，在1975年国际法学会威斯巴登（Wies - Baden）年会上通过的一项决议对时际法也做过权威的解释。该决议规定："一、除另有表示外，任何国际法规则的现时适用范围，应根据任何事实、行为或情势必须按照与之同时的法律规则来判断这项一般法律原则予以确定。二、在适用这项规则时，（a）任何有关单一事实的规则，应适用于该规则有效期间内所发生的事实；（b）任何有关实际情势的规则，应适用于该规则有效期间内存在的情势，即使这些情势是先前产生的；（c）任何有关一项法律行为的合法性或非法性的规则，或有关其有效条件的规则应适用于该规则有效期间内所发生的行为。"⑧ 根据时际法原则的定义，"一种行为的效力应以从事这种行为时的法，而不是以提出这一要求时的法来确定，这项原则是

---

① 奥本海：《奥本海国际法》（上卷·第二分册），劳特派特修订，王铁崖、陈体强译，商务印书馆，1972，第74 - 75页。
② 端木正主编：《国际法》（第二版），北京大学出版社，1997，第147页。
③ 王丽玉：《适用于南海诸岛主权归属问题的国际法规则》，载国家海洋局海洋发展战略研究所编《南海诸岛学术讨论会论文选编》，第13页。
④ Charles G. Fenwick, *International Law*, New York: Appleton Century - Crofts, Inc., 1948, p. 344.
⑤ David H. Ott, *Public International Law in the Modern World*, London: Pitman Publishing, 1987, p. 105.
⑥ Ian Brownlie, *Principle of International Law*, Oxford: Clarendon Press, 1979, p. 149.
⑦ 朱奇武：《中国国际法的理论与实践》，法律出版社，1998，第112页。
⑧ ICJ Reports, *An international Instrument has to be Interpreted and Applied within the Framework of the Entire Legal System, Prevailing at the Time of the Interpretation*, 1971, p. 31; Kaiyan Homi Kaikobad, *Interpretation and Revision International Boundary Decision*, York: Cambridge University Press, 2007, p. 191.

基本的、重要的"。①

时际法原则已经成为一项公认的国际法规则，它在解决领土争端中具有特别重要的意义。涉及领土主权取得的国际法规则在漫长的历史进程中发生了深刻的变化，如从单纯的"发现"发展到了"有效占领"，时际法原则使单纯的"发现"原则具有了国际法意义。由于国际法是从17世纪才逐渐发展起来的，因此在15、16世纪，单纯的"发现"而无需进一步的行为就可以产生对被发现土地的完整主权。那时，一个国家发现并在无主的土地上建立主权之行为，是取得领土主权的极为重要的方式之一。国际法院在裁决领土争端过程中考量时际法原则时，是以取得领土主权时而非领土主权争议发生时有效的国际法规则为准的。

（三）有效控制原则

"有效控制"是指主权国家对无主地有效地行使主权，这种主权的行使能够连续保持一定合理的时间，并且在发生任何争端时要具有行使其所有权的形式。有效控制原则是指国际法院在权衡诉讼方提出的有效统治的证据之后，将有争议的领土判给相对来说统治得更为有效的一方。

大致在18世纪前后，单纯"发现"在国际法上已经不再被认为是取得领土主权的方式。单纯的"发现"只能赋予当事国"初步的权利"，是一种"不完全的所有权"，只有发现无主地并对其进行"有效控制"才能使当事国获得完全的主权权利。

有效控制原则并不是国际法的先存原则，而是随着国际实践演变而来的一个"判例法"原则。从其构成来看，"有效控制"原则要具备两个条件：一是实施和继续实施控制行为的意愿，二是实际展示控制目的的行为。而"展示控制目的的行为"必须符合四个条件，即和平的（peaceful）、实际的（actual）、充分的（sufficient）和持续的（continuous）。因此，一个主权国家对无主地行使主权、实施有效控制的主要方式，既包括"当地"采取立法、司法和行政措施，如驻军、移民、升旗等，也可以间接地对其宣示主权；或者持续地通过各种方式对他国的强占行为进行谴责和抗议。

一个主权国家对无主地的占领需要达到什么程度才算得上有效占领？现代国际法的理论和实践都证明了"有效占领"是"一个相对意义上的概念"。②因此，尽管凡是与主权国家有关的行为，如行政、立法和司法行为，都是国家对无主地有效占领的证据，但是"只要行使国家管辖的事实和行使管辖的意图存在，完全建立起领土主权可以是一个'逐步加强实际控制'的循序渐进的过程。持续不间断地在无主地实施管辖既不可能也是没有必要的"③。此外，"有效占领也并不意味着占领要伸向每一个角落"④。

主权国家对无主地的有效占领通常还受到当地自然条件的限制。如在孤立的小岛、暗礁或丛林地区，主权国家要实施有效占领是非常困难的。很多国际法学家对此进行了阐述。约翰逊（D. H, N. Johnson）认为"国家通过'以对待不同情况的方式展示其领土主权'来达

---

① 《国际法学会年鉴》，1975，第537页。

② R. Y. Jennings, *The Acquisition of Territory in International Law*, Manchester: Manchester University Press, 1963, p. 28.

③ Michael Akehurst, *A Modern International Law*, London: George Allen and Unsin, 1982, p. 143.

④ Georg Schwarzenberger, "Title to Territory: Response to a Challenge," *The America Journal of International Law*, Vol. 29, No. 2, 1957, p. 316.

到维护主权的目的。这些不同的情况'依照有关地区有人居住或无人居住而不同'。"① 亨格里尼（R. C. Hingornai）认为："对于通常无人居住且气候不适于人类居住的领土来说，只要不存在相反的具体权利主张，基于地图的权利主张就可以被看作行使主权的依据。在寸草不生的岩石地区，因为其不适宜长久居住，测量地图就可以使该国家成为对该无主地行使主权的主体。"② 海特（F. Vonder Heydt）认为，"对于完全没有人居住的或很少有人去的地方，单纯象征性的占领就可以取得主权权利，这并不偏离要求有效占领的一般原则"。③

目前，有效控制原则已经成为国际法院在裁决国家间领土争端时最经常使用的原则之一。

（四）继承原则

国际法上的继承是指国际法上的权利和义务由一个承受者转移给另一个承受者所发生的法律关系。④ 由于参加继承关系的主体不同，国际法上的继承可以分为国家继承和政府继承。国家继承是指"由于领土变更的事实而引起的一国权利和义务转移给另一国的法律关系"⑤。国家的领土变更是引起国家继承的重要原因，它的发生一般是基于领土变更的事实，即国家领土在发生分裂（一国分裂为数国）、合并（即两个或两个以上的国家合并组成一个新国家）、分离（即国家的一部分或者数部分领土从该国分离出去，成立新国家）、割让（即一国领土的一部分转交给另一国）等情况之下。政府继承是指"由于革命或者政变而引起的政权更迭，旧政府的权利和义务为新政权所取代的法律关系"⑥，它发生在非依照宪法发生的、不同性质政权更迭的情况下。国家继承和政府继承一般都涉及条约、国家财产、国家债务和国家档案的继承。

按照国际法，无论是国家继承还是政府继承，新国家或新政府一般都应该对平等情况下签订的非人身性、非政治性条约加以继承，如边界条约，有关河流使用、水流灌溉、道路交通等方面的条约和协定。⑦

（五）禁止反言原则

麦克尔克（Michaek）将禁止反言原则表述为："所有法律制度都应该有一项规则防止一个人在作出或赞同一项声明后改变其主张，简单来说，禁止反言原则就是禁止出尔反尔。"⑧

禁止反言原则包含承认、默认、排除等概念。承认、默认是能够在国际关系中产生法律

---

① F. von der Heydte, "Discovery, Symbolic Annexation and Virtual Effectiveness in International Law," *The American Journal of International Law*, Vol. 29, No. 3, 1936, p. 463.
② D. H. N. Johnson, "Consolidation as a Root of Title in International Law," *Cambridge Law Journal*, Vol. 13, Issue. 2, 1966, p. 233.
③ R. C. Hingorani, *Modern International Law*, Ocean Publications, Inc, 1979, p. 45.
④ F. von der Heydte, "Discovery, Symbolic Annexation and Virtual Effectiveness in International Law," *The American Journal of International Law*, Vol. 29, No. 3, 1935, pp. 448–471.
⑤ 端木正主编：《国际法》（第二版），北京大学出版社，1997，第88页。
⑥ 梁西主编：《国际法》，武汉大学出版社，2003，第115页。
⑦ 同上，第122页。
⑧ 转引自邵沙平主编《国际法院新近案例研究（1990—2003）》，商务印书馆，2006，第39页。

义务的行为，其在领土争端中起着非常重要的作用。对于他国领土主权的承认，无论这种承认是明示的还是默示的，都意味着该国必须受到该承认的法律约束，无权在将来任何时候否认和违背这种承认，因为该国曾经的声明、默认在国际法上具有强约束力。正如英国法学家布朗利所言，"承认、默认、认可均可构成主权证据的一部分，他们是同禁止反言具有相互关联的内容，要找出他们之间的不同之处是不容易的"。① 承认一般表现为国家以声明的方式对他国某些行为的肯定，而默认则往往可以从一国对他国行为没有提出抗议推论出来。在通常情况下，"对于某种要求作出明确反应以表明反对立场的情势保持沉默或没有作出应有的抗议"，即可视为"默认"。② 国际法学家格雷格（D. W. Greig）指出，承认——无论是明示的还是默示的——对于领土取得的意义在于，"当每一个提出领土要求的国家都能表明其对有争议领土行使了一定的控制时，国际法庭对案件的判决就可能有利于能够证明其权利曾得到其他争端方承认的那个国家"。③ 劳伦斯·伊文斯（Lawrence B. Evans）也指出："在两国争端中，为了寻找更相对有力的权利，国际法院自然而然地会考虑是否有一方当事国实际上已经承认过另一方当事国的权利或权利主张。"④

当然，禁止反言原则的成立需要满足以下条件：其一，对一个事实的明确而不含糊的声明；其二，声明必须是自愿的、无条件的和被授权的；其三，必须真诚地信赖：声明会有损于或有利于做出声明的一方。⑤

由于国际社会处于无政府状态，因此一个主权国家的立场、行为的前后一致性非常重要。正因为如此，在目前的国际法中，禁止反言原则已经获得了普遍承认，在国际法院实践中得到了越来越多的运用。对于禁止反言原则在国际法上的意义，布朗利曾指出，"禁止反言原则……在国际法院受理的领土争端案中占有重要的地位"。⑥ 它是确保国家间关系稳定和具有可预测性的重要原则。⑦

三、东南亚国家通过国际法院裁决岛礁主权争端的经验

马来西亚和印尼、马来西亚和新加坡先后把相互之间的岛礁主权争端提交国际法院裁决。其中，马来西亚和印尼于1997年把两国对利吉丹岛和西巴丹岛的争端提交国际法院裁决，国际法院于2002年12月17日把这两个岛屿的主权判归马来西亚；马来西亚和新加坡于2003年把两国关于白礁岛、中岩礁和南礁的主权争端提交国际法院裁决，国际法院于2008年5月做出判决，把白礁岛判归新加坡、中岩礁判归马来西亚。

（一）马来西亚和印尼通过国际法院裁决对利吉丹岛和西巴丹岛的争端

利吉丹岛和西巴丹岛位于西里伯斯海（the Celebes Sea）婆罗岛（the Island of Borneo）

---

① Ian Brownlie, *Principle of International Law*, pp. 164 – 165.
② R. Y. Jennings, *The Acquisition of Territory in International Law*, p. 36.
③ D. W. Greig, *International Law*, London: Butterworths, 1976, p. 148.
④ Lawrence B. Evans, *Leading Cases on International Law*, Chicago: Callaghan & Co., 1922, p. 107.
⑤ D. W. Bouvet, "Estoppel and Its Relations with Acquiescence in the International Court of Justice," D. W. Bouvet *in British International Law Yearbook*, Oxford University Press, 1957, pp. 176 – 202.
⑥ Ian Brownlie, *Principles of International Law*, pp. 164 – 165.
⑦ Alexander Ovchar, "Estoppel in the Jurisprudence o1 the ICJA Principle Promoting Stability Threatens to Undermine It," *Bond Law Review*, Vol. 21, Issue. 1, 2009, Abstract.

东北方向，距离婆罗岛约 15.5 海里。由于利吉丹岛和西巴丹岛正好位于西加里曼丹的国际边界线上，海域重叠现象严重，故很容易导致领土主权争议。①

1963 年 7 月 9 日，在马来亚联邦成立之际，英国、北爱尔兰、北婆罗洲等有关各方签署了一项关于马来西亚的协定，规定"北婆罗洲要作为沙巴洲的一部分一起加入马来亚联邦"②。此后，利吉丹岛和西巴丹岛就一直处于马来西亚的实际管辖之下。马来西亚在利吉丹岛和西巴丹岛的主权行为并未引起印尼的反对和干涉。但是，随着马来西亚和印尼对北婆罗洲海域石油的开发，两国对利吉丹岛和西巴丹岛的主权归属产生了争议。1969 年，这一争议由于大陆架划界而变得具体化。经过谈判，两国于 1969 年 10 月 27 日签署了划界协定，但是该协定没有包括婆罗洲东部海域。1982 年，一艘印尼海军巡逻艇到西巴丹岛附近"调查外国部队"，这一事件标志着两国对利吉丹岛和西巴丹岛主权争端的公开化。

为了彻底解决争端，1997 年 5 月 31 日，马来西亚和印尼决定把两国之间对利吉丹岛和西巴丹岛的主权争端提交国际法院裁决。经过五年多的准备和调查，国际法院最终于 2002 年 12 月 17 日把上述两个岛屿的主权判归马来西亚所有。在该案的审理和裁决中，国际法院主要考量了继承原则和有效控制原则。

1. 对继承原则的考量

就继承原则来看，马来西亚和印尼都提及了 1891 年英国和荷兰签订的《划分荷属婆罗洲和处于英国保护下的国家之间边界的条约》。而马来西亚和印尼分别是英国和荷兰在该地区的殖民遗产继承者。马来西亚认为，根据条约，利吉丹岛和西巴丹岛当时已经属于英国；而印尼则认为，根据条约，利吉丹岛和西巴丹岛当时应属于荷兰。国际法院在对当时的《划分荷属婆罗洲和处于英国保护下的国家之间边界的条约》和后来签署的一些协定进行研究考察之后得出结论：所有的条约、协定和地图都没有提及利吉丹岛和西巴丹岛的主权归属。因此，马来西亚和印尼对《划分荷属婆罗洲和处于英国保护下的国家之间边界的条约》中相关条款的解释完全无效。

之后，马来西亚和印尼都决定用"继承原则"谋求获得胜诉。印尼提出其可以作为布伦干苏丹国的继承者主张对这两个岛屿的主权。在印尼看来，这两个岛屿原先一直属于布伦干苏丹国，后来根据条约转移给了荷兰，而印尼作为荷兰殖民遗产的继承者，理应拥有这两个岛屿的主权。而马来西亚则认为，这两个岛屿的主权原先归苏禄苏丹国所有，其后转移给了西班牙，继而转移给了美国，再后来又转移给了作为北婆罗洲国家保护国的英国，最后被马来西亚继承。

法院对 1893 年布伦干苏丹国和荷兰之间的条约进行考察后得出结论：该条约中规定的"附属于上述三个岛屿的小岛屿"并不包括利吉丹岛和西巴丹岛，因为他们之间相距 40 海里。在国际法院看来，所谓"附属"必须是"相当邻近"（the immediate vicinity），40 海里是很遥远的，不能称得上是"附属"。因此，印尼的主张不能得到支持。

对于马来西亚的主张，国际法院认为，从马来西亚提供的材料来看，很难说苏禄苏丹国对这两个岛屿拥有主权。因为这两个岛屿都远离苏禄岛，而且也没有任何证据显示苏禄苏丹

---

① 李金明：《南海波涛——东南亚国家与南海问题》，江西高校出版社，2005，第 80 页。
② *Case Concerning Sovereignty Pilau Lightan and Pulau Sipadan* (*Indonesia/Malaysia*), p. 21, (Netherlands) International Court of Justice, 17 December, 2002, http://www.icj-cij.org/docket/files/102/7714.pdf.

国对这两个岛屿进行了实际有效的管理。另外，1878 年 7 月 22 日苏禄苏丹国和西班牙签订的保护条约中，也没有明确规定包括有这两个岛屿。因此，国际法院认为，它不能接受马来西亚提出的这两个岛屿是苏禄苏丹国的一部分从而有不间断的"继承权利链"的说法。

2. 对有效控制原则的考量

印尼认为，其对利吉丹岛和西巴丹岛一直进行着有效的控制。其证据包括：荷兰皇家海军的军舰、印尼海军的军舰一直在这两个岛屿周边海域巡游；印尼的渔民一直在这两个岛屿周围海域捕鱼；1960 年 2 月 18 日印尼颁布的《印度尼西亚共和国水域法》确定了划定领海的直线基线和划定群岛水域的群岛基线的基点，尽管在该法中并没有明确指出将这两个小岛作为领海基点，但是不能解释成这两个小岛不归印尼所有。

马来西亚也出示了对这两个岛屿实施有效控制的证据：马来西亚政府每年都在这两个岛上捕捉海龟和收集海龟蛋，而海龟和海龟蛋是这两个岛上非常重要的经济资源；1993 年，英国在这两个岛上设立了鸟类的栖息场所，此后马来西亚一直都在管理这个场所；20 世纪 60 年代，英属北婆罗洲在这两个岛上设立了灯塔，此后马来西亚一直都对灯塔进行行政管理等。

国际法院认为，既然从 1891 年的英荷条约以及继承原则中都不能推断出这两个岛屿归哪国所有，法院就应当独立地考虑国际法上的有效控制原则。法院首先回顾了常设国际法院在"东格林兰案"（丹麦诉挪威）中的有关论述。在该案中，国际法院指出："不是基于一些特定的文件或权利，例如条约中的继承权，而是基于持续不断地展示统治行为而提出的主权要求必须符合两项基本要素：实施和继续实施统治行为的意愿以及实际展示统治目的的行为。任何法庭在审理有关领土主权争议的案件中还必须考虑其他国家提出主权要求的程度。""就领土争端来说，如果另一方没有提出更为有力的申索，国际法院不太可能会考察一方提出的能够证明其实施了有效控制的微乎其微的证据。"① 对于像利吉丹岛和西巴丹岛这样无人居住或者没有常住人口，又没有重要经济价值的小岛来说，一般来说不太可能进行有效统治。但法院认为，对于产生争议后的有效统治行为倒是必须考察的。此时的有效统治包括颁布有关的法律和规章，这些法律和规章必须明确说明争议岛屿的名称。

在本案中，法院认为，印尼于 1960 年 2 月 18 日颁布的《印度尼西亚水域法》并没有明确提及利吉丹岛和西巴丹岛，也没有足够的证据能够证明荷兰海军和印尼海军曾经在这两个岛的附近海域巡游，而印尼渔民的活动不能被视为是其政府的行为，因此，印尼提供的证据并不能充分证明其对这两个岛屿有行使主权的意愿和能力。对于马来西亚提供的证据，国际法院认为，"在岛上捕捉海龟和收集海龟蛋、设置鸟类的栖息所"可以视为对这两个岛屿行使有效统治的证据，而且，马来西亚的有关法律和规章也明文提到了这两个岛屿。

关于管理灯塔的行为，一般情况下并不会被视为行使主权的行为，但是法院借鉴了卡塔尔诉巴林的"海域划界和领土问题案"的判例法，认为也应当考虑马来西亚对岛上灯塔的管理行为。法院还认为，马来西亚以及英国对这两个岛屿的管理虽然不是很多，但却是非常多样的，包括立法、行政和准司法行为，且他们的有效统治持续了很长时间，充分显示了其行使主权的意图。最终，国际法院主要根据"马来西亚及其前任英国殖民政府对两个小岛

---

① "Legal Status of Eastern Greenland (Denmark v. Norway) Judgement," Permanent Court of International Justice, September 5, 1993, World Courts, 1993, http://www.worldcourts.com/pcij/eng/decisions/1993.04.05_greenland.htm.

的实际有效的管辖已经达 88 年之久，而且在 1969 年之前，马来西亚及英国殖民政府对这两个小岛的管辖并未遭到包括印尼在内的其他国家的反对"等事实，判决马来西亚胜诉。

（二）马来西亚和新加坡通过国际法院裁决白礁岛、中岩礁和南礁争端

英国殖民者于 1840 年占领了白礁岛，并于 1851 年在岛上建造了霍斯堡灯塔（Horsburgh Lighthouse），从此新加坡一直对该灯塔行使管理权。1965 年，新马分家时并未强调白礁岛主权的归属，① 但新加坡一直对白礁岛行使实际的控制权。

马来西亚于 1965 年和 1975 年出版的官方地图都标明白礁岛属于新加坡。② 1979 年 12 月 21 日，马来西亚绘制的"马来西亚领海和大陆架"官方地图把白礁岛标示为马来西亚的领海之内。1980 年 2 月 14 日，新加坡向马来西亚发出外交照会，对马来西亚的行为提出了抗议，并要求马来西亚"改正"地图上的错误标示。新加坡的抗议行为标志着新马两国关于白礁岛主权争夺的开始。在白礁岛主权归属没有解决的情况下，1993 年，新加坡又单方面宣称自己拥有白礁岛附近的两个岛礁——中岩礁和南礁——的主权，此举进一步加剧了新马两国对白礁岛及其附近岛礁的主权争端。

为了以和平方式彻底解决争端，2003 年 5 月 9 日，马来西亚和新加坡把对白礁岛、中岩礁和南礁的主权争端提交国际法院裁决。国际法院从 2007 年 11 月 16 日起对该案进行审理并于 2008 年 5 月 23 日作出判决：白礁岛的主权属于新加坡；中岩礁的主权属于马来西亚；而南礁因处于白礁岛和中岩礁的重叠海域，涨潮时没于水下，属于低潮高地，法院认为其主权应属于拥有其所处海域主权的国家，因而南礁的主权将随后在两国划定领海时划归取得该海域主权的一方。

在该案的审理中，国际法院主要考量了有效控制原则、禁止反言原则和先占原则。

1. 对有效控制原则的考量

在新马岛礁争端案中，新加坡强调，自 19 世纪 80 年代以来，其一直对白礁岛进行有效控制并行使主权，相反，马来西亚对白礁岛从未展示任何的国家权力。为了证实自己对白礁岛进行了有效的实际控制，新加坡出示了大量的证据。如：1974 年 3 月，一群马来西亚官员在征得新加坡的许可后才前往白礁岛进行潮汐视察。当时，马来西亚海军按照新加坡的要求提供了登岛官员的姓名、护照号码和登岛视察的时间等详细资料。新加坡认为，假如白礁岛是马来西亚的领土，马来西亚官员登岛视察何须新加坡的批准？此外，1978 年有两名马来西亚调查局的官员在未通知任何人的情况下登上白礁岛，但新加坡的灯塔管理员告诉他们必须先获得新加坡港务局的批准，才可在岛上逗留。新加坡认为，这种批准显然是新加坡对白礁岛行使管辖权的表现。新加坡出示的有效控制事实得到了国际法院的认可。

2. 对禁止反言原则的考量

马来西亚于 1965 年和 1975 年出版的官方地图把白礁岛标为新加坡的领土，经过新加坡同意才登岛等行为是对新加坡拥有白礁岛主权的默认，已经构成了"禁止反言"的条件和表现。

此外，在新马岛屿主权争端案中，构成"禁止反言"最有力的证据是 1953 年新加坡殖

---

① "Pedra Branca Dispute," Wikipedia, http://en.wikipedia.org/wiki/Pedra_Branca_dispute.
② 同上。

民地官员和柔佛州政府之间的往来信件。新加坡殖民地秘书在1953年6月12日给柔佛苏丹的英籍顾问的信函中要求后者提供白礁岛主权的资料,以便确定"殖民地的领海"界线,信中表示希望对方"能够澄清白礁岛的法律地位","该信件同时抄送吉隆坡首席大臣"。[①] 1953年9月21日,柔佛州州务代理大臣在回信中指出:"柔佛州政府不主张对白礁岛的所有权。"[②] 国际法院认为,这一信件已经明确宣示了柔佛州不拥有白礁岛的主权,根据"禁止反言"原则,马来西亚作为柔佛州的继任者不能再主张对该岛的主权。

3. 对先占原则的考量

在新马岛礁争端案中,国际法院对中岩礁主权归属的判决主要依据了先占原则。法院认为,在新加坡和马来西亚对中岩礁的主权归属产生争议之前,柔佛苏丹对中岩礁因先占而产生的"原始权利"应该得到认可。作为柔佛苏丹的继承者,马来西亚理应对中岩礁具有历史性主权权利。

四、东南亚国家通过国际法院裁决岛礁主权争端的经验对中国在南海海域维权的启示

国际法院在审理马来西亚和印尼对利吉丹岛和西巴丹岛争端案、马来西亚和新加坡对白礁岛、中岩礁和南礁争端案时,主要运用了有效占领原则、继承原则、禁止反言原则和先占原则。国际法院对上述两个案件的审理过程和判决结果对中国在南海海域维权具有一定的启示。

(一)中国要高度重视通过国际法维护在南海海域的主权

国际法院审理案件的过程和判决表明,中国应该高度重视通过国际法维护在南海海域的主权。因为从国际法院裁决海域争端时采用的原则和东南亚国家的实践经验来看,中国在南海海域的主权要求完全符合国际法中关于领土获得的原则,也符合国际法院裁决领土争端时采用的所有原则。

1. 中国对南海海域具有因"先占"产生的历史性权利

如上文所述,在16、17世纪以前,单纯的"发现"即可视为"占领"。一个国家对无主地的先占就可以获得对无主地的主权。

中国是最早发现并命名南海岛礁的国家,在被中国发现之前,南海岛礁尚属无主地。早在汉代,中国人就开始在南海航行并开始对南海进行命名,当时南海被称为"涨海""沸海"。唐宋年间的许多历史地理著作将西沙和南沙群岛相继命名为"九乳螺洲""石塘""长沙""千里石塘""千里长沙""万里石塘""万里长沙"等。宋元明清四代,以"石塘""长沙"为名记述南海诸岛的书籍多达上百种。元代,汪大渊所著《岛夷志略》对南海诸岛的地理位置做了更为详细的记载。明代《混一疆理历代国都之图》中标有石塘、长沙和石塘。从图中标绘的位置看,后一个"石塘"是今南沙群岛。清代的《更路簿》明确记载了中国海南岛渔民所习用的南沙群岛各个岛、礁、滩、洲的地名的具体方位。

根据先占原则和时际法原则,结合国际法院对新加坡和马来西亚中岩礁主权争端的判决,中国对南海岛礁的发现和命名意味着其已经取得了对无主土地的完整主权。

---

① 信件全文参见 S. Jayakumar and Tommy Koh, *Pedra Branca: The Road to the World Court*, p. 13.
② 同上,第14页。

2. 中国对南海海域的主权因"有效控制"得以延续

随着国际法的发展，只有对无主地实施了有效控制才能使主权国家获得对无主地的主权。在国际法院对领土争端案件的审理过程中，有效控制原则也成为最重要的原则。在马来西亚和印尼、马来西亚和新加坡岛礁争端案中，马来西亚对利吉丹岛和西巴丹岛、新加坡对白礁岛的有效控制是他们获胜的最主要因素，两国出示的有效控制证据得到了国际法院的采纳。

中国对南海海域直接的"实际控制"在古代主要体现在巡海、设制管理和出版官方地图等方面。《元史》地理志和《元代疆域图叙》记载的元代疆域包括了南沙群岛。明朝海南卫巡辖了西沙、中沙和南沙群岛。清朝初期，南海海域在行政区划上属海南岛管辖，广东水师官兵经常到西沙群岛海域进行巡视，代表清政府进行主权宣示。在地图绘制方面，清朝1775年绘制的《皇清各直省分图》、1817年绘制的《大清一统天下全图》都明确标明南海诸岛礁属于清政府。

近代时期，尽管中国遭受殖民侵略，但中国政府一直通过对其他国家侵犯南海主权的行为进行抗议和出版官方地图等方式，继续对南海海域保持着不间断的有效控制。1933年，法国殖民者侵占南沙"九小岛"，中国政府和社会各界对法国的行为进行了强烈抗议，中国政府以及驻法临时代办均进行了严正的官方交涉。1934年，中华民国内政部召集参谋部、外交部、海军司令部、教育部、蒙藏委员会组成的"水陆地图审查委员会"召开第25次会议，审定南海各岛礁的中英文名称，并公布"关于我国南海诸岛各岛屿中英地名对照表"，首次对南海诸岛进行"准标准化"官方命名。1935年，"水陆地图审查委员会"出版《中国南海各岛屿图》，该图详细地绘出了南海诸岛，并将南海最南端标绘在大约北纬4°的曾母暗沙。

抗战胜利后，中国海军远赴西沙和南沙，在一些主要岛礁上竖立了主权碑，并设立南沙群岛管理处，驻兵太平岛，重申中国对南海诸岛的主权。1947年4月14日，中华民国内政部召集各有关部门对《西南沙范围及主权之确定与公布案》进行了讨论，商定了中国南海海域的具体范围。1947年，内政部重新审定东、西、中、南四沙群岛及其所属各岛礁沙滩名称，正式划出了南海"U形线"。1948年2月，内政部公布《中华民国行政区域图》，再次将南海诸岛纳入中华民国版图。

新中国成立后，中国政府延续了对南海海域的管辖权，面对东南亚相关国家不断侵占南海岛礁、损害中国在南海海域主权和管辖权的行为，中国政府持续保持着"抗议"和提出自己的明确主张，对东南亚国家业已占领的岛礁从未放弃过主权申索，间接对南海海域实施了有效控制。因此，从国际法院裁决领土争端案时采用的有效控制原则来看，中国在南海海域的主权权利完全成立。

此外，20世纪70年代末以来，东南亚相关国家通过各种方式侵占的南海岛礁并不是无主地，因为中国已经是其"合法所有者"。有效控制的对象必须是"无主地"，对于主权明确但领土被他国控制的情况是不适用的。① 因此，东南亚相关国家自20世纪70年代长期侵占中国南海海域的行为不能构成"有效控制"，而是对中国南海海域主权的"侵犯"。

3. 东南亚相关国家对中国在南海海域主权的承认构成了"禁止反言"在国家对外关系

---

① 王秀梅：《白礁岛、中岩礁和南礁案的国际法解读》，《东南亚研究》2009年第1期，第24页。

中，国家元首、政府首脑和外交部发言人等能够代表国家立场的行为体，如果曾经就国家之间的某个重要问题或涉及他国重大利益的问题，发表过声明或正式讲话或以其他任何正式的形式进行过表态等，那么这些声明、讲话或表态便具有永久的国际法意义上的"强约束力"，不得因随后的情势变化而反悔或不承认，① 因为他们的行为在国际法上构成了"禁止反言"。

承认、默认都可以构成"禁止反言"。在新加坡和马来西亚岛礁争端案中，马来西亚先前的一系列对新加坡拥有白礁岛主权的承认、默认或明示已经构成了禁止反言，这是导致马来西亚败诉的重要原因。同样，20世纪70年代末期以前，越南、菲律宾和马来西亚对中国在南海海域主权的承认、默认或明示已经构成了禁止反言。其中，越南曾公开发表声明承认中国在南海海域的主权。1956年6月15日，越南民主共和国外交部副部长雍文谦接见中国驻越南大使馆临时代办李志民时郑重表示："根据越南方面的资料，从历史上看，西沙群岛和南沙群岛应当属于中国。"当时在座的越南外交部亚洲司代司长黎禄进一步具体介绍了越南方面的材料，指出："从历史上看，西沙群岛和南沙群岛早在宋朝时就已经属于中国了。"② 1958年9月4日，中国政府发表领海宽度为12海里的声明，适用于中国一切领土，包括南海诸岛。越南《人民报》于9月6日详细报道了这一声明，越南总理范文同于9月14日向周总理表示承认和赞同这一声明。1965年5月9日，越南民主共和国政府就美国总统约翰逊宣布美军在越南的"战斗区域"范围发表声明说："美国总统约翰逊把整个越南及其附近水域——离越南海岸线一百海里以内的地方和中华人民共和国西沙群岛的一部分领海规定为美国武装部队的'战斗区域'……直接威胁着越南民主共和国及其邻国的安全。"③ 直至1974年，越南教科书中仍有如下表述："南沙、西沙各岛到海南岛、台湾、澎湖列岛、舟山群岛形成的弧形岛环，构成了保卫中国大陆的一道长城。"④ 在20世纪70年代以前，菲律宾和马来西亚等国也没有任何法律文件或领导人讲话提及本国领土范围包括南沙群岛，对中国在南海海域的主权持默认态度。

越南为了达到侵占南海海域的目的，对其1974年以前承认中国在南海海域主权的行为进行了辩解。1988年，越南政府称："有必要把先前的声明放到当时的历史背景下考察。"越南政府认为，当时是为了得到中国的援助，所以才不得不做出上述声明。然而，越南的申辩并不能成立。首先，其1956年和1958年向中国政府做出声明时，越南战争还没有爆发；其次，根据禁止反言原则，"在国家关系中以信守义务和反对自食其言为基础的禁止反言，可以包括要求一国政府坚守其已做出的声明，即使事实上这项声明违反其真实意愿"。⑤ 因此，越南的诡辩不能成为禁止反言原则失效的证据。

因此，越南、菲律宾和马来西亚等国20世纪70年代以前对中国在南海主权的公开承认和默认已经构成了"禁止反言"的条件，他们后来在南海海域的强占行为是不被国际法所

---

① 张海文：《从国际法视角看南海争议问题》，《世界知识》2012年第4期，第18页。
② 《中国对西沙群岛和南沙群岛的主权无可争辩》，中华人民共和国外交部文件（一九八○年一月三十日），《人民日报》1990年1月31日。
③ 《一九七七年六月十日李先念副总理同范文同总理谈话备忘录》，《人民日报》1979年3月23日。
④ 李国强：《中国南海诸岛主权的形成及南海问题的由来》，《求是》杂志2011年第15期，求是理论网，http://www.qs-theory.cn/hywz/2011/201104/201110/t20111017_117331.htm.
⑤ Ian Brownlie, *Principle of International Law*, pp. 164 – 165.

认可的。越南承认中国对南海拥有主权的各种文字材料，与马来西亚和新加坡岛礁争端案中新加坡殖民地秘书和柔佛苏丹的英籍顾问之间1953年的通信具有同样的法律效力。

综上所述，中国对南海海域的主权和管辖权的申索完全符合国际法院裁决领土主权争端时采用的原则。因此，中国应该高度重视通过国际法和国际法院裁决维护其在南海海域的主权。中国应该给东南亚相关国家传递这样的信息：中国一直主张以包括国际海洋法在内的国际法为基础，通过双边政治谈判的方式解决南海争端，这并不是说中国惧怕通过国际法院裁决的方式解决争端，因为即使把争端提交国际法院裁决，中国的主张也完全符合国际法院裁决领土争端时所采用的原则。中国之所以不愿将争端提交国际法院裁决，是因为国际法院对争议领土的裁决是非此即彼，将会导致"零和"的结果，违背中国在南海问题上一贯倡导的"搁置争议、共同开发"方针，也不符合中国一贯坚持的以"与邻为善，以邻为伴"为基础的"睦邻、安邻、富邻"周边外交政策。

（二）对东南亚相关国家侵占中国南海海域的行为进行持续的抗议

对他国强占自己的领土进行持续地抗议是不承认他国"非法占领"的重要表现。近年来，东南亚相关国家采用以多种方式宣誓主权、强化对已占海域的控制和资源开发、反对中国在南海采取的正当主权行为、助推南海问题国际化、篡改南海之名为自己在南海的既得利益正名、针对南海海域进行国内立法、借"提交外大陆架划界案"之机联合瓜分中国南海海域、不断驱逐和逮捕中国渔船、加紧军备建设、谋求与中国进行军事对抗等多种方式，不断侵犯中国在南海海域的主权，显示他们对南沙海域的"实际控制"。如果中国放弃对东南亚国家上述侵犯行为的持续抗议，按"禁止反言"原则将被视为中国对东南亚相关国家"强占"南海的沉默。而在国际法实践中，这种"沉默"很可能被东南亚相关国家作为中国对南海岛礁不具有主权或放弃主权的证据。因此，中国要持续有效地通过各种渠道对东南亚相关国家侵犯南海海域主权行为进行抗议，并把抗议提交相关国际组织进行备案。

（三）加强对南海海域的实际控制和经营

在国际法院裁决马来西亚与印尼、马来西亚与新加坡之间岛礁案中，马来西亚对利吉丹岛和西巴丹岛宣示主权的行为、新加坡对白礁岛的"有效治理"行为是他们最终在国际法院裁决中获胜的主要因素。因此，中国要加强在南海海域的实际存在，显示对南海海域的"有效治理"。具体来说，第一，中国相关部门要继续加强对南海海域的巡航和禁渔工作。相关执法部门对南海海域的巡航和禁渔工作是主权宣示最有效的行为，这不仅是中国实施有效控制的直接表现，也能增加中国相关执法部门在南海海域的"实际存在"。因此，中国的渔政、海监、海事、海关、海警五个部门应该在权责分明的基础上同心协力，对中国在南海海域的主权进行宣示。第二，中国应该加强在南海海域的军事存在，通过军事演习和军事监测，加强对无人岛礁及其附近海域的实际控制。第三，要坚决果断地对东南亚国家侵占中国南海海域主权的行为给予警告和回击。如，中国海监船只在2011年的中越南海争端（即"5·26事件"）中的执法行动，切实有效地打击并在一定程度上遏制了越南在南海掠夺中国油气资源的行为，也显示了中国在南海海域的"有效控制"。同样，2012年4月以来，中国在"黄岩岛事件"中的表现也显示了中国维护南海海域主权的决心和意志，加强了对相关岛礁的实际控制。第四，以三沙市为依托，发挥其行政、立法和司法功能，鼓励和支持人口向岛上迁移。随着三沙市人口数量的增加和经济规模的扩大，可以进一步考虑在东沙、西沙和南沙建立三沙市下辖的行政机构，进一步加强中国在南海海域的政治存在。第五，在倡导"搁置争议、共同开发"的同时，加紧对南海油气资源的积极开发。在新加坡和马来西亚岛礁主权争端案中，马来西亚政府出示了其1968年授权私人公司开采相关海域石油的证据，这种特许行为本来可以被看作主权国家行使的活动，是对争议海域"有效控制"的表现。但由于该协议没有正式公布，加之石油公司在实际开采过程中放弃了对白礁岛附近石油的开采权利，导致该证据失效。因此，在南海问题上，中国应该在倡导"搁置争议、共同开发"的同时，加紧对南海海域油气资源的积极开发，对相关油气区块进行公开招标，显示对南海海域的"经济存在"和"有效经营"。

泰国古代舟船发展述要

田雅琴

【摘　要】 泰人水行载舟的历史十分悠久，船只不仅是过去重要的生产生活工具，由船只发展变化而来的船屋也是泰人居住生活的场所。此外，它还是泰国水上习俗文化的重要内容，伴随着舟船活动衍生出了很多民俗文化事项。本文以泰国古代舟船为研究对象，从时间维度阐述泰国古代舟船的起源及发展历程；从船只功能和用途的角度探讨泰国古船的谱系演变和船型种类，将其分为近岸小型船只、渔猎和轻型运输的中型船只、短途运输的大型船只和专用船；以期证明舟船成为泰国文化特色的必然性，同时为泰国舟船史研究贡献绵薄之力。

【关键词】 泰国；古船发展；船型分类

人类使用船只作为交通工具的历史十分悠久。可以说，船舶的发展见证了人类科技的进步，见证了人类从物质文明向精神文明过渡，也见证了地球各个文明的融合。舟船作为一种古老而重要的交通工具，它不仅仅是渡水工具，更是人类审美、技能、经验、风俗的集中反映与观念形态、价值理性的精神载体。

黄惠焜教授在《从越人到泰人》中提出了"百越文化圈"的概念，并根据地理环境与中原汉族的关系分为A、B、C三区。处于这一文化圈的各民族至今仍保留着古代越人滨水而居的生活习惯，自然能够创造出一系列的"水文化"。船作为水文化的衍生物，百越诸族的生活与它密切相关。《越绝书》中"以船为车，以楫为马，往若飘风，去则难从"。《淮南子·齐俗训》："胡人便于马，越人便于舟"。文献中关于百越民族善于舟楫、长于操舟泛海的记载多不胜数。可见水和船已经融入百越民族的血液当中。

作为百越后裔的泰人，水和船同样沉淀在他们生活的骨髓中。泰国位于中南半岛中部，南面临海，海岸线长达2600多千米，境内大小河流60多条，总长超过1.5万千米，湄南河、湄公河和蒙河三条主要河流的流域面积占泰国国土总面积的65%。河道纵横，水系十分发达，人们滨水而居，沿河而行。因而，地、水、船成为了泰人建立家园的三大要素。泰国各朝代的京都也都临水而建，如曼谷王朝拉玛五世前的曼谷，纵横交错的水道上舟楫往来，穿行如梭，水上交通运输十分发达。可见水、船对于当时政治中心建立的影响。①

河网如织，水运便利，使得泰人生活须臾离不开江河，而舟船作为多河流地区必不可少的工具，也和人们的文化生活紧密联系在一起。无论是风俗仪式，还是岁时节日和民间娱乐习俗都留下了它的印痕。可以说，舟船既反映着泰国独特的物质面貌，同时也是记载地方历

---

① 陈晖、熊韬、聂雯：《泰国文化概论》，世界图书出版社，2014，第7页。

史文化的重要载体。

一、泰人与舟船

地球表面积约5.1亿平方千米，其中71%都被水覆盖。从人类的起源、生存到繁衍都离不开水，在人的日常生活中，水是须臾不可缺乏的一种物质。人类祖先在与水的不断接触中逐步认识了水的浮力性，从不断发生的自然现象中受到启迪，从而开始制造、改进渡水过河的工具。

浮具是原始人群最先使用的水上工具。常见的浮具有腐木、竹竿、芦苇等。此外，葫芦也是原始的浮具之一，这在世界各地的神话传说中也得到了很好的印证。如我国白族的葫芦渡水神话、傈僳族的创世纪神话、印度阿洪傣的葫芦神话、老挝的葫芦生人神话等。这些神话传说虽然带有神秘色彩，但也从另一个方面证明了人类祖先确实使用过葫芦作为渡水浮具的历史真实。但原始浮具只是人类征服水面的尝试，还不能算是真正的水上航行工具。

浮具有明显的缺点，因而人们在此基础之上不断总结经验制作了第二代水上工具——筏，它脱胎于浮具，是浮具发展的必然结果。据晋郭璞注《尔雅·释水》的解释，称木筏为箄（pai牌，即箄），是大筏，竹筏为筏，是小筏。① 通常是把几根木头或竹子捆起来，以筏济物，乘筏渡河，但筏也算不得船。

具有容器形态，且有干舷的，才可称作舟或船。船的直系祖先当是独木舟，这是一种将独木挖空成槽状的小舟，显然用手直接去挖是不太可能的，正所谓"工欲善其事，必先利其器"。进入新石器时代（距今约在1万年—4000年前）以后，人类已经具备了制作简易石器工具如刀、斧、锛等进行日常生产以保障生活。摩尔根在《古代社会》中指出："燧石器和石器的出现早于陶器，发现这些石器的用途需要很长时间，它们给人类带来了独木舟和木制器皿，最后在建筑房屋方面带来了木材和木板。"② 燧石取火，火与石制工具并用，才能制造独木舟。恩格斯在《家庭、私有制和国家的起源》中讲得尤为明确："火和石斧通常已使人能够制造独木舟。"③ 可以说独木舟是火焚和石制刀具并用的结果，也是人类智慧的结晶，没有独木舟，就没有现代舰船。独木舟的产生，揭开了水运历史的序幕。

随着人类文明的不断进步，金属工具诞生，自此人们开始对筏和独木舟进行改造，在两舷舷侧分别增设木板，再用麻纤维与桐油捻合而成的混合物填补空隙，以解决筏无干舷且漏水、独木舟稳定性差还受限于原株树木大小的问题，如此这般，使得独木舟的容量增大，起初的独木随之演变成后来尖底船的龙骨结构，而木筏便发展为方头方尾平底的木板船。木板船的出现标志着人类的活动空间已不再受自然界的限制，已经能够根据自己的意愿和需要，对原材料进行再加工再创作，为后世的船舶大型化和多样化开辟了无限的发展前景。

此后，人们又将帆与木板船相结合，因风致远，让海洋化作通途。不管是河流湖泊还是海洋都可以见到人类的踪迹。以造船和航行活动为内容的水运文化的发展，体现了一个时代生产力的发展程度以及整个社会的科学技术水平。也就是说，船舶是随着生产力的发展而发展的，是人类科技水平与文明程度的标志。

---

① 张静芬：《中国古代造船与航海》，商务印书馆，1997，第3-4页。
② 席龙飞：《中国造船史》，湖北教育出版社，1999，第13-14页。
③ 俞颖杰：《先秦舟船研究》，硕士学位论文，上海师范大学，2007，第11页。

纵观古今中外，由于历史发展的不平衡，舟船在世界各地出现的时间不尽相同，但发展历程大都相似：浮具是最先出现的，其次是筏子，然后是独木舟、木板船再到帆船，最后发展为现代大型船舶。尽管船舶的推进方式逐步从低效原始的人力畜力动力状态发展为蒸汽机、柴油机等现代机器动力的时代，但其作用的本质仍未改变。人类在占地球表面积71%的水域中活动，依旧离不开船。之于泰国，亦是如此，船不仅是沿江河人民的主要交通工具，也是渔业生产的主要工具。船屋还是泰人的居住、生活的场所。

　　由于原始的渡水工具都是有机质的，易腐难存，所以泰人究竟在什么时候创造了舟船，已很难考证。20世纪六七十年代，泰国考古界与外国考古队合作，联合发掘了不少重要的史前文化遗迹。1960—1962年，泰国—丹麦联合考察队在泰国北碧府的班告发掘出新石器时代（公元前1500—前1300年）的人类遗址，发现了大量石器、人类遗骸和动物遗骸。① 从出土的石器来看，以有肩石斧、有段石锛为主，打制石器与磨制石器共存，且发现的石制网坠其形制与我国百越文化遗址中发现的石网坠基本相同。② 此外，出土陶器片数量多达两万多块，较为完整的陶器有18件，其中一件陶壶底部画有承载两个人的船。③ 这说明至少在新石器时代古泰人就已广泛使用独木舟或筏子从事渔猎活动，印证了泰人造船的悠久历史。

　　其后又在北碧府翁巴洞遗址中发现了九十多个公元前3世纪的船棺葬。④ 以船为棺，是因为他们生活中离不开船。马克思在《摩尔根〈古代社会〉一书摘要》中论述过随葬品产生的缘由及意义。他说：古人往往把"生前认为最珍贵的物品，都与已死的占有者一起掩埋到墓坑中，以便他在幽冥中继续使用。⑤"纵览古今，随葬品的设置大都处于这一目的。以船为棺也说明当时的泰人已将船舶当作生活中的必需物，生不可缺死不可舍。另外，在此处还发掘到4个铜鼓的碎片、2面基本完好的铜鼓，这些铜鼓的形制和纹饰与云南石寨山型铜鼓和越南东山铜鼓基本相同，明显地存在亲缘和传承关系。⑥ 而且这两面完整的铜鼓鼓面饰有船纹，充分说明了泰族先民在早期就具备了良好的造舟能力，同时也印证了泰族是善于行舟、以船为生的民族，舟船是泰人古代文化的重要组成部分。

　　无论是石器、陶器、船棺葬还是青铜器，这些史前文化遗迹的发现，一方面是这一区域民族的信仰观念和生活习俗的见证，另一方面这种惊人的相似之处也充分表明了泰国古代居民与百越民族之间有着密切的族源关系：最晚不超过新石器时代，古代泰国就有百越系统的部落分布，泰国也是古代百越族群的分布地区之一。

二、泰国古代舟船发展历程

　　素可泰王朝建立以前，泰国并无用本国文字记录的历史，因此对于史前时期泰国舟船起源的考证主要依据考古发掘的资料记录。1283年，兰甘亨大帝把古孟文和吉蔑文加以改造

---

① 刘稚：《泰国考古材料所见百越文化考》，《云南社会科学》1987年第4期。
② 何平：《东南亚船文化述略》，《东南亚纵横》1990年第4期。
③ 陈晖、熊韬、聂雯：《泰国文化概论》，世界图书出版社，2014，第47–48页。
④ 刘稚：《泰国考古材料所见百越文化考》，《云南社会科学》1987年第4期。
⑤ 马克思：《摩尔根〈古代社会〉一书摘要》，人民出版社，1965，第50–51页。
⑥ 蒋廷瑜、廖明君：《铜鼓文化》，文化艺术出版社，2012，第114–116页。

创制了泰文字母,并以这种新的字母镌刻了被称为兰甘亨石碑的第一块泰文碑铭。① 这块碑铭四面皆有文字,是以第一人称描写其生平及英雄事迹,展现了素可泰时期的宗教、政治、经济、文化、贸易等情况。是后世了解素可泰时期社会情况和风俗习惯的重要依据。石碑第四侧的记载:"巡礼时乘船经过和走过的路②",说明船只已然是当时交通出行的主要方式,这是泰国最早有关船只的文献记录。之后,立泰王时期立泰的贵妃桃西朱拉叻编写的《桃西朱拉叻经(ท้าวศรีจุฬาลักษณ์)》,此书记录了其生平以及素可泰王朝的盛景、宫廷礼仪及节日习俗等,包括十月份拜水神仪式、漂水灯、御船游行等游江活动。③ 由此可见,此时的船只除了作为交通载具,还是一些风俗仪式、岁时节日的重要组成部分。

阿育陀耶王朝时期,造船和航海技术的显著进步、大型远洋船舶的广泛使用均在不同程度上促进了对外贸易的发展,使得历任国王都十分重视对海上贸易的管理,为此设有专门的港务部门。其中,左港务部门由王室选派的华商负责,主要管理湄南河以东的海上贸易事务,包括与中国之间的朝贡贸易、与东南亚国家的贸易。另外,由于华人的航海技术发达,许多熟习航海知识、掌握航海技术的华人水手被雇佣在暹罗国家或私人船舶上,成为国内贸易和海上贸易的主要力量,对暹罗的航运活动产生了重要影响。

京都阿育陀耶城由于地理位置和航运条件十分优越,更是成为了各种商品的集散中心,不仅有本国北部的农产品和南部的水产品,来自东西方的货物也运到这里进行销售,各国商船汇聚于此开展国际贸易活动,它也被称为"东方威尼斯"。④ 暹罗本身拥有极其丰富的野生动物资源、森林产品(柚木、紫檀、楠木等)、矿产品以及稻米。阿育陀耶王朝后期,应清政府的要求,暹罗将大米出口到中国,《清史稿》对此就有所记载:"康熙六十一年六月,以奉天连岁丰稔,驰海禁暹罗米贱,听入内地,免税。"⑤ 此后两国之间展开了频繁的大米贸易。现今曼谷昭披耶河西岸的"黉利故居"以及"火船(蒸汽船)廊"便是当年中泰航运蓬勃发展的见证。

此外,阿育陀耶王朝时期的王室仪礼中也不乏舟船的印迹。宫廷法里对十一月(อาสยุชพิธี)皇家典礼仪式中举办船赛为国运占卜的活动进行了详细的描述。十一月份因正值河流丰水期,龙舟易行,故而适宜举行赛船活动。而这一活动占卜预测的用意多于娱乐性。以国王的萨马他猜船(เรือสมรรถไชย)和王后的盖索拉姆船(เรือไกรสรมุกข์)来进行比赛,国王的船若输给王后的船,表示今年风调雨顺、五谷丰登。反之国王的船胜利,则表示今年雨少天旱、年谷不登。⑥,如今,历史已不再,但赛船这一传统活动却一直延续了下来,说明船只也由交通工具逐步在节日风俗活动中占据着一席之地。

那莱王时期,一名旅暹天主教神父 Abbe de Choisy 在其信件中,记录了那莱大帝陪同法国路易十四世派遣的使节团参观游行时曾出动多达 200 艘皇家军舰,游船行进间有军乐队伴

---

① 段立生:《泰国通史》,上海社会科学院出版社,2014,第43页。
② ณัฐวุฒิ. เรือ. กรุงเทพฯ: บริษัทเอส. ที. พี. เวิลด์. มีเดียจำกัด. 2541. p13.
③ 林薇:《中国云南傣族与泰国难府泰族龙舟竞渡文化比较研究》,硕士学位论文,广西大学,2016,第13页。
④ 王新中:《海上丝绸之路与十四至十八世纪阿瑜陀耶城的国际化》,2019 - 11 - 28,http://whis.cssn.cn/sjs/sjs_sjjds/201911/t20191128_5049953.shtml.
⑤ 黄重言、余定邦:《中国古籍中有关泰国资料汇编》,北京大学出版社,2016,第188页。
⑥ ปราณีวงษ์เทศ และ สุจิตต์วงษ์เทศ. ประเพณี 12 เดือน. กรุงเทพฯ: สำนักพิมพ์มติชม.

随演奏，传统游船乐为昭法·探玛提贝·猜亚切·索里亚翁（Prince Thammathibet Chaiyachet Suriyawong）所作，这是最早对于王室驳船游行的描述。阿育陀耶王朝没落后，这些早期的王室驳船便被烧为灰烬。拉玛一世即位之后，将首都迁至湄南河另一侧的曼谷，同时恢复了这一古老的传统，并下令建造新的驳船，使得王室驳船回归。但是随着新式电动船只的出现，大型木质王室驳船逐渐式微，转而仅作王室庆典之用。二战中驳船严重受损，历经多次修复后较为脆弱，目前仅在诸如加冕、登基大典仪式、重大宗教事件或在位周年纪念日这样的重要场合才会进行游行活动，极具宗教和王室意义。

曼谷王朝拉玛四世时期，为缓和阶级矛盾、改变国家的落后面貌，进行了自上而下的改革，在交通方面主要为发展现代交通网络、开凿运河和建造现代船舶。之后继位的拉玛五世更是深化改革力度，相继对政治、经济、文化教育诸领域进行了广泛的改革。19世纪90年代开始泰国的铁路、公路等公共交通运输事业迅速发展起来。1957年猜纳府的湄南河大坝建成，让原本南北通畅的水路被阻断，船只不能再自由地往来，水运效率变低。此外，政府出台相关法律法规，大力发展城区建设并鼓励船民上岸定居。这一系列的举措使得泰人傍水而居的生活方式发生了重大的改变，也让传统的水上交通活动与交通民俗急剧变化，水上市场一度没落。过去常见的拍玛船、蝎尾船、虎舟、舢板船、篷船、跳白船、长尾船、帆船等船型，现今也只剩六七种。随着近几十年泰国旅游业的蓬勃发展，泰国政府为加快推进旅游业的高质量发展，充分释放旅游业发展活力，出台了多项政策措施，通过深入挖掘地方民族特色文化、大力扶持各项特色民俗活动等途径使得传统舟船及水运活动得以恢复。现今，极具特色的水上市场和形形色色的船只已成为泰国水上旅游的象征，其所带来的经济效益和社会效益不容小觑。

在漫漫历史长河中，泰国古代舟船不仅用于交通运输、观光游历，也被用于军事用途，在其演进发展的历程中，引进中国、欧洲的先进造船技术，立足实际不断改进，以适应于环境与用途的需求。自素可泰时期，各式各样的船只就已航行于内河湖泊和辽阔海域，并进入大洋与世界相关国家共同构成海上丝绸之路，直至二十世纪初仍作为贸易载运工具活跃于泰国湾和中国南海。回望历史，古代舟船的历史发展见证了泰国造船技术与人文发展历史脉络，舟船不仅是泰人出行的重要交通工具，与之相关的习俗还是泰国传统民俗文化的瑰宝。

三、泰国古代舟船的类型

古代，泰国舟楫类型多样，名目繁多，不同的船型呈现出各自鲜明的地域特征和技术特点，也承担着不同的任务，很难给它准确地分门别类。因此，对泰国古船的船型种类开展研究，是泰国舟船史研究的重要内容之一；深化对船型种类的研究，将有助于推进泰国古代舟船谱系演变、船型分类等的研究。

根据不同的标准，可将船舶分为许多类型。历史学家查威特·卡塞西里（ชาญวิทย์ เกษตรศิริ）认为泰国船只类型即独木舟和木板船两类。[①] 独木舟是指用整根的大树干砍削挖凿制成的水上工具，靠桨驱动。在过去独木舟的大小形制也是舟主人财富和社会地位、官级品阶的象征。常见的独木舟有马德船、查拉船、猪船、逸崩船、拍玛船、牛船、鸭

---

① ชาญวิทย์เกษตรศิริ.อยุธยา: Discovering Ayutthaya [M]. กรุงเทพฯ:มูลนิธิโตโยต้าประเทศไทย. 2003. p294.

船、舢班尼船、蝎尾船、虎舟、木柱船、长船等。随着社会生产力的发展和水运需求的扩大，独木舟已无法满足人们的装载需求。木板船则解决了社会需求与制造费力两者的矛盾，由数块木料组合装配而成，船的大小可依据实际需求来决定，不再受原木大小的限制。可以说，木板船之诞生乃独木舟改进、发展的必然结果。泰国常见的木板船有舢板船、轿式船、巴卟船、伯德船、尖艇、篷船、逸漾樽船、香料船、查龙船、长尾船、跳白船、告兰船等。

索·普莱诺伊（จุลทัศน์ พยาฆรานนท์）认为泰国河道中航行的船只种类繁多、大小各异，总的来说可分为独木舟和木板船。独木舟是人类的共同发明，其船身小巧、船体平滑，既能在平静开阔的水面捕鱼和运输，也能很好地适应泰北和泰东北地区险象环生的浅滩暗礁，故此便成为泰人普遍使用的生产生活工具。①

朱拉塔·帕亚卡拉农教授（จุลทัศน์ พยาฆรานนท์）将中部船只分为三大类，其中又可再细分。他认为按照使用对象可分为王室驳船和民用船；依据制作工艺分为独木舟和拼板船，这其中按照航行区域又可分为河舶和海舶，河舶既有独木舟也有拼板船，如马德船、猪船、舢板船、逸崩船、查拉船、篷船、跳白船等，而海舶主要为拼板船，如查龙船、鸭船、帆船等；或根据推进方式来分可分为撑篙、拉纤、划桨、摇橹等人力推进的船舶和依靠风力推进的帆船以及机械推进的船舶。②

已故学者布瓦叻·查楞叻格（บัวเลิศ เฉลิมฤกษ์）则是按照推进方式和动力装置来划分，有靠篙推进的船舶，如伯德船、巴卟船、猪船等；有靠桨推进的船舶，如舢板船、香料船、查龙船、篷船、查拉船等；还有靠机械推进的船舶。③

综上所述，绝大部分船舶都可按照建造技艺进行划分，分为独木舟和木板船两大类，其中每一项又可以再细分。因而笔者在此基础之上又从船只的功能和用途的角度再次进行划分并归纳整理如下。

（一）近岸小型船只

1. 伯德船（เรือบด）：一种两头尖的小型木艇。这种船型又可细分为常规的五板小艇（เรือบดไม้กระดานห้าแผ่น）和被称为"เรือบดเกล็ด"的圆底小艇。常见于泰国中部各府，一般能容纳1—2人，如果用作赛艇，则可容纳5—8人。通常用柚木、红椿木或橡胶木等作船架，用木板或锌板做艇壳。外形修长呈流线型，两端曲翘。首尾相同，体轻且窄，调头方便灵活，通常靠双桨推进。艇上除座舱敞开外，前后所有甲板完全封闭，座舱内设有脚蹬板、坐板、舵杆、舵绳等。类似于西方大型海舶上的应急艇。过去，它作为一种交通艇，主要用于短途出行和河道两岸往来。因此，一般较大的运输船都设有这种小艇，因为大船吃水深，近岸会搁浅，而小船吃水浅则行驶无碍，所以这种小艇可方便大船在不停岸边时运送人员与货物，有事放下办事，完事再收好，使用起来十分方便。

2. 尖艇（เรือเข็ม/เรือโอ่）：一种首尾尖翘呈锥形的小艇，由เรือบด发展而来，外观较之更

---

① ส.พลายน้อย.เกิดในเรือ.กรุงเทพฯ:พิมพ์คำ.. 2560. p56.

② จุลทรรศน์ พยาฆรานนท์.เรือไทยภาคกลาง ［M］. กรุงเทพฯ:โรงพิมพ์อักษรสัมพันธ์. 2516. p56.

③ บัวเลิศ เฉลิมฤกษ์.เรือพื้นเมืองของไทย.อยุธยา:กระดาษอัดสำเนา.พระ นครศรีอยุธยา(ม.ป.ป.).. p3－5.

加纤细,狭长如梭子一般。长约3—4哇(6—8米),选材用料多为柚木或红椿木。座舱内设有带靠背的坐板,一般能容纳1—2人。这种船型需借用双叶桨来推进,常作为快艇使用,或为僧侣专用,偶尔用于赛艇比赛。1929年,普鲁士的亨利王子到访曼谷时,参观游览项目中除了重要佛寺、政府机关、传统音乐外,还包含了赛尖艇这一传统竞技活动。

3. 逸崩船(เรืออีโปง/เรือโปง/ลุ่มโปง):一种用糖棕榈树的根部制成的独木舟。这种船多见于棕榈科植物资源丰富的地区,制作工艺颇为原始。在制作初始,先将树根一分为二,然后利用传统的火焦法,烧掉要挖去的部分,经过多次边烧边挖的循环后留下外壳,再将锯好的木板用于封尾,最后表面涂以桐油,方可制成。全程费工、费时、费力,制作效率低,并且这类船无法运输重物,所以当地人主要使用这种船只在浅水中进行简单活动,或就近进行邻里活动。

4. 猪船(เรือหมู):这种船型常见于泰国中部地区,是一种由中小型整木挖空制成的独木舟,原材料包括坤甸木、油楠木、柚木等。全长约4—7米,船体比例合理,外形优美,首尾细长,船尾上翘的幅度略高于船头,船舱较宽,船底板以平整的竹席铺垫而成,一般能容纳2—3人,具体承载能力视船只大小而定,用桨或篙驱动。过去此类船多为短途客船,也作渔船使用,但目前已很难看到这种船型。

(二)渔猎和轻型运输的中型船只

1. 跳白船(เรือผีหลอก):一种形如เรือสำปันนี的平底渔船。船身较长两头微翘,一侧固定一片伸出船舷的白色木板,白板要比船体略短略窄一些。另一侧架有高约70—80厘米的渔网,防止跳上船舱的鱼儿重新落水。船在行驶过程中,粉白板往往斜出船舷倾近水面,抑或直接映入水中。这种船主要用于夜间捕鱼。由于鱼类喜新水、行逆流、趋光性的特征,在昏暗之中,见到白色船体驶过以为是哗哗流水,受此迷惑,于是跃出水面飞进船舱。因而它也被戏称为"ผีหลอก",意思是鬼骗子。这种捕鱼方式实用又简单,凡濒河临水之地皆有之。我国地方志书的记载中就将其称之为"跳白",过去在潮汕地区随处可见。但自20世纪70年代起,渔业过度捕捞和水质污染使得近海鱼类资源急剧减少,跳白船现已难觅其踪。

2. 告兰船(เรือกอและ):กอและ在马来语中是捕鱼或摇晃之意。它是一种中大型木板船,长10—13米,多由硬木、坤甸木、望天树、印茄木制成。头尾朝上,船形似鱼,身形修长而流畅,能很好地穿风破浪。通体涂漆,纹饰精细,色彩鲜艳。船体纹样图案是在融合了泰国、马来和爪哇等地风格的基础之上,加以造船匠对生存空间(如地理环境、气候状况、社会生活)的想象设计而成。常见的纹案有黄金纹、莲花纹、纳迦纹、孔雀纹等,这些图案被认为具有特殊的神力,可以起到趋吉避凶的作用,也是泰人万物有灵观的具体表现。告兰船不仅是一艘渔船,还是宋卡、北大年和那拉提瓦等地先民生活智慧的集中体现,展现了泰南黎人的生活方式,有"南海精灵(นางฟ้าทะเลใต้)"的美称,是泰南沿海交通的象征,被当地人用作日常出行和沿海捕鱼的工具。目前尚无明确证据表明这种船型始于何时,但有推测认为它可能自素可泰时期就已存在,随着伊斯兰教的传播以及穆斯林在泰国南部地区定居传入的。现今,生产告兰船的造船厂主要集中于北大年府柿武里县的巴萨耀珥村。这里除了制造捕鱼用的告兰船，还制作小型船模，作为纪念品出售以增加村民额外收入，既能填补当地旅游纪念品的空白，又能推广宣传"南部船文化"，可谓一举两得。

3. 查拉船（เรือชะล่า）：这种船型常见于滨河流域，如甘烹碧府、达府。是一种船形长首尾扁平的平底船，船腹基本同宽，船舱不如其他独木舟般宽大，使用长篙在浅水航道划行，过去主要用于运输稻米。此类船由于船体厚，所以船身重量相对较重，极为考验船夫的撑船技术。

4. 马德船（เรือมาด）：这种船型常见于泰国中部地区，是一种中间大两头细的独木舟，长约2哇①（4米）。多由整段硬木挖空制成，如坤甸木、柚木，这类树木高大且材质紧密坚实，漂浮性好，即使长时间浸泡在水中也不易腐烂，是制造船只的理想选材。在形制方面，它有大中小三种尺寸，不同尺寸所用的推进工具也不同，大中型尺寸用的是篙，小型尺寸则用桨。船的两侧没有舷缘，船体有U型肋骨，这种类似于骨架的结构可以扩大船体中间的宽度，然后朝着船的船头和船尾逐渐变窄，最终呈中间宽首尾细长的形状。

5. 巴叭船（เรือป๊าบ/เรือแตะ）：是一种船身细长、首尾呈椭圆形、中间宽、底近圆平且无舷缘的小型拼板船。这种船型是由中部地区的เรืออีแปะ发展而来，船体长度约1.5—3米，通常能容纳3—5人，选材以柚木、坤甸木、橡胶木为主。过去，这类船只主要用于运输日常货物。如今，巴叭船成为了泰国中部地区水上贸易及盛产柚木的地区造船的模版。

6. 拍玛船（เรือพายม้า/เรือเผ่นม้า/เรือแพม้า/เรือพะม้า）：是一种两头高翘的独木舟。有些地方称之为เรือเผ่นม้า、เรือแพม้า或เรือพะม้า。长约4.5—6米，首尾处有横木与船沿板相接，以增加船舷高度，船底板铺有竹席，用桨或篙驱动。被誉为"暹罗巨匠"的那里沙拉·努瓦迪翁亲王（สมเด็จเจ้าฟ้ากรมพระยานริศรานุวัติวงศ์ฯ）认为：拍玛船在形制上，与缅甸的一种小型独木舟基本相同。语言方面，应是发生了音变现象，เรือพม่า的读音走调变为เรือพายม้า。所以这种船型是从缅甸流传过来的。在阿育陀耶后期开始广泛使用，今天多见于中部地区，如阿育陀耶、华富里、红统、信武里、猜纳等。

7. 舢板船（เรือสำปั้น）：是一种方头方尾、两端微翘、船尾略高于船头的平底木板船。用桨或篙驱动，为世界各地普遍使用的简便水上交通工具。区分其尺寸大小的方式比较特别，并非依据船身的宽度和长度而定，而是取决于外形似手的船沿连结木"มือลิง"（即舢肘板），将其分为大中小三种规格。大型舢板一般长4—8哇（8—16米）带船篷；中型舢板长3—4哇（6—8米）多为傲船；小型舢板常用于载货、捕鱼。在泰国，这种船型最早可追溯到吞武里王朝时期，至曼谷王朝初期拉玛二世便将其命名为"中式舢板船"。顾名思义，它源于中国，潮州话称之为"ซำปั๊ง舢舨（Sampan）"，意思是"三板"，即由三块木板构成，一块底板和两块舷板，左右舷板一般用木榫加固，还可用钢板拼合使其更加坚固耐用。之后，国防大臣披耶素里亚翁สุริยวงศ์มนตรี（ดิศ บุนนาค）命工匠在中式舢板船的基础之上进行二次创造，使其外形更为细长优美，所用木材也由杉木改为当地盛产的柚木，

---

① 泰语为วา，泰国传统计量单位，1哇=2米。

创造了由五块木板组成的泰式舢板船,虽然它并非由三块木板组成,但泰人还是使用最初的名称来指代这种船型。极富民族和宗教色彩的เรือสำปั้นเพรียว是一种僧侣专用的小型舢板,多见于阿育陀耶、红统、曼谷等地区。

8. 舢班尼船（เรือสำปั้นนี）：一种形如独木舟的平头船。大致特征与查拉船相似,但船舱较之更浅更宽,船身自重相对较重,需要借助桨或篙驱动。过去,这类船主要作为货船或商船。

9. 长尾船（เรือหางยาว）：一种舯方艉尖、尾部高翘的拼板船。长约10米,宽1米,船体细长、船底扁平或呈V形,船壳现多为胶合板制成,整体重量轻,尺寸多样,有顶棚和防水围布。船头船尾挂着彩旗加以区分,船名以彩色油漆刷于船身,外观绚丽夺目。这种船型过去主要靠人力驱使。1933年,北柳府的Sanong Thitapura先生对其改装,加长船体长度,将发动机的螺旋桨轴延长约2米,使得它可以在浅水中快速航行。用途也十分广泛,除了用作货船或客船之外,它还是游客游览湄南河沿岸风景的热门选择。目前,曼谷的交通十分拥堵,因此多样化的交通方式应运而生。长尾船作为水上交通工具,使得群众出行更加快捷方便,它也被视为泰国比较独特的交通方式之一,是曼谷水上旅游的象征。

（三）短途运输的大型船只

1. 篷船（เรือกระแชง）：一种带穹形篷的大型拼板船。外形似切开的西瓜,两端微翘,船腰较宽敞,船底阔而平,有尾舵还需要借助桨或篙驱动。除了船头是露天以外,分做船舱和艄篷两部分。船体由柚木制成,船舱的篷盖以铺地黍、香兰叶或水椰叶编制缝合而成,因为这类植物的叶片呈羽状,坚硬且粗,伸展性强,具有较好的抗风能力。但因货源被华人掌握,加之售价高昂,逐渐以镀锡铁皮或波纹锡板代之。船尾竖有四根篷杆支撑着艄篷,船家在此划桨操舵。这类船只用于运送粮食、石头、沙子、木料等,华商将其作为漕船使用,用于运粮。当货舱满载时,活动顶棚以增大船舱空间。空载时,需将船篷打开,让阳光透进来以保持船舱干燥。曼谷王朝初期,随着华人南下移民浪潮,大量习水驾舟善于耕海的海南疍民随之而来,也将这种船型带到泰国。这些华人主要定居于双喜桥、三弦、曼谷地区。在双喜桥脚还有一座历史悠久的华人庙宇天后圣母宫（Chao Mae Thapthim Shrine）,庙内供奉着泰国华人共同信仰的海神妈祖雕像和被奉为海南人的乡土神祇的水尾圣娘像。目前,在中部地区的湄南河、塔钦河、巴萨河流域中还能看到这种船型。

2. 逸漾樽船（เรือเอี้ยมจุ๊น）：一种大型运载船,系龙脑香树制成。外形特征与篷船相似,尖头方尾,梁拱小,底尖上阔,首尾微翘。一字木横向贴盖于舟首封头板上,用以垫护封头板并加强尾端结构强度,其上面左右各安设一根挂锚链或缆绳的短桩。船尾设艄篷,船家在此荡桨摇橹,还搁有长板,供客憩坐。"เอี้ยมจุ๊น"的发音源于海南方言,指的是架盐船,这是过去的一种较深、大的运盐船,又叫大趸船,船体长,船高要远高于普通游船。此外,它还可用来沟通大船与陆地的联系,方便大船在不停岸边时运送人员与货物。目前,还能在湄南河、塔钦河、美贡河、邦巴功河等流域中看到这种船型。

3. 香料船（เรือข้างกระดาน/เรือเครื่องเทศ）：一种两端微翘、船底阔而平的大型拼板船。由于过去常用它运送各类香料,如豆蔻、丁香、肉豆蔻、肉桂和胡椒等,故而被称作香料船。船主多为穆斯林,全家生活在船上,也为住家船。船身长8—9米,宽2.2米。船体分为船头、船舱和尾艄三个部分,船舱边板由8—12寸的宽木板围成,形似倒扣的木槽,底面铺以若干块横板,横板之下为储藏库,舱口四周围有厚板框,用以阻止船面上的水灌入舱内,还起保证舱面纵向强度的作用。船头和尾艄均覆有篷盖且略高于船舱舱盖板。尾艄得艄篷同船舱一样,横板以下还有空间,放锅碗瓢盆以及铺盖衣箱的种种东西。揭开一块横板,船家就在那里烧饭做菜,此外也是船家操舵的地方。过去这种船系商船穿梭于河道中,如同一个小型的水上超市。运载的货物除各类香料之外还有大米、厨具、餐具、吊床、椰刨、过滤椰浆的筛子、蒸糯米的陶器等。过去这种船只就非常少见,尽管是长期生活在河畔边的人也很难看到。现今,由于无人制造这种船型,它几乎已消失不见。

4. 查龙船（**เรือฉลอม**）：一种首尾高翘、船首细长、船底圆且阔的近海船。其尺寸小于**เรือเอี้ยมจุ๊น**,由坤甸木或其他硬木制成。全长12—15米左右,船头甲板有桅杆,可悬挂风帆。舱盖为竹子编织成的穹形篷,需借助双桨推进。这种船型常见于是北榄、龙仔厝、夜功府等临海地区,过去曾被当地人用作渔船,也用于运送鱼、虾酱、盐、陶器、盛水大缸、土罐等货物至中部的曼谷、暖武里、巴吞他尼、大城、红统、素攀武里等地区的水上市场去贩卖。

5. 鸭船（**เรือเป็ด**）：一种船舱大且带顶篷的大型独木舟,为了增加使用空间通常在两侧加设舷板,肋骨与舷板用决明树制成的木钉进行连接,船上还设有操舵所需的舵叶和舵杆。得名"鸭船"并非指它是用来运输鸭子的,而是因为船篷低矮鼓胀似鸭肚,船头扁平似鸭嘴,因此被人们戏称为"鸭船"。

6. 牛船（**เรือมอ**）：一种增加舷缘列板的大型独木舟,这类船的内部容积大于其他船只,过去常常用来运输货物、黄牛、干草、稻糠等。船上又总能听到牛哞哞的叫声,所以人们就将这种船只称作"**เรือมอ**"。"**มอ**"指的就是雄黄牛,这一含义与乌隆府功帕瓦丕县（**กุมภวาปี**）的旧称**บึงหม้อ**（也可写作**บึงมอ**）有关,因为过去牛群常到此处饮水,此地就被称为**บึงมอ**。由于东北部口语说这个词时发音模糊不清,导致"**มอ**"被读作"**หม้อ**",后来又用"**กุมภ**（水罐之意）"一词取而代之,一直沿用至今。

7. 蝎尾船（**เรือแม่ปะ/เรือหางแมงป่อง/เรือหางแมลงป่อง**）：是一种适于远途出行、运输的大型独木舟。全长16—18米,多为柚木制成,舱容大带顶棚,船头细长,船尾高翘形似蝎尾。划行时,一船夫坐在尾部艄舱内扳桨,控制航向,其余船夫坐或站在船头甲板上,篙桨并用,用人力推进。这种船型是人们体察天地、师法自然、观物取象的结果,汛期来临时,蝎子会躲于漂浮在水面上的椰子壳中,然后蝎尾高翘指向天空,于是受此启发,创造了这种形如蝎子的船型。据推测这种船型最早出现于哈里奔猜占玛黛薇女王统治时期,早期的北方贵族将其作为主要交通工具。之后常用于暹罗（曼谷）到清迈的货物往来,全程需2—3个月,耗时耗力。后来拉玛五世时期陆路交通逐渐发达,蝎尾船失去其重要性,最终从水中消失了。现今仅在泰北清迈地区能见到它的身影。

（四）专用船

1. 长船（**เรือยาว**）：一种首尾上翘、船体狭长的独木舟。全长约15—10哇（30—20

米），能容纳桨手约20—50人，专用于竞渡活动。一般用硬木类香波类来建造，首尾加附有色彩斑斓、样式精美的木雕，木雕部分一般可以拆开，在使用时才将其安装固定在船头和船尾，安装前还要举办拼接仪式和请灵仪式，在船头船尾缀以彩色绸缎、花环，摆好祭品祈求护船女神保佑此船顺利归来。

有关长船比赛的文字记载最早见于阿育陀耶王朝那莱王时期，法王路易十四派遣大使前往暹罗，使团中一位名为 Abbe de Choisy 的天主教神父在其信件中记录了他旅居泰国时的所见所闻。其中的两段文字生动地描写了那莱王所举办的船赛。文字的叙述内容如下：

"皇家舰队极为华丽壮观，船舰上约有150位桨手，每位桨手穿着金色揉甲，配戴金色头饰，手握镀金划桨，国王则身着镶嵌钻石的祭典服装……""然后国王一声令下，贵族们的船舰就按身份地位排成一列互相比赛，朝京都前进，每一艘船的桨手都相当强壮并且拥有高超的划桨技术。他们要应付湍急的水流，因此相当费劲。所以第一艘抵达的船可以获得丰厚的奖金，皇家船舰若赢得了比赛，每位桨手皆获得一斤（相当于600克）的银作为奖赏。"①

之后，赛长船逐渐变成民间热门运动。以河滨的寺庙为船赛举行的活动中心。长船归寺庙所有，长船比赛一般于重要佛事活动之后举行，旨在增加活动趣味性，也算一种做功德的方式。如今更多是作为一项传统民俗活动而存在，在每年雨季即将结束时，泰国各地都会举办传统长船比赛的节庆活动。

2. 木杠船（**เรือม่วง**）：一种小型独木舟。全长约3—4米，两头向内卷翘，与贡多拉船相似，船身纤细狭长，摇摆不定，必须使用左右双桨来推进。过去这类船多用于重要的仪式典礼，如节日竞渡、施放黄布、敬献僧衣等。

3. 虎舟（**เรือเสือ**）：一种船头纹样为虎头状且装有火炮的驱逐舰。最早见于阿育陀耶王朝时期，作为前导船，它排在舰队最前面，负责清理水中漂浮物，为后方舰船清除障碍。曼谷王朝时期，虎舟在皇家海军陆战队阅兵式中为护卫舰，至此，它完成了从御敌军舰到泰国王室典礼组成部分的转变。现存的虎舟属泰国王室所有，2019年12月泰王拉玛十世加冕御舟游行，现场共有52艘驳船，其中一艘名为**เรือเสือทะยานชล**的领头驳船，全长22.23米，船身画了一只彩色老虎，船头上安装并固定着一尊大炮，它的名字源自《LilitKrabuan Hae Phra Kathin Phayuhayattra Thang Thang Sathonlamak Lae Chonlamak（**ลิลิตกระบวนแห่พระกฐินพยุหยาตราทั้งทางสถลมารคแลทางชลมารค**）》（约1844年），于1991年被人们所修复。**เรือเสือทะยานชล**即为虎舟的典型代表。

4. 轿式船（**เรือเก๋งพั้ง**）：一种尖船首、方形尾、中间有顶棚的大型舢板船。长约14—15哇（28—30米），用船篙推进。过去这种船型为皇家驳船，至拉玛五世时期被轮船、汽船所取代。关于轿式船的来源有两种假说，一说认为，这种船型是1802年昭华·公摩坤②·伊沙拉努拉（**พระวรวงศ์เธอเจ้าฟ้ากรมขุน**）（王族受封第四等爵位者，相当于

---

① 德·舒瓦西修士著：《1685—1686暹罗之旅见闻》，汕托·科蒙布特译，诗立斑雅出版社，2021，第178页。
② บาทหลวง เดอ ชัวซีย์.จดหมายเหตุรายวันการเดินทางไปส่ประเทศสยามในปี ค.ศ.๑๖๘๕และ๑๖๘๖ แปลโดย สันต์ ท.โกมลบุตร.กรุงเทพฯ:สำนักพิมพ์ศรีปัญญา. 2564. p178.

子爵）领兵参与对柬埔寨、越南的战争时，才将其引入泰国本土。另一说认为它源自中国，因为"เก๋งพั๋ง"一词与潮州方言中宫（gêng¹，"เก๋งพั๋ง"）帆（pang⁵，"เรือใบ"）的发音十分接近，故而这种船型是伴随大量华人南下而来。笔者认为无论持何种说法，其来源都指向的中华文化。

结　语

依水而生，因水而兴，逐水而居，一直是人类生存与发展的基本原则。通过逐水而居，人类先民获得了一种简朴和充满希望的生活生产方式，并对水产生了亲和、依赖和畏惧心理。古代四大文明均与河流有关，随着时代变迁，人们的生活生产方式不断改变，但择水而居这一生活方式却保留至今。之于中南半岛上的泰国亦是如此。

虽然泰国舟船产生的具体历史时间难以考证，但是多项考古发掘都说明了至少在新石器时代古泰人就有造舟驾船的能力。随着生产技术的不断提高，从原始的渡水浮具发展为独木舟、木板船、帆船，可以说舟船的发展历程是泰人科技水平与文明程度的不断提高的佐证。舟船的发展不断适应着泰国社会经济发展的要求，进而衍生出了蝎尾船、尖艇、告兰船、长尾船、王室驳船等极具特色的船型，在造船泛舟过程中，面对强大不可抗拒的自然力量，使得泰人对自然力量十分敬畏崇拜，随之以自然力崇拜为核心的祭祀仪式大量产生。这些都是对泰人所处的水资源丰富、水系发达的生存环境以及择水而居、操舟泛海的生活方式的重要体现。

舟船作为古代泰人日常生活中必不可少的一部分，在拉玛五世统治之前，舟船一直是最主要的交通工具。丰富多彩的日常生活中都有舟船的身影，舟船也构成了当代泰民族认同的一部分。在那个以舟楫为主宰货运的时代，湄南河是联系中部地区与外部经济生活的重要纽带，是泰国的交通主动脉和生命线，也是一条重要的文化传输长廊。可以说，泰国经济的发展与城市的兴盛都离不开湄南河的恩泽。两岸的泰人得水之力，因水而兴，繁衍生息，而便捷的水运交通，也大大促进了中部地区商贸的繁荣。沿岸大小不一的水上市场、行于水上造型各异的船只都是社会历史文化发展的见证。

今天，船只显然已不再是泰人主要的出行工具，但它在文化方面依然发挥着重要的作用，成为水上交通民俗的主角，伴随着人民的生产及生活方式长期相对地固定下来，成为人们日常生活的一部分。它不仅仅是人们水上运输的工具，更是传统工艺与民间技艺的结合，集文化、体育、艺术和民族性为一体，凝聚了人们的生活方式、思想观念、审美系统。相信舟船以其顽强的生命力将会作为暹罗古国独特的文化符号继续传递下去。

超越拥堵：澜湄合作机制的发展路径探析

卢光盛　金　珍*

【摘　要】 湄公河地区"制度拥堵"的困境由来已久，而中国倡导和引领的澜湄合作机制作为区域合作制度的"后来者"，在相当程度上被视为新的"竞争者"。国内外各界更多地关注了澜湄合作机制与既有制度的竞争性，而大大忽略了二者间的互补性。事实上，澜湄合作机制更应该被称为地区合作制度的"补充者"。正因如此，澜湄合作机制要突破"制度拥堵"的困局，就不仅需要克服"制度竞争"给制度本身及地区治理带来的负面影响，还应避免单纯"制度合作"而产生的效率低下，应该选择"制度竞合"的发展路径。制度竞合，即制度竞争与制度合作的融合，结合二者的优势，超越二者的缺陷，实现"竞合"各方的双赢乃至多方共赢。对于正在向世界大国方向发展的中国而言，澜湄合作机制的发展路径选择，将为中国在制度创设和规则创新等方面提供理论参考和经验借鉴，也将在实践层面有力地推动"澜湄国家命运共同体"的建设，为构建周边命运共同体和人类命运共同体提供重要探索。

【关键词】 澜湄合作机制；制度竞合；澜湄国家命运共同体；地区治理

引　言

湄公河地区是中国参与国际区域合作的最早、最重要的方向之一，是"构建人类命运共同体从周边起步"[①]的试验田，也是中国推动中国—东盟命运共同体建设的重要支撑。自1992年该地区开启制度化合作进程以来，中国一直是重要的参与方和积极的建设者。2015年11月，中国与缅甸、泰国、老挝、柬埔寨、越南五个国家共同发起成立"澜沧江—湄公河合作机制"（简称"澜湄合作"，Lancang – Mekong Cooperation，LMC）。在相关国家的共同努力下，澜湄合作在制度建设以及各领域务实合作等方面不断取得新的积极进展，已从快速拓展期进入全面发展期。[②] 从冷战前后较长的历史时段看，澜湄合作的建立和发展，尤其是"澜湄命运共同体"建设目标的提出和推进，标志着中国与湄公河国家的双边和多边关系进入了历史最好时期。

然而，在湄公河地区已有多项区域性国际制度的背景下，澜湄合作作为"新来者"或

---

* 卢光盛，云南大学国际关系研究院/周边外交研究中心教授；金珍，云南师范大学马克思主义学院副教授。
① 习近平：《深化合作伙伴关系　共建亚洲美好家园：在新加坡国立大学的演讲》，人民出版社，2015，第6页。
② 《王毅谈未来澜湄合作重点》，http://new.fmprc.gov.cn/web/wjdt_674879/wjbxw_674885/t1747793.shtml，中华人民共和国外交部，2020年6月30日。

"迟到者"同样面临非常复杂的制度环境。该地区自冷战结束以来已经建立了数量众多的国际制度①,在过去的三十年里主要经历了两次制度建设的高峰。第一次是在20世纪90年代初,随着冷战结束,湄公河地区开启了"由战场向市场"转变的进程,兴起了以澜沧江—湄公河为主轴的制度建设。②大湄公河次区域经济合作、湄公河委员会、东盟—湄公河流域开发合作等制度相继建立。第二次是在2008年国际金融危机发生之后,随着国际和地区政治经济秩序的发展变化,印度、日本、美国、韩国等地区外的国家相继在湄公河地区建立自我主导的合作平台。这些制度在合作成员、议题领域等方面交错重叠,形成了"制度拥堵(institutional congestion)"③的局面,也已成为亚洲竞争性多边主义整合难题的一部分。澜湄合作的行稳致远意义重大,有必要全面评估该地区的制度发展环境,妥善处理和协调澜湄合作与既有国际制度之间的互动关系,制定参与制度间互动的原则和策略。

一、既有研究及不足

湄公河地区地处东亚、东南亚、南亚三大区域和太平洋、印度洋的结合部,地缘战略意义突出,多种利益复杂交织,成为各方权力和利益角逐的焦点。域外国家、国际组织对湄公河地区的兴趣和关注度逐步增加,资源投入不断加大。在该地区制度化发展的过程中,学界对于制度建设的发展路径、面临的问题和挑战等进行了长期的观察和思考。其中,关于湄公河地区"制度拥堵"以及澜湄合作机制建设的相关研究,可以为本文提供有益的线索和启示。

(一)关于湄公河地区"制度拥堵"的研究

学界早已关注到湄公河地区为数众多的国际制度,以及复杂的制度关系。尽管关于"制度拥堵"的概念④,缺乏非常准确的定义,但是其基本内涵是比较清晰的。本文认为,"制度拥堵"主要指同一地域或治理领域内,多项制度重叠并行、层次混乱的制度间状态。在制度拥堵的背景下,各项制度之间相互竞争、相互干预且削弱了治理的有效性。

"制度拥堵"的产生源于国际制度本身。具体而言,在于国际制度受益者的非竞争性与

---

① 在本文的语境中,对"国际制度"做广义的理解,将国际层面的"机制、条约、倡议"等,均视为"国际制度"的形态或者表现形式。本文中的"制度"都是指国际制度,区别于国内制度。

② Karen Bakker, "The politics of hydropower: developing the Mekong," *Political Geography*, Vol. 18, No. 2, 1999, pp. 209 – 232.

③ 2009年以来,国内外的研究者对于这一现象提出了相似的术语,其核心都指向制度的"拥堵(congestion)"。根据日本学者的研究,"湄公河拥堵(Mekong congestion)"最早是由亚洲开发银行的人员提出并使用。参见 Masaya Shiraishi, "Japan toward the Indochina Sub - region," *Journal of Asia - Pacific Studies*, No. 13, October 2009, p. 15. 联合国的报告中称其为"条约拥堵(treaty congestion)",参见 Sokhem Pech, "UN Water courses Convention Greater Mekong Sub - region," 2011, p. 9, http://www.unwatercoursesconvention.org/images/2012/10/Mekong - and - UNMC.pdf. 国内学者称"机制拥堵",参见毕世鸿《机制拥堵还是大国协调——区域外大国与湄公河地区开发合作》,《国际安全研究》2013年第2期,第58 – 73页。

④ 参见 Edith Brown Weiss, "International Environmental Law: Contemporary Issues and the Emergence of a New World Order," *Georgetown Law Journal*, Vol. 81, No. 3, 1993, pp. 675 – 710; Mawson, J., "New Labour and the English regions: a missed opportunity?," *Local Economy*, November, 1997, pp. 194 – 203.

国际制度的竞争性,这两种看似矛盾的特征实则具有紧密的内在关联。① 首先,国际制度一旦形成后便成为公共产品,具备了公共产品所具有的受益者非竞争性的本质特征。对于湄公河国家而言,大多数国家没有能力独立开发宝贵的资源,开发的综合性又很强,只有沿岸国家全面开展合作才有发展前景,但由于内源型资金不足而需要国际力量的广泛参与。因此湄公河国家之间,以及湄公河国家与域外国家、国际组织之间都广泛开展合作,搭建起多个合作平台,湄公河地区国际制度数量的不断增长。其次,国际制度本身具有竞争性。一方面,国际制度在数量上并不是唯一的,当其作为区域性公共产品体现时更是如此。同一地区可能会存在多种不同的区域性公共产品,这些公共产品往往由不同的国家或国际组织主导提供,彼此之间存在利益的争夺。随着国际制度数量的不断增加,制度之间的竞争就难以避免。另一方面,国际制度不是一成不变的,本身就存在兴衰更替的内在规律。当前,全球和地区层面的新议题大量涌现,国际制度更加需要充分发挥自身效能,对相关挑战进行有效应对。国际制度调整缓慢或者应对失效时,新的国际制度就会相应产生。茱莉亚·摩尔斯(Julia C. Morse)和罗伯特·基欧汉(Robert O. Keohane)在"竞争性多边主义"中认为,对现有国际制度不满的行为体会通过退出、呼吁或者是创建新的国际制度,来追求自身的国际议程和政策目标。② 新制度与旧制度在功能上往往存在交叉和重合,这会产生替代效应,从而导致新旧制度间的竞争加剧。

由此,可以发现"制度拥堵"的两个鲜明表现。一是在数量上,同一区域、同一治理领域有着众多的国际制度。早在1997年,唐纳德·韦瑟比(Donald E. Weatherbee)在《湄公河地区的合作与冲突》一文中就已提出,在湄公河地区,各个国家有着不同的利益需求,各项合作制度也有着不同的发展战略,因此导致合作制度不断增多,制度间相互重叠、冲突的问题日益突出。③ 国内学者贺圣达先生指出,湄公河地区的合作机制具有多样性、多层次性,大体可以概括为由域外国家主导或参与的合作、国际组织推动的合作、次区域国家间的合作、国际非政府组织参与的合作等。这种多重合作机制并存的复杂状况,既反映出湄公河地区合作引起了广泛的关注和重视,也反映出各方的不同利益和侧重,以及各项机制间缺乏总体的规划和协调。④

二是在制度关系上,国际制度之间普遍存在竞争关系。同一区域或治理领域的"制度密度"⑤越高,则制度间的竞争越激烈;某一制度与其他制度存在的交叉、重合度越高,其面临的竞争越激烈。在湄公河地区,美国、日本、东盟等大国和组织的积极参与,使得各方利益交汇重叠,从而导致相互竞争、相互博弈的局面不断上演。中国与湄公河地区接壤,国

---

① 李杨、黄艳希:《中美国际贸易制度之争——基于国际公共产品提供的视角》,《世界经济与政治》2016年第10期,第118-119页。

② Julia C. Morse and Robert O. Keohane, "Contested Multilateralism," *Review of International Organization*, Vol. 9, No. 4, 2014, pp. 385-412.

③ Donald E. Weatherbee, "Cooperation and conflict in the Mekong river basin," *Studies in Conflict & Terrorism*, Vol. 20, No. 2, 1997, pp. 172-173.

④ 贺圣达:《大湄公河次区域合作:复杂的合作机制和中国的参与》,《南洋问题研究》2005年第1期,第7页。

⑤ 参见 Oran R. Young, "Institutional Linkages in International Society: Polar Perspectives," *Global Governance*, Vol. 2, No. 1, 1996, pp. 1-24; Oran R. Young, *The Institutional Dimensions of Environmental Change: Fit, Interplay, and Scale*, Cambridge: MIT Press, 2002.

外研究者往往将湄公河地区称为中国的"后院"①，进而对中国参与湄公河地区开发合作的活动以及制度建设格外关注。2010年，吉松秀隆在《湄公河地区、区域一体化以及东盟、中国、日本的政治竞争》中，指出东盟、中国、日本在湄公河地区展开了激烈的制度竞争，但中国与日本的政策动机存在着明显的差异，中国主要寻求地区发展与商业利益，而日本因自身实力的下降，在湄公河地区的策略由推进经济合作转向针对中国的地缘政治博弈。②2015年，吉松秀隆在《美国、中国和湄公河地区的地缘政治》中指出，美国加强与湄公河地区合作，是其"重返亚洲"战略的一部分，目的是为了应对中国在亚洲日益增长的影响力。③还有研究者指出，印度、中国分别采取与湄公河国家建立多重合作机制的举措，相互进行较量以赢得利益最大化。④

湄公河地区的制度拥堵给地区合作带来了负面影响，主要在于各行为体特别是中小国家基于实用主义的态度，普遍参与各类相互重叠甚至竞争性的区域合作安排，导致机会主义的盛行。⑤各机制之间彼此牵制且普遍存在机制建设不完善的问题，增加了合作中的经济成本，政治和安全成本也在不断增大，影响湄公河地区开发合作的整体进程。这对于一个欠发达地区来说并非幸事，湄公河地区的国际机制需要开展对话和协调。⑥

(二) 关于澜湄合作的制度建设及争议

"制度拥堵"的背景下，澜湄合作的建立与发展自然颇为引人关注。澜湄合作由中国与湄公河国家共同创建，研究者们主要从中国外交政策的变化来解读，认为继"一带一路"、亚洲基础设施投资银行等全球治理层面的新举措之后，澜湄合作是中国在区域层面的具体实践，标志着中国在湄公河地区的外交战略更趋于积极主动。值得关注的是，国外研究者们主要从地缘政治的视角对澜湄合作进行观察。中国推动成立澜湄合作的动机是什么，是为了与美国、日本等国家展开新一轮政治博弈吗？湄公河地区此前比较有影响力的国际制度是

---

① 参见 David Scott, "The Great Power 'Great Game' between India and China: Genesis and Implications," *Australian Journal of International Affairs*, Vol. 58, No. 2. 2004, p. 271; Sebastian Biba, "Desecuritization in China's Behaviortowards Its Transboundary Rivers: theMekong River, the Brahmaputra River, and the Irtysh and Ili Rivers," *Journal of Contemporary China*, Vol. 23, No. 85, 2014, pp. 21 – 43; Renwick N., *China as a Development Actor in Southeast Asia* (Brighton: Institute of Development Studies, 2016).

② Hidetaka Yoshimatsu, "The Mekong Region, Regional Integration, and Political Rivalry among ASEAN, China and Japan," *Asian Perspective*, Vol. 31. No. 3, 2010, p. 108.

③ Hidetaka Yoshimatsu, "The United States, China, and Geopolitics in the Mekong Region," *Asian Affairs: An American Review*, Vol. 42, No. 4, 2015, p. 185.

④ Jürgen Rüland and Arndt Michael, "Overlapping regionalism and cooperative hegemony: how China and India compete in South and Southeast Asia," *Cambridge Review of International Affairs*, Vol. 32, No. 2, 2019, pp. 1 – 23.

⑤ G. John Ikenberry, "Between the Eagle and the Dragon: America, China, and Middle State Strategies in East Asia," *Political Science Quarterly*, Vol. 20, No. 20, 2015, pp. 1 – 35.

⑥ 毕世鸿:《机制拥堵还是大国协调——区域外大国与湄公河地区开发合作》,《国际安全研究》2013年第2期,第58 – 73页。

"大湄公河次区域经济合作"①、"湄公河委员会"②,澜湄合作是对这些制度的"另起炉灶"吗? 相关问题引起了持续热议。

一些研究者主要从澜湄合作的成员构成来进行解读,认为澜湄合作是中国在建立以自身为中心的地区秩序的利益驱动下,与湄公河国家加强合作的重要外交实践。澜湄合作机制是中国与美国、日本等国家开展地缘竞争的新工具。③ 塞巴斯蒂安·比巴(Sebastian Biba)提出,澜湄合作的成员包括了澜沧江—湄公河流域的六个国家,更重要的是没有任何的域外国家作为成员,或者是参与其中。这与湄公河委员会有着大量的西方捐赠国不同,也与大湄公河次区域经济合作不同,该机制由亚洲开发银行发起,而日本、美国在其中拥有很大的投票权。澜湄合作就是为了排除美国、日本等国家的力量,中国将在湄公河地区施展独家的影响力。④ 还有学者关注到澜湄合作的成员中,湄公河沿岸的五个国家均为东盟成员,相比海上东盟国家,中国对陆上东盟国家有着更大的经济和政治影响力,现在中国通过新机制来加强与湄公河国家的合作,这会影响东盟国家的团结,对东盟原本脆弱的一体化造成挑战。⑤

此外,湄公河发源于中国,在中国境内被称为澜沧江,澜湄合作以跨境河流的名称命名,也遭到过度解读。有观点认为,新机制采用"澜沧江—湄公河"这一名称,就是中国意在突出自身位于河流的上游,标榜中国在合作中更具优越性和影响力。⑥ 有观点认为,用"澜沧江—湄公河"这一地理标签来命名,是中国建立排他性地区机制的有效方式,因为机制名称已经清晰地说明了其成员范围,而中国在合作中占据了主导地位。⑦

还有些研究者主要从澜湄合作的合作议题来进行解读,认为澜湄合作与湄公河地区既有制度广泛存在交叉和重叠,已经对地区的多项制度造成了挑战。对比澜湄合作提出的"三大支柱"和"五个优先领域"⑧,澜湄合作的确囊括了大湄公河次区域经济合作及湄公河委员会的优势领域。因此,尽管澜湄合作自创建之初,就提出秉持开放包容精神,与地区内其

---

① 大湄公河次区域经济合作(Great Mekong Subregiona Cooperation,简称 GMS),由亚洲开发银行在 1992 年发起成立,成员国包括中国、柬埔寨、老挝、缅甸、泰国、越南 6 国。GMS 的宗旨是通过加强各成员间的经济联系,消除贫困,促进次区域的经济和社会发展。

② 湄公河委员会(Mekong River Commission,简称 MRC)前身为联合国亚洲及太平洋经济社会委员会于 1957 年发起的"湄公河下游调查委员会"("老湄公河委员会")。1995 年 4 月,泰国、老挝、柬埔寨和越南四国签订《湄公河流域发展合作协定》,成立新湄公河委员会。1996 年,中国和缅甸成为湄公河委员会对话国。

③ Joel Wuthnow, "Asian Security without the United States? Examining China's Security Strategy in Maritime and Continental Asia," *Asian Security*, Vol. 14, No. 3, 2017, pp. 230 – 245.

④ Sebastian Biba, "China's 'old' and 'new' Mekong River politics: The Lancang – Mekong cooperation from a comparative benefit – sharing perspective," *Water International*, Vol. 43, No. 5, 2018, pp. 633.

⑤ Pongphisoot Busbarat, "Grabbing the Forgotten: China's Leadership Consolidation in Mainland Southeast Asia through the Mekong – Lancang Cooperation," ISEAS Perspective, Issue7, 2018, Jane 30, 2020, http://iseas.edu.sg/images/pdf/ISEAS_Perspective_2018_7@50.pdf.

⑥ Jessica M. Williams, "Stagnant Rivers: Transboundary Water Security in South and Southeast Asia," *Water*, Vol. 10, No. 12, 2018, p. 10.

⑦ Poowin Bunyavejchewin, "The Lancang – Mekong Cooperation (LMC) Viewed in light of the Potential Regional Leader Theory," *Journal of Mekong Societies*, Vol. 12, No. 3, 2016, p. 61.

⑧ 澜湄合作机制的"三大支柱",即政治安全、经济和可持续发展、社会人文,五个优先领域,即优先在互联互通、产能、跨境经济、水资源、农业和减贫领域开展合作。

他机制相互补充,协调发展。① 持怀疑态度的观察者认为澜湄合作与既有制度的关系仍然有待观察,普遍认为澜湄合作已经对旧制度造成了冲击。② 国内也有研究者分析指出,大湄公河次区域经济合作与澜湄合作在成员构成、合作领域、运行方式等方面的共同点,决定了二者存在竞争关系。在一定程度上呈现出前者的发展停滞甚至后退,而后者的影响力在迅速扩大的竞争现状。③ 更有争议的是,澜湄合作将水资源合作列为优先合作领域之一,那么未来澜湄合作会不会将湄公河委员会"取而代之"?有观点认为,湄公河委员会与澜湄合作代表了截然不同的规范和规则,前者的水资源合作是基于规则的约束,后者则更多依赖于中国的善意。④ 还有观点提出,在推进经济现代化方面,中国与湄公河国家有着共同的梦想,但是在水资源的可持续开发和管理方面,中国与下游的湄公河国家却是"同床异梦"。⑤

在关于澜湄合作的争议中,这项新制度被普遍视为湄公河地区多项既有制度的"竞争者",俨然成为"众矢之的"。⑥ 针对澜湄合作的种种疑虑和质疑,不仅影响其合法性,更是阻碍了地区合作的深度推进。

(三) 既有研究的不足

综上所述,湄公河地区的"制度拥堵"由来已久,其实质在于各参与方的利益博弈,由此产生了数量众多的合作制度,各项制度间普遍存在竞争关系。这种局面将长期存在,并随着各方力量的此消彼长而发生新变化。

国内外学界关注了湄公河地区出现"制度拥堵"的成因、表现,认为"制度拥堵"增加了各参与方的合作成本,影响了地区治理的有效性,阻碍了地区合作的深入推进,呼吁和强调湄公河地区制度间要相互包容、加强协调。但是对于各项制度而言,更深层次的问题在于,在"制度拥堵"的环境下究竟应该选择怎样的发展路径?是通过不断开展制度竞争以实现"胜者为王",还是通过制度合作,实现各方的"互利共赢"?相关文献缺乏对于这一核心问题的深切关注。特别是就澜湄合作而言,在制度数量问题上"没有最多只有更多"的湄公河地区,"后来者"是否必然等于新的"竞争者",澜湄合作将与各项既有制度展开激烈的竞争吗?澜湄合作的发展定位究竟是什么,是否可以找到突破"制度拥堵"的新路径?本文对相关问题进行实证分析和理论探讨。

二、澜湄合作:新来的竞争者?

对比湄公河地区的既有制度,如果仅仅从地缘政治的视角来进行观察,那么很容易为澜湄合作贴上"竞争者"的标签,但是在准确把握了地区诸多国际制度的特点,以及湄公河

---

① "Joint Press Communiqué of the First Lancang – Mekong Cooperation Foreign Ministers' Meeting," November 12, 2015, June 30, 2020, http://www.lmcchina.org/eng/zywj_5/t1514151.htm.

② Jessica M. Williams, "Emerging costs of China's belt and road strategy for transboundary water in south and southeast Asia," *International Journal of Energy and Water Resources*, pp. 81 – 92.

③ 罗仪馥:《从大湄公河机制到澜湄合作:中南半岛上的国际制度竞争》,《外交评论》2018 年第 6 期,第 119 页。

④ Carl Middleton and Jeremy Allouche, "Watershed or Powershed? Critical Hydropolitics, China and the 'Lancang – Mekong Cooperation Framework'," *The International Spectator*, Vol. 51, No. 3, 2016, pp. 100 – 117.

⑤ Sebastian Biba, "China's 'old' and 'new' Mekong River politics: The Lancang – Mekong Cooperation from a Comparative Benefit – sharing Perspective," *Water International*, Vol. 43, No. 5, 2018, pp. 633.

⑥ 邓涵:《"峰年会"看澜湄地区制度竞合》,《当代亚太》2019 年第 6 期,第 106 页。

地区发展的现实情况之后,应该看到澜湄合作机制对既有机制而言,不仅有着突出竞争性,同时也有着鲜明的互补性,将其称为湄公河地区制度的"补充者"更为恰当。

(一)澜湄合作的发展动力源于内力驱动

一方面,澜湄合作弥补了中国在地区治理中的不足。从湄公河地区制度建立的时间轴来看(见表1),澜湄合作似乎就是针对"日本—湄公河合作""湄公河下游倡议"等制度而建立。然而,认为澜湄合作是中国与美国、日本等国家竞争工具的观点,忽视了中国与美国、日本等国家的一个重要区别,即中国与湄公河国家接壤,共同面临"澜沧江—湄公河"这一国际河流的开发与管理等诸多难题,以及由此产生的共同利益与共同需求。澜湄合作的真正驱动力来自区域内部,六国同属澜沧江—湄公河流域,面临发展经济、改善民生的共同任务,也面临全球及地区经济下行压力加大,以及传染病防控、灾害管理、环境问题、恐怖主义、网络犯罪等非传统安全威胁带来的挑战,域内国家的利益需求是建立新制度的根本动力。

对比澜湄合作成立以前,湄公河地区制度主要呈现出"外力驱动"的特性。尽管各项制度都是以湄公河国家为中心的"合作圈",即湄公河国家是"轮毂",而域外国家是"辐条",但是域外国家才是推进合作的动力源。① 各项合作倡议、议程、资金主要靠域外国家以及国际组织提供支持并推动,湄公河国家则是配合与跟进。在此前,中国并没有在湄公河地区既有制度中居于主导地位,六国共同参与的合作平台就是亚洲开发银行(简称亚行)倡导的大湄公河次区域经济合作。在经历了二十多年的快速发展之后,经济合作产生的积极效应,不断向政治安全、社会文化等领域"溢出",六国面临如何推进合作深度、拓展合作广度,以及如何完善制度建设等瓶颈。② 2008年国际金融危机发生之后,大湄公河次区域经济合作的局限性更加凸显,而中国的综合实力不断提升,却一直未能在合作中有效发挥地区大国的应有作用。面对地区深度合作的大趋势和大湄公河次区域经济合作的现实困境,澜湄合作应运而生。

从大湄公河次区域经济合作的发展成熟,到澜湄合作的建立与发展,体现的恰恰是湄公河地区合作由"外力驱动"向"内力驱动"的转变,也充分体现出任何区域的和平与发展只能依靠域内国家自主努力的国际政治经济现实。六国有了独立的合作平台,共同商讨和解决地区治理的难题,而中国成为澜湄合作的引领者和推动者,也是实力使然。应该看到,在地区合作发展过程中由一个或几个有能力的成员国使用主导权推动地区发展,是促进地区合作较快成熟、及时消除内部不安定因素的一个重要力量。反之,若有能力、有资源的国家不发挥引领作用,则可能导致合作始终徘徊在低水平和低层次。正是有着这些"天时地利与人和",澜湄合作迅速发展成为地区合作的重要平台。

---

① 卢光盛:《澜湄机制如何从湄公河地区诸多边机制中脱颖而出》,《当代世界》2016年第5期,第26页。
② 卢光盛、金珍:《"一带一路"框架下大湄公河次区域合作升级版》,《国际展望》2015年第5期,第72页。

表 1 湄公河地区主要国际制度的概况

成立时间	制度名称	成　员①
1992 年	大湄公河次区域经济合作 (the Greater Mekong Sub - regional Economic Cooperation, GMS)	中国（云南、广西）、柬埔寨、老挝、缅甸、泰国、越南
1995 年	湄公河委员会 (Mekong River Commission, MRC)	泰国、老挝、柬埔寨、越南
1996 年	东盟—湄公河流域开发合作 (ASEAN - Mekong Basin Development Cooperation, AMBDC)	东盟十国、中国
1999 年	柬老越发展三角 (Cambodia - Laos - Vietnam, CLV)	柬埔寨、老挝、越南
2000 年	恒河—湄公河合作 (Ganga - Mekong Cooperation, GMC)	印度、柬埔寨、老挝、缅甸、泰国、越南
2003 年	伊洛瓦底江—湄南河—湄公河经济合作战略 (Ayeyawady - Chao Phraya - Mekong Cooperation Strategy, ACMECS)	缅甸、泰国、老挝、柬埔寨、越南
2004 年	柬老缅越合作 (Cambodia - Lao - Myanmar - Vietnam, CLMV)	柬埔寨、老挝、越南
2008 年	日本—湄公河合作 (Japan - Mekong Cooperation, JMC)	日本、柬埔寨、老挝、缅甸、泰国、越南
2009 年	湄公河下游倡议 (Lower Mekong Initiatives, LMI)	美国、柬埔寨、老挝、泰国、越南、缅甸
2011 年	韩国—湄公河合作 (Republic of Korea - Mekong Cooperation, KMC)	韩国、柬埔寨、老挝、缅甸、泰国、越南
2015 年	澜沧江—湄公河合作 (Lancang - Mekong Cooperation, LMC)	中国、柬埔寨、老挝、缅甸、泰国、越南

资料来源：根据上述国际制度相关网站的信息整理。

另一方面，澜湄合作并不是对东盟的分裂，而是丰富了中国—东盟合作框架。中国与东盟在湄公河地区有着广泛的共同利益，已经建立起全方位、多领域、多层次的合作关系。早在 1996 年，当时的东盟七国与老挝、缅甸、柬埔寨、中国共同成立"东盟—湄公河流域开

---

① 中国（广西壮族自治区）在 2005 年加入大湄公河次区域经济合作；越南在 2004 年加入"伊洛瓦底江—湄南河—湄公河经济合作战略"；缅甸在 2012 年加入湄公河下游倡议。

发合作"。① 此后,积极参与湄公河地区合作成为东盟增强成员国间相互信任,凝聚成员国向心力的重要举措,缩小发展差距成为东盟内部重要且长期优先的领域。② 经过多年的发展,尽管已经取得了很多重要成果,但是相对东盟其他成员,湄公河地区国家的发展仍然比较滞后,东盟国家间存在的发展差距是东盟实现一体化面临的重大挑战。

2012年,泰国率先提出加强地区合作的倡议,中国政府给予积极回应。2014年11月,中国国务院总理李克强在第17次中国—东盟领导人会议上提出,"为促进东盟次区域发展,中方愿积极响应泰方倡议,在10+1框架下探讨建立澜沧江—湄公河对话合作机制,并于明年适时举行外长会和外交高官会。"③ 该倡议得到了东盟的支持,在会后发表的《第17次中国—东盟领导人会议主席声明》中明确提出:"我们支持中国与湄公河流域国家开展更紧密的次区域合作。我们欢迎泰国提出的澜沧江—湄公河次区域可持续发展倡议,该倡议将有助于缩小东盟国家间的发展差距。我们欢迎中国和湄公河次区域国家探索建立相关对话与合作机制的可能性。"④ 由此,"澜沧江—湄公河合作"进入了实质性构建阶段。⑤

2015年底,东盟宣布东盟共同体正式成立。2016年3月,澜湄合作首次领导人会议召开,会议通过《三亚宣言》明确提出,"澜湄合作与东盟共同体建设优先领域及中国—东盟合作全面对接,与既有次区域机制相互补充、协调发展。"⑥ 澜湄合作的发展有利于促进各成员国经济社会发展和可持续增长,也有利于缩小东盟国家间发展差距,推进东盟共同体建设和一体化进程。

(二)澜湄合作弥合了大湄公河次区域经济合作与湄公河委员会之间的裂隙

大湄公河次区域经济合作与湄公河委员会都是在湄公河地区比较有影响力的制度,但二者有着明显的区别。前者包括了澜沧江—湄公河沿岸的所有国家,具有广泛的代表性。不过从制度建设来看,尽管水电开发、农业、旅游、航运等诸多领域都涉及河流本身,但是"水资源"管理这一个核心问题长期未纳入大湄公河次区域经济合作框架内。尤其是2009年以来,实施《扩大次区域能源合作行动路线图》、加快构建区域统一电力市场等举措,引发多方关于水资源开发、环境保护等问题的争议与批评。⑦ 后者则是一个致力于水资源开发与管理的政府间组织,其成员仅为柬埔寨、老挝、泰国和越南,这也使得其权威性和有效性

---

① 在湄公河地区,除了泰国为东盟创始成员国之外,越南(1995年)、老挝(1997年)、缅甸(1997年)、柬埔寨(1999年)先后加入东盟。
② Shaun Narine, "ASEAN and the Management of Regional Security," *Pacific Affairs*, Vol. 71, No. 2, 1998, pp. 195 – 214.
③ 《李克强在第17次中国—东盟(10+1)领导人会议上的讲话(全文)》,中华人民共和国中央人民政府,2020年6月30日。http://www.gov.cn/guowuyuan/2014 – 11/14/content_ 2778300.htm.
④ "Chairman's Statement of 17th ASEAN-China Summit," 13 November 2014, June 30, 2020, https://www.asean.org/wp – content/uploads/images/Chairmans_ statement_ of_ 17th_ ASEAN – China_ Summit.pdfh.
⑤ 2015年4月6日,首次澜沧江—湄公河对话合作外交高官会在北京成功举行,正式启动筹备工作。此次会议上,各方同意删除机制名称中的"对话",改称"澜沧江—湄公河合作"。
⑥ "Sanya Declaration of the First Lancang – Mekong Cooperation (LMC) Leaders' Meeting," 23 March 2016, http://www.lmcchina.org/eng/zywj_ 5/t1513793.htm.
⑦ Philip Hirsch, "The Changing Political Dynamics of Dam Building on the Mekong," *Water Alternatives*, Vol. 3, No. 2, 2010, pp. 312 – 323.

大打折扣。事实上，自成立以来，二者的关系就存在着严重的脱节。① 在20世纪90年代及21世纪初，前者推进的一些重大项目与后者的任务直接相关，如老挝在湄公河支流修建大坝、澜沧江疏浚项目等，但是前者基本将后者处于边缘化的地位。与此同时，湄公河委员会制定了地区发展的计划，提出与大湄公河次区域经济合作等制度协调推进地区经济一体化，但该战略的实施却是举步维艰。② 在区域电力贸易等项目上，两项制度间缺乏协调，难以实现对国际河流的有效治理。③

在气候变暖、水资源稀缺性危机不断加重的时代背景下，水资源安全日益成为湄公河地区合作的重要内容。湄公河地区的双边和多边合作机制应该开展更多的合作，而不是相互竞争。④ 更有效的合作框架应该是沿岸所有国家都平等地参与，并且能够有效避免外部干预，这意味着在跨界水资源治理问题上，要平衡各方利益就迫切需要建立一个强有力的制度。⑤ 澜湄合作就是"因水而生"，水资源合作作为优先合作领域之一，已经展开了积极的行动。2017年6月成立了澜湄水资源合作中心，主要支撑六国在技术交流、研究、信息共享和能力建设方面的合作。2019年12月，首次澜湄水资源合作部长级会议在北京举行，会议通过《澜湄水资源合作部长级会议联合声明》和《澜湄水资源合作项目建议清单》。期间，澜湄水资源合作中心与湄公河委员会秘书处签署了谅解备忘录，双方将主要通过经验分享、数据和信息交换、联合评价和研究等方式，共同推动流域国家经济社会的可持续发展。⑥

当前澜沧江—湄公河的跨界治理领域有着众多合作机会，如果不立即采取行动，未来将会面临巨大挑战，地区的和平、繁荣与可持续发展，掌握在沿岸国家的手中。⑦ 中国作为澜沧江—湄公河的上游国家，积极引领和推进澜湄合作，与湄公河国家加强水资源合作与管理，体现的正是中国的大国责任与担当。

---

① Philip Hirsch and Kurt Mørck Jensen, *National Interest and Transboundary Water Governance in the Mekong*, Sydney: Australian Mekong Resource Center, University of Sydney, 2006.
② Philip Hirsch, "The Shifting Regional Geopolitics of Mekong Dams," *Political Geography*, Vol. 51, 2016, pp. 63–74.
③ Carl Middleton and John Dore, "Transboundary Water and Electricity Governance in Mainland Southeast Asia: Linkages, Disjunctures and Implications," *International Journal of Water Governance*, Vol. 1, 2015, pp. 93–120.
④ Andrea Haefner, "Regional environmental security: cooperation and challenges in the Mekong Subregion," *Global Change, Peace & Security*, Vol. 25, No. 1, 2013, p. 28.
⑤ Apichai Sunchindah, "The Lancang – Mekong River Basin: Reflections on Cooperation Mechanisms Pertaining to a Shared Watercourse," February 2013, RSIS, June 30, 2020, https://www.rsis.edu.sg/rsis-publication/nts/2421-the-lancang-mekong-river-basin/.
⑥ "Memorandum of Understanding Between the Mekong River Commission Secretariat and the Lancang – Mekong Water Resources Cooperation Center," 17 December 2019, http://www.mrcmekong.org/assets/News/MRCS_ LMC-Water-Center-MOU_ 2019.pdf.
⑦ R. Edward Grumbine, "Using transboundary environmental security to manage the Mekong River: China and South – East Asian countries," *International Journal of Water Resources Development*, Vol. 34, No. 5, 2017, pp. 792–811.

表2 三项制度的比较

	大湄公河次区域经济合作（GMS）	湄公河委员会（MRC）	澜湄合作（LMC）
成立时间	1992年	1995年	2015年
成员	中国（云南、广西）、柬埔寨、老挝、缅甸、泰国、越南	泰国、老挝、柬埔寨、越南（中国和缅甸是对话国）	中国、柬埔寨、老挝、缅甸、泰国、越南
主要出资者	亚行、日本、美国、澳大利亚等国	联合国、世界银行、美国、欧盟、法国、德国、澳大利亚、芬兰、瑞典、瑞士等国	中国
合作范围	区域互联互通、能源、电信、环境、人力资源发展、旅游、贸易、投资、农业等	湄公河流域综合开发利用、水资源保护、防灾减灾、航运安全等领域	以政治安全、经济和可持续发展、社会人文为三大合作支柱，以互联互通、产能合作、跨境经济、水资源、农业和减贫为优先方向
机制框架	领导人会议、部长级会议、优先领域的工作组亚行总部代行秘书处职责	理事会 联合委员会 秘书处	领导人会议、外长会高官会、各优先领域联合工作组在成员国内部设立秘书处或协调机构
运作方式	项目合作	项目合作	政府引导、多方参与、项目为本
目标	地区经济一体化	可持续发展和水资源管理	澜湄国家命运共同体

资料来源：根据上述国际制度相关网站的信息整理。

更深层次地看，澜湄合作也并不是大湄公河次区域经济合作的"替代品"。由于这两项制度的成员一致，在合作领域、机制框架、运行方式、合作目标等方面相似或是重叠，大湄公河次区域经济合作被认为受到了特别的威胁。不仅仅是一些域外国家的观察者，乃至湄公河国家的一些政府官员、学者也对二者的关系表示了疑虑和担忧，认为二者将不可避免地展开激烈竞争。①

不过仅从目前这两项合作制度对地区合作项目的资金支持来看，就可以发现澜湄合作与大湄公河次区域经济合作有着较大差距。2016年在澜湄合作首次领导人会议上，中国提出设立澜湄合作专项基金，今后5年提供3亿美元支持六国提出的中小型合作项目，设立100亿元人民币优惠贷款和100亿美元信贷额度，包括50亿美元优惠出口买方信贷和50亿美元

---

① 在笔者参加的相关国际会议以及学术交流中，湄公河国家的一些官员和研究者都多次表示对此问题的关注与担忧。

产能合作专项贷款,用于支持地区基础设施建设和产能合作项目。①《澜沧江—湄公河合作五年行动计划(2018—2022)》提出积极争取亚洲基础设施投资银行、丝路基金、亚洲开发银行等金融机构支持。② 相比澜湄合作还在探索构建稳定、可持续的多元融资体系而言,大湄公河次区域经济合作显然更具优势,在2018年召开的第六次领导人会议上通过的《2022区域投资框架》,规定了未来五年间的优先项目清单,包含227个投资和技术援助项目,总金额约660亿美元。③ 此外,澜湄合作实施的项目多为试点性质、早期收获为主,而长期性的、综合性的合作项目还没有具体实施,投入的资金也相对有限。这也表明,澜湄合作在很大程度上仍处于起步阶段,这些初始项目为澜湄合作提供了学习机会,随着澜湄合作的成熟,会不断增强其在地区治理中的影响力。但是迄今为止,澜湄合作并没有对大湄公河次区域经济合作造成重大的冲击和挑战,而是为地区治理提供了新的平台和机会。

应该看到,无论是澜湄合作的深入推进,还是大湄公河次区域经济合作的可持续性发展,都面临如何应对国际和地区格局发展变化所带来的新机遇和新挑战,以及如何满足域内六国向更高层次合作目标迈进,实现深度利益融合的现实需求。从湄公河地区发展的现实情况来看,各国经济社会的发展水平仍然比较滞后,传统安全问题与非传统安全问题相互交织,要实现地区繁荣与发展仍然是任重而道远,仅依靠某一个合作平台的资金、技术、智力支持是远远不足的,需要多方协力共同推进。以两项制度都非常重视的基础设施互联互通为例,加强基础设施互联互通是湄公河地区在新阶段的关键动力,是推动地区经济繁荣的新增长点。但就各国国内基础设施建设方面而言,湄公河国家经过多年的建设虽然已取得积极成效,不过仍然普遍处于较低的水平(见表3),需要进一步增加资金和技术投入。

在过去的20多年里,大湄公河次区域经济合作已经为地区的发展投入了大量资金和技术支持,澜湄合作的建立和发展也将提供更多的发展机遇和动力。毕竟地区制度的建设是为了更好地实现地区治理,形象地说,如果湄公河地区制度有着共同的"敌人",这个敌人应该是地区治理中的难题,而不是某项制度或其中出资的国家。如果敌人是贫穷、落后,那么自然应该欢迎任何有兴趣参与终结贫穷和落后的"新玩家"。

表3 澜湄合作主要成员国全球竞争力④排名

国　　家	2019 年			
	全球竞争力		基础设施	
	排　名	得　分	排　名	得　分
中国	28	73.9	36	77.9

---

① 《李克强在澜沧江—湄公河合作首次领导人会议上的讲话》,澜湄合作,2020年6月30日,http://www.lmcchina.org/zywj/t1511259.htm.

② 《澜沧江—湄公河合作五年行动计划》,澜湄合作,2020年6月30日,http://www.lmcchina.org/zywj/t1524906.htm.

③ "Joint Summit Declaration: 6th GMS Summit of Leaders, March," 31 March 2018, p.5, Greater Mekong Sabregion, June 30, 2020, https://www.greatermekong.org/sites/default/files/Final%20JSD_6th%20GMS.pdf.

④ 全球竞争力指数(Global Competitiveness Index)是通过12项支柱下的103项指标,对141个经济体(未包括缅甸)的竞争力状况进行分析。每项指标采取0—100分的计分制度,展示一个经济体距离理想状态或者"满分"竞争力之间的差距。

续 表

国 家	2019 年			
	全球竞争力		基础设施	
	排 名	得 分	排 名	得 分
泰国	40	68.1	71	67.8
越南	67	61.5	77	65.9
柬埔寨	106	52.1	106	54.9
老挝	113	50.1	93	59.2

资料来源：《全球竞争力报告2019》，http：//www3.weforum.org/docs/WEF_ TheGlobalCompetitivenessReport2019.pdf，访问时间：2020年6月30日。

（三）澜湄合作是湄公河地区既有制度的"补充者"

在澜湄合作建立以前，湄公河地区的确已经建立了众多的国际制度，但是这些制度有效地解决了各国面临的共同问题吗？答案显然是否定的。湄公河地区既有制度间竞争有余而互补不足，澜湄合作的建立正是契合了地区发展的现实需要，恰逢其时。澜湄合作作为湄公河地区的新制度，也必然与既有制度有着紧密关联，毕竟"新制度的创设本身就是由旧制度所培育出来的相互信任感而得到促进。国际制度很少从混乱中出现，相反，新旧制度之间是彼此相互依赖的"。① 澜湄合作成员的广泛性、合作领域的综合性，与多项制度的互补性，使其成为了湄公河地区既有制度的"补充者"。澜湄合作自起步以来，多次在相关合作文件中强调与区域、次区域合作制度之间"相互补充、协调发展"②。

然而在"制度拥堵"的地区环境下，相比"竞争者"而言，湄公河地区既有制度"补充者"的身份对澜湄合作未来的发展提出了更高的要求。这意味着，澜湄合作需要不断提升制度有效性，保持和发展自身的制度优势和竞争力，才有能力在各项制度间展开补充与协调。同时，澜湄合作需要广泛与既有制度展开切实的合作，才有可能真正提升地区治理的有效性。这对于澜湄合作来说，将是一个不小的挑战。明晰了澜湄合作的发展定位，可以为澜湄合作指明正确的发展路径。在推进澜湄合作机制的发展进程中，中国作为其中的重要一员，也作为中国—东盟合作中的重要一方，东盟—湄公河流域开发合作、大湄公河次区域经济合作等制度的主要成员，以及湄公河委员会的对话国，中国应该发挥关键作用。

三、制度竞合与澜湄合作机制的发展路径

正所谓"愚者求异，智者求同，仁者求通"③，澜湄合作作为湄公河地区制度的"补充

---

① Robert O. Keohane, *After Hegemony: Cooperation and Discord in the World Political Economy*, Princeton University Press, 1984, p.79.
② 参见澜湄合作成立以来的五次《外长会联合公报》《五年行动计划（2018—2022）》《首次领导人会议三亚宣言》《第二次领导人会议金边宣言》。澜湄合作，2020年6月30日，http：//www.lmcchina.org/zywj/.
③ 苏长和：《以分歧治理谋划国际关系的新准则——习近平关于大国关系治理的新思想新论断》，《国家治理》2015年第25期，第8页。

者",就不可能简单地在"制度竞争"与"制度合作"中做出选择,而应该积极探寻新的发展路径。特别是要突破"制度拥堵"的困局,就不仅需要克服"制度竞争"给制度本身及地区治理带来的负面影响,还需要避免单纯"制度合作"而产生的制度效率低下。针对湄公河地区制度发展的现状,澜湄合作应该通过"制度竞合"以完善制度建设,切实降低各参与方的合作成本,实现高效的地区治理。

(一)制度竞合

"竞合"(Co-opetition)[①]是经济学、管理学中的重要概念,指竞争(competition)与合作(cooperation)相互结合、相互融合,其源于激烈的市场竞争中,人们不仅认识到单纯竞争、过度竞争造成的不良后果,也日益认可合作的优势和效果。竞合可以弥补竞争及合作的劣势并结合二者优势。[②]"竞合"观念的提出是人们对于竞争与合作关系的一种全新认识,实际上,相关学科的发展成果对于国际关系理论和实践而言,能够予以重要的借鉴和启示。

可以认为,制度竞合(institutional co-opetition)就是制度间开展竞争性合作和合作性竞争的过程和状态(见图2)。相较而言,制度竞争是寻求个体利益最大化,制度合作是寻求整体利益最大化。制度竞合则是包容了竞争与合作,实现了制度竞争与制度合作的融合。首先,制度竞合结合了制度竞争与制度合作二者的优势。制度竞争可以促进制度效率的提高,资源的有效利用。制度合作有利于降低交易成本,促进共同利益的形成。其次,制度竞合可以克服制度竞争与制度合作各自的不足。制度间过度竞争,必然会弱化制度效率,降低收益。反之,过度强调合作,不仅本身就缺乏现实的基础,更可能导致制度丧失自身的优势和资源。而制度竞合,可以有效避免两败俱伤、降低资源的浪费,实现"竞合"各方的双赢乃至多方共赢。

制度竞合是必然要经历较长时期的艰难博弈,将主要表现在三个方面:一是具有竞争与合作的两面属性。竞争与合作没有主次从属的明显差别,二者也不是截然分开的,更多的情况下是一种相互依存、此消彼长的状态。二是制度竞争所产生的摩擦有时可能会表现得比较直接,甚至比较激烈,但总体可控、可协调。三是制度竞合不断重塑着地区治理的理念与实践,逐步形成制度间的共治与分工的局面,进一步推动地区新秩序的构建。制度竞合是制度各参与方、各利益方相互谈判、相互妥协的过程与结果,必然受到各行为体的利益、目标或偏好的影响。值得注意的是,对于国际体系中处于"上升中的"(rising)行为体而言,实现制度竞合发展不仅契合自身利益,也有利于地区治理目标的实现。这些行为体过去在国际制度的制定上往往是处于被动接受的状态。但是随着综合实力的提升,国家利益的拓展,若要在国际体系内发挥建设性作用、增加在地区治理中的话语权,那就必然要经历由参与国际制度到改造、创设国际制度的转变。在这一过程中,推进创设制度与既有制度竞合发展就是一个自然的、经济的甚至可能是一个必不可少的策略选择,同时也是设置议程和制定规则能力提升的具体体现。

---

① 竞合(Co-opetition)也被称作"协作性竞争""合竞",用以表达既有竞争又有合作、在竞争中合作,在合作中竞争的行为。

② Adam M. Brandenburger and Barry J. Nalebuff, *Co-opetition*, New York: Currency Doubleday, 1996.

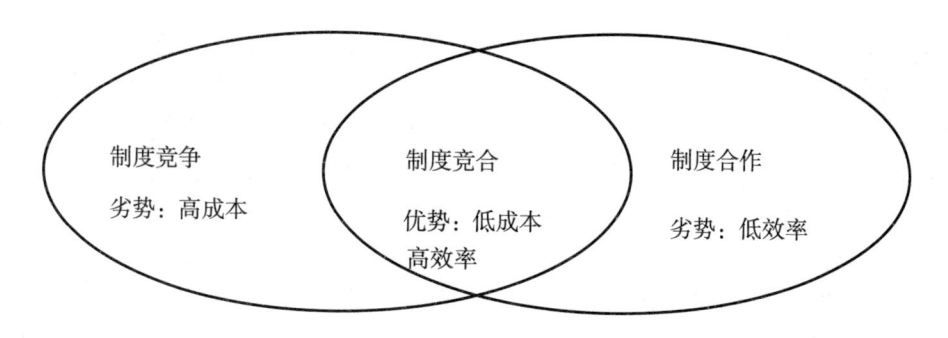

```
    制度竞争              制度竞合              制度合作
    劣势：高成本          优势：低成本          劣势：低效率
                              高效率
```

图 1　制度竞合的特点

注：笔者自制。

制度竞合应根据相关制度的实际情况来具体开展和推进，实现制度在提升自身竞争力的同时，进一步增加制度间合作。制度竞合可以采取先易后难、循序渐进的方式。第一，制度间可以通过探究彼此的共同之处，增加交流和合作的机会，降低冲突的可能性，塑造合作预期与合作空间。① 第二，通过制度化的安排，搭建起有利于制度合作的架构。特别是在新旧制度竞争的情况下，旧制度往往担心新制度会采取新的规范和行为规则，抵消和挤压其权威和影响力。因此，在初始的制度安排中，新制度可以通过与旧制度建立起固定化的联系，保持沟通和交流的渠道。② 第三，制度间选择一些技术性的，或是较少争议的领域展开合作，形成合理的利益分配和捆绑，进一步形成制度的自我约束。第四，实现制度间在决策程序上的合作，建立和完善科学决策，降低相关制度的成本，提高决策的效率。总体上，制度间互动联系的制度化程度越高，制度竞合的水平也就越高。

（二）澜湄合作与湄公河地区既有制度应塑造竞合关系

"制度拥堵"是澜湄合作长期面临的困境，澜湄合作与湄公河地区既有制度将长期共存。既有制度仍有其生命力和发展潜力，"由于边际成本低于平均成本，制度一经建立就能够稳定地维持下去。"③ 尽管既有制度存在一些不足和缺陷，但是并没有腐朽到必然消亡。而澜湄合作作为地区制度的"后起之秀"，也必然经历产生、发展到成熟的过程，即使有望"后来居上"，其作用的发挥以及影响力的提升仍然有待时日。毕竟，建立国际制度本身不是目的，目的在于通过制度的创设来解决实际问题。④ 因此，对于澜湄合作机制的发展路径选择而言，制度竞争与制度合作拥有共同的焦点，即：哪种路径能够真正提升澜湄合作的有效性，并且为地区带来真实且持久的和平、稳定与繁荣？因二者皆有利弊，特别是在澜湄合作与诸多既有制度兼具竞争性与互补性的前提下，将制度竞争与制度合作相融合，应该成为澜湄合作突破"制度拥堵"的理想路径。

一是从澜湄合作制度建设的前景来看，制度竞合是必然的选择。澜湄合作起点高，发展

---

① Amitav Acharya, *Whose Ideas Matter? Agency and Power in Asian Regionalism*, Ithaca and London: Cornell University Press, 2009.
② 刘玮：《崛起国创建国际制度的策略》，《世界经济与政治》2017 年第 9 期，第 91 页。
③ Charles P. Kindelberger, "International Public Goods without International Government," *The American Economic Review*, No. 1, 1986, pp. 1–11.
④ 王传兴：《制度效果：国际制度理论研究的新领域》，《世界经济与政治》2000 年第 4 期，第 17 页。

快,但是新制度往往在建立之初有着强劲动力,若要保持长期的活力,还需要不断实现自我完善。制度竞争的压力可以推动制度功能的改进,进一步提升其竞争力,从而有利于实现更加有效的治理。① 但是如果澜湄合作与既有制度一味追求制度竞争,不仅会弱化自身的发展基础,降低各成员的预期收益,还可能引来域外国家的对抗,继而导致澜湄合作的计划或是项目频频被"政治化",成为一场场国际政治博弈。

制度合作则可以在一定程度上回应新制度引发的外部政治反应,化解多边阻力和政治风险,同时使新制度有可能获得更多的支持,也就越有利于新制度的建设和发展。相比大湄公河次区域经济合作、湄公河委员会等有着较为悠久的发展历史而言,澜湄合作才刚刚步入正轨,整体上还处于经验摸索阶段,有着向其他制度学习的空间。比如,大湄公河次区域经济合作已经积累了近30年的实践经验,建立起良好的运营体系,充足的项目储备,对地区经济合作有长远规划,这些对于澜湄合作来说都具有重要的借鉴意义。特别是在项目开发与资金管理方面,尽管亚行每年投入到合作中的资金比较有限,但是资金使用效益很高。同时,亚行很好地把握了技术援助、赠款与贷款的关系,使得贷款项目的资金准备比较充足,项目实施具备较好的政治和民意基础,也保证了资金使用和项目实施配合得当,运作良好。大湄公河次区域经济合作在一定程度上已经成为地区制度的一种标杆,其治理经验值得澜湄合作借鉴,否则澜湄合作摸索学习成本太高,并且会长时间裹足在全面铺开、低效运作的层次。而湄公河委员会在水资源管理方面积累了大量的知识和经验,较为成功地缓解了湄公河国家间的利益冲突。② 澜湄合作与湄公河委员会可以进一步加强相关信息的交流,展开务实合作,这将有利于缓和上下游国家间在水资源开发管理方面的不信任,也将对于流域的整体开发起到积极作用。③ 此外,澜湄合作与日本—湄公河合作、湄公河下游倡议等制度之间尽管存在竞争的一面,但并不是"零和"关系,彼此也存在合作的空间,可以取长补短,共同提高地区治理水平。

二是从澜湄合作成员国的利益来看,制度竞合是现实的明智的选择。在澜湄合作的发展路径选择上,必须充分考虑到湄公河国家为诸多国际制度的主要成员这一现实。从湄公河地区制度的特点可以看到,对湄公河国家而言,无论是澜湄合作与大湄公河次区域经济合作,还是澜湄合作与日本—湄公河合作、湄公河下游倡议、恒河—湄公河合作、韩国—湄公河合作等,从来就不是"非此即彼"的选择题,湄公河国家"喜新"但是并不"厌旧"。制度间的竞争可以给湄公河国家更大的选择空间和战略自主性,以获得更多的尊重、援助和外交资源。制度间的合作也能够契合其维护地区稳定与发展的内在愿望。大国若一味追求制度竞争,以战胜对手为目标,则会严重破坏地区的发展进程,更使得地区内国家被迫"选边站",从而损害湄公河国家的实际利益。

对中国而言,湄公河地区在中国的周边外交中,可谓重中之重。面对该地区"制度拥堵"的困局,中国需要提出更具有价值和创意的地区治理理念和正确的策略选择,以引领

---

① Bruno Frey, "Outside and Inside Competition for International Organizations: From Analysis to Innovations," *The Review of International Organizations*, Vol. 3, 2008, pp. 335 – 350.

② Anoulak Kittikhoun and Denise Michèle Staubli, "Water diplomacy and conflict management in the Mekong: From rivalries to cooperation," *Journal of Hydrology*, Vol. 567, 2018, pp. 654 – 667.

③ Jessica M. Williams, "Is there a crowd? River basin institutions and the governance of the Mekong River," 7 January 2020, Jaglor & Franic Online, June 30, 2020, https://www.tandfonline.com/doi/abs/10.1080.

澜湄合作在湄公河地区的发展，以及地区新秩序的构建。尽管中国在某些方面已经具备全球性影响力，但中国总体上仍然是一个地区大国，"中国的实力远没有强大到让外部世界作出改变，来适应自己的程度"①，若执意追求制度竞争，将会给周边地区带来更多的不确定性。这种不确定性进而会带来疑虑，增加制度参与方的安全焦虑，并可能进一步引发域外国家的干预。在当前日趋复杂的国际政治经济格局中，过于急切打破现有格局的国家和相关制度势必遭遇到较大的抵制与反对。特别是在中美关系加剧变化的背景下，中国的外交动向已备受瞩目。在国际社会上，政界与学界都有观点提出中美两国应打造"合竞关系"②，或是建立"竞争伙伴"③，类似观点都强调竞争与合作应该共存。中国本身也不可能在冲突或竞争思维方式下，实现自身利益的最大化。同时应认识到，湄公河地区的一些国家对中国抱有疑虑可以说在所难免，在大国间寻求平衡的战略将是长期的。④ 中国应站在更高和更长远的立场上，充分考虑湄公河国家的发展诉求，协调各大国在湄公河地区的战略利益和重大关切，共同促进地区和平与繁荣。

四、中国推进澜湄合作与既有制度竞合发展的策略

"任何国家的全球影响力多发端且首先施展于周边地区"，⑤ 中国与湄公河国家"同饮一江水，命运紧相连"，中国是上游国家，也是地区合作中的大国，在引领和推进澜湄合作机制的发展进程中，不可避免地需要承担更多的责任和更大的成本。中国应积极有为同时也采取因地制宜的策略选择，以切实推进"澜湄国家命运共同体"的构建，建立"中国—东盟命运共同体"和"人类命运共同体"的示范和样板。

（一）充分发挥中国在澜湄合作机制中的建设性作用

中国应抓住湄公河地区合作由"外力驱动"转向"内力驱动"的发展契机，与时俱进地在地区合作中发挥重要作用，不断完善和加强澜湄合作机制建设，进一步提升澜湄合作的影响力。要践行"亲、诚、惠、容"的周边外交理念，充分把握好区域公共产品在合作中的供给与需求，主动提供政治安全、经济合作、社会文化三大类别的区域公共产品。当前在澜湄合作机制下，可逐步推进疫后复苏、促进经济发展，同时将粮食安全、扶助贫困人口、治理非法移民等议题纳入其中。要以适时、适度、适合为标准，充分顾及湄公河国家和民众的舒适感、获得感和被尊重感。通过更加广泛的互惠互利合作，使湄公河国家能够更多地分享利益。在商贸、投资等项目中，要恪守与尊重东道国法律法规和民俗文化，重视提高商品

---

① 薛力：《美国再平衡战略与中国"一带一路"》，《世界经济与政治》2016年第5期，第69页。
② 新加坡副总理王瑞杰在2019年5月访问中国期间发表演讲提出，国际竞争在一定程度上无法避免，但恶性竞争可能会演变成冲突，希望中美两国能打造"合竞"（Co-opetition）关系。参见王瑞杰《维持全球和平稳定 望中美两国打造"合竞"关系》，2020年6月30日，http: //beltandroad. zaobao. com/beltandroad/news/story20190527 - 959819.
③ "修昔底德陷阱"提出者格雷厄姆·艾利森认为中美两国在战略上应采取合作式竞争，但是建立一个竞争与合作相结合的国际大战略，需要双方战略想象力的飞跃，这将远远超越传统智慧。参见 Graham T. Allison, "Could the United States and China be Rivalry Partners?," July 7, 2019, https: //nationalinterest. org/feature/could - united - states - and - china - be - rivalry - partners - 65661.
④ Vannarith Chheang, "China's Economic Statecraft in Southeast Asia," June 30, 2020, *ISEAS Perspective*, Issue45, 2018, June 30, 2020, http: //www. isesas. edu. sg/images/pdf.
⑤ 刘阿明：《权力转移过程中的东南亚地区秩序》，《世界经济与政治》2009年第6期，第42页。

和项目的品质,积极实施"本土化"战略,认真履行企业社会责任。在老挝、缅甸、柬埔寨等国,通过开展公共卫生、水污染防治、减贫经验分享等公益类活动,使湄公河国家及普通民众能够更多地分享中国发展的经验和成果。此外,应在合作中注重构建中国特色大国外交和话语体系,让湄公河国家及国际社会了解中国为地区发展所带来的实惠。针对合作中出现的一些误解和疑虑,要及时、主动地掌握话语主导权,避免舆论政治化甚至军事化。通过加大对湄公河国家的民生帮扶和援助宣传力度,注重体现中国善意和大国责任,突出合作共赢,营造良好舆论环境,推动"中国威胁论"转为"中国机遇论"。

(二) 构建湄公河地区诸制度的对话与协调平台

澜湄合作与既有制度的竞合发展,只能通过主动协调和大胆博弈来赢取。要推动各项制度的相关方在关键领域开拓坦诚对话、彼此真正倾听,切实解决各方的合理关切,形成利益的捆绑。在制度建设方面,在现阶段主要可以从两个方面着手推进湄公河地区的制度竞合。一是搭建一个区域内诸合作制度交流和协调平台。探索通过"中国—东盟(10+1)"领导人会议等平台推进地区诸多边、双边合作制度的协调,继续推进澜湄合作助力东盟共同体建设。此外,在澜湄合作与湄公河委员会已经搭建起合作渠道的基础上,可以进一步争取大湄公河次区域经济合作等机制的加入。通过逐步建立稳定的制度化的联系,澜湄合作与地区内各项机制间可以进行信息分享、经验交流、规划对接和争端解决,进一步寻求开展灵活有效的合作,以切实降低制度冲突和合作成本。在一定程度上,也将降低其他参与方对于中方合作议程的疑虑及排斥。二是探索澜湄合作领导人会议和大湄公河次区域合作领导人峰会结合的可能性。按照相关约定,前者每两年举行一次,后者每三年举行一次,这种情况会导致两者在同一年份举行。此前,在2018年1月召开了澜湄合作第二次领导人会议,同年3月召开了大湄公河次区域合作第六次领导人峰会。在2024年两项会议又将再次出现重合,若持续下去势必增加各方参与合作的成本。可以考虑由中方出面,先从二轨或"1.5轨"层面推动湄公河区域内诸合作制度的对话协调议程。进一步培养官方和智库的有效合作,鼓励拓展国际对话渠道,构建起政府与智库的有效合作机制和政策储备手段。

(三) 实施制度竞合的"早期收获项目"

在合作项目方面,要充分调动泰国、老挝、柬埔寨等国家的积极性和主动性,通过湄公河国家的"牵线搭桥",为地区合作制度竞合发展发挥积极作用。进一步促进澜湄合作与地区既有制度的对接和整合,实现各参与方及地区利益的最大化。目前,澜湄合作与大湄公河次区域经济合作、湄公河委员会等制度均以项目为导向,可以对相关制度平台下的优先项目首先进行筛选,整合相关资金、技术、人员等优势资源予以重点推进。特别是在新冠肺炎疫情恶化的情况下,老挝、缅甸、柬埔寨等国落后的公共卫生系统面临艰巨的考验。[①] 澜湄合作与大湄公河次区域经济合作可以在疫情防控展开合作、提升地区国家共同应对突发公共卫生事件的能力。此外可以积极探索新的合作领域,在专家工作组、规划对接、议事规则、争端解决等技术层面,以及政治互信、构建共同体意识等方面展开合作。争取在基础设施、区

---

① Amy Searight and Brian Harding, "Southeast Asian Responses to COVID-19: Diversity in the Face of Adversity," CSIS, June 30, 2020, https://www.csis.org/analysis/southeast-asian-responses-covid-19-diversity-face-adversity.

域产业链、数字经济、跨境公共卫生、水资源保护、气候变化等方面尽快确立一批"早期收获"项目,通过开展互惠互利的合作,加快构建起信任体系,形成示范和带动效应,推动湄公河地区制度竞合关系的塑造。

(四)与域外国家在湄公河地区展开"第三方市场合作"

中国与湄公河国家合作深化的进程中,也必须恰当认识东盟、美国、日本、印度等国际组织及国家在湄公河地区的利益及影响,全面考虑中国与美国、日本等国家间的竞争与合作,使之走向良性竞争轨道,在实践层面可以通过澜湄合作、大湄公河次区域经济合作等平台,探索和推进第三方市场合作。"第三方市场合作"是开放包容、务实有效的国际合作模式,有利于将中国的优势产能、发达国家的先进技术与广大发展中国家的发展需求有效对接,实现"1+1+1>3"的合作共赢。① 自2018年以来,中国与日本在推进第三方市场合作方面达成多项共识,在湄公河地区重点推进泰国东部经济走廊建设,已经取得初步成果。② 可以此为契机,进一步通过推进澜湄合作与大湄公河次区域经济合作、日本—湄公河合作等制度,在基础设施建设、金融、能源、环保及减贫等领域开展合作。还可以考虑与韩国、新加坡等国,通过相应的合作制度,经过博弈和理性的利益权衡,在湄公河地区开展三方或多方合作,以有效推进湄公河地区分工治理,将各方利益紧密联结,形成"你中有我、我中有你"的命运共同体,通过在湄公河地区的实践,为构建人类命运共同体进行探索和建立示范。

结　语

"周边是中国安身立命之所,发展繁荣之基"③,而湄公河地区则又是其中最有基础和条件的"先行先试区"。因此,在这样的一个区域推动制度建设,对中国而言是一个具有重要理论和实践意义的任务。综上讨论,本文认为在制度拥堵的湄公河地区,澜湄合作机制可以并且能够与既有制度成功塑造竞合关系,这种竞合将是一个动态的、长期的过程,其核心在于在竞争中增进合作、在合作中规范竞争。这一过程将推动地区新秩序的构建,也将推动中国以更大的责任和与担当,在地区甚至更大范围的治理中发挥更加积极的作用。

不过,中国并不是影响湄公河地区新秩序构建的唯一主导因素,其发展前景不仅取决于中国或是相关大国的主观战略资源投入和客观国际环境现实,也依赖于参与合作的湄公河国家对地区秩序构建的认知及努力。中国、域外大国与湄公河国家三方的谈判、妥协和博弈将最终决定制度竞合的结果,也影响和决定着地区秩序的结构和走向。不排除域外大国有可能推动湄公河地区形成新的制度安排,或对原有制度安排进行调整或改造,来对冲中国在本地区制度建设的尝试。当前推进湄公河地区制度竞合仍充满挑战,但是中国处于相对主动的位置,有着较大的可能性来实现。

当今世界正经历着百年未有之大变局,更多的地区将可能出现类似"制度拥堵"的现象,成为区域性国际制度建设面临的共性难题。湄公河地区的区域性国际制度普遍具有制度

---

① 郑东超:《中国开展第三方市场合作的意义、实践及前景》,《当代世界》2019年第11期,第76页。
② 宫笠俐:《中日第三方市场合作:机遇、挑战与应对方略》,《现代日本经济》2019年第5期,第50页。
③ 《习近平会见新加坡总统陈庆炎》,《人民日报》2015年11月7日,第1版。

化程度较低、约束力较弱的"软制度"特征，有着较强的弹性与较大的张力，这使得各个区域性国际制度间竞争与合作的回旋空间更为广阔，也使得该地区更有可能率先探索出一条"超越拥堵"的制度竞合模式。在一定区域内权力分配格局相对稳定的情况下，新兴制度建设本身便是与地区现行秩序互动并在互动中重塑地区秩序的过程，制度的建设与秩序的演进是同步的，通过制度竞合促进自身的调适优化是新兴制度建设的题中应有之义。中国作为澜湄合作的引领者，推进其与地区其他制度的竞合发展，不仅是当下中国推进澜湄合作深入发展的务实选择，更是构建周边命运共同体乃至人类命运共同体的重要探索方向。

"印太战略"视域下印度与泰国安全合作探析

李 涛 林汉东[*]

【摘 要】 近年来,"印太战略"背景下印泰安全合作的深度和广度在不断拓展,复杂的地区形势使两国凝聚了诸多共同应对地区安全威胁的共识。印度试图通过"东进政策"突破地区限制,以泰国为跳板扩大在整个印太地区的影响。泰国则借重印度维护自身海洋安全利益,稳固其在东盟的地位。但由于双边、多边及地区结构的限制,印泰两国的安全合作仍存在诸多制约。

【关键词】 印太战略;印泰关系;安全合作

2019年6月,第34届东盟峰会通过了《东盟印度-太平洋展望》(ASEAN Outlook on the Indo-Pacific,AOIP),表示将不把亚太和印度洋地区视为毗邻的领土空间,而是视为一个紧密结合和相互关联的地区,东盟要在其中发挥核心和战略作用。[①] 在印度洋区域占据天然优势的印度,被美国视为"印太战略"的重要支点国家,基于其大国地位的政治追求,积极寻求在更加广阔的空间施展影响。泰国作为东盟的重要成员国及创始国之一,处于中南半岛核心地带,在区域内发挥着重要作用。在"印太战略"的背景下,印泰两国安全合作迅速升温,对印太地区局势产生了复杂影响。因此,全面考察印泰安全合作对于准确评估地区安全局势发展具有重要现实意义。

一、"印太战略"视域下印泰安全合作的背景、基础及逻辑动因

在"印太战略"大背景下,印泰基于传统的文化、宗教、价值观联系,结合相互契合的"东进"与"西进"战略,两国都从本国现实利益出发,希望通过加强双边安全合作应对地区安全威胁,进而实现自身的安全战略。

(一)印泰安全合作的背景

面对印太地区新兴大国崛起引起的地区秩序重构,特别是应对中国崛起在政治、经济、军事等多方面带来的冲击和压力,美国特朗普政府更加重视印太地区,推出了"印太战略"来巩固自身在这一地区的地位。2017年12月,特朗普政府公布《美国国家安全战略》报

---

[*] 李涛,云南大学国际关系研究院副院长、副研究员、历史学博士;林汉东,云南大学国际关系研究院2020级硕士研究生。

[①] "ASEAN Outlook on the Indo-Pacific," ASEAN, p. 2, https://asean.org/storage/2019/06/ASEAN-Outlook-on-the-Indo-Pacific_FINAL_22062019.pdf.

告，首次在官方文件中正式提出"印太"（Indo - Pacific）这一概念，表示美国欢迎印度崛起成为一个具有全球领导性的大国以及更强大的战略和国防伙伴，同时将加强与日本、澳大利亚和印度的四方合作。①"印太战略"的实质是在中美难以调和的结构性矛盾下，美国企图联合印太地区部分国家形成围堵中国的大网。

在此背景下，印度借美国的牵制加强自身经济价值链建设，降低对中国的经济依存，同时通过美印防务合作引进先进的军事技术，在抑制中国地区影响力上实现了与美国的利益重合。然而，美印之间不对称的综合实力决定了双方在"印太战略"中的优先事项存在差异，美国强调对中国的全面遏制，力图确保在印太地区的领导地位，印度在稳固印度洋优势基础上更加注重自身经济发展、安全保障以及政治影响力的扩大。印度深知，与中国的正面对抗必然会增强其对美的政治依附，"印太战略"也无法给印度足够的安全承诺。②印度一方面避免被美国的遏华政策所裹挟，另一方面又借重美国来实现自身战略利益。战略的自主性和灵活性依旧是印度外交的重要原则。

作为美国传统盟友，自"印太战略"推出后，泰国就陷入了可能在中美之间选边站的困境。泰国政府在《国家发展战略总体规划（2018—2037）》第二部分"外交事务"中表明，"全球大国利益的复杂性，可能会给泰国总体的平衡外交政策带来挑战。因此，作为一个中型国家，泰国必须在国家利益和国际利益上保持平衡。"③"印太战略"下中美两大国之间更加激烈的竞争在一定程度上压缩了泰国平衡外交的施展空间。④相比于美国明显带有政治含义的战略，印度的"印太战略"显得更加包容开放，在两国日益密切的合作中，印度以泰国作为连接南亚与东南亚的切入口，扩大地缘优势，以期在地区竞争中取得更大的话语权；在东盟内部存在被边缘化的风险下，泰国以印度为战略依托，缓解战略压力，扩大生存空间。因此，两国在政治、经济以及安全领域的合作不断加深，逐渐形成跨区域合作的桥梁。然而，尽管近年来印泰之间经贸合作呈高增长态势，但无论增量还是存量都相对有限，并且印度经济基础较为薄弱，面临诸多的结构性难题，其市场潜力与人口红利在相当长时期内都很难有效转化为泰国经济增长动力。因此，安全领域的合作是印泰两国主要的合作方向。

（二）印泰安全合作的基础

1. 国家安全与战略的互动基础。一般认为，地缘政治是国家安全与战略的基础。印度是南亚次大陆最大国家，特有的地理位置和资源禀赋使其不甘偏居一隅。印度独立后的首位总理尼赫鲁曾构想印度在地缘政治上的未来："在将来，太平洋将要代替大西洋成为世界的神经中枢。印度虽非太平洋国家，却不可避免地将在那里发挥重要影响。在印度洋地区，从

---

① The White House, "*National Security Strategy of the United States of America* 2017," p. 46, https：//www. whitehouse. gov/wp - content/uploads/2017/12/NSS - Final - 12 - 18 - 2017 - 0905. pdf.

② Brendon J. Cannon & Ash Rossiter, the "Indo - Pacific"：Regional Dynamics in the 21st Century's New Geopolitical Center of Gravity, "*Rising Powers Quarterly*", Vol. 3, Issue. 2, 2018, pp. 11 - 12.

③ สำนักงานคณะกรรมการพัฒนาการเศรษฐกิจและสังคมแห่งชาติ, การประกาศแผนแม่บทภายใต้ยุทธศาสตร์ชาติ(พ.ศ. ๒๕๖๑-๒๕๘๐)(๒)ประเด็นการต่างประเทศ, 2019-04-18, http：//nscr.nesdb.go.th.

④ ASEAN Studies Center, "the States of Southeast Asia：2019 survey report," January 29, 2019, https：//www. iseas. edu. sg/images/pdf/TheStateofSEASurveyReport_ 2019. pdf.

东南亚一直到中亚细亚，印度都将发展成为经济和政治的中心"。① 印度对印太地区的重视与美国不谋而合，自美国提出印太战略以来，印度积极响应，出台了本国的印太战略，迅速成为美国推行印太战略的支柱型合作伙伴。泰国位于两洋汇合之处，踞处中南半岛核心地带，是美国在东南亚的重要盟国。随着印度的迅速崛起以及美国对印太地区关注度的加强，一向秉持大国平衡战略的泰国也在积极寻求包括印度在内的域外重要力量来稳定其在东南亚地区的地位。作为美国在印太核心区域的两个重要伙伴国，印泰在致力于经济一体化、强化互联互通、维护共同利益以及防止共同威胁等方面有着强烈共同需求，协作合作态势日趋明显。②

2. 密切的人文联系及相似的民主价值观基础。印泰在文化和宗教的密切关联性也为两国共同合作提供了坚实的基础。赛代斯认为印度化过程在本质上应当理解为一种系统的文化传播过程。③ 从泰文的起源看，泰族在来到中南半岛以前没有文字，兰甘亨发明的泰文不全是泰族自己创造的，而是以南印度帕拉瓦文字的后裔——古高棉文字与古孟文为原型创制的。④ 虽然泰文并不是由印度文字直接造就，但是依旧保留了大量印度文化的因素。古印度佛教的传入使泰国成为世界上受南传佛教影响最深的国家之一，代代相传的佛教习俗已经深入到泰国社会的方方面面，成为了泰国人生活的重心。除佛教外，印度教也在泰国留下了历史印记，15世纪以前，中南半岛出现过扶南、占婆、真腊、高棉等以印度教为国教的政权，其领土覆盖了今日泰国的局部区域，为泰国留下不同时期的印度教遗迹。⑤ 两国之间宗教、文化、语言、神话和贸易联系已经存在了两千年，泰国对印度有历史与文化上的天然亲近感。

印泰在近代都经受了西方的冲击，在现代国家形成中保持了相似的意识形态和价值观。1947年两国就正式建立了外交关系，虽然在冷战中泰国倒向美国并加入"东南亚条约组织"，但奉行不结盟政策的印度与泰国依然保持密切关系。冷战结束后，随着经济因素在国际交往中的分量增长，以及固有的历史文化渊源使得两国民主价值观日益趋同，印泰关系全面提升，全方位的合作不断深化。⑥ 正如2016年印度总理莫迪在欢迎泰国总理巴育来访时谈到："从罗摩的传说到佛陀的智慧，我们的联系建立在共同的文化遗产上。泰国是值得信赖和重视的朋友，也是我们在东南亚最紧密的合作伙伴之一"。⑦

3. "东进政策"与"西进政策"高度契合的政策基础。冷战结束后，为改善同东盟国

---

① 贾瓦哈拉尔·尼赫鲁：《印度的发现》，齐文译，世界知识出版社，1956，第712页。
② Banomyong, R., P. Varadejsatitwong, and N. Phanjan, 2011, "ASEAN – India Connectivity: A Thailand Perspective" in Kimura, F. and S. Umezaki (eds.), *ASEAN – India Connectivity: The Comprehensive Asia Development Plan*, Phase II, ERIA Research Project Report 2010 – 7, Jakarta: ERIA, 2011, pp. 205 – 242.
③ G·赛代斯：《东南亚的印度化国家》，蔡华、杨保筠译，商务印书馆，2008，第354页。
④ 陈炜、唐慧：《从文字的传播与演变看印度文化对泰国文化的影响》，《南亚东南亚研究》2019年第5期，第121页。
⑤ 金杰：《泰国宗教文化中的印度教元素探析》，《世界宗教文化》2018年第2期，第82页。
⑥ Biswajit Mohapatra, "India in the ASEAN Neighbourhood: India – Thailand Relations and the ASEAN Strategic Partnership," Paper presented in International Conference on *"India's Look East Policy – Act East and South – East Asia: Beyond Borders"* held in Imphal, Manipur, organized by CRRID, Manipur Univ and Ministry of External Affairs, Govt. of India on 23 – 24 May, 2015.
⑦ The government of India, Ministry of Foreign Affairs, "Press statement by Prime Minister during the visit of Prime Minister of Thailand to India," 04 Oct, 2016, https://mea.gov.in/Speeches – Statements.htm?dtl/26924/press + statement + by + prime + minister + during + the + visit + of + prime + minister + of + thailand + to + india + june + 17 + 2016.

家的关系，推动印度经济发展的同时提升国际影响力以实现其大国战略的目标，印度拉奥政府推出了"东向政策"（Look East Policy）。泰国在东盟政治、经济中的重要地位以及突出的地缘优势，使其成为印度"东向政策"的重要突破口。1996年泰国则提出"西进政策"（Act West Policy），希望拓展同南亚其他国家乃至更遥远的中亚、非洲国家的交流合作。作为南亚最具地区影响力的国家，印度无疑是泰国"西进政策"中的重要合作伙伴。对泰而言，印度是个蓬勃发展的新兴市场，在信息技术、医疗化工、高等教育等领域有相对优势。积极发展与印度的经济合作，既可平衡自身对中国市场的过度依赖，还可协助印度开发东北部的资源，泰国既有地利之便，也有利可图。① 2003年，泰国成为第一个与印度建立双边自由贸易区的东盟国家。随着美国积极推进印太战略，区域间大国竞争更加激烈，印度"东进政策"（Act East Policy）②和泰国"西进政策"有较大程度的契合度，为两国加强区域安全合作奠定了坚实的政策基础。

（三）印泰安全合作的逻辑动因

1. 共同抑制恐怖主义及分离主义势力的现实需求。印度东北部与泰国南部都面临着民族分离主义较为严重的问题，并且该问题都与恐怖主义相结合，成为民族主义型恐怖主义。③ 两国的恐怖主义不仅严重扰乱国内秩序，而且存在相互联系形成跨国恐怖主义的趋势，对地区安全构成严峻挑战。自20世纪80年代以来，印度一直关注国内的反政府民兵组织，特别是"阿萨姆邦联合解放阵线"（ULFA）和"那伽兰民族社会主义委员会"（NSCN），以及它们与泰国的联系。印度认为，由于泰国放松边境管控政策，这些组织将泰国视为武器走私活动的避风港。④ 1995年12月，一架飞机向印度东北部西孟加拉邦普如里亚县的一些村庄投掷了大量武器，然后飞往泰国。⑤ 巴基斯坦武装组织"虔诚军"（Lashkar – E – Taiba）是争取克什米尔从印度手中独立的组织之一，一些来自泰国南部的恐怖分子在巴基斯坦"虔诚军"中训练，这使印度对泰国南部的事态发展极为关注。⑥ 印泰本国恐怖主义及分离主义势力的日益猖獗以及区域内恐怖主义组织的密切联系，使得两国在防务领域的交流合作迅速升温。

2. 减轻对美安保依赖及制衡中国地区影响力的战略需求。近年来中国综合国力的迅速提升以及外交战略上的积极进取使印泰两国感受到了亚太地区结构变化带来的压力，这成为印泰加强合作的潜在因素。印度对于中国的竞争之念有传统和现实两方面因素。传统层面，两国都是历史悠久的文明古国，在各自区域内都具有独一无二的影响力，相似的人口规模、毗邻的边界都使印度对中国格外关注；现实层面，中国提出的"一带一路"合作倡议使其影响力超出了传统的东亚，拓展到了更广阔的中亚、南亚、印度洋等地区。中国在印度洋沿

---

① 李益波：《印度与泰国战略伙伴关系：现状、动力与前景》，《东南亚南亚研究》2014年第1期，第33页。
② 印度总理莫迪上台后将"东向政策"（Look East Policy）升级为"东进政策"（Act East Policy），积极融入亚太，并在此基础上展开印太外交，以凸显印度的地缘政治新角色。
③ 胡联合：《当代世界恐怖主义与对策》，东方出版社，2001，第29页。
④ Pongphisoot Busbarat, "India, Thailand Taking Steps to Expand Ties," *World Politics Review*, Aug. 12, 2015, https://www.worldpoliticsreview.com/trend-lines/16448/india-thailand-taking-steps-to-expand-ties.
⑤ "India Arms Case Reopened," BBC News, April 24, 2000, http://news.bbc.co.uk/2/hi/south_asia/724659.stm.
⑥ Arabinda Achago, "India and Southeast Asia in the age of terror: Building partnerships for peace," *Contemporary Southeast Asia*, 28 (2), 2006, pp. 308 – 309.

岸的经济走廊、港口建设被印度视作"珍珠链"式的包围，中印边境时有发生的领土纠纷使两国战略互信降低、不安全感上升。① "印太战略"下美国对印度的日渐重视，加强了其牵制中国的决心，印度在"东进政策"下扩展同泰国的安全合作不仅能够扩大其在东南亚的影响力，同时可以战略制衡中国在印度洋的影响力，以巩固自身在南亚的主导地位。

由于历史原因，泰美在军事领域有着长期的合作历史，美国提供的安全保护一直被泰国视作维护地区安全和平衡的重要保障。而中国作为泰国的第一大贸易伙伴国，泰国的经济发展离不开同中国的合作。在美国推行"印太战略"加剧地区大国竞争的形势下，泰美传统安全关系对比泰中日趋密切的经济关系也日益考验与挑战着泰国传统平衡外交能力。如何在中美战略竞争态势中做出抉择，如何继续以中立的态度最大限度地维护国家利益，是泰国决策者必须要思考的问题。然而，作为东南亚唯一的非殖民地国家，泰国拥有强烈的外交自信，并且坚持在本地区战略格局调整过程中主动应对，力求趋利避害甚至化危为机。② 鉴于此，印度成为泰国强化平衡外交的一个选择，并试图寻求保持现有的安全机制，并运用细致的外交和对冲策略，在避免站队主要大国的情况下获得更多行动自由。③

2. 共同维护印度洋海上航道安全的海上通道安全需求。自独立以来，印度始终追求大国地位，因此，海洋成为印度崛起必不可少的一环。2015年莫迪政府发布了印度本世纪第二份海洋战略文件《确保安全的海洋：印度海洋安全战略》，与2007年首次发布的《自由使用海洋：印度海上军事战略》相比，新的海上安全战略由自由获取海洋利益转向更加重视海上安全。④ 然而印度洋地区独一无二，不仅是经济增长最快、最富裕的国家与最不发达、最贫穷的国家共存的区域，还是世界上海路运输最繁忙的地区之一。经济和社会发展的失衡，以及通航的复杂性使该区域海上航运面临众多挑战。不受管制的海上毒品和武器贩运，仍然是印度的持续威胁。⑤ 印度东面的孟加拉湾、安达曼海是海上恐怖主义的高发地，这同样困扰着极度依赖海路运输的泰国。工业发展离不开能源的大量消耗，而泰国的能源相对匮乏。截至2019年，泰国已探明的天然气、煤炭储量仅为世界总储量的0.1%，石油储量则不足0.1%。⑥ 中东石油是泰国石油进口的主要来源，而印度洋则是泰国石油运输的必经之地，混乱的海上秩序必然威胁泰国的能源安全。日益猖獗的跨国犯罪和海上恐怖主义等隐患严重影响印度洋航道安全，是极为倚重海外贸易的印泰两国面临的共同威胁，同时也助推了印泰安全合作态势、共同防御及保障沿线海上通道安全（SLOCs）。

---

① Richard D. Marshall Jr, "The String of Pearls: Chinese maritime presence in the Indian ocean and its effect on Indian naval doctrine," *Naval postgraduate school*, Monterey, California, 2012, p. v.
② 周方冶：《泰国对印太战略的认知与反应："中等国家"的地缘引力平衡策略》，《南洋问题研究》2020年第2期，第83页，第73页。
③ J. Mohan Malik, *China and India: Great Power Rivals* (Boulder & London: First Forum Press, 2011), p. 372.
④ 刘磊、于婷婷：《莫迪执政以来印度与东南亚国家的海上安全合作》，《亚太安全与海洋研究》2019年第1期，第92页。
⑤ Ministry of Defense (Navy), *Ensuring Secure Seas: Indian Maritime Security Strategy*, October 2015, p. 38. https://en.m.wikipedia.org/wiki/Ensuring-Secure-Seas:_Jndian_Maritime-Security-Strategy.
⑥ BP Statistical Review of World Energy 2020, Stratistical Review of World Energy 2020/69th edition, https://www.bp.com/content/dam/bp/business-sites/en/global/corporate/pdfs/energy-economics/statistical-review/bp-stats-review-2020-full-report.pdf.

二、"印太战略"视域下印泰安全合作的进展与特点

近年来,在地区安全的竞争和威胁下,印泰两国的安全合作从传统安全领域的军事演习、军舰互访到非传统安全领域的联合巡逻、反恐、引渡条约等,双边防务合作领域不断深化拓展,合作模式不断创新,合作机制日趋完善,参与的多边安全合作组织也日趋多元化。

(一) 印泰安全合作的态势与重点领域

1. 海上联合巡逻日趋机制化。在安达曼海共享海洋边界的印泰两国在联合打击各类违法犯罪、应急处突、执法合作交流、联巡保障等方面进展迅速,联合巡逻执法机制不断深化拓展,协作水平稳步提高。早在2003年印泰海军工作小组就共同巡逻国际海上边界的谅解备忘录开始了谈判。2007年印度海军和泰国皇家海军正式签署了谅解备忘录,印度—泰国联合巡逻(Indo - Thai CORPAT)每年进行两次。2020年11月,印泰举行了第30次联合巡逻,涉及领域也扩大到信息交换和海上搜救行动等。此次联合巡逻,旨在加强两国海军跨海配合的操作性,参与巡逻的舰艇和飞机进行了多个领域演习,包括登船演习、自然灾害及突发性事件应急演习等。

2. 双边与多边联合军事演习日趋常态化。除了海上联合巡逻,印泰两国自2007年以来轮流举办陆军"马特里"(Maitree)双边联合军事演习。2018年"马特里"联合军演在泰国北柳府举行,两国陆军进行包括步兵在内的排级双边演练,此次军演包括一系列联合训练、规划和执行的大量战术演习,以便更好地应对城市作战中的威胁。[①] 印泰一年一度的双边陆军演习提升了两国共同应对跨国安全威胁的能力。除双边合作演习外,两国还共同参与数个多边演习。2018年9月,"环孟加拉湾多领域经济技术合作倡议"组织(BIMSTEC)以反恐为主题的首次军事演习(BIMSTEC Milex - 2018)在印度浦那(Pune)举行。BIMSTEC作为南亚和东南亚的一个桥梁,首次军演的目的是在地区合作框架内形成有效的安全机制,这也同该地区频繁发生的恐怖主义事件密切相关。正如新德里公共政策智库维韦卡南达(Vivekananda)基金会研究员普拉蒂克·乔希(Prateek Joshi)所言:"印度支持实现相关问题合作制度化,因为东北部边境叛乱组织不仅在缅甸有基地,在泰国也有所涉足。"[②] "金色眼镜蛇"演习(Cobra Gold exercise)由美泰两国共同举办,数十年来演习由双边转为多边,逐渐形成了东南亚地区规模庞大的多军种联合军事演习。2015年印度首次参演,该军演为印泰两国提供了又一个加强军事合作交流的重要平台。此外,基于安达曼海域共同的安全利益,泰国多次参加印度海军两年一次的米兰多边海军演习。

3. 军舰互访日趋频繁化。印泰两军交流合作的一个重要方面在于愈加频繁的军舰互访。2014年4月,印度海军第一训练中队的马加尔级"食鱼鳄号"坦克登陆舰、苏坎亚级"苏佳达号"巡逻艇、舒达舒尼号训练船以及海岸警卫船"伐楼拿"号四艘海军舰艇访问了泰国普吉港。2017年4月第24次印泰联合巡逻,印度"猎豹"号潜艇、海军飞机"多尼埃"

---

① "Indo - Thailand jt Exercise Maitree 2018 Culminates," United News of India, Aug. 19, 2018, http://www.uniindia.com/indo - thailand - jt - exercise - maitree - 2018 - culminates/india/news/1324396.html.

② Mandeep Singh, "BIMSTEC nations conduct first military exercise," Indo - Pacific Defense Forum, October 18, 2018, https://ipdefenseforum.com/2018/10/bimstec - nations - conduct - first - military - exercise/.

号与泰国海军舰艇"隆姆"号、海军飞机"多尼埃 228 号"协同演练。2019 年 9 月,印泰在安达曼 – 尼科巴群岛首府布莱尔港举行海上演习,新加坡共同参与了此次演习,这是印泰新三国首次在安达曼海域进行联合演习(SITMEX)。"印太战略"下印度日益将印太视作一个整体的战略发展空间,扩大同东南亚国家的防务合作,是其加强地区安全以及提升区域影响力的重要举措。

4. 军火贸易日趋火热。印度总理莫迪曾多次在公众场合强调"印度制造",并制定各项发展政策以期将印度打造成全球制造中心,作为长期的武器进口大国,印度迫切希望实现国防工业领域转型。2018 年印度国际防务展在金奈召开,莫迪在开幕式上表示,他将履行对国防制造业"印度制造"计划的承诺,在全国建立国防创新中心。① 此次国际防展突显了印度从武器进口国转变为武器出口国的决心。泰国武器进口主要依托美国等西方国家,印泰历史上并没有武器交易记录,但随着近年来双方防务合作加深,情况有所改变。2020 年 8 月泰国驻印度新德里大使表示泰国陆军准备接收来自印度的 625 辆"塔塔 LPTA"军用卡车。② "LPTA"军用卡车由印度塔塔集团旗下汽车公司研发生产,卡车型号从 4×4 的中型到 12×12 的重型,其高实用性以及易于维修保养的特点同泰国热带及亚热带气候相适应。此次武器交易将成为印泰两国军火贸易的重要突破,印度旨在利用其低价及高适用性的优势扩大对泰国武器出口并逐渐将武器出口领域由基础军备扩展至高精尖武器。2019 年,印泰两国就购买"布拉莫斯"(BrahMos)超音速巡航导弹展开了谈判。鉴于印度更加积极主动的"东进政策",以及泰国军队现代化建设的军备需求,两国在武器交易方面将有巨大的合作空间。

5. 刑事司法互助合作日趋完善。刑事司法互助是印泰安全合作的重要方向之一。印泰两国十分重视预防和打击跨国犯罪,近年来在改善国内刑事司法、提高预防和打击犯罪成效、国际刑事司法事项的互助、引渡条约签署、罪犯移管案件的国际司法合作与磋商机制等方面做出了积极努力。2001 年两国成立了"印泰安全合作联合工作组",致力于情报交流、海上安全、反恐、打击跨国犯罪及相关法律框架的确立,其中就包括引渡条约和洗钱协定。③ 2004 年印泰就签署了《司法互助条约》。2013 年 5 月,印度前总理辛格在外交部部长萨尔曼·库尔希德的陪同下访问泰国,两国正式签署了引渡条约。④ 印泰关于引渡的双边协定提供了一个有效的法律框架,相关引渡计划也陆续得到实施。锡克教激进分子古米特·辛格(Gurmeet Singh)主谋的爆炸案造成了 18 人死亡,其中包括印度北部旁遮普邦首席部长比特·辛格(Beant Singh),2015 年 1 月,泰国当局将其引渡至印度。

(二)印泰安全合作的主要特点

1. 两国军政高层互动为双边安全合作不断注入新动力。为巩固地区主导权进而实现印

---

① 赵旭:《印度期待转型为武器制造强国》,新华网,2018 年 4 月 17 日,http://www.xinhuanet.com/mil/2018 – 04/17/c_ 129852353. htm.

② KC Archana, "Thai Envoy Announces the Royal Thai Army's Purchase of 600 Tata Motors Defence Trucks," August 25, 2020, India Times, https://www.indiatimes.com/trending/social – relevance/thai – envoy – 600 – tata – lpta – military – trucks – from – india – 521218. html.

③ Pongphisoot Busbarat, "India, Thailand Taking Steps to Expand Ties," World Politics Review, Aug. 12, 2015, https://www.worldpoliticsreview.com/trend – lines/16448/india – thailand – taking – steps – to – expand – ties.

④ The government of India, Ministry of External Affairs, Annual Report, 2013—2014, p. 22.

度的全球抱负，莫迪政府在外交方面更加积极务实。2014年5月泰国发生军事政变，陆军总司令巴育强行接管政府并出任代总理。尽管印度希望泰国回到民主的道路上，但对于推翻英拉政府的军事政变，印度并未做出强烈回应。① 莫迪政府并不想因为泰国政变而影响双边关系，两国军政高层互访联系一直未曾中断。2014年6月30日，泰国国防军首长帕蒂玛普拉蓬（Patima Prakorn）访问印度，并会见了印度国防部部长拉吉纳特·辛格。2016年6月泰国总理巴育率领大规模代表团访问印度。双方就安全合作方面展开了会谈，对日益显现的非传统安全威胁表示担忧，同意就此展开更多的实质性合作，其中重点涉及打击海盗、反恐怖主义、贩卖人口等领域。印度总理莫迪也于2019年11月3日在第35届东盟峰会、第14届东亚峰会和第16届印度—东盟峰会期间会见了泰国总理巴育。双方领导人就加强国防和安全领域的合作展开讨论，并同意寻求在国防工业领域合作的机会。基于地区安全形势的共同立场，印泰双方军政两界高层互动趋势愈加明显，凸显了加强安全合作的决心。

2. 双边非传统领域安全合作需求大为增强。后冷战时代非传统安全威胁已经成为一些国家和地区的主要安全问题，印泰在安全领域的一系列共识和承诺为两国建立共赢关系奠定了基础。2016年泰国总理巴育访问印度，并发表联合声明称："两国领导人明确谴责一切形式和表现的恐怖主义，并同意共同努力建立打击恐怖主义的新的全球决心和战略"。② BIMSTEC是两国反恐合作的重要机制之一，9·11事件后恐怖主义在孟加拉湾、安达曼海以及马六甲海峡附近泛滥，BIMSTEC成员国由初始的经济技术合作逐渐拓展至安全合作。2004年7月在曼谷举行的BIMSTEC首次首脑峰会开始协调成员国努力打击国际恐怖主义和跨国犯罪，并通过了《打击恐怖主义和跨国犯罪公约》（CTTC）。同年12月，BIMSTEC反恐联合工作组第一次会议在印度首都新德里召开，确立了反恐联合工作组的职权范围和任务规定。2009年BIMSTEC成员国继续推动批准了《打击国际恐怖主义、跨国有组织犯罪和非法贩毒合作公约》，并支持《BIMSTEC刑事司法互助公约》。2019年2月，印度在萨达尔·瓦拉巴伊·帕特尔国家警察学院（SVPNPA）为BIMSTEC国家安全官员举办了旨在建立区域能力的反恐、网络恐怖主义、网络安全和打击跨国犯罪课程，并讨论了应对恐怖主义、跨国犯罪、洗钱和网络攻击等挑战的区域方法。

3. 双边防务关系基础比较牢固。复杂的安全局势下，印泰两国不仅面临大国竞争的压力，还受到地区恐怖主义、跨国犯罪等问题困扰，加强防务安全关系成为两国共同应对威胁的必要举措。2011年，印泰两国建立了国防部一级防务对话，首次会议于同年的12月23日举行。此后两国轮流举办国防对话，内容包括军官培训、联合演习等。截至2019年12月，印泰已连续举办七次国防对话，双方就进一步加强防务合作的各项措施达成诸多共识。2012年1月，泰国前总理英拉访问印度，双方签署了《防务合作谅解备忘录》，揭开了印泰防务合作的新篇章。此外，两国海、陆、空三军也形成了长期的对话机制。2018年7月，第二次印泰陆军参谋会谈在泰国举行，第十次印泰海军参谋会谈在德里举行；8月，印泰空军第八次会谈在德里举行。2018年12月，泰国海军总司令卢查·鲁德特（Luechai Ruddit）访问印度，与印度国防部部长拉贾纳特·辛格、印度海军总司令苏尼尔·兰巴（Sunil Lan-

---

① Mark Shawn Cogan, Vivek Mishra, "India – Thailand Security Cooperation: Strengthening the Indo – Pacific Resolve," *Journal of Asian Security and International Affairs*, Volume 7, Issue 1, March 30, 2020, p. 5, p. 39, p. 18.

② 越通社：《印度与泰国加强合作关系》，Vietnamplus，2016年6月20日，https：//zh. vietnamplus. vn.

ba）举行了会谈，两国签署了《印泰白色船舶信息交流技术协议》。此前，印泰防务关系因泰国长期政治动荡而发展缓慢，但随着地区安全形势的变化，这一关系正在不断深化。

4. 安全合作机制朝着多样化、板块化以及专业化方向发展。印太战略下印度安全合作的地域可以细分为印度洋地区和东南亚地区，加强在印度洋的合作可以保障印度周边安全，以东南亚为跳板也可为实现大国目标奠定基础。泰国作为东南亚地区举足轻重的国家，在地缘上与印度在安达曼海及其重点关注的马六甲海峡相邻。在共同面对区域安全威胁的背景下，印泰两国一直致力于地区多边安全机制的建设，并积极参与多个行而有效的亚太地区多边安全合作机制（见表1），旨在加强地区国家的对话与务实合作，共同应对安全挑战。自印太战略成形以来，印泰两国已在地区多边安全机制与平台下开展了在反恐、海上安全、打击跨国犯罪、防灾减灾等领域的多项合作，取得了丰硕成果，为共同维护地区安全、巩固地区影响力创造了良好的条件。

表1 印泰参与地区多边合作机制情况表

名　称	成立时间	安全合作内容
东盟地区论坛	1994年	亚太主要官方多边安全对话与合作平台
环印度洋联盟	1997年	打击犯罪、防灾减灾、海上安全
环孟加拉湾多部门技术和经济合作倡议	1997年	自然灾害、反恐与跨国犯罪
香格里拉对话	2002年	亚太多边安全合作对话机制
东亚峰会	2005年	打击恐怖主义、毒品传播、跨国犯罪
印度洋海军论坛	2008年	海上安全、加强地区海军协同能力
东盟防长扩大会议	2010年	海上安全、军医、灾害救援与人道主义援助、维和行动以及反恐
东亚峰会	2005年	地区海洋合作、反恐、打击跨国犯罪、打击毒品传播等
印度—东盟峰会	2003年	反恐、海上安全、打击跨国犯罪、防灾减灾

资料来源：本表由中国外交部官网、国务院新闻办公室网站整理而得。

三、"印太战略"视域下印泰安全合作的地缘影响

印太地区范围广阔、国家众多，各国在政治、经济、文化等领域差别甚大。"印太战略"下该地区成为大国角逐的竞技场，在此背景下的印泰安全合作给复杂的多边环境带来了诸多不确定性，对区域内多边合作、区域安全秩序构建、地区大国战略互信、印太地区军备竞赛等产生深远的地缘影响。

（一）区域内多边合作矛盾叠加碰撞

印泰在南亚和东南亚地区占有重要的地位，两国的安全合作势必影响区域内多边合作。

作为东盟的核心国之一，泰国特殊的地缘使其成为印度与东盟之间的桥梁，东盟地区横跨两洋、扼守马六甲海峡，其地理优势及丰富的自然资源吸引大国长期驻足。东盟成立旨在促进地区和平、稳定及繁荣，其显著愿望是，主要的外部大国将为和平与发展提供有利的区域环境。① 基于此，东盟长期将各大国视作天秤两端的砝码，巧妙地维持着平衡。印太战略下东南亚成为美国遏制中国的关键地区，中美之间日益激烈的竞争给东盟各国带来了巨大的压力。然而，在世界多极化的背景下，周边次要大国给予了东盟战略缓冲的空间，莫迪政府积极进取的外交政策展现了印度追求大国地位的雄心，这一抱负与东盟的愿景相契合，同印度的合作将有利于东盟继续在区域内实行灵活的大国平衡战略。印泰的安全合作将进一步加强印度与东盟的多边合作，长期以来，印度与越南、新加坡、印尼等国都具有安全合作关系，南亚及东南亚各国都深受恐怖主义、贩卖毒品、军火走私等日益严重的非传统安全威胁，这必然会加强区域各方在安全领域更广泛的合作，但也难免会带来区域内多边合作矛盾叠加碰撞。

（二）增大区域安全秩序构建难度

印太战略下印泰加强安全合作将对亚太区域安全秩序的构建形成新的隐患。印度北部的克什米尔地区一直是印巴冲突的焦点，印巴两国在区域秩序协调方面也存在重大分歧，1985年旨在加强合作的南亚区域合作联盟成立，但是南盟内部尤其是印巴两国矛盾重重，自2016年以来南盟机制几乎停滞。2020年3月，借疫情之机，印度总理莫迪号召南盟各国元首参加视频会议，巴基斯坦仅由国家卫生事务特别助理出席，莫迪建议在南盟框架下设立应对新冠肺炎疫情的紧急基金，并承诺向该基金捐款1000万美元，除巴基斯坦外的南盟成员都已向该基金捐款。② 由此可见，印巴两国之间的间隙已经严重影响到了地区国家应对威胁的合作。鉴于南盟合作机制的停顿，印度将目光转向东边，对印度来说，BIMSTEC在一定程度上成为了替代南盟的一个多边合作机制。近年来印泰合作由经济领域逐渐扩展到安全领域，无疑会触动巴基斯坦敏感的神经，加深印巴之间的猜疑。另一方面，泰国是中国在东南亚重要的合作伙伴，双方在经济、军事等多个领域拥有良好的合作关系，印度对泰国的拉拢，尤其是两国在马六甲海峡、安达曼海及印度洋附近海域频繁的联合巡逻及军演将加重中方对地区秩序的担忧，不利于亚太地区安全秩序的构建。

（三）加深地区大国战略互相猜忌

德国史学家路德维希·德约指出："列强的竞争多以同样的方式，如水聚喷泉托盘，直到在一个特定时刻这托盘被注满，水溢入第二个周边托盘，周而复始"。③ 曾经的列强早已不在，但欧洲四个世纪留下的均势体制已扩展至全球，冷战结束后美国成为全球至强，于现今所有次要大国而言，美国无疑成为了维持均势的"海上霸权"和"侧翼大国"。为应对中国在亚太地区的崛起，美国推出"印太战略"以平衡地区格局，作为"四方安全对话"

---

① N. Gansea, "ASEAN's Relations with Major External Power," p. 258.
② 隋雪濛：《南亚防疫观察之四：以疫为名，印度重启南盟》2020年3月30日，北京大学区域与国别研究院未刊资料。
③ 路德维希·德约：《脆弱的平衡：欧洲四个世纪的权势斗争》，时殷弘译，人民出版社，2016，第16页。

(Quad)机制的关键一方及美国非北约主要盟友（Major Non-NATO Ally），印泰的安全合作自然为美国所期望，面对中国在亚太地区与日俱增的影响力，两国也希望借美国之力维持地区平衡。

2008年印度洋海军论坛主要由印度发起，泰国也是成员国之一，该论坛旨在通过合作加强海上安全机制，中国曾多次希望加入，被印度以"中国对印度洋存在野心"为由拒绝，直到2014年才成为其观察员国。2001年9月，印度建立了安达曼－尼科巴海军司令部（ANC），努力开发射程可达3000公里以上的洲际弹道导弹。印度在印度洋东北部的主要战略地位是由其拥有的安达曼－尼可巴群岛所支撑，这两个群岛通过马六甲海峡西端附近的安达曼海向北延伸。印度借应对非传统安全威胁为由，同包括泰国在内的多个地区国家在安达曼海、马六甲海峡附近频繁进行联合巡逻及演习。根植于依赖由潜在对手国家巡逻的海上通道进口资源的战略脆弱性，加剧了中国对所谓"马六甲困境"的担忧。[①]

基于地缘政治、经济利益以及能源需求，印度对于中国南海愈加关注，尤其中印边境冲突后，印度有意将南海问题复杂化。2020年12月印度－越南虚拟峰会期间两国发表联合声明称，"维护南中国海的和平、稳定、安全以及航行自由的重要性。据国际法，尤其是《联合国海洋法公约》，不损害所有国家的合法权益，包括不参与谈判国家的合法权益。"[②] 同年12月，印度海军"契尔丹"号护卫舰抵达胡志明市的芽庄港，参与将在南海举行的"海上通行"（PASSEX）演习。印度以更加高调的方式介入南海，不断加强与中国周边国家在安全领域的合作，企图取得更多地区国家的支持向中方施压。总体而言，在印度洋具有重大地缘优势的印度与一向奉行大国平衡战略的泰国不断强化安全合作，部分措施必然引起地区以及域外大国的高度戒备。

（四）加剧印太地区军备竞赛风险

在地缘上印度与东南亚紧密相连，东南亚的部分国家存在历史对抗以及现实的矛盾冲突。近年来，东南亚各国加快了引进新式武器的步伐。虽然东南亚国家都在购买先进武器，但采购的数量似乎不足以严重影响该地区的力量平衡。[③] 然而，随着印度"东进政策"的推进，东南亚开放的军贸市场无疑成为印度武器出口的重要地区，印度介入必然会打破该地区传统的军火贸易市场。近年来，印度一直希望利用与俄罗斯共同研发的"布拉莫斯"巡航导弹打开东南亚市场，包括泰国、菲律宾、越南在内的多个国家就此与印度展开了谈判。

印泰两国加强防务关系，不断强化在印太地区的军事存在，以及在军火贸易上新兴的合作势头，容易引起地区范围内国家的警惕。对于东南亚各国来说，购买武器的本意可能只为维护本国国内安全、进行领土防务或其他因素，例如泰国的查克里·纳吕贝特号（HTMS Chakri Naruebet R-911）小型航空母舰多用于海上救灾、预防海上犯罪等领域，但作为东南亚地区唯一的小型航母，无疑提高了泰国皇家海军的地位。新式武器装备的不断流入，实际

---

① Ian Storey, "China's 'Malacca Dilemma'," *China Brief*, Vol. 6, No. 8, 2006, https://jamestown.org/program/chinas-malacca-dilemma/.

② The government of India, Ministry of Foreign Affairs, "India-Vietnam Joint Vision for Peace, Prosperity and People," December 21, 2020, https://www.mea.gov.in/Joint-Vision-for-Peace-Prosperity-and-leople-C.pdf.

③ Richard A. Bitzinger, "A New Arms Race? Explaining Recent Southeast Asian Military Acquisitions," *Contemporary Southeast Asia*, April 2010, p. 65.

上加深了东南亚地区的"安全困境",也加剧了地区军备竞赛的风险。

四、"印太战略"视域下印泰安全合作的制约因素

近年来印泰两国的安全合作领域不断扩大,合作水平不断提高,合作的协调能力不断提升,但继续深化安全合作仍受到不少双边合作、多边合作及地区权力结构等多方面潜在因素的制约。

(一)双边合作的制约

基于历史、宗教、现实等因素,印泰两国在安全领域拥有广阔的合作空间,但对内部问题以及处理与他国关系方面并非全然一致。首先泰国国内政局并不稳定,主要表现在频繁的军事政变。最近的一次军事政变发生在 2014 年 5 月 22 日,这是泰国八年来的第二次政变,也是自 1932 年实行宪法统治以来的第十三次政变,极大地阻碍了泰国的民主过渡。泰国政局的动荡意味着其难以长久贯彻实施对外政策,必然会影响印泰两国的双边关系。其次在对外关系上,泰国多以现实的国家利益来均衡对不同国家的政策。相比于中国这个最大的贸易伙伴以及美国所提供的安全保护,印度显然无法替代中美两国在泰国的角色与作用。2019 年,印度和巴基斯坦就从泰国引渡罪犯产生政治交锋,最终,泰国将穆罕默德·萨利姆(Mohammed Saleem)送回巴基斯坦,撤销将他引渡到印度的裁定,从而结束了为期三年的羁押法律斗争。这一事件表明泰国在与印度的合作当中尽量保持战略自主,这也是泰国一直以来维持区域平衡的策略。最后两国国内恐怖主义及分离势力的影响逐渐跨出国界在区域范围内形成联动,印度打击恐怖主义的决心与泰国政府对泰南穆斯林谨慎的态度使两国也心存芥蒂。

(二)多边合作的制约

除联合巡逻、演习以及定期的海陆空三军对话机制外,印泰两国的安全交流多在区域内的多边合作机制框架内展开,如环印度洋联盟、BIMSTEC、印度洋海军论坛等。但印泰共同参与的地区多边合作框架容易受到各种因素的制约,进而造成机制不畅,影响印泰两国的深度合作。

首先是合作机制内成员国整体经济水平不高且发展不平衡,差距较大。以 BIMSTEC 为例,成员国涵盖了南亚、东南亚的七个国家,根据 2020 年世界银行按人均国民总收入(GNI)划分的最新国别分类标准,BIMSTEC 内仅泰国及斯里兰卡为中等偏上收入国家,其余 5 国均为中等偏下收入国家(见表 2)。在各方发展极不平衡的情况下,各国就自身实际情况所推行的对外政策难以在组织内得到有效整合,从而影响整个合作机制的运行成效。

表 2 BIMSTEC 成员国国别分类一览表

国　家	GNI(美元,2019)	组　别
泰国	7260	中等偏上收入
斯里兰卡	4220	中等偏上收入
不丹	3140	中等偏下收入
印度	2120	中等偏下收入

续 表

国　家	GNI（美元，2019）	组　别
孟加拉国	1940	中等偏下收入
缅甸	1390	中等偏下收入
尼泊尔	1090	中等偏下收入

资料来源：*DataBank World Development Indicators*，The World Bank，https：//databank. shihang. org/reports. aspx？source = world – development – indicators#.

其次，莫迪执政后提出"邻国优先"政策（Neighborhood First），这是印度在传统邻国政策失效、周边安全环境恶化、中印战略空间重合等因素共同作用下做出的关键之举。① 目的是希望借此形成良好的周边发展环境。但事与愿违，近年来印度不断与巴基斯坦、中国、尼泊尔等邻国产生纠纷甚至冲突，这源于印度难以释怀的大国情结，南亚各国被印度视作附属，而中国则成为其眼中的北方威胁。在"东进政策"中，印度也隐约将这一想法带入与东盟的交往中。然而，东盟只希望印度作为"印太战略"中的一个地区平衡力量，而不是区域内的另一个霸权。东盟在地区合作中也尽量维持自身的中心地位，印度和东南亚各国的多边合作由此将受到双方战略差异的制约。

（三）地区权力结构的制约

肯尼思·华尔兹指出："结构概念建立于这样一个事实基础之上，即以不同方式排列和组合的单元具有不同的行为方式，在互动中会产生不同的结果"。② 国际社会多处于无政府状态，在亚太这个地区性大国林立，域外大国驻足的区域，地区权力结构异常复杂。印泰作为南亚、东南亚举足轻重的国家，是这一地区结构内的重要变量，两国加强安全合作难免受到地区权力结构框架的制约。随着中国的全方位崛起，美国将中国视作其全球霸权的挑战者抑或威胁者，除了经济上激烈的摩擦，还有地缘上的围追堵截，中美之间已经在亚太甚至全球形成了结构性矛盾。印度加强同泰国的安全合作不仅是为了应对地区非传统安全威胁，更是希望通过泰国这一途径扩大自身在东南亚乃至整个亚太地区的影响力。对于泰国来说，其本身深陷地区权力结构的漩涡，需要通过审慎的外交去平衡大国的竞争，加强同印度的安全合作也是其灵活外交的一部分。

另一方面，印太战略下美国虽将印度视为重要合作伙伴，印度在一定程度上也支持美国地区平衡的战略，但双方在经济、安全、政治领域仍存在不少分歧，印度成为全球大国的道路必然无法绕开美国，在泰国乃至整个亚太地区扩大影响力的举动也会受到美国的抑制。东南亚地区是中国周边外交的重要舞台以及"一带一路"倡议的关键地区，中国历来重视同东盟各国的关系，时至今日，中国已经在这一地区形成相当的政治、经济影响力，泰国也是中国在东南亚的一个重要的合作伙伴，积极介入地区安全机制的印度难免在这一地区与中国产生利益的摩擦与碰撞。印泰安全合作实际上不仅取决于两国内部以及地区的安全形势，更受制于亚太地区固有的权力结构框架。

---

① 杜志远：《印度"新区域主义"战略："邻国优先"政策》，《世界经济与政治论坛》2020 年第 1 期，第 27 页。
② 肯尼思·华尔兹：《国际政治理论》，信强译，上海人民出版社，2003，第 109 页。

结　语

印度"东进政策"与泰国"西进政策"在印太地区形成了利益的重合地带，为两国安全合作提供了有利契机。基于地缘、文化宗教及价值观基础，双方在联合巡逻及演习、地区反恐、军火贸易等领域展开了深度的交流合作。印泰的安全合作关乎区域各国利益，但从印太战略下整个地区错综复杂的安全形势来看，印泰两国加强安全合作的举措无疑给两国提供了更大的战略选择空间，也使两国在区域竞争中居于有利地位。印泰安全伙伴关系或将推动印度加入"马六甲海峡巡逻"（Malacca Straits Patrol，MSP）的海上安全合作机制。[①] 印度认为，加入MSP对其在印太地区扮演"纯安全提供者"（net-security-provider）角色及维护印太地区的持续安全架构都至关重要。[②] 然而，印泰两国安全合作虽进展迅速，但要往纵深和多层面发展，仍囿于双边、多边和地区结构框架的诸多限制，面临不少挑战。复杂的局势使印泰意识到，两国不仅需要关注双边合作，更需巧妙地平衡与协调区域内外大国竞争的压力以及多边合作机制中其他国家的利益。

自莫迪政府将"东向政策"升级为"东进政策"以来，印度的战略安全目标开始由南亚大陆逐步转向印太地区，东盟地区自然成了印度"东进政策"的重要核心地区。近年来，印度与越南、印尼、菲律宾、新加坡、马来西亚等东盟国家的安全合作急剧升温，在防务安全、反恐、海上安全、网络安全、海事信息共享、武器装备出口或改造、军事人员培训、军事情报交流、双边或多边联合军演等领域展开了频繁的、有深度、多层次的合作，防务与战略安全合作朝常态化、制度化方向大踏步迈进。与印泰安全合作类似，通过与越南、印尼、菲律宾、新加坡、马来西亚等东盟国家深化防务与战略安全合作，印度可实现其在马六甲海峡地区、南中国海和西太平洋等周边地区的军事存在，确保其所谓的"海上航行和飞越自由"，极大地提升自身在印太地区的活力与影响力。出于印度—东盟的传统友好关系和在大国竞争中维护自身安全利益等现实利益驱动，东盟部分国家也积极寻求包括印度在内的印太地区强国的合作，维持印太地区的力量均衡。不过，相比于印太地区其他大国，印度与东盟部分国家的综合实力相对有限，防务安全合作大多着眼于战略层面，具体合作的内容、领域与层次尚有待深化，其双边或多边的防务与战略安全合作对地区格局的影响有限，但未来走向仍需持续观察。

[①] MSP是由印度尼西亚、马来西亚、新加坡和泰国采取包括海上巡逻、空中之眼和情报交换小组三部分在内的一系列切实合作措施，以保障马六甲和新加坡海峡（Straits of Malacca and Singapore，SOMS）安全的系统机制。

[②] Mark Shawn Cogan，Vivek Mishra，"India-Thailand Security Cooperation：Strengthening the Indo-Pacific Resolve," *Journal of Asian Security and International Affairs*，Volume 7，Issue 1，March 30，2020，p. 5，p. 39，p. 18.

"一带一路"倡议下东南亚中资企业推进民心相通的实证分析

孔建勋　沈圆圆*

【摘　要】 民心相通是"一带一路"倡议的重要内容，并受到学界的广泛关注。既有研究大多基于新闻传播学、认知心理学、社会学、国际关系等学科的视角，从国家形象建构和群际接触的研究路径分析中国与"一带一路"各国的民心相通。但是，既有文献在民心相通测量指标设置方面大多存在层次谬误和因果混淆两个方面的问题。鉴于构建公共外交的现实需求和海外中资企业的独特优势，文章提出从海外中资企业推动民心相通的视角，构建东道国员工"认知—情感—意动"对华民心相通测量指标，立足于OCEES东南亚十国一手数据，以此分析东南亚中资企业在推进中国与东道国民心相通方面的效果。数据分析结果显示，东南亚中资企业推动民心相通进展良好，但民心相通的成效并不均衡。主要问题体现在中资企业对外沟通能力不足、对当地员工情感投入乏力以及企业社会责任感履行被动这三个方面。因此，海外中资企业需拓宽内部宣传渠道来构建正面认知，让情理融入工作管理，塑造情感认同，以履行企业社会责任为工具，提升当地员工信赖感，夯实澜湄国家命运共同体和"一带一路"倡议的社会根基。

【关键词】 中资企业；民心相通；东南亚；群际接触

2017年，国家主席习近平在"一带一路"国际合作高峰论坛开幕式上作主旨演讲时指出，"国之交在于民相亲，民相亲在于心相通"，点明民心相通对于"一带一路"倡议夯实民意基础、筑牢社会根基的重要性。中国与东南亚国家间的民心相通拥有天然的地缘优势，在对接经济发展战略的基础上，如何发挥地缘优势，高效务实地开展人文交流，成为推进中国与东南亚国家人类命运共同体建设的重要课题。

东南亚国家中资企业积极营造与东南亚国家互利共赢、共同发展和谐气氛的同时，更为高质量共建"一带一路"作出突出的贡献，激发中国与东南亚国家经贸合作和人文交流的巨大潜力。因此，身处"一带一路"建设从总体布局"大写意"步入精谨细腻"工笔画"的重要阶段，以中资企业为研究对象，开展东南亚国家对华民心相通研究显然具有重要意义。

东南亚国家对华民心相通的既有研究主要以国家形象构建和群际接触为主，前者依赖媒体外宣功能和民众主观态度作为民心相通的重要指标，后者偏重人文交流数据分析民心相通的现状。以上研究路径虽然为东南亚国家对华民心相通研究提供新的视角和讨论空间，但也

---

* 孔建勋，云南大学国际关系研究院教授；沈圆圆，云南大学国际关系研究院博士研究生。

造成该研究领域的层次谬误以及因果关系两个方面的问题。一方面,既有研究缺乏大多以宏观层面的人文交流为民心相通测量指标,而民心相通更应该偏重于微观层面的测量指标,因此造成研究层次错位的问题;另一方面,既有研究较少区分促进民心相通的行为与结果,大多把行为过程作为民心相通的结果指标,缺少民心相通的动因和机制分析。鉴于此,本文以东南亚中资企业的当地员工为研究对象来探讨中资企业在推动中国与东道国之间民心相通方面所起的作用,主要提出两个主要的研究问题:东南亚中资企业推动民心相通的效果如何?在此过程中,东南亚中资企业又存在哪些亟待解决的问题?

基于上述研究问题,本文首先通过梳理国家形象建构和群际接触的相关文献,阐述两种研究路径主要观点和局限性。首先,从公共外交理论的视角分析东南亚中资企业在推动民心相通方面所发挥的作用,强调东道国员工作为研究对象的合理性和可行性。其次,利用海外中国企业及东道国员工综合调查(OCEES)数据,构建以"认知—情感—意动"为分析框架的民心相通测量指标,其中"认知"指的是当地员工对中国的综合评价,"情感"是指东道国员工对中国人的态度体验和情绪反应,而"意动"即为当地民众对中国的行为意向。通过数据分析,最终得出东南亚中资企业对华民心相通的成效。再次,立足于理论和现实需求,总结东南亚中资企业推动民心相通建设面临的问题和思考,掌握东南亚国家对华民心相通的客观情况,为夯实澜湄国家命运共同体和"一带一路"倡议的民意基础进行学理思考。

一、"一带一路"倡议下的民心相通研究综述

(一)国家形象建构解释路径下的民心相通研究

基于国家形象构建的民心相通研究路径主要依赖于传播和心理两种机制。前者从新闻传播的角度出发,认为国家形象是经由本国和东道国新闻媒介信息流动后呈现的形象。[①] 后者强调国家形象是东道国民众对一个国家的综合评价。[②] 这两种不同的研究机制分别催生不同的研究范式。

从传播机制来看,国家形象的形成是以本国源像为起点,通过本国系统力塑,再由国际传输或他国系统描述后,最终成像的过程,[③] 而新闻框架的符号象征功能恰好就是构建本国国家形象或检验国家形象在他国现状的锁匙。[④] 因此,基于新闻报道来检验对华民心相通的成效就成为传播机制的解释范式。一方面,此类研究聚焦于本国媒体的外宣能力,或是借用中国与东道国媒体互引数据来检验本国媒体与他国媒体信息传递的关系紧密程度,[⑤] 或是基

---

① 郭可:《当代对外传播》,复旦大学出版社,2003,第80-84页。
② 孙中有:《国家形象的内涵及其功能》,《国家论坛》2002年第2期。
③ 刘小燕:《关于传媒塑造国家形象的思考》,《国际新闻》2002年第2期。
④ Zhongdang Pan & Gerald M. Kosicki, "Framing as a Strategic Action in Public Deliberation," in Stephen D. Reese et al. (eds.). *Framing Public Life. Perspectives on Media and our Understanding of the Social World.* Mahwah, New Jersey: Lawrence Erlbaum Associates, 2001, pp. 35–66; Robert M. Entman, "Framing: Toward Clarification of a Fractured Paradigm," *Journal of Communication*, Vol. 43, No. 3, 1993.
⑤ 吴瑛、李莉、宋韵雅:《多种声音 一个世界:中国与国际媒体互引的社会网络分析》,《新闻与传播研究》2015年第9期。

于媒体的接触频率来评析国家形象"自塑"的成效与局限,① 使得在本国系统层面描述民心相通成效成为可能;另一方面,对东道国媒体"他塑"现状的关注也是此类研究的旨归。学者们认为,新闻框架可以起到构建当地民众观念的作用,② 因此非常强调他者视阈对民心相通研究的重要性。通过考察东道国媒体对华报道的主导性框架、议题设置、意见话语或大众媒体接触等,③ 分析东道国对华态度舆论环境,总结国家形象在"他塑"层面的得与失,为了解民心相通的成效提供参考。

从心理机制看,形象是某一对象所持综合性印象、评价和观念的总和。④ 心理机制视域中的国家形象研究很大程度上受到对外政策理论和认知心理学的影响。一方面,对外政策理论的倡导者擅长从国家竞争环境中提炼出具有国家形象的政治意义,以及作为国家形象认知者的政治人属性,⑤ 以求解答决策者的心理活动如何构建国家形象的问题。另一方面,认知心理学将国家形象看作是经过跨文化棱镜折射的主观意识,⑥ 使得国家形象测量从宏观层面转移到个人认知、评价和情感的微观层面。于是,受到对外政策理论和认知心理学的影响,从心理机制分析民心相通的研究也日渐成熟。此类研究主要通过微观层面的数据对国家形象进行量化分析,或是将国家形象转换为国家影响力的公民评价,⑦ 或是尝试从政府形象、企业形象、城市形象、文化形象和国民素质等相关数据解构对华态度。⑧ 以上这些研究,突破传统国家形象研究聚焦媒介信息传递的局限,转向更为贴近民心相通内涵的对象国民众主观意识取向,拓展了微观层面的民心相通研究领域。

(二)群际接触解释路径下的民心相通研究

在社会心理学领域,群际接触(intergroup contact)被认为是改善群际冲突最有效的理论之一。⑨ 学界通过实验表明,积极接触促发共情的情感体验,产生利他动机进而从态度和行动上改善偏见。⑩ 因此,人文交流作为积极接触的一种形式,既以直接接触(direct con-

---

① 冯海燕、范红:《社交媒体环境下涉华新闻接触与对华态度——基于在京外国人的实证研究》,《现代传播》2019年第11期。
② 程曼丽:《论"议程设置"在国家形象塑造中的舆论导向作用》,《北京大学学报》(哲学社会科学版),2008年第2期。
③ 张昆、陈雅莉:《东盟英文报章在地缘政治报道中的中国形象建构——以〈海峡时报〉和〈雅加达邮报〉报道南海争端为例》,《新闻大学》2014年第2期;张美云、杜振吉:《基于媒体计算的中国形象"他塑"模型建构——以印度尼西亚等东盟国家为例》,《海南大学学报》(人文社会科学版),2019年第6期。
④ 吴献举、张昆:《国家形象:概念、特征及研究路径之再探讨》,《现代传播(中国传媒大学学报)》2016年第1期。
⑤ 罗伯特·杰维斯:《国际政治中的知觉与错误知觉》,秦亚青译,上海人民出版社,2015,第13-48页;M. Schafer, "Images and Policy Preferences," *Political Psychology*, Vol. 18, No. 4, 1997.
⑥ Brunswik Egon, *The Conceptual Framework of Psychology*, University of Chicago Press, 1952. 转引自王珏、汪伟民《国家形象的心理形成机制初探》,《国际论坛》2007年第4期。
⑦ 徐明华、江可凡:《"自我映射"与形象建构:外交格局调整下民众对国家形象认知的心理形成机制》,《华中科技大学学报》2019年第6期;张昆、张明新:《中美公众的世界观念调查报告(2016)》,《人民论坛·学术前沿》2017年第1期。
⑧ 范红:《国家形象的多维塑造与传播策略》,《清华大学学报》(哲学社会科学版)2013年第2期。
⑨ John F. Dovidio, Samuel L. Gaertner & Kerry Kawakami, "Intergroup Contact: The Past, Present, and the Future," *Group Processes & Intergroup Relations*, Vol. 6, 2003.
⑩ C. Daniel Batson, Marina R Polycarpou, et al., "Empathy and attitudes: Can feeling for a member of a stigmatized group improve feelings toward the group?," *Journal of Personality and Social Psychology*, Vol. 72, 1997.

tact）的方式促进跨群体的面对面交流，又以新闻报道、观察式参与等间接接触（indirect contact）的方式扩展群际接触经历，对塑造共情环境有着良好的效果。①

在"一带一路"倡议的背景下，人文交流以个体面对面互识、互知、互动为主，在推动情感与文化认同与理解的同时，也成为塑造"一带一路"倡议民意基础和社会根基的路径，②这充分说明集体情感的塑造对处理中国与"一带一路"沿线国家关系的重要性。③鉴于人文交流的重要性，这方面的相关数据往往被纳入民心相通的评估体系，作为民心相通效果的主要依据。一方面，这类研究擅长依据科技、体育、宗教、语言、医疗、教育等方面的政策、事实和宏观数据对民心相通进行现状分析。例如，由"一带一路"智库合作联盟联合中国人民大学共同编写的《"一带一路"民心相通报告》就对当前的民心相通工作进展和未来走向进行有效总结。④其中，教育为主的人文交流研究一直是此类研究关注的热点，它主张以提升文化交流成效为手段激发人文交流对话机制。⑤另一方面，此类研究也同样重视微观数据的解读。例如，北京大学"一带一路"五通指数课题组根据人文交流的数据，开创性地构建出民心相通测量指标体系。该指标体系以旅游活动、科教交流、民间往来数据作为具体指标，分析中国与"一带一路"沿线国家民心相通的进展，认为中国—东盟战略关系升级、中国与东盟成员国政策沟通顺畅程度以及各成员国双边资源禀赋，都是制约中国与东盟国家民心相通的诱因。⑥另外还有学者以接触中国文化的对象为研究主体，以问卷数据为分析工具，从民众的微观角度阐述对华认知现状。⑦需要指出的是，以上研究试图以行为体之间的群际接触效益为理论依据，以此来分析群际接触条件下友好"情境"与"群我"意识构建的效果，是了解民心相通情感共性的重要渠道。

（三）民心相通研究中的路径与结果问题

既有文献为探讨民心相通提供了国家形象和群际接触两种研究路径。前者从传播机制和心理机制出发，强调信息传播对中国国家形象的塑造以及对象国民众主观意识的重要性；后者借助群际接触的分析框架，以行为体之间互识、互知、互动为支点，尝试以情感共鸣的方式构建人文交流格局。其中，群际接触研究路径已经关注到民心相通参与主体的多样性，国家形象研究路径也意识到对象国民众的主观感受对测量民心相通效果的重要性，这些研究都为推动民心相通研究做了积极的探索。但需要指出的是，两种研究路径为民心相通研究提供

---

① 直接接触和间接接触的观点，可参见郝亚明《西方群际接触理论研究及启示》，《民族研究》2015年第3期。
② 邢丽菊：《推进"一带一路"人文交流：困难与应对》，《国际问题研究》2016年第6期。
③ 杨思灵：《"一带一路"倡议下中国与沿线国家关系治理及挑战》，《南亚研究》2015年第2期；徐明华、李丹妮：《情感畛域的消解与融通："中国故事"跨文化传播的沟通介质和认同路径》，《现代传播》（中国传媒大学学报）2019年第3期。
④ 郭业洲：《"一带一路"民心相通报告》，人民出版社，2018，第79-143页。
⑤ 陈莹：《人类命运共同体视域下中国国际教育援助》，《暨南学报》（哲学社会科学版）2019年第11期；李梦佳、房乐宪：《人文交流对中欧关系的政策含义——基于中欧留学生交流状况的分析》，《国际论坛》2015年第4期；周方冶：《东南亚民心相通的智库对外传播能力建设研究》，《云南社会科学》2018年第6期。
⑥ 翟崑、王丽娜：《一带一路背景下的中国—东盟民心相通现状实证研究》，《云南师范大学学报》（哲学社会科学版）2016年第6期。
⑦ 可参见华中科技大学国家传播战略研究院《中美公众的文化交流与国家形象认知调查（2017—2018）》，《人民论坛·学术前沿》2019年第9期；刘稚、王煜景：《人文交流对越南青年对华认知的作用与影响——基于越南大学生对中国好感度问卷调查的分析》，《东南亚研究》2020年第5期。

新闻传播学、认知心理学、社会学等研究视角的同时，也显示出两个方面的局限性。

第一，民心相通的指标建构问题。从国家形象的研究路径来看，民心相通的效果评估主要基于以下两种方面：一是本国或东道国新闻报道框架作为主要参考；二是依据调查数据作为东道国民众态度的分析来源。二者或是依赖内容分析法作为探索新闻框架符号象征意义的分析手段，或是民心相通指标构建的理论依据语焉不详，使得大多研究结果难以突破传统国家形象研究框架同时，也让民心相通指标测量过于碎片化。另外，就群际接触研究路径而言，民心相通效果的宏观分析和微观测量均过于依赖人文交流的数据，忽视民众主观意识对人文交流的接受和认可程度，若兼顾两者，将很大程度延伸此类民心相通研究的客观性。

第二，民心相通的变量层次问题。民心相通是中国与"一带一路"沿线国家微观层面的行为体之间良性互动的过程和结果。正如马克思·韦伯（Max Weber）所认为的那样，垂直式的政府行为有利于经济和安全领域等工具理性范畴的长远利益制定，但在价值合理性范畴，政府的加入往往不足以解决情感和价值观所带来的不确定性。① 但既有研究主要以政府为民心相通的行为体，而海外中资企业作为非政府行为体并未因为学界的足够重视。

鉴于既有研究的进展与局限，本文认为聚焦具体行为体和规范测量指标，对于拓宽民心相通的研究领域具有重要意义。鉴于海外中资企业在构建国家形象过程中的特殊地位，本文从海外中资企业推动民心相通的视角，使用 OCEES 东南亚十国数据，将东南亚中资企业当地员工作为主要的研究对象，以此来分析和归纳东南亚中资企业推动民心相通的成效以及存在的不足。

二、"一带一路"沿线中资企业推进民心相通的理论发展

根据中国商务部的统计数据，2020 年，中国海外中资企业在"一带一路"沿线 58 个国家非金融类直接投资达 117.9 亿美元，同比增长 18.3%，其中新加坡、印尼、越南、泰国、老挝、马来西亚等东南亚国家成为中国主要投资对象国。② 东南亚的中资企业一方面与所在国家建立长期、稳定的经济联系，另一方面作为非政府行为体承载着提升国家软实力和塑造国家形象的关键任务。中资企业的海外投资之路是社会、媒体、市场等多方面资源聚集和协同的产物，势必与东南亚各国在各领域产生互动推动公共外交的发展。中资企业还通过与东道国的群际的接触建立亲密的情感联系，从而创造强劲且良好的舆论效应。因此，鉴于中资企业在推动民心相通中的特殊作用，本部分将对中资企业与民心相通的相关理论进行梳理，以期为进一步分析东南亚中资企业推进民心相通的成效提供学理性分析框架。

（一）公共外交视角下的海外中资企业

相对硬实力来说，软实力的建设意味着国家需要从文化和意识形态方面加强自身吸引力。③ 其中，公共外交被视为提升国家软实力的重要手段。传统公共外交理论认为，公共外交是一国政府通过文化交流或信息传递的方式，赢得国内外民众认同、支持和理解的举

---

① 马克斯·韦伯：《经济与社会》，林荣远译，商务出版社，2004，第 56 页。
② 《2020 年我对"一带一路"沿线国家合作情况》，中国商务部，2021 年 1 月 22 日，http://www.mofcom.gov.cn/article/tongjiziliao/dgzz/202101/20210103033292.shtml。
③ Joseph S. Nye, "Jr, Soft Power," *Foreign Policy* (Twentieth Anniversary), Vol. 80, No. 80, 1990.

措。① 面对经济相互依赖以及全球信息高速传播的态势，以政府为主导的公共外交逐渐呈现出互动单向、参与主体单一的一面，② 很容易让公共外交偏向政治化，增加民心相通建设的难度。相反，作为非政府行为体的海外中资企业，不仅承担着履行经济效益的责任，还肩负塑造国家形象、维护国家利益的重大使命，③ 是从民间交往层面推进中国与"一带一路"沿线国家民心相通的主要实践者。事实上，单纯的政府行为已不能满足中国与东南亚国家打造良好社会基础的现实需求，肩负对外传播重任的中资企业已成为中国公共外交格局不可缺少的行为体。

第一，中资企业为中国与东南亚民众提供双向互动的渠道。鉴于国家与市民社会的良性互动关系，在推动民心相通的路径方面，不应仅依靠国家机制作用引导，还要重视市民社会在其中扮演的积极角色。④ 东南亚中资企业是中国影响力在东南亚地区对外传播的载体，它通过企业形象和品牌文化将有关中国形象的信息塑造后传递给当地民众，以达到企业服务国家利益的目的。在东道国民众特别是当地员工接收到相关信息后，中资企业会有效和灵敏地捕捉当地员工解读信息的结果，并将企业福利建设、社会责任履行等举措作为实践工具，再次与当地员工形成沟通。在这种双向互动机制中，中资企业因其跨国的身份属性，直接为东南亚当地员工提供跨群体交往场所的同时，也使其成为连接中国与东道国民众之间沟通的桥梁。

第二，激发个体施动者共有知识的构建。公共外交是一国行为体占支配地位的信仰、价值观和观念从自有知识向共有知识转化的有力催化剂。⑤ 如何更好地建构公共外交行为，很大程度上决定他国民众对本国自有知识的接受程度，也是他国民众形成有利共有知识的关键。建构主义认为，行为体作为一种施动者对社会结构具有能动属性，也可称作施动性。在施动性的作用下，他国民众能积极地去解读自有知识，构建社会结构规范性的一面。值得注意的是，东南亚中资企业与当地员工之间的日常交流与相处就是一种自然且灵活地激发个体施动性的方式。中资企业以公共外交为旨，通过本地化经营与员工形成交流，巧妙地调动个体施动者的能动性影响当地民众认知，有利于激发中资企业与东南亚当地员工之间共有知识的形成，从而引导中国与东南亚国家迈向更加和谐的关系。

综上所述，仅仅只将中资企业定义为经济行为体的固化思维不符合新时代下中国公共外交建设的现实需求。鉴于中资企业在提供中国与东南亚民众双向互动渠道和激发个体施动者构建共有知识的独特作用，以东南亚中资企业作为推进民心相通建设的研究视角，符合公共外交建设需要多元行为体参与学理性需求的同时，也是分析民心相通成效更为合理的对象。

（二）基于东道国员工视角的民心相通指标构建

既有研究表明，基于受众视角的民心相通研究是准确把握国家形象或对华态度测量的关

---

① 杨洁篪：《努力开拓中国特色公共外交新局面》，《求是》2011年第4期。
② 李志永：《企业公共外交的价值、路径与限度——有关中国进一步和平发展的战略思考》，《世界经济与政治》2012年第12期。
③ Mark Lenard, "Catherine Stead & Conrad Smewing," *Public Diplomacy*, London: The Foreign Policy Centre, 2002, pp. 7–10.
④ 荆学民、李彦冰：《政治传播视野：国家形象塑造与传播中的国家理念析论——以政治国家与市民社会的良性互动为理论基点》，《现代传播》2010年第11期。
⑤ 谈东晨、钮维敢：《公共外交原理：基于建构主义视角的阐释》，《战略决策研究》2019年第4期。

键。鉴于本文是以东南亚中资企业为研究主体，从东道国员工的主观态度出发，对东南亚中资企业推进民心相通成效进行测量，既符合理论视角的需求，又兼顾民心相通的价值诉求。一方面，东南亚中资企业当地员工是中国群体的直接接触者。群际接触理论认为，不同种族和文化的人在适当的环境下进行接触能更好地消除偏见与歧视，产生积极的群际关系。[1] 东南亚中资企业东道国员工作为中国人的直接接触者，因其工作环境的便利性会与中国人产生固定的互动和交流。在这种频繁的接触下，当地员工能更为直接地组织信息，从而影响群际接触效果，产生积极或是消极的对华态度；另一方面，东南亚中资企业员工是中资企业情境刺激的接受客体，根据认知心理学，认知主体和认知客体之间存在一个认知情境。认知主体传递信息的过程，往往会受到情境的调节作用，刺激客体作出反应。[2] 东南亚的当地员工长期处于中资企业的工作情境中，一旦中资企业的企业形象或品牌文化等出现调整，中资企业产生的情境刺激首先传递给工作环境内部的当地员工，其次才是工作环境外部的其他群体。而这种来源于工作环境的近体刺激将更为直观地影响主观态度的形成，促成当地员工对主体信息的整理、加工和归纳。基于以上两点分析，本文提出以东南亚中资企业当地员工的心理感受或主观态度为测量对象，构建东南亚中资企业当地员工对华民心相通的测量指标（表1）。

表1 东南亚中资企业当地员工民心相通测量指标

一级指标	二级指标	指标含义
认知维度	影响力程度认知	中国对本国影响力大小的评价
	影响力性质认知	中国对本国影响力正面与否的评价
情感维度	社会距离量表	当地员工对华情感的亲密程度
意动维度	对中国电视剧/电影的关注度	当地员工观看中国电视剧/电影的频率
	对中国音乐的关注度	当地员工对中国音乐的喜爱程度

表1中，本文采用的是认知心理学常用的态度形成测量方法，主要从认知、情感和意动维度对东南亚中资企业民心相通成效进行测量。[3] 首先，认知指的是客体通过概念、知觉、判断或想象对主体对象形成感知的过程，而东南亚中资企业当地员工对中国影响力程度和性质的评价，恰恰就是当地员工接收中国形象这一主体信息后，进行系统感知后内化的主观评价。其次，情感是客体对主体对象的一种情感表达，也是东南亚中资企业当地员工对中国形象是否符合自己主观认知的一种态度趋势。为更好测量当地员工对中国人的情感取向，本文借用博加达斯（Bogardus）社会距离量表，从亲到疏依次测量当地员工对是否愿意与中国人结婚、成为密友、成为隔壁邻居、成为同事、成为熟人、仅愿意与中国人生活在同一城市、不能接受中国人来本国旅游这7个问题的态度，以此得到当地员工与中国人的情感亲密程

---

[1] Gordon W. Allport, *The Nature of Prejudice* (New York: Basic Books), 1954, pp. 535 – 537.
[2] 王珏、汪伟民：《国家形象的心理形成机制初探》，《国际论坛》2007年第4期。
[3] 可参见 J. Richard. Belief, "Attitude, Intention and Behavior: An Introduction to Theory and Research," *Contemporary Sociology*, Vol. 6, No. 2, 1977; Alexander Buhmann & Diana Ingenhoff, "Advancing the country image construct from a public relations perspective," *Journal of Communication Management*, No. 19, 2015.

度。最后，意动是客体在主体对象面前的一种决策意向。为更好地观察当地员工对中国相关事物的行为偏好，本文选取当地员工对中国文化消费品的关注度进行测量，以求符合民心相通强调文化和价值观共情的特性。

三、东南亚中资企业推动民心相通的进展

本文以"海外中国企业与员工调查（OCEES）"作为东南亚中资企业推动民心相通的数据来源。"海外中国企业与员工调查数据库"是云南大学于2018—2019年在"一带一路"沿线国家展开的中资企业营商环境和当地员工劳动力素质调查，成功采集到861家中资企业有效样本及其相对应的东道国员工样本13205个。本文用来分析的数据全部来自"海外中国企业与员工调查数据库"中7702个东南亚员工样本（文莱、东帝汶除外）。通过数据处理和分析，从认知、情感和意动三个维度展现东南亚中资企业当地员工民心相通成效。

（一）认知维度的民心相通

在认知维度的测量中，东南亚中资企业员工对中国影响力大小和性质的评价能显示出当地员工对中国的综合判断。从图1可以看出，东南亚中资企业员工普遍认为中国对本国具有一定程度的影响且国别差异程度并不大，仅有少数当地员工认为中国对本国家影响力微弱。从国别差异来看，新加坡当地员工认为中国具有很大影响力的占比远远超过有些影响力。相反，印度尼西亚和菲律宾当地员工对中国影响力的认知仍保留在有些影响的层次，其余国家与东南亚当地员工平均水平差异不大。

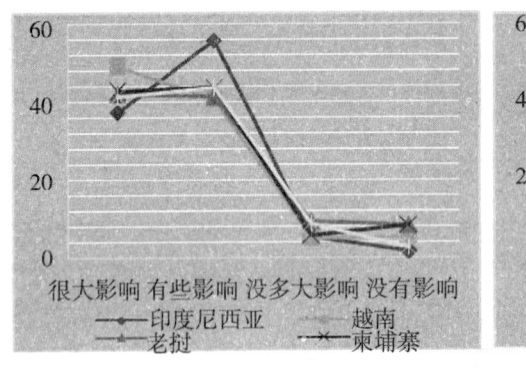

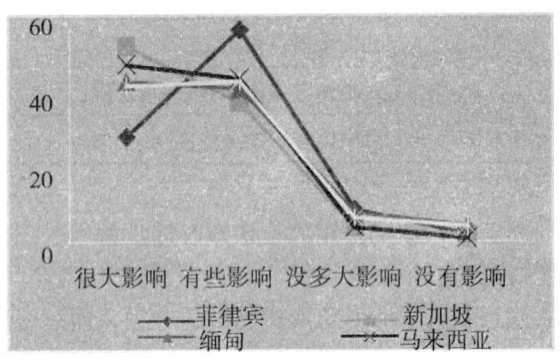

图1 中国对东道国影响力大小（%）

数据来源："海外中国企业与员工调查（OCEES2018/19）"。

观察图2可知，东南亚的中资企业当地员工普遍认为中国对本国有正面的影响，但认为中国对本国有非常正面影响的当地员工人数甚微。其中，新加坡、马来西亚和泰国当地员工坚定地认为中国对本国有正面影响，"正面影响"这一选项所占比例遥遥领先其他选项。然而，缅甸员工却不认同其他国家对中国影响力取向的偏好，大部分缅甸员工认为中国对缅甸的影响力只停留在相对正面的层次，达不到正面的程度。

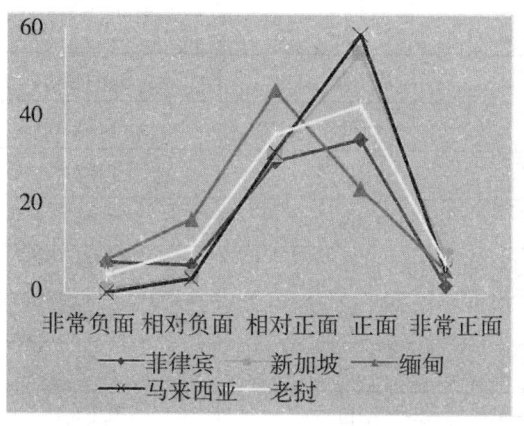

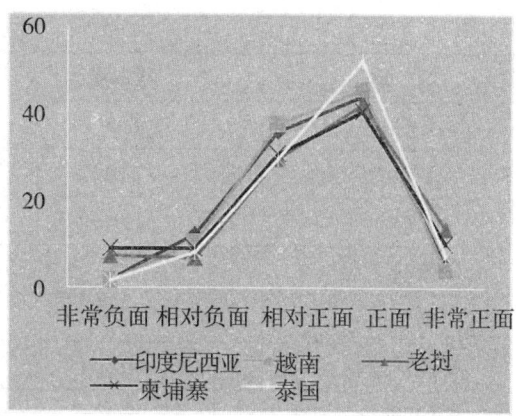

图 2　中国对东道国的影响正面与否（%）

数据来源："海外中国企业与员工调查（OCEES2018/19）"。

总体来看，东南亚当地员工普遍肯定中国影响力且认为中国影响力的正面性质，但其中也有一些现象值得重点关注。大部分新加坡、马来西亚和越南当地员工认为中国对本国有很大的影响力，并确信中国的影响力是正面的，这三个国家在影响力大小和性质两个指标中呈现的一致性最为明显。相反，缅甸当地员工在肯定中国在缅甸具有一定影响力的同时，并没有积极给予中国影响力正面评价。需要指出的是，菲律宾的中资企业当地员工虽然认为中国对本国的影响力不算太大，但他们对于这种影响力给出了较为积极、正面的评价，这说明尽管在阿基诺执政期间中菲之间的官方关系较为紧张，但与中资企业和中国人有直接接触的菲律宾员工认可中国对菲影响力，表明驻菲中资企业在开展民心相通方面取得较大成效。

（二）情感维度的民心相通

情感维度是东南亚当地员工对华情感的直接反映，本文根据社会距离量表的累积性假说，分别将测量对华距离七个问题进行"1—7"分的赋值，分数越小，表明对华情感越亲密。由表2可知，东南亚国家当地员工对华社会距离的均值为1.84，表示大部分东南亚当地员工愿意和中国人成为好朋友，甚至愿意与中国人发展成为更亲密的伴侣关系，显示出大部分东南亚国家当地员工与中国人情感较为亲近的特点。虽然东南亚当地员工总体上对华情感较为亲密，但其中的国别差异较大，例如新加坡、马来西亚、泰国和越南的员工对华社会距离的均值很小，而老挝和菲律宾当地员工对华距离均值分别为1.71和1.87，对华情感亲密程度一般。相反，缅甸、柬埔寨和印度尼西亚当地员工对华均值均高于2，且标准差偏大，可见这三个国家的当地员工更愿意和中国人成为同事，对于进一步发展关系成为好朋友或是婚姻伴侣不置可否，呈现出对华亲密度较低且内部差异较大的特点。

表2　东南亚当地员工对华社会距离的描述性分析

国　别	样本量	均　值	标准差
缅甸	1315	2.55	1.27
泰国	1006	1.56	0.68

续　表

国　别	样本量	均　值	标准差
老挝	895	1.71	1.11
菲律宾	729	1.87	1.07
越南	1016	1.49	0.79
柬埔寨	748	2.23	1.16
新加坡	607	1.20	0.55
印度尼西亚	481	2.29	1.44
马来西亚	671	1.35	0.64
总体	7468	1.84	1.10

数据来源："海外中国企业与员工调查（OCEES2018/19）"。

（三）意动维度的民心相通

意动维度是外国民众在面对中国文化产品时做出取舍的一种决策意向，通过分析东道国员工对中国影视节目以及音乐等文化产品关注度的测量，来确定当地员工的行为偏好，从而更科学地归纳当地员工对华民心相通的新维度。从图3可以看出，东南亚国家当地员工观看中国电视剧和电影的频率集中在"有时"这个选项，且国别差异明显，可见东南亚国家员工观看中国影视节目次数并不多。按国别来看，新加坡、越南、柬埔寨和马来西亚员工观看频率最高，印度尼西亚、菲律宾和缅甸员工较少观看，整体频率偏低。另外，老挝、泰国等国家员工并未呈现出高频率观看的态势，与东南亚的总体平均数相近。

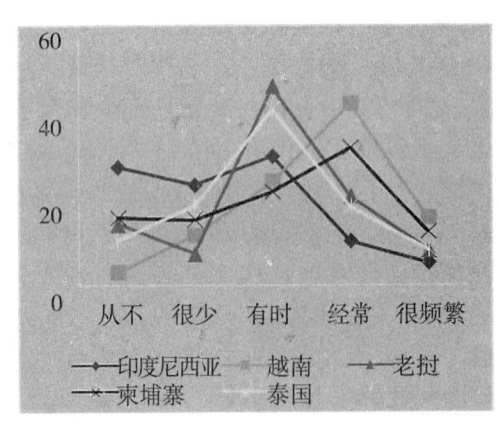

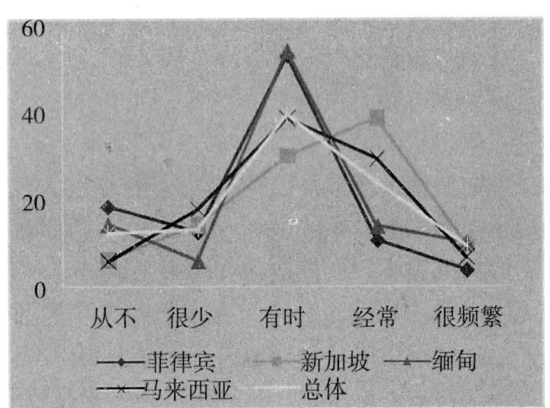

图3　中资企业当地员工观看中国影视的频率（%）

数据来源："海外中国企业与员工调查（OCEES2018/19）"。

从东南亚当地员工对中国音乐喜爱度来看（图4），东南亚当地员工普遍喜欢中国音乐，但"喜欢"的占比并不突出。其中，大部分新加坡、老挝、马来西亚和越南员工表达出对中国音乐的青睐，但也有一些当地员工表现出对中国音乐的无感甚至厌恶。例如，大部分柬埔寨和泰国员工对中国音乐的喜欢度一般，与东南亚国家当地员工呈现的数据分布大体一致。然而，菲律宾、印度尼西亚和缅甸员工普遍对中国音乐没有太多关注，以上三个国家的部分当地员工甚至表现对中国音乐明显的厌恶态度。

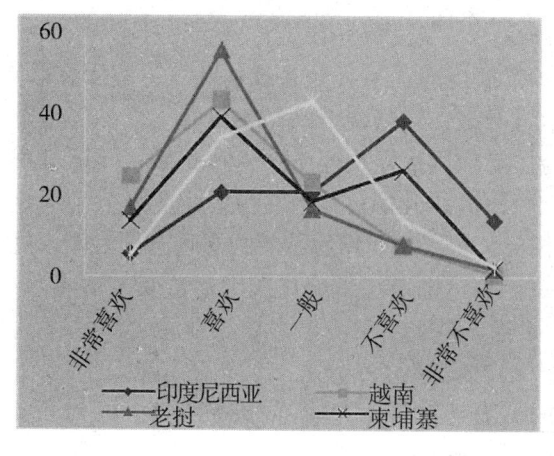

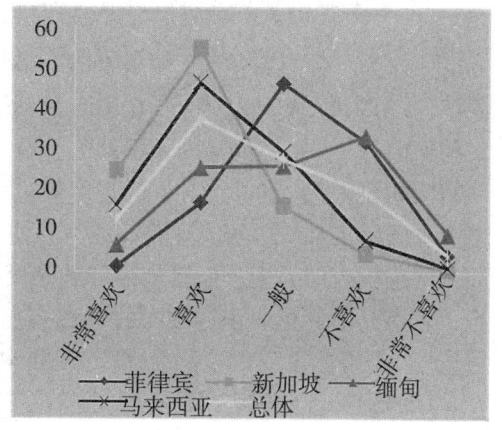

图4　中资企业当地员工对中国音乐喜爱程度（%）

数据来源："海外中国企业与员工调查（OCEES2018/19）"。

与其他两个维度相比，意动维度国别差异最为明显，且整体呈现出对中国文化产品关注的行为意向一般，甚至偏低的态势。第一，新加坡、越南和马来西亚的当地员工在意动维度方面表现出色，均表达出对中国电视剧、电影和音乐的积极关注。第二，柬埔寨、老挝和泰国员工也保持对中国电视剧、电影和音乐的关注，但积极性并没有新加坡、越南和马来西亚员工明显。第三，印度尼西亚、缅甸和菲律宾在中国电视剧、电影和音乐的行为意向中出奇的一致，三个国家均表现出对中国文化产品的观望态度。

四、东南亚中资企业推动民心相通存在的问题

在推动人类命运共同体建设和促进民心相通方面，以海外中资企业为主的以非政府行为体在推动中国与东南亚国家人类命运共同体建设和促进民心相通方面发挥着重要作用，然而，就东南亚地区而言，还有以下方面的问题需要引起重视。

（一）东南亚中资企业对外传播和沟通能力不足

中资企业在加强自身企业文化建设和传播中国国际形象的过程中，需要在尊重东道国文化习俗的前提下，采取更为自然、更贴近当地人现实生活的方式，跨越价值观与意识形态的鸿沟，跨越文化差异的藩篱，实现中国与东道国民众的平等对话。[①] 其中，中资企业中国员工提升沟通意识，开设社会媒体账号、启用企业内部网页、公众号和印发宣传册等手段就是与当地员工建立互动的方式，以此营造适宜中国形象传播的舆论环境。然而，据海外中国企业与员工调查的数据显示，东南亚中资企业当地员工普遍通过传统媒体获取中国信息，通过企业内部文字、图片等材料了解中国的占比仅为7%，这个占比甚至在缅甸、菲律宾和柬埔

---

① 刘肖、蒋晓丽：《国际传播中的文化困境与传播模式转换》，《思想战线》2011年第6期。

寨等国家通通达不到3%。可见，东南亚中资企业的宣传手段依旧借助大众媒体，而不少大众媒体在不同程度上具有特定的政治立场，从而使得作为受众的东道国员工降低与中国企业互动沟通的热情，制约中国影响力的认知效果。

（二）东南亚中资企业对当地员工的情感投入不足

情感作为一种感官体验，它区别于一般的生理反应，与大脑系统的心智过程紧密联系，由此促发一系列人类的行为。① 在国际关系学者看来，情感亲密既是关系的结果，也是影响关系的原因。② 当然，情感投入强调的是行为体与他国民众交流中亲密、感激、同情等积极正面情感的投入③，以尊重对方的态度促进双边感情的升华。东南亚中资企业因劳资纠纷等问题引发的罢工都与中资企业情感投入息息相关。中资企业作为重要的非政府行为体，更需要加大情感投入的力度，以更加亲和的态度获得东道国员工情感认同，塑造双方情感共鸣。但是，东南亚中资企业在这方面的表现有所不足，例如，在关于"该企业是否尊重本地风俗习惯""是否尊重我的宗教信仰"问题中，虽然有超过三分之二的东道国员工做出了积极、肯定的回答，但仍有另外三分之一左右的员工对此不太赞同，这在柬埔寨、缅甸、老挝和菲律宾等国更突出。

（三）东道国员工对中资企业履行社会责任的认可度有待进一步提高

在有关企业本质的讨论中，有学者认为企业的本质就是从事生产活动的经济单位④，是一种由契约合作搭建的生产与交易的组织⑤，经济效益始终与企业发展齐头并进。然而，面对全球化的世界格局，跨国企业如果仅以理性经济行为体定位自身，那么适应发展的趋势，只有具备东道社会相适应的社会责任感，才能做到跨国企业文化高度的提升，保障企业的可持续发展。通过分析海外中国企业与员工调查的数据，东南亚中资企业普遍具有社会责任感意识，但还存在一定的进步空间。从整体上看，接近四成的东南亚当地员工认为所在企业从事过对外援助活动，但东南亚国家之间社会责任履行程度却不均衡。例如，除马来西亚、新加坡表现尚可外，超过半数缅甸、菲律宾、印度尼西亚、老挝、泰国员工认为所在企业并未开展过对外援助活动，或者履行了对外援助等相关企业社会责任但未被本企业的当地员工认可。

五、提升东南亚中资企业推进民心相通的路径思考

民心相通作为"一带一路"倡议的"五通"之一，是中国与"一带一路"沿线构建人类命运共同体的重要内容。民心相通取得的成效如何，是检验沿线国家资源禀赋是否转换为发展互助力、利益价值取向是否蜕变为合作共赢意识、文化多样性是否升华为情感共鸣的关键锁钥。面对东南亚国家民族、宗教、习俗的差异，积极推动民心相通是消除文化隔阂、保

---

① 郝拓德、安德鲁·罗斯、柳思思：《情感转向：情感的类型及其国际关系影响》，《外交评论》2011年第4期。
② Neta C. Crawford, "The Passion of World Politics: Propositions on Emotion and Emotional Relationships," *International Security*, Vol. 24, No. 4, 2000.
③ 张清敏、李敃窥：《中国对外行为的思想根源探析》，《外交评论》2011年第4期。
④ 汪凤桂：《企业本质视角的企业社会责任分析》，《华南农业大学学报》（社会科学版）2009年第4期。
⑤ 杜晶：《企业本质理论及其演进逻辑研究》，《经济学家》2006年第1期。

持中国与东南亚国家友好情感和国家稳定和平的重要途径。基于此,本文提出如下几点思考。

首先,东南亚中资企业在借鉴传统媒体传播方式的同时,还要注重多渠道讲好"中国故事",以期加强当地员工对中国的正面认知。中资企业的产品和品牌是东道国民众评判该企业的依据,民众通常会以企业和企业行为为中介,由企业产品质量的好坏或企业品牌文化的优劣联系到中国人的道德素养和品行。一旦形成这种模式化的间接认知,很容易在当地员工和其他群体之间成为思维定式,影响东道国民众对中国形象的认知评价。在信息传播全球化的时代,为保障东南亚中资企业推进民心相通建设的效果,充分利用传统媒体的外宣功能是中资企业进行口碑管理和企业文化建设的有力手段,也是塑造中资企业或中国信息生成的关键渠道。此外,中资企业也应加强企业内部文化产品的推广和宣传,促成中国与东南亚国家当地员工甚至民众的对话和沟通。中资企业可以通过印发书籍、宣传册或举办文化活动等方式,更为生动、形象地展示中国形象、讲述"中国故事",在扩宽当地员工中国文化接触渠道的同时,也加快中资企业口碑效应在东道国其他群体的舆论流转,以求塑造更为积极正向的群体观念,把握民心相通话语权。

其次,东南亚中资企业把东道国员工的文化习俗融入企业文化建设中,重视情感共鸣在公共外交中的能量。"一带一路"倡议是不同文化圈的文明互鉴和交融的平台,加强东南亚中资企业的本地化管理,承认不同文化圈层的存在、尊重各民族文化的差异、缩小东道国与中国的文化隔阂显得尤为重要。中资企业的当地员工是"一带一路"倡议的直接参与者,尊重东道国的文化特性,不仅有利于中资企业本地化经营的长远规划,还符合"一带一路"倡议的价值取向和伦理观念。这就要求东南亚中资企业要尊重当地员工文化习俗和宗教信仰,让情理交融于人性,以培养友谊的方式促进中国与东道国情感的升华,拉近双方民众间的情感距离。

再次,东南亚中资企业通过加强社会企业责任的履行,提升中资企业信任感,增强当地员工的对华认可度和信赖感。在促进民心相通的过程中,东南亚中资企业加强社会责任感的意义除了实现中资企业综合价值最大化以外,最重要的是通过加强企业社会责任感的意识,塑造良好的企业文化,在积极向上的企业氛围中提高当地员工的对华认可度和信赖感,从而消除他们的消极态度。作为企业提高自身效益与兼顾东道国社会发展需求的不二法门,[①] 东南亚中资企业是否具备社会责任意识并且重视社会责任的履行就成为该企业塑造内部道德规范、加强当地员工对所在企业认可和青睐度成败的关键。这就要求东南亚中资企业具备长远的发展眼光,以履行企业社会责任为径,尊重东道国社会规范、保护东道国生态环境、积极投身社会公益事业,积累良好的声誉资本,在道德规范的塑造中收获当地员工的认可,加深当地员工与所在中资企业甚至中国的规范共鸣,从而加强和提升他们对中国文化、经济产品等方面的信赖感和支持力度。

---

① 李伟阳、肖红军:《企业社会责任概念探究》,《经济管理》2008年第2期。

"一带一路"倡议实施中的缅甸宗教风险研究

刘 稚 沙 莎[*]

【摘 要】 作为中国的友好邻邦和全面战略合作伙伴，缅甸是连接21世纪海上丝绸之路与丝绸之路经济带的重要节点，同时缅甸也是一个多民族、多宗教的国家，近年来承载了诸多历史与现实纠葛的民族、宗教等冲突，已对中缅两国共建"一带一路"合作构成现实的和潜在的威胁。本文从政教关系、民族与宗教关系、宗教极端主义三个维度对缅甸的宗教风险进行评估，以利于把握和规避相关风险。

【关键词】 "一带一路"；缅甸；宗教风险

中国与缅甸山水相连、人文相亲，是传统的友好邻邦。特别是在"一带一路"倡议框架下，缅甸在21世纪海上丝绸之路与中缅经济走廊建设中都具有独特的重要地位。然而，缅甸是一个多民族多宗教的国家，自独立以来民族宗教问题一直未能得到解决，近年来冲突时有发生，这不仅严重影响了缅甸的和平进程，而且对"一带一路"倡议在缅甸的实施也带来了一定风险，对此应给予及时研究和准确把握。

一、缅甸在"一带一路"建设中的重要地位与宗教风险

（一）缅甸是"一带一路"合作中的重要国家

作为新时期中国提出的国际合作倡议，"一带一路"的核心内涵在于：以地缘相邻、历史人文交往悠久的周边国家和地区为依托，以政策沟通、设施联通、贸易畅通、资金融通、民心相通为重点，推动沿线各国开展更大范围、更高水平、更深层次的区域合作，打造互利共赢的周边命运共同体和人类命运共同体。缅甸作为中国传统的友好邻邦和全面战略合作伙伴，在21世纪海上丝绸之路和中缅经济走廊建设中都具有十分重要的战略地位，并将发挥独特的建设性作用。

从合作基础来看，中缅两国山水相连，历史交往悠久，古代就有"南方丝绸之路"经云南进入缅甸，成为中国西南联接东南亚南亚地区的便捷通道。自20世纪50年代中缅建交以来双方经贸往来日益密切，近年来随着两国经贸合作的不断深化，中国已成为缅甸最大的贸易伙伴国和最大的外资来源国。从地缘环境来看，缅甸地处东亚、东南亚和南亚"三亚"连接处，北邻中国，东邻老挝和泰国，西接印度、孟加拉国，西南部濒临孟加拉湾和安达曼

---

[*] 刘稚，云南大学国际关系研究院研究员，博士生导师；沙莎，博士，云南财经大学国际语言文化学院讲师。

海，无论是海上丝绸之路还是丝绸之路经济带中的孟中印缅经济走廊和中缅经济走廊，缅甸都是重要的地缘节点和合作伙伴，是实现中国与东南亚、南亚互联互通的桥梁和枢纽，从而决定了缅甸是"一带一路"合作中的重要国家。在21世纪海上丝绸之路建设方面，目前中国正在寻求经过缅甸进入印度洋的海上合作路径，中缅天然气和石油管道、皎漂经济特区和深水港、木姐—皎漂铁路都是海上丝绸之路框架下的重要工程，关系到中缅两国海洋合作的发展。在陆上，中缅两国有着2200千米的共同边界，双方比邻的地缘条件为陆上经济走廊的建设提供了良好的区位优势。中缅双方于2018年9月正式签署了《中缅经济走廊谅解备忘录》，中缅经济走廊北起中国云南，经中缅边境口岸木姐到达中部城市曼德勒，然后分别延伸到南部城市仰光和西北临海港口皎漂，形成三足鼎立的"人字型"合作格局。对于缅甸而言，"人字型"经济走廊将把缅甸最落后和最发达的地区连接起来，实现互联互通，对带动走廊沿线经济发展起到积极重要的影响；对中国而言，中缅经济走廊将推动中国周边区域合作和"一带一路"建设。

目前，"一带一路"在缅甸实施的项目进展顺利，特别是在2018年中缅经济走廊正式启动后，一系列标志性工程已取得重要进展，中缅经济合作一路升温，前景十分广阔。然而，缅甸境内错综复杂的宗教问题使中缅两国的经济合作面临着新的风险，特别是近几年来，与罗兴亚人问题和反政府少数民族武装伴生的宗教问题日益严重，给"一带一路"倡议在缅甸的实施带来了不可忽视的挑战。因此，有必要对缅甸的宗教风险进行分析和评估，前瞻性的预见因宗教原因可能带来的风险，以确保"一带一路"倡议在缅甸的顺利实施。

（二）宗教风险的定义及产生的背景

"宗教"是人类对超自然的一种精神信仰，其本身具有很强的排他性和依附性，常常依附于其他媒介发挥作用。"风险"通常指尚未发生但可能具有一定危险系数的行为，是通过对当下形势的评估对未来发展趋势的一种预测。当宗教被当做谋取利益的工具时，它往往就具有一定的风险性与危害性。"宗教风险"是指由于宗教原因对政治、经济和社会等方面可能带来具有一定危险系数的行为。宗教本身既不是问题也不是风险，但宗教的交互性、跨国性和外溢性决定了它在特殊的背景和条件下可能转化为问题或风险。一般而言，"宗教风险"是指由宗教引发的不理想事态的程度及这种不确定性的大小，或说宗教本身不是风险，但可能成为不理想事态的诱因。[①]

一个国家的宗教风险主要由宗教信仰格局、宗教法治、政教关系、民族与宗教关系、宗教极端主义等多个维度决定，每一个维度的格局和状态都影响着这个国家发生宗教风险的几率和烈度。宗教风险的形成，有直接原因也有间接原因。一般来讲，宗教信仰的差异是导致宗教风险的直接原因，如宗教纷争、教派冲突都是由于信仰不同而引起的思想意识甚至行为上的矛盾与冲突。宗教风险形成的间接原因主要有政治、经济、民族和境外干扰力量等，这也是由宗教的依附性和交互性决定的。宗教在各种问题和冲突中常常依附于政治、经济、民族等因素发挥作用，并与它们交织在一起，成为各种矛盾的"爆发点"和"助推器"。很多冲突表面上看起来是由其他因素引起的，其实核心问题是宗教。另外，根据宗教风险影响的范围，可以把它分为全球性的、地区性的和国内的宗教问题。很多宗教矛盾一开始只是发生

---

① 王皓月：《"一带一路"沿线国家宗教风险的基本类型》，《中国宗教》2017年第3期。

在内部,通常是在一个国家的不同教派或者同一宗教的不同派别之间。但是,因为宗教具有很强的跨国性和外溢性,可以迅速溢出国界波及周边地区,或者影响到全球其他有共同宗教信仰的族群和地区。所以,在分析和评估宗教风险程的过程中,通常以是否溢出国界作为衡量其危害程度的标准。受域外大国、境外宗教势力和恐怖组织影响的宗教风险,一般风险系数较高,且常常会引发骚乱、暴力冲突,有的甚至有恐怖主义行为。

总的来说,宗教冲突的历史积怨、参与人数、影响范围通常与风险系数成正比,历史积怨越深、参与人数越多、影响范围越广的宗教问题,风险就越高。而缅甸的宗教风险兼具多因素、多维度和跨国性、外溢性的特点,为人们观察宗教风险的产生和发展过程提供了一个较为典型的案例。

二、缅甸的宗教构成

缅甸的宗教风险与其宗教构成密切相关。一个国家宗教信仰的格局主要取决于三个方面,首先是各宗教信仰人口占总人口的比例,其次是各宗教信仰人口的变化幅度,最后是信仰人数最多的主体宗教的特征。缅甸超过99%的人口都有宗教信仰,是一个宗教信仰很强的国家。缅甸的主要宗教信仰有佛教、基督教、伊斯兰教、印度教和原始宗教。根据缅甸2014年人口普查的信仰状况显示,缅甸目前人口为5100多万,扣除未能普查的地区外,其中佛教徒为87.9%,基督教徒为6.2%,伊斯兰教徒为4.3%,印度教徒为0.5%,信仰神的教徒为0.8%,其他宗教为0.2%,无信仰为0.1%。[①] 如图1所示。

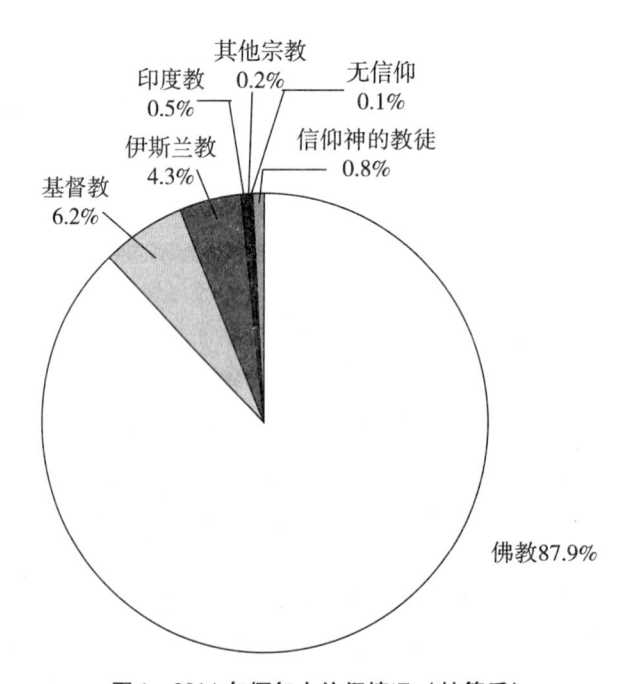

图1 2014年缅甸人信仰情况(核算后)

资料来源:笔者根据2014年缅甸人口普查结果整理而成。

---

① 缅华网:《数据显示:缅甸佛教信仰比例达到90%》,2019年4月15日,http://www.mhwmm.com/Ch/NewsView.asp?ID=17303.

佛教自公元11世纪开始逐渐成为缅甸的官方宗教，全体国民中将近有90%的佛教徒，主要包括缅族、掸族、孟族等。佛教在缅甸的影响最为深入和广泛，已经渗透到政治、经济、文化、社会生活等各个方面。缅甸的佛教徒总人口占全世界佛教徒的7.9%，是全世界七个佛教信徒占人口大多数的国家之一。[①]

缅甸的基督教自16世纪由西方传教士引入，在英国殖民时期得到较快发展，基督教信徒分布在少数民族聚集的克钦邦、克伦邦、钦邦、仰光省、曼德勒省等地，缅甸的克伦人和克钦人大部分都信仰基督教。缅甸的基督徒占全国总人口的6.2%左右，主要集中于北部的克钦邦。克钦族主要居住于克钦邦，超过90%的克钦族民众信仰基督教，且当地的宗教团体和政党一直与西方教会和政界保持着密切联系。

伊斯兰教自13世纪从印度传入缅甸，在英国殖民统治时期得到发展。穆斯林人口在6000万缅甸总人口中所占的比例为5%左右（官方数据为4%），[②] 主要聚集于缅甸西北部沿海的若开邦、仰光省和曼德勒省，其中若开邦的穆斯林分布最为集中。

其他宗教在缅甸的影响则比较小。印度教自印度传入缅甸，信众大多是印度侨民，主要分布于仰光省、马圭省、曼德勒省等地的大中城市，以经商为主，与缅甸其他宗教矛盾不突出。缅甸的原始宗教主要存在于少数民族地区，与政治关系不大。

总体来看，首先缅甸宗教信仰人口比例较高，几乎全民都有宗教信仰；其次一段时期内各宗教人口的变化幅度较小，依然会以佛教信众为主体；最后缅甸的主体宗教佛教的性质比较温和，不属于激进型的宗教。一般而言，某一宗教占主导优势的国家，宗教风险较小。然而，宗教一旦另有所图，就往往会失去本真。近年来，缅甸的佛教徒屡屡和穆斯林、基督徒发生暴力冲突，这与缅甸的政治、经济、民族问题和境外势力有不可分割的关系，特别是佛教民族主义的泛滥，使缅甸的宗教信仰格局看似稳定，但事实上存在暗流涌动的风险。

三、缅甸宗教风险的维度

目前缅甸宗教风险的类型大致可分为三个风险维度，即政教关系、民族与宗教关系和宗教极端主义，简要分析如下。

（一）政教关系的风险维度

缅甸政教关系的风险主要是宗教政治化，主要是通过佛教在政治中的活跃程度来体现。缅甸是一个以信仰佛教为主的国家，佛教政治化现象由来已久，在封建时代，佛教就被定为国教和钦定哲学，而僧侣则代表着主流的社会和政治力量。历史上缅甸一直实行"政教合一"的政策，宗教不仅是整个社会的价值和伦理取向的标准，同时在统治阶层也具有强大的政治功能。缅甸佛教在英国殖民统治期间仍然有很大的社会能量，缅甸民族解放运动也是从保卫和复兴佛教开始的，佛教曾是缅甸人民反抗殖民统治、争取民族解放和独立的武器，它伴随着被压迫的民族意识而产生，同时也成为了掩盖早期民族主义的工具。佛教民族主义

---

① 其他六个国家分别是柬埔寨、泰国、斯里兰卡、不丹、老挝和蒙古。参见 Pew Forum, "The Global Religious Landscape: Buddhist," Pew Forum, February 18, 2019, http://www.pewforum.org/2012/12/18/global-religious-landscape-buddhist/.

② Greg Fealy & Virginia Hooker, *Voices of Islam in Southeast Asia: A Contemporary Sourcebook*, Singapore: ISEAS Publications, 2006, p. 25.

是佛教与民族主义的联姻，二者的融合已不再是单纯的宗教运动或民族运动，宗教在这个过程中逐渐沦为政治和利益集团实现政治诉求的手段。佛教对政治的参与伴随着缅甸国家发展的进程，缅甸的宗教冲突首先就是从佛教与政治的融合开始的。佛教民族主义是缅甸宗教政治化的基础，随着当下缅甸政治体制向民主化转型，国内宗教冲突不减反增，这与佛教民族主义的日益高涨的势头有着直接的关系。缅甸佛教徒与基督教徒、穆斯林之间的冲突很大程度上就是源自极端的佛教民族主义。

缅甸的佛教与政治有相当复杂又密切的联系。缅甸独立之后，吴努政府（1948—1961年）试图把佛教上升为国家意识的核心位置，并通过佛教同化政策来团结其他少数民族。1961年制定的《国教推进条例》使佛教国教化上升到了法律层面，这一法案的出台却遭到了缅甸非佛教徒的强烈反对，也进一步加剧了非佛教徒的民族离心力，各民族纷纷开始反政府武装活动，引发了严重的宗教政治争端。在奈温政府执政时期（1962—1988年）采取了严格的宗教与政治分离的措施，一度停止了佛教国教化进程，引起了僧侣对政府的不满，但却缓和了佛教与其他宗教，特别是与伊斯兰教之间的分歧。但由于奈温政府采取了控制和打压的民族政策，导致缅甸少数民族反政府武装纷纷兴起并迅速发展，民族冲突不减反增，族际关系全面恶化，民族矛盾不断加深。缅甸新军人政府（1988—2011年）在执政的前期依然主张政教分离，但随着僧侣对军人政府的宗教抵制运动不断扩大，军人政府意识到只有抬高佛教的地位，才能控制僧侣并巩固自己的政权，于是佛教在其执政后期成为了统治阶层表达统治意愿的政治说辞。新军人政府的执政者将自身标榜为维护佛教，抵制他者权威的唯一救世主，[①]这样一方面可以控制僧侣的政治活动，另一方面可以维护自身的政治权威。虽然军人政府对僧侣进行了控制和管理，但因为佛教在缅甸历史和文化的深厚积淀，僧侣们依然在政治上有很大影响力。这一时期由于军人政府把佛教作为达成其政治意愿的工具，使佛教的政治影响力进一步恢复和增强，为日后佛教极端主义的膨胀埋下了"导火索"。登盛政府时期（2011—2015年）族际和解问题成为影响国内和平稳定的主要问题，也是登盛政府执政的重大历史任务。但在这个时期，随着民主转型的加快，被军人政府压制了多年的民族矛盾终于找到了出口，各种极端组织和行为都同时喷射而出，佛教民族主义重新抬头，其中以佛教民族主义组织运动和反穆斯林的暴力冲突为代表。缅甸的佛教民族主义之所以能发展壮大，一方面是由于缅甸佛教传统的宗教能力和感召力，另一方面缅甸当时强烈的国内政治需求也为其发展创造了条件。其中，宗教能力和政治需求的互动是其核心因素。[②]

缅甸虽然从近代开始实行了政教分离政策，但由于佛教长期以来在缅甸社会形成的崇高地位，要想在短时间内消除其对国内政治的影响是不大可能的，所以缅甸的政教关系有着潜在的高风险。

（二）民族问题与宗教问题互动的风险维度

民族问题总是伴生着宗教问题，缅甸的民族冲突看似是民族问题，其实也是宗教问题。挖掘民族冲突的宗教因素对分析其风险等级和危害程度有重要的现实指导意义，缅甸民族与

---

① 钟小鑫：《缅甸佛教极端主义的历史根源及其当代展演——入世传统、民族主义与政治修辞》，《东南亚研究》2017年第5期。

② 张蕾：《缅甸政治转型期的佛教民族主义——宗教能力和政治需求的互动联盟》，《南亚研究》2018年第3期。

宗教风险的关系主要从各民族的宗教信仰状况、民族历史积怨、民族冲突的伤亡人数来分析,民族的宗教信仰越多样化、民族积怨越深、民族冲突的伤亡人数越多,伴随的宗教风险也就越高。

缅甸共有 135 个民族,缅族约占总人口的 68%,掸族占 9%,克伦族占 7%,若开族占 4%,华人占 3%,克钦族占 2.5%,① 是一个以缅族为主,少数民族长期处于边缘化的多民族国家。缅甸自 1948 年独立以来,民族问题始终贯穿于整个国家的发展进程,可以说,缅甸是世界上民族问题最为复杂的国家之一。② 像缅甸这样一个民族和宗教多元化的国家,国家机构和主流社会一直被主流宗教和主体民族所控制,其他宗教和民族长期处于边缘化的地位,必然导致主体民族其他民族的矛盾与冲突,而宗教认同的差异性是导致缅族与其他少数民族矛盾的一个重要原因。

缅甸在形成统一国家之前,有的少数民族曾建立过自己的政权,有的甚至还征服过整个缅甸。在英国殖民统治时期,缅族和少数民族地区实行了"分而治之"的管辖措施,在缅族聚集区实施直接的殖民统治,在少数民族地区保留了当地的管辖制度,这种做法人为加深了缅族与少数民族之间的差距和隔阂,拉大了二者之间的距离,为日后的民族矛盾和分离埋下了隐患。其中,克伦族、若开族与缅族的历史积怨最深,族际关系已经恶化。③ 据不完全统计,缅甸 1989—2015 年每年发生的族群武装冲突中,若按最低的估计数字计算,因战死亡的平均人数为 384 人。在与缅政府军队发生冲突的少数民族武装力量中,以克伦民族联盟、克钦独立组织与缅甸政府军发生武装冲突死亡的人数最多。④

缅甸的基督教在英国殖民统治时期得到了广泛传播,主要集中在少数民族聚集的地区。当时英国殖民者企图通过基督教的洗礼加深缅族与其他少数民族的仇恨,他们用宗教唤醒了缅甸部分少数民族的民族意识,也成功地把帝国主义与缅甸各民族的矛盾转化为少数民族与缅族之间的矛盾。美国浸礼教传教士早在 19 世纪就潜入缅甸,从 1901 年到 1931 年,在每一千居民中,基督教徒的数目从 14 人增至 23 人,新的教徒主要来自克伦族人。⑤ 1947 年 1 月由于缅甸制宪会议给予克伦族的名额太少,更不同意建立克伦邦,克伦族在其民族大会上集体抗议并成立了克伦民族联盟(KNU)。同年 2 月,掸、钦、克钦等少数民族与缅族共同签署、奠定了缅甸多民族国家形成的《彬龙协定》,而克伦族并未参与其中。同年 9 月缅甸通过了联邦宪法规定缅甸由本部和四个自治邦(掸、克耶、克钦、克伦)及一个特别区(钦族)组织,但因制宪会议在克伦人问题上陷入了僵局,克伦邦最终未能建立。虽然不是所有克伦人都支持反叛,⑥ 但克伦族在缅甸取得独立后的短短三个月后就带着建立克伦邦的愿景率先发动了武装暴动。克伦族企图独立建邦的活动以此为标志表现为民族分离主义运动。

在 1947 年的彬龙会议上,因为满足了克钦族建邦以及把八莫和密支那并入克钦邦,所

---

① DeedarHussainSah, "Specific Economic Highlights of Myanmar," *Asia Pacific*, *Research Journal*, Vol. 24, 2006.
② 刘稚:《缅甸民族问题的由来与发展》,《世界民族》1997 年第 2 期。
③ 钟贵锋:《缅甸民族国家建设中的族际关系治理研究》,中国社会科学出版社,2017,第 81 页。
④ 阳举伟、左娅:《缅甸族群冲突与族群和解进程探究》,《东南亚研究》2018 年第 4 期。
⑤ B. 瓦西里耶夫:《缅甸史纲》,商务印书馆,1975。
⑥ ArdethMaungThawnghmng, *The Karen Revolution in Burma: Diverse Voices, Uncertain Ends* (Singapore: Institute of Southeast Asian Studies, 2008), p. 9.

以克钦族并未在缅甸独立的初期出现与缅政府武装斗争的分离行动。1961年2月克钦独立组织（KIO）和克钦独立军（KIA）成立，克钦独立军有很强烈的民族主义情感，反对吴努政府把片马、古浪等地归还给中国、反对吴努政府把佛教定为国教、反对缅政府的"大缅族主义"，并以追求建立"克钦共和国"为目标。按照克钦独立组织的统计，克钦独立军军力号称占到了克钦总人口7%，并宣称都是基督教徒。克钦独立军是一支仍然活跃在缅甸的民族武装力量，虽然在1993年和1994年与缅政府签署过和平协议，但二者之前的分歧和矛盾一直未能妥善解决，在2009年因为边防军改编的问题再掀波澜。2011年6月，长达17年的停战协议被打破，克钦独立军同缅甸政府在缅北爆发战事便一直持续到现在。

20世纪70年代初期，克伦族、克钦族还联合若开民族主义者一起争取过"民族独立"。若开人得到了克伦族和克钦族的训练和装备，并在克钦族的帮助下组建了若开独立组织（AIO）和军事组织若开独立军（AIA）。20世纪90年代，若开地区反政府组织发展迅速，其中最有影响力的是若开民族联合党（NUPA）及其军事组织若开独立军（AA），他们与克伦民族联盟关系紧密，甚至和印度军方有联系。[①] 2016年11月以来，若开军（AA）、克钦独立军（KIA）、果敢缅甸民族民主同盟军（MNDAA）和德昂民族解放军（TNLA）组成缅北联合阵线，在木姐发动战事，使战火重燃。掸邦议会也当即通过协议，把这四支民地武定性为"恐怖组织"。2019年1月7日，缅甸国务资政昂山素季在总统府召开磋商会议时把若开军（AA）定为恐怖组织，并要切实、快速予以消灭。截至2019年4月仍然有7支少数民族武装组织还未与缅政府签署《全国全面停火协议》（NCA），而且在缅政府军的重压下，有的民地武已经有恐怖袭击的倾向。目前，若开军（AA）与国防军依然交火不断，若开问题也发展成为了缅甸民族冲突烈度最高的问题。

表1 截至2019年4月还未与缅政府签署和解协议的少数民族武装

序号	中英文名称	民族	组建时间	是否民族联合联邦委员会（UNFC）	是否被定性为恐怖组织
1	佤邦联合军（UWSA）	佤民族	1989年4月	否	否
2	克钦独立组织（KIO）/克钦独立军（KIA）	克钦族	1961年2月	否	是
3	掸邦东部第四特区和平与团结委员会（PSC）	掸族	1989年6月	否	否
4	掸邦进步党（SSPP）/北掸邦军（SSA）	掸族	1964年4月	是	否
5	缅甸民族正义党（MNTJP）/缅甸民族民主同盟军（MNDAA）	果敢族	1989年3月	是	是

---

① 刘务：《1988年以来缅甸民族国家构建》，社会科学文献出版社，2014，第108页。

续表

序号	中英文名称	民族	组建时间	是否民族联合联邦委员会（UNFC）	是否被定性为恐怖组织
6	崩龙邦解放阵线（PSLF）/德昂民族解放军（TNLA）	德昂族	1992年1月	是	是
7	若开民族联盟（ULA）/若开军（AA）	若开族	2009年4月	否	是

资料来源：笔者根据与缅政府签署和解协议的少数民族武装的相关资料整理而成。

（三）宗教极端主义的风险维度

宗教极端势力的出现、活动频率以及危害程度是宗教风险评估的重要指标。一个国家的宗教极端事件和恐怖袭击组织越多，那么它的宗教风险越大。缅甸宗教极端主义主要发端于佛教徒与穆斯林之间的冲突。缅甸国内上座部佛教徒与伊斯兰教穆斯林的宗教矛盾由来已久，早在英国殖民统治时期就已经埋下了伏笔。缅甸的伊斯兰教同基督教一样，都带有殖民时期的历史记忆。在殖民早期，佛教徒对非佛教徒的不满主要是针对基督教徒，但随着伊斯兰教徒的大量拥入逐渐引发了佛教徒与穆斯林的对立。也正是由于这一背景，宗教冲突成为了缅甸后殖民时代的主要特征。

在殖民时期，英国殖民当局推行的"分而治之"政策人为地制造或强化了缅甸的族群边界和民族矛盾。[1] 在日本占领缅甸期间（1942—1945年）佛教与伊斯兰教的矛盾达到了高潮，原因是当日本武装阿拉干地区的佛教徒去反抗英国人的时候，英国人却利用穆斯林的力量来对抗日本武装的佛教徒力量。[2] 1945年缅甸实现了国家独立，但是宗教仇恨的历史记忆却保存了下来，而罗兴亚人的国民身份也一直得不到缅甸政府的承认。自20世纪70年代到90年代期间，不断有罗兴亚人从边界逃往孟加拉国，主要是因为缅甸政府对非法移民采取的一系列行动。到了2012年，随着民主化进程的加快和穆斯林与佛教徒之间的对抗加剧，大批罗兴亚人又开始外逃。从2012到2014年期间，近14万罗兴亚人无家可归，其中一部分人逃往孟加拉国。2015年以来，大量外逃的罗兴亚人在印度洋及周边海域落难而引发的海上船民危机，更是在国际上引起了强烈的人道主义情感地缘政治效应。[3] 缅甸的罗兴亚人问题从宗教冲突上升到人权问题，在全球特别是伊斯兰国家引起了不小波澜，再加上西方大国的介入，使问题不断复杂化，现已经成为当下全球最棘手的宗教冲突之一。宗教冲突具有很强的外溢性，缅甸佛教徒与罗兴亚穆斯林的冲突迅速溢出国界，引发了伊斯兰世界的骚动，并加剧了周边区域的恐怖主义威胁。若开邦动荡局势为恐怖主义提供了滋生土壤，部分

---

[1] 何明、陈春艳：《后殖民时期民族问题的形成——以缅甸罗兴伽人问题为中心讨论》，《世界民族》2017年第3期。
[2] Kei Nemoto：The Rohingya Issue：A Thorny Obstacle between Burma（Myanmar）and Bangladesh，Network Myanmar，February 18，2019，http://www.networkmyanmar.org/index.php/rohingyamuslim-issues.
[3] 方天建：《全球化视野下的缅甸罗兴亚族问题》，《世界民族》2016年第2期。

罗兴亚穆斯林走向暴力与极端化，并与境外极端势力建立紧密联系。[①] 2017年8月25日凌晨以来孟都等地又发生袭击事件，其中有77名恐怖分子被击毙，2名恐怖分子被抓获。缅甸中央反恐委员会确认，极端恐怖分子和若开罗兴亚救赎军参与了孟都等地的恐怖袭击事件，并宣布认定"若开罗兴亚救赎军（ARSA）"为"极端主义恐怖组织"，这也是缅甸首次认定的恐怖组织。

缅甸伊斯兰教恐怖主义是宗教冲突的产物，使缅甸若开邦及周边地区成为高风险区域。然而，"一带一路"倡议规划下的皎漂经济特区深水港项目、中缅铁路皎漂段、中缅油气管道等重要工程都位于若开邦地区，宗教极端主义和恐怖主义使这些工程都面临着高风险。虽然缅甸目前的恐怖主义组织和恐怖活动还未进入高发期，但是缅政府已经开始进入了"反恐"状态。2018年9月28日，缅甸政府签署了《实现世界无恐怖主义行为准则》，标志着缅甸将同签署"行为准则"的国家和地区一起推动全球反恐战略。

结　论

缅甸因其重要的地理位置和与中国的传统友好关系，在"一带一路"建设中具有重要的战略地位，并将发挥独特的建设性作用。然而缅甸也是一个多民族、多宗教的国家，承载了诸多历史与现实纠葛的民族、宗教冲突连绵不断，对中缅两国共建"一带一路"合作构成不可忽视的影响。通过对缅甸政教关系、民族与宗教关系、宗教极端主义三个维度的分析，可看出缅甸宗教风险最高的是宗教极端主义，由于罗兴亚人问题的复杂性、危害性和外溢性带来的负面影响，缅甸已经出现了恐怖组织和恐怖主义暴力事件，这不仅对周边安全产生严重威胁，也将影响到中缅共建"一带一路"合作中的重大项目建设。其次是民族与宗教关系的风险，民族冲突起于宗教冲突，宗教冲突加深了民族冲突，但归根结底都是利益冲突。缅甸民族与宗教问题相互交织，主要是缅族与少数民族之间的利益纠葛未能得到解决。目前缅甸的民族冲突不减反增，民族和解进程仍不明朗。最后是宗教信仰格局与政教关系的风险，这两个风险存在因果关联。缅甸的宗教信仰格局以佛教为主，而政教关系则表现为佛教对政治的影响和参与。"大缅族主义"和佛教民族主义在缅甸历史悠久，佛教在缅甸的政治影响力还将长期存在。综上，缅甸宗教风险的烈度排序是宗教极端主义的风险＞民族与宗教关系的风险＞政教关系的风险，而这些风险之间也会相互作用、相互转化。

针对缅甸存在的相关宗教风险，中国在缅甸推进共建"一带一路"的进程中应继续积极协调罗兴亚难民遣返和创造性地介入缅甸的民族和解问题，并在政治、经济和外交上对缅提供支援；加强与缅政府的政策沟通、促进与当地民众的民心相通，保证在缅投资项目的顺利推进。

---

① 王天韵：《缅甸民族宗教冲突的外溢效应与国际回应》，《中央民族大学学报》（哲学社会科学版）2018年第2期。

从安全到发展：话语认同与东盟演进的动力

——基于东盟历史文本的解读

杨 飞

【摘　要】 长期以来，学界主要以内部—外部力量互动论、国家—地区利益互动论来解释东盟演进的动力。本文基于东盟历史文本的解读，提出安全—发展目标互动论，探究话语认同与东盟演进的关系，加深对东盟未来的利益诉求、发展方向和路径选择的认识。冷战时期，东盟为了维护国家和地区的生存与自主，在安全目标上以东南亚中立化力求战略自主、避免外来干涉，在安全手段上侧重和平解决争端，强调加强安全能力建设、提升国家和地区抗御力，故而安全成为东盟演进的主要动力。冷战后，东盟顺应全球化和地区主义的趋势，把地区发展作为组织演进的中心和动力，在政治安全层面强调以发展安全为主，在经济层面推动东盟经济一体化，在社会文化层面致力于维护民族特色、塑造地区共识。话语认同对于东盟的地区合作实践具有重要的建构作用：从安全到发展，话语认同影响东盟演进的议程设置；从东盟到印太，话语认同影响东盟规范的扩展范围；从"选边站"到"东盟中心"，话语认同影响东盟演进的路径选择。在中美战略竞争加剧的背景下，话语认同在东盟未来发展进程中将继续发挥重要作用。

【关键词】 话语认同；东盟；地区安全；地区发展；开放式地区主义

引　言

中美关系已经步入"战略竞争时代"，两国战略误判，甚至战略对抗的风险陡增[1]。中美战略竞争下东盟"选边站"的言论不绝于耳[2]，新加坡总理李显龙却多次强调中美两国必须学会共存，东盟国家应该避免"选边站"[3]。而东盟2021年最新民调显示，69.1%的受访者担心东盟成为大国博弈的竞技场，其成员国变为大国利益的代理人[4]。然而，东盟真的会在中美之间"选边站"吗？面对东南亚地区最为重要的外部力量中美两国渐趋紧张的战略

---

[1] Matthew Kroenig, *The Return of Great Power Rivalry*, New York: Oxford University Press, 2020.
[2] See Jonathan Stromesth, "Don't Make Us Choose: Southeast Asia in the Throes of U.S. - China Rivalry," May 17, 2021, https://www.brookings.edu/wpcontent/uploads/2019/10/FP_20191009_dont_make_us_choose.pdf.
[3] Lee Hsien Loong, "The Endangered Asian Century: America, China, and the Perils of Confrontation," *Foreign Afairs*, Vol. 99, No. 4, 2020, pp. 52 - 64; 李显龙:《新加坡不可能在中美间选择任何一方》，联合早报网，https://www.zaobao.com/realtime/china/story20210314-1131066. 访问时间：2021 年 3 月 14 日。
[4] S, Seah, et al, *The State of Southeast Asia 2021: Survey Report*, Singapore: ISEAS - Yusof Ishak Institute, 2021, p. 8.

关系，东盟共同体又将如何发展，是更趋整合还是面临分裂？基于以上问题，我们有必要暂时抛开现实国际环境的纷繁变幻，回归东盟成立以来发布的历史文本，思考其对自身发展的认知，由此对东盟共同体的演进动力与发展方向或可一探究竟。历史文本是东盟在应然与实然、理想与现实、意愿与能力间的双向互动，对于认识东盟未来的利益诉求、发展方向和路径选择具有重要的参考价值。然而当前学界对东盟发展进程中的重要文本缺少系统、全面的解读①。虽然文本自身并不完全代表东盟发展的现实实践，但却是东盟国家表达其基本共识和集体期望的一种重要方式。东盟在不断变化的环境中继续发展的能力不应被低估②。

话语是构建知识领域和社会实践的重要方式③。在语言学中，"话语"（dis‐course）包括口头语言和书写语言，"文本"（text）则被视为话语的一个重要向度：是文本生产过程中书写的或口头的"产品"④。大多数文本是社会讨论的产物，它们的创造者具有某种国际法权威，例如国家元首、政府首脑、外交部部长和国际组织中的高级官员等，因而文本具有不同的形式，从领导演讲、官方声明到法院判决和法律协议，皆可作为文本⑤。国际政治语言学认为，话语实践不仅是行为主体间的一种表述过程，也是制造意义与权力的互动过程⑥。东盟自成立以来，话语实践一直是其对内凝聚共识、对外形成合力的重要手段，基于历史文本的话语认同进而构成"东盟中心地位"重要的"知识性领导权"⑦。本文立足于1967年东盟成立以来所公开发布的法律文件、会议宣言、主席声明等重要文本⑧，并"尽可能准确地复制文献发布者的意图"⑨，进而探究话语认同与东盟共同体演进的动力所在，思考大国战略竞争加剧背景下东亚地区合作的发展方向。

一、既有研究与本文的分析路径

东盟往往被视为发展中国家地区合作的成功典范⑩。关于东盟成立、发展和演进动力的研究，学界已经形成多种认知。既有研究普遍认为东盟的发展具有多重动力（见图1），即

---

① 主要成果有 Suthiphand Chirathivat, Chumporn Pachusanond and Patcharawalai Wongboonsin, "ASEAN Prospects for Regional Integration and the Implications for the ASEAN Legislative and Institutional Framework," *ASEAN Economic Bulletin*, Vol. 16, No. 1, 1999, pp. 28 – 50; 伍光红：《从〈曼谷宣言〉到〈东盟宪章〉——东盟发展过程中的里程碑文件述评》，《广西社会科学》2013年第6期。

② Tommy Koh, Rosario G Manalo, and Walter Woon eds, *The Making of the ASEAN Charter*, Singapore: World Scientific Publishing Co. Pte. Ltd. 2009, p. 385.

③ 常轶军：《政治认同的四大支柱：历史记忆、现实利益、价值观念与话语体系》，《新视野》2014年第6期。

④ 诺曼·费尔克拉夫：《话语与社会变迁》，殷晓蓉译，华夏出版社，2003，第3页。

⑤ Kilian Spandler, *Regional Organizations in International Society: ASEAN, the EU and the Politics of Normative Arguing*, Basingstoke: Palgrave Macmillan, 2019, p. 38.

⑥ 国际政治语言学的相关研究成果，可参见孙吉胜《跨学科视域下的国际政治语言学：方向与议程》，《外交评论》2013年第1期；孙吉胜、何伟：《国际政治话语的理解、意义生成与接受》，《国际政治研究》2018年第3期；孙吉胜：《国际政治语言学：理论与实践》，世界知识出版社，2017。

⑦ 美国著名学者奥兰·扬将领导权分为结构性领导权、事业性领导权和知识性领导权三种类型。而在东盟发展进程中，知识性领导权构成东盟最为重要的权力来源之一。详见 Oran R. Young, "Political Leadership and Regime Formation: On the Development of Institutions in International Society," *International Organization*, Vol. 45, No. 3, 1991, pp. 281 – 308.

⑧ 本文涉及的各类历史文本的中文翻译，部分参考王子昌、郭又新《国家利益还是地区利益：东盟合作的政治经济学》（世界知识出版社，2005）附录内容译出，其余为笔者根据英文版本翻译。

⑨ 蒋建忠：《国际关系实证研究方法》，上海远东出版社，2020，第18页。

⑩ 陆建人：《东盟50年：发展中国家一体化的成功典范》，《当代世界》2017年第6期。

"多种动力互动形成东南亚演进的系统动力学"①。鉴于此,本文将既有研究的主要观点概括为内部—外部力量互动论、国家—地区利益互动论,并在积极借鉴前人研究成果的基础上,提出安全—发展目标论,通过历史文本分析对此进行论证,这正是本文的研究起点。

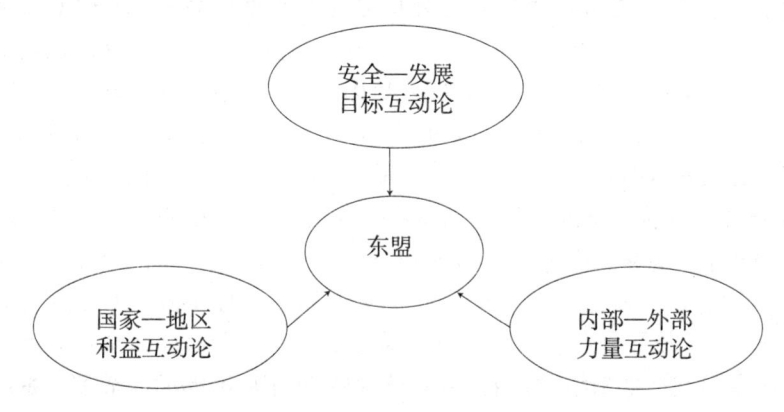

图1 东盟演进动力示意图

资料来源:笔者自制。

(一) 内部—外部力量互动论

内部—外部力量互动论是指东盟自成立以来,内部力量谋求自主权,外部力量谋求主导权,内部和外部力量双向互动共同推动东盟的演进。因此,东盟地区合作"受到各种外部和内部因素的影响"②,这些因素决定地区共同体发展的结构、设计和轨迹③。在内部—外部力量互动论中,存在三种倾向。一是强调外部力量对东盟演进的决定作用。如加尼森(Ganesan)强调东南亚安全格局历来由外部力量决定④。郑永年指出:"东盟是否变得更进一步整合或者走向解体取决于东盟内部的发展,但外部力量(尤其是中国和美国)对东盟的政策至关重要,甚至是关键因素。"⑤ 二是侧重内部力量在东盟发展进程中的主导作用。季玲基于东亚共同体的发展进程,强调情感是东亚集体身份认同形成的重要动力,而东盟在这一过程中发挥了重要作用⑥。金新认为,一体化导向的国家间互动是共同体演进的内在动

---

① 翟崑:《探索后冷战时代东南亚地区的演进之道》,《东南亚研究》2019年第6期。
② Louise Fawce, "The History and Concept of Regionalism," UNU – CRIS Working Papers, May 17, 2021, https://cris.unu.edu/sites/cris.unu.edu/files/W – 2013 – 5.pdf. Siti Darwinda Mohamed Pero, *Leadership in Regional Community – Building: Comparing ASEAN and the European Union*, Singapore: Palgrave Macmillan, 2019, p. 5.
③ Philomena Murray, "Regionalism and Community: Australia's Options in the Asia – Pacific," Canberra: Australian Strategic Policy Institute, May 17, 2021, http://pandora.nla.gov.au/pan/122744/201103291720/www.aspi.org.au/htmlver/ASPI_RegionalismCommunity/_lib/pdf/ASPI_Regionalismandcommunity.pdf. Philomena Murray, "Drivers of Regional Integration: Some Comparative Considerations," *Drivers of Integration and Regionalism in Europe and Asia Comparative Perspectives*, London and New York: Routledge, 2015, pp. 17 – 33.
④ N. Ganesan, "ASEAN's Relations with Major External Powers," *Contemporary Southeast Asia*, Vol. 22, No. 2, 2000, p. 258.
⑤ 郑永年:《亚洲新秩序》,广东人民出版社,2018,第139页。
⑥ 季玲:《"东亚共同体"与东亚集体身份兴起的情感动力》,《外交评论》2011年第4期。

因①。三是内部力量与外部力量共同作用促进东盟的发展②。

即东盟的演进是外部压力与内部推动相互作用的结果③。潘启亮、蒋琛娴基于东盟安全共同体研究，认为外部推力（外部威胁和域外大国介入）和内部进程（规范建构、交往与社会学习、制度建设等）共同推动东盟安全共同体的形成④。宗像直子（Naoko Munakata）的观点是，对区域外压力的防御性反应，解决共同挑战、建立合作机制的共同愿望，以及区域内的竞争动态是东盟推动区域机制建立的三个因素⑤。由上可见，既有研究中现实主义学者大多强调以外部力量为主的大国战略博弈压力对于东盟演进的影响，而建构主义学者则多突出东盟内部力量及其规范（主要是"东盟方式"）在东盟演进中的作用。日本学者胜间田弘（Hiro Katsumata）认为，面对现实主义和建构主义范式间的相互竞争，东盟"能够同时推行两种范式的政策，并在两者之间取得平衡"⑥。

（二）国家—地区利益互动论

国家—地区利益互动论是指东盟的成立、发展，甚至所遭遇的困境都与东南亚地区国家利益和地区利益、民族主义和地区主义之间的张力密切相关。换言之，地区利益与国家利益既有冲突也有重合，二者之间的互动张力是推动东盟共同体发展的重要动力。王子昌和郭又新从国家名望与地区和解、国家主权与地区合作机制、国家安全与地区和平、国家利益与地区繁荣、国家自尊与地区稳定等方面出发，深入论证了东盟发展进程中国家利益与地区利益之间讨价还价、相互妥协的互动过程⑦。东南亚的区域合作从东盟成立伊始即扮演着维护国家利益的工具性角色。与欧盟不同，东盟从来不曾试图成为一个超国家组织⑧。即在国家—地区利益互动中，国家利益始终处于主导地位，地区主义被东盟国家视为维护其国家利益的工具之一，并且时常为了维护国家利益而牺牲地区利益。此外，国家利益和地区利益双向互动的另一种表现形式是民族主义和地区主义的互动。有学者指出，东盟演进过程中存在国家认同和地区认同的结构性矛盾，前者属于"强势认同"，后者属于"弱势认同"，属于典型

---

① 金新：《论东盟一体化中效忠转移的困境——从认同政治的视角考察》，《太平洋学报》2013年第6期。

② 参见 Donald E. Weatherbee, *International Relations in Southeast Asia: The Struggle for Autonomy*, Lanham: Rowman&Littlefield Publishers, Inc, 2009；李晨阳：《谁掌控东南亚的安全》，《世界知识》2015年第12期；凌胜利：《二元格局：左右逢源还是左右为难？——东南亚六国对中美亚太主导权竞争的回应（2012—2017）》，《国际政治科学》2018年第4期。

③ 参见王子昌、郭又新《国家利益还是地区利益：东盟合作的政治经济学》，世界知识出版社2005年；麻陆东：《东亚地区主义发展动力探究》，《社会主义研究》2011年第2期；骆永昆：《东盟共同体建设的进程、动因及前景》，《国际研究参考》2016年第2期。

④ 潘启亮、蒋琛娴：《东盟安全共同体建构：外部推力与内在进程》，《东南亚研究》2020年第3期。

⑤ Naoko Munakata, "Has Politics Caught Up with Markets? In Search of East Asian Economic Regionalism," in Peter J. Katzenstein and Takashi Shiraishi eds, *Beyond Japan: The Dynamics of East Asian Regionalism*, New York: Cornell University Press, 2006, pp. 131–132.

⑥ Hiro Katsumata, *ASEAN's Cooperative Security Enterprise: Norms and Interests in the ASEAN Regional Forum*, Basingstoke: Palgrave Macmillan, 2009, p. 163.

⑦ 参见王子昌、郭又新《国家利益还是地区利益：东盟合作的政治经济学》，世界知识出版社，2005。

⑧ Aida Idris, Nurliana Kamaruddin eds, *ASEAN Post–50: Emerging Issues and Challenges*, Singapore: Palgrave Macmillan, 2019, p. 2.

的民族主义与地区主义竞争,而主导型认同归属的转换则关乎东盟共同体演进的成败①。因此,东盟身份认同的构建实践表现了区域主义与民族主义之间的张力,二者的互动影响东盟地区合作的成效②。

(三) 安全—发展目标互动论

安全—发展目标互动论是指安全与发展既是东盟成立以来所追求的目标,也是其不断扩展合作领域、深化合作层次的动力所在。东盟共同体的演进在冷战时期以应对外部威胁为主要目标,冷战后则以内部发展为主要目标。而从安全目标为主到发展目标为主,正是东盟战略自主性不断提升的一个过程。即使当前外界对于东盟共同体的发展充满诟病,但是东盟共同体仍行前行,形成了自己的节奏与风格,是任何想在东南亚地区发挥影响力的大国所不能忽视的。此处并不是否认安全已经不重要,而是认为随着冷战后国际规范的普遍提高,例如领土兼并在国际法层面已被禁止,东盟国家在冷战时期所面临的生存安全威胁大为降低,发展安全成为全球化时代东盟面临的主要挑战。换言之,即"不同动力在不同时期发挥不同作用,权重也随之变化"③。从安全到发展,二者并不是截然对立的,也不是相互替代的关系。东盟的发展目标集中体现在其发布的一系列文本中,故本研究基于历史文本解读,探究安全与发展作为东盟合作的目标对其演进的影响。

二、以安全为动力:冷战时期东盟的安全认知与安全逻辑

1967 年东盟成立以来,相关文件的发布既是东盟国家相互协商、讨价还价的结果,表现了东盟的基本共识与集体期望;同时又反过来塑造东盟国家的行为,推动东盟地区合作。本部分以《东南亚友好合作条约》④为主进行文本解读,同时兼顾 1967 年《东盟宣言》⑤、1971 年《和平、自由和中立区宣言》⑥、1976 年《东盟协调一致宣言》⑦、1995 年《东南亚

---

① 金新:《论东盟一体化中效忠转移的困境——从认同政治的视角考察》,《太平洋学报》2013 年第 6 期;韩志立:《东盟共同体建设困局与观念交锋》,《南洋问题研究》2017 年第 1 期。

② 庞中英:《地区主义与民族主义》,《欧洲》1999 年第 2 期;王军:《民族主义与地区主义的竞争共生关系》,《世界经济与政治》2008 年第 10 期;唐翀:《民族主义与地区主义的共生——评〈印尼与东盟自由贸易协定:民族主义者与地区整合战略〉》,《南洋问题研究》2009 年第 1 期;刘昌明、隋聪聪:《地区主义进程中的民族主义因素:一个分析框架》,《东岳论丛》2012 年第 7 期;韦民:《民族主义与地区主义的互动:东盟研究新视角》,北京大学出版社,2005;Arie M. Kacowicz, "Regionalization, Globalization, and Nationalism: Convergent, Divergent, or Overlapping," Kellogg Institute for International Studies, May 17, 2021, https://kellogg.nd.edu/sites/default/files/old_files/documents/262.pdf.

③ 翟崑:《探索后冷战时代东南亚地区的演进之道》,《东南亚研究》2019 年第 6 期。

④ 1976 年 2 月 24 日,东盟首届领导人峰会在东盟成立 9 年之后召开,会议签署了《东南亚友好合作条约》,并在 1987、1998 和 2010 年进行多次修订。这是东盟成立后的第一份最高级别的法律文件,在东盟随后的发展中扮演着不容忽视的角色。该条约的相关内容参见 "Treaty of Amity and Cooperation in Southeast A - sia," Bali, Indonesia, February 24, 1976, https://asean.org/treaty-amity-cooperation-southeast-asia-in-donesia-24-february-1976/.

⑤ "The ASEAN Declaration (Bangkok Declaration)," Bangkok, Thailand, August 8, 1967, http://agreement.asean.org/media/download/20140117154159.pdf.

⑥ "Zone of Peace, Freedom and Neutrality (ZOPFAN)," Kuala Lumpur, Malaysia, November 27, 1971, https://cil.nus.edu.sg/wp-content/uploads/2020/08/1971-Zone-of-Peace-Freedom-Neutrality-Decla-ration-1.pdf.

⑦ "The Declaration of ASEAN Concord," Bali, Indonesia, February 24, 1976, https://asean.org/?static_post=declaration-of-asean-concord-indonesia-24-february-1976.

无核武器区条约》①等相关文本,重点分析东盟的安全认知与安全逻辑。

（一）安全目标：以东南亚中立化避免外来干涉

东南亚中立化既被视为一种手段,也是一种目的②。1971年东盟发布《和平、自由和中立区宣言》,表达了东盟在美苏战略博弈中努力维持中立的意愿,认为"国家无论大小,都有权摆脱外来干涉以维持其生存"③。这一宣言是东盟成立以来第一份关于安全的官方文件,是其努力用一个声音说话的积极尝试。《和平、自由和中立区宣言》强调："一致赞成东南亚中立化是我们的夙愿,我们将不遗余力地探索实现中立化的方法和措施。""尽一切必要的努力以赢得外部强国对东南亚作为一个和平、自由和中立区的承认和尊重,并摆脱外部强国对东南亚的任何形式和方式的干预。"④不可否认,在随后的安全实践中,泰国和菲律宾继续维持与美国的军事同盟关系,新加坡和马来西亚则是"五国防御协定"的成员国,即东盟在宣言之外并未达成任何具有实质性内容的中立协议。鉴于此,有学者认为东盟的安全实践其实否定了其"中立区"宣言⑤。但更为重要的是,东盟形成了"东南亚中立化"的共识,自此以后"东南亚中立化"一再出现在东盟官方文件和领导人的讲话中,成为东盟避免在大国战略竞争中"选边站队"的集体意愿。1976年《东盟协调一致宣言》指出："成员国应分别地和集体地为早日建立和平、自由、中立区采取积极步骤。""在可能的情况下立即考虑采取初步措施,以使和平、自由、中立区得到承认和尊重。"⑥ 2020年11月,第37届东盟领导人会议发布《东盟共同体2025后愿景河内宣言》,再次重申《和平、自由和中立区宣言》的宗旨与原则,指出东盟"认识到迅速变化的全球和区域地缘政治与地缘经济格局带来的机遇和挑战……加强能力以利用新的机遇并有效应对当前和未来的挑战"⑦。东盟这一表态的潜台词是,面对中美两国间多领域、全方位的对抗性博弈,东南亚地区究竟是成为两国的"竞技场",还是"缓冲区",通过《和平、自由和中立区宣言》可以找到答案。虽然东南亚中立化任重而道远,但是东盟在正式声明中不断提及《和平、自由和中立区宣言》,表明其极力避免在中美两国间"选边站队",继续将东南亚中立化作为安全目标,并将它视为维护地区安全的重要手段。

"东南亚中立化"更深层的含义是避免外来势力干涉。《东南亚友好合作条约》在根本原则中指出,"每个国家有权保持其民族生存不受外来的干涉、颠覆或压力。"⑧而早在1967年,东盟即在《东盟宣言》中强调,"考虑到这些国家决心根据本国人民的理想和愿望,保

---

① "Treaty on the Southeast Asia Nuclear Weapon – Free Zone," Bangkok, Thailand, December 15, 1995, http：//agreement. asean. org/media/download/20131230234315. pdf.

② Ralf Emmers, "Unpacking ASEAN Neutrality：The Quest for Autonomy and Impartiality in Southeast Asia," *Contemporary Southeast Asia*, Vol. 40, No. 3, 2018, p. 354.

③ "Zone of Peace, Freedom and Neutrality (ZOPFAN)".

④ "Zone of Peace, Freedom and Neutrality (ZOPFAN)".

⑤ Michael Leifer, *Dictionary of the Modern Politics of Southeast Asia*, London and New York：Routledg, 1995, p. 183.

⑥ "The Declaration of ASEAN Concord," Bali, Indonesia, February 24, 1976, https：//asean. org/? static_ post = declaration – of – asean – concord – indonesia – 24 – february – 1976.

⑦ "Ha Noi Declaration on the ASEAN Community's Post – 2025 Vision," November 12, 2020, https：//asean. org/storage/2020/11/1 – Final – Ha – Noi – Declaration – on – the – ASEAN – Communitys – Post – 2025 – Vision. pdf.

⑧ "Treaty of Amity and Cooperation in Southeast Asia," Bali, Indonesia, February 24, 1976, https：//asean. org/treaty – amity – cooperation – southeast – asia – indonesia – 24 – february – 1976/.

障它们的稳定和安全免遭形形色色的外来干涉,以维护它们的民族特性。"① "不干涉内政"进而在东盟外交与安全文化中居于核心地位②。《东盟宣言》更是进一步声明:"所有外国基地都是临时性的,只有在有关国家明确同意的情况下才能继续存在,其目的不是直接或间接用来破坏该地区国家的民族独立和自由,或妨碍其民族发展的有序进程。"③ 此外,在东盟成立大会上,马来西亚副总理阿卜杜勒·拉扎克指出,"殖民统治撤退所留下来的真空必须由本土力量的成长和考虑来填补,否则我们的未来,无论是单独还是联合,都将受到危险的威胁。"④ 由此可见,东盟的成立是东南亚国家试图制衡域外大国,主宰自己命运的一次集体尝试⑤。作为应对外部冲击的集体反应和团结一致的标志,1976 年东盟发表了《东盟协调一致宣言》。它为东盟提供了一种政治认同,并承认东盟内部安全的不可分割性。东盟在地区安全格局中的地位和作用逐渐凸显,尤其是冷战后期东盟在处理柬埔寨问题中的积极贡献极大地提高了其声望,证明自身可以在地区安全事务中发挥重要作用。而"拒绝大国参与,无论多么具有象征意义,都是为了最大限度地扩大东盟国家对地区事务的影响"⑥,进一步提高东盟自身的安全战略自主性。进而言之,东南亚很多国家的缓冲疆域直接继承自西方殖民统治遗产,故而对外部力量介入其国内事务始终持警惕态度,这也是东盟国家为何格外重视"不干涉内政"原则、避免外来干涉的重要原因⑦。1997 年,东盟不顾西方国家的批评与压力,接纳缅甸加入东盟即是其避免外来干涉、强调战略自主的一次集体努力。

(二) 安全手段:和平解决争端

和平解决争端是东盟维护地区安全和稳定的主要手段,在实践层面发挥了积极作用,是东盟成立以来成员国之间没有发生战争的重要原因之一⑧。"用和平手段解决分歧或争端"和"放弃使用武力或武力威胁"是《东南亚友好合作条约》的根本原则。而该条约第四章更是单独用一章内容强调"和平解决争端",其中第十三条具体指出,"缔约国要有决心和诚意防止出现争端。在对它们有直接影响的问题上出现争端的时候,尤其是出现了有可能破坏本地区和平与和谐的争端的时候,它们应当不使用武力或者以武力相威胁;任何时候都要

---

① "The ASEAN Declaration (Bangkok Declaration)," Bangkok, Thailand, August 8, 1967, http://agreement.asean.org/media/download/20140117154159.pdf.
② 王子昌:《文化认同与东盟合作》,《东南亚研究》2004 年第 5 期。
③ "The ASEAN Declaration (Bangkok Declaration)," Bangkok, Thailand, August 8, 1967, http://agreement.asean.org/media/download/20140117154159.pdf.
④ See Ralf Emmers, *Cooperative Security and the Balance of Power in ASEAN and ARF*, New York: Routledge Curzon, 2003, p. 15.
⑤ 东盟重要国家印尼在主权层面格外强调避免外来干涉,这一特征早在万隆会议上即有表现,会议最后宣言特别指出"不使用集体防御安排为任何一个大国的特殊利益服务"。相关研究详见 Amitav Acharya, "Who Are the Norm Makers? The Asian - African Conference in Bandung and the Evolution of Norms," *Global Governance*, Vol. 20, No. 3, 2014, pp. 405 - 417.
⑥ Kilian Spandler, *Regional Organizations in International Society: ASEAN, the EU and the Politics of Normative Arguing*, Basingstoke: Palgrave Macmillan, 2019, p. 163.
⑦ 在东南亚地区,建设一个"马来人的马来西亚"还是"马来西亚人的马来西亚",一个"泰族的泰国"还是"泰国人的泰国",一个"缅族的缅甸"还是"缅甸人的缅甸",依然是当前东南亚民族国家建构过程中不容忽视的关键问题(单一民族国家建构还是多民族国家建构?),更是其族群冲突难以得到有效解决的重要原因之一。
⑧ Rodolfo C. Severino, *Southeast Asia in Search of an ASEAN Community: Insights from the Former ASEAN Secretary - General*, Singapore: ISEAS Publishing, 2006, p. 12.

通过友好磋商来解决它们之间的这种争端。"①

此外,《东南亚友好合作条约》提出建立高级理事会解决地区内部争端,主要方法有斡旋、调停、调查或和解,甚至"高级理事会认为有必要时可以建议采取适当的措施,以防止某一争端或情况恶化"②。虽然实践中这样的争端解决机构并未建立,但是通过和平手段解决地区冲突已经成为东盟各国的普遍共识。2002年11月4日,中国和东盟各国签署《南海各方行为宣言》,该宣言强调通过友好协商和谈判,以和平方式解决南海有关争议③。这充分说明和平解决争端在东盟安全文化中的重要地位,并成为"东盟方式"的重要组成部分。

(三)安全能力:提升国家和地区抗御力

安全能力建设是支撑安全目标实现的重要基础,《东南亚友好合作条约》在序言中即强调"加强彼此关系中的地区性抗御力,增进本地区的和平与稳定"④。"抗御力"是指一国抵御各种威胁和挑战的综合能力,它包括一个国家或地区各个方面的力量和凝聚力。其中,地区抗御力(regional resilience)是国家抗御力(national resilience)的延伸与扩展。诚如有学者指出:"如果不能在全国范围内表现出强劲的抗御力,地区抗御力无疑会建立在摇摇欲坠的脚手架上。"⑤而国家抗御力是印尼领导人苏哈托在20世纪60年代末提出的,并成为印尼国家政策的指导方针。1976年,国家抗御力和地区抗御力被写进《东盟协调一致宣言》和《东南亚友好合作条约》,发展国家抗御力和地区抗御力进而成为东盟安全能力建设的主要内容。其中,《东南亚友好合作条约》第十一条指出:"缔约国应当根据它们各自的理想和愿望,努力加强各自在政治、经济、社会文化以及安全方面的国家抗御力。"第十二条进一步强调:"缔约国在努力实现本地区的繁荣和安全方面,应当在各方面进行合作,根据自信、自力更生、相互尊重、合作和团结的原则,增强地区抗御力。"⑥由此可见,"东盟所谓的地区抗御力并不是简单的各个国家抗御力的总和,所有成员国的国家抗御力要能转化成地区抗御力必须要加强该地区国家间的协调、合作与凝聚力"⑦。

提升国家和地区抗御力是东盟安全能力建设的重要措施。东盟充分认识到在以无政府状态为根本特征的国际社会中,维护地区安全和稳定不能单纯寄希望于大国的安全承诺与保障,更需要通过发展自身力量提高其在与大国交往互动中的地位与作用,国家抗御力和地区抗御力的提出正是这一安全认知的具体表现与实践。在"东盟方式"强调规范这一"软力量"的同时,东盟并不回避"支撑和平意愿的只能是实力"这一"硬力量"的安全逻辑。

---

① "Treaty of Amity and Cooperation in Southeast Asia," Bali, Indonesia, February 24, 1976, https://asean.org/treaty-amity-cooperation-southeast-asia-indonesia-24-february-1976/.

② 同上。

③ 《南海各方行为宣言》,中华人民共和国外交部网站,https://www.fmprc.gov.cn/web/wjb_673085/zzjg_673183/yzs_673193/dqzz_673197/nanhai_673325/t848051.shtml.

④ "Treaty of Amity and Cooperation in Southeast Asia,".

⑤ Saley Idrissa Ibrahim, Zarina Othman & Nor Azizan Idris, "National Resilience for Regional Resilience in Southeast Asia: Lessons for West Africa," *Journal of Social and Humanities*, Vol. 9, No. 2, 2014, p. 181.

⑥ "Treaty of Amity and Cooperation in Southeast Asia," Bali, Indonesia, February 24, 1976, https://asean.org/treaty-amity-cooperation-southeast-asia-indonesia-24-february-1976/.

⑦ 王子昌、郭又新:《国家利益还是地区利益:东盟合作的政治经济学》,世界知识出版社,2005,第85页。

地区抗御力建设进而成为冷战后东盟从六国扩展到十国,积极推进东盟自贸区建设的内在动力,更表明东盟依靠自身能力与优势谋求安全而不过度依赖外部力量安全供给的积极尝试①。

三、以发展为动力:冷战后东盟共同体建设的愿景与现实

冷战后,伴随国际环境的迅猛变化,马丁·沃克(Martin Walker)认为"地缘政治的时代已经让位于可称之为地缘经济的时代"②。鉴于此,早在东盟成立之初便已提上议事日程的各领域合作,尤其是经济合作按下了"快进键"。从1992年《加强东盟经济合作框架协议》③、《东盟自贸区共同有效优惠关税协定》④ 明确东盟自由贸易区建设目标,到2007年制定《东盟宪章》、赋予东盟法人资格⑤,再到2015年宣布建成以政治安全、经济和社会文化为三大支柱的东盟共同体,东盟以自己的节奏和风格推动地区合作砥砺前行⑥。相较于冷战时期,东盟的发展目标明显从安全为主转换到发展为主,如2010年《东盟互联互通总体规范》⑦、2015年《东盟2025:携手前行》⑧、2016年《东盟互联互通总体规划2025》⑨ 等文件的发布即是突出表现。本部分主要解析《东盟2025:携手前行》,并兼顾其他文本,着重探究东盟共同体在政治安全、经济和社会文化等层面的发展进程。

(一)从生存安全为主到发展安全为主

冷战时期,面对美苏两大集团在东南亚地区的对抗性博弈,维护生存安全成为东盟发展面临的主要挑战。就国家生存安全而言,主要包括领土完整、国家统一、海洋权益及边疆边境不受侵犯或免受威胁,政权不受外来势力干涉与颠覆,国家不受外部军事入侵和战争威胁等。就国家发展安全而言,主要包括经济、文化、社会、生态、科技、网络和海外利益等领

---

① Mely Caballero-Anthony, "From Comprehensive Security to Regional Resilience: Coping with Nontraditional Security Challenges," in Aileen Baviera and Larry Maramis eds., *Building ASEAN Community: Political-Security and Socio-Cultural Reflections*, Jakarta: Economic Research Institute for ASEAN and East Asia, 2017, p. 126.

② Martin Walker, "The Clinton Doctrine," *The New Yorker*, October 7, 1996.

③ "Framework Agreement on Enhancing ASEAN Economic Cooperation," Singapore, January 28, 1992, https://asean.org/?static_post=framework-agreement-on-enhancing-asean-economic-cooperation-sin-gapore-28-january-1992.

④ "Agreement on the Common Effective Preferential Tariff Scheme for the ASEAN Free Trade Area," Singa-pore, January 28, 1992, https://asean.org/?static_post=asean-protocol-on-enhanced-dispute-settle-ment-mechanism.

⑤ ASEAN Secretariat, "The ASEAN Charter," ASEAN, July 10, 2021, https://asean.org/storage/2012/05/The-ASEAN-Charter-14042020-final.pdf, 2021-07-10.

⑥ 当前学界对于东盟共同体是否建成仍然莫衷一是,甚至形成截然相反的两种观点。详见李晨阳《东盟共同体建成了吗?》,《世界知识》2016年第2期。

⑦ ASEAN Secretariat, "Master Plan on ASEAN Connectivity," ASEAN, https://www.asean.org/storage/images/ASEAN_RTK_2014/4_Master_Plan_on_ASEAN_Connectivity.pdf, 2021-07-26.

⑧ 《东盟2025:携手前行》由《东盟共同体2025年愿景》《东盟政治安全共同体2025年蓝图》《东盟经济共同体2025年蓝图》和《东盟社会文化共同体2025年蓝图》共同构成。具体内容参见 ASEAN Secretariat, "ASEAN 2025: Forging Ahead Together," https://asean.org/wp-content/uploads/2015/11/67.-December-2015-ASEAN-2025-Forging-Ahead-Together-2nd-Reprint.pdf。

⑨ 《东盟互联互通总体规划2025》被视为《东盟2025:携手前行》的重要组成部分,参见 ASEAN Secretariat, "Master Plan on ASEAN Connectivity 2025," ASEAN, July 10, 2021, https://asean.org/storage/2016/09/Master-Plan-on-ASEAN-Connectivity-20251.pdf。

域发展不受外来干扰与威胁,并有能力保障国家的持续发展。冷战后,面对国际安全环境的变化,东盟面临的安全挑战从生存安全为主转换为发展安全为主。东盟随后发布的文件在政治安全层面更多地聚焦于应对发展安全问题。2003年《东盟第二协调一致宣言》即指出:"东盟共同体赞成综合安全原则……综合安全包括广义的政治、经济、社会和文化各方面,而不仅仅是防务条约、军事联盟或共同的外交政策。"① 在具体措施方面,《东盟2025:携手前行》强调加强反恐合作,应对和打击跨国犯罪,实现"东盟无毒区",打击人口贩卖和人口走私,努力消除小型和轻型武器走私,打击网络犯罪,加强边境管理、灾害管理和应急管理等方面的合作,提升应对跨国犯罪、跨国挑战的能力,加强海洋安全和海洋合作。由此可见,与以往东盟文件和实践聚焦于应对生存安全挑战不同,现有文件突出发展安全,进而为东盟维护自身发展提供安全保障。东盟成立以来关于政治安全层面的法律文件详见表1②。

表1 关于东盟政治安全共同体建设的法律文件(截至2021年8月)

序号	文件名称	签署地点	签署时间
1	东盟宣言(曼谷宣言)	泰国曼谷	1967-08-08
2	东南亚友好合作条约	印尼巴厘	1976-02-24
3	关于设立东盟秘书处的协定	印尼巴厘	1976-02-24
4	东南亚无核武器区条约	泰国曼谷	1995-12-15
5	设立东盟基金会的谅解备忘录(修订版)	泰国曼谷	2000-06-25
6	东盟刑事司法合作条约	马来西亚吉隆坡	2004-11-29
7	设立东盟发展基金协定	老挝万象	2006-06-25
8	东盟各国互免签证框架协议	马来西亚吉隆坡	2006-07-25
9	东盟反恐公约	菲律宾宿务	2007-01-13
10	东盟宪章	新加坡	2007-11-20
11	东盟特权和豁免权协定	泰国七岩	2009-10-25
12	《东盟宪章》争端解决机制议定书	越南河内	2010-04-08
13	印度尼西亚共和国政府与东南亚国家联盟(东盟)关于东道主和给予东盟秘书处特权和豁免权的协定	柬埔寨金边	2012-04-02
14	东盟打击贩运人口特别是妇女和儿童公约	马来西亚吉隆坡	2015-11-21

资料来源:ASEAN Legal Instruments, http://agreement.asean.org/home/index.html, 2021-07-06.

此外,在机制建设方面东盟继续强调其中心地位。《东盟宪章》在其发展目标中指出:"在一个开放、透明和包容的地区结构中,发挥东盟作为与外部伙伴国间关系及其合作中领

---

① "Declaration of ASEAN Concord II (Bali Concord II)," Bali, Indonesia, October 7, 2003。ASEAN, May 17, 2021, https://asean.org/?static_post=declaration-of-asean-concord-ii-bali-concord-ii.

② 按照东盟法律文件(ASEAN Legal Instruments)定义,相关法律文件是指通过成员国授权代表签名表示同意受其约束的法律文书,或者签名须根据各自成员国的内部程序批准和/或接受,并不包括东盟成员国发布或通过的反映其愿望和/或政治意愿的声明与宣言。详见http://agreement.asean.org/explanatory/show.html, 2021-07-10.

导力量的中心地位和积极作用。"①《东盟2025：携手前行》则进一步强调："东盟在不断演变的区域架构中的中心地位得到加强，并在全球发挥建设性作用"②，认为东盟应该继续在东盟"10＋3"（APT）、东盟防长扩大会议（ADMM－Plus）、东盟地区论坛（ARF）和东亚峰会（EAS）等地区合作平台中坚持东盟中心地位。东盟中心地位并不只是纯粹存在于口头宣示。以东盟地区论坛为例，东盟指出应该"加强东盟地区论坛作为一个以行动为导向的机制，针对亚太地区面临的共同挑战制定具体、有效的应对措施"③。由此可见，相较于东盟地区论坛成立初期被视为"清谈馆"的批评，东盟正在努力提升论坛的行动力与有效性④。进言之，行动力将越来越成为东盟政治安全共同体建设拟解决的关键问题。

（二）推动东盟经济一体化

经济增长是东盟成立初期确立的重要目标之一，然而由于美苏争霸的两极对抗格局在东南亚地区的投射，以及东盟国家内部存在巨大的差异性和竞争性，致使东盟经济合作一直进展缓慢。直至冷战结束以后，1992年东盟发布《东盟自贸区共同有效优惠关税协定》，提出"通过加速东盟内部的贸易和投资自由化、并借助共同有效优惠关税计划来建立东盟自由贸易区，以实现在区域经济增长方面的进一步合作"⑤。东盟自由贸易区建设进而成为东盟发展的核心目标。1997年《东盟愿景2020》重申促进东盟贸易自由流动、提高东盟产品国际竞争力、实现东盟地区资源优化配置和东盟一体化的发展目标⑥。《东盟第二协调一致宣言》进一步提出东盟经济共同体的建设目标，并指出："东盟经济共同体意味着《东盟愿景2020》所规划的经济一体化这一最终目标的实现，它将创造出一个稳定的、繁荣的、具有强竞争力的东盟经济区域。"⑦因此，经济一体化既是东盟发展的目标，也是东盟提升实力的手段。

《东盟2025：携手前行》则进一步指出东盟经济共同体涉及五个要素：一是一体化的和凝聚力的经济，二是具有竞争力、创新和活力的东盟，三是加强互联互通和部门合作，四是具有弹性、包容性、以人为导向和以人为中心的东盟，五是一个全球性的东盟⑧。其中，互联互通是东盟在2008年金融危机之后加强东盟经济共同体建设的重要举措。2010年《东

---

① "The ASEAN Charter," Jakarta：ASEAN Secretariat, https：//asean.org/storage/2012/05/The－ASEAN－Charter－14042020－final.pdf, 2020－11－07, p. 5.

② "ASEAN 2025：Forging Ahead Together," Jakarta：ASEAN Secretariat, https：//asean.org/wp－con－tent/uploads/2015/11/67.－December－2015－ASEAN－2025－Forging－Ahead－Together－2nd－Reprint.pdf, 2020－10－26, p. 19.

③ 同上，第31页。

④ 关于东盟地区论坛的实践功用和理论意义，可参见李晨阳、赵丽、杨飞《论东盟地区论坛的实践功用和理论意义》，《国际观察》2020年第6期。

⑤ "Agreement on the Common Effective Preferential Tariff Scheme for the ASEAN Free Trade Area," Singapore, January 28, 1992, ASEAN, May 17, 2021, https：//www.asean.org/wpcontent/uploads/images/2012/Economic/AFTA/Common_Effective_Preferential_Tariff/Agreement%20on%20the%20Common%20Effective%20Preferential%20Tariff%20Scheme%20for%20the%20ASEAN%20Free%20Trade%20Area.pdf.

⑥ "ASEAN Vision 2020," ASEAN, May 17, 2021, https：//asean.org/?static_post=asean－vision－2020.

⑦ "Declaration of ASEAN Concord II (Bali Concord II)," Bali, Indonesia, October 7, 2003, https：//asean.org/?static_post=declaration－of－asean－concord－ii－bali－concord－ii.

⑧ ASEAN Secretariat, "ASEAN 2025：Forging Ahead Together," p. 59, ASEAN, May 17, 2021, https：//asean.org/wp－content/uploads/2015/11/67.－December－2015－ASEAN－2025－Forging－Ahead－Together－2nd－Reprint.

互联互通总体规划》发布，规划致力于深入推进东盟共同体建设，缩小区域发展差距和提高国际竞争力的总体目标，主要囊括物理、机制和人文三大板块。2016年《东盟互联互通总体规划2025》发布，将2010版未完成的52个重点项目重新纳入部署，并将三大板块升级为开展可持续基础设施建设、实现物流无缝衔接、推进数字革新、加强进出口管理和深化人文交流五大领域①。然而东盟一体化建设并非一帆风顺，长期以来东盟与外部国家的经贸合作占据其经济发展的主要部分，东盟自贸区建设因而进展有限。据统计，东盟内部贸易额占比从2010年的25.1%降至2018年的23%②，内部贸易占比不增反降。东盟成立以来经济层面的法律文件详见表2。

表2 关于东盟经济共同体建设的法律文件（截至2021年8月）

序号	文件名称	签署地点	签署时间
1	协助搜寻遇险飞机及营救飞机事故幸存者协定	新加坡	1972-04-14
2	协助搜寻遇险船舶及营救船舶事故幸存者协定	马来西亚吉隆坡	1975-05-15
3	东盟优惠贸易安排协定	菲律宾马尼拉	1977-02-24
4	东盟粮食安全储备协定	美国纽约	1979-10-04
5	东盟工业项目基本协定	马来西亚吉隆坡	1980-03-06
6	东盟产业互补基本协定	菲律宾马尼拉	1981-06-18
7	东盟国家国内驾照承认协议	马来西亚吉隆坡	1985-07-09
8	东盟自然和自然资源保护协定	马来西亚吉隆坡	1985-07-09
9	东盟能源合作协定	菲律宾马尼拉	1986-06-24
10	东盟承包商优先入围协议	印尼雅加达	1986-10-20
11	东盟国家关于停止和撤销非关税壁垒的谅解备忘录	菲律宾马尼拉	1987-12-15
12	关于设立东盟旅游信息中心的协定	马来西亚吉隆坡	1988-09-26
13	《东盟工业互补基本协定》下汽车产业品牌互补谅解备忘录	泰国芭提雅	1988-10-18
14	东盟自由贸易区共同有效优惠关税协定	新加坡	1992-01-28
15	加强东盟经济合作框架协议	新加坡	1992-01-28
16	东盟知识产权合作框架协定	泰国曼谷	1995-12-15
17	东盟工业合作计划基本协议	新加坡	1996-04-27
18	东盟海龟养护和保护谅解备忘录	泰国曼谷	1997-09-12

---

① ASEAN Secretariat, "Master Plan on ASEAN Connectivity 2025," ASEAN, May 17, 2021, https://www.asean.org/storage/images/ASEAN_RTK_2014/4_Master_Plan_on_ASEAN_Connectivity.pdf.

② ASEAN Secretariat, "ASEAN Integration Report 2019," p.18, ASEAN, May 26, 2021, https://asean.org/storage/2019/11/ASEAN-integration-report-2019.pdf.

续 表

序 号	文件名称	签署地点	签署时间
19	关于建立东盟能源中心的协议	菲律宾马尼拉	1998-05-22
20	东盟成员国商用车检验证书认可协议	新加坡	1998-09-10
21	通知程序议定书	菲律宾马卡蒂	1998-10-07
22	东盟过境货物便利化框架协定	越南河内	1998-12-16
23	东盟互认安排框架协议	越南河内	1998-12-16
24	敏感和高度敏感产品特别安排议定书	新加坡	1999-09-30
25	关于增加东盟科学基金的协议	马来西亚云顶高原	2000-04-08
26	电子东盟框架协定	新加坡	2000-11-24
27	关于跨东盟天然气管道项目的谅解备忘录	印尼巴厘	2002-07-05
28	东盟旅游协定	柬埔寨金边	2002-11-04
29	关于执行东盟统一关税目录的议定书	菲律宾马卡蒂	2003-08-07
30	关于东盟化妆品统一管理办法的协定	柬埔寨金边	2003-09-02
31	东盟优先部门一体化框架协议	老挝万象	2004-11-29
32	东盟多式运输框架协定	老挝万象	2005-11-17
33	东盟互换安排谅解备忘录	—	2005-11-17
34	东盟电气及电子设备监管制度协定	马来西亚吉隆坡	2005-12-09
35	建立和实施东盟单一窗口的协定	马来西亚吉隆坡	2005-12-09
36	关于设立东盟动物健康信托基金协议	新加坡	2006-11-17
37	给予稻米和糖特殊补贴的议定书	菲律宾马卡蒂	2007-08-23
38	东盟电网谅解备忘录	新加坡	2007-08-23
39	东盟航空事故和事故调查方面合作的谅解备忘录	菲律宾拉普拉普	2008-05-29
40	东盟全面投资协议	泰国七岩	2009-02-26
41	东盟货物贸易协议	泰国七岩	2009-02-26
42	东盟石油安全协议	泰国七岩	2009-03-01
43	东盟航空服务多边协定	菲律宾马尼拉	2009-05-20
44	东盟空运服务全面自由化多边协定	菲律宾马尼拉	2009-05-20
45	东盟国家间运输便利化框架协定	菲律宾马尼拉	2009-12-10
46	东盟海难和海上事故安全调查合作谅解备忘录	越南河内	2009-12-10
47	东盟客运航空服务全面自由化多边协定	文莱斯里巴加湾	2010-11-12
48	东盟与对话伙伴国航空服务合作谅解备忘录	文莱斯里巴加湾	2010-11-12
49	东盟海关协定	柬埔寨金边	2012-03-30

续 表

序 号	文件名称	签署地点	签署时间
50	东盟自然人流动协定	柬埔寨金边	2012 - 11 - 19
51	东盟农林产品促进计划合作谅解备忘录	缅甸内比都	2014 - 09 - 24
52	东盟医疗器械指令协议	泰国曼谷	2014 - 11 - 21
53	设立执行东盟旅游专业人员相互承认安排地区秘书处的协定	印尼雅加达	2015 - 12 - 30
54	设立东盟动物卫生和人畜共患病协调中心的协议	—	2016 - 10 - 07
55	东盟公路车辆跨境旅客运输便利化框架协议	新加坡	2017 - 10 - 13
56	东盟电子商务协定	越南河内	2019 - 01 - 22
57	东盟关于加强争端解决机制的议定书	菲律宾马尼拉	2019 - 12 - 20
58	东盟服务贸易协定	菲律宾马尼拉	2020 - 10 - 07

资料来源：ASEAN Legal Instruments，http：//agreement.asean.org/home/index.html.2021 - 07 - 06.

（三）维护民族特色，塑造地区共识

东盟作为一个地区性组织，一直寻求东南亚地区国家利益与地区利益、国家身份与地区身份之间的平衡，维护民族特色和塑造地区共识看似矛盾，却成为东盟在社会文化层面并行不悖的发展目标。维护民族特色是东南亚民族国家建构的重要方式，因此东盟在塑造地区认同进程中始终强调维护东盟国家多样性的重要。东盟鼓励"将各成员国政治和法律制度、文化和历史研究纳入学校课程，以加强对东盟共同特征和多样性的理解和尊重"①。鉴于此，东盟更多地被视为是协会（association），而非联盟（alliance）；更多强调一种基于差异性的共性、超越冲突逻辑的共生逻辑②。东盟的基本目标是实现国家间团结，而不是建立超国家组织，因而维护各国民族特色、尊重各国宗教和文化多样性是东盟向前发展的重要基础。鉴于此，东盟的决策始终坚持过程导向，而非结果导向，即"东盟对规范遵守的标准不是追求单一的东盟外交政策，而是首先证明这是一个协商和建立共识的过程"③。

在塑造地区共识方面，东盟将"同一个愿景，同一个身份，同一个共同体"（One Vision，One Identity，One Community）作为其座右铭④，在东盟的各类活动现场、印刷制品中随处可见。早在2004年，《万象行动计划》即呼吁东盟"将促进东盟意识和地区认同纳入

---

① ASEAN Secretariat，"ASEAN 2025：Forging Ahead Together，" ASEAN，May 26，2021，https：//asean.org/wp - con - tent/uploads/2015/11/67. - December - 2015 - ASEAN - 2025 - Forging - Ahead - Together - 2nd - Reprint.pdf.

② 关于共生逻辑研究详见胡守钧《社会共生论》（第二版），复旦大学出版社，2012；任晓编：《共生：上海学派的兴起》，上海译文出版社，2015。

③ Tobias Ingo Nischalke，"Insights from ASEAN's Foreign Policy Co - Operation：The 'ASEAN Way', a Real Spirit or a Phantom？," Contemporary Southeast Asia，Vol. 22，No. 1，2000，p. 91.

④ ASEAN Secretariat， "The ASEAN Charter," p. 29，ASEAN，June 16，2021，https：//asean.org/wp - content/up - loads/2015/11/67. - December - 2015 - ASEAN - 2025 - Forging - Ahead - Together - 2nd - Reprint.pdf.

国家传播计划和教育课程的主流"①。《东盟 2025：携手前行》进一步指出，东盟应该向公众传播关于《东盟宪章》《东南亚友好合作条约》和其他东盟重要文件的信息，并努力将这些知识纳入学校课程，还应组织国家或地区活动，促进对东盟主要文件原则和规范的认识与理解②。然而就其措施成效而言，城市年轻人对东盟拥有较高的认同感，农村地区居民对东盟则知之甚少③。因此，地区意识和身份的塑造是一个长期的过程，而随着越来越多的年轻人浸润于东盟文化，其对东盟的认同感和归属感将会不断深化。这也是东盟认为有必要"促进政府官员、学生、儿童、青年和所有利益攸关方对东盟的认识，作为构建东盟认同的一部分"④ 的原因所在。值得注意的是，东盟各国仍处于民族国家建构的历史进程中，民族认同或国家认同建构依然是各国当前所面临的主要任务。东盟各国普通民众的民族认同感远高于地区认同感，如何平衡二者间的张力对于东盟演进是一个不容忽视的挑战，东盟地区认同建构可谓任重而道远⑤。东盟成立以来文化层面的法律文件详见表3。

表3 关于东盟社会文化共同体建设的法律文件（截至2021年8月）

序 号	文件名称	签署地点	签署时间
1	促进大众传媒和文化活动合作协定	—	1969 - 12 - 17
2	关于设立东盟文化基金的协议	—	1978 - 12 - 02
3	东盟大学网络章程	—	1995 - 11 - 30
4	东盟跨界雾霾污染协定	马来西亚吉隆坡	2002 - 06 - 10
5	东盟灾害管理和应急响应协定	越南	2005 - 07 - 26
6	关于设立东盟生物多样性中心的协议	—	2005 - 09 - 27
7	关于设立东盟灾害管理人道主义援助协调中心的协议	印尼巴厘	2011 - 11 - 17
8	关于设立东盟积极老龄化和创新中心（ACAI）的协议	缅甸内比都	2020 - 05 - 20

资料来源：ASEAN Legal Instruments, http：//agreement.asean.org/home/index.html, 2021 - 07 - 06.

四、话语认同与东盟地区合作的议程、规范和路径

建构主义者普遍认为，"话语不仅体现世界，而且能够构建世界。"⑥ 例如，1978 年中

---

① "Vientiane Action Plan," November 29, 2004, p. 19, ASEAN, May 26, 2021, https：//www.asean.org/storage/images/archive/VAP - 10th%20ASEAN%20Summit.pdf.
② ASEAN Secretariat "ASEAN 2025：Forging Ahead Together," p. 21.
③ Tan Sri Rastam Mohd Isa, "Cooperation and Competition in the Asia - Pacific：ASEAN and the Superpower Dynamics Dilemma," Horizons：Journal of International Relations and Sustainable Development, No. 11, 2018, p. 98.
④ ASEAN Secretariat "ASEAN 2025：Forging Ahead Together," p. 106.
⑤ "东南亚"这一地区概念也只不过始于二战时期，其中斯里兰卡和缅甸等国更是对于自身属于南亚国家还是东南亚国家有过犹豫。
⑥ 赵一农：《话语构建》，人民出版社，2015，第 327 页。

国开启改革开放进程,发展话语开始取代革命话语,中国经济发展开始驶入"快车道"与此不无关系。由此可见,话语与实践是一种相互建构的关系,话语往往被视为一种重要的实践形式。东盟所达成的一系列法律文件、官方宣言和会议声明是东盟发展的基本共识和集体期望的体现,对塑造东盟集体身份有着积极作用。虽然东盟地区身份和地区认同意识的形成较为缓慢,却不可否认正处于一个不断加强的过程。魏玲指出:"东盟共同体最大的意义就在于东盟这个标识和身份,对内是一个强化,对外是一个宣示。"① 每当东盟面临内部挑战或者外部压力时,各国官员都会援引东盟官方文本,不断重申既有规范。例如,2021年面对缅甸军人接管政权这一突发事件,东盟一再重申"不干涉内政"和使用"东盟方式"解决缅甸问题②,这正是话语软力量的典型表现。因此,话语认同极大地强化了这一地区长期存在的观念和认知,对于东盟演进的议程设置、规范传播和路径选择产生重要影响。

(一)从安全到发展:话语认同影响东盟演进的议程设置

不可否认"话语具有建构社会现实的功能,话语的变迁也反映着社会的变迁"③。由话语认同引发的变化往往是渐进式的,可将其称为"日常形式的规范转变"④。冷战时期,安全是东盟共同体建设的主要议题。二战后,东南亚国家的话语构建集中于去殖民化,强调民族国家身份建构,联合国"尊重主权平等""和平解决争端"等普遍性规范进而成为其自身规范构建的重要参考点。例如,《东盟宣言》《东南亚友好合作条约》《东盟协调一致宣言》等文件不断强调主权平等规范。与此同时,东盟相关文本的发布表明了东盟的利益诉求和发展方向,其平衡域外力量存在、提升战略自主的意图已经开始凸显。这一时期,东盟共同体虽然在经济和社会发展领域取得了一定的进步,但是东盟关注的主要领域依然是安全事务。例如,积极应对"共产主义威胁"、处理东盟国家内部领土领海争端、解决柬埔寨问题等。在1976年东盟首脑会议召开以前,东盟外长会议是东盟的最高决策机构。而在1967年和1968年的外长年度会议上,政治安全合作议题占全部议题的66.7%⑤。东盟前任秘书长鲁道夫·塞韦里诺(Rodolfo C. Sever-ino)指出,《东盟宣言》"对政治和安全问题的轻描淡写是故意的。东盟的创始国希望避免产生这样的印象,即新的联盟将成为一种防御协定或军事联盟,或者它将在冷战中偏袒一方或另一方。他们不希望东盟被视为对任何人的威胁,也不希望东盟继续成为强国争吵的实际或潜在舞台"⑥。可见当时"东盟的首要正式目标是促进经济和社会合作,但其隐含的非公开目标却是政治合作"⑦。这在一定程度上也可以解释,

---

① 《东盟共同体最大的意义就在于东盟这个标识和身份,对内是一个强化,对外是一个宣示》,《世界知识》2015年第13期。
② "Chairman's Statement on ALM&Five - Point Consensus," Jakarta, April 24, 2021, BRVNEI DARVSSALAM, https://cil.nus.edu.sg/wp - content/uploads/2021/04/2021 - Chairmans - Stm - ALM.pdf.
③ 袁周敏:《中国—东盟贸易关系的话语建构》,载施旭主编《当代中国话语研究》(第六辑),高等教育出版社,2014,第48页。
④ Amitav Acharya, *Constructing Global Order: Agency and Change in World Politics*, Cambridge: Cambridge University Press, 2018, p.46.
⑤ 王士录、王国平、孔建勋:《当代东盟》,四川人民出版社,1998,第125页。
⑥ Rodolfo C. Severino, ASEAN, Singapore: Institute of Southeast Asian Studies, 2008, p.11.
⑦ 迈克尔·利弗:《当代东南亚政治研究指南》,薛学了等译,厦门大学东南亚研究中心、香港城市大学东南亚研究中心,2003,第93页。

为什么东盟自1967年成立至1992年25年间经济合作乏善可陈,最重要的成就只是就地区经济合作达成一定程度的共识。

安全既是一种客观存在,也是一种主观认知。因此,安全的界定是一种典型的社会建构与话语实践①。然而话语认同并非一成不变,从安全议题为主到发展议题为主主要基于国际和地区环境的变化,但同时这一话语认同的转变也将加速国际环境的变化。冷战后,发展是东盟共同体建设的主要议题,对于大多数国家而言,"经济福祉和安全已经比传统上由军事和领土界定的安全更为重要"②。例如,在《东盟宪章》中,"安全"(security)一词出现8次,"发展"(develop-ment)一词出现19次,"发展"的词频是"安全"的2倍多,由此可见东盟对于发展的强调与重视。而东盟成立以来,其法律文件中关于政治安全共同体的文件有14份,关于经济共同体的文件有58份,关于社会文化共同体的文件则是8份③,可见经济发展是东盟建设的重中之重。从安全目标为主到发展目标为主的原因有两点:一是冷战后国际社会从地缘政治博弈为主转换到地缘经济博弈为主;二是全球化时代,地区化成为应对全球化冲击的重要方式。基于发展目标,东盟一方面奉行开放式地区主义,积极构建基于"10+X"模式并以东盟为中心的地区合作网络;另一方面不断提升自身的整体力量,从东盟六国到东盟十国,成员国扩容和内部资源整合成为东盟提升国际影响力的主要路径选择。此外,东盟通过其成立以来的发展实践与经验,构建起一套"发展合法性"话语,是对西方国家"民主合法性"话语的一种补充与修正。

(二)从东盟到印太:话语认同影响东盟规范的扩展范围

不同于欧盟地区主义以制度建设为中心,东盟地区主义更多侧重规范建设,因为"观念和规范是世界政治中弱小行为体发挥能动性的重要工具"④。研究表明:"尽管东盟缺乏物质和军事力量,但它能够通过使其他参与者社会化来影响区域政治和体制框架。"⑤ 话语构成一种权力、影响力,话语认同正是"软性权力"的具体表现,即物质实力较弱的行为体可以通过"话语、协商和说服"影响机制变迁与观念转变。东盟在地区合作进程中的中心地位与其以"东盟方式"为主要内容的话语认同在地区范围内的传播和扩散不无关系。与此同时,越来越多的国家采纳了东盟的国家间关系准则,既作为政策的表达,也作为与东盟建立更密切联系的一种方式。程晓勇曾指出,东盟规范的演进存在纵向传播和横向传播两种方式,前者是从"小"东盟到"大"东盟,后者则是从东盟到东亚⑥。由此可见,话语认同影响东盟规范的扩展范围。

首先,东盟规范从东盟六国向十国扩展。东南亚的地区合作进程既包括物质层面,也包

---

① 孙吉胜:《跨学科视域下的国际政治语言学:方向与议程》,《外交评论》2013年第1期。
② Randall L. Schweller, *Maxwell's Demon and the Golden Apple: Global Discord in the New Millennium*, Baltimore: Johns Hopkins University Press, 2014, p. 84.
③ ASEAN Legal Instruments, "List of Instruments," ASEAN, July 6, 2021, http://agreement.asean.org/home/index.html, 2021-07-06.
④ Amitav Acharya, *Constructing Global Order: Agency and Change in World Politics*, Cambridge: Cambridge University Press, 2018, p. 41.
⑤ Iris Chen Xuechen, "The Role of ASEAN's Identities in Reshaping the ASEANEU Relationship," *Contemporary Southeast Asia*, Vol. 40, No. 2, 2018, p. 229.
⑥ 程晓勇:《东盟规范的演进及其对外部规范的借鉴:规范传播视角的分析》,《当代亚太》2012年第4期。

括想象层面。即"它是地理所'赋予'、通过政治而'形成'的"。换言之，地理提供了各国往来的基础，政治和安全关系加大了其政策协调的内外压力，认知实践和政治话语则推动"东南亚"这一地区性概念在想象层面的形成①。东盟扩容的前提条件是申请国在地理位置上处于东南亚地区，并且签署《东南亚友好合作条约》，接受东盟官方文本所达成的一系列原则和观念。文莱于1984年加入东盟，尤其是冷战后与东盟长期相互对抗的越南（1995年）、老挝（1997年）、缅甸（1997年）和柬埔寨（1999年）等国相继加入东盟，表明这些国家对东盟规范和话语体系的接受与认可。

其次，东盟地区论坛的成立意味着东盟规范开始扩展到东南亚以外的地区。如果说《东南亚友好合作条约》是东盟内部交往原则的总结，那么《东盟地区论坛概念文件》则是东盟将自身规范推广到域外地区的努力②。在东盟成员国领导人的推动下，东盟地区论坛的合作明显受到东盟成立以来形成的原则、规范、规则和程序的影响③。东盟规范向域外地区扩散的过程中，话语认同是一个认知过程，并非一蹴而就，而是行为体在相关文本内容的"耳濡目染"中形成印象，并逐渐内化为认知模式，进而对其行为与实践产生影响。不管域外大国在东盟地区论坛中对东盟规范的认同是出于目的性或者工具性，都在一定程度上凸显了东盟规范的"软制衡"特点。

最后，东盟试图将东盟规范应用到"印太构想"中。2017年特朗普执政以后，美国政府的战略构想从"亚太"地区调整为"印太"地区即是一种典型的话语重塑，试图构建新的地区认同以谋求针对中国崛起的地缘空间优势④。然而，针对美、日、印、澳等国的"印太战略"，东盟在2019年6月23日发布的《东盟印太展望》中明确指出："《东盟印太展望》将以《东南亚友好合作条约》所载的宗旨和原则为指导，其中包括和平解决争端、放弃威胁或使用武力和促进法治，以便进一步推动印太地区国家间的友好与合作。"⑤《东盟印太展望》"更具包容性、合作性，而不是对抗性，更关注发展，而不是安全"⑥的风格表明东盟规范从亚太地区向印太地区传播的努力。

（三）从"选边站"到"东盟中心"：话语认同影响东盟演进的路径选择

东盟的建立是部分东南亚国家团结自强思想发酵的结果⑦。然而囿于冷战时期美苏对抗的结构性约束，"共产主义威胁论"成为东盟话语认同的主要内容，即"地区边界和地区内

---

① 彼得·卡赞斯坦、白石隆：《日本以外：东亚区域主义的动态》，王星宇译，中国人民大学出版社，2011，第34－35页。
② 张云：《国际政治中"弱者"的逻辑：东盟与亚太地区大国关系》，社会科学文献出版社，2010，第34－35页。该书对中国、日本、印度和美国等大国对东盟规范不同程度的社会化进行了系统分析。
③ Kilian Spandler, *Regional Organizations in International Society: ASEAN, the EU and the Politics of Normative Arguing*, Basingstoke: Palgrave Macmillan, 2019, p.158.
④ 对空间的解读与界定总是伴随着特定的社会和政治期望，并因此形塑这一地区的安全格局。详见秦倩《批判地缘政治学与南极地缘政治》，载刘鸣《中国周边地缘环境新趋势：理论分析与战略应对》，社会科学文献出版社，2016，第81页。
⑤ "ASEAN Outlook on the Indo－Pacific," June 23, 2019, https://asean.org/storage/2019/06/ASEAN－Outlook－on－the－Indo－Pacific_FINAL_22062019.pdf.
⑥ 刘琳：《东盟"印太展望"及其对美日等国"印太战略"的消解》，《东南亚研究》2019年第4期。
⑦ 李优坤：《小国大外交：东盟外交策略及启示研究》，世界图书出版公司，2015，第150页。

外行为者间的关系是其最初制度建设话语的中心主题"①,东盟成立之初的发展路径只能选择倒向美国的"选边站"或"一边倒"战略。在经济领域,东盟依赖美国市场和投资;在安全领域,东盟部分国家依赖以美国为首的西方国家所提供的安全保护,如美菲、美泰建有军事同盟关系,新加坡和马来西亚是"五国防御协定"的成员国,甚至印尼也允许美国海军舰艇有限度地进入东爪哇的泗水港②。

冷战后,东盟信奉开放式地区主义,话语实践突出其"外向型共同体"(outward-looking community)③的发展定位,基于"10+X"模式,积极拉拢大国参加以东盟为中心的地区合作进程,构建东盟对话伙伴关系网络,确定了以东盟为中心的发展路径。东盟通过邀请世界主要大国参与东盟地区论坛、东亚峰会等多边平台,使大国成为东盟"游戏规则"的认同者,而非反对者。换言之,"大国若想参加到东盟所编织的地区合作网络,防止在竞争中不被边缘化,就必须达到东盟所设定的条件"④。例如,东盟提出参加东亚峰会的三个基本条件:一是东盟的全面对话伙伴,二是签署《东南亚友好合作条约》,三是与东盟具有实质性的政治和经济关系。2009年美国签署《东南亚友好合作条约》是其2011年参加东亚峰会的前提条件。除东盟成员国以外,东盟对话伙伴国、《东南亚友好合作条约》签署国和东亚峰会成员国情况详见表4。此外,东盟每年有1000多个会议举行,从领导人峰会到最低层级的会议,从气候变化到文化交流,创造了专业的联系和友谊网络⑤,进一步强化了东盟的话语领导权,巩固了东盟在地区合作中的中心地位,成为东盟发挥影响力的重要路径。

表4 东盟对话伙伴国、《东南亚友好合作条约》签署国和东亚峰会成员国及其加入年份

国 家	东盟对话伙伴国	《东南亚友好合作条约》签署国	东亚峰会成员国
澳大利亚	1974	2005	2005
孟加拉国	—	2007	
加拿大	1977	—	
中国	1996	2003	2005
朝鲜	—	2008	
欧盟	1972	—	
法国	—	2007	
印度	1995	2003	2005

---

① Kilian Spandler, *Regional Organizations in International Society: ASEAN*, p. 8.
② 面对强对抗体系,大国竞争处于高强度状态,小国战略自主性低,容易被迫"选边站队";面对弱对抗体系,大国竞争处于低强度状态,小国战略自主性高,对冲战略成为可能。这一观点符合东盟在冷战时期之后的战略选择。详见刘丰、陈志瑞《东亚国家应对中国崛起的战略选择:一种新古典现实主义的解释》,《当代亚太》2015年第4期。
③ ASEAN Secretariat, "ASEAN 2025: Forging Ahead Together," p. 49, ASEAN, May 26, 2021, https://asean.org/wp-content/uploads/2015/11/67.-December-2015-ASEAN-2025-Forging-Ahead-Together-2nd-Reprint.pdf, 2021-05-26, p. 49.
④ 翟崑:《论东盟的权力与危机动力》,《创新》2009年第1期。
⑤ Walter Woon, "The ASEAN Charter Ten Years On," *Contemporary Southeast Asia*, Vol. 39, No. 2, 2017, p. 249.

续 表

国　家	东盟对话伙伴国	《东南亚友好合作条约》签署国	东亚峰会成员国
日本	1977	2004	2005
蒙古	—	2005	—
新西兰	1975	2005	2005
巴基斯坦	1997	2004	—
巴布亚新几内亚	—	1989	—
韩国	1991	2004	2005
俄罗斯	1996	2004	2011
斯里兰卡	—	2007	—
东帝汶	—	2007	—
美国	1977	2009	2011

说明：巴基斯坦只是东盟部分对话伙伴国。

资料来源：笔者根据东盟官网信息自制，https：//asean.org/our-communities/asean-political-security-community/outward-looking-community/external-relations/，2021-05-05.

结　语

聚焦东盟内部发展，话语认同是塑造地区认同的重要手段，地区认同则是评价东盟共同体建设成效的重要指标之一。研究发现，冷战时期东盟发展目标以安全为主，避免外来干涉、和平解决争端和强化抗御力建设是东盟话语实践的核心内容，东盟成立本身即被视为东盟国家维护自身安全的一种方式，地区认同感尚较为薄弱。冷战后伴随国际和地区安全环境的变化，东盟发展目标以发展为主，发展安全、经济一体化、维护民族特色和塑造地区共识成为东盟话语实践的核心内容，东盟地区认同的目的性更为凸显，工具性逐渐弱化。虽然有学者指出，东盟看似得到整合，其政策文件却更多地停留于纸面①。但不可否认的是，东盟诸多文件所倡导的原则和理念就像种子一样播种在东盟各国的潜意识中，最后发芽、成长，甚至可能长成一棵参天大树。进而言之，在东盟的发展认知中，"说"和"做"同等重要，面对内外环境中复杂的多样性挑战，现阶段最重要的可能不是做到，而是说到，对内凝聚共识，对外表达立场，话语认同将推动东盟共同体不断向前发展。诚如新加坡前总理李光耀所言："最重要的是，东盟国家养成了一起工作和彼此协商解决共同问题的习惯。"②

展望地区合作方向，面对以大国战略竞争为主要内容的传统安全挑战和2019年底开始的以新冠肺炎疫情为典型代表的非传统安全问题相互交织、叠加作用，世界将变成一个更加

---

① 郑永年：《亚洲新秩序》，广东人民出版社，2018，第134页。
② "Joint Communique of The Fifteenth ASEAN Ministerial Meeting Singapore," June 14-16, 1982, ASEAN, May 26, 2021, https：//asean.org/joint-communique-of-the-fifteenth-asean-ministerial-meeting-singapore-14-16-june-1982/.

封闭的世界,还是一个更加开放的世界?以东盟为中心的地区主义实践或许正是这一问题的答案。东盟被视为冷战后东亚地区合作的主要推动力量①,发挥了"小马拉大车"的作用②,并创造了不容忽视的"东盟奇迹"③。因此,面对当前来势汹涌的逆全球化浪潮,全球化最有可能的结果是一个较为折中的解决方案:区域化④。东亚地区合作的发展方向可能正是东盟积极实践的"开放式地区主义",一方面强调东盟中心地位(内部),另一方面注重大国力量平衡(外部)。2020 年 11 月 15 日,RCEP 的签署正是东盟始终坚持多边主义的协调机制和"开放式地区主义"理念,避免出现以邻为壑式贸易集团的积极表现。不同于欧美所代表的"俱乐部式地区主义""排外式地区主义"⑤,东亚地区合作始终强调"不应是排他的,而应是包容的;不应是一元的,而应是多元的"⑥。东盟作为东亚地区合作进程中不容忽视的力量,为世界提供了一个多元文明共生的成功范例⑦。

---

① Ryosuke Hanada, "ASEAN's Role in the Indo–Pacific: Rules–Based Order and Regional Integrity," in Sharon Stirling ed., *Mind the Gap: National Views of the Free and Open Indo–Pacific*, The German Marshall Fund of the United States, 2019, p. 7.

② 翟崑:《小马拉大车?——对东盟在东亚合作中地位作用的再认识》,《外交评论》2009 年第 2 期; Zhai Kun, "The ASEAN Power," in Ron Huisken ed., *The Architecture of Security in the Asia–Pacific*, Canberra: ANU E Press, 2009, pp. 21–32.

③ Kishore Mahbuban, "ASEAN as A Living, Breathing Modern Miracle," *Horizons: Journal of International Relations and Sustainable Development*, No. 2, 2015, pp. 136–149; Kishore Mahbubani, Jeffery Sng, *The ASEAN Miracle: A Catalyst for Peace*, Singapore: National University of Singapore Press, 2017.

④ 克劳斯·施瓦布、蒂埃里·马勒雷:《后疫情时代:大重构》,世界经济论坛北京代表处译,中信出版社,2020,第 83 页。

⑤ 如欧盟对于土耳其入盟问题一直持怀疑态度,而针对难民问题的具有强烈排外主义色彩的民粹主义浪潮也在欧盟各国愈演愈烈。

⑥ 羽场久美子:《全球化时代的亚洲区域经济联合》,姜德春译,中央编译出版社,2014,第 35–36 页。

⑦ Kishore Mahbubani, "ASEAN As a Living, Breathing Modern Miracle," pp. 145–148.

东盟国家视角下的美国"印太战略"

刘 稚 安东程

【摘 要】 特朗普政府提出的"印太战略"是美国整合印太地区进行战略布局以平衡中国影响力的地缘制衡框架。东盟国家作为联结两洋的中心地带对该战略的实施具有重要影响,其对"印太战略"的认知虽有一定共识,但同时具有相当程度的差异性。这表现为东盟国家选择加强或弱化与美国的双边和多边关系,质疑或欢迎美国加强安全介入与合作,怀疑或认可开放、互惠经济发展模式,批评或认同民主、人权、法治价值观。本文尝试建构国家层次需求与体系层次压力互动的分析路径。从对美安全与经济需求及体系压力这两个维度,可以将东盟国家对"印太战略"的认知区分为机遇、机会、机会与风险、较小风险、较大风险五种类型。东盟各国对"印太战略"认知的差异,将影响东盟内部共识的达成以及对地区机制的主导,导致东盟国家与美国关系的分化和复杂化,并为东盟国家与中国关系的发展带来机遇和挑战。

【关键词】 东盟;印太战略;认知差异

美国提出的"印太战略"是其整合印太地区进行战略布局以平衡中国影响力的地缘制衡框架。自2017年美国总统特朗普在亚洲之行期间宣布美国将构建自由、开放的"印太"地区,到2019年6月美国正式发布《美国印太战略报告》(Indo-Pacific Strategy Report),其"印太战略"在安全、经济、价值观上的内涵逐渐完善,对东盟的定位也逐步清晰。其核心是通过肯定东盟在"印太战略"中的中心地位,换取东盟国家对美国"印太战略"的支持,在安全、经济议题上对抗中国。为此,2018年以来美国积极拉拢东盟国家,支持东盟主导的相关机制,并加大了在政治、经济、安全上对东盟国家的影响。

作为美国"印太战略"布局中一个重要的组成部分,东盟国家对此给予了及时回应。与美国在新加坡香格里拉对话会期间发布"印太战略"报告相隔不久,东盟国家在第34届东盟峰会上通过"东盟印太展望"①(ASEAN Outlook on the Indo-Pacific)文件,表达了不同于美国"印太战略"的区域构想,即"印太"是东盟中心框架下的地区,"印太"被视为一个对话与合作而非竞争的区域。然而,不可否认的是,东盟国家总体上回应了美国"印太战略"的诉求,强调海洋在这一地区的重要性,坚持以规则为基础的区域架构,将海上合作视为合作领域之一。这说明东盟国家对"印太战略"有了一定共识,但这一共识是在调和东盟各国对"印太战略"不同看法的基础上形成的。事实上,自特朗普政府推出

---

① Association of Southeast Asian Nations, "ASEAN Outlook on the Indo-Pacific," ASEAN, June 20, 2019, https://asean.org/storage/2019/06/ASEAN-Outlook-on-the-Indo-Pacific_FINAL_220620 19.pdf.

"印太战略"以来,东盟国家对"印太战略"的认知既有共识,也有明显差异。东盟国家对"印太战略"的认知,塑造了一种具有东盟特色的地区合作构想,并对东盟"印太展望"未来走势具有重要影响。在中美战略竞争趋于激烈的背景下,东盟国家对"印太战略"的认知反映了地区局势的发展。

目前,国内外学界对于东盟国家对"印太战略"的认知已有一定研究成果。这些研究成果回应了三个主要问题。一是东盟国家以何种视角认知"印太战略"?韩志立提出东盟国家对"印太战略"认知基于关系网络竞争的角度,张洁认为东盟国家对"印太战略"的认知置于中美博弈和地区秩序变化的背景下,而刘若楠指出东盟国家将"印太战略"视为美国地区安全政策的组成部分。① 二是东盟国家对"印太战略"有何具体认知?部分研究认为东盟国家对"印太战略"形成了整体认知,如张洁、韦宗友、韩志立、刘琳等学者均指出,东盟国家总体认为"印太战略"弱化了东盟的中心地位,具有排他性和不确定性,② 新加坡学者约翰·李(John Le)、邓秀珉(Tang Siew Mun)及泰国学者钟嘉滨(Kavi Chongkittavorn)等均认为,东盟国家视"印太战略"机遇与挑战并存。③ 与此同时,一些国内外研究梳理了个别东盟国家对"印太战略"的认知,一些学者认为印尼、泰国、越南将"印太战略"的推出视为开展外交的机遇。④ 三是什么因素影响东盟国家对"印太战略"认知?有观点认为,"印太"战略具有不同的意涵与目标,决定其交集部分大小的关键因素是安全困境和经贸合作这两大变量,另有观点认为,东盟内的海洋国家更倾向于向"印太"战略集团靠拢。⑤

实际上,除了"印太战略",东盟国家在美国相关议题上的政策差异一直是学术界研究的热点。相关研究围绕两个方面的问题展开。一方面,东盟国家对美国相关议题的差异性体现在哪里?有研究认为东盟国家对美战略选择存在差异,老东盟国家在国际战略方向上支持

---

① 韩志立:《关系网络的竞争:"印太"战略对东盟中心地位的挑战——以关系主义身份理论为视角》,《外交评论》2019年第2期,第104-107页;张洁:《东盟版"印太愿景":对地区秩序变化的认知和战略选择》,《太平洋学报》2019年第6期,第7页;刘若楠:《东盟国家对特朗普政府地区安全政策的反应》,《现代国际关系》2019年第1期,第27-28页。

② 张洁:《东盟版"印太愿景":对地区秩序变化的认知和战略选择》,《太平洋学报》2019年第6期,第7-8页;韦宗友:《印太视野下的"东盟中心地位"及美国—东盟关系挑战》,《南洋问题研究》2019年第3期,第6-8页;韩志立:《关系网络的竞争:"印太"战略对东盟中心地位的挑战——以关系主义身份理论为视角》,《外交评论》2019年第2期,第104-107页;刘琳:《东盟"印太展望"及其对美日等国"印太战略"的消解》,《东南亚研究》2019年第4期,第80-81页。

③ John Lee, "The Free and Open Indo-Pacific and Implications for ASEAN," *Trends in Southeast Asia*, No.13, June 2018; Tang Siew Mun, "ASEAN's Hard Look at Indo-Pacific," *ASEAN Focus*, No.3, June 2018; Kavi Chongkittavorn, "ASEAN's Role in the US Indo-Pacific Strategy," *Asia-Pacific Bulletin*, July 2, 2018.

④ Leo Suryadinata, "Indonesia and its Stance on the Indo-Pacific," *ISEAS Perspective*, No.66, October 23, 2018; Vibhanshu Shekhar, "Is Indonesia's Indo-Pacific Cooperation Strategy a Weak Play?" *Pacific Forum*, No.47, July 17, 2018; Le Hong Hiep, "America's Free and Open Indo-Pacific Strategy: A Vietnamese Perspective," *ISEAS Perspective*, No.43, August 7, 2018;丁辉、汤祯:《印度尼西亚对印太战略的反应——印度尼西亚"印太政策"辨析》,《东南亚纵横》2018年第4期,第41-42页;苏晓晖:《"印太战略"背景下美越关系的现状及趋势》,《太平洋学报》2019年第5期,第23-24页;成汉平、郭琼:《"印太战略"实心化与东盟国家态度》,《唯实》2019年第7期,第89-91页;刘若楠:《东盟国家对特朗普政府地区安全政策的反应》,《现代国际关系》2019年第1期,第28页。

⑤ 张立:《"印太"战略的决定因素、发展趋向及中国应对》,《南亚研究季刊》2019年第1期,第4页;刘务、刘成凯:《"印太"战略对东盟在亚太区域合作中"中心地位"的影响》,《社会主义研究》2019年第1期,第139页。

美国，新东盟成员则视美国为导致国际秩序混乱的根源。① 与此同时，相当多的研究指出，东盟国家应对中美竞争的战略选择不同，东盟中美国的正式盟友倾向于追随美国并选择制衡中国，非正式盟友对冲中国，而非美国盟友倾向于追随中国，并且东盟国家的对冲战略呈现不同类型，如强劲对冲型、谨慎对冲型和脆弱对冲型以及稳定对冲型和动荡对冲型。② 此外，大部分研究表明，东盟的南海声索国与非声索国在美国介入南海问题上的立场存在差异，不同政治制度、宗教背景的东盟国家对美国的"人权"施压反应不同。③ 另一方面，东盟国家对美国以往在其他议题上出现差异的原因是什么？陆伯彬（Robert S. Ross）的研究从地缘政治角度切入，认为中美安全竞争加上东南亚特殊的地理环境造成了东南亚国家差异化的战略行为。④ 香农·托（Shannon Tow）基本认同陆伯彬对东南亚国家战略分化趋势的判断，并在其研究的基础上进行了一些改进，特别是增加了中小国家对外战略中一个不可忽视的方面，即对自身独立性的追求。⑤ 刘若楠从结构现实主义视角分析认为，中美包容性竞争的程度和范围的变化，导致东南亚国家战略空间发生变化，从而使东南亚国家的战略选择差异化，并认为利益相关度和美国政策明确度决定了东盟各国对美国不同安全议题的态度不同。⑥ 根据联盟政治的解释，东南亚国家在中美之间的对冲战略深受联盟关系影响，美国亚太联盟双边不对称联盟的特点突出，美国作为联盟中的主导者对盟国对外战略的影响不容忽视，而且基于亚太主导权竞争的需要，对盟国的战略协同要求也在提升。⑦ 凌胜利立足于国内政治的视角，认为战略偏好和共同利益不同，决定了东盟国家在中美之间的对冲战略选择也不尽相同。⑧

当然，既有研究尚有三点不足。一是既有研究或以宏观视角为主，或缺乏比较的视角，较少关注东盟国家对美国"印太战略"的认知差异，并且对其内在形成机理的探讨仍不够

---

① 张云：《地区性国际组织与地区治理——东盟的东亚国际秩序观与中国—东盟—美国关系》，《南洋问题研究》2018年第1期，第4页；张学昆：《东南亚国家对美国"亚太再平衡"战略的认知差异分析》，《国际论坛》2015年第3期，第28－29页。

② Chung Jaeho, "East Asia Responds to the Rise of China: Patterns and Variations," *Pacific Affairs*, Vol. 82, No. 4, 2009, pp. 657－675；凌胜利：《双重困境与动态平衡——中美亚太主导权竞争与美国亚太盟国的战略选择》，《世界经济与政治》2018年第3期，第70－91页；凌胜利：《二元格局：左右逢源还是左右为难？——东南亚六国对中美亚太主导权竞争的回应（2012—2017）》，《国际政治科学》2018年第4期，第77页；朱陆民、田超男：《泰、新、越对中美的对冲战略比较研究》，《重庆社会主义学院学报》2015年第2期，第65－68页。

③ 王森、杨光海：《东盟"大国平衡外交"在南海问题上的运用》，《当代亚太》2014年第1期，第38－46页；刘若楠：《应对南海危机：东盟"自我修复"的措施及限度》，《外交评论》2018年第4期，第40页；于臻：《冷战后东盟对西方人权压力的反应及其影响》，《东南亚研究》2011年第1期，第55－57页。

④ Robert S. Ross, "The Geography of the Peace: East Asia in the Twenty-First Century," *International Security*, Vol. 23, No. 4, 1999, pp. 81－118.

⑤ Shannon Tow, "Southeast Asia in the Sino-U.S. Strategic Balance," *Contemporary SoutheastAsia*, Vol. 26, No. 3, 2004, pp. 434－459.

⑥ 刘若楠：《大国安全竞争与东南亚国家的地区战略转变》，《世界经济与政治》2017年第4期，第71－74页；刘若楠：《东盟国家对特朗普政府地区安全政策的反应》，《现代国际关系》2019年第1期，第28页。

⑦ Victor D. Cha, "Powerplay: Origins of the U.S. Alliance System in Asia," *International Security*, Vol. 34, No. 3, Winter 2010, pp. 158－196；刘若楠：《美国权威如何塑造亚太盟国的对外战略》，《当代亚太》2015年第2期，第55－75页；蒲晓宇：《霸权的印象管理——地位信号、地位困境与美国亚太再平衡战略》，《世界经济与政治》2014年第9期，第34－49页。

⑧ 凌胜利：《二元格局：左右逢源还是左右为难？——东南亚六国对中美亚太主导权竞争的回应（2012—2017）》，《国际政治科学》2018年第4期，第77页。

深入。二是目前的研究为东盟国家对美议题的差异性进行了分类,但对政策选择的分类较多,关于认知的分类不多。三是既有研究将东盟国家对美议题的差异原因归结于地理环境、联盟政治、国内政治的迥异以及中美竞争的变化,但是尚未有研究成果以其自身安全、经济需求和面临的体系压力为切入点进行探讨。有鉴于此,我们探讨东盟国家对美国"印太战略"的认知,应重视国家层面的异同,并探究造成这一差异的内在机理,才能准确把握东盟各国的真实态度和意图。

一、东盟国家对"印太战略"的认知差异

应该看到,在回应美国"印太战略"的过程中,东盟国家逐渐形成了一些共识。如东盟国家关切"印太战略"对东盟中心地位形成挑战,可能引发大国对抗等。东盟国家希望继续在"印太"合作中发挥集体领导作用,构建一个以对话与合作而不是对抗为主的地区。凝聚这些共识形成了东盟"印太展望文件",并呈现在东盟峰会、东亚峰会和东盟—美国峰会的联合声明中。第35届东盟峰会联合声明强调东盟在不断演变的区域架构中的核心地位、团结和领导作用的重要性,并认为所有关于"印太"的倡议,都应促进东盟的中心地位,并以东盟主导的机制为基础,包括"10+1"和"10+3"机制、东亚峰会、东盟地区论坛、东盟防长扩大会议。① 第7届东盟—美国峰会联合声明重申《东盟印太展望》的重要性,并欢迎美国支持《东盟印太展望》,鼓励美国与东盟在《东盟印太展望》四个关键合作领域即海洋合作、互联互通、可持续发展和经济合作方面开展合作。② 与此同时,在强调尊重主权、不干涉内政,在保持多样性的前提下推进协商与合作的"东盟方式"下,东盟成员国对"印太战略"持有不同的立场,认知具有一定差异性。

(一)对"印太战略"加强美国与东盟及成员国关系的认知不同

美国"印太战略"指出,东盟是其实施"印太战略"的关键伙伴,与此同时,要夯实与菲律宾、泰国的同盟关系,加强与新加坡的伙伴关系,发展与越南、印尼、马来西亚的伙伴关系,持续开展与文莱、老挝、柬埔寨的接触。③ 对此,东盟国家的认知有所不同。

第一,部分东盟国家主张加强东盟及成员国与美国关系。新加坡总理李显龙在第六届东盟—美国峰会上回应美国提出的"印太战略"时指出,"印太战略"的基本原则与东盟的主要利益相符。④ 他在第33届东盟峰会上表示,美国在本区域扮演重要和建设性的角色,因此新加坡希望继续与美国发展双边关系,同时增进东盟与美国的关系。2017年,泰国总理巴育与美国总统特朗普会晤后发表声明称,美泰同盟将致力于促进印太以及更大范围内的和平、安全和繁荣。作为2019年东盟峰会主席国,泰国试图推动"一带一路"倡议与美国

---

① "Chairman's Statement of the 35th ASEAN Summit," Association of Southeast Asian Nations, November 3, 2019, The White House, https://asean.org/storage/2019/11/Chairs-Statement-of-the-35th-ASEAN-Summit-FINAL.pdf.
② "Chairman's Statement of the 7th ASEAN-US Summit," Association of Southeast Asian Nations, November 4, 2019, https://asean.org/wp-content/uploads/2019/11/FINAL-Chairmans-Statement-of-the-7th-ASEAN-US-Summit.pdf.
③ Washington, D.C.: U.S. Department of Defense, "Indo-Pacific Strategy Report," June 1, 2019, pp. 21-46.
④ 《彭斯:帝国主义和侵略行为在印太地区无法立足》,联合早报网,2018年11月16日,http://www.zaobao.com/news/singapore/story20181116-907973.

"印太战略"的对接,因为大国合作将使东盟受益。①

第二,部分东盟国家主张弱化美国的存在,加强东盟及成员国的自主性。2018 年 2 月,印尼海洋统筹部部长卢胡特(Luhut B. Pandjaitan)称,美国已经放弃了在印太地区作为平衡力量的角色,美国对该地区的关注正在减弱,中间大国很可能掌握全球战略成果。② 随后,印尼总统佐科于 2018 年 4 月提出了以东盟为支点的"印太合作"构想。2020 年 2 月,菲律宾正式终止与美国的《访问部队协议》。

(二) 对"印太战略"安全层面的认知差异

有的国家认为,和平解决争端,以及遵守国际规则和规范,包括航行和飞越自由,虽然是"印太战略"宣示的重要原则,③ 但是,这只是以"印太战略"介入南海争端从而牵制中国的说辞。此外,美国还积极寻求提升盟友或伙伴的安全合作。

第一,部分东盟国家欢迎美国"印太战略"的安全构想或举措。一方面,越南、印尼支持美国"印太战略"的航行自由理念和实践。2018 年 3 月访问印度期间,越南总理在其发表的关于双边关系的演讲中强调保护航行自由的重要性,宣称不要让"印度—亚太地区"④ 被强权政治操纵、贸易保护壁垒或被狭隘的国家利益分裂。⑤ 2018 年 11 月,印尼总统佐科会见美国副总统彭斯,双方同意在安全问题上加强合作,包括维护南海航行自由。⑥ 另一方面,越南、菲律宾、新加坡、柬埔寨等国家欲与美国加强安全合作。2019 年 4 月,越南驻美大使何金玉强调,越美将开展 2018—2020 年国防合作行动计划。⑦ 美国国防部负责南亚和东南亚事务的官员约瑟夫·费尔特(Joseph H. Felter)访问柬埔寨期间,双方对"印太战略"进行讨论,柬埔寨同意重启与美国的军事合作。⑧ 2018 年 11 月,美国副总统彭斯和新加坡总理李显龙宣布签署《新加坡—美国网络安全技术援助方案》,进一步加强了双方区域网络安全能力建设的伙伴关系。⑨

第二,部分东盟国家质疑美国"印太战略"的安全构想和举措。马来西亚、菲律宾等国家认为美国"印太战略"干涉南海争端,容易引发地区冲突。时任马来西亚首相马哈蒂尔在

---

① 张洁:《东盟版"印太愿景":对地区秩序变化的认知和战略选择》,《太平洋学报》2019 年第 6 期,第 11 页。
② Luhut B. Pandjaitan, "Indonesia ready to take on bigger role in Indo – Pacific," The Straits Times, February 15, 2018, https://www.straitstimes.com/opinion/indonesia – ready – to – take – on – bigger – role – in – indo – pacific.
③ "Indo – Pacific Strategy Report", p. 4.
④ 越南采用了"印度—亚太"一词来描述"印度洋、亚洲和太平洋构成的安全与发展空间"。
⑤ "Full Speech of Vietnam President Tran Dai Quang at Nehru Museum Library," The Economic Times, March 10, 2018, https://economictimes.indiatimes.com/articleshow/63212961.cms.
⑥ "Readout of the Vice President's Meeting with President Joko Widodo of Indonesia," U. S. Embassy&Consulates in Indonesia, November 15, 2018, https://id.usembassy.gov/readout – of – the – vice – presidents – meeting – with – president – joko – widodo – of – indonesia/.
⑦ 《推进越美双边全面合作》,越通社,2019 年 4 月 5 日. http://cn.news.chinhphu.vn/Home/%E6%8E%A8%E8%BF%9B%E8%B6%8A%E7%BE%8E%E5%8F%8C%E8%BE%B9%E5%85%A8%E9%9D%A2%E5%90%88%E4%BD%9C/20194/26402.vgp.
⑧ "Interview: Senior Pentagon Official Visits Cambodia, Talks Phnom Penh Ties, Indo – Pacific Strategy," VOA Khmer, January 19, 2019, https://www.voacambodia.com/a/interview – senior – pentagon – official – visits – cambodia – talks – phnom – penh – ties – indo – pacific – strategy/4749209.html.
⑨ "Vice President Pence, Prime Minister Lee reaffirm U. S. – Singapore ties," U. S. Embassy in Singapore, November 16, 2018, https://sg.usembassy.gov/vice – president – pence – prime – minister – lee – reaffirm – u – s – singapore – ties/.

被问及对美国"印太战略"的立场时表示,"如果该战略不涉及派遣第七舰队进入该地区,我们欢迎。"① 马哈蒂尔还在泰国曼谷出席第35届东盟峰会后举行的记者会上,批评美国意欲操纵南海议题,拉拢东盟国家支持其与中国交恶。② 2019年7月,菲律宾总统杜特尔特就美国一直怂恿、逼迫菲律宾在南海对抗中国予以抨击。③ 这些都显示出一些东盟国家的有关态度。

（三）对"印太战略"经济层面的认知差异

美国"印太战略"称,美国对印度—太平洋的愿景包括经济、安全之间的联系是整个区域竞争格局的一部分,经济安全也是国家安全,视基于开放投资、透明协议和互联互通的自由、公平和互惠贸易为重要原则。④ 美国不仅在舆论上加大了对"一带一路"倡议的抹黑,还将数字联通和网络安全等作为应对"一带一路"建设的举措。

第一,部分东盟国家对"印太战略"经济原则与举措持怀疑态度。在2019年香格里拉对话会上,缅甸国家安全顾问当吞表示,美国对于中国通过"一带一路"项目搞"债务陷阱外交"的说法是夸大其词的炒作,"中国并没有搞债务外交或债务陷阱,因为接受谁的基建方案的决定权并不在中国,而是在接受国一方。"⑤ 马哈蒂尔在第74届联合国大会上批评美国推行所谓的公平、互惠贸易,认为"富国希望我们平衡贸易,购买更多他们的商品,我们不得已要买我们不需要的产品或减少出口,这造成我们的经济增长受阻,而富国却变得更加富裕。"⑥

第二,部分东盟国家认可美国"印太战略"的经济原则与举措。2018年11月在巴布亚新几内亚举行的APEC峰会上,美国副总统彭斯强调了"印太"合作的新原则——透明度与规则,而他所称的"新原则"事先经过了与印尼等国的协商。⑦ 新加坡外长维文（Vivian Balakrishnan）则肯定美国"印太战略"加强双边和多边合作的努力,并宣称东盟国家欢迎特朗普政府推出数字经济、能源和基础设施以及网络安全方面的相关举措。⑧ 2019年6月,泰国和美国讨论公平互惠的贸易协定,包括泰国采取行动减少美国货物贸易逆差的重要性。⑨ 2018年3月,时任越南国家主席陈大光访问印度期间提出,必须坚持可持续发展以及

---

① "Small Patrol Boats Are Okay: Dr M on US Indo-Pacific Vision," New Straits Times, November 15, 2018, https://www.nst.com.my/news/nation/2018/11/431512/small-patrol-boats-are-okay-dr-m-us-indo-pacific-vision.
② 《马哈蒂尔不点名批评域外国家：老想让东盟跟中国作对》,观察者网,2019年11月6日,https://www.guancha.cn/internation/2019_11_06_524272.shtml.
③ 《菲国总统：美国在南中国海问题上怂恿菲律宾》,联合早报网,2019年7月9日,http://www.zaobao.com/wencui/politic/story20190709-970980.
④ "Indo-Pacific Strategy Report," p. 4.
⑤ 《美国和中国鏖战,美媒却尴尬发现：这次香会亚洲国家没人帮忙》,环球网,2019年6月3日,http://world.huanqiu.com/article/2019-06/14966502.html?agt=15438.
⑥ 《马哈迪批评美国利用制裁手段阻止其他国家与伊朗经商》,联合早报网,2019年9月29日,http://www.zaobao.com/news/sea/story20190929-992856.
⑦ 成汉平、郭琼：《"印太战略"实心化与东盟国家态度》,《唯实》2019年第7期,第89页.
⑧ Vivian Balakrishnan, "Sustaining US Presence and China's Peaceful Rise," The Straits Times, May 19, 2019, https://www.straitstimes.com/opinion/sustaining-us-presence-and-chinas-peaceful-rise.
⑨ "United States and Thailand Discuss Fair and Reciprocal Engagement on Trade Importance of Resolving Priority Issues," U. S. Embassy&Consulate in Thailand, July 23, 2019, https://th.usembassy.gov/united-states-and-thailand-discuss-fair-and-reciprocal-engagement-on-trade-importance-of-resolving-priority-issues/?_ga=2.2921712.1356888160.1579278594-21896568.15 57385967.

自由、公平和开放的贸易和投资体系。① 2018 年 5 月，在印尼总统佐科和印度总理莫迪双边会谈后发布的文件中，强调可持续发展和开放、自由、公平、互利的贸易投资体系的重要性。②

（四）对"印太战略"价值观认知的分歧

美国"印太战略"报告认为，"自由和开放"的"印太愿景"在国家层面意味着良好的治理，以及确保公民能够享有其基本权利和自由。③ 然而，东盟国家对此有不同的认知。一方面，"印太战略"提倡的价值观被部分东盟国家视为美国干涉内政的工具。在第 33 届东盟峰会期间，美国副总统彭斯指责缅甸在罗兴亚人问题上违反人权，缅甸国务资政昂山素季当面反驳，称"我比你更了解我国的情况"。在 2018 年联合国大会上，柬埔寨首相洪森批评美国以人权为幌子干涉他国内政。美国以"人权卫士"自居，对菲律宾推行双重标准，干涉其打击贩毒、整顿治安，菲律宾总统杜特尔特多次批评美国的霸权行径。此外，时任马来西亚总理马哈蒂尔在 2019 年日本东京举行的"亚洲的未来"会议上直言，美国并不民主，试图以己度人，喜欢给别国贴标签。另一方面，也有部分东盟国家表示认同美国"印太战略"的价值观。2018 年 6 月，在印尼外长雷特诺（Retno L. P. Marsudi）访问美国期间，双方表示同意美国和印尼作为两个主要民主国家应该继续共同努力，促进"印太"地区的自由和开放。④ 在印尼总统佐科与美国副总统彭斯会晤期间，双方同意在所谓改善缅甸罗兴亚人人权上加强合作，促进以东盟为中心的自由开放的"印太"的共同原则、价值观和规范。⑤ 在第九次美国与老挝年度双边对话活动中，美方信息显示，双方表示法治和民间社会在保护"印太"地区的主权、开放和共同繁荣方面发挥着重要作用。⑥

二、东盟国家对"印太战略"认知差异的类型与原因

东盟国家对"印太战略"的认知存在差异的原因何在？认知理论认为，认知变量既是自变量又是因变量。⑦ 一方面，个体的认知、个体因素与个体的决策判断之间存在因果关系，即认知行为与政治行为的关系。罗伯特·杰维斯（Robert Jervis）认为，认知在决策过程中起到了十分重要的作用，决策者在预测其他行为体行为和制定自己的政策之前，需要对

---

① "India – Vietnam Joint Statement during State visit of President of Vietnam to India（March3, 2018）," Ministry of External Affairs of India Government, March 3, 2018, http：//www. mea. gov. in/bilateraldocuments. htm？ dtl/29535/.

② "India, Indonesia Back Rules – based and Peaceful Indo – Pacific Region," The Navhind Times, May 31, 2018, http：//www. navhindtimes. in/india – indonesia – back – rules – based – and – peaceful – indo – pacific – region/.

③ "Indo – Pacific Strategy Report," p. 4.

④ "Secretary Pompeo's Meeting with Indonesian Foreign Minister Retno L. P. Marsudi," U. S. Embassy&Consulates in Indonesia, June 2, 2018, https：//id. usembassy. gov/secretary – pompeos – meeting – with – indonesian – foreign – minister – retno – l – p – marsudi/.

⑤ "Readout of the Vice President's Meeting with President Joko Widodo of Indonesia," U. S. Embassy&Consulates in Indonesia. , November 15, 2018, https：//id. usembassy. gov/readout – of – the – vice – presidents – meeting – with – president – joko – widodo – of – indonesia/.

⑥ "Laos and U. S. Meet for Ninth U. S. – Laos Comprehensive Bilateral Dialogue," U. S. Embassy in Laos, April 1, 2019, https：//la. usembassy. gov/laos – and – u – s – meet – for – ninth – u – s – laos – comprehensive – bilateral – dialogue/.

⑦ Christer Jönsson, "Introduction：Cognitive Approaches to International Politics," in Christer Jönsson ed. , *Cognitive Dynamics and International Politics*, London：Frances Pinter（Publisher）Limited, 1982, p. 8.

外部环境有所认知，考虑外部刺激因素是否起了重要的作用，是否决定了对方的行为。① 另一方面，个体的情绪/情感、动机与经历等因素以及国家的政治、社会、文化制度等对认知的影响。根据层次分析法，可以将影响个体认知的变量分为个体、组织以及体系层次的因素，个体层面的动机、情感、经历以及个性等都对人的认知内容与过程产生影响。② 因此，与个体层次的认知一样，国家层面的认知行为会对政治行为产生影响，而认知行为可能受到个体层次、国家层次、体系层次等因素的影响。在了解认知行为的制约因素之外，还要借助类型学方法，以更好厘清东盟国家认知差异的类型，从而挖掘认知差异的原因。类型化是社会科学家用来进行简化的一种方法，其基本思路是通过归类方式对各种社会事务、现象和行为进行甄别和区分，在不同类型的概念和变量之间进行匹配和关联，从而确定它们之间的逻辑联系或因果关系。③ 本文将聚焦于国家层次与体系层次的互动，选取影响东盟国家对"印太战略"认知的维度，运用类型学方法对东盟国家认知进一步分类。

（一）影响东盟国家对"印太战略"认知的维度

第一，对美国安全和经济的需求维度。安全和经济是"印太战略"的两个重要维度。美国宣布为东盟国家新提供近3亿美元的"安保资金"，用于加强"印太"地区在海上安全、人道主义援助、维和能力以及"打击跨国威胁"等领域的安全合作。④ 面对美国抛出的"橄榄枝"，东盟国家如何回应，很大程度上取决于其安全和经济对美国的需求度。安全上和经济上对美国需求均较高的东盟国家，往往对"印太战略"采取合作态度。若对美国安全需求度高，对经济需求度低，或者对美国安全需求度低，对经济需求度高，则以互动态度回应"印太战略"。而安全和经济对美国需求度均较低的国家，对美国"印太战略"的态度则相应消极。

第二，体系压力维度。随着中美在亚太地区主导权竞争的加剧，亚太地区体系结构压力增大，但一些国家受中美竞争所导致的体系压力影响较小，一部分国家却受体系压力影响较大。这显著体现在过去一段时间，亚太地区一些国家与中美两国的关系基本保持稳定，而另外一部分国家与中美两国的关系却波动明显。⑤ 因此，评估体系压力大小的重要指标，主要在于东盟国家能否同时保持与中美关系的稳定。与中美两国保持比较稳定关系的国家，可以在中美之间左右逢源，承受的体系压力小；而不能与中美两国保持比较稳定关系的国家，则夹在中美之间左右为难，承受的体系压力较大。在一定程度上，体系压力的不同决定了东盟国家对美国"印太战略"的态度。

---

① 罗伯特·杰维斯：《国际政治中的知觉与错误知觉》，秦亚青译，世界知识出版社，2003，第69页。
② 尹继武：《认知心理学在国际关系研究中的应用：进步及其问题》，《外交评论》2006年第4期，第104页。
③ 刘丰：《类型化方法与国际关系研究设计》，《世界经济与政治》2017年第8期。
④ 在美国对印太地区的1.13亿美元新投资计划中，专门拨出1000万美元用于"美国—东盟联通行动计划""湄公河下游行动计划"等有关东盟的地区机制建设。The Department of State, "Press Availability at the 51st ASEAN Foreign Ministers' Meeting and Related Meetings," August 4, 2018, https://www.state.gov/press-availability-at-the-51st-asean-foreign-ministers-meeting-and-related-meetings/.
⑤ 凌胜利：《二元格局：左右逢源还是左右为难？——东南亚六国对中美亚太主导权竞争的回应（2012—2017）》，《国际政治科学》2018年第4期，第55页。

(二) 东盟国家对"印太战略"产生认知差异的原因和类型

第一，东盟国家对美安全和经济需求以及面临的体系压力是认知差异的主要原因。首先，东盟国家对美国的安全需求不同。美国与东盟国家的安全关系排序、安全合作的变化释放了东盟各国对美安全需求的信号。一是表现在东盟国家与美国的安全关系排序上。根据美国《印太战略报告》的表述，正式盟友或准盟友泰国、菲律宾和新加坡与美国的安全关系最为密切，新兴安全伙伴越南、印尼、马来西亚紧随其后，非盟友文莱、老挝、柬埔寨较为疏离，而缅甸则完全未被提及。二是呈现在东盟国家与美国的安全合作中。2017 年，美国军事援助额较高的东盟国家分别是菲律宾、越南、印尼。2018 年，美国军售协议额较高的东盟国家主要有新加坡、泰国、印尼。① 除了"环太平洋"军演每两年举行一次，其他军演均为每年举行一次。2018 年，越南首次派军队参加美国主导的"环太平洋"军演。2018 年至 2019 年，由美泰主导的多边军演"金色眼镜蛇"和美菲双边军演"肩并肩"的规模逐年升级。② 综上所述，对美国的安全需求度较高的东盟国家主要有新加坡、泰国、菲律宾、印尼、越南；对美国的安全需求度相对较低的国家是马来西亚、文莱、老挝、柬埔寨及缅甸。

其次，东盟国家对美国的经济需求不同。贸易依存度，即东盟各国与美国双边贸易额占双方 GDP 的比值，比值越大，表明东盟各国对美国的贸易依存度越高，受其经济影响越大而经济需求度越高。2018 年东盟各国对美国贸易依存度依次为越南、柬埔寨、新加坡、马来西亚、泰国、菲律宾、文莱、印尼、缅甸、老挝。对美国的经济需求度高的国家包括越南、柬埔寨、新加坡、马来西亚、泰国。对美国的经济需求度低的国家有菲律宾、文莱、印尼、缅甸、老挝。③

再次，东盟国家对体系压力的感知有所不同。一方面，新加坡、印尼、马来西亚和泰国、老挝、越南、文莱能够在中美之间维持较为稳定的关系，体系压力小。另一方面，缅甸、柬埔寨、菲律宾与中美较难同时保持稳定的关系，体系压力较大。缅甸罗兴亚人问题、柬埔寨选举问题、菲律宾社会治理问题分别导致缅甸和柬埔寨与美国关系恶化或出现危机。④ 由于美国采取敌对政策，缅甸、柬埔寨、菲律宾成为东盟国家中无法与中美同时保持稳定关系的三个国家。

---

① USAID, "U. S. Economic and Military Assistance Fiscal Years 1946 – 2017," January 4, 2019, https：//explorer. usaid. gov/reports. html; SIPRI, "National Reports on Arms Exports," https：//www. sipri. org/databases/national – reports/United% 20States% 20of% 20America?

② 邢伟：《特朗普时期美国与东南亚安全关系研究》，《学术探索》2020 年第 1 期，第 33 页。

③ 根据 2018 年东盟各国与美国的双边贸易与 2018 年东盟各国 GDP 等汇集分析，资料来源：UN Comtrade Database, https：//comtrade. un. org/data/; WorldBank, https：//databank. worldbank. org/country/IDN/556d8fa6/Popular_ countries.

④ 2019 年 7 月，美国国务卿蓬佩奥宣布对缅甸国防军总司令敏昂莱和其他军方高层实施制裁。2019 年 7 月，美国众议院投票通过《柬埔寨民主法案》，该法案提议制裁柬埔寨官员，旨在支持柬埔寨的民主。2018 年 12 月，美国国会通过 2020 年度财政预算案，宣布对菲进行制裁。美方还怂恿国际刑事法院以"反人类罪"起诉杜特尔特。2020 年 1 月，美方将制裁范围扩大到杜特尔特的核心团队，取消了菲参议员、前警察总监罗纳德·罗莎的赴美签证。参见 "US Ban on Generals an Act of Bullying against Whole Country, Military Says," The Irrawaddy, July 24, 2019, https：//www. irrawaddy. com/news/burma/us – ban – generals – act – bullying – whole – country – military – says. html; "U. S. House Bill on Cambodia an Act Against Peace, " Cambodian Official Says," The Voacambodia, July 17, 2019, https：//www. voacambodia. com/a/us – house – bill – on – Cambodia – an – act – against – peace – Cambodian – official – says/5003078. html; 方晓志：《杜特尔特废除菲美〈访问部队协议〉意味着什么》，《世界知识》2020 年第 5 期，第 30 页。

第二，东盟国家对"印太战略"的不同认知类型（见表1）。

表1　东盟国家对"印太战略"的基本认知类型

体系层次		国家层次			
		对美国安全和经济需求度高	对美国安全需求度高，对经济需求度低	对美国安全需求度低，对经济需求度高	对美国安全和经济需求度低
	体系压力小	机遇	机会	机会	较小风险
	体系压力大	机遇与风险	机会与风险	机会与风险	较大风险

东盟各国面临体系压力不同以及对美国安全和经济需求不同，导致其对"印太战略"存在认知差异。通过将前述两个维度的变量进行匹配和关联，确定它们之间的逻辑联系，可以得出东盟国家对"印太战略"五种可能的认知类型，即根据安全需求、经济需求、体系压力的高、中、低，存在着机遇、机会、机会与风险、较小风险、较大风险等不同的认知类型。

首先，新加坡、泰国、越南将"印太战略"视为合作机遇。作为美国的安全伙伴或盟友，新加坡和泰国对美国提供的安全保护有较深的依赖，有借助"印太战略"充当安全调解角色，提升在东盟的话语权，实现主导地区事务的诉求。对于越南而言，"印太战略"不仅符合其扩大安全利益诉求，而且也是增加自身安全度的抓手。此外，新加坡公布的未来10年经济发展"七大策略"，泰国倡导的"经济发展4.0模式"，越南通过的"至2030年越南海洋经济可持续发展战略及2045年展望"新决议，与美国"印太战略"的经济属性较为契合。因此，新加坡、泰国和越南不会放弃"印太战略"提供的合作机遇，这导致新加坡、泰国和越南根据自身需求支持"印太战略"的构想与举措。

其次，印尼、马来西亚视"印太战略"为合作机会。印尼对美国有较高安全合作需求，而马来西亚与美国经济相互依赖较高。与此同时，印尼拥有全球海洋强国、区域大国和中等强国的愿景，马来西亚历来不愿过多追随美国，始终对美保持一定距离。因此印尼、马来西亚多次针对"印太战略"发表本国看法，并根据对美不同需求与美开展合作，或对美提出批评。

再次，菲律宾、柬埔寨对"印太战略"的看法是机会与风险并存。菲律宾自2018年以来对外关系的最大变化就是对美关系的回调，逐步实质性恢复菲美同盟，通过维持菲美同盟继续获取美国对自身军事现代化的支持。[①] 但是，菲律宾又担心被美国当作对抗中国的"马前卒"，多次警告美国"最好不要碰"南海问题，也不再讨论"仲裁案"。柬埔寨对"印太战略"有经济需求，为了自身利益而开始恢复与美国的联合军事活动。但囿于与美国在民主问题上的分歧和对立，柬埔寨无法做出更多回应，这促使柬埔寨对"印太战略"只是进行谨慎互动。

最后，文莱、老挝、缅甸视"印太战略"为或大或小的风险。文莱、老挝对美国安全和经济需求均很低，与此同时注重在中美之间保持平衡。这使得文莱和老挝愿与"印太战

---

① 王迎晖：《杜特尔特对华政策不可避免地存在"另一面"》，《世界知识》2019年第4期，第30-31页。

略"保持接触，但不愿过多卷入"印太战略"可能引发的大国冲突。而缅甸对美国安全和经济需求都较低，加之由于昂山素季领导的民盟政府没有倒向西方成为美国利益的代理人，随着罗兴亚人问题的出现，缅甸与美国的"印太战略"渐行渐远。

三、东盟国家对"印太战略"认知差异的多重影响

随着"印太战略"对东盟国家的影响加大，中美各领域博弈持续加剧，东盟国家对"印太战略"认知差异已然产生多重影响，并将进一步发酵。

（一）对东盟的影响

东盟国家对"印太战略"认知存在差异，影响东盟内部达成共识。

第一，对《东盟印太展望》的形成产生了影响。2018—2019年初，"印太"一直是东盟内部辩论中最具争议的一个词。① 在2018年4月举行的第32届东盟峰会上，东盟国家对"印太"概念进行讨论，印尼总统佐科提出以东盟为支点的"印度—太平洋合作"，但主席声明没有提出任何立场，只是表示"东盟期待进一步讨论这一新概念"。2019年1月，对于印尼起草的东盟"印度—太平洋合作"提案，东盟外长未能达成共识。② 2019年3月，东盟高级官员商定了东盟的"印太"合作概念文件，得到了除新加坡以外其他成员国的赞同。③

第二，对东盟"印太"合作的未来前景产生影响。尽管2019年6月《东盟印太展望》最终获得通过并代表了东盟国家的共同立场，但受到东盟各国对美国"印太战略"认知差异的影响，其未来前景仍不明朗。《东盟印太展望》的细节似乎与中美地区竞争中的实际问题相去甚远，也没有任何迹象表明它会影响大国之间的关系或对东盟的关系。④ 对于个别成员国来说，这仅是一个用于制定战略层面的安全、经济决策的有限指南。⑤ 更为深层次的问题还在于，东盟国家对"印太战略"在政治、经济方面的认知差异，反映了各国对地区秩序前景的分歧，"东盟对地区未来的愿景应该拓展到'印太'地区，还是缩小至更易管理的东亚地区？"⑥ 东盟国家将长期面临这一问题。

第三，东盟国家对"印太战略"认知存在差异，可能对东盟主导的地区机制产生影响。《东盟印太展望》文件强调，要进一步加强东亚峰会，并将东亚峰会作为东盟"印太"合作对话和实施的平台。由于东盟国家对"印太战略"的认知存在种种差异，如何通过东盟主导的机制推动对话与合作依然充满了不确定性，面临种种挑战。例如，东盟中心地位的维持，东盟主导的机制与美国双边及小多边安全网络的内在张力，"美国优先"与东盟多边主

---

① Hoang Thi Ha, "ASEAN Outlook on the Indo – Pacific: Old Wine in New Bottle?" *ISEAS Perspective*, No. 51, June 25, 2019, p. 4.

② "Asean Ministers Fail to Reach Consensus on Indo – Pacific Strategy," The Nation, January 19, 2019, http://www.nationmultimedia.com/detail/breakingnews/30362539.

③ Dian Septiari, "Singapore, Holds Back Adoption of ASEAN Indo – Pacific Concept," The Jakarta Post, June 13, 2019, https://www.thejakartapost.com/news/2019/06/13/singapore – holds – back – adoption – asean – indo – pacific – concept.html.

④ Donald E. Weatherbee, "Indonesia, ASEAN, and the Indo – Pacific Cooperation Concept," *ISEAS Perspective*, No. 47, June 7, 2019, p. 7.

⑤ Hoang Thi Ha, "ASEAN Outlook on the Indo – Pacific: Old Wine in New Bottle?" pp. 6 – 7.

⑥ Tang Siew Mun, "RCEP is Pivotal to ASEANS Indo – Pacific Future," *ASEAN Focus*, No. 3, 2019, p. 3.

义的矛盾，以及中美战略竞争下选边站的挑战，等等。①

(二) 对东盟国家与美国关系的影响

认知的差异，导致东盟国家与美国的关系趋于复杂化。

第一，东盟国家与美国的关系发生变化。对"印太战略"认知总体较为积极的东盟国家，对美关系有所升温。与此同时，总体认知较为消极的东盟国家，对美关系则陷入紧张。而认知较为谨慎的东盟国家，则继续保持与美国的稳定关系。

第二，东盟国家加大了对美议题性外交。由于对"印太战略"的认知有不同的出发点，东盟各国加大了对美议题性外交的力度，根据不同议题拓展对美关系。如柬埔寨对"印太战略"推行价值观有所忌惮，却并不排斥"印太战略"推行的开放经济等理念，这促使柬埔寨虽然反对美国干涉内政，却能够与美国开展合作。而越南在航行自由、开放经济上倾向"印太战略"，却对其推行的价值观并不感兴趣。这也导致越南不断加强与美国的安全、经济关系，而人权问题在双方关系中则降为其次。至于其他东盟国家，如新加坡、泰国却在同时开展与美国的安全和经济合作。

第三，东盟国家对美实施大国平衡外交的方式也在发生变化。东盟国家不论对"印太战略"认知如何，都对这一战略有一定的需求度，希望美国长期保持对地区的关注。在此之外，东盟国家不愿"印太战略"对中国形成遏制，破坏中美之间的平衡，造成地区的不稳定局面。东盟各国对"印太战略"认知存在的差异，为其对美实施大国平衡的方式增添了变数。如一些东盟国家以推动中美战略对接的方式进行大国平衡。此外，不同东盟国家与日本、印度、澳大利亚建立了灵活的安全伙伴关系，试图实现对美平衡。

(三) 对中国与东盟国家关系的影响

东盟国家对"印太战略"认知上的差异对中国与东盟国家关系既有正面影响也有负面影响，可谓机遇与挑战并存。

第一，从正面来看，这种差异在一定意义上为中国与东盟国家关系提供了新的发展空间。首先，在安全方面，由于东盟国家的认知差异，美国无法利用"印太战略"激化南海局势。部分东盟国家对美国操纵南海问题保持高度警惕，与"印太战略"遏制中国的意图刻意保持距离，这为中国与东盟一些国家磋商解决南海争端，提升安全互信提供了机遇。其次，在经济方面，由于认知差异的存在，东盟国家与中国合作进一步深化，"一带一路"倡议在东南亚地区取得新进展。缅甸受到美国在民主及人权方面的施压之后，与中国签署共建"一带一路"谅解备忘录，并决定与中国构建中缅命运共同体。2019年5月，在第二届"一带一路"国际合作高峰论坛期间，老挝、柬埔寨分别与中国签署了构建中老、中柬命运共同体行动计划。这不仅有助于推动中国与缅甸、老挝、柬埔寨的双边关系，同时将对中国与东盟国家关系发展产生重要示范和引领作用。

第二，从负面影响来看主要体现在两个方面。首先是在南海问题上的新挑战。自2016年下半年以来，南海局势出现明显降温和趋缓的迹象。部分东盟国家对"印太战略"包含的航行自由、国际法、以规则为基础的秩序等具有对抗中国意味的方面给予积极回应，迎合

---

① 韦宗友：《印太视角下的"东盟中心地位"及美国东盟关系挑战》，《南洋问题研究》2019年第3期，第78页。

了美国的国家利益和地区秩序构想，为中国与东盟国家关系埋下冲突的隐患。在对"印太战略"的认知下，部分东盟国家为扩大自身利益，与日本、澳大利亚和印度甚至法国、英国等域外国家加强海上军事合作，这可能促使南海问题进一步国际化，为中国与东盟国家关系发展增添变数。其次是在经济上出现的挑战。部分东盟国家对"印太战略"能源和基础设施建设倡议持开放态度，欢迎"印太战略"在经济领域确立的政策目标与原则，或将影响中美两种"地区经济方案"之间的博弈。从而影响东盟国家对与中国共建"一带一路"的积极性，进而影响中国与东盟国家关系的良性发展。

结　语

　　美国"印太战略"具有遏制中国的意图，但"遏制中国"并非东盟国家看待"印太战略"的唯一视角。在东盟国家视角下，"印太战略"是域外大国的战略计划之一，蕴含机遇也存在风险。东盟国家往往立足于自身的需求，根据体系压力大小，对其予以因应。实际上，东盟国家对"印太战略"的认知差异，是这些国家的地区秩序偏好、国家利益诉求与美国的地区秩序构想、全球利益相互碰撞和相互作用的结果。美国欲通过"印太战略"推行遏制战略，构建有利于自身利益的地区秩序，对东盟国家的地区秩序偏好形成冲击。而东盟国家的利益与美国的全球利益既有重合的部分，也有冲突的部分。这也使得东盟国家对"印太战略"虽有一定程度的需求，亦有相当程度的担忧。因而在很大程度上，东盟国家的地区秩序偏好、国家利益诉求和美国"印太战略"之间的张力与共鸣并存，并产生多重影响。目前，东盟国家对"印太战略"认知的差异，无论是对东盟内部共识达成和主导地区机制的影响，还是促成东盟国家与美国关系的分化与复杂化，抑或是为东盟国家与中国关系带来机遇和挑战，正在初步显现，或将进一步凸显。

　　当前形势下，中国应把握东盟国家对"印太战略"的基本认知，与东盟国家求同存异，共同塑造地区发展秩序，深化双方全面合作。一方面，聚焦中国与东盟国家在地区层面的共识，扩大现有地区合作机制与成果。中国不仅要坚持长期以来维护东盟在亚太地区合作中的中心地位的一贯立场，而且要区别于美国"印太战略"口惠而实不至的做法，以实实在在的方式体现中国对东盟中心地位的支持。如加快落实以东盟为核心的《区域全面经济伙伴关系协定》（RCEP），在中国与日本等国家的第三方合作中，支持东盟国家担当组织者与主持者的角色。与此同时，中国应积极回应东盟国家对合作而非对抗的诉求。具体而言，应积极支持《东盟印太展望》中有关互联互通、联合国可持续发展目标，加强"一带一路"倡议与东盟互联互通规划的对接。应围绕开放、包容、透明，对话而非对抗，系统阐述中国关于"印太"地区发展秩序的主张。另一方面，尊重东盟国家安全、经济需求的多样性，进一步扩大双方的共同利益。这主要包括：继续加强政策沟通，推进"一带一路"倡议与东盟各国发展规划对接；积极构建与东盟国家的安全互信，根据东盟国家的需求提供地区安全公共产品，加强与部分东盟国家的海上非传统安全合作；根据东盟各国发展层次，加大中国与东盟国家双方互补性较强领域的合作，拓展数字经济等新的合作领域，形成更加和谐、紧密的经济关系；尊重东南亚各国选择的发展道路，对处于政治经济转型中的缅甸、柬埔寨、菲律宾等东南亚国家提供力所能及的帮助。总之，要基于地区现有的合作机制和成果，凝聚合作共识，坚持开放、包容，推进地区和平发展和中国与东盟国家双边关系发展，加快构建中国—东盟命运共同体。

中国在东南亚的国家角色构建及面临的角色冲突

毕世鸿 马丹丹[*]

【摘 要】 根据角色理论，一国国家角色的构建需要在当前国际体系的背景下，通过内部定位与外部预期的互动才能得以实现。在互动的过程中，定位与预期往往会出现偏差，从而导致角色冲突的出现。角色冲突是国家角色构建过程中不可避免的现象，而中国在东南亚的国家角色构建正面临着不同程度的角色冲突，这些冲突不仅为中国推进周边外交带来挑战，也为与东盟国家共建"一带一路"和"命运共同体"带来一些阻碍。鉴于引发角色冲突的原因不仅涉及中国自身角色定位与东盟国家的传统认知思维，还受到来自域外守成国的影响，因此缓解角色冲突需构建一套完善自身角色、照顾他者情绪且能应对"不怀好意"冲击的"组合拳"。

【关键词】 中国国家角色；角色定位；角色冲突；东盟国家

一、问题的提出

近几年来，国际社会对"中国角色"的讨论热度一直居高不下，同时也让中国面临"角色冲突"的境况日益凸显，主要表现为外界与我们自身对"中国角色"的认知出现了较为明显的矛盾与分歧。东南亚是中国周边外交的重点，许多东盟国家与中国地缘相近且双方交往历史悠久，合作多样且效果显著。一直以来，中国无论是在政策宣示还是在各类外交场合，均坚持做东盟国家的好邻居、好朋友与好伙伴；并且承诺"无论发展到什么程度，永不称霸，永不扩张，永不谋求势力范围"。[①] 但根据民调显示，在东盟国家的认知中"中国角色"似乎与上述描述有所不同。例如根据亚洲晴雨表（Asian Barometer Survey）第四波调查（2014—2016年）的结果显示：在受访的14个亚洲国家或地区中（其中东盟国家有8个，老挝和文莱不在调查范围内），有48.8%的受访者对中国角色持有负面认知。[②] 而新加坡尤索夫伊萨东南亚研究院连续3年（2019—2021年）发布的《东南亚态势》调查报告，

---

[*] 毕世鸿，男，云南大学国际关系研究院/周边外交研究中心教授，历史学博士；马丹丹，女，云南大学国际关系研究院博士研究生，曲靖师范学院外国语学院讲师。

[①] 《新时代的中国与世界》白皮书对这一点有明确的主张。中华人民共和国国务院新闻办公室：《新时代的中国与世界》，新华网，2020年10月18日，http://www.xinhuanet.com/politics/2019-09/27/c_1125047331.htm.

[②] Zhenqing Zheng, "How Asia Perceives China in the Context of BRI: Evidence from an Asian Poll," Asia Dialogue, April 2, 2020, https://theasiadialogue.com/2020/03/19/how-asia-perceives-china-in-the-context-of-bri-evidence-from-an-asian-poll/.

则更为具体和深入的展示了东盟国家对中国角色的看法。根据其2021年2月发布的最新报告：东盟国家有76.3%的受访者认为中国是本地区"最具经济影响力的国家"，有49.1%的受访者认为中国是本地区"最具政治战略影响力的国家"。但在承认中国影响力的同时，超过七成的受访者担心中国影响力不断扩大；将中国视为"修正主义国家"和"替代美国的地区领导者"的受访者比例甚至占46.3%和31.5%，而认为中国是一个"维持现状大国"与"温和国家"的比例仅为5.6%和1.5%。[1]

尽管"亚洲晴雨表"和"东南亚态势"因调查样本的局限，存在客观性不足的问题。但不可否认的是，中国角色在亚洲地区或东盟国家中并未寻求到好的语境。而"修正主义大国""区域领导者"这类词汇的出现也在某种程度上表明，中国在东南亚的国家角色面临"角色冲突"的困境。对此，本文将角色理论中"角色冲突"的概念引入对上述问题的探讨，通过构建产生角色冲突的分析框架，从中探寻中国在东南亚面临角色冲突的原因，继而针对性地提出缓解冲突的路径，为今后中国角色的转变和调整，以及中国对东盟国家的外交实践提供一些思路。

二、国家角色冲突的既有研究及本文分析框架

角色冲突作为社会学角色理论中的一个重要概念，主要是指行为体内部或行为体与他者之间对某一（些）角色的认知缺乏共识。随着学科间的交叉与融合，角色理论被引入外交政策与国际关系研究领域，国家也被视为需要构建不同角色的行为体，也需与其他行为体进行互动，由此国家面临的角色冲突逐渐受到了学界的关注。

（一）对国家角色冲突及中国角色冲突的既有研究

既有对国家角色冲突的研究主要有以下几类。一是通过研究国家角色的构建，论证了角色冲突的存在及难以避免。关于国家角色的构建，基于凯尔·霍尔斯蒂（Kal Holsti）的初探，并在斯蒂芬·沃克（Stephen G. Walker）、塞巴斯蒂安·哈尼施（Sebastian Harnisch）等人的丰富与拓展之下，最终可以概括为国家角色是内部自我定位和外部他者预期相互作用及协调的结果。[2] 但在互动和协调的过程中，内外认知往往难以达成共识，角色冲突就此产生。据此，莉丝贝·阿吉斯塔姆（Lisbeth Aggestam）指出角色冲突通常是不可避免的，因为内外认知主观且多样，欲实现完全对接十分困难；并且角色定位认知与他者预期都在一个非固定的体系内互动，一旦体系变动角色冲突必然发生。[3] 中国学者庞珣也建立了一个动态分析框架论证了类似的观点。[4]

二是将角色冲突进行分类论述。一类为角色内部冲突，即在角色定位的过程中，因缺乏

---

[1] The ASEAN Studies Centre at ISEAS - Yusof Ishak Institute, "The State of Southeast Asia: 2021 Survey Report," February 12, 2021, www.Iseas.edu.sg.

[2] K. J. Holsti, "National Role Conception in the Study of Foreign Policy," *International Study Quarterly*, Vol. 14, No. 3 (1970), pp. 239 - 246; Stephen G, Walker, *The Relevance of Role Theory to Foreign Policy Analysis*, Durham: Duke University Press, 1987, pp. 66 - 88; Naomi Bailin Wish, "Foreign Policy Makers and Their National Role Conceptions," *International Studies Quarterly*, Vol. 24, No. 4 (1980), pp. 536 - 540.

[3] Lisbeth Aggestam, "Role Theory and European Foreign Policy," in Ole Elgstrom and Michael Smith (eds.), *The European Union's Roles in International Politics: Concepts and Analysis*, London: Routledge, 2006, p. 23.

[4] 庞珣：《国际角色的定义和变化——一种动态分析框架的建立》，《国际政治研究》2006年第1期，第133 - 139页。

国内共识导致自我对角色的定位出现分歧；另一类为角色外部冲突，即源于自我角色定位与他者预期在互动中产生的分歧。但无论哪类冲突，均会对国家角色的构建及外交实践带来负面效应。① 例如莫希·费萨尔·卡里姆（Moch Faisal Karim）通过研究印尼国家角色发现：印尼在角色定位的过程中，既想扮演民主推动者、倡导者角色，又想成为地区领导者、地区与全球连接者，其表现出的角色内部冲突导致国家角色的构建并不成功。② 布鲁斯·克罗宁（Bruce Cronin）则指出美国在构建"霸权国"这一角色时，因自我角色的定位与联合国对其产生的认知和期待出现了分歧，从而导致双方在处理国际事务时交流受阻无法合作。③

三是将角色冲突视为一种解释机制。阿肯·马利奇（Akan Malici）和沃克以角色冲突来解释美国与伊朗间关系的改变，认为两国关系逐渐走向敌对是因双方对彼此角色的预期与自身的角色认知对接失败，甚至走向两个极端。④ 熊炜则针对统一后德国的外交与安全政策来回摇摆的特点进行研究，指出政策摇摆的原因是国内共识与外部期待无法达成一致。⑤ 包吉氢则用角色冲突解释了国际捕鲸规范的变迁。⑥ 可见，角色冲突对两国关系、外交政策以及国际规则的调整与改变具有一定的解释力。

具体到中国，许多学者在关注中国国家角色定位及角色实践效果的过程中同样认识到了角色冲突的存在及带来的影响。例如刘丰和印言蹼认为在国际体系处于加速变动时期，中国修正和调整角色定位可以避免或减缓角色冲突的发生，否则将会影响外交实践甚至有损国家利益。⑦ 袁伟华则关注了中国与东盟发展双边关系时的角色定位及角色实践，认为角色冲突会给双边关系带来挑战。⑧ 而塞巴斯蒂安·哈尼施等学者则专门编写了一部探讨中国在国际和地区两个层面不同角色定位及角色实践的专著，书中明确指出：角色冲突是国际体系转型中的关键现象，中国作为国际体系转型的关键变量，遭遇角色冲突不可避免。⑨

不仅如此，近几年来对中国是否会成为某一角色的激烈讨论也折射出了当前遭遇"角色冲突"的现状。例如对于"领导者"这一角色，任洁认为对国际社会加在中国身上的

---

① Philippe G. Le Prester, "Change and Continuity in Foreign Policy Role Conceptions after the Cold War," in Philippe G. Le Prester (ed.), *Role Quests in the Post - Cold War Era: Foreign Policies in Transition* (Montreal, Quebec: McGill - Queen's University Press, 1997), p. 260; Sebastian Harnisch, Conceptualizing in the Minefield: Role Theory and Foreign Policy Learning, the ISA - Workshop "Integrating Foreign Policy Analysis and International Relations through Role Theory" at the Annual ISA - Conference, February 15 - 20, 2010, New Orleans, p. 5; 奚丛清：《角色论：个人与社会的互动》，浙江大学出版社，2010，第130页。

② Moch Faisal Karim, "Role Conflict and the Limits of State Identity: the Case of Indonesia in Democracy Promotion," *Pacific Review*, Vol. 30, No. 3 (2017), pp. 385 - 404.

③ Bruce Cronin, "The Paradox of Hegemony: America's Ambiguous Relationship with the United Nations," *European Journal of International Relations*, Vol. 7, No. 1 (2001), pp. 103 - 130.

④ Akan Malici, Stephen G. Walker, *Role Theory and Role Conflict in U. S. - Iran Relations: Enemies of Our Own Making* (New York: Routledge, 2016), pp. 39 - 58.

⑤ 熊炜：《论德国外交与安全政策中的角色冲突》，《德国研究》2004年第4期，第7-12页。

⑥ 包吉氢：《角色冲突与国际规范演化——以国际捕鲸规范变迁为例》，外交学院博士学位论文，2019年5月。

⑦ 刘丰：《国际体系转型与中国的角色定位》，《外交评论》2013年第2期，第1-16页；印言蹼：《被期待的大国角色——新时期中国国际地位角色探析》，《国际观察》2015年第5期，第82-92页。

⑧ 袁伟华：《对外政策分析中的角色理论：概念解释机制与中国—东盟关系的案例》，《当代亚太》2013年第1期，第125-156页。

⑨ Sebastian Harnisch, Sebastian Bersick and Jrn - Carsten Gottwald (eds.), *China's International Roles Challenging or Supporting International Order?*, London: Routledge, 2016, p. 115.

"领导者"光环应进行理性认知，中国会继续贡献智慧和力量，但不会充当世界领导。① 马德铃（Alice D. Ba）和张明武（Truong－Minh Vu）也认为当前中国虽在经济上占有主导地位但并没有成为领导者的意愿，也并不足以胜任地区领导这一角色②。但克里斯托弗·K.约翰逊（Christopher K. Johnson）等认为中国的角色正在从"韬光养晦"向"积极有为"转变，"领导者"的定位符合中国的实际情况及发展趋势，是未来角色调整的方向，并且东南亚是中国最容易实现上述角色追求的区域。③

综上，既有研究虽已关注到中国面临角色冲突的困境，但还有一些可拓展的空间。一是对角色冲突原因的分析并未充分探讨除自身定位以外的因素，例如对他者预期及国际体系内其他因素对角色冲突的传导作用重视不足。二是当前中国作为崛起国，所面临的外部环境、所获得的国际地位甚至所遭遇的霸权制衡等情况都是前所未见有的，而在上述背景下分析中国角色冲突的研究并不多见。有鉴于此，有必要在新背景下探讨中国在地区内面临的角色冲突及原因。

（二）理解中国在东南亚面临角色冲突的分析框架

如前所述，角色冲突也可以被视为"认知分歧/认知矛盾"，是国家角色构建过程中的一个衍生现象，其通常被分为角色内部冲突和角色外部冲突。本文主要讨论后者。角色外部冲突的产生机制是国家角色的内部定位与外部预期在互动中并未达成一致，因此上述两者是构成角色冲突的重要变量，而对冲突原因的追溯以及缓解冲突路径的探究也应将其纳入考量。

首先，角色定位主要是指国家（主要是国家政策决定者）对本国在国际体系中的功能、作用以及目标的认知。目前，这种认知被认为有两个主要来源：第一是物质性来源，即国家地理位置、资源、政治经济实力等方面；第二是文化性来源，包括文化遗产、历史观念、意识形态等。考察一国的角色认知应综合考量上述两个因素。角色定位可以作为国家外交行为的方向与指导，也可对其提供行为规范，同时也是他者预期的重要依据。因此相对明确的角色认知对国家角色构建来说十分重要。但在现实中，国家角色并非一成不变且会面临调整与变动的可能，所以大多数国家的角色定位都不会十分具象化，以保证此后拥有足够的调整空间。但这一特点也会造成对外交行为的指导不力，影响他者预期，进而引发角色冲突。

其次，他者预期是构成角色冲突的另一重要变量，主要是指国际体系中的其他行为体对目标国家自我角色认知及外交行为的期待、反映、评价等。他者预期主要以目标国家对自身角色定位及角色实践为认知依据，但同时也会受到传统价值观、原生性思维、国际舆论等

---

① 任洁：《如何看待国际社会加在中国身上的"领导者"光环——中国在全球治理中的角色担当》，《人民论坛》2018年第1期，第75－77页。

② Alice D. Ba, "Is China leading? China, Southeast Asia and East Asian Integration," *Political Science*, Vol. 66, No. 2 (2014), pp. 143－165; Truong－Minh Vu, "International Leadership As a Process: The Case of China in Southeast Asia," *Revista Brasileira de Política International*, Vol. 60, No. 1 (2017), pp. 1－21.

③ Christopher K. Johnson, Decoding China's Emerging "Great Power" Strategy in Asia, A Report of the CSIS Freeman Chair in China Studies, June 2014; Workshop Report, "Southeast Asian Perspectives on US－China Competition," the Lowy Institute and the Council on Foreign Relations International Institutions, August 2017; "The U. S. － Southeast Asia Relationship: Responding to China's Rise Insights From a CFR Workshop," CFR, March 4, 2020, https://www.cfr.org/report/us－southeast－asia－relationship－responding－chinas－rise.

较为主观的因素影响。这些因素对他者预期的影响程度不一,但却赋予了其相对较高的主观性,这并不有利于对目标国家产生客观认知,会对国家角色构建带来困难。

对角色冲突的研究还应考虑目标国家的特殊性及当前所处的国际环境。例如当崛起国在某一区域进行国家角色构建时,守成国或霸权国无论是否在域内都会作为不可忽略的"他者"参与到角色构建的过程中去。尽管守成国无法直接干预崛起国的角色定位,但其可利用自身强大的影响力强行构建与崛起国自身定位相悖的负面角色,从而促发或激化角色冲突的发生。

最后,对于缓解冲突的路径可以尝试以下3种方法:其一是重构自我认知,缓解角色冲突带来的困扰;其二是调整自我行为,尽可能地满足外部期待;其三是与他者协商,寻求改变他者的角色预期。① 总而言之,只有自我与他者中的一方进行调整或改变,才能使冲突有所缓解。但在实际操作中,欲实现任何一方的改变都具有相当的难度。

据此,基于上述理论回顾和梳理,本文将以角色冲突产生的机制为基础,构建理解中国在东南亚面临角色冲突的分析框架,如下图所示。

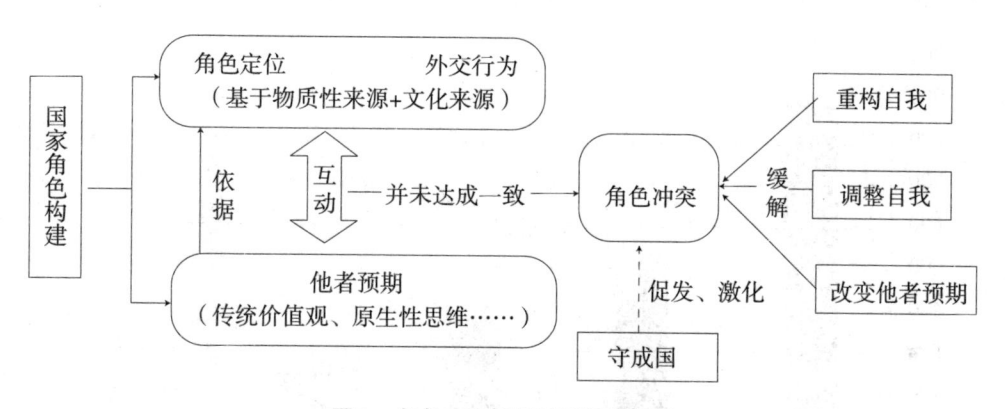

图1 角色冲突的原因及缓解机制

资料来源:作者自制。

如图1所示,当中国在东南亚构建国家角色时,面临的角色冲突产生于内外互动之中;因此,对角色冲突原因的探究需分别考虑互动双方的因素,除此之外,介于当前中国所遭遇霸权制衡的背景,所面临的角色冲突还应考虑守成国所发挥的"特殊"作用。对于缓解冲突的方法,无论是寻求内外任何一方发生改变,其本质都需从自我出发,因为他者预期主要的依据依然是角色定位及相应的外交实践。同时,他者预期还会受到来自其自身传统价值观、原生性思维等主观因素的影响,因此如果尝试对他者多加了解,并适当从他者的角度出发进行自我调整,对冲突的缓解应该有所帮助。

三、角色定位、他者预期与不可避免的角色冲突

基于上述分析框架,下文首先将通过文本分析的方法,归纳和总结出2013—2020年间

---

① Douglas Hall, "A Model of Coping with Conflict: The Role of College Educated Women," *Administrative Science Quarterly*, Vol. 17, No. 4 (1972), pp. 471-486, 转引自杨双梅《国家角色实践:中美参与中亚区域治理的比较》, 兰州大学硕士学位论文, 2019, 第7页。

中国国家角色的定位以及在东南亚开展角色实践的基本情况；随后结合东盟各国对中国角色及外交实践的反馈、评价等认知，对中国在东南亚面临角色冲突的动因进行论述。

（一）中国在东南亚的角色定位与外交实践

关于国家角色定位的分析，学界普遍借鉴霍尔斯蒂的文本分析法：即将一国的政府工作报告、外交决策、声明以及国家领导人的演讲等文本或言论作为判断国家角色定位的重要依据。同时，笔者通过在线字频分析工具对2013—2020年10月中国领导人在东盟（10+1）领导人会议上的讲话，在地区双边或多边会议上的讲话、公开演讲，以及与地区国家签署的声明等文本中的高频词进行汇总和词语归类，最终将"合作""发展""和平""伙伴""参与"作为判断角色定位的关键词（具体词频统计结果见图2）。使用这一方法的逻辑前提在于：就中国而言，上述文本具有客观性、科学性及权威性的特征，因此文本中可以用于表达"国家角色"的高频词语出现的次数与其重要性基本对等，并且其词义可以较为直观地展示中国角色的功能、作用以及目标的认知。

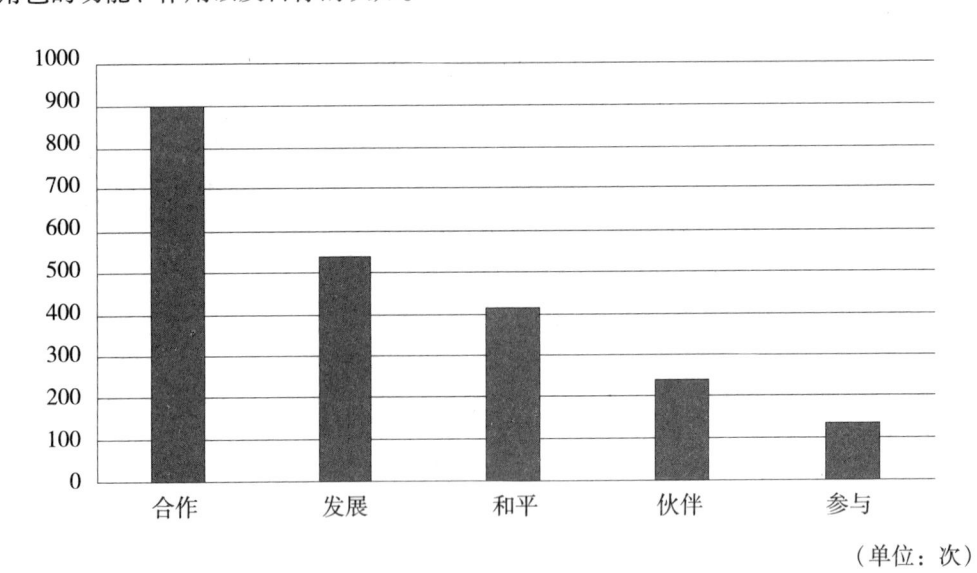

（单位：次）

图2　2013—2020年10月中国角色定位关键词（东南亚）

资料来源：根据《当年专题》相关资料搜索整理，中华人民共和国外交部网站，https：//www.fmprc.gov.cn/web/ziliao_674904/zt_674979/dnzt_674981/.

基于上述关键词，可以勾勒出中国在东南亚的国家角色的基本轮廓，即发展者、以伙伴关系为基础的合作者与参与者及安全维护者。迄今，围绕这3个角色认知，中国在东南亚开展了诸多角色实践。

1. 发展者

"发展者"的角色认知具有两层含义：第一，中国是发展中国家。这是中国关于自身最基础也是最核心的认知。第二，发展是第一要务。中国重视自身的发展，也关注其他发展中国家的发展。在东南亚，中国在"一带一路"倡议框架下，通过企业投资、贸易合作及旅游等方式与东盟国家分享发展红利，以此促进共同发展。根据美国传统基金会（The Heritage Foundation）"中国全球投资追踪"数据库显示，2013—2019年，中国在东盟国家累计投资总额达 897.8 亿美元,共计 146 个项目,涉及教育、纺织、农业、基础设施建设等多个领域。① 在双边贸易方面,2019 年东盟一跃成为中国第二大贸易伙伴,双边贸易额为 6415 亿美元;而自 2020 年年初以来,中国与东盟国家克服新冠肺炎疫情影响,经贸合作逆势增长,2020 年 1—8 月,东盟历史性地成为中国第一大贸易伙伴,贸易总值达到 4165.5 亿美元,同比增长 3.8%,占中国外贸总值的 14.6%。② 另外,东盟国家已经成为中国公民出境游的首选目的地,中国游客为拉动当地经济发展、增加民众收入做出了重要贡献。2018 年东盟国家共计接待外国游客 5645.96 万人次,其中,中国大陆游客为 2911.76 万人次,占比 51.6%。③ 而据泰国媒体东盟旅游(ASEAN Travel)的报道,2019 年,到东盟国家旅游的中国游客数量接近 3200 万人次。④ 由此可见,中国大力践行发展者的角色,乐意通过多种形式将自己的发展红利和东盟国家分享。

2. 以伙伴关系为基础的合作者与参与者

伙伴关系相较于其他关系而言,强调平等与尊重,忽略地位等级与国家大小。以此为基础,中国作为合作者与参与者坚定支持东盟的中心地位,全方位参与地区经济、政治、传统安全及非传统安全等合作。2003 年,中国作为首个加入《东南亚友好合作条约》的域外国家,与东盟建立了面向和平与繁荣的战略伙伴关系。此后,中国与东盟国家间的政治互信不断深化和发展,双方在 10+3 合作、东亚峰会、RCEP 谈判、东盟地区论坛、亚洲合作对话、亚太经合组织、联合国等多边合作机制中保持了良好沟通与交流。2020 年,由于新冠肺炎疫情全球大爆发,公共卫生等非传统安全问题的出现更加凸显了参与合作的重要性。中国不仅向疫情严重的东盟国家捐赠防疫物资,还派出医疗团队帮助其抗疫。2020 年 2 月 20 日中国与东盟发表了《中国—东盟关于新冠肺炎问题特别外长会联合声明》。4 月 14 日,国务院总理李克强在东盟与中日韩(10+3)抗击新冠肺炎疫情领导人特别会议提出要全力加强防控合作,提升公共卫生水平;努力恢复经济发展,推进区域经济一体化;着力密切政策协调,抵御各类风险挑战等建议。中国作为东盟国家抗疫的合作者与参与者的角色由此更加丰满立体。

3. 安全维护者

安全是发展与合作的前提。2015 年 11 月,中国国家主席习近平在新加坡国立大学的演讲中指出:"维护亚洲和平是中国同周边国家的历史责任和共同担当。"⑤ 尽管中国与部分东盟国家存在南海争端,但自 2002 年中国和东盟签署和发表《南海各方行为宣言》(DOC)以来,中国一直致力于管控南海争议、降低南海紧张局势、防止南海问题干扰与破坏中国与东盟的稳定大局。2017 年 8 月,第 50 届东盟外长会议批准了"南海行为准则"(COC)框架文件,之后针对 COC 的磋商在双方推动下不断取得积极进展,并于 2018 年完成 COC 的

---

① 根据美国传统基金会网站数据整理,2020 年 2 月 19 日,https://www.aei.org/china-global-investment-tracker/.

② 《商务部:东盟成为中国第一大贸易伙伴》,中新网,2020 年 11 月 4 日,https://www.chinanews.com/cj/shipin/cns/2020/09-27/news869217.shtml.

③ 根据 ASEAN Statistical Yearbook 2019 相关数据计算而得。

④ "Chinese Ban on Tour Groups to Affect Tourism Business in Southeast Asia," ASEAN Travel, March 2, 2020, http://asean.travel/2020/01/28/chinese-ban-on-tour-groups-to-affect-tourism-business-in-southeast-asia/.

⑤ 《习近平在新加坡国立大学的演讲》,新华网,2020 年 2 月 14 日,http://www.xinhuanet.com//world/2015-11/07/c_1117071978.htm.

单一磋商文本草案的第一轮审读,并启动了实质性谈判。中国为维护地区安全展现出最大的诚意和共同解决南海问题的决心。此外,中国还与东盟国家开展不同领域的安全合作。2018年10月和2019年4月,中国与东盟两次成功组织海上联合军事演习。2019年10月,首次中国—东盟中青年军官和防务智库交流活动也顺利开展。在非传统安全方面,中国在澜沧江—湄公河合作机制框架内,同相关国家围绕灾害管理、传染病防控、打击贩毒、恐怖主义、网络犯罪、贩卖人口和走私贩运枪支弹药、维护湄公河航道安全等问题开展了紧密合作。① 通过在诸多传统安全和非传统安全领域的合作,中国重视并致力于维护地区安全的努力有目共睹。

(二)东盟国家对中国角色的角色预期

如前所述,中国基于角色定位进行了相应的外交实践,为东盟各国提供了较为客观且全面的认知依据,但在现实中,东盟国家对中国角色的认知与定位出现了不同程度的分歧。

1. 利益占有者

在践行"发展者"的过程中,中国不仅大力推进"一带一路"倡议,还加强了与东盟国家间的政策沟通、设备联通、贸易畅通、资金融通、民心相通,让"五通"成为构建"发展者"角色的助推器,也让这一角色更加立体。但东盟国家的一些反馈却表现出对"发展者"的角色存在质疑,中国是"利益占有者"的认知大有市场。在前述《东南亚态势》2019年报告中,针对"一带一路"倡议,有七成的受访者表示"本国政府在参与'一带一路'项目时应谨慎行事,以避免陷入不可持续的金融债务"。② 不仅如此,一些东盟国家还发生了针对中国的抗议活动。2018年,越南多个城市发生示威游行,起因是越南国会计划通过的《经济特区法》草案拟设立3个经济特区,推出允许租用土地长达99年等优惠政策以吸引外国投资者。草案没有提及中国,但示威者却认为中国企业将是最终受益者,新经济特区会遭中国企业支配。③ 最终,越南政府不得不取消了99年的期限设置。

在柬埔寨和泰国,"利益占有者"的认知同样存在。2019年7月,柬埔寨西哈努克省政府发布报告指出:在西哈努克市,超过90%的企业由中国人拥有,认为当地民众无法从中获益。④ 而柬埔寨学者范纳里斯·香(Vannarith Chheang)和亨·菲克迪(Heng Pheakdey)也认为中国投资者推高了西哈努克港的房价,恶化了当地人的生活条件,本地企业获利十分微薄。⑤ 在泰国,中国对当地农业的投资也受到指责。泰国学者育汕达颂巴(Yos Santasombat)指责中国企业将湄公河流域的农田变成了香蕉产业园和出口加工区。为维持高产,

---

① 有关这一时期中国与东南亚的反恐合作,参见卢光盛、周洪旭《中国与东南亚国家反恐合作的态势、问题及对策》,《云南师范大学学报》(哲学社会科学版)2016年第6期,第63-72页。

② The ASEAN Studies Centre at ISEAS-Yusof Ishak Institute, *The State of Southeast Asia*:2019 *Survey Report*, pp. 20-23. https://www.iseas.edu.sg/articles-commentaries/state-of-southeast-asia-surveg/test-stute-of-southeast-asia-survey-o1/.

③ 《担心遭中资支配,越南民众抗议新经济特区计划》,《联合早报》(新加坡)2018年1月11日。

④ "Chinese Own More Than 90% of Sihanoukville Businesses," Says Report, The Phnom Penh Post, March 12, 2020, https://www.phnompenhpost.com/business/Chinese-own-more-90-sihanoukville-businesses-says-report?.

⑤ Vannarith Chheang and Heng Pheakdey, "Cambodian Perspective on the Belt and for Derence Stadies Road Initiative, "in NIDS ASEAN Workshop 2019 "China's BRI and ASEAN", Japan:The National Institute for Defence Studies, 2019.

他们向园内投放大量农药、除草剂和杀真菌剂，对工人权益和当地环境造成严重破坏。① 可见，中国经贸合作实践在一定程度上引发了东盟国家对中国角色的负面认知，而这些负面认知背离了"发展者"定位时的部分初衷。

2. 地区领导者

中国与东盟国家在交往和合作中秉持平等与尊重、参与与合作的伙伴关系原则，不以强者自居，也无意愿领导任何国家或与其结盟。但在前述《东南亚态势》2019年报告中，74.1%的受访者认为中国是"最有可能争夺地区领导权"的国家。② 同时，由于美国在特朗普政府"美国优先"政策指导下对东南亚的"怠慢"愈发明显，退出跨太平洋伙伴关系协议（TPP）以及缺席东盟峰会等行为，表明美国不愿意承担更多的地区责任，导致东盟国家对美国信心不足。而新冠疫情的爆发则更加剧了东盟国家对美国的失望。对此，泰国安全与国际问题研究所所长提蒂南·蓬苏迪拉克（Thitinan Pongsudhirak）认为疫情让美国在东南亚的威望继续减弱，而中国的影响力则不断增强，这可能会导致"地缘政治的分裂及风向的转移"。③ 新加坡学者钟崇（William Choong）更直接指出，中国在东南亚的"抗疫外交"是对美国在该地区领导地位的冲击和警告，中国可能会在疫情之后利用增强的软实力进一步扩大对东盟国家施压的优势，占据更大上风。④ 可以说，疫情让东盟国家对中国是否会成为"地区领导者"的讨论更加激烈，而角色冲突也会愈加明显。

3. 安全挑战者

东南亚是一个传统上具有全面安全观念的地区，这种安全观涵盖军事、战略、政治、经济和外交等各个领域。⑤ 正因如此，中国与东盟声索国之间的南海争端被视为是"屋子里的大象"，是对东盟国家的集体利益以及集体安全的直接挑战。⑥ 尽管中国和其他南海东盟声索国就谈判协商解决争议达成了系列共识，并在联合军演、海上防务、海上执法、海上搜救、海洋渔业养殖、海洋环保等方面开展了诸多合作，拉长了传统安全合作的"短板"。⑦ 但以越南和菲律宾为主的东盟声索国仍对中国在南海行使主权的行动表示不满。2020年5月8日，越南外交部发言人黎氏秋姮抗议中方在南海实施禁渔令，认为这侵犯了越南对西沙

---

① Yos Santasombat, "Rent Capitalism and Shifting Plantations in the Mekong Borderlands: A Challenge of Chinese Economic Influence in Southeast Asia," Land University, March 20, 2020, https://www.ace.lu.se/activities/focus-asia/focus-asia-2018/focus-asia-2018-abstracts.

② The ASEAN Studies Centre at ISEAS – Yusof Ishak Institute, "*The State of Southeast Asia: 2019 Survey Report*," pp. 20–23.

③ "*Thitinan Pongsudhirak, Relevance Beyond the Crisis: The Deepening Geopolitical Divide*," GIS, May 19, 2020, https://www.gisreportsonline.com/relevance-beyond-the-crisis-the-deepening-geopolitical-divide, politics, 3168.html.

④ William Choong, US Regional Leadership: A Shot Across the Bow, Lowy Institute, April 10, 2020, https://www.lowyinstitute.org/the-interpreter/us-regional-leadership-shot-across-bow.

⑤ Evelyn Goh, "Southeast Asian Perspectives on the China Challenge," *Journal of Strategic Studies*, Vol. 3, No. 4–5 (2007), p. 829.

⑥ Lynn Kuok, "South China Sea Dispute Undermines Maritime Security in Southeast Asia," Asia Foundation, May 1, 2020, https://asiafoundation.org/2017/08/23/south-china-sea-dispute-undermines-maritime-security-southeast-asia/.

⑦ 吴士存：《"印太战略"背景下的南海形势》，FT中文网，2020年4月20日，http://www.Ftchinese.com/story/001083572?full=y&archive.

群岛和有关海域的"主权"。① 菲律宾虽于2018年11月与中方达成了《关于油气开发合作的谅解备忘录》，但杜特尔特政府基于维护本国利益、稳住政局、平衡各派政治势力及争取军方支持等考虑，也不时在南海问题上宣示主权立场。② 马来西亚外交部部长赛夫丁·阿卜杜拉（Saifuddin Abdullah）在2019年12月也表示"中国拥有整个南海的主权是荒谬的"。③ 此外，中国处理南海争端的方式也遭到质疑，被认为试图通过与个别国家谈判发挥其绝对的影响力来"分而治之"，④ 以及"利用经济优势在南海问题上制造东盟国家间的分歧，削弱东盟在地区安全问题上的核心地位"。⑤ 由此可见，中国想在和平发展的基础框架下，通过加深相互依赖关系从而解决南海问题的考量仍面临较大阻力。

另外，中国对东南亚非传统安全的维护也频遭指责。近几年来澜沧江—湄公河流域国家连续遭受严重旱灾。为帮助下游国家缓解旱情，减少民众损失，中方多次实施开闸放水并无偿提供澜沧江汛期水文数据，但仍难以改变在维护水资源安全方面的被动角色。2020年4月，《曼谷邮报》就湄公河下游频发旱涝灾害发表社论，认为气候变化和中国修建的多座水电站是引发上述问题的主要原因，呼吁中国在分享水文信息方面更加透明，并将湄公河下游国家视为真正的伙伴。⑥

（三）中国在东南亚面临角色冲突的动因分析

综上所述，中国在东南亚构建的三个国家角色均面临着角色冲突的困境，以下将分别从内部定位、外部预期以及守成国影响三个方面分析其动因。

首先，角色定位模糊对外交行为指导不力。石之瑜和黄琼超（Chih‑Yu Shih & Chiung‑Chiu Huang）曾提出中国角色定位的模糊性特征会增加角色冲突的可能性。⑦ 而"发展者"面临的角色冲突正印证了上述观点。中国对于"发展者"的定位其根本是基于中国的基本国情及发展状态，具有科学性和合理性，但同时也展示了模糊性的缺陷。就"发展者"这一角色而言，其并没有对如何确定适合当地的发展模式以及如何在当地发挥积极作用进行准确细致的指导。这导致在角色实践中，一些投资项目偏向对经济利益的追求而忽略了当地民众的需求以及对生态环境的保护。而他者预期也体现出东盟国家对"发展者"的负面认知主要来源于角色实践，并非来源于角色定位本身。据此，2017年5月，"一带一路"国际合

---

① "Vietnam Rejects China's Unilateral Fishing Ban in East Sea," The Vietnam Plus, May 20, 2020, https://en.vietnamplus.vn/vietnam-rejects-chinas-unilateral-fishing-ban-in-east-sea/172979.vnp.

② 刘琳：《东盟国家：合作与对冲》，北京大学海洋研究院和"南海战略态势感知计划"，2020年3月20日，http://www.scspi.org/zh/dtfx/1554681600.

③ "Saifuddin: China's Claim to Whole of South China Sea Ridiculous," The Straits Times, March 22, 2020, https://www.nst.com.my/news/nation/2019/12/549586/Saifuddin-chinas-claim-whole-south-china-sea-ridiculous.

④ Munir Majid, "Southeast Asian View of China's 'Not so Neighbourly' Rise," International Politics, Vol. 51, No. 3 (2014), pp. 398-403.

⑤ Moch Faisal Karim and Wendy A. Prajuli, "50 Years of ASEAN Dealing With Major Powers: Indonesia's Perspective," March 22, 2020, https://theasiadialogue.com/2017/08/24/50-years-of-asean-dealing-with-major-powers-indonesias-perspective/.

⑥ "China's Drain on Mekong," The Bangkok Post, April 10, 2020, https://www.bangkokpost.com/opinion/opinion/1901410/chinas-drain-on-mekong.

⑦ Chih-Yu Shih, "National Role Conception as Foreign Policy Motivation: The Psychocultural Bases of Chinese Diplomacy," Political Psychology, Vol. 9, No. 4 (1988), pp. 600-604.

作高峰论坛明确将绿色发展模式融入"一带一路"建设；2019年4月第二届峰会则进一步明确绿色和可持续的发展原则，支持在共建"一带一路"过程中坚持发展导向，开展更多资源节约型、环境友好型的合作项目。通过对发展模式的进一步明确，不仅可以更好地指导中国的周边外交行为，也可以相应减少东盟国家的负面认知，缓解中国"发展者"所面临的角色冲突。

其次，他者预期受到其自身"原生性"思维的影响。中国对"合作者和参与者"的角色定位是以平等为基本原则，而东盟国家则表现出对上述角色地位等级的质疑，以经济实力及历史经验断定权力及角色地位会进行转移。笔者认为这些认知主要受其自身"原生性"思维的影响。

东盟国家多为中小国家，在这些国家的认知中长期存在一些独特的"原生性"思维，这种思维的产生源于小国与大国间不可回避且难以改变的权力不对称，主要表现在对均衡状态的追求。一方面，东盟国家追求与大国间的权力差距在一段时间内保持稳定，并通过政策调适和制度互动对权力差距及其可能发生的影响形成较为稳定的预期。[①]但是这种极力保持的稳定状态和预期在中国高速发展的背景下变得脆弱，东盟国家很难认同中国的地位与自己对等，对中国以平等原则设立的角色产生怀疑。另一方面，东盟国家追求域外力量的均衡，正如当前各国媒体津津乐道的"经济靠中国、安全靠美国"。但在特朗普政府上台后，美国调整了奥巴马时期对东南亚的"亚洲再平衡"战略，降低了东南亚的战略层次，一切以"美国优先"更是让东盟国家质疑美国对东南亚的承诺与保障，进而担心美国领导力的削弱将打破东南亚长久以来的力量平衡。因此，对东南亚维持均衡态势的悲观预期以及由美国的"疏离"而带来的失落感，强化了东盟国家对中国"领导者"的角色认识。

第三，域外守成国对华心态失衡强行构建中国"负面角色"。阿米塔夫·阿查亚（Amitav Acharya）曾指出："中国未来在东南亚的角色可能更多地取决于中国国内的演变以及与其他主要角色（尤其是美国）的关系。"[②] 美国一直是维护东南亚地区安全的主要角色，这是长久以来域内外形成的共识。面对中国的崛起以及在东盟日益上升的影响力，美国作为守成国的心态逐渐失衡，对中国有可能改变地区秩序的担忧也日益加剧。因此，美国利用东盟国家对安全问题的极度敏感性，以及与中国在南海、湄公河等问题上存在利益冲突，着力刻画中国挑战地区安全秩序的负面角色。2017年，美国对外关系委员会（CFR）发表报告并明确了中国"挑战者"的角色，并强调"中国挑战了美国在南海的主导地位"。[③] 同年12月，特朗普政府发表《国家安全战略报告》将中国定位为挑战美国利益的两个"修正主义国家"之一，无端指责"中国在南海修建前哨阵地的军事化努力，让该地区的自由贸易流动面临危险，威胁到了其他国家的主权，破坏了地区稳定"。[④] 2018年6月，时任美国国防部部长詹姆斯·马蒂斯（James N. Mattis）在新加坡香格里拉对话会上把中国南海岛礁建设

---

① 季玲：《权力格局失衡与心理调适——中国东盟关系中的信任问题》，《南洋问题研究》2012年第1期，第42页。
② Amitav Acharya, "Seeking Security in the Dragon's Shadow: China and Southeast Asia in the Emerging Asian Order," Institute of Defence and Strategic Studies Singapore, March 2003, p. 1.
③ "Southeast Asian Perspectives on US – China Competition," A Report of The Council on Foreign Relations and The Lowy Institute, August 2017, p. 1.
④ "National Security Strategy of the United States of America," The White House, December 2017, https://www.whitehouse.gov/wp-content/uploads/2017/12/NSS-Final-12-18-2017-0905-2.pdf, p. 25.

称之为南海"军事化",声称美国"不会接受单边的、强制性的对现状的改变"。① 同样在非传统安全方面,美国依然不会放过任何一个"污名化"中国的机会。2020年4月,美国水资源研究咨询中心"地球之眼"(Eyes on Earth)发布了一份关于湄公河上游水流量监测的报告,指责湄公河中下游各国创纪录的低水位是由中国在上游修建大坝并限制放水而造成的。② 该报告很快被泰国《曼谷邮报》、越南《法文新闻报》《越南快讯》、新加坡《今日东盟》等多家媒体转载,引起较大反响。可见,在美国等域外大国的强行构建下,东盟国家对中国角色的认知定会受到不同程度的影响。

结　语

如果说一国可以单方面决定自己在国际社会或地区中的国家角色,只强调自我认知和定位,不关心多样且不断变化的他者及外部环境,那么对角色冲突的讨论就毫无意义。迄今,中国在东南亚的角色尚未实现内外统一,东盟国家对中国角色的认知都与自身的定位存在不同程度的分歧和偏差,角色冲突较为明显。同时由于引发冲突的原因涉及域内外多方因素,力求完全消除角色冲突并不现实。因此唯有自身进行调整,才能引导对方认知的改变;另外尝试从他者的角度思考问题再进行互动也未尝不是缓解冲突的方法。

首先,中方需进一步思考对自身角色的定位,并对今后的角色做一个正当合理的预期。当前,中国已经在一些特定领域(例如基础设施建设、电子商务和扶贫)发挥了引领作用,尤其是近期在抗击疫情的过程中,中国高效的治理模式更是引起了东盟国家及全世界的关注。可以说他者已经对中国角色产生了较高的期待和预期,当前的角色认知和定位需作进一步调整。这将决定中国能否赢得周边国家的认同,并将对周边国家的对华战略取向产生根本性的影响。③ 但须注意的是,调整后的角色认知必须与"长期处于社会主义初级阶段"这一国内共识保持一致,否则容易导致角色内部冲突,无法满足或维护国家的根本利益。另一方面,由于东南亚是"一带一路"建设的重点合作区域,因此那些因角色实践而产生的负面认知也需引起重视和反思。角色实践需要将人类命运共同体的理念落实到位,将互利共赢的经济发展模式从政商精英延伸至广大投资者,甚至到出国旅行的普通民众进行层层实践,不给别有用心之人落下中国"掠夺资源""侵占利益""狂妄自大"的口实。

其次,对于东盟国家"原生性"战略思维以及因中国崛起而引发的忧虑情绪,中国应给予足够的关注和理解。同时对一些东盟国家对自身国家角色的追求也应有所了解并加以应对,例如有学者指出:"越南将中国视为威胁,原因可能与之前预测的不完全相同。因为越南最担心的可能是因中国崛起而丧失了自己在东南亚大陆的主导地位。"④ 据此,中国与东盟国家应进一步加强制度化、规范化的互动进程,将会有助于东盟国家缓解焦虑,从而逐渐

---

① "Remarks by Secretary Mattis at Plenary Session of the 2018 Shangri–La Dialogue," U. S. DEPT of Defense, March 22, 2020, https://www.defense.gov/Newsroom/Transcripts/Transcript/Article/1538599/remarks-by-secretary-mattis-at-plenary-session-of-the-2018-shangri-la-dialogue/.

② Alan Basist and Claude Williams, "Monitoring the Quantity of Water Flowing through the Upper Mekong Basin Under Natural (Unimpeded) Conditions," April 20, 2020, OpenDeveLopment Mekong, https://558353b6-da87-4596-a181-b1f20782dd18.filesusr.com/ugd/bae95b_0e0f87104dc8482b99ec91601d853122.pdf?index=true. 登录时间:2020年4月20日。

③ 张志洲:《变迁中的世界秩序与中国的角色定位》,《国际政治研究》2012年第4期,第118页。

④ Ce Liang, "The Rise of China As a Constructed Narrative: Southeast Asia's Response to Asia's Power Shift," *The Pacific Review*, Vol. 31, No. 3 (2018), pp. 279–297.

适应并接受新的权力不对称状态。同时，双方还可以寻找多领域的利益交汇点，或者在同一领域扮演相同的角色，例如维护湄公河航运安全的联合"巡逻者"，自然环境和非物质文化遗产的共同"保护者"以及应对突发公共卫生事件的共同"治理者"……在同样的角色里双方可以增进理解与互信，也能够为更紧密的中国—东盟命运共同体注入新的活力，发展成为"第三个奇迹"。[①]

最后，中国欲缓解角色冲突始终无法绕开与美国关系的处理。因为中美关系是决定东南亚乃至东亚地区格局的关键因素。出于对自身地位的担忧以及能否履行对地区盟友承诺的考虑，美国在南海及湄公河等问题上选择通过建构负面角色的方式对中国形成软制衡，是一举多得的选择。因为这样不仅在态度上支持了地区盟友，还加剧了中国与相关东盟国家的紧张关系。尽管受制于美国主导的国际秩序，中国并无必要"另起炉灶"。相反，中国应追求在现存国际秩序里面提升本国地位，使本国的地位与能力相适应，并且中国也有能力承担更多的国际责任。[②] 另外，中国也应加强在地区秩序和全球治理中的话语权建设，提高对自身角色和外交实践的叙述表达能力，避免陷入国家角色"被定位"的尴尬境地。

[①] 参见翟崑、陈旖琦《第三个奇迹：中国—东盟命运共同体建设进程及展望》，《云南师范大学学报》（哲学社会科学版）2020年第5期，第134–144页。

[②] 傅聪聪：《东南亚国家对中美的外交政策趋于分化》，《国际政治科学》2018年第3期，第142页。

中资企业在湄公河流域国家的发展合作

任欣霖 孔建勋*

【摘 要】 联合国"2030年可持续发展议程"的不断推进和国际发展格局的变化，促使发展合作的参与主体日益多元化。作为新兴发展援助国，中国的对外援助日益引起学界的关注。本文将中资企业发展合作的测量指标设置为"企业履行"和"员工认知"利用"海外中资企业与东道国员工综合调查"（OCEES）中湄公河流域五国中资企业的相关数据，从"企业履行"和东道国"员工认知"两个维度出发，探索中资企业在湄公河流域国家发展合作的成效和影响因素。研究发现，湄公河流域五国中资企业在促进当地经济发展合作的同时，也积极推动了当地社会发展合作。进一步的结构方程模型分析结果显示，企业规模和企业高管的学历层次是影响湄公河流域五国中资企业履行发展合作的主要因素，而东道国员工的岗位职级和入职年限则是影响其对所在企业发展合作状况认知的主要因素。因此，本文认为，在澜湄合作机制的背景下，中国增进澜湄合作需要突破以往从国家行为体出发的一元化发展合作思维模式，从中资企业主体视角出发，将承担项目转变为主动参与，充分考虑"企业履行"和"员工认知"两方面的影响因素，联动国家和国际组织，避免单一化的发展合作方式，为中国国际发展合作的多维度和多元化提供参考路径。

【关键词】 发展合作；中资企业；非国家行为体；湄公河流域国家；澜湄合作

2018年3月，中国成立国家国际发展合作署，其主要职能是拟定对外援助战略方针、规划和政策，推进援外方式的改革等。这是为了更好地从国际援助转向发展合作的政策选择。自2015年第70届联合国大会通过《2030年可持续发展议程》以来，传统的国际援助超越了"发展援助"的范畴，逐渐形成"发展合作"的新理念，将援助同贸易、投资、气候变化等多种方式结合起来，以适应多边主义的全球新型秩序和治理架构。但是，学界关于"发展合作"的概念依然存在模糊性，从"发展援助"向"发展合作"的升级过程亟需厘清思路。

从发展合作的行为体来看，目前国内外学界普遍关注国家和国际组织的发展合作，但对诸如跨国企业这样的非国家行为体在发展合作中的地位和作用缺乏足够的认识。一方面，跨国企业在发展合作中的作用尚未引起学界的重视。既有研究主要关注国家行为体之间的合作计划，在非国家行为体领域则主要关注国际组织、非政府组织等所扮演的角色[①]，鲜有研究

---

* 任欣霖，云南大学教育部哲学社会科学实验室"一带一路"研究院研究助理，云南大学国际关系研究院博士研究生；孔建勋，云南大学教育部哲学社会科学实验室"一带一路"研究院首席专家，云南大学国际关系研究院研究员，博士生导师。

① 斯特凡·克林格比尔：《发展合作：援助新体系的挑战》，白云真译，上海人民出版社，2019，第19-22页；董强、李小云：《民间组织参与国际发展：欧洲与中国》，社会科学文献出版社，2020。

论及跨国企业在发展合作中的地位和作用。实际上，跨国企业通过履行企业社会责任的方式，不仅加强了母国与东道国之间的经济文化联系，而且在人类发展、社会进步、环境保护等方面引入国际标准，展现出发展合作的有效性，塑造着负责任的国际企业形象，为双边乃至多边关系搭建沟通的桥梁。可见，作为非国家行为体的跨国企业在发展合作中发挥着重要的作用。另一方面，跨国企业在发展合作中的角色定位也尚未明晰。相比非政府组织、基金会等其他非国家行为体而言，跨国企业在发展合作中所扮演的角色相对模糊，需要结合具体合作行为进行分析。首先，中国于2018年3月正式成立国家国际发展合作署，从此极大地转变了以往主要由商务部、财政部和外交部组成部际协调机制并由商务部对外援助司具体负责实施的管理模式[①]。因此，在中国从对外"发展援助"向"发展合作"升级转变以及共商共建共享"一带一路"倡议的背景下，学界须对海外中资企业在其中的角色定位有个明确的认识。事实上，与传统意义上的跨国企业有所区别的是，中资企业存在着国营或民营的不同性质，且通常被统称为海外中资企业，因而上述性质的企业都需要囊括在相关研究之中；其次，援助有效性理论更多时候被运用于国家，对于企业而言，有学者提出可以用"量化企业社会责任"（Quantified Corporate Social Responsibility）的方式测量企业创造的物质性溢出效应，但同时该观点缺乏相关数据的支撑[②]。

本文基于发展合作的分析框架，利用湄公河流域五国中资企业的第一手调查数据，将"量化企业社会责任"的评估从理论探讨推进到实证研究。近年来，中国与湄公河流域国家的发展合作在澜湄合作机制的推动下迅速发展，然而，该地区地缘政治形势复杂，域外大国干扰不断，湄公河流域五国的中资企业在承担中国与域内各国间合作项目的同时，也面临着东道国复杂的利益关系、政治文化环境的影响等各种风险。因此，本文拟以湄公河流域五国的中资企业作为研究对象，管窥非国家行为体的发展合作，分析中资企业在湄公河地区发展合作的成效及其影响因素，同时就增进澜湄合作，减少海外投资风险，巩固"亲诚惠容"的西南周边外交关系，实现区域性共商共建共享的高质量发展进行政策思考。

一、研究综述与问题的提出

近年来，国家间或区域性的发展合作逐渐引起学界的关注和讨论。自从联合国在"可持续发展目标"（SDGs）中提出以"合作"代替"援助"，学界开始从不同角度关注如何将发展援助升级为发展合作，但迄今为止仍未形成较为统一的共识。一方面，"发展合作"几乎仍然是"发展援助"的同义词，或者更狭义地说，等同于"官方发展援助"。例如有学者在阐释发展合作的理论时，探讨的依然是"国际发展援助"的范畴[③]；甚至有学者指出"国际发展援助"与"国际援助""官方发展援助""对外援助""发展合作"等几个概念可以交替使用[④]。另一方面，也有学者主张发展合作比发展援助包含更为丰富的含义，发展援助

---

① 卢玛丽：《中国国家国际发展合作署的"前世今生"》，Carnegie Endowment for International Peace, October 8, 2020, https://carnegieendowment.org/2019/09/02/zh-pub-79860.

② Ian Mitchell, "Measuring Development Cooperation and the Quality of Aid," in Sachin Chaturvedi and Heiner Janus et al. eds., *The Palgrave Handbook of Development Cooperation for Achieving the 2030 Agenda: Contested Collaboration*, Switzerland: Palgrave Macmillan Press, 2021, pp. 248-249.

③ 赵剑治：《国际发展合作——理论、实践和评估》，中国社会科学出版社，2018，第3—8页。

④ 严启发、林罡：《世界官方发展援助（ODA）比较研究》，《世界经济研究》2006年第5期。

意味着一种不平等的关系，而发展合作中双方是平等的关系①。甚至有部分学者提出富有新意的概念，诸如"发展引导型援助""平行经验转移""中国特色的官方开发金融"等②。另一部分学者则从全球视角提出相对普适的定义，其中林毅夫和王燕借鉴货币工具分类方法，将发展合作按融资来源划分为官方发展援助（ODA）、"ODA＋其他官方资金（OOF）""ODA＋OOF＋类OOF贷款"和"ODA＋OOF＋类OOF贷款＋类OOF投资"等③。郑宇主张用更具包容性的"发展合作融资"来代替"官方发展援助"概念，以此显示发展合作的多源性、互惠性、自主性④，甚至提出区别于传统的发展援助与南南合作的"新型国际发展合作范式⑤。魏玲从广义上界定了发展合作，认为其是相关国际行为体基于平等伙伴关系，结合地方实际情况，以消除贫困、提振地方经济为导向的合作实践⑥。周弘表示发展合作开始真正超越传统的界限，从概念到行动接纳更多的行为主体，相关研究进入一个崭新的场域⑦。还有国外学者指出发展合作是一种旨在明确支持国家或国际发展优先事项的活动，不以利润为驱动，优待发展中国家，并以寻求加强发展中国家自主权的合作关系为基础⑧。

中国对发展合作的认识以及相应的政策措施存在一定的差异。例如，中国自2018年成立国家国际发展合作署至2021年发布《新时代的中国国际发展合作》白皮书，对外援助顺应时代要求，逐步向发展合作转型升级，中国的国际发展合作也被定义为"在南南合作框架下，中国通过对外援助等方式在经济社会发展领域，包括人道主义援助方面开展的多双边国际合作"⑨。日本将其定义为"国际合作活动"；美国对此虽然没有官方的界定或分类，但是其对外援助定义范围远大于ODA⑩。因此，"发展合作"的概念界定总体上仍然存在碎片化和模糊性的问题，其升级重构尚需要更加清晰的理论框架。就现阶段而言，发展合作是对外援助的升级形式，其体现出更为广阔的国际视野。在中国语境下，中国国际发展合作的重要形式和主要内容仍是对外援助。参考中国目前的国际发展合作话语体系和实际行动，本文将相关研究着眼于落实提供公共产品、加强援助力度和完善区域合作机制的务实举措中去。

国家行为体和非国家行为体两大类型。其中国家行为体既包括以发达国家为主的传统援助国（例如美国、日本、德国、英国、法国等），也包括发展中的新兴援助国（例如中国、

---

① 黄梅波：《国际发展援助的有效性研究：从援助有效性到发展有效性》，人民出版社，2020，第2页。
② 参见张海冰《发展引导型援助：中国对非洲援助模式研究》，上海人民出版社，2013；徐秀丽、李小云：《中国是否重塑国际发展架构》，《国际援助》2014年第5期；程诚：《中国特色的官方开发金融：中非发展合作的新模式》，《复旦国际关系评论》2016年第19辑。
③ 参见林毅夫、王燕《超越发展援助——在一个多极世界中重构发展合作新理念》，宋琛译，北京大学出版社，2016，第199-200页。
④ 郑宇：《援助有效性与新型发展合作模式构想》，《世界经济与政治》2017年第8期。
⑤ 郑宇：《新兴国际发展合作范式的初变与挑战》，《中国社会科学评价》2021年第2期。
⑥ 魏玲：《大变局下的中国与国际发展合作》，《亚太安全与海洋研究》2021年第1期。
⑦ 周弘：《探索国际发展合作的多重世界》，《中国社会科学报》2021年10月19日第5版。
⑧ José Antonio Alonso, Jonathan Glennie, "What Is Development Cooperation?," Development Cooperation Forum, February 2015, https://www.un.org/ecosoc/sites/www.un.org.ecosoc/files/publications/what_is_development_cooperation.pdf IGI Global.
⑨ 《新时代的中国国际发展合作》白皮书，中国国务院新闻办公室，http://www.scio.gov.cn/zfbps/32832/Document/1696685/1696685.
⑩ K. Vazquez, Mao Xiaojin and Shuai Yao, *Mix and Match? How Countries Deliver Development Cooperation and Lessons for China*, China Commerce and Trade Press, 2016, p. 15, p. 59, p. 95.

印度、巴西、南非、沙特阿拉伯、泰国和土耳其等)①。传统援助国都是经济合作与发展组织（OECD）发展援助委员会的成员国，这些国家较早成立了与本国发展合作相适应的管理机构。而新兴援助国近年来在全球范围内的发展合作日益活跃，扮演着变革的角色，同时还兼具援助国与受援国的双重身份。非国家行为体主要包括世界银行、国际货币基金组织、联合国开发计划署等国际组织以及慈善基金会、非政府组织等机构。多年来，像洛克菲勒基金会、福特基金会、比尔及梅琳达·盖茨基金会之类的慈善基金会，以履行企业社会责任为主旨从事慈善活动的私营企业以及全球基金（例如全球抗击艾滋病毒/艾滋病、结核和疟疾全球基金）②的积极参与，使发展合作非国家行为体的构成更加多元化。

目前，既有研究大部分聚焦于非国家行为体中的国际多边组织和非政府组织在发展合作中的贡献，但鲜见关于跨国企业在发展合作中扮演的角色的讨论。实际上，跨国企业是全球发展合作的重要行为体，也是援助有效性评估的重要参照物，其在海外履行的企业社会责任与发展合作相辅相成，甚至在跨国合作过程中承载着建构国家形象的责任。跨国企业通过引入不同的社会和环境标准，在一定程度上影响着所在国或地区经济社会的可持续发展，同时也影响自身的商业利益，甚至面临着复杂的海外风险。跨国企业在发展合作中的地位和作用应引起学界的重视。

一方面，"一带一路"倡议为中资企业提供了发展合作的新平台③；另一方面，海外中资企业既是中国与东道国共商共建共享"一带一路"项目最直接的践行者，同时也是"一带一路"公共外交的主要行为体。在中国国际发展合作的框架下，中资企业承担众多援建项目，在改善基础设施、提供就业岗位和能力培训等方面给予各种支持，成为发展合作的积极参与者。在东道国，中资企业发挥着两个方面的角色：首先，海外中资企业是中国国际发展合作的参与者乃至国家形象的塑造者。海外中资企业的人员结构主要由中方企业主、员工和东道国员工构成，企业长期受到当地民众的直接观察，其背后不仅体现着中资企业的社会责任意识、品牌形象和企业文化，而且隐含着当地人心目中的中国国家形象。其次，海外中资企业是东道国的风险反馈者。中国的国际发展合作道路随时面临当地复杂的政治人文环境，而海外中资企业身处其中也不可避免地存在一定的安全利益风险，合理评估海外中资企业所处的营商环境，有利于摸清既有合作项目运营的可持续性和未来合作项目开发的可行性，提升中资企业应对风险的管控能力，进而为中国改善发展合作治理体系提供良好借鉴。

总之，在探讨全球发展合作中的中国角色时，海外中资企业是不容忽视的重要行为体。本文在构建海外中资企业发展合作分析框架的基础上，利用"海外中资企业与东道国员工综合调查"（OCEES）④数据库中湄公河流域五国（缅甸、泰国、老挝、越南和柬埔寨）中资企业的相关数据，从企业视角的"企业履行"和东道国员工视角的"员工认知"两个方

---

① 斯特凡·克林格比尔著：《发展合作：援助新体系的挑战》，白云真译，上海人民出版社，2019，第16－17页。
② Grimm et al., "European Development Cooperation to 2020: Challenges by New Actors in International Development," ECD 2020 Working Paper, No. 4, 2009.
③ 王雁南等：《"一带一路"下跨国企业社会责任的影响因素及机制》，《经济问题》2020年第10期。
④ 2018—2019年，云南大学团队在"一带一路"沿线18个国家进行了海外中资企业营商环境调查，调查对象涉及企业方（主要是指中资企业企业主或中方管理团队）和东道国员工方。企业问卷调查内容涵盖企业生产与销售、融资结构、创新、就业与培训等多个模块，员工问卷调查内容包括职业、收支、交往与态度、民心相通等模块。相关数据现已经过数据清理形成"海外中资企业与东道国员工综合调查"（OCEES）项目数据库。

面，分析湄公河流域五国中资企业在发展合作方面的表现。

二、研究设计与假设

（一）概念操作化

既有研究指出，国家行为体在发展合作中的参考变量主要是基于宏观经济的硬性指标和援助主体客观指标的援助有效性评价体系[①]。而作为非国家行为体的中资企业的"发展合作"的内涵及其评估鲜有学者论及，因此，本文首先尝试对海外中资企业发展合作的概念进行可操作化处理，将这一抽象概念分解为可测量的指标与可被实际调查资料检验的假设，同时由相应指标归纳出海外中资企业发展合作的类型化框架。

海外中资企业本身作为行为主体，在东道国开展发展合作的具体类型主要有两种：一是涉及各类有关经济发展的基础设施援助，二是促进社会发展的项目，如教育培训、医疗卫生等领域的援助。但是，衡量海外中资企业发展合作有效性的细化指标仍然尚未明确。通过梳理既有文献可知，跨国企业参与发展合作是从国际发展援助转变而来[②]，而跨国企业参与发展援助的路径主要包括溢出效应、企业社会责任和发展合作伙伴关系，其中的企业社会责任路径是指跨国企业主动为东道国社会提供相关公共产品[③]。具体而言，随着企业间联系日益密切、资金日益充足，跨国企业在全球很多地区逐渐发挥了"影子政权"的功能，即为公众提供本应由政府提供的公共产品[④]。正如国外学者在探讨企业社会责任时所说，跨国企业实际上是一种"类政府"[⑤]。此外，在衡量企业发展合作的有效性方面，有学者指出，衡量发展合作成效的准则除了运用于国家，还可以适用于企业，其中企业创造的物质性溢出效应可以用"量化企业社会责任"的方式来测量[⑥]。不过，仍然缺乏衡量跨国企业发展合作成效的具体指标。

为解决上述问题，本研究将借鉴"利益相关者"理论尝试构建海外中资企业发展合作的测量指标。由"利益相关者"理论可知，对企业而言利益相关者主要分为三类，即资本市场利益相关者、产品市场利益相关者和组织中的利益相关者[⑦]，东道国员工就具有双重利益相关者的属性，他们既是产品市场利益相关者，又是组织中的利益相关者。因此，结合"量化企业社会责任"和"利益相关者"的研究思路，对海外中资企业发展合作而言，东道国员工可以成为企业和社区之间的纽带，他们对企业社会责任的认知在一定程度上可以反映

[①] 黄振乾：《中国援助项目对当地经济发展的影响——以坦桑尼亚为个案的考察》，《世界经济与政治》2019年第8期。

[②] 黄河等：《跨国公司与全球治理》，上海人民出版社，2018，第137页。

[③] 雷雯、王伊欢：《推动发展的三条路径：跨国企业如何参与发展援助的国外研究综述》，《经济社会体制比较》2017年第4期。

[④] 黄河：《全球化转型视野下的跨国公司与全球治理》，《国际观察》2017年第6期。

[⑤] See S. B. Banerjee, "Corporate Social Responsibility: The Good, the Bad and the Ugly," *Critical Sociology*, Vol. 34, No. 1, 2008, pp. 51 – 79; M. Blowfield, J. G. Frynas, "Editorial Setting New Agendas: Critical Perspectives on Corporate Social Responsibility in the Developing World," *International Affairs*, Vol. 81, No. 3, 2005, pp. 499 – 513.

[⑥] Ian Mitchell, "Measuring Development Cooperation and the Quality of Aid," in Sachin Chaturvedi and Heiner Janus et al. eds., *The Palgrave Handbook of Development Cooperation for Achieving the 2030 Agenda: Contested Collaboration*, Switzerland: Palgrave Macmillan Press, 2021, pp. 248 – 249.

[⑦] 华锦阳、许庆瑞：《公司治理模型的发展与评价》，《中国软科学》2001年第12期。

中资企业发展合作的成效。实际上，已有学者提出国家层面上援助有效性的主观认知指标，认为需要增加受援国民众自身对经济发展状况认知的"柔性指标"，考虑受援国主体（民众）的具体需求及其对发展的主观认知①。本文在衡量海外中资企业发展合作的有效性时，考察具有双重属性的东道国员工对企业社会责任的主观认知，即"员工认知"；同时，海外中资企业作为发展合作主体的客观价值，即"企业履行"，也是一个重要方面，所以本文还将引入企业实际履行的社会责任，与主观认知形成比较。

（二）调查问卷的问题设置和指标设定

"海外中资企业与东道国员工综合调查"（OCEES）项目中企业问卷和员工问卷都设置了相互匹配的企业社会责任指标相关问题，分别询问企业管理人员和员工"本企业自2017年以来在哪些领域履行了企业社会责任"，所有问题的回答项均为二分类选项，即"是"与"否"。企业问卷和员工问卷相互匹配的企业社会责任相关问题如表1所示。

表1　企业问卷与员工问卷相互匹配的企业社会责任相关问题设置

测量项目	问卷具体内容
教育援助	包括兴建学校、修复学校、提供学校设备、提供奖助学金等与教育相关的援助行为
培训项目	面向当地人进行农业技术培训、教师培训等培训项目，不包括员工培训
卫生援助	包括修建诊所和医院、提供医疗设备、培训医护人员、引进医疗技术等与卫生相关的援助行为
交通设施	包括修建公路、桥梁、船埠、停机坪、公交车站、美化街道等与交通基础设施相关的援助行为
修建寺院	包括修建寺庙、教堂等与遗产保护活动相关的场所
水利设施	包括提供清洁水、修水井、修水窖、污水处理等与水供应相关的行为
文化体育设施	修建文化娱乐场所、文艺演出中心、体育设施等文体设施
文体交流活动	如文艺公益演出、汉语教学等文体交流活动
社会服务设施	包括修建警察局等安防设施、垃圾分类场所、孤儿院、养老院等社会服务场所

资料来源：笔者根据OCEES项目调查问卷内容自制。

以上测量项目既包含企业履行社会责任具体内容的落实，也包含东道国员工对企业履行社会责任的认知，分别对应本研究所要测量的两个指标："企业履行"和"员工认知"。

（三）研究假设

中国与湄公河流域各国在人文、交通、政治、经济等各方面有着其他域外大国难以比拟的密切联系。一方面，中国与湄公河流域国家均属于澜湄合作机制的成员国，彼此间经贸往来和合作密切，尤其是中国与流域各国资源互补性强。另一方面，澜湄合作第二次领导人会

---

① 黄振乾：《中国援助项目对当地经济发展的影响——以坦桑尼亚为个案的考察》，《世界经济与政治》2019年第8期。

议通过的《澜沧江—湄公河合作五年行动计划（2018—2022）》确认了中方的倡议，将"3+5合作框架"升级为"3+5+X合作框架"①。从2018年开始，基础设施和工业化等各类合作项目纷纷开工，为流域经济社会发展做出了重要贡献。因此，增进澜湄合作，是流域内各国实现互利共赢的必然选择。

但是，近期美国政府加大了与湄公河流域国家的合作力度，旨在抵消中国在流域国家日益增强的影响力，尤其是针对湄公河水资源问题的炒作、对中国上游水电项目的攻击等，产生了不可忽视的负面影响②。从原来的西方媒体和非政府组织，到现在美国政府亲自上阵，中国在湄公河地区的发展合作不断面临新挑战。海外中资企业作为主要的非国家行为体，同时作为湄公河地区"制度竞合"的利益相关者之一，在该地区横向、纵向竞争和双边、多边的合作中都可以影响澜湄合作，因此，通过对其发展合作的调查和评估，有助于探索澜湄合作机制下有效推动发展合作的新路径。

本文以湄公河流域五国中资企业为研究对象，依据海外中资企业国际发展合作的分析框架，从"企业履行"和"员工认知"两个方面探究湄公河流域五国中资企业参与发展合作的成效和影响因素，并为澜湄合作机制下有效推动发展合作做出政策思考。基于此，本文围绕以下两个层面提出研究假设。

1. 企业履行

海外中资企业的企业规模和高管学历的差异会影响其在东道国实施具有针对性和相关性的发展合作行为。中国国际发展合作是由对外援助转型升级而来，而海外中资企业是中国援外项目的重要载体。首先，从企业的组织属性来看，海外中资企业有别于传统意义上的跨国企业，它不仅包括民营企业，也包括国营企业。中国对援建成套项目企业的资质要求比较高，参与援建成套项目的企业主要是大型央企或国企；提供援外所需物资的企业则主要是中小型企业；而开展技术合作的企业既包含大型央企或国企，也包括中小型企业③。可见，在企业层面引入企业规模变量将在一定程度上检验其与发展合作的相关性，以及不同规模企业的发展合作行为意愿。其次，从企业高管的个人背景来看，企业的行为往往反映企业高管的价值观和管理偏好④，而教育经历对于个人认知和价值观有显著的影响，由此可推论，企业参与发展合作的行为将会与高管的教育背景产生重要联系，而其中关键的变量即高管的学历层次。因此本文在"企业履行"层面提出以下假设：

H1a：企业规模越大，中资企业在东道国参与发展合作的"企业履行"程度越高。

H1b：高管的学历层次越高，其所在中资企业参与东道国发展合作的"企业履行"程度越高。

2. 员工认知

海外中资企业里不同岗位职级和入职年限的东道国员工通常对其所在企业与当地的发展

---

① "3+5+X"的合作框架指的是以坚持政治安全、经济和可持续发展、社会人文为三大合作支柱，互联互通、产能合作、跨境经济、水资源、农业减贫为五个优先领域，拓展数字经济、环保、卫生、海关、青年等领域合作而逐步形成的合作框架。
② 参见任华、卢光盛《美国对中国湄公河政策的"话语攻势"：批评话语分析的视角》，《东南亚研究》2022年第1期。
③ 李蕾：《从中国特色大国外交视角看中国企业参与对外援助》，《中国产经》2018年第8期。
④ 谢勇才、丁建定：《从生存型救助到发展型救助：我国社会救助制度的发展困境与完善路径》，《中国软科学》2015年第11期。

合作有着差异化的认知。从本研究的概念操作化过程可知，中资企业在东道国参与发展合作同承担企业社会责任息息相关。从员工的认知层面出发，已有研究表明，员工认知的企业社会责任会对员工的行为和态度产生正向影响①，但是，鲜有研究指出不同特征的员工对跨国企业的发展合作认知程度如何。基于企业社会责任的相关文献可以发现，岗位职级和入职年限是影响员工对企业社会责任履行满意度的两个重要因素，因而本文尝试采纳这两个因素检验湄公河五国中资企业的当地员工对其所在企业参与发展合作的认知。首先，有学者指出，不同层次的员工对企业社会责任的理解有所不同，主要体现为对企业经济责任方面的差异化认知，且企业基层员工和中高层领导的认知差异巨大②。由此可推论，受职位身份的限制，海外中资企业的东道国员工对企业的发展合作存在不同程度的认知，其中处于管理岗位的员工对所在企业的发展合作行为的认知程度更高。其次，入职年限代表员工进入所在企业的工作年限，通常伴随员工入职年限的增加，其对企业的发展状况会更加了解，不同入职年限的员工对企业发展合作的效果很有可能形成差异化认知。因此，本文在"员工认知"层面提出以下假设：

H2a：东道国员工岗位职级越高，其对中资企业发展合作履行状况的"员工认知"程度越高。

H2b：东道国员工入职年限越长，其对中资企业履行发展合作状况的"员工认知"程度越高。

三、数据与方法

（一）数据来源与操作方案

1. 数据描述

为了检验上述研究假设，本文采用"海外中资企业与东道国员工综合调查"第一波数据。该调查以2018年中华人民共和国商务部网站公布的对外投资企业名录为抽样框。考虑到不同国家中资企业的数量差异巨大，为兼顾个别国家中资企业较少的现实情况，本调查采取不等比分层抽样技术（disproportionate stratified sampling）进行国别样本分配。此外，为减少商务部对外投资企业名录抽样框与各国调查时点上总体之间的差异，在调查执行中充分考虑各国的实际情况，与中国商会、企业代表处确定新的企业名录作为各国的中资企业抽样框，采取配额抽样、滚雪球抽样等多种方式进行抽样。在数据收集方面，国内派出的团队与东道国的学术机构合作，招募东道国高校师生共同进入中资企业进行数据采集。其中，中方人员调查企业层面的数据，东道国师生调查当地员工的数据。在调查过程中，调查员利用西南财经大学中国家庭金融调查与研究中心开发的计算机面访系统（CAPI）对被访对象进行

---

① 参见颜爱民、陈世格、林兰《投桃何以报李：企业内外部社会责任对管家行为的影响机制研究》，《中国人力资源开发》2020年第1期；颜爱民、单良、徐婷：《员工感知的企业社会责任对建言行为的作用机制研究》，《软科学》2017年第7期；马晨：《感知的企业社会责任与员工态度的关系研究：工作意义感的中介效应和CSR归因的调节效应》，博士学位论文，上海交通大学，2015年；等等。

② 党齐民：《国外企业社会责任的发展趋势与启示》，《甘肃社会科学》2019年第2期。

询问,并在各个环节予以严格的质量监控和数据核实,以最大限度减少抽样误差[①]。调查最终采集了东南亚、南亚、中东、非洲等18个国家的861个中资企业样本和13205个东道国员工样本的数据,其中涉及缅甸、泰国、老挝、越南和柬埔寨等湄公河五国的企业有效样本为278份,员工有效样本为5157份。该数据库的原始数据已经STATA统计软件进行初步清理,本文将运用MPLUS统计软件对相关数据做进一步分析。

2. 操作方案

由海外中资企业的"发展合作"这一概念的操作化可知,海外中资企业参与发展合作的具体成效可以参考"量化企业社会责任"评估标准进行测量,本研究将企业社会责任细化为9个具体测量项目,即教育援助、培训项目、卫生援助、交通设施、修建寺院、水利设施、文化体育设施、文体交流活动、社会服务设施,从"企业履行"和"员工认知"两个方面对其进行考察,具体而言,即通过对OCEES调查中湄公河流域五国中资企业涉及的9个具体测量项目进行因子分析来判断中资企业参与发展合作的具体成效,中资企业参与发展合作的影响因素则通过对"企业履行"和"员工认知"两个指标进行回归分析来判断。总之,湄公河流域五国中资企业的发展合作研究将依据指标性质引入两个层次的潜在变量,即"企业履行"和"员工认知"。

(二) 变量说明

1. 被解释变量

本文将湄公河流域五国中资企业在当地履行的企业社会责任作为被解释变量。首先,湄公河流域五国主要是指缅甸、泰国、老挝、越南和柬埔寨,所以需要使用OCEES项目数据库18个国家中这5个国家的数据。其次,企业、员工的数据选取可相互对应的9个维度指标(教育援助、培训项目、卫生援助、交通基础设施、寺院修建、水利设施、文化体育设施、文体交流活动、社会服务设施)。最后,通过验证性因素分析,从企业数据的9个观测指标提取"企业履行"的发展合作的潜在变量,从员工数据的9个观测指标提取东道国员工对发展合作的"员工认知"的潜在变量。

2. 解释变量

在中资企业层面,本文研究企业规模的大小和企业高管的学历层次对于"企业履行"的发展合作的影响;在东道国员工层面,本文研究员工的岗位职级和入职年限如何影响其对于所在企业发展合作的认识。因此,解释变量包括企业数据中的企业规模和高管学历,以及员工数据中的岗位职级和入职年限。

3. 控制变量

通过梳理文献并对照问卷内容设置,本文引入多个变量以控制这些因素的干扰。在"企业履行"层面,首先,从组织特征出发,控制企业的行业性质和跨国属性;企业工会作为连接企业与员工之间沟通的纽带也纳入考虑;此外,为控制地区发展状况的差异,本文也引入企业所在地区城市类型。其次,从企业高管背景出发,考虑到异质性的影响,控制与高管个人相关的性别、年龄、任期和海外留学经历。在"员工认知"层面,首先,参考引入

[①] 有关这套数据的调查技术细节,参见林文勋主编,杨泽宇、李晨阳副主编《企聚丝路:海外中国企业高质量发展调查(越南)》,中国社会科学出版社,2020,第19—20页。

人口学实证研究中常见的控制变量，即性别、年龄和受教育程度；其次，行业工会是维护员工权益的重要组织，处于工会内部的员工也许对企业履行发展合作的认知程度更高。因此，本文的控制变量可归纳为：企业层面的行业性质、跨国属性、企业自身工会和所在地城市类型，以及与企业高管个人背景相关的性别、年龄、任期和留学经历等；员工层面的控制变量包括性别、年龄、受教育程度、行业工会身份等（所有变量的界定参见表2）。

表2 变量的界定

变量类型	变量名称	变量内容及编码
被解释变量	企业履行	企业是否在当地开展9项发展合作：是（1），否（0）
	员工认知	运用MPLUS统计软件，通过IRT模型进行验证性因素分析后提取潜在变量（连续变量）
解释变量	企业规模	按照世界银行的标准划分为：小型规模19人以下（1），中型规模20—99人（2），大型规模100人及以上（3）
	高管学历	本科及以上（1），本科以下（0）
	岗位职级	管理人员（1），非管理人员（0）
	入职年限	通过东道国员工进入企业的年份计算：3年以下（1），3—5年（2），5年以上（3）
控制变量	行业性质	工业（1），服务业（0）
	跨国属性	国内有母公司（1），国内无母公司（0）
	企业自身工会	有（1），无（0）
	所在地域市类型	首都城市（1），商业城市（2），非城市（3）
	高管性别	女（1），男（0）
	高管年龄	通过高管的出生年份与受访年份计算：20—35岁（1），36—50岁（2），51—65岁（3），66岁以上（4）
	高管任期	通过高管到任本职位年份与受访年份计算：1年以下（1），2—3年（2），4—5年（3），6年以上（4）
控制变量	高管留学经历	有（1），无（0）
	东道国员工性别	男（1），女（0）
	东道国员工年龄	通过员工的出生年份与受访年份计算：16—35岁（1），36—50岁（2），51—65岁（3），66岁以上（4）
	东道国员工受教育程度	本科及以上（1），本科以下（2）
	东道国员工加入行业工会	是（1），否（0）

说明：①括号内为编码；②表中"商业城市"是指除首都城市以外的商业城市。

(三) 模型方法

1. 项目反应理论模型

作为被解释变量的企业社会责任分别由企业层面和员工层面相互匹配的9个可测量的具体指标构成，而且这些指标的测量层次为二分类变量，无法通过常用的因子分析方法提取潜在变量。因此，本文利用 MPLUS 统计软件，通过项目反应理论模型（Item Response Theory，IRT）来获取分类变量的验证性因素分析的潜在变量①，即 0—1 的 9 个二分类变量转化为 1 个连续变量，其数学表达式如下：

$$P_i(\theta) = \frac{1}{1+e^{-a_i(\theta-b)}}$$

其中，θ 是概率参数，bi 表示"企业履行"或"员工认知"的阈值，ai 表示"企业履行"或"员工认知"的因子负荷系数。

2. 多元回归分析

通过上述 IRT 模型获取"企业履行"和"员工认知"的潜在变量（连续变量）后，分别用各自的解释变量建构多元回归模型。设有解释变量（X1，X2…，Xp）和被解释变量 Y 以及由 n 个个体构成的随机样本（X1i，X2i，…，Xpi，Yi），模型公式如下：

$$Y = \beta_0 + \beta_1 X_1 + \cdots + \beta_p X_p + \varepsilon$$

其中 β0 为常数项，β1，…，βp 为各解释变量的待估参数，ε 为残差。

（四）结果论证

1. 描述性统计分析

图 1 是通过选取 OCEES 数据库中有关"企业履行"层面发展合作指标的二分类变量中"是"选项百分比所建立的图表。据该图可知，海外中资企业在湄公河流域五国开展的发展合作类型主要有教育援助（45.29%）、社会服务设施（31.39%）、文体交流活动（25.11%）和寺院修建（24.66%），且其中大部分都属于社会发展领域。

图 2 是通过选取 OCEES 数据库中有关"员工认知"层面发展合作指标的变量中"是"选项百分比所建立的图表，反映出湄公河流域五国中资企业当地员工所了解的企业在当地开展的发展合作类型分布状况。从趋势线可以看出，湄公河五国中资企业参与当地发展合作时投入的各种类型在当地员工中有较为均衡的认知，当地员工的总体认知状况良好，其中卫生援助（44.76%）和文体交流活动（44.98%）较为突出。

---

① 关于如何通过项目反应理论模型（IRT）对二分类变量进行验证性因素分析，参见 F. B. Baker, S. H. Kimed., *Item Response Theory: Parameter Estimation Techniques*, the United States CRC Press, 2004。关于以 IRT 作为因子分析的特殊形式来提取分类变量的潜在变量的社会科学既有研究，参见 Y. Li, A. Pickles, M. Savage, "Social Capital and Social Trust in Britain," *European Sociology Review*, Vol. 21, No. 2, 2005, pp. 109 – 123; E. Fieldhouse, D. Cutts, "Does Diversity Damage Social Capital? A Comparative Study of Neighborhood Diversity and Social Capital in the US and Britain," *Canadian Journal of Political Science*, Vol. 43, No. 2, 2010, pp. 289 – 318; Y. Li, M. Savage, A. Warde, "Social Mobility and Social Capital in Contemporary Britain," *British Journal of Sociology*, Vol. 59, No. 3, 2008, pp. 391 – 411.

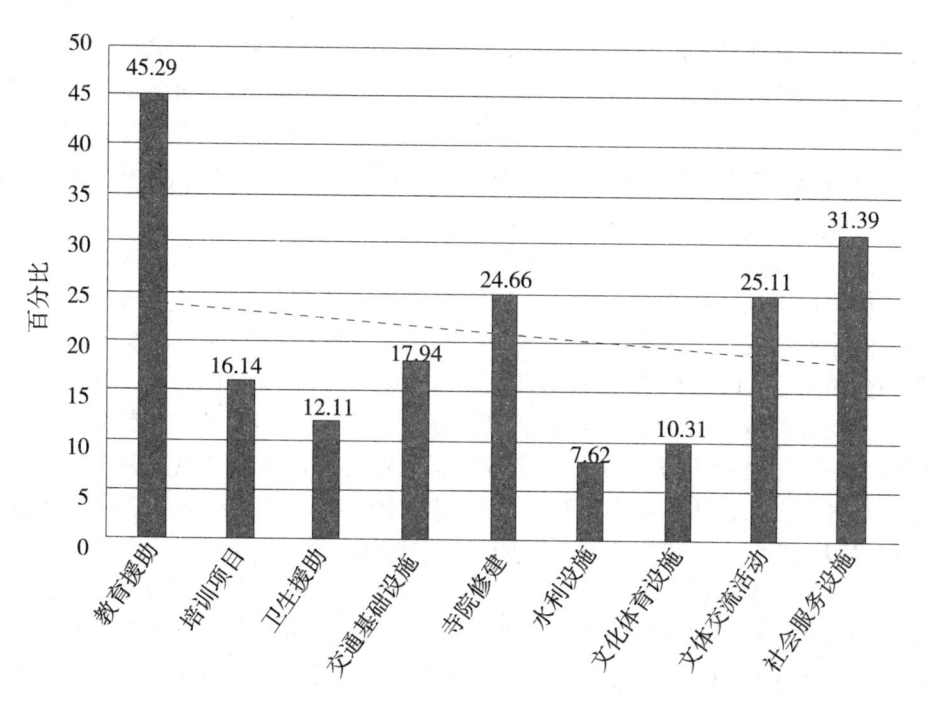

图1 湄公河流域五国中资企业在当地开展的发展合作类型分布（N = 223）
数据来源：OCEES数据库，2020年10月8日。

类别（从左至右）：教育援助 45.29、培训项目 16.14、卫生援助 12.11、交通基础设施 17.94、寺院修建 24.66、水利设施 7.62、文化体育设施 10.31、文体交流活动 25.11、社会服务设施 31.39。

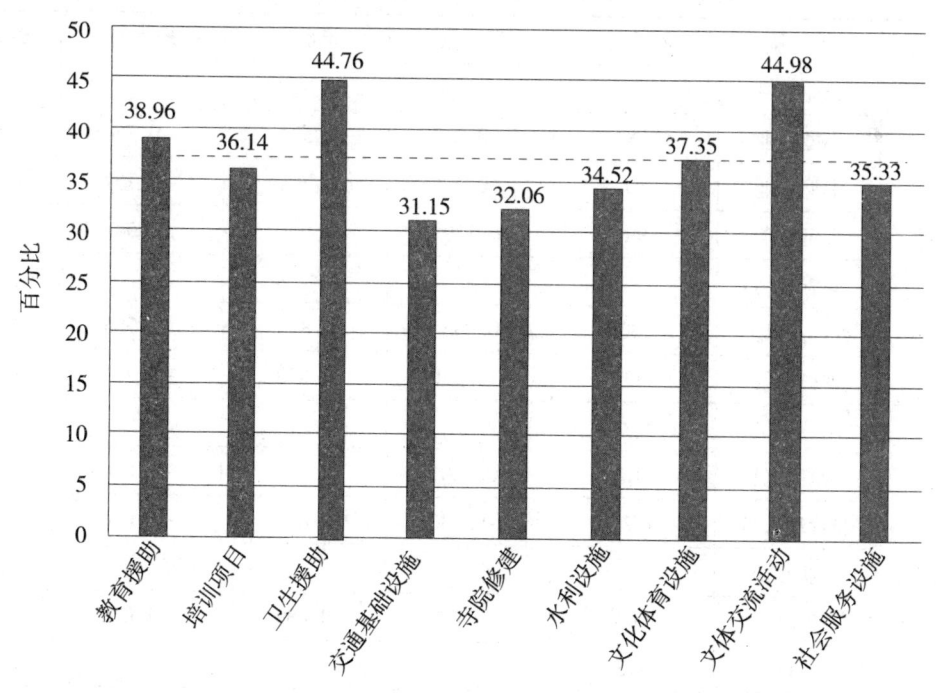

图2 湄公河流域五国员工知道所在企业在当地开展的发展合作类型分布（N = 5121）
数据来源：OCEES数据库，2020年10月8日。

类别（从左至右）：教育援助 38.96、培训项目 36.14、卫生援助 44.76、交通基础设施 31.15、寺院修建 32.06、水利设施 34.52、文化体育设施 37.35、文体交流活动 44.98、社会服务设施 35.33。

综合图1和图2的分析结果可知：第一，中资企业在湄公河流域五国实施的发展合作重视社会发展领域,显现出其以关心民生为出发点来解决当地社会发展相关问题的发展合作意愿;第二,湄公河流域五国中资企业在当地的经济发展领域和社会发展领域所进行的发展合作在当地员工中认知程度良好。因此,无论基于企业的作为还是员工的反馈,湄公河流域五国中资企业在当地的发展合作状况目前总体良好,做到了在经济发展的基础上主动关注社会发展的相关议题。

由于数据存在部分缺失值,变量的频数与总有效样本数之间有一定差距,但是,从平均数的大小规律仍可以预估在"企业履行"层面和"员工认知"层面的不同特征下,湄公河流域五国中资企业的发展合作成效。一方面,从"企业履行"的因子测量分布来看,样本变量的平均数值为-0.213-0.179,跨度较大。其中,解释变量的组织属性显示,企业规模越大,其平均数值越大;而高管背景则呈现学历水平越高,其平均数值越大。两者初步说明湄公河流域五国中资企业规模越大以及高管学历越高,其参与当地发展合作的成效越好(详见表3)。另一方面,从"员工认知"的因子测量分布来看,样本变量的平均数值域为-0.084-0.329,跨度大于"企业履行"的平均数值域。其中,管理人员的平均数0.180明显大于非管理人员的平均数-0.030,表明湄公河流域五国中资企业里的管理人员对于所在企业参与当地发展合作的认知状况优于非管理人员;而入职年限的平均数按大小排列依次为5年以上>3—5年>3年以下,表明入职年限越长,湄公河流域五国中资企业当地员工对所在企业参与当地发展合作的认知状况越好。

表3 "企业履行"和"员工认知"指标统计描述

因子名称	变量	样本数	平均数	标准差	最小值	最大值
企业履行	企业规模					
	小型企业	38	-0.213	0.574	-0.754	1.645
	中型企业	80	-0.125	0.702	-0.754	2.434
	大型企业	99	0.179	0.903	0.754	3.459
	高管学历					
	本科及以上	133	0.093	0.853	-0.754	3.459
	本科以下	89	-0.130	0.670	-0.754	2.434
员工认知	岗位职级					
	管理人员	807	0.180	0.936	-1.076	1.834
	非管理人员	4221	-0.030	0.894	-1.076	1.834
	入职年限					
	3年以下	3587	-0.084	0.889	-1.076	1.834
	3—5年	873	0.143	0.881	-1.076	1.834
	5年以上	518	0.329	0.920	-1.076	1.834

2. 验证性因素分析结果

本文所观测的变量为"企业履行"和"员工认知"中的9项发展合作指标,潜在变量是通过 IRT 模型分析和参考相关理论构建的"企业履行"和"员工认知"。具体来看，无论在"企业履行"层面，还是在"员工认知"层面，9 个观测变量的因子载荷均大于 0.4，即可以分别表征"企业履行"和"员工认知"两个潜在变量。从整体的模型拟合度指标来看，"企业履行"层面的 CFI 值为 0.927，RMSEA 值为 0.051，模型拟合良好；"员工认知"层面的 CFI 值为 0.968，RMSEA 值为 0.087，模型拟合合理。因此，本研究中构建的"企业履行"因子和"员工认知"因子适合作为发展合作的公因子开展进一步的回归分析（具体参见表 4）。

表 4 "企业履行"和"员工认知"的发展合作因子负荷

	企业履行	员工认知
教育援助	0.514（0.090）	0.687（0.013）
培训项目	0.482（0.113）	0.684（0.013）
卫生援助	0.794（0.090）	0.738（0.012）
交通基础设施	0.696（0.085）	0.778（0.011）
寺院修建	0.388（0.105）	0.704（0.013）
水利设施	0.622（0.135）	0.713（0.013）
文化体育设施	0.644（0.116）	0.797（0.011）
文体交流活动	0.460（0.105）	0.720（0.012）
社会服务设施	0.403（0.099）	0.746（0.012）
CFI	0.927	0.968
RMSEA	0.051	0.087
样本数	278	5157

说明：①括号内是标准误；②CFI 即比较拟合指标，属于增值适配度指数，一般大于 0.8 即可接受；RMSEA 即近似误差的均方根，属于绝对适配度指数，小于 0.05 代表适配良好，小于 0.08 代表适配合理。
数据来源：OCEES 数据库，2020 年 10 月 8 日。

3. 多元回归分析结果

本研究在结构方程模型回归时采用的是极大似然估计方法（maximum likelihood）。由表 5 的回归分析结果可知，模型 1—6 拟合度合理，增值适配度指数 CFI 值均大于 0.8，绝对适配度指数 RMSEA 值均小于 0.08。其中，在"企业履行"的嵌套模型中，模型 1—3 均显示解释变量、控制变量和被解释变量呈现如下关系：首先，在企业规模中，虽然中型企业与"企业履行"正相关的关系并不显著，但是由于相关系数的递增，仍可以表明企业规模越大，湄公河流域五国中资企业参与当地发展合作的"企业履行"程度越好，且其中大型企业的"企业履行"成效极其显著；其次，在高管学历中，本科及以上学历者相比本科以下学历者与"企业履行"呈现较为显著的正相关关系；此外，以组织特征和高管背景为出发点的控制变量对"企业履行"并没有显著的影响。

在"员工认知"的嵌套模型中，从解释变量和被解释变量的关系上看，模型 4、模型 5 和模型 6 都显示，湄公河流域五国中资企业的管理人员相比非管理人员与"员工认知"呈现极其显著的正相关关系；而湄公河流域五国中资企业当地员工的入职年限中，已经工作3—5年甚至5年以上的员工相比只工作了3年以下的员工与"员工认知"呈现具有递增趋势且极其显著的正相关关系。从控制变量和被解释变量的关系上发现，模型5和模型6的湄公河流域五国中资企业当地员工中，相比女性，男性与"员工认知"呈现并不显著的负相关关系；而伴随年龄从16岁至65岁的增长，当地员工年龄段与"员工认知"呈现出递增的正相关关系，不过关系并不显著；但是当地员工受教育程度始终呈现本科及以上学历者与"员工认知"极其显著的正相关关系。此外，同时控制性别、年龄、受教育程度和行业工会后的模型6显示，相比未加入工会者，加入行业工会的当地员工与"员工认知"呈现极其显著的正相关关系。

综合以上回归分析结果可以说明，在"企业履行"层面，第一，解释变量与"企业履行"始终呈现显著的正相关关系。其中，企业规模越大，高管学历越高，湄公河流域五国中资企业参与当地发展合作的"企业履行"成效越好。第二，控制变量中不同组织特征的湄公河流域五国中资企业对发展合作的"企业履行"存在一定差异，但相关性并不显著。第三，控制变量中不同高管背景的湄公河流域五国中资企业对发展合作的"企业履行"差异也不显著。在"员工认知"层面，第一，解释变量与"员工认知"都呈现极其显著的正相关关系。其中，当地管理人员和入职年限长的当地员工对所在企业参与当地发展合作的认知度更高。第二，控制变量中不同性别、年龄的当地员工对湄公河流域五国中资企业参与当地发展合作的认知度有一定差异，但是相关性不显著。第三，控制变量中受教育程度和是否为行业工会会员与"员工认知"有极其显著的正相关关系，受教育程度越高、加入行业工会的当地员工对所在企业参与当地发展合作的认知度越高。因此，本文的假设检验中，企业层面的研究假设H1a和H1b以及员工层面的研究假设H2a和H2b在嵌套模型中都得到了充分验证。

表5 "企业履行"和"员工认知"的发展合作回归分析结果

变量		企业履行		
		模型1	模型2	模型3
企业规模				
	中型企业	0.083	0.052	0.022
	大型企业	0.342***	0.294**	0.258*
高管学历				
	本科及以上	0.208**	0.196**	0.166*
行业性质				
	工业		−0.053	−0.053
跨国属性				
	国内有母公司		0.050	0.073
企业自身工会				
	有		0.071	0.065

续 表

变量		企业履行		
		模型1	模型2	模型3
所在地城市类型				
	商业城市		0.058	0.032
	非城市	0.028	-0.031	
高管年龄				
	36—50岁			0.025
	51—65岁			0.021
	66岁以上			0.441
高管任期				
	2—3年			-0.076
	4—5年			0.051
	6年以上			0.089
高管留学经历				
	有			0.120
	CFI	0.944	0.805	0.937
	RMSEA	0.031	0.054	0.024
	样本数	216	215	209
岗位职级				
	管理人员	0.065***	0.056***	0.050***
入职年限				
	3—5年	0.096***	0.090***	0.085***
	5年以上	0.141***	0.133***	0.136***
性别				
	男性		-0.001	-0.004
年龄				
	36—50岁		0.003	0.005
	51—65岁		0.021	0.018
	66岁以上		0.000	-0.002
受教育程度				
	本科及以上		0.075***	0.069***

续 表

变 量	企业履行		
	模型1	模型2	模型3
行业工会会员			
是			0.141***
CFI	0.928	0.922	0.922
RMSEA	0.067	0.053	0.051
样本数	5037	5019	4605

说明：①分类变量的参照组分别为小型企业、高管学历本科以下、服务业、国内无母公司企业、企业自身无工会、首都城市、男性高管、高管年龄20—35岁、高管任期1年以下、高管无留学经历、东道国员工非管理人员、入职年限3年以下、女性、年龄16—35岁、受教育程度本科以下、不是行业工会会员。②＊＊＊、＊＊、＊分别表示1％、5％、10％的显著性水平。③由于解释变量和控制变量存在不同程度的缺失值，因此回归分析结果中企业和员工样本数与原样本数相比有差异。

数据来源：OCEES数据库，2020年10月8日。

四、澜湄合作机制下有效推动发展合作的思考

（一）湄公河流域国家中资企业推动发展合作的进路

从本研究的论证过程可发现，湄公河流域五国中资企业在发展合作道路上有过较为积极的尝试。首先，湄公河流域五国中资企业除承担带动经济发展的责任外，还在社会发展类事务上努力履行发展合作，相应的员工认知也收获了良好的反馈。但是，湄公河地区长期面临非传统安全问题的威胁，使得当地民众在教育资源、人力资源和公共卫生安全等方面有着较为敏感的需求，但是，大部分湄公河流域五国中资企业在发展合作项目长远目标的设定中难以满足上述几方面的需求，容易为短期收益而投入像基建类或现金类的援助，由此陷入单一化的发展合作思维。因此，突破短期收益的发展合作目标和单一化的发展合作思维，是未来澜湄合作机制下湄公河流域五国中资企业亟待解决的现实难题。

针对上述难题，在数据分析结果的基础上，本文提出澜湄合作机制下有效推动湄公河流域五国中资企业发展合作的三条路径选择。

第一，大型中资企业应继续坚持在湄公河地区的各类发展合作，中小型中资企业则需要加速理念的转变，依托澜湄合作机制，积极投入当地多方面的发展合作。本研究结果说明，大型海外中资企业在湄公河地区投入经济发展类合作和推动社会发展类合作方面有显著成效，这一类海外中资企业需要坚持其发展合作理念。中小型企业则需要改变观念，以更加开放的眼光，通过澜湄合作机制努力争取专业和资金上的支持，兼顾短期有益和长期有潜力的合作项目，更好地平衡经济与社会两类发展合作的投入。

第二，在保证澜湄合作机制的基础上进一步提升湄公河流域五国中资企业高管团队的素质。高管的价值观会影响中资企业在湄公河地区的目标策略，而本研究说明，高学历的高管对发展合作的"企业履行"会产生显著的正向作用。因此，在澜湄合作机制的保证下，从企业内部培养相应的高学历人才，吸收到湄公河流域五国中资企业的高管团队中，这将为湄

公河流域五国中资企业的发展合作注入前进的动力。

第三，为促进海外中资企业在湄公河地区发展合作的可持续性，还需要主动关注当地民意。湄公河地区中资企业需要经常倾听本企业不同岗位职级、入职年限和受教育程度的员工心声，听取行业工会内外员工和周边民众的建议和意见，在澜湄合作机制的基础上，在保障援助资源安全的前提下，不断改善发展合作计划和项目的实施，努力提升发展合作的水平，以湄公河地区中资企业切实可行的实践增进澜湄合作的有效性。

总之，海外中资企业在湄公河地区的发展合作要依托澜湄合作机制，培育多维度的思维模式，统筹好经济与社会两方面的发展合作，既要重视短期有益的发展合作，也要兼顾长期有潜力的发展合作目标。

（二）以"国家—企业—国际组织"联动提升发展合作

澜湄合作机制主要涉及国家、企业和国际组织多个行为体，面对湄公河地区复杂的地缘政治环境，提升该地区的发展合作水平不是单一行为体可以完成的，需要国家、企业、国际组织联动应对。

在国家层面，在澜湄合作机制的框架下，中国与湄公河流域国家的合作议题涉及广泛，如果每年按期举行六国领导人会议，将会有力地推进各项合作的进展，为该次区域合作提供可靠的保证[1]。但是，中国在湄公河地区面临制度拥堵的困境，需要克服"制度竞争"和单纯"制度合作"产生的负面问题，其中就有学者针对上述困境和问题提出"制度竞合"的发展路径[2]。因此，如何保持合作与竞争的动态平衡将成为中国在湄公河地区推动发展合作的一大挑战。

在国际组织层面，随着澜湄合作的持续深入发展，中国应更加重视与国际组织开展合作的机会，然而，目前澜湄合作机制尚未与全球性国际组织建立对话合作联系[3]。此外，中国的社会组织一直面临着国际社会的质疑和误解，美国、日本等域外大国的非政府组织在参与湄公河流域国家社会治理中得到的认可度却相对较高，这也提示中国可以借鉴其经验来提升中国社会组织的国际化水平，以便在"一带一路"建设和澜湄合作中更好地与政府协调共进[4]。因此，建立澜湄合作机制与全球性国际组织的对话平台，提升中国社会组织在湄公河地区的国际形象，是中国在湄公河地区推动发展合作面临的另一挑战。

总之，湄公河地区作为中国周边外交发展的重要方向，无论从地理方位、自然环境还是相互关系来看，对中国都具有极为重要的战略意义，"国家－企业－国际组织"亟需联动应对地区发展合作所面临的困境与挑战。首先，中国要发挥引领者角色，在澜湄合作机制下增进三方合作甚至多方合作，适度推进合作项目建设。其次，中资企业要努力实现本地化，真正融入当地社会，造福当地民众。再次，中国的社会组织要积极参与湄公河地区的社会治理，及时反馈在该地区发展合作中面临的风险，化解东道国和国际社会对中国的负面影响。"国家－企业－国际组织"的良性互动，可以突破一元化发展合作思维，成为中国在澜湄合作机制下推动发展合作的有效路径。

---

[1] 周士新：《澜沧江—湄公河合作机制：动力、特点和前景分析》，《东南亚纵横》2018年第1期。
[2] 卢光盛、金珍：《超越拥堵：澜湄合作机制的发展路径探析》，《世界经济与政治》2020年第7期。
[3] 黄德凯、聂姣：《地缘政治权力结构下的澜沧江—湄公河合作：结构特点、运行机制及现状评析》，《东南亚纵横》2019年第3期。
[4] 尹君：《美国非政府组织参与湄公河流域国家社会治理的机制研究》，《南洋问题研究》2019年第3期。

殖民时期越南构建民族独立国家的理论探索与实践

毕世鸿　张　琼*

【摘　要】 自法国殖民统治越南以来，越南各阶层就如何构建民族独立国家，进行了诸多探索。封建思想的束缚、法国殖民统治在越南内部造成的分裂、领导者的个人素质、城市和农村的二元社会机构、薄弱的经济基础、武器装备及通信技术的落后等因素，都严重制约了越南民族独立国家的构建。在争取民族独立的探索和斗争中，越南资产阶级始终没能完全掌握革命领导权。但无论哪个阶层，在这一过程中，其理论和实践探索均深受中国革命影响。只有以印度支那共产党为代表的无产阶级领导革命，建立广泛的民族统一战线，才能引领越南最终走向独立。而积极寻求但不过分依赖国际援助，争取国际团结和他国的支持，也是越南构建民族独立国家的一大法宝。

【关键词】 越南；殖民统治；胡志明；民族独立国家

越南自 10 世纪脱离中国统治之后，曾长期保持相对独立的封建国家统治形式。但法国殖民者的入侵和其后的殖民统治，打断了越南民族国家的发展进程，使其未能按照越南经济社会自身的发展规律演变，而是在外来势力作用下不得不做出新的选择。在反抗法国殖民统治和日本军政统治、争取民族解放、实现国家独立的民族主义运动中，越南民族国家才逐渐构建起来。在殖民地时期，越南各阶层就围绕如何摆脱殖民统治、构建民族独立国家，进行了诸多探索，经历了艰难曲折的发展过程，开展了英勇卓绝的斗争，并对越南独立及其后的南北统一和国家建设产生了重要影响。因此，了解殖民地时期越南人民如何在艰苦的条件下打败法国殖民者和日本侵略者，分析越南各阶级争取民族独立的理论和实践探索历程是十分必要的。而且，作为一个与中国山水相连的多民族国家，越南的民族解放运动与中国革命有着密切的联系和众多的相似性，对其进行研究也非常重要。

迄今，学界针对殖民时期越南构建民族独立国家的探索进行了一些研究。戴可来、于向东就法属时期越南进步士大夫寻求救国之道的改良主义运动进行了研究，陈鸿瑜对越南民族主义者领导的抗法民族运动进行了深入研究。时殷弘论述了胡志明在越南构建民族独立国家的革命运动中所发挥的引领作用。威廉·杜伊克尔（William J. Duiker）总结了越南人民对法国殖民统治的反应，论述了 20 世纪初期越南民族主义的崛起。约翰·麦克阿里斯特（John T. McAlister. Jr.）论述了越南独立的殖民统治背景以及越南民族主义的起源，分析了

---

* 毕世鸿，云南大学国际关系研究院/周边外交研究中心教授；张琼，云南大学国际关系研究院世界史专业 2017 届硕士研究生。

越南社会、政治等方面的变化，探讨了越南民族主义政党失败而越南共产党（越共）成功的原因。戴维·马尔（David G. Marr）就法属时期反对法国殖民统治的越南各派势力进行了论述①。其次，学界针对法、日对越南的入侵及其统治的研究也取得了一些成绩。如梁志明对法属印支殖民统治体制的基本特征及其影响进行了研究，而王士录则对太平洋战争期间日本对越南的统治及其影响作了深入研究。基斯·泰勒（K. W. Taylor）分析了法属殖民时期越南社会的变化，论述了共产主义在越南的发展。陈辉燎系统研究了殖民时期越南的社会状况及各阶层人民的反法斗争②。

上述成果为本研究提供了有益的启发，但学界对越南民族国家构建的研究主要集中在越南革新开放以后，对殖民时期越南民族探索独立国家构建的研究偏少。因此，本文试图对殖民时期越南对构建民族独立国家的探索进行研究，厘清相关历史事实，为研究越南民族国家构建的理论及其实践提供参考。本文在研究法国、日本对越南的入侵及其统治的基础上，论述越南各阶层为摆脱殖民统治所做的理论探索和实践活动，继而归纳出该时期越南探索民族独立国家过程的基本脉络、特点及其影响因素，最终阐明印度支那共产党（印支共）领导八月革命胜利并使越南实现了民族独立，但也使越南遭到以美国为首的西方资本主义阵营的敌视，越南陷入南北分裂的局面。

一、法国和日本对越南的殖民统治

1789年大革命之后，法国完成了资产阶级革命，并迅速发展成为仅次于英国的资本主义强国。为寻求东方的市场和原料产地，法国积极向外扩张。而此时的越南实施"闭关自守"政策，不与外界通商，并驱逐传教士，禁止传教。1858年，法国殖民者对越南发起武装侵略，进攻岘港。到1867年，越南南圻六省完全沦为法国的殖民地。1874年，法越签订《第二次西贡条约》，越南开放红河进入云南的通道，开放归仁、海防、河内为通商口岸，允许法国在通商口岸派驻领事，并由法国军队保护领事馆的安全。到19世纪80年代，法国加紧侵略北圻。1883年，法越签订《第一次顺化条约》，越南承认法国统治越南全国。1885年，清政府与法国签订《中法越南条约》，清政府承认法国对越南的保护权，越南完全沦为法国的殖民地。

1887年，法国在越南设立印度支那总督及其统治机构，逐渐建立起一整套殖民统治体系。总督由法国政府任命，向法国殖民地部负责。总督集大权于一身，驻各地的法国官员和越南土著官吏都向总督负责。法国在总督集权制下实行"分而治之"的殖民统治方式，将

---

① 戴可来、于向东：《越南历史与现状研究》，香港社会科学出版社，2006；陈鸿瑜：《越南近现代史》，国立编译馆，2009；时殷弘：《胡志明与越南革命》，《暨南学报》（哲学社会科学版）1996年第2期；William J. Duiker, *The Rise of Nationalism in Vietnam*, 1900—1941, New York: Cornell University Press, 1976; John T. McAlister. Jr, *Vietnam: The Origins of Revolution* (New York: Alfred A. Knopf, Inc., 1969); David G. Marr, *Vietnamese Anticolonialism* 1885—1925, Berkeley and Los Angeles: University of California Press, 1971.

② 梁志明：《论法国在印支殖民统治体制的基本特征及其影响》，《世界历史》1999年第6期；王士录：《二十世纪前半期越南与日本关系述略》，《东南亚》1996年第2期；K W Taylor, *A History of the Vietnam* (London: Cambridge University Press, 2013)；陈辉燎著：《越南人民抗法八十年史》（第1卷），范宏科、吕谷译，生活·读书·新知三联书店，1973；陈辉燎著：《越南人民抗法八十年史》（第2卷），北京大学东语系越南语专业译，生活·读书·新知三联书店，1974。

越南分成南圻、中圻和北圻三个不同区域，实施不同的殖民统治方式①。在经济方面，法国殖民当局向越南人民征收沉重的苛捐杂税，除了人头税和土地税，法国殖民者还对酒、盐、烟实行专卖，还设立赌场，征收赌场税。1887 年仅在南圻地区，法国就收到 250 万金法郎的赌场税②。

为了进一步控制越南人民，巩固其在越南的统治，法国殖民当局实施法越教育的文化同化政策，将法国的思想价值观灌输给越南人民，并破坏其原有的传统民族文化，以抹灭其民族意识③。法国在越南的殖民统治对越南民族国家的构建产生了深远影响，既有其破坏性的消极作用，也有其建设性的积极作用。一方面，法国实施分而治之、以越制越的殖民统治政策在越南人民之间引起了尖锐的矛盾，严重分化了越南各阶层，使越南人民难以团结一致对抗外国侵略。法国通过控制关税和发放高利贷控制了越南的经济命脉，使越南人民背负沉重的经济负担，抑制了越南国内经济的发展。同时，法国在殖民统治越南期间，通过威逼利诱等方式培植了大批亲法势力，这使法国在二战结束后能轻松地在南部地区恢复殖民政权，使越南陷入南北对峙的分裂中，这些都严重阻碍了越南民族独立国家的构建。另一方面，法国的入侵和统治在客观上也有其积极影响，法国的统治带来了先进的思想文化和科学技术，冲击了腐朽没落的封建统治体系，客观上推动了越南社会的进步。

而自明治维新后，日本也走上了快速发展的道路，但国内市场狭小、资源贫乏等因素严重阻碍了其资本主义的发展，日本逐渐走上对外扩张的道路。1940 年 9 月，在德国法西斯的胁迫帮助下，日本与法国殖民当局签署条约，日军得以进驻印支北部。1941 年 7 月，日法签署共同防御协定，法国殖民当局承诺向日军提供法属印支南部的军事基地，给予日军在当地自由行动的权利，日军进驻法属印支南部④。根据日法协定，日本进驻越南后，没有建立军政统治机构，而是在承认法国殖民政权的情况下实施共同统治，利用法国殖民当局对越南实行间接统治。

虽然表面上越南属于日、法共同统治的地区，但实际的统治权已为日本掌握。日本对越南侵略的重点放在了通过货币、金融和贸易等手段获取日本所需的战略物资上。据统计，1939 年消费和货物转运税为 2065.5 万元，到 1945 年涨到 5826.5 万元；1939 年盐、酒、鸦片、火柴、鞭炮、香烟等税仅 2469.4 万元，到 1945 年已达到 8700 万元⑤。但到第二次世界

---

① 法国殖民当局把越南分成南圻、中圻和北圻三个不同的区域，实施不同的殖民统治方式。在南圻地区设立统督为首的殖民政权，每省设置一名法籍官员，直接对越南人民实行统治。1886 年起，法国殖民当局在中圻和北圻设立总公使，总公使下北圻设统使、中圻设钦使，实施间接统治。在不同的地区，采取不同的制度分而治之，使越南人民误以为一个地区的制度要比另一个地区的制度宽松，从而欺骗、分化越南人民。

② 陈辉燎著：《越南人民抗法八十年史》（第 1 卷），范宏科、吕谷译，生活·读书·新知三联书店，1973，第 143—146 页。

③ 法越教育是法属时期越南人接受的殖民地教育。法越教育与传统的儒学教育之间不存在任何渊源关系，它是殖民主义条件下法国教育对越南本土教育进行强行替代与移植的结果，加剧了越南社会阶层的裂变与民族文化的沦丧。参见陈立《论法国殖民统治下的越南教育》，《世界历史》2005 年第 5 期。

④ 毕世鸿：《太平洋战争期间日本对东南亚的经济统制》，社会科学文献出版社，2012，第 69 页。

⑤ 金旭东：《越南简史》，中国国际友好联络会和平与发展中心，1989，第 159 页。

大战末期，法国殖民当局的对日态度日趋不合作。日本为了确保在"南方共荣圈"① 内的战略要地、解决后顾之忧，于1945年3月发动政变并推翻了法国的殖民统治，在法属印支实施直接统治，宣布承认越南脱离法国殖民统治而"独立"，建立所谓的"越南帝国"，推举保大帝阮福晪为皇帝。1945年4月，日本又组建以陈重金为首的亲日傀儡政府，在越南实行更为残酷的掠夺。在1945年春季，越南北部红河三角洲地区发生大饥荒，估计有40万—200万人死于饥饿②。幸而日本对越南的直接统治仅五个多月即全面溃败。

日本在越南的统治，对越南民族独立国家的构建也产生了深远影响。首先，法、日双方都以各种手段欺骗迷惑越南人民，积极培养亲己势力，这使越南国内革命形势日趋复杂，分化了越南的革命力量。其次，日本与法国殖民者建立同盟关系，使越南人民遭受双重压迫，如此深重的灾难促使广大越南人民更加团结起来，增强了越南的民族凝聚力。而日本法西斯打败法国殖民者，则使越南人民认清了法国殖民统治脆弱的本质，进一步增强了越南人民争取民族独立的信心。日本对越南的统治虽然短暂，却在客观上为越南构建独立的民族国家创造了条件。

二、越南民族主义者对构建民族国家的探索

在法国和日本先后实行的殖民统治或军政统治时期，越南封建朝廷无力抵抗，一再妥协退让。在民族危亡的紧要关头，越南封建地主阶级、近代知识分子、资产阶级革命政党等阶层对如何构建独立的民族国家，进行了诸多探索。

19世纪，面对法国殖民者的入侵，以阮长祚为代表的越南封建士大夫主张在维护封建王权的基础上，与法国殖民者妥协以保持和平，进行全面社会改革，学习西方先进科技，富国强兵，抵御外辱。但这些改革主张，没有引起封建统治者的重视，遭到了越南国内保守势力的强烈抵制，很快就被统治者抛诸脑后。

1885年，越南完全沦为法国的殖民地，摄政王尊室说追随咸宜帝阮福明逃到山区并发布"勤王诏令"。诏令指出："与其俯首听命，坐失先机，曷若伺其欲动而先应之？"号召臣民"智者献谋，勇者献力，富者出资以助军需，同袍同泽不辞艰险……转乱为治，转危为安，得宇归疆。"③越南各地文绅、退休官吏和农民武装出于对君主的忠诚，发动了轰轰烈烈的勤王运动，比较有代表性的有潘廷逢领导的香溪起义和黄花探领导的安世农民起义。但各抵抗运动大多各自为政，相互间缺乏有效的沟通和真正的合作，没有统一的指挥系统以及共同的行动纲领，更没有发动广大人民群众，使法国殖民当局有机可乘。

"勤王诏令"试图恢复并增强封建君主统治，号召越南臣民要忠诚于君主。当咸宜帝发出"勤王诏令"的时候，越南人民出于对王朝的忠诚而积极反抗。但在咸宜帝被捕后，法国殖民当局随即推举其兄同庆帝阮福昪为傀儡皇帝，摇摆不定的群体相继臣服于法国的殖民统治。在法国殖民当局和封建反动统治者的威逼利诱和镇压下，朝廷大部分官员认为抵抗只

---

① "南方共荣圈"是自1941年日本占领东南亚各地之后开始频繁使用的政治口号，其地理范围大致包括法属印支、泰国、荷属东印度、马来亚、缅甸、菲律宾、新几内亚东部、所罗门群岛、东帝汶等地。日本的着眼点主要在于将上述地区的丰富物产与日本本土的需求结合起来，借此实现以日本为盟主的"东亚协同体""大东亚共荣圈"等构想。参见毕世鸿《日本海上帝国迷梦与"南方共荣圈"的幻灭》，《东北师大学报》2017年第5期。
② 阿曽村邦昭编著：《ベトナム：国家と民族》（下卷），古今書院，2013年，第325-327页。
③ 中国史学会：《中国近代史资料丛刊：中法战争（7）》，新知识出版社，1955，第474页。

能导致无益的流血牺牲，一些越南精英也认为阮朝朝廷早已名誉扫地，不值得拯救。在上述各种因素的影响下，到19世纪末，勤王运动相继失败。

随着勤王运动的失败，越南封建统治阶级走向没落，参与勤王运动的爱国者大多被杀害，少数幸存者转入乡村继续领导反法运动。20世纪初，越南民族独立国家的理论构建和实践探索进入第二阶段。近代知识分子通过留学法国、日本和中国等各种途径接触到西方先进的思想文化、政治制度以及中国的改良思想和孙中山的革命思想，主张向国外寻求救国之方。在近代知识分子的领导下，越南掀起了维新救国的新高潮。

一是潘佩珠等人发起的东游运动。1904年，潘佩珠与邓蔡坤、阮尚贤、阮诚等爱国者以及阮彊柢等王室成员成立越南维新会，主张以暴力方式反法救国，建立君主立宪制度。在寄希望于中国清政府援助而无果之后，潘佩珠等遂将目光转向日本。1905年初，维新会派遣以潘佩珠为首的代表团赴日寻求军事援助。在日本，潘佩珠与梁启超建立了联系。经梁启超介绍，潘佩珠结识了日本政治家大隈重信和犬养毅，但日方只承诺接收越南学生到日本学习、训练。对此梁启超建议其：一是撰文向全世界揭露法国的种族灭绝政策给越南造成的灾难，以博取各国的同情；二是鼓励越南青年求学海外，把它作为振民气、开民智的基础[①]。

据此，潘佩珠不断著书立说，呼吁越南人民齐心协力驱逐法国殖民者，号召越南青年到日本学习，一批越南学生进入日本的振武学堂和东亚同文书院等机构学习。至1908年，在日留学越南学生已增至两百多人[②]。但在法国殖民当局的破坏下，东游运动最终失败，1909年潘佩珠被迫离开日本，转道中国、泰国开展活动。东游运动为越南培养了众多人才，也使潘佩珠的思想主张逐渐转向民主。赴日之前，当被问及维新会是主张君主主义还是民主主义时，潘佩珠回答道："吾党目的，惟在驱逐法人，还我独立，至于君主或民主，又另一问题，但依吾国历来之历史与现在之明智，则君主为宜。"[③] 赴日后，潘佩珠改为主张，"君主主义已置于脑后……余因多与中国革命党人相周旋，民主之思想日益浓厚。"[④] 在其1907年所著《新越南》中，潘佩珠表达了对民主主义的渴望，希望越南成为一个建立在西方模式上的现代民族国家，有议会和普选权，有公平的法律，国王受限于宪法。虽然潘佩珠已经开始倾向于民主政体，但此时的潘佩珠并没有立刻放弃君主制度，直到中国辛亥革命后，他才改变了这一主张。虽然潘佩珠已经认识到了越南人民团结一致的重要性，但始终没有掌握联合越南各阶层的有效方法。

同期，潘佩珠还在越南以日本思想家福泽谕吉的庆应义塾为模板，创办了"东京义塾"。东京义塾旨在培养越南人对商业、工业和实用科学的兴趣，传播和推广国语字，提升越南人民的民族自豪感和自尊心[⑤]。东京义塾公开宣传爱国诗文和新思想，同时还出版机关报《登鼓丛报》，激发人民群众的爱国热情。这引起了法国殖民当局的不安，在东京义塾成

---

① David G. Marr, *Vietnamese Anticolonialism 1885—1925*, Berkeley and Los Angeles: University of California Press, 1971, p. 114.

② William J. Duiker, *The Rise of Nationalism in Vietnam, 1900—1941*, New York: Cornell University Press, 1976, p. 45.

③ 徐善福：《潘佩珠研究（下）》，《暨南大学学报》（哲学社会科学版）1980年第4期。

④ 同上。

⑤ William J. Duiker, *The Rise of Nationalism in Vietnam, 1900—1941*, New York: Cornell University Press, 1976, p. 57.

立九个月后便强行关闭义塾，逮捕并杀害了其主要领导者，禁止民众收藏其出版物。虽然东京义塾如昙花一现，但它在传播新思想和启蒙等方面起到了积极作用，推动了越南人民的觉醒。

二是潘周桢等人在中圻发起的维新运动。与东游运动同期，越南中圻也出现了潘周桢等新兴知识分子领导的改革运动。潘周桢主张利用法国在越南开展政治和社会改革，推翻腐朽的封建专制制度，建立民主政体。潘周桢认为当时越南的主要任务是振民气、开民智、厚民生，而不是恢复国家主权和民族独立①。在潘周桢等人的组织宣传下，维新运动在人民群众中产生了极大的共鸣。1908 年，中圻爆发了反拉夫、反苛税的示威游行运动，民众要求殖民当局减轻徭役、赋税。但在法国殖民当局的镇压下，运动失败，潘周桢也被流放昆仑岛。

三是越南光复会的活动。受中国辛亥革命以及西方民主思想的影响，潘佩珠逐渐接受了民主共和制。1912 年初，潘佩珠倡议改组越南维新会，成立了以"驱逐法贼，恢复越南，建立越南共和国"为政治纲领的越南光复会②。其最终目标是推翻法国殖民统治，建立独立的越南共和国。光复会提出了推翻君主制、建立共和制的民主革命纲领，这表明越南民族主义者在思想上向前迈了一大步，但它并未提出解决越南农民土地问题的纲领，难以发动广大农民参与革命。在这种情况下，越南光复会反帝反封的革命任务注定难以成功，众多革命者遭到逮捕和杀害，潘佩珠和阮疆柢也被缺席宣判死刑，越南光复会逐渐走向瓦解。

值得注意的是，一战后，法国殖民者在越南推行法语教育，使许多越南知识分子接触到西方文明，法国殖民当局的改革承诺吸引了一批越南精英，他们认为可以将法国作为在越南社会实现改革的工具。越南革命出现了新的思想主张和新的斗争形式，诸多爱国人士成立资产阶级革命政党，积极探索构建民族独立国家的路径，其中影响力较大的主要有立宪党和越南国民党。

以裴光炤为代表的立宪党主要由大地主、企业主、商人、退休官员等组成，在南圻影响较大，是一个代表温和民族主义观点的新的政治组织③。立宪党成员在报纸杂志上公开表达其对自身有限的政治权利、政治自由和商业权益的不满，呼吁法国殖民当局进行改革，给予越南人民以民主自由权，和法国人享有同等的政治权利。裴光炤指出，如果法国想要完整地保护其在太平洋地区富裕的殖民地，必须进行改革，如果殖民当局不进行改革，则法国将在 15 年内失去越南④。

1927 年，阮太学等人成立越南国民党。该党最初主张"首先进行民族革命，然后进行世界革命"，其目标是"打倒君主专制，建立越南共和国。"⑤ 到 1928 年提出"民主社会主义"，其方针是"推动民族革命，建立直接的民主，援助各被压迫民族。"1929 年 2 月，该党又提出"民族革命、政治革命、社会革命"的目标⑥。该党指出首先要秘密招募党员，扩

---

① 阮秋红：《清末中国戊戌维新运动与越南爱国革命运动关系初探》，《群文天地》2012 年第 21 期。
② 余定邦：《东南亚近代史》，贵州人民出版社，1996，第 247 页。
③ William J. Duiker, *The Rise of Nationalism in Vietnam, 1900—1941*, New York: Cornell University Press, 1976, p. 135.
④ 同上，第 147 页。
⑤ 阮秋红：《辛亥革命与越南民族解放运动的关系研究》，博士学位论文，湖南师范大学，2014，第 103 页。
⑥ 陈辉燎著：《越南人民抗法八十年史》（第 1 卷），范宏科、吕谷译，生活·读书·新知三联书店，1973，第 396－397 页。

大革命组织;然后是组织训练士兵、培养军事干部、储备武器弹药等,为武装起义做准备;接着发动武装起义,推翻法国的殖民统治;最后建立共和政府①。但由于对新招募的党员甄别不细,致使大批特务和投机分子混入党内。1929年,该党组织刺杀殖民地劳工贩子厄维·巴桑后,法国殖民当局随即按照事先掌握的名单逮捕该党党员229人,大批党员脱党②,党组织遭到严重破坏。越南国民党抱着"不成功就成仁"的心态,于1930年贸然发动安沛起义,领导起义的干部几乎全部被捕杀,该党一蹶不振。

三、印支共产党构建越南民族独立国家的理论探索与实践

第一次世界大战后,越南无产阶级逐渐登上历史舞台,越南民族独立国家的理论构建和实践探索进入第三阶段。1929年,胡志明在广州创建越南革命青年同志会,为成立越共做了组织上的准备。其后,该党党员及进步人士先后成立了印度支那共产党、安南共产党和印度支那共产主义联盟。1930年2月,胡志明受共产国际的委托,在香港将上述三个组织合并成立越共。同年10月,越共改名为印支共。该党提出了"巩固和发展组织、广泛争取群众、反对帝国主义战争"等一系列争取民族独立的政策主张,并最终领导越南人民取得独立。

1929年爆发的世界经济危机波及越南,大批农民破产、工人失业,反殖民统治情绪日益高涨。根据共产国际的指示,印支共组织开展了乂安河静苏维埃运动。到1930年9月,殖民当局在乂安、河静两省的许多机构都被瓦解。印支共在当地成立工农苏维埃,实行人民民主自由政策,把土地分给农民,鼓励人民学习国语字,废除颓风败俗③。但在"左倾"思想的影响下,印支共提出了"知、富、地、豪,彻底挖根"的错误口号,提出党在农村的阶级路线是:"一定要巩固好贫雇农的力量,团结中农……富农分子不仅不能参加红色农会,更谈不到担任什么执委职务。"④ 这使印支共未能团结更多的阶层,加上殖民当局镇压,印支共的党组织遭到严重破坏,革命运动进入低潮时期。对此,胡志明撰写了印支共新的行动纲领,把马克思列宁主义与越南具体实践结合起来,强调必须通过无产阶级领导下的农民革命和团结中小地主与民族资产阶级在内的所有爱国力量完成民族解放事业⑤。

1930年10月,印支共中央召开第一次会议指出:

越南革命必须经过两个阶段。第一个阶段是在工人阶级的领导下进行资产阶级民主革命,打倒帝国主义和封建主义,实现民族独立和耕者有其田……党必须实现工农联盟,运用群众的革命暴力进行起义夺取政权。在完成上述任务后,革命将转入第二阶段,不经过资本主义的发展阶段而直接走上社会主义。⑥

该纲领正确地反映了越南殖民地半封建社会的性质,强调了无产阶级的领导地位,满足了越南人民的迫切需求,为越南革命指明了方向。但此时印支共对处于殖民地半封建社会的

---

① Johnston, Eugene John, "*Evolution of Vietnamese Nationalism*," Graduate Student Theses, Dissertations, & Professional Papers. 2275, 1973, p. 68.
② John T. McAlister. Jr, *Vietnam*: *The Origins of Revolution*, New York: Alfred A. Knopf, Inc. 1969, p. 88.
③ 中央宣教部、党史研究委员会编:《越南劳动党三十年来的斗争》(第1册),越南外文出版社,1960,第21页。
④ 同上,第23页。
⑤ 时殷弘:《胡志明与越南革命(1920—1945)》,《暨南学报》(哲学社会科学版)1996年第2期。
⑥ 《越南劳动党的四十五年活动》,越南外文出版社,1976,第15–16页。

越南的主要矛盾认识还不够清楚。

1935年共产国际指出，现在全世界工人阶级最危险的敌人不是一般的帝国主义，而是帝国主义集团中最反动的法西斯分子，并提出"统一自己的队伍，同各阶级、各阶层人民组织广泛的统一战线，反对法西斯主义和战争"的主张①。印支共据此制定新的斗争路线。与此同时，法国左翼人民阵线政府上台执政，赦免了许多越南的政治犯，在一定部分上暂时缓和了法越矛盾。

对此，胡志明指出：

> 这个时候，党不可以提出过高的要求（民族独立、议会等）……对资产阶级必须竭力吸取他们参加阵线，尽力避免把他们推到敌人的队伍；对托洛茨基派，不能有任何联盟、任何让步；为了发展和巩固力量，印支民主阵线必须和法国人民阵线取得密切联系。②

印支共指出，当时的主要敌人是法国垄断资本家及与世界法西斯有着密切联系的殖民地反动派，次要敌人是国内各个反动派，并提防日本法西斯和托洛茨基分子③。面对新的斗争形势，印支共主张组建最广泛的民主阵线，利用合法、半合法的形式在群众中展开宣传教育工作，充分利用报刊、书籍等媒介在人民群众中宣传革命思想。自此，群众运动日益高涨，印支共的党组织也得到了巩固和发展，党的领导干部得到了补充，党员人数大为增加④。

从1938年底到1939年，法国人民阵线政府走向右倾，殖民当局趁机镇压革命运动，许多革命者被逮捕、杀害。面对急剧恶化的形势，印支共指出："民主阵线适合于以前的环境，但不适合于今天了。今天要成立印支反帝民族统一战线……反帝民族统一战线是革命战线，是具有反帝倾向的各民族、各阶级、各党派和人士的联盟。"⑤ 1939年11月，印支共一届六中全会决定建立以工农联盟为基础的广泛的民族反帝统一战线，以革命方式为民族独立而斗争⑥。1941年5月，胡志明返回越南并组织召开了印支共中央委员会第八次会议。会议指出现阶段印支革命是民族解放革命，需首先解决最迫切的民族解放问题，然后再"继续完成资产阶级民权革命任务和建立无产阶级政权"，局部的利益、阶级的利益必须服从全民族的整体利益。会议决定成立越南独立同盟会（越盟），建立越南民族统一战线，以推翻法、日的统治，实现民族独立。其后，胡志明在越南北部各地领导建立革命根据地，广泛发动群众参与革命，采取农村包围城市的游击战法为建立民族独立国家做准备⑦。

面对日益高涨的革命形势，法、日侵略者转为宣传改良思想以迷惑民众。对此，印支共公布了"越南文化纲领"，指出越南的新文化必须具有民族的、科学的和大众的三大特征，

---

① 中央宣教部、党史研究委员会编：《越南劳动党三十年来的斗争》（第1册），越南外文出版社，1960，第32页。
② 《胡志明选集》（第1卷），人民出版社，1962，第196－197页。
③ 陈辉燎：《越南人民抗法八十年史》（第2卷），北京大学东语系越南语专业译，生活·读书·新知三联书店，1974，第181－182页。
④ 中央宣教部、党史研究委员会编：《越南劳动党三十年来的斗争》（第1册），越南外文出版社，1960，第35－36页。
⑤ 同上，第43页。
⑥ 时殷弘：《胡志明与越南革命（1920—1945）》，《暨南学报》（哲学社会科学版）1996年第2期。
⑦ John T. McAlister. Jr, *Vietnam: The Origins of Revolution*, New York: Alfred A. Knopf, Inc., 1969, pp. 112-113.

当前的任务是要"反对法西斯、封建、落后、奴役的文化以及愚惑人民的文化"①。1943 年斯大林格勒战役后,盟国由守势转为攻势,越南人民受到巨大鼓舞。印支共指出应巩固和扩大民族统一战线,准备起义②。1944 年 12 月,胡志明指示把各地武装力量统称为越南解放军宣传队,精选干部和队员成立主力部队,并培养各地武装干部,加强协同作战③。在胡志明的领导下,越南解放军宣传队迅速壮大,并在各地建立了根据地。

1945 年 3 月,驻印支日军发动政变推翻法国殖民统治,扶植保大帝为"越南皇帝"。但此时的日军只能控制主要城市和交通干线,广大农村成为越盟的根据地。印支共据此发布《日法火并与我们的行动》并指出,不断深化的政治危机、严重的饥荒及世界大战已经进入最后阶段等因素正在促使条件成熟,号召越南人民为总起义做准备④。8 月 15 日日本投降后,印支共发动八月革命,领导人民夺取政权,并在半个月内取得胜利。8 月 30 日,保大帝退位。9 月 2 日,胡志明在河内发表独立宣言,宣布:"越南享有自由和独立的权利,而且事实上已经成了一个自由和独立的国家。越南全民族坚决地用全部精力、生命和财产来维护这个自由、独立的权利。"⑤

四、越南探索建立民族独立国家的基本脉络和主要特点

在越南探索建立民族独立国家的过程中,呈现出明显的三个阶段。在第一个阶段,面对法国殖民者的入侵,越南封建地主阶级为了维护其统治,主张向西方学习并进行全面改革,但遭到保守势力的强烈抵制。摄政王尊室说发起的勤王运动虽然得到各地爱国文绅和广大农民群众的响应,但由于勤王运动本质上是维护封建统治,无法抵御法国的入侵和殖民统治⑥。封建地主阶级的改革主张和勤王运动之所以失败,说明传统的封建制度犹如无源之水、无本之木,根本无力抵抗拥有现代制度和武器优势的法国殖民侵略者,必须从根本上改革封建制度。

在第二个阶段,以近代爱国知识分子为代表的资产阶级提出了走君主立宪和民主共和的发展道路。他们广泛传播西方民主思想,对越南构建民族独立国家起到了积极的思想启蒙作用。特别是在第一次世界大战后,越南资产阶级登上历史舞台,明确提出了反帝反封的思想主张。但越南资产阶级力量薄弱,加之受传统思想的束缚,越南资产阶级没有顺应世界潮流,缺乏必要的斗争经验,才刚开始活动就遭到了法国殖民当局的镇压,资产阶级民主革命运动很快陷入低潮。

在第三个阶段,越南无产阶级承担起领导越南人民实现民族独立的重任。印支共深知完全依靠外力帮助驱逐法国殖民者和与法国合作的改良方式在越南都行不通,只有团结广大人民群众才能最终推翻帝国主义和封建主义的统治。在马列主义的指导下,以胡志明为首的印

---

① 中央宣教部、党史研究委员会编:《越南劳动党三十年来的斗争》(第 1 册),第 53 页。
② 中央宣教部、党史研究委员会编:《越南劳动党三十年来的斗争》(第 1 册),越南外文出版社,1960 年,第 51－52 页。
③ 《胡志明选集》(第 1 卷),人民出版社,1962,第 201－202 页。
④ 中央宣教部、党史研究委员会编:《越南劳动党三十年来的斗争》(第 1 册),越南外文出版社,1960 年,第 59－60 页。
⑤ 《胡志明选集》(第 2 卷),越南外文出版社,1962,第 3－4 页。
⑥ William J. Duiker, *The Rise of Nationalism in Vietnam, 1900—1941*, New York: Cornell University Press, 1976, pp. 29－30.

支共从越南实际出发，提出了符合越南国情的指导思想，团结所有可以团结的力量，建立起最广泛的越南民族统一战线，最终完成了近百年来无数越南爱国者的愿望，实现了民族独立。

历史证明，无论是封建地主阶级进行的封建改革，还是资产阶级试图建立西方式民主共和的努力，由于没能最广泛地动员越南人民参与斗争，注定其不能带领越南人民实现民族独立。只有印支共结合越南实际情况提出正确的思想、理论和方法，团结和带领广大人民群众，才最终领导越南人民实现民族独立。

综上，殖民时期越南在构建民族独立国家的探索过程中，呈现出以下主要特点。其一，越南封建地主阶级和资产阶级始终没能独立掌握构建民族独立国家的领导权。越南在探索民族独立的过程中并不像其他国家那样，由封建地主阶级到资产阶级再到无产阶级依次领导革命运动。早在法国殖民者到来之前，越南的资本主义即有了初步发展，工商阶层已经出现，但力量羸弱。法国殖民当局在越南的统治和开发推动了越南民族资产阶级、小资产阶级的产生，但越南民族资产阶级不可能成长为一个具有广泛代表性的阶级。同时，越南民族资产阶级与法国殖民者、封建地主阶级有着密不可分的联系，他们也不可能领导越南人民完成资产阶级民主革命。

其二，胡志明领导下的印支共和越盟制定了符合越南国情的思想理论和实践路线，并在构建民族独立国家过程中发挥了决定性的引领作用。胡志明及其同事深刻理解越南历史文化传统，了解广大群众的基本诉求，并将马列主义同越南民族解放运动的实践相结合，避免教条主义和墨守成规，成功地动员广大农民克服小富即安的狭隘思想，积极参加争取民族独立的革命行动。而为了最有效地争取中间力量，印支共尽可能地隐蔽党在越盟中的实际领导作用。同时，胡志明和印支共也能够准确认识国际形势，巧妙地把武装斗争同争取外交支持结合起来，并在对抗和妥协之间保持高度平衡，从而精准地把握住日军发动政变到日本投降期间的机会窗口，最终使八月革命获得成功①。

其三，越南构建民族国家的理论及其实践深受中国革命的影响。越南在探索民族独立的过程中，西方进步思潮通过中国大量传入越南，中国的革命经验也给越南革命提供了借鉴。鸦片战争后，中国一些进步人士创办学堂、翻译书籍，这些新书以各种途径传入越南，推动了越南革命思想的形成。胡志明在1924—1927年、1930—1933年、1938—1941年、1942—1944年期间，曾多次在中国组织革命活动、培训革命干部，与中国共产党建立了深厚的友谊。在印支共领导越南人民争取民族独立的过程中，中国共产党更给予大量支援。而胡志明提出的以农村包围城市并夺取政权、建立人民武装和革命根据地等思想理论，也来源于中国革命的实践经验。胡志明在中国进行的为争取越南民族独立的革命活动，更生动地印证了中越两党、两国人民之间"同志加兄弟"的亲密关系②。

其四，积极寻求国际援助，争取国际团结。殖民时期，越南仅依靠自身力量难以取得民族独立。面对这一现实，越南一直非常重视争取外援。在法国入侵越南之初，顺化朝廷曾向清政府求援："下国久赖封植，今削弱已甚，何能自保？惟仰天朝恩全"，"下国自度以力拒

---

① 时殷弘：《胡志明与越南革命（1920—1945）》，《暨南学报》（哲学社会科学版）1996年第2期。
② 张易生：《越南八月革命前胡志明同志在中国的革命活动》，《世界历史》1980年第2期。

法，总难深持，惟欲仰求天朝，明认下国为藩属，代向法人理论。"① 在意识到依靠中国无望之后，潘佩珠等人转而求助日本，"惟日本为黄种新进之国，战俄而胜，野心方张，往以利害动之，彼必乐为我助，纵秦兵不出，而购械借资，必易为力。"② 辛亥革命胜利后，潘佩珠等又转而向中国求助，"中国为全亚洲之兄长，欲举全亚洲之兄长之责，当以扶植亚洲诸弱小国家为独一无二之天职。"③ 在越共成立前，胡志明就指出："必须建立革命政党，对内动员和组织民众，对外与世界被压迫民族和无产阶级取得联系。"④ 胡志明认为，越南革命是世界革命的一部分，只有在同世界革命保持密切互动的情况下，越南革命才能取得胜利⑤。其后，印支共积极寻求共产国际、苏联和中国等国的援助，并获得了强有力的支持。

当然，受制于国际国内相关因素的影响，越南在争取构建民族独立国家的过程中，也受到诸多制约。一是越南民族主义者深受传统思想文化的制约，没有提出彻底的反帝反封主张。越南封建文化深受儒家思想的影响，儒学鼓吹"君权神授"，强调社会等级秩序，提倡忠君爱国，皇权的生命力强大。直到法国殖民者入侵，进步知识分子走出国门，接触到西方民主思想，才动摇了儒家思想在越南社会的统治地位。虽然许多知识分子已经意识到了封建文化的弊端，但其难以完全摆脱儒家思想的影响，没能提出彻底的反帝反封主张。如阮长祚虽然清楚地认识到了西方文明的优越性，但却没有认识到腐朽的封建制度才是越南落后挨打的根源。潘佩珠在革命初期并不反对君主制度，而是提倡君主立宪。

二是一些民族主义者受冒险主义的蛊惑，贸然发动民族独立运动但旋即夭折，这使得越南民族独立运动饱受波折。如中国辛亥革命后，潘佩珠向中国求助，中国方面建议潘佩珠选拔优秀青年到中国接受培训，为越南革命运动培养、积蓄人才，但此时的潘佩珠已经失去耐心，将越南的命运交给了运气⑥。他组织越南爱国者组织暗杀活动，导致许多爱国分子被逮捕，越南光复会遭到毁灭性打击。越南国民党毅然发动武装起义也使自身遭到致命打击。民族独立运动领导者的冒进策略使越南革命力量遭受无谓牺牲，延缓了越南民族独立进程。

三是法国的殖民统治政策分化了越南人民，严重阻碍了越南民族独立国家的构建。法国为了维护殖民统治将越南分为南圻、中圻和北圻三个部分，实行分而治之、以越制越的殖民统治方式，使越南人民难以团结一致反抗法国的殖民统治。法国传教士的活动，也加剧了越南人民的分裂。不愿皈依天主教的越南封建统治者和人民非常憎恨法国传教士、越南牧师及其追随者，认为越南天主教徒是"叛徒"。越南天主教徒和非天主教徒间的矛盾日益加剧，许多越南天主教徒倒向法国殖民当局，为他们的殖民统治提供帮助，这严重削弱了越南人民的抵抗能力，不利于实现驱逐法国殖民者的终极目标。

四是近代民族主义者过于强调依赖外国援助，忽视人民群众的重要性。法国入侵越南之初，面对法国的威胁，顺化朝廷不是动员人民群众抵抗侵略，而是一味地向清政府求援，但当时的中国内忧外患，根本无力给予有效援助。在意识到依靠中国无望之后，潘佩珠等转而

---

① 余定邦：《东南亚近代史》，贵州人民出版社，1996，第162页。
② 刘先飞：《东游运动与潘佩珠日本认识的转变》，《东南亚研究》2011年第5期。
③ 阮秋红：《辛亥革命与越南民族解放运动的关系研究》，《群文天地》2012年第11期。
④ 《胡志明选集》（第2卷），越南外文出版社，1962，第267-268页。
⑤ 李家忠：《胡志明的大团结思想》，《东南亚纵横》2013年第8期。
⑥ William J. Duiker, *The Rise of Nationalism in Vietnam, 1900—1941*, New York: Cornell University Press, 1976, p. 71.

求助日本，希望借日本之手驱逐法国殖民者，但日本并未提供实质性援助，同时打压潘佩珠的活动。而潘周桢等人则寄希望于法国在越南进行改革，从而推翻封建君主制，建立西方式的民主共和国，但却没有认识到法国殖民者与越南朝廷是相互勾结的利益共同体。辛亥革命胜利后，潘佩珠又寄希望于中国的援助，但此时的中国也难以给予实质性援助。越南无产阶级革命者在领导革命之初，也曾盲目听从共产国际的指示，脱离越南国情，导致革命运动严重受挫。可见，不认清国内外形势、不团结国内广大人民群众，一味依赖外援是不可能取得革命胜利的。

结 语

法国殖民统治越南之后，越南各阶层围绕如何摆脱殖民统治、构建民族独立国家，进行了诸多探索。越南不少有识之士开始关注国际形势，总结失败教训，寻求救国良方。虽然阮长祚等人"最先在越南播种文明开化种子"①，而保守派的抵制使这些新思想的传播非常有限，但这些新思想已促使越南知识分子觉醒。法国在越南建立殖民统治的，使越南人民遭到沉重的压迫，面对日益严重的民族危机，越南爱国知识分子将大量新思想、新文化传入越南，促进了越南人民民族意识的进一步觉醒。而以胡志明为领导的印支共，则在思想准备、理论构建、实践指导和具体行动等各方面，做了更为广泛和深入的工作，建立起了能够团结各方力量的统一战线，引导越南人民走上了更为恰当的构建现代民族独立国家的道路。

1945年9月，以胡志明为首的越南军民成立越南民主共和国，实现了民族独立。经过无数爱国志士的探索和实践，越南人民最终找到了适合越南的正确道路，并在印支共的领导下驱逐了法国殖民者和日本侵略者，初步完成了构建越南民族独立国家的任务。但在建立社会主义国家后，越南遭到以美国为首的西方阵营的长期敌视，陷入南北分裂的局面，这使得越南构建统一的民族独立国家的时间被迫延长。

总之，越南民族独立国家是在反抗殖民主义、封建主义的民族民主运动中构建起来的，其历时之久、困难之大是其他东南亚国家难以比拟的。法国的殖民统治及其在越南人民内部造成的分裂，封建思想的束缚、领导者的个人素质、越南脆弱的经济基础、武器装备及通信技术的落后等因素，都决定了越南探索构建民族独立国家是一个漫长和曲折的过程。

---

① 杜仲阳：《19世纪越南改革思想研究——以阮长祚为中心》，博士学位论文，中山大学，2010，第106页。

越南民族性格形成的历史文化因素

罗圣荣　安东程*

【摘　要】 历史文化因素对越南民族性格的形成有十分重要的影响。越南民族性格所具有的特征，既是不同历史时期留下的烙印，也是其民族文化与外来文化融合、碰撞的结果。"北属"这一历史所造就的独立意识、敏感戒备心理，以及在中原文化熏陶下形成的重义轻利、仁爱宽容、谦恭礼让、尊老爱幼、中庸和谐、行善戒恶、心怀感恩等价值观念，成为越南民族性格的核心要素。在中越宗藩关系的约束下，越南民族性格开始具备能屈能伸的色彩，而中国文化的全面输入，则使越南民族性格渗入大越民族主义，并逐渐融入包容性、开放性和实用性的成分。随着"南进"的推进，越南民族性格表现出对外扩张、英勇尚武的特点，兼具细腻柔和、灵活多变的特性。在反抗法国殖民入侵过程中，越南民族性格中的爱国主义、反抗精神、"无敌"思维开始迸发，越南民族性格的浪漫主义则在西方文化的冲击中得以形成。

【关键词】 越南；民族性格；历史文化

民族性格习惯上又称为"国民性格"。① 俄国著名作家亚历山大·索尔仁尼琴指出，民族性格是"一个民族表现在行为举止、思维方式及精神气质上的心理特点的总和"。② 美国社会学家英克尔斯（Alex Inkeles）和莱文逊（Daniel J·Levinson）从统计学角度来界定民族性格，在《民族性格》一文中把民族性格定义为成年人中最频的、比较永续的人格特征和方式，并称之为"众趋人格"。③ 中国学者沙莲香提出，民族性格是某种在民族内部"一以贯之"的文化精神，是一个民族多数成员共有的反复出现的心理特征和性格特点的总和，是人格的综合体。④ 吕锡琛的看法是，民族性格是由共同的社会文化熏陶而成的、由民族的多数成年成员共同的思维方式、人生态度、价值观念、行为方式、心理特征等多种要素和多种层次组合而成的有机整体⑤。赵荣和张宏莉认为，民族性格是抽象与具体、固定与历史、共性与个性等三组矛盾的对立统一。⑥ 本文认为，民族性格是由一个民族共同的历史文化熏

---

* 罗圣荣，云南大学国际关系研究院暨周边外交研究中心副研究员；安东程，云南大学国际关系研究院博士研究生。
① 本文所说的"民族性格"是以民族国家或多民族国家为范畴的一个民族共同体所具有的性格。
② 赵荣、张宏莉：《"民族性格"及其特点的辩证解析》，《黑龙江民族丛刊》2010年第2期，第54页。
③ Alex Inkeles, and Daniel Levinson, "National Character: The Study of Modal Personality Character and Socio‑Cultural Systems," in Gardner Lindzey (ed.), *Handbook of Social Psychology*, Cambridge: Addison‑Wesley Publishing Company, 1954, pp. 1–2.
④ 沙莲香：《中国民族性2：1980年代中国人的"自我认知"》，中国人民大学出版社，2012，第2页。
⑤ 吕锡琛：《道家与民族性格》，湖南大学出版社，1996，第19页。
⑥ 赵荣、张宏莉：《"民族性格"及其特点的辩证解析》，《黑龙江民族丛刊》2010年第2期，第54页。

陶而成的思维方式、价值观念、行为方式、精神气质、人生态度等要素形成的稳定的民族心理特征。民族性格的形成与该民族的历史发展及文化精神有重要的联系，在某一程度上可以说，民族性格的形成是历史文化、自然地理及政治经济等多种因素共同作用的结果，但其中最重要的还是历史文化因素。

越南是一个多民族国家，54个民族共同构成了越南民族共同体。越南民族性格具有非常丰富多元的内容，既包括能屈能伸、英勇尚武、反抗、扩张的行为方式，也具备独立意识及敏感戒备、大越民族主义、爱国主义的心理意识；既拥有行善戒恶、心怀感恩的人生态度，也包含重义轻利、仁爱宽容、谦恭礼让、尊老爱幼、中庸和谐的价值观念；既蕴含细腻柔和、灵活多变、浪漫主义等精神气质，也融入包容性、开放性、实用性的思维方式。与其他民族一样，越南民族性格的形成也受到历史文化因素的影响。特殊的历史进程在越南民族性格形成中发挥的作用不言而喻，越南先后经历了"北属"时代、自主时代、近今时代，每个历史时期都使越南产生了巨大的变化。伴随着不同历史时期的推进，中原文化、中国文化、占婆文化、高棉文化、西方文化相继进入越南，对越南民族性格的形成产生影响。越南民族性格所具有的特征，既是不同历史时期留下的烙印，也是其民族文化与外来文化融合、碰撞的结果。

关于越南民族性格，现有的研究主要集中在两个方面，一是对越南的民族性格特点进行了归纳和诠释[①]，二是强调文化对越南民族性格形成的影响。[②] 越南民族性格的形成是一个长期、复杂的过程，越南民族性格也具有丰富多样的特征，疏于对越南民族性格形成的历史文化背景进行深入探讨，就无法以较为全面和深入的角度发掘越南民族性格形成的原因和表现，从而导致对越南民族的认识缺乏应有的理性和客观。本文尝试探讨不同历史时期的进程及其外来文化对越南民族性格形成造成的影响，或有助于我们从历史和文化的双重维度来增进对越南民族性格特点的认知。

---

① 一般而言，学者认为越南民族性格特点主要包含敏感、多情、随意以及人情味（参见蒋子龙《越南人的性格》，载《蒋子龙文集》，人民文学出版社，2013，第599－608页），以及儒家提倡的中庸和谐、仁爱宽容、谦恭礼让、长幼有序、尊师敬长、尊老爱幼（参见何成轩《儒学与越南现代化进程》，载王青主编《儒教与东亚的近代》，河北大学出版社，2007，第328页），爱国主义和独立意识强（参见范文德《在全球化背景下发扬当今越南民族精神》，《华中科技大学学报》2005年第2期，第2页），具有开放性、包容性和实用性（参见向东《越南思想史的发展阶段和若干特征》，《郑州大学学报》2001年第3期，第76－77页），向善、宽容（参见欧阳康、杨玲《越南民族精神映像》，《华中科技大学学报》2007年第4期，第2页），能屈能伸（参见蒋满元《东南亚政治与文化》，中南大学出版社，2012，第140页），敏感、戒备（参见罗伯特·D. 卡普兰《越南图谋》，李维莽译，共识网，2014年5月19日）的特点，并富有抗争精神（参见安东尼·瑞德《东南亚的贸易时代：1450—1680年》第一卷，吴小安、孙来臣译，商务印书馆，2010，第225页），兼具尚武、区域中央王国的心理（参见亨利·基辛格《论中国》，胡利平等译，中信出版社，2012，第337－339页）。

② 越南学者阮玉添认为"阴阳哲理使越南民族性格具有和谐、均衡、灵活的特点"（参见阮玉添《越南阴阳哲理的起源及其对越南人性格之影响》，载刘大钧主编《大易集思》，上海科学技术文献出版社，2013年，第466－473页），另一越南学者阮玉诗提出，"越南是一个小型国家，在历史的发展过程中形成了为了国家的独立要'谦让、忍受'的性格，而儒学则使其民族注重'仁''义'和'勇'，提倡'忠君爱国、自力更生'"（参见阮玉诗《儒学与越南文化性格》，载刘德斌主编《中国与世界》（第三辑），中国社会科学出版社，2013年，第109－111页）。

一、"北属"及其文化影响

从汉武帝取赵氏的南越之地起直到五代时期为止,越南①处于"北属"时代②。"北属"时代在越南历史上占有重要的地位,中原王朝的统治和文化传播促进了越南政治文化的发展,奠定了越南社会的基本特征。一般而言,一个民族最本质的性格特征都是在其早期历史的形成过程中确定的,而"北属"时代正是越南民族性格形成的关键时期。

(一)"北属"对越南民族性格形成的影响

"北属"时代持续千年,中原王朝在越南当地设置官府,派遣官吏,推行郡县制度,越南始进入封建时代。"北属"期间,在隶属于中原王朝的同时,越南也与中原王朝展开了长期的较量。公元40年,越南当地的雒侯、雒将长期维持的氏族部落制度与汉朝准备推行的封建制度之间的矛盾激化,引发麊泠县雒将之女征侧、征贰率领的反抗汉朝统治的起义。"二征"起义最终为中原王朝所平息,但却开创了越南寻求独立的先例。随着从中原迁入的封建地主和当地成长起来的封建主逐步形成越南的割据势力,越南谋求独立的斗争也越发频繁。当中原王朝处于强盛时期,越南的割据势力暂时得到控制,而在中原王朝的影响力衰落之时,越南的割据势力则乘势崛起。到唐宋五代时期,越南逐步摆脱中原王朝的控制。总之,由于与中原王朝的较量,"北属"时代的越南已经产生了寻求独立的历史传统。这种历史传统培养了越南独立意识,使越南民族不仅对独立有着强烈的自豪感,也对独立有着强烈的渴望,认为"没有什么比自由、独立更可贵"③。在这一历史传统的影响下,独立意识逐渐成为越南民族的重要思维,也逐渐成为其民族性格的核心要素。

"北属"时期,越南逐渐产生了"南北"观念。在交通极不方便的古代,作为中原王朝最南边郡县的越南对"南"和"北"的感受自然更为强烈。越南纳入中原王朝版图之后,与中原王朝的文化联系日益紧密,政治关系逐渐深化。无论是3世纪时北方士人南下越南避难,还是7世纪时唐朝在越南设立安南都护府,都强化了越南民族对"南"和"北"的认知。因此,地理、文化、政治等多方面因素的综合影响下,"南北"观念形成并且逐渐深入人心,成为"北属"时期越南非常重要的世界观。在越南的"南北"观念里,"南"和"北"分别用来代表越南和中原王朝,"南人"和"北人"分别指称越南人和中原人。又由于中原王朝相对越南而言是文明中心,中原王朝也在事实上左右了越南政治的发展,因而这种"南北"观念有着更加深刻的内涵。"南"和"北"除了具有地理上的差异,也具有力量强弱的对比,"南"较"北"落后,"南"受"北"的影响,"南"和"北"是边疆地区与中心地区的关系。这种"南北"观念促使越南一直将"北"作为参照,视"北"为强者,从而逐渐形成了畏惧中原王朝的心理,而这种心理通过神话传说、历史著作、历史博物馆等方式得到强化,在越南民族中世代传承,从而造就其十分敏感戒备的民族性格。

---

① 越南,旧有南粤、交趾、安南、大瞿越等名称。1803年,原阮氏家族的后代阮福映在法国支持下灭西山朝,建立阮朝(1802—1945年),次年阮福映遣使宗主国中国,请求改国号为"南越",最终嘉庆皇帝下赐国号"越南"。本文为行文方便,统一采用"越南"名称。
② 陈重金:《越南通史》,戴可来译,商务印书馆,1992,第2页。
③ 胡志明:《为了独立自由,为了社会主义》,越南外文出版社,1971,第274页。

(二)"北属"时期中原文化对越南民族性格形成的影响

随着中原文化的全面输入,越南成为中原文化在边远南方的前哨。作为一种以道德伦理为核心的思想体系,儒家文化逐渐在越南社会取得支配地位的同时,亦渐渐渗入到越南民族的精神内部。两汉三国时期,儒家学说已经传播到了越南的边远地区。魏晋南北朝时期,儒家思想继续向越南社会各个领域传播,其伦理道德观念影响到了社会下层普通民众,而到了隋唐时期,"安南之文风益兴盛,儒教之思想,更为深入"。[①] 经过一千余年的浸润,儒家文化早已融入越南民族的精神生活之中,从此之后,"凡事皆以儒教为依据,以三纲五常为处世之根本"。[②] 儒家文化的文化核心对越南民族性格形成发挥了关键作用。道德本位、忠孝为上、和贵中庸等儒家根本的价值取向,三纲五常以及仁、义、礼、智、信等儒家文化的伦理道德规范,逐渐构成了越南民族的思维方式和基本准则,使越南民族性格融入了重义轻利、仁爱宽容、谦恭礼让、尊老爱幼、中庸和谐等要素。

"北属"时代既是佛教传入越南的时期,也是佛教对越南传统信仰产生影响的时期。东汉末年,南下躲避战乱的僧侣为越南带来了大乘佛教;6世纪末,大乘佛教的重要派别——灭喜禅派传入越南;9世纪初,大乘佛教的另一重要派别——无言通禅派传入越南。自佛教传入越南以来,崇信佛教的人日益增多,佛寺遍布各地,数量比道观多。据《安南志原》记载:"交趾名寺四,名观一;朱鸢名寺二十九,名观九……南定县名寺七,无观。"[③] 大乘佛教的传入与传播不仅奠定了越南佛教的发展特色,也有力地冲击了越南的传统信仰。这一时期,中原佛教流派的思想,即大乘佛教教义逐渐被越南佛教接受,大乘佛教强调的"慈悲心、善恶因果报应、四恩"[④] 等观念,为越南民族传统信仰增添了新的内容。在大乘佛教的影响下,行善戒恶、心怀感恩等理念早已成为其民族心理的一部分,根植于其民族性格之中。

二、中越宗藩关系的建立和中国文化的影响

公元968年,丁部领建立丁朝,标志着越南摆脱中国封建王朝的统治。越南围绕如何处理与中国封建王朝的藩属关系与文化关系,进行了长期的探索与实践,民族意识日趋强烈,思维、价值观、精神气质等也逐渐走向成熟,民族性格中的重要特征开始形成或强化。

(一) 中越宗藩关系的建立对越南民族性格形成的影响

宗藩关系是东亚特有的国与国之间的关系模式,它以儒家的政治伦理思想为基础,是儒家文化等级观念和治世思想在国家关系上的反映,并以实力的消长为后盾。[⑤] 中越宗藩关系

[①] 黎正甫:《郡县时代之安南》,商务印书馆,1945,第117页。
[②] 陈重金:《越南通史》,戴可来译,商务印书馆,1992,第313页。
[③] 梁志明等:《东南亚古代史》,北京大学出版社,2013,第238页。
[④] 越南学者阮日晖在《佛教在当代越南社会中的地位、功能与影响》中梳理了对越南社会心理产生影响的佛理,其中四恩指父母恩、师长恩、国家恩和众生恩。见阮日晖《佛教在当代越南社会中的地位、功能与影响》,硕士论文,华中师范大学,2014,第22~23页。
[⑤] 陈双燕认为中原地区孕育了儒家文化,并且不断地向周围较落后的游牧民族地区扩展,逐渐形成了以"华夏"为世界中心的世界秩序观,内夏外夷、夏尊夷卑成为人们的心理定式。参见陈双燕《试论近代中越宗藩关系的终结》,《厦门大学学报》1995年第2期。

绵延一千多年，始于公元960年丁部领遣使向宋请封，直到1885年才宣告结束。从宗藩关系的性质来看，中越宗藩关系无疑是一种附属关系——中国为宗主国，越南为藩属国。这种关系体现了儒家文化的等级观念和治世思想，打上了"夏尊夷卑"①的烙印，反映了以"华夏"为中心的世界秩序观。中国长期把越南看作"蛮夷"，视双方的关系为"华夷"之间的宗藩关系。然而，越南认为其与中国所称的"蛮夷"有着本质的区别，两国的宗藩关系是"中华体系内部平等的'兄弟国'关系"。②因此，在宗藩关系的框架下，越南虽在形式上臣服于中国，却对藩属国的地位心有不甘，并且极力在政治、文字、历史等方面追求自主性和平等性。作为藩属国，越南应该使用宗主国纪年和宗主国颁赐的印玺，其国王也理应以真名与宗主国交往，但其不仅使用自编的纪年和自铸的金印，而且其国王与中国交涉时一般使用假名，在国内则用真名③。喃字是最早记录越南语的文字，越南为喃字的系统化发展和全面推广作了长期的努力，目的是逐渐摆脱对汉字的依赖。这些摆脱中国影响和探求民族独立的努力最终成为越南文化特色并固定下来，促使国家独立观念代代相传，故而宗藩关系的等级观念和治世思想强化了越南民族性格中的独立意识。

长达近千年的中越宗藩关系，既有文化上的原因，也不乏现实的考量，是两国实力消长、抗衡的结果。中越宗藩关系的肇始，为中国的相对衰落时期，自宋朝以降，中国各个封建王朝再也无力收复越南。在越南看来，中国始终是强大的"北国"。越南与中国之间曾发生多次军事对抗，使越南认识到"中国是一个强国，最好还是不要向它挑衅"④。新立的越南王朝，即使战胜了中国，也自知无法长期与中国为敌，从而恪守朝贡之例。然而，这并不意味着越南对中国就完全顺从。随着国家实力增强，越南抗衡中国的意识也日趋强烈，甚至侵扰中国边境。对越南而言，无论是暂时的妥协还是抗衡，都是服从政治现实的策略。作为"南国"以及中国的旧郡，越南唯一不变的策略就是针对中国的防御。其在诞生之初向宋朝请封，即出于担心宋军来攻，此后一直缺乏安全感，严防中国收复旧土。在中越宗藩关系的长期约束下，为保持国家独立和争取生存空间，越南民族逐渐形成了亦刚亦柔的思维和防范中国的心理，民族性格不乏能屈能伸的色彩，其固有的敏感戒备也自然持续强化。

（二）宗藩时期中国文化对越南民族性格形成的影响

越南尽管摆脱了中国的统治，但仍对中国文化十分依赖和仰慕。越南不仅继承了以儒释道为主的文化模式，还继续学习、模仿和吸收中国文化。儒学自李朝时期初步发展，到黎朝时期出现独尊的局面，儒学日益适应了越南封建统治的需求，直至19世纪仍持续昌盛。由于一直有着较强的华夏文化情结且长期受到儒家文化的浸润，独立以后的越南不仅认为其与中国封建王朝分别继承华夏文化正统，也认为其深得儒学之正宗，从而拥有了优越的文化心理。在传承儒家文化的过程中，这种文化心理有了进一步的发展。程朱理学在陈朝时期传入越南，而程朱之学大旨"主在正统"，正是在"正统"思想的影响下，"居天下之中"的

---

① 陈双燕认为中原地区孕育了儒家文化，并且不断地向周围较落后的游牧民族地区扩散，逐渐形成了以"华夏"为世界中心的世界秩序观，内夏外夷、夏尊夷卑成为人们的心理定式。参见陈双燕《试论近代中越宗藩关系的终结》，《厦门大学学报》1995年第2期。
② 陈文源：《13—15世纪安南的国家意识与文化取向》，《世界历史》2014年第6期，第24-25页。
③ 同上。
④ 尼古拉斯·塔林编：《剑桥东南亚史》（第一卷），贺圣达等译，云南人民出版社，2003，第121页。

"中国"观念在越南形成。越南自称为"中国",同时称中国为"北朝""明国"等。伴随着"中国"观念的扎根,华夷尊卑观念也植入越南的意识之中。越南自认为"夏""汉民",将占婆、哀牢、万象、真腊、暹罗等视为蛮夷,认为双方的文化身份和地位完全不同,双方的关系是"华夷"之间的宗藩关系。越南民族在文化上的优越心态,逐渐发展为大越民族主义,深深地渗入越南民族性格之中。

除了儒家文化,越南还广泛吸收中国的佛教和道教文化。历史上,前黎朝黎桓遣使入宋乞请佛教大藏经,李朝李太祖向宋真宗求道教经典汇编《道藏经》。尽管佛教在越南李陈时期被尊为国教,一度凌驾于儒、道之上,儒学则在后黎朝和阮朝时期居支配地位,但是儒释道三者始终共生共存。从"三教并尊"演变为"三教一致",从"三教一致"递进到"三教同源",越南民众对儒释道的态度愈加包容和开放,"三教的融合是在越南民众情感与行为中自然形成的"。① 与此同时,越南对儒释道的吸收十分注重实用性。佛教和儒学的势力和地位在越南历史上的消长,实际上反映的是越南封建王朝在不同时期为维护统治而做出的现实选择。对于越南民众而言,他们亦以实用性的标准来接受儒释道,尽管儒学主张"男尊女卑",但越南女性可以拥有较高的地位;越南佛教在追求"出世"的同时,为参与国家建设表现出明显的"入世"特征;越南的道教则"摈弃了高深的哲理部分,保留了与现实生活需求相适应的部分"。② 因此,在吸收中国文化过程中,越南民族性格逐渐融入了包容性、开放性和实用性的成分。

三、"南进"与占婆文化、高棉文化的影响

独立后的越南,除与中国维系宗藩关系外,还不断向南方开疆拓土,并吸收南方的文化成分,疆域上完成了由小到大和由北到南的蜕变,文化上产生了新的效应,其民族性格也相应地增加了新内涵。

(一)"南进"对越南民族性格形成的影响

由于自然地理的限制,越南向外拓展生存空间的欲望十分强烈,但北部的强国不可轻易挑衅,而东为茫茫大海,西为崇山峻岭,遂向南扩张成为其最佳的选择,故武力征服占婆和真腊便成为"南进"的主要内容。10 世纪之前,越南的版图仅限于今越南的北部和中部地区,其南是占婆,再南是真腊。10 至 14 世纪,越南对占婆的战争十分频繁,"南进"的步伐逐渐推进。这一时期,越南并布政、地哩和麻令三州,收乌、厘二州,从而将领土范围扩展到今广治、承天地区。15 世纪初,越南处于强盛时期,"南进"的进度加快。1471 年,黎圣宗取佛逝、大占、古垒之地,将领土边界推进到今富安省、庆和省交界的石碑山。在沉寂了一个世纪之后,越南于 17 世纪重启了"南进"的步伐。1653 年至 1693 年,广南政权吞并占婆余下的领土,将领土版图扩张至今庆和省、平顺省和宁顺省。

然而,越南"南进"的步伐并未停止,而是迈向了与占婆相邻的真腊。17 世纪下半期至 18 世纪上半期,通过武力介入真腊王位纷争,越南的广南政权取得了真腊的半壁江山。19 世纪,阮朝继续与暹罗争夺真腊的控制权,曾一度完全兼并真腊。总之,越南自恃兵力

---

① 陈玉添:《越南文化基础》,教育出版社,1999,第 301 页。
② 陈义:《十世纪前越南人的汉字作品搜集与考论》,世界知识出版社,2000,第 126 页。

强盛,凭借武力优势迫使占婆节节败退,逐步渗入真腊地区。不管王朝如何更替,"南进"的政策一直为统治者所继承,除了16世纪因陷入南北纷争而一时无暇向南扩张外,越南"南进"的步伐在大部分时期都未停止。通过"南进"的武力征服和扩张势头,越南将版图扩张至今越南南部。在"南进"过程中,越南形成了向外扩张的历史传统,也逐渐具备了对外扩张的惯性思维,因而其民族性格中包含着扩张性。与此同时,"南进"导致尚武精神在越南膨胀,从而使其民族性格烙上了英勇尚武的印迹。

"南进"增强了越南民族的优越感。如前文所述,对于占婆、真腊等"蛮夷",独立之后的越南原本就有着文化上的优越感。在"南进"的进程中,以儒家文化教化占婆、真腊等"蛮夷",似乎成为了越南的一项道德使命。在越南看来,征服占婆和真腊是"抚蛮"的重要内容,而"抚蛮"的目的并非欺压,而是对"蛮夷"的施恩教化。随着"南进"的推进,越南民族在文化上的优越感日臻加强,在政治上的优越感也开始逐步显露。自前黎朝开始,越南极力将占婆、真腊变为其藩属。随着1471年对占婆的战争取得决定性的胜利,后黎朝于1485年定出了《储藩使臣朝贡京国令》,其中将占婆、老挝、暹罗、爪哇、满刺加等均定为"朝贡国"①。1658年,阮主派兵侵占移民地,迫使真腊向其称臣纳贡。随着"南进"的胜利,越南建立了自身的宗藩朝贡体系,俨然成为区域内的一个中央王国,其区域中央王国的心理从此开始膨胀。因此,在"南进"过程中,越南的优越文化心理得到极大满足,并逐渐演变为区域中央王国的心理,其民族性格中的大越民族主义也得以强化。

(二)"南进"时期占婆文化和高棉文化对越南民族性格形成的影响

尽管早在公元2至15世纪,占婆就已受到了印度文化和中国文化的熏陶,接着又在公元15至19世纪受到马来伊斯兰文化的浸染,但其文化并非单纯的"印度化""中国化"或"马来化",而是具有自己的民族特色。不得不提的是,占婆文化起源于海上,属于马来-波利尼西亚文化范畴,具有海洋文化的色彩。由于长期居住在沿海的顺化-广南地区,占婆很早便开展了海洋贸易,建立了多个海港。在15世纪前,占婆是海上重要贸易通道,会安港也已成为重要的海港。与此同时,浦那格女神是占婆的重要神祇和保护女神,代表着占婆的海洋崇拜。随着"南进"的推进,越南继承了占婆开发海洋的文化传统。17至18世纪,越南广南政权占据顺化-广南地区后,积极开发和管理,大力发展海外贸易,从而使该地区成为当时重要的海洋贸易区,会安港重新崛起成为繁荣的国际贸易港口。在向南迁移的过程中,越南亦将占婆的文化融入其信仰中。17至18世纪,浦那格女神越南化,成为越南中部地区最重要海神天衣阿那。②为供奉海神天衣阿那,越南的广平、承天-顺化、广义、平定、富安、庆和、平顺等地都建立了天衣阿那神庙,但建在海边的浦那格神庙仍旧是天依阿那女神最重要的宗教场所。从本质上说,早期越南是一个农耕文明国家,海洋文化并不发达,在越南广南政权之前,越南各个王朝并不鼓励海外贸易,甚至采取杜绝的态度。伴随着越南对海洋的开发以及对海洋信仰的接受,占婆文化中的海洋成分被吸收进入越南文化之中,越南的海洋意识逐渐增强,其民族性格的开放性也逐渐增强。

---

① 王继东、郭声波:《李陈朝时期越南与周边国家的"亚宗藩关系"》,《东南亚研究》2007年第4期,第86页。
② 牛军凯:《从占婆国家保护神到越南海神:占婆女神浦那格的形成和演变》,《东南亚南亚研究》2014年第3期,第59页。

除了占婆文化，越南也吸收了高棉文化。在阮王统治的越南南部，占婆文化和高棉文化的某些方面被越南人吸收或者改造成越南文化的组成部分，这在越南的各种神灵崇拜和小乘佛教中特别明显地体现出来。① "南进"的文化意义在于，深受中国文化浸润的越南北方文化不断向南推进，吸收了中部和南部深受印度文化影响的占婆文化和高棉以及更具东南亚本土特性的本地文化，极大地丰富了越南文化的内容。② "南进"之前，越南文化属于中华文化圈，其可以说是中国文化的一种延续，而"中华文化比南方文化极端性更强"。③ "南进"之后，越南文化开始进入了今天所说的东南亚文化圈，其接触的东南亚文化（占婆文化、高棉文化）则"偏重阴性文化，而且偏向阴性的思维（可以形容于女性的思维）"，④ 更具柔和性和灵活性。因此，在与更具东南亚本土性质的占婆和高棉文化接触的过程中，越南文化实现了一次大的飞跃，其民族性格也深刻地吸收了阴性思维的影响，表现出细腻柔和、灵活多变的特性。

四、法国殖民入侵和西方文化的影响

进入19世纪中叶，法国加快了侵略越南的步伐。随着法国的殖民入侵，阮朝名存实亡，越南进入了从"传统"向"现代"转型的历史时期。在政治变革与社会思潮相互交织，传统文化与西方文化产生冲突的情况下，越南传统的民族性格特点被进一步强化，与此同时，其民族性格中又增添了一些新的元素。

（一）法国殖民入侵对越南民族性格的影响

自法国1858年派联合舰队炮击岘港开始，越南进入了长达百年的抗法斗争时期。1858年至1884年，法国不断发动侵略战争，迫使越南签订不平等条约，先后侵占越南的南圻、中圻和北圻，并建立了殖民统治。法国的殖民入侵不仅使越南丧失了主权和独立，而且使越南的国家分裂加深。在日益加深的民族危机面前，越南的民族意识逐渐觉醒，并将矛头指向了外来侵略者。19世纪中叶至20世纪初，相继掀起了农民阶级组织的鹅贡起义、安世农民起义，封建爱国官吏领导的"勤王运动"，资产阶级发起的"东游运动""东京义塾运动"及"光复军"武装暴动。自20世纪20年代开始，越共领导越南人民进行艰苦的反法斗争。第二次世界大战爆发之后，由于法国同意日军在越南驻扎，越共又带领越南人民抗法和抗日，先后取得"八月革命"和"奠边府战役"的胜利。当法国殖民统治遗留下来的南北分裂问题因冷战的到来而爆发十分惨烈的越南战争，越共又继续领导越南人民展开斗争，最终在1975年战胜美国，完成了国家的统一。在一百余年的斗争中，为反抗外来侵略和争取民族独立，越南各个阶层先后登上了斗争的舞台，虽然屡遭失败，但从未停止战斗，其民族性格中追求独立的心理意识不断得到强化，爱国主义、抗争精神不断迸发，发挥了支撑民族生

---

① 墨菲：《东亚史》，林震译，世界图书出版公司北京公司，2012，第256页。
② 王志刚：《试论越族的"南进"及其历史意义》，载王介南主编《南亚东南亚语言文化研究》（第三卷），军事谊文出版社，2003，第293页。
③ 越南学者陈玉添认为，儒家太过分地重视礼，道教也太过分地提高"无为"，禅宗佛教也极端地"破执"。参见陈玉添《越南阴阳哲理的起源及其对越南人性格之影响》，载刘大钧主编《大易集思》，上海科学技术文献出版社，第473页。
④ 同上。

存的作用。与此同时，持续的斗争状态让越南的民族性格更加英勇尚武，而先后战胜强大的法国、日本和美国的历史，使其民族性格中融入了"无敌"思维的成分。

在入侵越南的同时，法国也着手将柬埔寨和老挝置于其"保护"之下。19世纪90年代，法国成立了"法属印度支那联邦"，将越柬老三国纳入殖民统治体制之中。联邦推行统一的财政制度、税收方法、货币，建立统一的司令部，使越柬老三国结成了一种联邦形式的"特殊关系"。① 尽管如此，越柬老三国在联邦内部的地位并不平衡。法国将越南作为统治印度支那地区的基地，联邦的政治中心和经济中心分别设在越南的河内和西贡，由河内的法国总督府管辖驻扎在柬老的法国理事长官或最高专员，西贡等港口转口柬埔寨和老挝的全部或大部分的贸易，河内或西贡的大学或中等专科学校接收柬埔寨和老挝学生②。法国在印度支那地区的殖民统治加强了越柬老三国的紧密联系，并确立了越南在越柬老三国中的优越地位，促使越南区域中央王国心理再度膨胀，客观上增强了越南民族性格中的大越民族主义。

（二）法国殖民时期西方文化对越南民族性格的影响

伴随着殖民入侵，西方文化不断涌入越南。在西方文化的冲击下，以汉字、喃字和儒家思想为架构的越南传统文化发生了断裂，而新形成的文化则在语言、思想、宗教和教育等方面深深打上了西方文化的烙印。其中西方文字和思想传入越南，引起了越南文字和思想的变革。16世纪，欧洲传教士用拉丁字母为越南创造了拼音文字。19世纪中叶，为削弱汉字在越南的影响，法国殖民者强制政府、学校使用拼音文字。③ 与此同时，由于容易学习和掌握，拼音文字逐渐得到越南先进知识分子的支持，并被当作国语字推广。进入20世纪，越南爱国志士发起推广国语字的爱国运动，鼓励人们学习国语字，并利用国语字传播爱国思想、革命思想，国语字从此日益普及，而汉字和喃字则逐步退出越南的历史舞台。而在思想上，19世纪末和20世纪初，儒家思想仍占主导地位，但资产阶级民主思想和马克思主义的输入势不可挡。在探索救国救民理论的过程中，越南先后从儒家思想转向了资产阶级民主思想、马克思主义，并产生了胡志明思想。随着文字和思想的变革，越南的传统文化在逐步向新文化转变的同时，也广泛吸收了新文化的精髓，其民族性格中的开放性更为鲜明。

与此同时，法国文化开始传入越南，并逐渐被接受。法国殖民期间，法国极力推行法语，将咖啡树引进越南，在越南修建法式建筑，并把越南作为制作香水的原料供应地。面对法国文化的输入，最初越南采取了坚决抵制的态度，但随着中国文化的吸引力大为削弱，越南民众对法国文化的态度也开始转变。越南逐渐将法语融入越南语中，接受了法式咖啡，至今仍保留着喝咖啡的传统；不但保留了诸多法式建筑，也继续建造具有法国建筑风格的楼堂馆所；不仅接受了法国香水，也生产出具有法国文化气息的越南香水。在接受法国文化的同时，越南也接受了包含在法国文化中的浪漫生活理念和浪漫生活方式。法国文化给越南社会增添了法式的浪漫，也使越南民族性格中多了几分浪漫主义色彩。

结　论

越南民族性格的形成是由多种因素促成的，但毫无疑问，历史文化因素在其中起到了最

---

① 陈玉添：《越南阴阳哲理的起源及其对越南人性格之影响》，载刘大钧主编《大易集思》，第469页。
② 梁志明：《论法国在印度支那殖民统治体制的基本特征及其影响》，载《世界历史》1999年第6期。
③ 钟珊：《近代越南文化的变迁》，《东方论坛》2013年第5期，第54页。

为关键的塑造作用。从"北属"时期到宗藩时期，从"南进"时期再到法国殖民时期，越南民族性格的重要特质就是在不同历史时期与其他民族接触、互动中形成或强化的。越南民族对待外来文化的态度经历了从抗拒到被动吸收，再到主动吸收的转变，越南民族性格也在一次次外来文化冲击下得到塑形、丰富、升华。尽管如此，历史因素和文化因素对越南民族性格的影响并非相互隔绝，而是相互交织、相互渗透。

在漫长的历史长河中，跌宕起伏的历史赋予了越南民族极其厚重的历史情结，灿烂多彩的外来文化则为越南民族输入了十分多元的价值观念，历史与文化共同塑造了越南民族性格的两面性。越南民族性格中的独立意识和敏感戒备，最早可以追溯到"北属"时期与中原王朝的较量，并在宗藩时期中越宗藩关系的约束下得到强化，而大越民族主义肇始于宗藩时期对中国文化的吸收，成长于"南进"时期的扩张，定型于法国殖民时期的"印支联邦"实践，前者潜藏着越南民族在中国面前的自卑心态，而后者彰显了越南民族对中南半岛周边国家持有的自傲心理。

不同历史时期和不同文化既赋予了越南民族性格强硬的外表，也赋予了越南民族性格柔和的内里，无论是独立意识、敏感戒备和行善戒恶、心怀感恩，还是对外扩张、英勇尚武与细腻柔和、灵活多变，抑或是反抗精神、无敌思维与浪漫主义，都似乎并行不悖。儒家文化的潜移默化影响为越南民族性格的发展奠定了底色，重义轻利、仁爱宽容、谦恭礼让、尊老爱幼、中庸和谐的民族性格敦促越南民族坚守传统，而儒家文化、占婆文化、西方文化的持续冲击为越南民族性格注入了新的活力，开放性的民族性格促使越南民族与时俱进、适应时务。越南民族性格中的两面性体现了越南民族的行为方式、人生态度、价值观念、思维方式、心理特征、精神气质，深刻地反映在其处理与中国的关系之上。由于追求独立、敏感戒备的民族性格，越南一直对中国缺乏信任，长期采取"南攻北防"外交政策，而其扩张、尚武的民族性格则使其在南海恣意扩张，意在牟取更多的实利。分析越南民族性格的形成及其特点，将有助于我们加深对越南对外交往特点的感性认知和理性认知，并在此基础上制定有效的应对策略，促进中越关系发展。

政治转型系统机制与中缅关系的变迁

祝湘辉　张　添[*]

【摘　要】2010 年大选和 2011 年吴登盛政府上台，标志着缅甸开启了政治转型，进入后军人统治时代。本文拟从政治转型的系统机制出发，并结合两届缅甸政府的政治、经济和民族政策，发掘政治转型与中缅关系之间的逻辑关系。本文发现，缅甸政治转型的影响、反馈和调整三个维度与中缅关系变迁形成了复杂联动系统。缅甸政府的执政绩效、缅北和平进程和国际社会对缅甸介入程度是影响未来中缅关系的三个变量。

【关键词】缅甸；政治转型；中缅关系；系统论

2010 年大选和 2011 年吴登盛政府上台，标志着缅甸进入后军人统治时代，并开启了政治转型进程。在 2015 年大选中，昂山素季领导的民盟获得压倒性胜利并于 2016 年上台执政，组建了半个多世纪以来的第一个非军人背景政府。缅甸政治转型受到国际社会广泛关注，[①] 同时缅甸政治景观变化也使中缅关系遭遇重大挑战。以此为背景，本文拟从缅甸政治转型进程出发，探究 2011 年以来两届政府的政治、经济和社会政策，试图发现缅甸政治转型机制与中缅关系变迁之间存在的逻辑联系。

一、文献回顾和研究问题

随着 2011 年以来缅甸政治转型不断推进，中缅关系成为中外学者关注的焦点。学者们注意到，吴登盛政府在政治转型启动期采取了"亲西疏华"的路线。[②] 在吴登盛政府中后期，这一路线经过微妙调整，形成了中缅关系的"变化曲线"。在 2016 年以来的民盟政府

---

[*] 祝湘辉，云南大学缅甸研究院暨周边外交研究中心副研究员；张添，云南大学缅甸研究院、国际关系研究院博士研究生。

[①] Bertil Lintner, "Real politik and the Myanmar Spring," Foreign Policy, December 1, 2011, https：//foreignpolicy.com/2011/12/01/realpolitik-and-the-myanmar-spring/.

[②] Yun Sun, "China and the Changing Myanmar," Journal of Current Southeast Asian Affairs, Vol. 31, No. 4, 2013, pp. 51 – 77；Yun Sun, "Has China Lost Myanmar?," Foreign Policy, January 15, 2013, https：//www.brookings.edu/opinions/has-china-lost-myanmar/；Maung Aung Myoe, In the Name of Pauk-Phaw：Myanmar's China Policy since 1948, Singapore：Institute of Southeast Asian Studies, 2011；Robert G. Sutter, Michael E. Brown and Timothy J. A. Adamson, "Balancing Acts：The U. S. Rebalance and Asia-Pacific Stability," pp. 24 – 25, Sigur Center for Asian Studies August 2013, http：//www2.gwu.edu/sigur/assets/docs/Balancing Acts Compiled1. pdf.

时期，基于共同利益和政治诉求，中缅关系呈现稳定发展的态势。① 对于造成这种变迁的主要动因，学者们的认知存在差异。但总的来说，学者们主要围绕结构性要素（内因和外因）和过程性要素（内外联动的历史和现状）对此进行阐释。

一些学者强调内因，认为中缅关系受到缅甸国家建设与经济发展诉求、缅甸安全和战略需求变化、中立主义外交传统等因素的影响；② 另一些学者则强调外因，认为国际环境对缅甸压力的缓解、美国"重返亚太"战略的拉拢和罗兴亚人危机对缅甸的压力等因素是主要驱动。③ 不管是强调内因还是外因，或者二者兼而有之，学者普遍关注的是结构性客观要素，以及缅甸本身的行为和认知特征。

也有学者指出，当前中缅关系是在缅甸政治转型的历史进程中形成、在两国外交政策的互动与碰撞中进行调整的，而不是某个或某些孤立要素作用的结果。这些学者更重视两国互动中的过程性要素和分析决策者的主观因素，包括两国历史和现实中存在的"战略互疑"和"价值观认同缺失"等问题。④ 当然，还有学者既分析了结构性要素，也强调了过程性要素，并认为两者共同导致了中缅关系的变化。⑤ 总而言之，学者们从结构性和过程性要素的分析中得出一系列共识。学者们普遍认为：一方面，吴登盛执政初期按照"大国平衡"原则调整对华政策，与美国奥巴马执政期"重返亚太"政策形成"共振"，导致中缅关系的变

---

① 贺圣达：《民盟新政与中缅关系》，《东南亚南亚研究》2017年第2期，第1—7页；李晨阳：《昂山素季再次访华之后的中缅关系》，《世界知识》2016年第18期，第73页；宋清润：《缅甸大选后政局评估与中缅关系前瞻》，《和平与发展》2016年第1期，第82—96页；Stephen McCarthy, "Myanmar in 2016," *Asian Survey*, Vol. 57, No. 1, 2017, pp. 142 – 149; May Lai Winand Siwach Sripokangkul, "Myanmar Democratization Path: Role of Government, Reform Strategies and Arising Challenges," *Journal of MCU Peace Studies*, Vol. 5, No. 2, 2017, pp. 335 – 347; Narayanan Ganesan, "Myanmar – China Relations under President Xi Jinping," in Alvin Cheng – Hin Lim and Frank Cibulka eds., *China and Southeast Asia in the Xi Jinping Era*, Maryland: Lexington Book, 2019, pp. 17 – 31; Ko Ko Hlaing, "Myanmar's Reform: Current Situation and Future Prospects," in Li Chenyang, Chaw Chaw Sein and Zhu Xianghui eds., *Myanmar: Reintegrating into the International Community*, Singapore: World Scientific Publishing Co. Pte. Ltd., 2016, pp. 183 – 195.

② Bertil Lintner, *Aung San Suu Kyi and Burma's Struggle for Democracy*, Chiang Mai: Silkworm Books, 2011, pp. 15 – 30; K. Yhome, "Understanding China's Response to Ethnic Conflicts in Myanmar," ORF Occasional Paper No. 188, April 2019, https://www.orfonline.org/wp – content/uploads/2019/04/ORF_Occasional_Paper_188_China_Myanmar.pdf.

③ 马燕冰：《缅甸政治经济改革前景及对中国影响》，《亚非纵横》2012年第3期，第45—51页；孔建勋、包广将：《不对称结构和本体性安全视角下的中缅关系：依赖与偏离》，《东南亚研究》2015年第3期，第37—43页；杜兰：《美国调整对缅甸政策及其制约因素》，《国际问题研究》2012年第2期，第40—50页；Robert G. Sutter, Michael E. Brown and Timothy J. A. Adamson, "Balancing Acts: The U.S. Rebalance and Asia – Pacific Stability," pp. 24 – 25; David Steinberg, *Burma/Myanmar: What Everyone Needs to Know?*, New York: Oxford University Press, 2013, Introduction Part.

④ Kudo Toshihiro, "Myanmar's Economic Relations with China: Can China Support the Myanmar Economy?" Institute of Development Economics Discussion Paper, No. 66, August 2006, pp. 5 – 9; https://www.researchgate.net/profile/Toshihiro_Kudo/publication/5141233_Myanmar's_Economic_Relations_with_China_Can_China_Support_the_Myanmar_Economy/links/574d004208ae8bc5d15a5e69/Myanmars – Economic – Relations – with – China – Can – China – Support – the – Myanmar – Economy.pdf; Yun Sun, "Has China Lost Myanmar?"

⑤ Yun Sun, "China and the Changing Myanmar," pp. 51 – 77; Marie Lall, *Understanding Reform in Myanmar: People and Society in the Wake of Military Rule*, London: Hurst, 2016, pp. 33 – 36; Alistair Cook, "Myanmar's China Policy: Agendas, Strategies and Challenges," *China Report*, Vol. 48, No. 3, 2012, pp. 269 – 281.

迁。① 缅甸是一个有着强烈民族主义的国家，任何缅甸领导人都不愿意过度依赖一个大国。②政治转型启动后的缅甸期待左右逢源，维持典型的"对冲型"和"平衡型"外交政策；③另一方面，即使缅甸强调"独立自主"，中国作为其无法选择的邻国，处理好对华关系是缅甸维持国家安全和政治稳定的必然选择。④ 2011 年吴登盛政府上台后美国和缅甸接近，中缅关系经历了挑战和波折，但并没有走上极端恶化和冲突的道路，⑤ 并在 2016 年昂山素季为首的民盟执政后保持了稳定发展的态势。⑥

已有研究成果对缅甸政治转型和中缅关系有着较为充分的判断和归纳，但仍存在一些不足。首先，一些研究分析了缅甸政治转型的动因和过程，⑦ 但未能深入探究这一过程背后的规律性，也未应用相关的理论。其次，尽管学者们承认"中立主义"是缅甸历史传承下来的外交传统，缅甸"大国平衡"政策与美国"重返亚太"战略的互动导致了中缅关系的变迁，⑧ 但未能解释政治转型期中缅关系的特殊性和多重性。

在此背景下，本文主要关注缅甸政治转型演进的系统理论假设、导致中缅关系变化的决定性变量和机制，以及应用转型系统规律评估和预测中缅关系的趋势。

二、系统论视角下的政治转型

本文试图借助系统理论来解释政治转型的复杂性，通过系统的影响、反馈和调整三个维度来厘清政治转型的过程。

（一）系统与政治转型

美国学者罗伯特·杰维斯（Robert Jervis）于 1997 年出版了《系统效应：政治与社会生活中的复杂性》一书，指出系统效应是政治和社会生活中普遍存在但又常被忽视的部分。

---

① 宋清润：《2014 年的中缅关系：热络中存隐忧》，载李晨阳主编《缅甸国情报告（2015）》，社科文献出版社，2015，第 175 – 191 页。

② Bertil Lintner, *Aung San Suu Kyi and Burma's Struggle for Democracy*, Chiang Mai: Silkworm Books, 2011, pp. 66 – 67.

③ 李晨阳：《2010 年大选之后的中缅关系：挑战与前景》，载李晨阳等主编《缅甸国情报告（2011—2012）》，社会科学文献出版社，2013，第 50 – 69 页；杜继锋：《缅甸政治改革与中缅关系》，载李向阳主编《亚太地区发展报告（2013）》，社会科学文献出版社，2013，第 167 – 179 页。

④ 孔建勋、包广将：《不对称结构和本体性安全视角下的中缅关系：依赖与偏离》，《东南亚研究》2015 年第 3 期，第 38 – 43 页；翟崑、宋清润：《缅甸转型过程中的动力与博弈》，载王缉思主编《中国国际战略评论》，世界知识出版社，2015，第 178 – 191 页；贺圣达：《缅甸政局发展态势（2014—2015）与中国对缅外交》，《印度洋经济体研究》2015 年第 1 期，第 18 – 22 页；David Steinberg, "Myanmar – China – US: The Potential for Triangular Cooperation," Asia Pacific Bulletin, pp. 1 – 2, East West Center; https://www.eastwestcenter.org/sites/default/files/private/apb241.pdf; Ian Holliday, "Myanmar in 2012: Toward a Normal State," *Asian Survey*, Vol. 53, No. 1, 2013, pp. 93 – 100.

⑤ Maung Myoe, "The NLD and Myanmar's Foreign Policy: Not New, But Different," *Journal of Current Southeast Asian Affairs*, Vol. 36, No. 1, 2017, pp. 89 – 121.

⑥ Robert G. Sutter, Michael E. Brown and Timothy J. A. Adamson, "Balancing Acts: The U. S. Rebalance and Asia – Pacific Stability," pp. 24 – 25.

⑦ Yun Sun, "China and the Changing Myanmar," pp. 51 – 77.

⑧ 杜继锋：《缅甸政治改革与中缅关系》，第 167 – 179 页；Sukmawani Bela Pertiwi, Understanding Reforms in Myanmar: Linking External and Internal Factors, December 05, 2019, https://www.burmalibrary.org/en/understanding – reforms – in – myanmar – linking – external – and – internal – factors, p. 14.

从此,"系统"一词越来越频繁地出现在中外学者的国际关系研究中①。王帆提出,学者们借助系统演化的观点,可以将局部与整体、确定性与不确定性置于一个分析框架之下,人们永远无法认识国家发展这一变量本身及其未来走向,而只能寻求阶段性成果②。刘慧强调,复杂系统研究突破了实证主义模式,实际上是对自然世界和社会世界复杂性的一种回应③。唐世平认为,国家处于一个复杂的国际系统内,理解系统的特点对于国家战略的制定至关重要,主张将系统效应分为四个维度,并以中苏同盟关系的破裂验证了这一分析框架的有效性。④

在罗伯特·杰维斯看来,系统(System)广泛存在于自然世界和社会世界中,是一群相互关联个体的集合。⑤ 他提出"相互关联"(interconnectedness)、"反馈"(feedback)和"非线性"(nonlinearity)等核心概念解释系统的运行机制。⑥ 但杰维斯只是强调了系统的普遍存在,并没有指出应如何考察各种类型的系统。如果将"政治转型"作为一个系统来考察的话,可以将其定义为包括行为体、结构、各行为体互动所产生的功能的集合。在该系统中,行为体是主权国家政府,国内的政治、经济、社会、文化等要素和国际环境及其互动是政治转型的影响因素。这些因素一定程度上塑造了政府的内外政策。

(二)政治转型系统的运行机制

基于系统论的假设,系统按照阶段性/周期性运行。行为体首先发挥影响,再通过反馈进行调整,⑦ 在调整中产生新的反馈,在调整无法应对反馈之时进入"变动期",从而形成行为体与环境的互动,进而达到了系统内的新的平衡,⑧ 最终系统处于新的稳定状态,完成"影响→反馈→调整"这一动态循环。⑨

在政治转型系统的影响阶段,因为行为体的角色各不相同,其互动的效果也不尽相

---

① 王帆:《复杂系统思维的整体观与中国外交战略规划》,《世界经济与政治》2013年第9期,第145-154页;曾亚勇:《国际关系中"系统效应"的三重价值:一种理论的分析》,《太平洋学报》2015年第4期,第11-22页;Jean Sebastien Rioux, "System Effects: Complexity in Society and Political Life," *Canadian Journal of Political Science*, Vol. 31, No. 3, September 1998, p. 616; P. Terrence Hopmann, "Complexity and Uncertainty in International Systems," *Mershon International Studies Review*, Vol. 42, No. 2, November 1998, p. 315.
② 王帆:《如何认识当今世界?——复杂系统观的启示》,《世界经济与政治》2009年第10期,第41-50页。
③ 刘慧:《复杂系统与世界政治研究》,南京大学出版社,2011,第3-5页。
④ 唐世平、王凯、杨珊:《理解国际安全战略中的"系统效应"——以中苏同盟破裂的多重影响为例》,《世界经济与政治》2013年第8期,第4-20页。
⑤ 系统(system)又译作体系,对该概念学者有不同的理解,但本文沿用杰维斯的界定,实际上本文的系统概念也结合了华尔兹、霍夫曼等人的界定。参见罗伯特·杰维斯《系统效应:政治与社会生活中的复杂性》,李少军、杨志华、官志雄译,上海人民出版社,2008,第3页。
⑥ Robert Jervis, *System Effects: Complexity in Political and Social Life*, Princeton, NJ: Princeton University Press, 1997, pp. 60-72.
⑦ Robert Jervis, *System Effects: Complexity in Political and Social Life*, pp. 5-6; Robert Jervis, "Complexity and the Analysis of Political and Social Life," *Political Quarterly*, Vol. 112, No. 4, Winter 1997—1998, pp. 569-593.
⑧ Donella H. Meadows and Diana Wright, *Thinking in Systems, A Primer*, London: Chelsea Green Publishing, 2008, p. 28.
⑨ Robert Jervis, *System Effects: Complexity in Political and Social Life*, pp. 39-48.

同。① 例如，政府的政治经济政策和行为改变了国内的经济状况、社会发展程度和民意，在国际上改变了外交关系的亲疏、贸易往来和人文交流等。这些效果可以用量化指标体现出来，成为转型系统的反馈。该反馈将成为政府制定下一步政策的基础。为了应对反馈出来的问题，政府将对其政治经济政策和行为进行延续或调整。这些延续或调整均会对整个系统形成某种程度的调整，"影响→反馈→调整"，由此完成一个周期。行为体的角色发生变化而导致系统调整时，该变化会形成新的影响，于是系统进入下一个"影响→反馈→调整"周期。每个国家的政治转型有千变万化的表现，只有结合一国国情进行观察和实证研究才会有意义。根据这一规律，本文将缅甸政治转型的机制总结如表1所示。

表1 缅甸政治转型的机制

系统机制	对内政策			对外政策		
	影响机制	反馈机制	调整机制	影响机制	反馈机制	调整机制
吴登盛周期	A1	A2	A3	AⅠ	AⅡ	AⅢ
昂山素季周期	B1	B2	B3	BⅠ	BⅡ	BⅢ

本文将影响、反馈和调整三个维度与缅甸政府的内政和外交两个对象组合起来，目的是在缅甸政治转型与中缅关系间建立联动关系。本文选择这两个对象主要遵循了以下标准：首先，只考虑与中缅关系最具相关性的因素；其次，只关注与影响、反馈和调整最具相关性的显性因素，历史文化等隐性因素不在考察范围，并将民族问题作为对当代缅甸政治历史产生作用的最显著因素。本文将按政治转型系统的不同阶段来观察行为体——缅甸政府的行为。通过比较这些阶段的指标，本文试图建立起缅甸政治转型与中缅关系之间的联动关系。

三、吴登盛时期的中缅关系

（一）"大国平衡"政策下的"亲西疏华"

2010年11月7日，缅甸举行了半个多世纪以来第一次大选，联邦巩固和发展党（巩发党）获得多数议席。2011年3月30日，以吴登盛为首的政府取代了军人政权"国家和平与发展委员会"，开始上台执政。吴登盛选择了快速凝聚"民意"的施政方式，以"民族联邦"和"民主国家"为出发点，② 打造"有纪律的民主"，并推动"独立自主、全面交往"的外交政策。由于缅甸长期积贫积弱，吴登盛政府在"绩效增益"方面空间很大。

2008年《宪法》所制定的规则和框架基本得到落实，改革开放为经济与社会发展释放活力，经济建设取得一定成绩。"缅甸式民主道路"得到多数缅甸民众以及反对党、民族政党的积极支持和参与，共同推动缅甸改革"不可逆转"，前军人集团未过多干涉吴登盛政府施政。吴登盛政府减少了对政治和社会领域的控制，释放政治犯，放松对新闻媒体的控制，

---

① 保罗·皮尔逊：《时间中的政治：历史、制度与社会分析》，黎汉基、黄佩璇译，江苏人民出版社，2014，第64-66页。

② "President U Thein Sein Delivers Inaugural Address to Pyidaungsu Hluttaw," *The Global New Light of Myanmar*, March 31, 2011.

废除出版审查制度，提出"三波改革"愿景，其内容包括政治民主化、经济市场化和激励公民社会发展等。① 在经济上，吴登盛政府推进私有化，重视民营经济，重组缅甸投资委员会，修改《外国投资法》，设立土瓦、迪洛瓦和皎漂经济特区。缅甸在2011—2013年度经济增速达6.3%，通胀率控制在3%以内。② 在民族问题上，政府与民地武开展集体对话，缔造全国停火协议（NCA）和联邦和平大会（UPC）框架。

在国际上，西方社会认可吴登盛上台以来缅甸所取得的一系列变革。2012年11月和2014年11月，美国总统奥巴马、国务卿希拉里两次访问缅甸并会晤吴登盛总统。东盟国家鼓励和支持缅甸改革，缅甸顺利接任2014年东盟轮值主席国，在担任东盟轮值主席国期间因较好履行职责而得到各方赞赏。主要大国和国际组织支持缅甸和平进程，建设统一联邦国家、开启和平进程的呼吁开始得到各方响应。③

一方面，随着"重返亚太"战略的实施，美国将东南亚地区作为该战略的重点，缅甸政治转型与该战略产生"共振"。美国从缅甸的改革中看到机会，有意将缅甸塑造成民主转型的"样板"。美国和欧盟国家首脑频频访问缅甸，取消了针对缅甸的大部分经济制裁，并提出了经济合作意愿。另一方面，缅甸地处中国和印度之间，缺乏战略安全感，惧怕被大国控制。缅甸认为中国是"搬不走的巨邻"而深感不安，"心存敬畏警惕"，又必须寻求"与其相处之道"，④"安全困境"的判断占据了一批缅甸精英和民众的对华认知。⑤ 当国际环境发生有利于自身的变化时，缅甸采取了"大国平衡"战略，力图摆脱对华过度依赖，希望赢得西方国家的支持。罗伯特·萨特（Robert G. Sutter）和麦克·布朗（Michael E. Brown）等人指出，民主转型后的缅甸恐与中国渐行渐远，⑥ 孙韵（Yun Sun）认为中国要面对"失去缅甸"问题。⑦

（二）以"民意"之名：资源民族主义笼罩下的中资项目

缅甸转型深刻地影响了中缅关系。缅甸开放新闻舆论、废除出版审查制度后，民间舆论出现了反华倾向。中资企业被认为只重视与高层打交道而不顾及民众、地方和少数民族利益，中国对缅甸投资和援助则被认为"滋生和助长了当地官员腐败"并"鲜有民众受益"，

---

① Ko Ko Hlaing, "Myanmar's Reform: Current Situation and Future Prospects," pp. 190–192.
② 邹春萌、许清媛：《2012—2013年度缅甸经济政策与经济形势》，载李晨阳等主编《缅甸国情报告（2012—2013）》，社会科学文献出版社，2014，第115页。
③ Bertil Lintner, "Realpolitik and the Myanmar Spring".
④ Sanjay Kumar Pradhan, "Struggle for Democracy in Myanmar: Response of Neighbours, United States and ASEAN," Jadavpur Journal of International Relations, Vol. 11–12, No. 1, 2008, pp. 228–241.
⑤ 根据有关论述，中缅之间的"安全困境"被描述得更像是一种"不对等的安全困境"，即缅甸担心中国军备增强对其自身安全不利，中国则担心缅甸增强军备针对缅北民族武装发动内战导致中缅边境地区不稳定，给中国边境地区带来安全及难民压力。See International Crisis Group, "China's Myanmar Dilemma," Asia Report No. 177, September 14, 2009, Reliefweb, https://reliefweb.int/sites/reliefweb.int/files/resources/9FC6A39E4245CC4CC125763100342702 – Full _ Report. pdf.
⑥ Robert G. Sutter, Michael E. Brown and Timothy J. A. Adamson, "Balancing Acts: The U. S. Rebalance and Asia – Pacific Stability," pp. 24–25.
⑦ Yun Sun, "Has China Lost Myanmar?".

甚至成为"缅甸长期没有发展起来的罪魁祸首",① 中国的国家形象受到严重损害。与此同时,不少缅甸媒体和学者开始将缅甸对外政策的"疏华"塑造为"反对新帝国主义"。貌昂妙(Maung Aung Myoe)提出,缅甸自2003年提出"七步路线图"以来,就是要"实现宪政民主,摆脱对华依赖",随着缅甸民主化,中缅关系再也"无法继续在'胞波'名义下往前走"。②

尽管吴登盛刚执政一个多月就访华,并与中国签署了建立"全面战略合作伙伴关系"的声明,但中缅关系随即直转急下,其中标志性事件是2011年9月30日密松项目暂停。③ 缅甸政府的行为得到了众多环保组织、非政府组织以及美欧等国家的支持,密松项目暂停事件甚至被缅甸国内舆论看作吴登盛"尊重民意"的象征。④ 随后,莱比塘铜矿等大型项目相继陷入困境,中缅油气管道项目也遭到质疑。2015年1月,缅北克钦邦发生了抓捕150余名中国伐木工人的事件;⑤ 2015年11月,缅北克钦邦帕敢发生矿难后,"中国在缅甸非法采掘资源破坏环境"的舆论再度把中国推到风口浪尖。⑥ 这些事件导致中缅关系进入1988年以来最困难的时期。中缅关系波折对双边关系产生了显著影响,其中中国对缅甸投资大幅下降,2013—2014财年中国对缅甸投资仅为0.56亿美元。⑦ 密松事件后缅甸朝野在地缘和安全战略上对华形成了消极认知并加以防范。⑧ 这些负面认知既是转型系统的负反馈,又影响到之后的调整。

(三)中缅关系波动扩散到政治和安全领域

2014年,吴登盛政府的执政绩效已达到饱和状态,而这一时期也隐含着危机。随着缅甸转型的深入,政府内外政策的边缘效应已经在递减,陷入了改革"瓶颈期",既有政策和改革已无法满足民众的改革需求。⑨ 反对党民盟在昂山素季的领导下已具备强大的影响力,在民意上比吴登盛政府更有优势。而吴登盛政府无法完全划清与前军人利益集团的界限,在

---

① Kudo Toshihiro, "Myanmar's Economic Relations with China: Can China Support the Myanmar Economy?" p. 3; Trevor Wilson, "China and Myanmar's Reforms," New Mandala, February 10, 2014, http://www.newmandala.org/china-and-myanmars-reforms.

② Maung Aung Myoe, In the Name of Pauk-Phaw: Myanmar's China Policy since 1948, p. 188.

③ 密松水电站位于缅甸伊洛瓦底江干流迈立开江与恩梅开江汇流区,是世界上第15大水电站,由亚洲世界公司、缅甸电力部、中国电力投资集团合作建设,拟为缅甸提供600万千瓦电力,总投资达36亿美元。2009年12月21日,密松水电站正式开工。2011年9月30日,缅甸总统吴登盛在国会宣布密松水电站在他的总统任期内搁置,至2016年4月缅甸新政府上台,密松项目仍保持搁置状态。

④ Yun Sun, "China's Strategic Misjudgment on Myanmar," Journal of Current Southeast Asian Affairs, Vol. 21, No. 1, 2012, pp. 73-96.

⑤ Ye Mon, "Government Trumpets Pledges from China," Myanmar Times, August 3, 2015, https://www.mmtimes.com/national-news/15789-government-trumpets-pledges-from-china.html.

⑥ 此观点来源于笔者2013年5月12日与缅甸战略与国际问题研究中心主任吴哥哥莱在缅甸仰光座谈时的讨论。

⑦ Directorate of Investment and Company Administration, Myanmar Government, "Yearly Approved Amount of Foreign Investment," DICA, October 2016, https://www.dica.gov.mm/sites/dica.gov.mm/files/document-files/By country_ yearly_ approved_ amount.pdf.

⑧ 西口清胜:《转换为民政后的缅甸——以探讨"民主化"与国际关系为中心》,邵鸣译,载《南洋资料译丛》2012年第3期,第39-42页;Yun Sun, "China and the Changing Myanmar," pp. 51-77; Yun Sun, "Has China Lost Myanmar?".

⑨ 此观点来源于笔者2014年12月5日与缅甸非政府组织"盛仰梭"(Sein Yaung Soe)在缅甸曼德勒交流会上的讨论。

民意上先天不足。2014年7月,民盟提出修改2008年《宪法》的倡议赢得500万民众签字支持。① 2015年2月爆发了学生运动,全缅学生联盟组织大学生示威游行,反对《国民教育法》,号召争取大学自治和学术自由。

此时,中缅关系的波动已经从经济领域逐步扩散到政治和安全领域,对吴登盛政府形成了挑战。2012年2月因爆发"民地武"与国防军冲突导致大量难民拥入中国云南省。② 2013年极端主义教派冲突从缅甸边疆地带蔓延到内地,极大地干扰了缅甸改革进程,影响了缅甸的国际形象。国际社会关注若开邦"罗兴亚人危机"③,美国推迟了取消对缅甸制裁的决定。2015年3月13日还爆发了缅甸军机越境炸死5名云南边民事件,5月14日缅甸军方炮弹再次落入边境中方一侧。6月2日,中国成都军区在云南进行陆空联合实弹演习,以应对边境地区紧张局势。④ 缅甸政府与少数民族谈判多次因战火中断,国内最主要的民地武均拒绝签署全国停火协议,双方军事冲突日趋激烈。为了解决缅甸民族冲突的痼疾,吴登盛设计和筹备召开联邦和平大会。⑤ 然而,民地武与缅甸政府就一些关键问题迟迟不能达成一致,和平大会直到吴登盛任期结束也没能召开。

(四) 吴登盛政府的战略回调

民族主义情绪很容易催生不理性因素,动摇自身现有合法性根基。这些都意味着,中缅关系如果不能转圜,缅甸将陷入发展与外交的双重困境。⑥ 进入2015年以来,吴登盛积极筹备大选,并于同年4月10日与昂山素季等就修宪问题举行六方会谈。⑦ 在中缅关系问题上,吴登盛政府开始着力调整对华政策。其一,吴登盛先后七次访华,借国际会议场合或与到访中国领导人互动,意图沟通相关问题;其二,吴登盛多次公开表示,缅甸并没有奉行全方位的"亲美疏中"政策,而是在中西方之间寻找平衡,并不断强调缅甸中立主义的传统外交价值理念;⑧ 其三,尽管中资项目遇到波折,但是缅甸政府进行了一些管控,避免了莱比塘铜矿、中缅油气管道等大型项目处境进一步恶化。

然而吴登盛政府的调整措施已力不从心。其原因在于,此时是执政后期,执政党的关注点转向大选,即便对外政策也要服务于自身竞选。因为担心影响选情,缅甸政府迟迟不敢公

---

① Jared Ferrie and Aung Hla Tun, "NLD Says 5 Million Sign Petition to Change Constitution," *The Irrawaddy*, July 22, 2014, http://www.irrawaddy.com/burma/nld-says-5-million-sign-petition-change-constitution.html.

② 李晨阳:《缅甸民族问题长期存在的原因探析》,载李晨阳等主编《缅甸国情报告(2011—2012)》,第87—88页。

③ 虽然罗兴亚人曾经在缅甸历史上获得过合法身份,但自军政府上台至今,缅甸官方和主流民意仍然不承认该族群的存在,客观上造成该族群流散于孟缅边境,人数在80万—110万之间。See Nehginpao Kipgen, "The Rohingya Conundrum," Myanmar Times, September 24, 2012; Nehginpao Kipgen, *Myanmar: A Political History* (New Delhi: Oxford University Press, 2016), p. 132.

④ 《解放军在中缅边境开始演习 外媒猜中国被激怒》,人民网,2015年6月2日,http://sc.people.com.cn/n/2015/0602/c345527-25092665.html.

⑤ Lahpai Seng Raw, "The Dilemma of Ceasefires without Peace," *The Irrawaddy*, October 20, 2016, https://www.irrawaddy.com/opinion/the-dilemma-of-ceasefires-without-peace.html.

⑥ Trevor Wilson, "China and Myanmar's Reforms".

⑦ Chaw Chaw Sein, "Myanmar's Post-election Foreign Policy," *The Global New Light of Myanmar*, August 11, 2016, https://www.meral.edu.mm/record/2280/file-preview.

⑧ Kyaw San Wai, "Myanmar's Strategic 'Realignment'," RSIS Commentaries No. 170, November 17, 2011, Digital Repository of NTU, https://dr.ntu.edu.sg/bitstream/10356/94761/1/RSIS1702011.pdf.

布中资企业中标皎漂深水港项目。密松项目暂停给中缅关系带来的创伤仍未消除,缅甸民间的反密松情绪仍在发酵。吴登盛无力再调整中缅关系,中缅关系中遗留的问题只能无可避免地留给下一周期。

(五)吴登盛执政时期政治转型与中缅关系的联动

本文对吴登盛执政时期政治转型与中缅关系的联动进行了总结(见表2)。

表2 吴登盛时期政治转型的三个维度与中缅关系①

	事件	影响	反馈	调整
内政	军政府的遗产,民众怨恨军政府半个世纪的统治 "边境警卫部队改编计划"失败 国防军使用武力成功驱逐果敢民地武领导人	政治民主化改革,放松社会控制,开放新闻舆论 "七岁民主路线图"按步骤实施 推动和平进程,对缅北民地武"以打促谈"	资源民族主义的兴起,谴责中国掠夺缅甸资源和能源① 冲突加剧威胁中缅边境安全,族群分裂无法兑现建设真正联邦制的承诺	"民意"反对中资项目,暂停密松电站项目 将民族主义作为打造政府与民众共识的媒介,默认反华言论的传播
外交	美国实施"亚太再平衡"政策,开始接触缅甸	大国平衡、对华疏远	国际社会认可执政党的改革,缅甸被国际社会接受 顺利担任东盟轮值主席国 奥巴马2012年和2014年两次访缅	整个缅甸的价值观转向,将中国置于缅甸政府转型的对立面,导致中国调整对缅政策,以适应变革后的缅甸

从表2可以看出,缅甸内政和外交对中缅关系产生了不同的影响和反馈,直接体现了转型的阶段性效果。需要强调的是,本文将上届政府的遗产和民族问题作为重点纳入考察范围,是因为政治转型的影响首先围绕着政权的变动产生,内政和外交是一届政府执政观念的体现,上届政府的遗产会对下届政府产生反馈,导致了缅甸政策的调整。这些事件的发生有着时间先后顺序和因果逻辑联系,体现了缅甸政治转型的系统性和规律性。

四、昂山素季时期的中缅关系

(一)重回"民主建制"下的务实友华路线

昂山素季周期自2016年4月开启,缅甸转型开始进入新阶段。虽然昂山素季在执政初

---

① Zin Linn, "Who Will Save the Mother-River of Myanmar?" Burma Rivers Network, December 31, 2013, http://www.burmariversnetwork.org/index.php? option = com_ content&view = article&id = 934:who - will - save - the - mother - river - of - myanmar&catid = 11&Itemid = 46.

期曾一度宣誓要"另起炉灶",但事实证明其施政措施有很强的延续性。

从2015年大选到执政初期,民盟的支持率达到峰值。西方国家视昂山素季的上台为"民主的胜利",认为缅甸"理应"继续向西方倾斜。然而昂山素季所追求的是基于本国利益的"民主建制",更优先考虑缅甸的民族国家构建,① 强调缅甸多民族的凝聚性和民主自由的开放性。昂山素季提倡关注人民,宣称民盟是"人民的政党",制订"十二项新经济政策",合并和裁撤了部分部委,推行各部委"百日计划",② 厉行整顿吏治,打击贪污腐败。在民主观上,昂山素季并非无条件赞同西方所宣扬的人权和民主价值观,宣称"坚持民主根本原则是基础,但民主必须根植于缅甸国土,不同于美国或者英国的民主"。③

在此背景下,昂山素季继承了"独立自主、大国平衡"的传统外交。昂山素季在2016年4月17日的缅历新年讲话中强调"我们的外交政策要基于全球的视野",在4月22日的外交部部长就职仪式上强调缅甸外交"求同存异和而不同"。④ 昂山素季于2016年4月5日接待了来访的中国外交部部长王毅,而王毅也成为民盟政府上台后首位来访的外长。2016年8月17—21日,昂山素季率团访问中国,中国成为除东盟外其任国务资政后首访的国家,凸显其对中缅关系的重视。昂山素季在会见习近平主席时表示,珍惜中缅深远的"胞波友谊"。⑤ 缅甸学者丹敏乌(Thant Myint–U)认为,"昂山素季首访选择中国,这并不是一个无关紧要的抉择。这是一次历史性的访问,决定中缅两国未来多年的关系走向。"⑥

昂山素季对中缅关系的重视并非没有内在逻辑可言。经历了吴登盛时期中缅关系波动期后,昂山素季意识到,如果再任由"民意"继续向中缅关系的对立面发展,这将超出政府可掌控的范围并冲击缅甸的稳定,因此民盟政府采取了对华友好和接近的态度。

(二)民盟对中缅关系的诉求

由于民盟是历史上首次执政,在各方面缺乏经验,加上民意的光环褪去,民众失望情绪开始出现。在政治上,民盟受制于2008年《宪法》赋予军人特殊政治地位的权力架构,被认为是"戴着镣铐跳舞"。⑦ 在经济上,民盟无力改变长期以来积贫积弱的经济,基础设施的完善步履蹒跚,外资仍处于观望状态。在民族问题上,民族和解进程没有实质性进展,若开族地方分离势力日益上升。在2017年4月1日的议会补选中,民盟仅获得了19个空缺席位中的10席,少数民族政党获得7席,巩发党获2席。在2018年11月3日的议会补选中,

---

① Carlos Sardia Galache, "State Racism Meets Neoliberalism," Jacobin, Jan 18, 2018, https://www.jacobinmag.com/2018/01/burma–aung–san–suu–kyi-nld.

② Thein Ko Lwin, "Government Launches Economic Policy," *The Global New Light of Myanmar*, July30, 2016.

③ Bertil Lintner, *Aung San Suu Kyi and Burma's Struggle for Democracy*, p. 80.

④ Aung San Suu Kyi, "Myanmar to be Made Strong by Using the Strength of the People to Push Foreign Policy," *The Global New Light of Myanmar*, April 23, 2016.

⑤ "State Counsellor Daw Aung San Suu Kyi Meets Chinese President," *The Global New Light of Myanmar*, August 20, 2016.

⑥ Jane Perlez and Wai Moe, "Visiting Beijing, Myanmar's Aung San Suu Kyi Seeks to Mend Relations," *The New York Times*, August 17, 2016, https://www.nytimes.com/2016/08/18/world/asia/visiting–beijing–myanmars–aung–san–suu–kyi–seeks–to–mend–relations.html? ga=2.36128099.298441992.1556247408–25623027.1556247408.

⑦ 贺圣达:《民盟新政与中缅关系》,《东南亚南亚研究》2017年第2期,第2–5页。

13 个空缺议席中有 11 个原先属于民盟,但民盟仅赢得 7 席,①巩发党获 3 席,3 席被少数民族和独立候选人获得。这意味着缅甸民众对民盟执政的满意度在下降。民盟副主席、曼德勒省首席部长佐敏貌（Zaw Myint Maung）表示,补选结果给民盟敲响了警钟,民盟必须加强组织建设和与民众的联系。②

民盟领导人认识到,在缅甸民族问题错综复杂、一时难以取得实质性进展的情况下,缅甸政府需要把经济放在首位,需要吸引外资、增加基础设施、改善民生与社会发展水平,而这些问题都需要中国的支持。③正如翟崑等学者指出的,中国在反思对缅甸战略中调整政策,以重新赢得缅甸支持。中资项目经历了吴登盛执政时期的挫折后,更加重视对当地社会和环境效益的保障。④中国对缅甸投资存在巨大的潜力,据缅甸投资与公司管理司（DICA）的数据,截至 2019 年 3 月 31 日,中国对缅甸投资已达 205 亿美元,占缅甸外资总额的 25.75%。⑤民盟政府决心参与"一带一路"倡议,与中方共建中缅经济走廊。2017 年 11 月 19 日,中国外交部部长王毅访问缅甸期间提出中缅经济走廊合作倡议,该走廊北起中国云南,经中缅边境南下至曼德勒,然后再分别向东西延伸到仰光新城和皎漂经济特区。⑥2018 年 9 月 11 日,中缅经济走廊联合委员会第一次会议在北京举行,中缅双方就中缅经济走廊合作理念及原则、联委会工作机制和 12 个重点合作领域达成一致。⑦2018 年 12 月 7 日,缅甸政府宣布成立实施"一带一路"指导委员会,昂山素季本人担任委员会主席。⑧该委员会负责协调各政府机构落实缅甸与中国实施的"一带一路"合作项目,制定相关实施方案。2019 年 2 月 18 日,缅甸政府召开实施"一带一路"指导委员会首次会议,昂山素季指示,缅甸需要研究其他国家参与"一带一路"的经验,选择对缅甸最有利的项目。⑨

中缅大型合作项目也有了实质性进展。2017 年 5 月 16 日,中缅两国签署了关于建设中缅边境经济合作区的谅解备忘录,合作区选址在缅甸克钦邦的甘拜地、掸邦的木姐和清水河。⑩2018 年 4 月,缅甸成立了以商务部部长吴丹敏为主席的中缅边境经济合作区建设计划落实中央委员会。2018 年 4 月 30 日,中国交通建设公司与缅甸仰光新城开发公司签署了仰

---

① 《缅甸公布议会补选结果》,新华网,2018 年 11 月 5 日,http://www.xinhuanet.com/world/2018-11/05/c_1123661328.htm.
② 《缅甸 2018 议会补选结果出炉》,《金凤凰报》2018 年 11 月 16 日,https://www.mmgpmedia.com/update-news/28923-2018-8.
③ Nyein Zaw Lin,"NLD Forms Commission to Review by-elections," Myanmar Times, November14, 2018, https://www.mmtimes.com/news/nld-forms-commission-review-elections.html.
④ 此观点来源于笔者 2018 年 6 月 20 日与仰光大学国际关系学院院长杜秋秋盛（Daw Chaw Chaw Sein）在缅甸仰光座谈时的讨论。
⑤ 翟崑、宋清润:《缅甸转型过程中的动力与博弈》,第 178-191 页。
⑥ Directorate of Investment and Company Administration, Myanmar Government, "Foreign Investment of Permitted Enterprises as of 31/3/2019," p.1, https://www.dica.gov.mm/sites/dica.gov.mm/files/document-files/foreigncountry_0.pdf.
⑦ 《王毅:中方提出建设中缅经济走廊设想》,中国外交部网站,2017 年 11 月 20 日,https://www.fmprc.gov.cn/web/wjbzhd/t1512003.shtml.
⑧ 何程:《中缅探讨加快推进经济走廊建设》,新华网,2018 年 9 月 14 日,http://www.xinhuanet.com/world/2018-09/14/c_1123432483.htm.
⑨ 庄北宁:《缅甸组建实施"一带一路"指导委员会》,中国政府网,2018 年 12 月 8 日,http://www.gov.cn/xinwen/2018-12/08/content_5347054.htm.
⑩ 庄北宁:《昂山素季说"一带一路"对缅甸有益》,人民网,2019 年 2 月 19 日,http://world.people.com.cn/n1/2019/0219/c1002-30804010.html.

光新城基础设施的框架协议。2018年10月22日，中缅两国签署了木姐—曼德勒铁路项目可行性研究备忘录，双方开始前期实地勘探。同年11月8日，中缅两国签署了缅甸皎漂经济特区深水港项目建设框架协议。①

（三）中国对缅甸民族和解进程的参与

民盟政府倡导了全面包容的"21世纪彬龙会议暨联邦和平大会"机制，延续了吴登盛时期的联邦和平工作委员会（UPWC）和联邦和平对话联合委员会（UPDJC）②，又整合了缅甸和平中心（MPC），将其改组为全国和解与和平中心（NRPC）。昂山素季在第71届联合国大会讲话中将发展与和平的互动关系形容为"可持续的解决方法"。③

昂山素季承认中国在解决缅甸民族问题中发挥的重要作用。昂山素季在2017年5月16日参加了中国主办的"一带一路"国际合作高峰论坛，并与习近平主席和李克强总理会面，中方表示"愿意继续为缅甸国内和平进程提供必要的支持"④。2017年5月，在就缅北武装是否参加缅甸政府组织的21世纪彬龙大会第二次会议问题上双方陷入僵局之际，中国政府力促七支缅北武装参会。⑤ 中国亚洲事务特使孙国祥多次访缅，参与民族和解进程和冲突调停。

2017年以来若开邦问题日益复杂，国际极端宗教恐怖主义势力卷入冲突。⑥ 在此过程中西方国家和国际组织对缅甸施加了极大的压力，⑦ 而中国在联合国数次对谴责缅甸政府的报告表达不赞成意见，缓解了民盟政府的压力。2017年9月28日，中国驻联合国副代表吴海涛在安理会公开会议上表示，"若开邦问题涉及复杂的历史、民族和宗教因素，很多分歧和矛盾系长期积累产生，解决起来不能一蹴而就。"⑧ 2017年11月18—19日，中国外交部部长王毅访问孟加拉国和缅甸，提出分三阶段解决罗兴亚人问题，防止该问题被政治化和滥

---

① 《中国商务部与缅甸商务部签署关于建设中缅边境经济合作区的谅解备忘录》，中国商务部网站，2017年5月17日，http://www.mofcom.gov.cn/article/ae/ai/201705/20170502575934.shtml.

② 庄北宁：《中缅签署木姐—曼德勒铁路项目可行性研究备忘录》，新华网，2018年10月23日，http://www.gov.cn/xinwen/2018-10/23/content_5333666.htm.

③ "State Counsellor Visits Myanmar Peace Centre," *The Global New Light of Myanmar*, August 9, 2016; "Govt Invites Non-Signatories of NCA to Join Political Dialogue Framework Meeting," *The Global New Light of Myanmar*, June 4, 2016.

④ Aung San Suu Kyi, "Speech for the 71st UN Assembly," Myanmar News Agency, September 23, 2016, https://www.globalnewlightofmyanmar.com/daw-aung-san-suu-kyi-speech-to-assembly-cites-un-as-inspiration/.

⑤ "State Counsellor Meets with Chinese President and Premier," *The Global New Light of Myanmar*, May 17, 2017.

⑥ "Northern Armed Groups: First Step to End War Taken," *The Global New Light of Myanmar*, May 27, 2017.

⑦ 据缅甸官方统计，自2016年10月9日极端主义团体"若开罗兴亚救世军"（ARSA）袭击缅甸若开北部哨所造成9人死亡、数十人受伤后，至2017年8月16日共爆发了466次有关袭击案件，据政府统计，约400人死亡。2017年8月25日，若开北部再度爆发大规模冲突，据政府9月4日统计，共有38人被杀，6842所房屋被毁，近3万人流离失所。See "Press Release regarding the Attacks on the Border Guard Police Posts in Maungtaw Township – 14th October 2016," *The Global New Light of Myanmar*, October 15, 2016; "Home Ministry Pledges to Bring Terrorists to Court," *The Global New Light of Myanmar*, August 31, 2017; "Humanitarian Aid Provided to Displaced People without Segregation," *The Global New Light of Myanmar*, September 6, 2017.

⑧ 例如继联合国难民事务高级专员报告称缅甸"践踏人权、屠杀罗兴亚人"后，美国和欧盟数次指责昂山素季未制止缅军"践踏罗兴亚人人权"的行为，东盟也站到了缅甸的对立面，时任马来西亚总理的纳吉布指责缅甸存在"宗教迫害"。See "Some Return to Rakhine Homes, China Backs Myanmar," *The Global New Light of Myanmar*, December 13, 2017; "Muslims in Myanmar Decry Malaysian Rally," *The Global New Light of Myanmar*, December 6, 2016.

用,指出国际社会应创造条件和环境推动问题的解决。①

与此同时,中国在缅甸的形象困境问题得到了缓解。笔者在2018年11月对缅甸联邦议会的一次调研中发现,以议员为代表的精英普遍肯定中国在罗兴亚人危机和缅甸经济发展中的作用,称中国的所作所为使得中缅关系翻开了新的一页。②

(四)民盟时期政治转型与中缅关系

行为体的角色发生变化意味着新的影响和反馈产生。吴登盛政府的政治和经济措施给下一个"影响→反馈→调整"周期输入了新的影响和反馈。昂山素季政府上台后,选择了一系列措施修正上届政府的政策,推行对华友好路线。本文总结了民盟时期政治转型与中缅关系的互动(见表3)。

表3 昂山素季时期政治转型的三个维度与中缅关系变迁

	事 件	影 响	反 馈	调 整
内政	·吴登盛政府的遗产,民粹主义情绪上升,外来投资额大幅降低 ·国内存在事实上的两个权力中心 ·民族和解没有实质进展	·推行"民主建制"执政理念 ·将民族和解放在第一位,组织三次"21世纪彬龙会议"	·治理能力受到质疑,经济增长低迷,通货膨胀加剧 ·支持率下降,民盟在两次议会补选中失败 ·缅北民地武组织"北方联盟"袭击国防军,若开邦地方主义势力上升	·关注提高执政能力,打击贪污腐败 ·推行"百日计划"和制定《缅甸可持续发展计划》,吸引中国投资改善基础设施
外交	·"民意"向中缅关系的对立面发展,损害了缅甸的国家利益 ·国际社会就罗兴亚人危机向缅甸施压	·与西方关系转冷 ·优先民族国家构建,否认西方民主的普世性	·缅甸开始向中国回摆,强调邻居不可选择性,请求中国更强有力地参与调解民族矛盾 ·参与"一带一路"和"中缅经济走廊",昂山素季两次访华	

五、缅甸政治转型与中缅关系的联动规律

肯尼思·华尔兹(Kenneth Neal Waltz)认为"理论是对规律的解释",因而理论必须具

---

① 《中国代表就缅甸若开邦问题在联合国安理会阐述中方立场》,人民网,2017年9月29日,http://world.people.com.cn/n1/2017/0929/c1002-29568313.html.
② 庄北宁、卢树群:《中方提出三阶段解决缅甸若开问题设想》,新华网,2017年11月20日,http://www.xinhuanet.com/world/2017-11/20/c_1121979088.htm.

有解释性。① 通过观察可以评估中缅关系变化趋势，及时提出调整对缅甸政策的建议。值得强调的是，沿着这一逻辑路径还能预测中缅关系再次波动的风险。本文认为，有必要通过以下四方面来考察转型系统导致中缅关系的变化。需要指出的是，影响中缅关系的因素复杂且是一个动态过程，并不仅仅局限于这些因素，但它们是最显著和主要的因素。

（一）上届政府对华政策的反馈

前文已经指出，吴登盛政府初期和中期虽然在内政外交上取得一系列绩效，但中缅关系从转型一开始即跌入低谷。根据转型系统规律，缅甸的战略安全认知、中资初期在缅甸占据主导地位以及美国的"重返亚太"政策都成为吴登盛执政时期的系统输入，而吴登盛执政初期快速积聚的民意支持和执政绩效更加强化了这一输入，导致吴登盛采取了"对华疏远"的政策。此后，中缅关系的波动从经济领域逐步扩散到政治和安全领域，影响了缅甸国家安全。缅甸政府在最重要的和平进程问题上无法取得进展，改革措施的边缘效应开始递减并陷入瓶颈期，吴登盛作为"改革先驱者"的光环也在消退。而中缅关系波动带来的负面影响成为民盟执政时期的反馈输入，这导致昂山素季上台伊始就果断调整了对华政策，中缅关系迅速转圜。

由此可知，考察上一届政府时期中缅关系带来的绩效是分析下一届政府对华政策的基础。基于这一假设，如果能够准确地分析昂山素季政府中缅关系的绩效并进行评估，那么就有可能预测2020年后新政府（无论是民盟还是其他政党执政）上台后的中缅关系。具体来说，要看良好的中缅关系是否为缅甸政府带来了预期绩效，中缅经济走廊建设是否给缅甸提供了更多的基础设施和工作机会，以及中资项目是否改善了缅甸民生和提高了社会发展水平。

（二）缅甸受西方国家介入影响的程度

在预测未来中缅关系时，还需要考虑西方大国介入的影响程度等国际因素。例如，当西方国家对缅甸采取孤立或战略冷淡的态度时，缅甸非常可能采取偏向中国的政策。如果西方国家加大对缅甸的关注，领导人访问缅甸，增加对缅投资，或者减轻对缅甸在罗兴亚人问题上的压力，这些因素必然会成为转型系统影响的输入，从而产生缅甸与西方互动的反馈，导致缅甸对外政策的调整。然而，该因素是否就一定会使中缅关系产生波动，取决于该因素的权重是否超过了中缅关系带来的绩效。

此外，在实质性介入有限的情况下，西方的"概念介入"也是中缅关系的重要影响因素。西方媒体、智库和非政府组织称中国利用"债务外交"（Debt book Diplomacy）获得战略资产（如港口、铁路），以实现战略目标，并将缅甸列为易陷入"债务陷阱"的国家。② 这些概念造成了缅甸政府认知变化的反馈，从而采取了应对和调整措施。缅甸计划和财政部部长吴梭温（U Soe Win）说："政府将缩小项目投资规模，确保缅甸不会承担债务负担。"③

---

① 此观点来源于笔者2018年11月20日与五位缅甸国会议员在缅甸内比都交流会上的讨论。
② 肯尼思·华尔兹：《国际政治理论》，信强译，上海人民出版社，2008，第8-11页。
③ Sam Parker and Gabrielle Chefitz, "Debtbook Diplomacy: China's Strategic Leveraging of Its Newfound Economic Influence and the Consequences for U. S. Foreign Policy," May 2018, pp. 1-54, Belfer Center, https://www.belfercenter.org/sites/default/files/files/publication/Debtbook%20Diplomacy%20PDF.pdf.

2018 年 11 月 8 日，缅甸政府将皎漂深水港项目的投资额由 73 亿美元减为"第一阶段"的 13 亿美元，中方股权占比由原来的 85% 调整为 70%，缅方股权占比由 15% 调整为 30%。① 未来缅甸受西方概念和心理影响的程度，也将波及中缅关系的互动。

（三）民族问题的影响因素

除了评估前两点外，最重要的一点是要考虑民族问题的影响。缅甸民族问题在可预见的未来仍无法彻底解决，且在某个时间点上可能激化。民地武与国防军冲突越激烈，则越能刺激缅甸民族主义的反弹。② 未来缅北发生战争冲突的烈度越大，则对中缅关系的冲击也越大。在吴登盛时期，果敢冲突给中缅关系带来了极大的负面影响。缅甸民族主义者认为中国是阻碍缅甸统一的消极力量之一，甚至发出了"缅北佤邦是中国在缅甸的克里米亚"的论调。③ 林特纳（BertilLintner）就断言，中国作为在历史上和现实中都对缅甸具有强烈影响力的大国，对缅甸和平不感兴趣，只希望利用现状达到地缘战略目标。④ 无论是历史上还是现在，缅甸政府和国民对该问题的认知从未发生根本性改变。因此，为了准确全面地预测中缅关系，应仔细考察和评估缅甸民族问题，尤其是缅北民地武因素。

（四）缅甸对自身战略优势的认知

根据国际关系中的"小国与大国"理论，在大国竞争的格局中，由于自身地缘位置重要，缅甸作为小国反而有着更大的选择权。在中缅关系中，打破现状的往往是缅甸。中国作为一个大国，常常扮演中缅关系中的应对者而非主导者的角色。小国并不需要承担更多国际责任或义务，而与大国相比形成了"天然不平等"地位，就算因为试探行为占了大国便宜，也不会遭到强力回击。⑤ 2011 年暂停密松项目事件就是吴登盛一次"小国"对"大国"的战略冒险。由于美国"重返亚太"战略将缅甸放在突出的位置，缅甸政府敏锐地把握住了自身的博弈优势，认为中国对缅甸必然采取拉拢策略以维持周边外交的稳定，不会采取对抗措施。基于此，认识这一悖论将有助于对中缅关系中存在的结构性问题"对症下药"。

综上所述，中缅关系取决于多种因素的综合作用。如果中缅关系为上一届缅甸政府带来了良好的绩效，西方国家继续对缅甸保持战略冷淡或者施加压力，以及缅北保持一个相对和平的局面，则中缅关系会在正常的轨道上顺利发展。反之，如果中缅关系未给上届缅甸政府带来预期绩效，西方大力改善与缅甸关系，以及缅北冲突加剧，则中缅关系趋于疏离。对于

---

① Nan Lwin, "New Chair of Kyaukphyu SEZ Wary of Chinese Loans," The Irrawaddy, July 17, 2018, https://www.irrawaddy.com/business/new-chair-of-kyaukphyu-sez-wary-of-chinese-loans.html.

② 庄北宁、车宏亮：《中缅签署皎漂深水港项目框架协议》，新华网，2018 年 11 月 8 日，http://www.xinhuanet.com/fortune/2018-11/08/c_1123686146.htm.

③ David Arnott, "China-Burma Relations," in International Institute for Democracy and Electoral Assistance, "Challenges to Democratization in Burma: Perspectives on Multilateral and Bilateral Responses," 2001, pp. 69-86, https://www.burmalibrary.org/docs3/BURMA_beyond_2000_chap3-China.pdf; Burma Rivers Network, "Who Will Save the Mother-River of Myanmar?".

④ Nay Tun Naing, "Myanmar's Northeast: China's Version of Crimea?" Eleven Myanmar, March 17, 2014, http://elevenmyanmar.com/index.php?option=com_content&view=article&id=5414:myanmar-s-northeast-china-s-version-of-crimea&catid=38:opinion&Itemid=361.

⑤ John Zaw, "China's Diplomatic Shield Has a Price for Myanmar," UCA News, January 21, 2019, https://www.ucanews.com/news/chinas-diplomatic-shield-has-a-price-for-myanmar/84313.

决策者来说，上述判断有助于把握中缅关系的走向，有助于制定最有利于国家战略利益的政策。

结 语

基于本文的系统论核心假设，本文通过对 2011 年以来缅甸政治转型的过程考察来研究中缅关系的变迁，从而发掘和论证了其规律性。本文发现，影响、反馈和调整三个维度与内政、外交政策两个对象形成了复杂联动系统。本文提出了应用转型系统规律预测中缅关系的走向，中缅关系取决于上一届缅甸政府的绩效、缅北和平态势以及西方国家对缅甸介入等因素，因而具有一定的理论和现实作用，尤其是对缅甸政治转型和中缅关系的讨论有助于中国对缅甸政策的制定。首先是有助于认识缅甸外交的基本方向。回顾两届缅甸政府对外政策的调整，我们可以发现缅甸有一个向西方或中国靠近的"摆动"特征。不管是重申中缅历史上的"中立主义"传统，还是强调"邻居不可选""独立自主"与"和而不同"，缅甸领导人强调的是其国家利益。其次是提醒决策者需要注重评估中缅关系再次波动的风险。尽管中缅关系处于历史上较好的时期，鉴于其中一些结构性问题仍未获得彻底解决，中国有必要统筹"中缅经济走廊"建设与缅北和平进程的关系，关注西方国家介入缅甸的新动向，并及时应对缅甸自身发起的挑战。缅甸即将迎来 2020 年大选和下一轮转型周期。按照缅甸转型规律，在 2020 年大选中无论哪个政党胜选执政，中缅关系仍然会延续吴登盛时期和昂山素季时期的逻辑演进。对于转型中的缅甸以及崛起中的中国来说，稳定、健康、发展的中缅关系最有利于双方利益。

澜湄流域经济发展带建设：一江兴六国的发展思考

刘　稚　徐秀良*

【摘　要】 澜湄流域经济发展带建设是新形势下提升澜湄合作的重要路径，其核心是以澜沧江—湄公河黄金水道为依托，以产业发展和基础设施为枢纽，打造辐射带动整个流域发展的增长轴，促进次区域经济的提质增效升级。澜湄国家经济融合度的加深和次区域合作制度建设的加强，以及澜沧江—湄公河沿岸点—轴渐进扩散模式的发展，为流域经济发展带建设提供了重要的基础和机遇。同时，澜湄流域经济发展带建设也面临着水资源开发争端、缺乏完整的产业体系，成员国内部协调以及次区域合作机制重叠等问题。在此形势下，澜湄流域经济发展带的建设路径，应当是以构建"一江兴六国"的澜湄命运共同体为目标，加强六国战略对接，构建科学合理的水资源治理机制，深化产能与投资合作，构建更完善的次区域产业链和价值链，为本地区和平与发展注入强劲动力。

【关键词】 澜沧江—湄公河；澜湄流域经济发展带；澜湄合作；推进路径

引　言

发源于中国唐古拉山的澜沧江（出境后称湄公河）自北向南流经中国、缅甸、老挝、泰国、柬埔寨、越南六国，干流全长4880千米，流域面积为78.5万平方千米，域内资源丰富，城镇密集，且多为湄公河国家的经济增长精华地带，具有巨大的经济潜能和广阔的开发前景。2018年1月，在澜湄合作第二次领导人会议上李克强总理正式提出流域六国共同"打造澜湄流域经济发展带，建设澜湄国家命运共同体"[①]的倡议，得到湄公河国家积极响应。同年12月，在澜湄合作第四次外长会议上，各方一致同意启动经济发展带的具体落实方案，澜湄流域经济带建设进入实施阶段。从沿江沿河开发的国际经验看，不少发达国家都曾把流域经济的开发作为现代化建设的战略重点，通过国际合作挖掘流域巨大的资源和潜能，打造具有集聚效应、分工合理、陆海联动的产业密集带、流域经济带，从而带动整个流域的经济发展，如莱茵河和多瑙河等，目前均已发展成为世界著名的人口、产业和城市密集带。[②] 从区域经济学的视角看，流域经济是以河流为纽带的区域经济系统，澜湄流域经济发

---

* 刘稚，云南大学国际关系研究院研究员，博士生导师；徐秀良，云南大学国际关系研究院博士研究生。
① 李克强：《在澜沧江—湄公河合作第二次领导人会议上的讲话》，新华网，2019年9月13日，http://www.xinhuanet.com//world/2018-01/11/c_1122240871.htm.
② 张莉：《欧美流域经济开发的经验及启示》，《群众》2015年第9期。

展带建设的实质是发展国际流域经济,而国际流域经济带即是依托国际河流形成的特定地理空间对生产力进行聚扩转换,对沿岸地区进行资源开发、结构调整、产业培育和生产力布局的区域产业辐射带和增长极。[①] 在目前澜沧江—湄公河流域还缺乏一个能够带动整个区域发展的经济增长轴的情况下,澜湄流域经济发展带以澜沧江—湄公河为主轴,以沿线城市为节点,以水陆交通物流体系为基础和纽带,把发展程度不同的经济区域有机融合联系起来,在整体空间结构中形成"点—轴"同构模型,将有力推动沿岸沿线经济社会综合发展,促进区域经济的提质增效升级,实现互利共赢。从更广阔的视野看,澜沧江—湄公河流域地处陆上丝绸之路与海上丝绸之路的交汇处,澜湄流域经济发展带还将成为沟通"一带"和"一路"的桥梁,促进亚太更广大地区的合作发展。

当前,澜湄合作已从"培育期"步入"成长期",澜湄合作机制建设稳步推进,相关各国经济关联度、互补性进一步加强,为流域经济发展带的建设提供了良好的前提;区域和国际形势的变化发展,亦为澜湄合作带来新的发展机遇,同时也面临着一些亟待解决的困难和问题。现有学术界研究成果主要聚焦于澜湄合作机制本身,[②] 从三大合作支柱和五个优先发展领域进行深入分析,[③] 并尝试解析澜湄国家命运共同体。同时,梳理总结次区域合作,并进行比较分析;[④] 以及从周边外交视角切入澜湄合作,并尝试进行理论建构。[⑤] 学界对澜湄合作机制的关注与研究已经比较充分,但从流域经济带视角对澜湄合作进行研究的成果还较为鲜见。实际上,流域经济发展带是澜湄合作框架下的重要建设项目,对澜湄流域经济发展带进行深入研究有重要理论与现实意义。有鉴于此,本文在探讨澜湄流域经济带建设的条件与机遇的基础上,梳理推进澜湄流域经济发展带建设面临的困难和问题,探寻推进该经济发展带建设的有效路径,凸显澜湄流域经济发展带的战略重要性和可行性。

二、澜湄流域经济发展带建设的条件和机遇

澜湄合作是首个由流域六国共同创建的新型次区域合作机制,也是中国与周边国家次区域合作进展最快和最具成效的机制之一。近年来,随着澜湄各国经济关联性、互补性日益突出,合作的制度性、规划性不断加强,澜沧江—湄公河沿岸已处于流域经济"点—轴"系统发展的初期阶段,从而为澜湄流域经济发展带建设提供了条件和机遇。而面对单边主义、

---

① Bothmann F, Kerndlmaier R. (Eds), *A Guidebook for Riverside Regeneration*, Berlin: Springer – Verlag Berlin Heidelberg, 2006, pp. 50 – 61.

② 卢光盛,金珍:《"澜湄合作机制"建设:原因、困难与路径?》,《战略决策研究》2016 年第 3 期;戴永红、曾凯:《澜湄合作机制的现状评析:成效、问题与对策》,《国际论坛》2017 年第 4 期。

③ Lebel, Louis, et al. The Politics of Scale, Position, and Place in the Governance of Water Resources in the Mekong Region, *Ecology and Society*, Vol. 10, No. 2, 2005;熊彬等:《基于国际产业竞争力的"澜湄合作"背景下国际产能合作研究》,《生态经济》2018 年第 3 期;刘畅:《澜湄社会人文合作:现状与改善途径》,《国际问题研究》2018 年第 6 期;任俊霖等:《澜湄水资源合作机制》,《自然资源学报》2019 年第 2 期。

④ Dosch, "Jrn and Oliver Hensengerth. Sub – regional Cooperation in Soutneast Asian: The Mekong Basin," *European Journal of East Asian Studies*, Vol. 4, No. 2, 2019;罗仪馥:《从大湄公河机制到澜湄合作:中南半岛上的国际制度竞争》,《外交评论》2018 年第 6 期;罗圣荣、苏蕾:《澜湄合作与大湄合作的比较及启示》,《和平与发展》2019 年第 1 期。

⑤ Yang Xiangzhang, "The Lancang – mekong Cooperation Mechanism: A New Platform for China's Neighborhood Diplomacy," *China: An International Journal*, Vol. 17, No. 2, 2019;卢光盛、熊鑫:《周边外交视野下的澜湄合作:战略关联与创新实践》,《云南师范大学学报》(哲学社会科学版)2018 年第 2 期;李巍、罗仪馥:《中国周边外交中的澜湄合作机制分析》,《现代国际关系》2019 年第 5 期。

多边主义抬头的国际环境，澜湄六国也迫切需要加强次区域合作，共同应对外部挑战。

（一）中国与湄公河国家经济的关联度、互补性进一步加深

在澜湄合作框架下，近年来中国与湄公河国家经贸往来愈加密切，削减关税边际效应降低，经济互补性增强，贸易往来频繁并保持良好的发展态势。2017年中国与湄公河国家贸易总额达到2200亿美元，同比增长16%，2018年达到2614.86亿美元，同比增长18.86%，2019年1~10月贸易总额为2294亿美元，超过2017年全年贸易总额。① 目前，中国是越、缅、泰、柬四国的第一大贸易伙伴，是老挝仅次于越南的第二大贸易国。若将湄公河五国作为一个整体，该地区已是中国的第五大贸易伙伴。与此同时，中国的投资对促进湄公河国家经济增长的重要性日益显现。从投资存量看，目前中国是柬埔寨、缅甸和老挝最大的外资来源国，越南第二大外资来源国。② 澜湄合作专项基金的设立，为促进澜湄次区域经济可持续发展，缩小发展差距发挥了重要作用。2019年初，中国先后与缅甸、柬埔寨和老挝签订澜湄合作专项基金项目协议。其中缅甸项目数量和金额都有大幅提升，柬埔寨是迄今为止获批项目最多的国家，老挝此次有7个部委申报的21个项目获批；根据双方签订的协议，澜湄合作专项基金项目将资助缅、柬、老三国开展农村发展与减贫、农业技术和鱼类加工、水质评估、卫生和食品安全、教育、环保等相关领域。③ 随着中小型项目的落地实施，充分利用澜湄国家的生产要素禀赋，发挥各方自身优势，打造合作范本，有效地提高了湄公河国家参与合作的积极性，不断推动双边合作走深走实，为流域经济发展带建设奠定基础。

（二）澜湄合作的制度建设不断加强

制度的形成、演化和创新是空间经济结构产生、发展的重要推动力量，同时也是次区域经济合作得以持续健康发展的重要保障。④ 当前，澜湄合作已从"培育期"步入"成长期"，一个重要标志就是合作的制度性不断加强。首先，澜湄合作机制建设日益成熟，巩固并发展了现有合作成果。三年来，在六方共同协商和共同努力下，澜湄合作已从成立之初设立的"3+5合作框架"，拓展为"3+5+X合作框架"，通过合作领域扩容，赋予"X"调适和补充功能。建立了多层级会议机制，支撑合作平台建设。与此同时，六国共同编制和发布了第一个《澜湄合作五年行动计划》，这一纲领性文件从区域整体发展角度制定发展规划，明确了合作价值的指导原则、组织架构、合作领域等方面的行为准则，该计划的出台和实施表明澜湄合作已经进入较为成熟的发展阶段。它不仅为澜湄合作制定了发展规划蓝图，

---

① 根据中国海关总署网站公布的《2018年12月进出口商品国别（地区）总值表（美元值）》（2019年12月2日，http://www.customs.gov.cn/customs/302249/302274/302277/302276/2278978/index.html）和《2019年10月进出口商品国别（地区）总值表（美元值）》（http://www.customs.gov.cn//customs/302249/302274/302277/302276/2709048/index.html, 2019-11-23/2019-12-02）综合整理得出。

② 《以经贸合作擦亮澜湄合作"金字招牌"》，中华人民共和国商务部，2019年12月18日，http://finance.people.com.cn/n1/2017/1216/c1004-29711130.html。

③ 《中缅签署澜湄合作专项基金2018年项目协议》，澜湄合作，2019年12月17日，http://www.lmcchina.org/sb-hz/t1631980.htm；《澜湄合作专项基金柬埔寨新项目签约》新华网，2019年12月17日，http://www.xinhuanet.com/world/2019-02/14/c_1124115330.htm；《中老签署澜湄合作专项基金2018年项目协议》，中华人民共和国驻老挝人民民主共和国大使馆，2019年12月17日，http://la.china-em-bassy.org/chn/gdxw/t1638264.htm。

④ 卢光盛、邓涵：《经济走廊的理论溯源及其对孟中印缅经济走廊建设的启示》，《南亚研究》2015年第2期。

也有利于落实各成员国在发展过程中的实际收益,实现次区域共同繁荣的发展愿景。其次,澜湄合作第一次领导人会议以来确定百余个早期收获项目示范效应逐步显现,因此第二次领导人会议又确定了《澜湄合作第二批项目清单》,合作水平进一步提升。

(三)澜沧江—湄公河沿岸初步构筑起点—轴系统结构形态

根据发展经济学理论,区域经济发展主要有三种空间模式:第一种是极点增长模式,即由一个或几个增长中心带动周围地区的发展;① 第二种是轴状发展模式,即依托铁路、公路、水运交通系统形成一条经济增长;② 第三种则是前两种相结合形成的点—轴系统(Pole - Axis System)模式。我国著名经济地理学家陆大道提出,在区域经济的发展中,大部分社会经济客体都聚集于"点"上,并通过线状基础设施联系在一起而形成"轴",其中"点"是指大小不等的居民点和城市,"轴"③ 是指交通线、动力线、水运线等线状基础设施。④ 澜沧江—湄公河既是连接澜湄国家的"黄金航道",也是大河河岸发展轴,借助于水路运输轴线使澜湄国家各个不同等级的城市或港口进行物质、人员交流,其间产生较大的接触优势获得重点发展,为城市带来发展和繁荣。在澜沧江—湄公河沿岸呈点状分布的不仅有重要城市或发展中心,如:景洪、万象、廊开、金边和胡志明市等,而且也分布着 16 个主要航运港口⑤,从而构成了河岸发展轴上地域开发和经济发展的重要支撑点。产业的发展总是先集中在少数区位条件较好的城市,轴线对周围区域具有强烈的经济吸引力和凝聚力,二者相互作用下在空间上集聚成点,发挥集聚效应和最优效益,向外逐渐扩散成为产业带和发展轴线。澜沧江—湄公河国际航道的有序开发,是贯穿沿岸核心点主要城市和港口的发展轴。1990年,中老联合组织船队,完成景洪至万象 1000 余千米的试航,并随后开航。中老缅泰四国于 2000 年签署《澜沧江—湄公河商船通航协定》,并于次年 6 月举行了通航仪式。面对航道礁石和浅滩较多的现状,四国积极投入资金,对其进行排障工程建设,如今澜沧江—湄公河次区域高等级国际航道疏通整治项目等正在稳妥推进。⑥ 河上 200~300 吨船舶就可常年通航,并直通四国,⑦ 500 吨以上的航船已经超过 30 艘,还出现了专事冷链运输的集装箱货轮,总体运力是以前的三四倍。⑧ 点—轴开发模式在初期呈线状,随着澜湄流域经济发展带的建设,相关各国共商确定重点开发轴,可实现产业布局和水轴之间的最佳空间结合,推动澜湄次区域流域经济向网状发展。

---

① W. Christaller, *Central Places in Southern Germany*, London: Prentice - Hall International, 1966, pp. 275 - 276.
② Perroux, "Francois. Economic Space: Theory and Applications," *The Quarterly Journal of Economics*, Vol. 64, No. 1, 1950.
③ 陆大道院士根据轴的线状基础设施种类的不同,将轴线分为铁路干线发展轴、海岸发展轴、大河河岸发展轴和复合型发展轴 4 类。
④ 陆大道:《关于"点—轴"空间结构系统的形成机理分析》,《地理科学》2002 年第 1 期。
⑤ 16 个主要航运港口具体包括:中国 4 个——临沧、思茅、景洪和关累;缅甸 3 个——索累、万景和万崩;老挝 6 个——琅勃拉邦、会晒、班相、万巴伦、孟莫和班赛;泰国 2 个——清盛和清孔;柬埔寨 1 个——金边。
⑥ 卢光盛、熊鑫:《周边外交视野下的澜湄合作:战略关联与创新实践》,《云南师范大学学报》(哲学社会科学版) 2018 年第 2 期。
⑦ 阮思阳、李宇薇:《澜沧江—湄公河国际水运通道建设研究》,《广西社会科学》2016 年第 6 期。
⑧ 张帆等:《护航湄公河》,《人民日报》2018 年 6 月 22 日,第 16 版。

(四) 单边主义、保护主义兴起，倒逼澜湄合作升级

从国际大环境来看，近年来以美国为代表的单边主义、贸易保护主义兴起，也在倒逼澜湄次区域各国携手共同应对。中国作为世界上最大的多边新兴市场首当其冲，美国特朗普政府挑起的中美贸易战已将中国逼上了维护自由贸易、多边主义体制的最前线，与中国有着密切经贸往来的湄公河国家也正是处于中美贸易摩擦的"风口地带"，经济发展面临更多的不确定性。从目前情况来看，一是贸易战加速了中国贸易投资向东南亚的转移，中国对湄公河国家的贸易投资均有较大幅度的增长，2018年东盟已取代美国成为中国第二大贸易伙伴，2019年前10个月上升为第一大贸易伙伴，可以说贸易战进一步加深了中国与湄公河国家经济的相互依赖。二是贸易战对中国与湄公河国家现有的产业链形成冲击，迫切需要加强区域和次区域合作，借助于澜湄国家一衣带水、人文相通的地缘优势，齐心合力，通过深化次区域合作来实现域内资本、技术和人员等高效流动和配置，释放经济活力，重构更加合理的区域产业链和共同提升在全球价值链中地位，推动贸易和投资制度化进程，为区域经济可持续增长注入强劲动力。

三、打造澜湄流域经济发展带面临的困难和问题

流域经济是以河流为纽带的区域经济系统，一方面整体性较强、关联度很高；另一方面区段差异性突出，特别是跨国流域，往往在资源禀赋、经济发展层次、产业结构上都存在着较大的梯度差，这在"一江连六国"的澜沧江—湄公河流域表现得尤为突出。当前，沿岸六国共同打造澜湄流域经济发展带既有内部衍生的水资源冲突困扰，也受制于湄公河国家现代化产业体系发展的阻碍，还存在澜湄成员国利益协调和域外大国主导的多边合作机制竞争重叠的现象。这不仅降低了次区域合作效率和治理效果，也对澜湄流域经济发展带的建设进程形成制约。

(一) 澜沧江—湄公河国际水资源争端问题

澜湄流域经济发展带是因河而生的流域经济，而流域经济作为一种特殊类型的区域经济，既具有区域经济的一般属性（地域性、综合性、系统性等），又具有水资源特点的专门属性。澜沧江—湄公河是流域经济发展带的主轴，水资源开发与合作对该经济发展带建设具有决定性影响，但问题是澜沧江—湄公河水资源是一体的，各国发展规划却是各自为政，上下游国家水资源开发存在非对称性相互依赖，对流域水资源问题有很高的敏感度。首先，沿岸国家水资源开发目标差异，导致水冲突矛盾尖锐。澜沧江—湄公河水开发受湄公河国家经济发展水平和地形地貌的影响，开发侧重点和用水目标各有不同，具有结构性矛盾。澜沧江流经中国西南山区，落差较大，蕴藏丰富的水能资源，中国则主要关注水电开发，但是修建水坝又易引起下游国家异议。缅甸虽然仅4%的国土贡献了2%的径流量，但对水电也有较大需求。[①] 老挝90%的水电主要用于出口周边国家，以期成为"东南亚蓄电池"，水电开发和挖掘河沙对以种植农业和渔业维持生计的人口产生不利影响。泰国约占湄公河总面积的18%，对湄公河需求主要集中在中心城市供水和农作物灌溉用水，城市建设依赖从湄公河开

---

① 刘稚：《环境政治视角下的大湄公河次区域水资源合作开发》，《广西大学学报》（哲学社会科学版）2013年第5期。

采沙石，以及水电开发等。① 洞里萨湖是柬埔寨生命之湖，是重要的流量缓冲和生产性生态系统，依托湄公河发展起来的渔业占柬埔寨国民生产总值的7%，渔业是柬埔寨最大的动物蛋白来源，对柬埔寨的粮食和营养安全至关重要。② 九龙江平原是越南"粮仓"，部分地区的沉陷威胁着农业用地，其处于湄公河入海口，雨季洪灾，旱季海水倒灌以及土地盐碱化都是关注重点。因此，流域各国利益阻碍了目前多边框架的整体有效性，在沿岸国家利益多样化的背景下，跨境管理实施起来面临很大挑战。

其次，流域内环境民族主义继续发酵，使水资源合作与管理面临多重困境。生态环境联动性是流域经济的重要特点，随着湄公河开发逐渐深入，环境政治开始兴起，一些以"保护湄公河与地方社群权利、反对大坝建设"为口号的NGO在湄公河国家迅速发展壮大。③ 这些NGO在进入湄公河地区以后，实行本土化发展，一边积极与当地非政府组织合作，一边帮助当地社区开展环境保护，因而迅速获得当地民众的接受和认可。开发澜沧江—湄公河水电项目和开采河沙，是否会对河流水资源生态稳定造成负面影响，是湄公河国家及国际组织和机构的重要关注点。④ 一些NGO以破坏环境，损害湄公河生物多样性为理由开展了反对国家水电开发的社会运动，激发了民众环境民族主义思潮。近年来，湄公河国家民主政治环境改善，提高了公众对社会事务的参与程度与动员能力。越南和老挝社会管控比较严格，泰国与柬埔寨公民社会相对活跃，自主性较少受干扰。⑤ 由此可见，NGO的参与，公民自我意识的提高，使澜沧江—湄公河水冲突问题更加纷繁复杂。

（二）湄公河流域还未形成完整的产业体系

澜湄流域经济发展带的主要支撑是产业密集带，而产业集群建设在湄公河流域仍是任重道远。该流域多为湄公河国家的核心地带，亟须建立并完善现代化产业体系，但湄公河国家发展起步较晚，老挝、缅甸、柬埔寨等国依旧是传统的农业国家，农业在国民经济中占较大比例，经济水平比较落后，工业基础薄弱，产业结构单一，财政收入增长受限，次区域经济可持续发展遭遇瓶颈。从内部来看，湄公河国家优势资源具有同构性，难以形成核心竞争力。五国资源禀赋差异较小，不仅有人口红利明显，劳动力成本低廉的共性，而且能源、矿产、水能、土地等自然资源均较为丰富，对生产要素自由流动，产业配置合理化反而形成制约。目前，湄公河五国中除泰国以外，其余四国均处于工业化和城镇化初级阶段，经济发展对外资、外贸的依赖很大，亟需国际社会的资本、技术和管理经验。⑥ 从发展需求看，湄公

---

① Nguyen Dinh Sach, "The Lancang – Mekong Cooperation Mechanism and its implications for the Mekong sub – region," *Lancang Mekong Cooperation Mechanism*, No. 1, 2018.
② WWF – Greater Mekong Report, "Mekong River In the Economy," http：//d2ouvy59p0dg6k. cloudfront. net/downloads/mekong_ river_ in_ the_ economy_ final. pdf.
③ 韩叶：《非政府组织、地方治理与海外投资风险——以湄公河下游水电开发为例》，《外交评论》2019年第1期。
④ 陈丽晖等：《国际河流流域开发中的利益冲突及其关系协调——以澜沧江—湄公河为例》，《世界地理研究》2003年第1期。
⑤ Foran, T. and Manorom, K. Pak Mun Dam, "Perpetually contested?," In Molle, F., Foran, T. and Käkönen, M. (eds.) *Contested waterscapes in the Mekong region：Hydropower, livelihoods and governance*, London：Earthscan, 2009, pp. 55 – 80.
⑥ 邹春萌：《"一带一路"背景下中国与湄公河国家产能合作：制约因素与发展途径》，《云南大学学报》（社会科学版）2017年第4期。

河国家都有强烈的发展意愿，但却受到自身综合实力的掣肘。基础设施建设落后已经成为制约湄公河国家经济发展的最大障碍，① 难以满足产业发展需求。五国几乎都面临电力短缺的问题，电力供需矛盾突出。老挝虽然总体电力资源丰富，但是由于电力并未全国联网，南部地区存在缺电情况。各国交通基础设施水平和效率有待提高，尤其缅甸交通基础设施建设严重落后。此外，由于通信、金融服务、法律制度等方面的综合服务能力较弱，也影响了外国资金的进入和投资者的积极性。

近年来，湄公河国家经济虽获得较大发展，但是由于缺乏资金和先进技术投入等关键因素，制造业能力不强，产品技术含量不高，出口商品主要以资源、农产品、初级产品和劳动密集型产品为主，仍旧处在全球产业链和价值的底端。在当前全球经济疲软、贸易保护主义加剧的背景下，湄公河国家建设现代化产业体系将更加艰难。

（三）澜湄合作成员国内部的协调问题

首先，澜湄六国之间的发展水平和开放程度参差不齐，国家实力的差异和合作着眼点的不同使项目合作存在不同程度的利益冲突。澜湄合作是"一大对五小"的非对称性合作机制，成员国之间综合国力和发展差距较为明显，总体上湄公河五国的经济发展水平较于中国相对滞后。由于国内存在政治分歧和社会动荡，一些湄公河流域国家无法集中力量发展社会经济，尤其对大型发展项目的社会承载力较弱。虽然机制框架强调各方共同制定行动计划并设置项目安排，但在各国参与澜湄合作的过程中，中国作为次区域合作的主要发起方和资金筹措方，在相关发展项目的实施中具有决定性的作用。中方不仅希望借助澜湄合作的有利平台分享发展经验，而且也存在贯彻外交理念并实现与周边国家睦邻友好的期许。但对于地处湄公河流域下游的其他成员国而言，首要满足农业生产需要并达成水资源合作的意愿更为强烈，也更能吸引各方积极参与澜湄合作。要推动澜湄流域经济带建设，需要各成员国协调好彼此之间的利益关系，切实为相关各国获取更多的发展机会和外部资源。

其次，湄公河地区国家大多处于政治经济转型阶段，政党轮替与换届选举直接导致了其国内政策法规的变动，这使得澜湄流域经济发展带建设的项目落实受到影响。流域经济发展带建设必然与澜湄合作机制中的优先合作领域相互契合，与六国的经济发展规划存在密切关联，但是领导人的意愿偏好对合作项目的落地实施存在较大的影响。另外，湄公河国家具有大国平衡战略偏好，倾向于引入域外力量实现地区均势，对域外国家倡导的其他合作机制也不会厚此薄彼。

（四）湄公河地区合作机制重叠问题

澜湄流域经济带建设是2018年正式启动、六国共同主导的澜湄机制下的合作，但近年大国博弈日益加剧使得该流域内多种机制并行，造成机制拥堵的边际效应递减，不利于该机制下澜湄流域经济发展带建设的顺利推进。湄公河地区地缘位置特殊，历来被大国视为必争之地，伴随全球化的不断深入发展，大国间利益竞争加剧，机制重叠，合作领域交叉重合的局面仍在继续。目前，各种合作机制在次区域日趋活跃，除了美国发起的湄公河下游倡议

---

① 郭显龙、陈慧：《"一带一路"下中国与澜湄五国国际产能合作研究》，《宏观经济管理》2019年第1期。

外，还有日本与湄公河国家首脑会议、① 韩国—湄公河开发论坛和湄公河—恒河合作倡议等②。再加上亚洲开发银行推动成立的 GMS 合作，下湄公河国家成立的湄公河委员会③，东盟—湄公河流域开发合作以及澜沧江—湄公河沿岸六国共同发起的澜湄合作，使得湄公河地区多种机制并存。具体实践中并未发挥建设性作用，甚至制造分歧，相互掣肘，反而妨碍了次区域合作进程，降低了流域经济发展带的建设效率。尽管湄公河国家也希望借助域外资金、技术和管理优势与本地发展形成有机结合，加快推动开发进程，引入大国参与次区域合作，维持大国力量的整体平衡来牟取自身利益，但过多的合作机制导致矛盾相互叠加碰撞，实际上增加了机会成本。④

各种次区域合作机制导致合作领域和功能重叠现象，⑤ 降低了次区域治理的效率。重叠的多边合作机制在提高政治谈判的前提下，总体上破坏了次区域共同体身份认同的建构，呈现出"意大利面条碗效应"，强调成员国个体行为的身份意识。⑥ 其负面效应甚至增强了湄公河国家内部的离心力负担，影响到机制之间的良性竞争与合作，相关项目繁复重叠，无法发挥合作机制的权威性和有效性，如何保持并提升澜湄合作的发展活力是亟待解决的关键所在，⑦ 也是推进澜湄流域经济发展带建设的核心问题。

四、推进澜湄流域经济发展带建设的路径思考

综合以上分析，当前形势下推进澜沧江—湄公河流域经济带建设的总体目标，应当是以构建"一江兴六国"的澜湄命运共同体为目标，加强六国战略对接、构建科学合理的水资源治理机制，深化产能与投资合作，加快形成一个由极点增长模式和轴状发展模式相结合的"港口、中心城市沿腹地轴线纵深型"的点—轴系统发展模式，进一步密切相关各国间的经济联系，使产业的组合和发展纳入次区域合作的轨道，从而促使澜湄流域形成新的资源与生产要素的集结点和经济增长轴。

（一）对接六国战略，开展务实合作

战略对接是在国家行为主体的发展利益竞合的基础上，双方和多方之间存在沟通对接，互利共赢的合作空间，形成互动发展。⑧ 澜湄流域经济发展带的建设与发展离不开湄公河国家的支持与参与，六国都有强烈的发展意愿，尤其是"一带一路"正在如火如荼中建设，

---

① Ministry of Foreign Affairs of Japan. Regional Affairs, Japan – Mekong Cooperation, "Joint Press Conference by the Leaders of Japan and the Mekong Region Countries following the Mekong – Japan Summit Meeting," http://japan.kantei.go.jp/hatoyama/statement/200911/07mekong_e.html Prime Minister's Office of Japan, December16, 2019.
② 卢光盛、王子奇：《百年变局下的澜湄合作进程与中国角色》，《当代世界》2019 年第 11 期。
③ Mekong River Commission, For Sustainable Development. The Story of Mekong cooperation, 1995 Mekong Agreement and Procedural Rules, http://www.mrcmekong.org/about – mrc/history/.
④ 毕世鸿：《机制拥堵还是大国协调——区域外大国与湄公河地区开发合作》，《国际安全研究》2013 年第 2 期。
⑤ G. M. Gallarotti, "The Limits of International Organization: Systematic failure in the Management of International Relations," *International Organization*, No. 2, 1991.
⑥ 李巍：《东亚经济地区主义的终结？——制度过剩与经济整合的困境》，《当代亚太》2011 年第 4 期。
⑦ 罗圣荣、杨飞：《国际机制的重叠现象及其影响与启示——以湄公河地区的国际合作机制为例》，《太平洋学报》2018 年第 10 期。
⑧ 卢光盛、段涛：《"一带一路"视阈下的战略对接研究——以中国—中南半岛经济走廊为例》，《思想战线》2017 年第 6 期。

湄公河国家希望将自身发展长处与之结合,获取增长收益。因而,主动对接湄公河国家发展战略,构建沟通协调机制,扩大利益交集,形成合作共赢格局尤为必要。湄公河国家在经济社会发展与对外开放进程中,为更好地吸引外资发展自身,逐渐形成了具有国家特色的发展战略。为融入中国—东盟自贸区,缩小越南内部发展差距,提出"两廊一圈"规划;结合互联互通发展规划,老挝适时提出变"陆锁国"为"陆联国"战略,构建水陆交通枢纽;①缅甸民主转型以来,积极推进经济改革与对外开放,启动"2018—2030年可持续发展计划";②为实现柬埔寨自力更生的使命,促进就业与经济增长,在三角战略的基础上提出"四角战略"发展思路;泰国发展以创新驱动为核心的"4.0发展战略",并以推进东部经济走廊建设作为核心项目。③湄公河国家各自发展战略都为深入开展澜湄合作提供了合作空间,澜湄合作是因水而生、因江而兴的次区域合作,湄公河流域也是沿岸国家最富饶、最具发展潜力的地区,在合作框架下以澜沧江—湄公河为基础,沿线城镇着重布局产业、产能发展核心,能够辐射带动流域工业化、信息化和经济整体发展,将为流域经济发展带交汇发展提供契机。

积极发挥澜湄合作平台作用,做接地气的"推土机",融入湄公河国家发展规划,打造澜湄流域经济发展带。澜湄次区域国家发展战略各有侧重,推进合作过程中既要考虑流域经济发展带建设的共性,也要顾及湄公河五国实际发展需求的个性,找准利益交集,统筹发展,形成合力。充分发挥中国在制造业、农业、基础设施、环保等方面的技术和人才优势,想他国之所想,共同商讨路线、规划时间,充分调动各方资源,确保澜湄流域经济发展带的顺利推进,推动其综合立体发展。在促进湄公河国家工业化发展进程中,为企业深入参与全球产业链生产创造机会,提高产品的附加值。同时,积极对接东盟内部发展规划,带动湄公河国家互联互通发展。打造澜湄流域经济发展带实则可以让次区域人民获得更多实实在在的利益,也有助于落实《东盟2025:携手前行》愿景,助推东盟共同体建设。而《东盟互联互通总体规划2025》主要关注基础设施建设、数字创新、物流等战略领域,澜湄流域经济发展带建设方向正好与之匹配,各方在共同发展道路上相互支持,经济发展带的包容性发展将与东盟发展规划得到有机融合。

(二)协调水冲突,合理开展水资源治理和开发合作

澜湄流域经济发展带的建设离不开澜沧江—湄公河国际航运的畅通,这是保障流域经济发展带建设的生命线。澜沧江—湄公河流域受西南季风影响,空间水量分布不均,旱季通航能力较低。发挥澜湄合作平台组织协调作用,进行河流信息共享,推进水利设施建设、航道整治工程和气候环境监测等项目合作,科学保障沿岸国家用水,降低船舶航行风险,减少因利益分配不平等而产生的矛盾和指责。提高港口软硬件设施,增加通过能力和营运效率,适

---

① Vorachith, Sirisamphanh, "Laos: From Landlocked to 'Land-Linked': A Case Study in the Benefits of South-South Trade for Least Developed Countries," *International Trade Forum*, No. 4, 2010.

② Myanmar Ministry of Planning, Finance and Industry, "Myanmar Sustainable Development Plan (2018—2030)," MOPF, https://www.mopf.gov.mm/en/page/planning/foreign-economic-relations-ferd/692.

③ Olivier Languepin, "Thailand 4.0, what do you need to know?," Thailand Business News, December 17, 2019, https://www.thailand-business-news.com/economics/54286-thailand-4-0-need-know.html.

应船舶客货运发展需要。兼顾澜湄国家水利益，推动水资源治理，① 澜沧江—湄公河上下游国家水开发合作动力不足，但唯有合理开发水资源，才能保障澜湄水安全，实现流域可持续发展。流域六国都应遵循国际水法中的"合作"与"善意"原则，都应把节约用水、公平分享和合理管理作为水资源共同治理和开发的必要条件。② 构建以澜湄国家命运共同体为理念指导，澜湄合作机制为依托平台，澜湄流域经济发展带为建设规划的次区域水资源综合治理格局。探索设立澜湄水资源合作中心，赋予其开发协调功能，签订水资源合作条约，定期召开高层会议，制定水资源利用和洪涝灾害预警机制，尤其注重水域流量管理，将水资源合作管理成为推动次区域可持续发展的重要领域，辐射带动整个流域腹地发展，推动次区域经济提质增效升级。③ 同时，提升澜湄国家间信任度，缩小政治分歧，依据主权平等原则，强调沿岸国家在水资源治理中的权利与义务，使共同利益外溢，消弭水资源争端的负面作用。积极发挥中国的作用，明确自身水资源治理立场，主动面对阻碍因素，形成次区域国际水法，推动跨境流域治理共赢。④ 加强沟通和磋商，开展形式多样的交流，减少因利益、制度和文化差异产生的阻碍。湄公河各国内部治理能力的差异使民众获取信息不对称，在水资源合作开发中，导致国家与地方乡村在发展建设上存在矛盾。在澜湄合作平台下，建立高效的信息沟通渠道，提高澜湄次区域公共外交能力，深化民间互信，为水资源治理夯实民意基础。

NGO 既是促进域内合作的重要工具，也是推动澜湄合作机制在湄公河地区落地生根的"孵化器"。建立和培育一批本土化、扎根当地社区的 NGO，构筑起政府与地方的沟通平台，为民众提供水资源合作与治理的信息工具箱。推动中国 NGO 的国际化，加快"走出去"步伐，充分发挥在国际舞台上的积极作用，增强水外交力度，主动展示中国绿色发展理念及其成绩，积极为水资源治理发声。⑤

（三）深化产业产能合作，共同应对单边主义、保护主义

澜湄流域经济带建设的核心是产业经济带建设。通过跨境和境外合作园区建设、设立专项合作基金等多种抱团取暖方式，促进形成更为完善的次区域产业链和价值链，辐射带动整个流域经济的增长。

目前，六国正在推进制订产能合作三年行动计划，澜湄国家多边产能合作正逐步从共同的意愿变成具体行动和现实成果。当前形势下，进一步深化澜湄国家产能与投资合作，对于适应复杂多变的世界经济形势、巩固和提高澜湄国家经济复苏和增长的稳定性、促进区域经济发展，具有重要的现实意义和积极作用。⑥ 产能合作方面，澜湄六国应坚持平等互利的合作原则，将各国发展愿景与次区域发展规划结合起来，突出务实合作并改善投资营商环境，

---

① Jacobs, Jeffrey W, "The Mekong River Commission: Transboundary Water Resources Planning and Regional Security," *The Geographical Journal*, Vol. 168, No. 4, 2002.
② 祁怀高：《搭建澜湄水资源合作的"友谊之梯"》，《世界知识》2017 年第 12 期。
③ 鲍家志：《澜湄国际河流水权的建构逻辑》，《社会科学家》2019 年第 5 期。
④ 付琴雯：《中国参与跨界水资源治理的法律立场和应对——以新"澜湄机制"为视角》，《学术探索》2017 年第 3 期。
⑤ 邢伟：《澜湄合作机制视角下的水资源安全治理》，《东南亚研究》2016 年第 6 期。
⑥ 《务实高效的澜湄合作正在不断走深走实——澜湄国家产能与投资合作论坛在南宁举行》，澜湄合作，2019 年 12 月 16 日，http://www.lmcchina.org/hzdt/t1627490.htm.

坚持发展高质量的合作项目。依据《澜湄国家产能合作联合声明》的既定方案，澜湄六国要继续借助直接投资、技术合作、工程承包、装备进出口等途径深化产能领域合作，充分利用地区比较优势助力打造澜湄合作发展经济带。在这一进程中，加强数字基础设施和创新能力建设，促进产业转型升级。

在美国四处挥舞贸易保护主义关税大棒的当下，澜湄六国应加强协调与合作，"抱团取暖"，尽量减少中美贸易战"外溢"带来的负面效应。同时要化挑战为机遇，以澜湄流域经济发展带建设为契机，进一步扩大区域内贸易、投资和产业规模，深化澜湄国家间产能合作和区域经济一体化，加快澜湄命运共同体建设，使之成为"西方不亮东方亮"的破局点。为此，中国应通过深入对接湄公河乃至东盟国家的发展战略，扩大对东南亚的市场开放，加快推进RCEP早日达成协议，加强与第三方市场合作等方式，实现流域经济发展带建设的实质性进展，构建中国与湄公河国家的高水平战略伙伴关系。要以推动区域合作向经济一体化进程升级为目标，深化澜湄国家间经贸和产能合作，在货物运输、人员往来、投资安排、金融流通等方面探索更具雄心的便利化、自由化措施，构建更完善的次区域产业链和价值链，通过更紧密的相互融合，拓展六国经济增长空间。

（四）推进机制协调，创新合作领域

湄公河地区多边合作机制众多，势必造成发展战略碰撞，给湄公河国家参与建设流域经济发展带造成困扰。

首先，厘清现有机制的功能定位，促进合作领域从"输血"到"造血"的转变。明确参与主体，甚至可以整合部分单一功能的合作机制，将其纳入多元功能合作机制中，优化机制建设，提高发展合作效率。根据联合国可持续发展行动网络发布的《可持续发展议程指数和指示板报告》显示，澜湄国家可持续发展保持整体的持续性上升：中国2016年排名全球第76位，2019年提升至第39位；泰国2016年全球排名第61位，2019年则为第40位；越南2016年排名全球第88位，2019年则达到第54位；缅甸、老挝和柬埔寨2019年排在第110—112位。[①] 唯有坚持可持续发展理念，创新合作思路，改变以资金投入为主的"输血"模式，以流域经济发展带建设为契机，推动合作项目的本土化，积极拓展产业链发展，才能增强湄公河国家自我"造血"功能，创造更好地经济效益。

其次，增加区域性公共产品供给，构建利益共同体。深化澜湄次区域合作，共建流域经济发展带是六国共同客观需要，反映了澜湄国家的共同利益诉求，离不开六国共同参与。但湄公河国家大多数是比较落后的发展中国家，在区域合作中处于弱势，因此他们对公共产品的生产与供给有更强烈的需要。[②] 中国是次区域合作中的大国，应该发挥积极作用，向湄公河国家提供无形公共产品。各成员国则应发挥其自身优势，为流域经济发展带建设贡献优势资源，在次区域合作提供有形公共产品。

再次，加强域外大国协调，形成良性竞争局面。湄公河地区大国博弈激烈，彼此战略目

---

① Sustainable Development Solutions Network A Global Initiative for the United Nations, "Sustainable Develop ment Report 2019," Transformations to Achieve the Sustainable Development Goals. Sustainable Development Report, June 28, 2019, https://www.sdgindex.org/.

② 卢光盛：《区域性国际公共产品与GMS合作的深化》，《云南师范大学学报》（哲学社会科学版）2015年第4期。

标各异，各种利益纵横交错，再加上湄公河国家奉行大国平衡战略以从中获益，导致大国在次区域合作中陷入恶性竞争态势。要明确沿岸六国共同发起的澜湄合作并不是为了取代次区域现有合作机制，而是为了弥补现有合作机制的不足，而且澜湄合作也不排斥域外国家参与。中国应积极倡导合作共赢，与域外大国就湄公河地区发展开展战略研讨，形成次区域合作开发利益共赢格局，以平等公正的姿态，赢得湄公河国家的真正信任。① 打造澜湄流域经济发展带也可以吸纳域外大国参与，采取联合投资策略，也能降低中国投资的风险，减轻经济发展带建设可能产生的国际舆论压力。

结　语

沿岸六国共同打造澜湄流域经济发展带是澜湄合作发展到一定程度的必然产物，也是新形势下深化澜湄合作的重要路径，其核心是以构建"一江兴六国"的澜湄命运共同体为目标，以澜沧江—湄公河黄金水道为依托，以产业发展和基础设施为枢纽，构建一个由极点增长模式和轴状发展模式相结合的"港口、中心城市沿腹地轴线纵深型"的点—轴系统发展模式，进一步密切相关各国间的经济联系，促进次区域经济的提质增效升级。近年来澜湄国家经济融合度的加深和次区域合作制度建设的加强，以及澜沧江—湄公河沿岸点—轴渐进扩散模式的初步形成，为流域经济发展带建设提供了重要的条件和机遇。同时，澜湄流域经济发展带建设也面临着水资源开发争端，次区域机制重叠以及成员国内部协调难度较大，以及单边主义、保护主义的挑战等问题。在此形势下，打造澜湄流域经济发展带，对接澜湄国家发展战略是关键、协调水冲突和产能合作是重点、机制协调是保障。要以流域经济带建设为抓手，构建更完善的次区域产业链和价值链，深化澜湄国家间区域经济一体化建设，为本地区和平与发展注入强劲动力。

诚然，开展澜湄流域经济发展带建设面临诸多挑战，但是推进澜湄流域经济发展带建设产生的效益也是显而易见的。澜湄流域经济发展带为进入"成长期"的澜湄合作提供了重要的发展路径，将极大地推动澜湄国家命运共同体建设，也是我国秉持"亲诚惠容"周边外交理念，深耕睦邻之交的具体实践，还将为"一带一路"倡议下国际河流治理打造新的样板与典范。

---

① 毕世鸿：《机制拥堵还是大国协调——区域外大国与湄公河地区开发合作》，《国际安全研究》2013 年第 2 期。

缅甸对中美竞争的认知与反应

李晨阳　马思妍[*]

【摘　要】 中美战略竞争深刻影响着东南亚地区的地缘政治经济环境，而东南亚国家也在密切关注和把握中美竞争带来的影响。缅甸自独立以来奉行中立、不结盟的外交政策，但是，它的中立主义原则在实际外交实践中有时出现摇摆，因此理解缅甸选择的深层逻辑显得尤为重要。在缅甸政治与对外关系的起伏中，缅甸对中美竞争的认知和反应，很大程度上被中美缅三角关系的变化所左右。尤其在2021年军人再次接管国家政权后，缅甸问题再度成为中美关系中的交涉议题之一，导致缅甸在观察和评估中美竞争对其影响时的内外参数发生变化。历史经验表明，无论未来缅甸政局如何演变，缅甸会继续在现实与幻想之间努力寻找平衡位置，既想与中国合作获利，又试图利用美国制衡中国不断扩大的影响力。

【关键词】 中缅关系；中美竞争；缅甸认知；中立主义

前　言

自2017年1月特朗普上台后，美国将中国视为"竞争者""对手""修正主义国家"，出台了"印太战略"，通过双边、多边、小多边等各种机制对华采取各种限制和打压。拜登执政后，进一步精细化、系统化特朗普时期的"印太战略"，明确提出要寻求"塑造中国所处的战略环境"以制衡和影响中国。为此，拜登政府提出了十大印太行动计划，其中包括加强东盟的自主能力和团结，[①] 试图拉拢东盟破坏中国的周边环境。与特朗普相比，拜登更加注重联盟政治，把重整联盟作为其主要工作方向，以致联盟外交成为美国实施"印太战略"乃至对抗中国崛起的重要方式。[②]

与此同时，东盟对中国的战略重要性也空前提高。2020年以来，东盟与中国相互成为最大贸易伙伴。2021年，中国—东盟建立对话关系30周年，双方宣布建立全面战略伙伴关系。中国将东盟视为周边外交优先方向和"一带一路"高质量建设重点地区。目前，东南亚地区已经成为中美竞争的重要节点性区域，两国的博弈正在深刻影响着该区域的地缘政治经济环境，这一区域的国家也正在密切关注和把握中美竞争带来的影响。

---

[*] 李晨阳，云南大学国际关系研究院研究员、博士生导师；马思妍，云南大学国际关系研究院博士研究生。

[①] "Indo-Pacific Strategy of the United States," Washington D. C.: The White House, February 22, 2022, https://www.whitehouse.gov/briefing-room/speeches-remarks/2022/02/11/fact-sheet-indo-pacific-strategy-of-the-united-states/.

[②] 包广将、范宏伟:《"一带一路"在东南亚面临的挑战与机遇：美日联盟政治的视角》,《云南师范大学学报》（哲学社会科学版）2022年第1期，第146页。

1948年缅甸独立后不久，对外一直奉行中立主义外交政策。缅甸人在确立中立外交政策的过程中体现出的不安全感、地缘心态以及对自身的定位与认知，是构成其中立外交传统的基本要素，已内化为缅甸的政治文化传统，也是外界观察其外交政策趋势的基本维度。[①] 2017年特朗普上台之后，面对中美竞争的加剧，缅甸总体上仍延续其在大国间中立、平衡的外交传统。虽然其中立主义原则在实际外交活动中有时也会出现摇摆，但是这一局面随着2021年年初军人再次接管国家政权发生骤变。该事件导致美国重新启动较为系统的对缅制裁，缅甸问题再度成为中美关系中的交涉议题之一，导致缅甸在观察和评估中美竞争对其影响时的内外参数发生变化。

　　2017年之前，中美竞争在缅甸的表现和影响，就备受国际社会的关注。[②] 学界关于中美在缅竞争主要有两个争论点。一是中美两国在竞争过程中是否还能继续合作的问题。有观点认为，中美实力迅速接近、双方对彼此在缅核心利益缺乏基本的战略互信，[③] 难以合作。石燕山则持积极看法，认为中美在缅甸可以改善关系，并由此带动两国在其他地区和领域的关系发展。[④] 第二个争论点是，中国是否是美国对缅政策的主要考量因素。国内大部分学者认为，中国因素始终是美国调整对缅甸政策的深层次动力，[⑤] 美国虽然宣称美缅关系的发展不是针对中国，但难以令人信服。[⑥] 相反，有学者提出，尽管美国在许多问题上公开表达对中国的敌意，但并没有因中国影响力的增强而争取拉拢缅甸。[⑦]

　　对于缅甸如何应对中美竞争，也有两种不同的声音。第一种声音指出，缅甸卷入大国竞争的风险和利用大国竞争获益的机会同时增加，[⑧] 缅甸可以发挥其自主性与关键作用，引导和调整中美缅三方关系的发展步伐。[⑨] 第二种观点认为，缅甸要谋求新时代的对冲策略，[⑩]

[①] 范宏伟、邹一峥：《缅甸中立外交政策传统的形成与原因》，《厦门大学学报》（哲学社会科学版）2018年第6期，第106页。

[②] 参见 Zaw Aung, "Burma in the US – China Great Game – Part II," Yale Global Online, December 7, 2011, http://yaleglobal.yale.edu/content/burma – us – china – great – game – part – ii; Bertil Lintner, "Myanmar Morphs to US – China Battlefield," Asia Times, May 2, 2013, http://www.atimes.com/atimes/Southeast_Asia/SEA – 01 – 020513.html; Jane Perlez, "U.S. and China Press for Influence in Myanmar," The New York Times, March 30, 2012, http://www.nytimes.com/2012/03/31/world/asia/myanmar – reforms – set – us – and – china – in – race – for – sway.html? pagewanted = all&_r=0.

[③] Sun Yun, "Myanmar in US – China Relations," *Great Powers and the Changing Myanmar*, Issue Brief No. 3, June 2014, pp. 6 – 8.

[④] David I. Steinberg, "Myanmar – China – US: The Potential for Triangular Cooperation," *Asia Pacific Bulletin*, Vol., No, November 15, 2013, p. 2.

[⑤] 方天建、何跃：《美国对缅甸政策调整中的中国因素》，《东南亚南亚研究》2014年第3期，第8页。

[⑥] Li Chenyang, "The Adjustment of Obama Administration's Policies towards Myanmar: Promoting Democracy in Myanmar or Containing China?," Paper Prepared for International Academic Symposium: Myanmar in Reform 2013, Hong Kong, China, June 17 – 19, 2013.

[⑦] Robert Sutter, "Myanmar in Contemporary Chinese Foreign Policy – Strengthening Common Ground, Managing Differences," *Journal of Current Southeast Asian Affairs*, Vol. 31, No. 1 2012, p. 29.

[⑧] 彭念：《地缘政治竞争、战略偏好演变与缅甸对华政策》，《和平与发展》2021年第3期，第93页。

[⑨] Andrew Selth, "Is Naypyidaw Setting the Agenda in US – China – Burma Relations? (18 September 2015)," *Interpreter Myanmar: A Decade of Analysis* (Canberra: ANU Press, 2020), pp. 367 – 371.

[⑩] Antonio Fiori and Andrea Passeri, "Hedging in Search of a New Age of Non – alignment: Myanmar between China and the USA," *The Pacific Review*, Vol. 28, Issue 5, 2015, pp. 679 – 702.

避免卷入中美竞争。① 但是有学者怀疑,当前缅甸政府没有能力真正与中美保持同等距离。②

目前,学界围绕中美与缅甸的关系、缅甸对中美两国的政策、缅甸政策选择与外交传统问题进行了较多研究,但往往是把缅甸作为一个整体进行阐述,没有进行深入和细化,即从缅甸官方、精英群体、普通民众的角度来解析缅甸国内是如何看待中美竞争,挖掘和理解缅甸选择的深层逻辑。基于此,本文试图从以下3个方面来分析缅甸国内对中美竞争的认知和反应:一是中美竞争在缅甸相关问题上有些什么具体表现?二是缅甸如何看待中美竞争?三是缅甸官方、精英群体和普通民众对于中美竞争的反应是什么?

一、中美竞争在缅甸的现状

2011年缅甸启动民主化转型进程之前,中国对缅接触、不干涉内政政策曾长期遭到美国的抨击和妖魔化,缅甸问题成为中美关系中的经常性交涉议题之一。中国与缅甸较为友好的外交关系、中国在缅影响力等,经常遭到美国等西方国家攻击。中国在缅影响力也被严重夸大,缅甸甚至被污名化为中国的"傀儡"或"附庸"。这个局面在2011年吴登盛政府开启的民主化转型、缅甸与西方国家关系实现正常化之后大大改变,而受此影响中缅关系一度趋冷,缅甸改革则被奥巴马政府标榜为"亚太再平衡"的显著政绩。然而,2017年特朗普上台之后,缅甸在美国"印太战略"中变得无足轻重,美缅关系大幅降温。

(一)暗潮涌动的中美在缅竞争(2010—2016)

2010年至2016年,中美在缅竞争尚不明显,美国方面未走上极端,将中美关系在缅甸问题上的演变视为零和游戏。③ 在缅甸开启政治转型进程以前,无论是2008年出台的缅甸新宪法,还是2010年举行的全国多党大选,都遭到以美国为首的西方国家的一致谴责和否定。2011年3月底,吴登盛政府上台后不久立即启动了民主化转型进程,特别是2012年,昂山素季带领民盟在缅甸议会补选中获胜而重返政治舞台。缅甸的这些变革在2011年底和2012年得到了西方国家的认可和积极鼓励。以美国国务卿希拉里、总统奥巴马为首的众多西方高官对缅甸开启了一系列历史性的破冰之旅,西方国家先后不同程度地解除对缅制裁。这样,在冷战结束20多年后,缅甸与西方国家的关系首次实现了正常化,美缅关系也进入了短暂的蜜月期。

在缅甸与西方国家启动关系正常化进程之际,中缅关系出现了波动。吴登盛政府上台初期,中缅关系保持以往密切发展的势头。2011年5月,吴登盛总统选择中国作为其上任后第一个正式出访的国家,期间双方发表联合声明,宣布中缅建立全面战略合作伙伴关系。但是,这一势头随着缅甸国内政治转型的进一步发展以及美缅关系的互动,在4个月之后急转直下。9月30日,缅甸叫停了中资企业承建的大型水电项目密松大坝工程。美国立即对缅甸的决定表示赞赏,称其迈出了积极且重要的一步。④ 实际上,这一结果与美国的"积极"

---

① 普里希拉·A.克拉普:《美国缅甸政策的调整方向》,林达丰译,《南洋问题研究》2016年第3期,第82—93页。
② Sun Yun, "Myanmar in US - China Relations", pp. 9 - 10.
③ Maxwell Harrington, "Conference Report: China - Myanmar relations: The Dilemmas of Mutual Dependence," *Journal of Current Southeast Asian Affairs*, Vol. 31, No. 1, 2012, pp. 133 - 139.
④ Gareth Price, "Myanmar Halts Dam Project to Woo the West: Experts," *Straits Times*, October10, 2011.

努力也是分不开的，美国驻缅使馆曾经资助过一些反密松项目的势力。① 政治转型进程开始后，在缅甸民族主义、民粹主义高涨的氛围下，在缅甸人长期疑虑中国的大国影响压力下，缅甸国内舆论更是一边倒地指责中国对缅甸的资源掠夺和所谓的"霸凌"行为。随后中缅关系明显趋冷，吴登盛政府的所谓民主化改革肆意放纵私营媒体和西方媒体的各种炒作和操弄，中国在缅形象严重受损。缅甸投资环境的恶化导致中国在缅投资骤降，2011—2012财年，中国在缅投资为43亿美元，随后两个财年分别减少至2.3亿和0.56亿美元。②

相比之下，在奥巴马的首脑外交、逐步解除制裁、增加援助与投资的利诱下，美国在缅形象和影响一度出现了高光时刻。2012年11月，美国总统奥巴马访问缅甸，称赞缅甸"走在正确的道路上"。对于中国在缅利益受损以及中缅关系波动背后的美国影子，2011年10月10日，中国《人民日报》发表文章指出："缅甸政府是否准备借削弱对华合作来改善同西方国家的关系，这是一个严肃的问题……是谁施加压力迫使缅甸政府在大国之间选边站队？"③ 显然，中国不满缅甸平衡中国在缅影响来迎合西方，以及西方鼓励缅甸疏离中国向其靠拢的做法。然而，对于缅甸的变化，中国并未采取对抗措施，升级与缅甸的争端，而是保持了战略定力和政策灵活性。根据缅甸国内政治的变化和以往对缅政策的不足，中国采取了一些旨在争取缅方的灵活措施，例如，加强与缅甸在野党的交往，继续巩固与缅甸军方的关系，积极斡旋缅北民地武与缅甸政府的和平谈判，促成双方政治和解，更积极地开展民间交往，争取缅甸民间的支持等。④

另一方面，密松大坝事件之后，中国不断向缅方高层发出信号，排除美国因素的干扰和破坏，确保中缅关系友好发展的大方向。2013年4月，国家主席习近平在海南三亚市会见吴登盛总统时提出，"双方要牢牢把握两国关系发展正确方向……不为风雨所动，不为外力所扰，坚定不移推进中缅友好事业。"⑤ 此后，在两国领导人多次的会晤中（2014年6月在重庆；2015年4月在雅加达；2015年9月在北京），中方多次强调，双方要"从战略高度和长远角度出发，把握中缅关系发展正确方向"。

值得注意的是，缅甸启动国内政治转型进程之后，中美两国与缅甸的贸易额并没有因为中美影响力在缅甸的"西升东降"而出现逆转。相反，中国与缅甸的贸易额保持持续增长的势头，而美国与缅甸的贸易额仍然保持在象征性级别上。同样，美国资本更是没有如期而至，大量涌入。这是因为直至2016年10月在奥巴马任期只剩不到3个月才发布行政命令，终止针对缅甸的《国家紧急状态法》，解除大部分对缅经济制裁。因此，这一时期美缅关系的正常化并没有给缅甸带来经贸和投资上的红利。

---

① Sun Yun, "China and the Changing Myanmar," *Journal of Current Southeast Asian Affairs*, Vol. 31, No. 1, 2012, pp. 51 – 77.
② "Yearly Approved Amount of Foreign Investment (by Country)," Directorate of Investment and Company Admin istration, 2017, https://www.Dica.gov.mm/sites/dica.Gov.mm/files/documentfiles/fdi_yearly_by_country.Pdf.
③ 钟声：《令人生厌的"旁观者"笑意》，《人民日报》2011年10月10日，第3版。
④ 祝湘辉、范宏伟：《中缅关系七十年："胞波"关系的新陈代谢》，《南洋问题研究》2020年第1期，第23 – 24页。
⑤ 《习近平同缅甸总统吴登盛举行会谈时强调，牢牢把握正确方向，坚定不移推进中缅友好事业》，人民网，2013年4月5日，http://politics.People.com.cn/n/2013/0405/c1024 – 21030953.Html.

表1　中国、美国对缅甸的贸易与投资（2011/12—2015/16）

（单位：百万美元）

缅甸财年	2011—2012	2012—2013	2013—2014	2014—2015	2015—2016
中缅贸易额	5001.133	4957.556	7033.125	9712.088	10992.440
美缅贸易额	293.071	122.791	104.440	544.640	196.902
中国对缅投资	4345.728	231.773	56.160	511.415	3323.853
美国对缅投资	/	/	/	2.041	2.610

资料来源：根据缅甸商务部、缅甸投资与公司管理局官网显示数据编制。

缅甸国内政治转型开始之后，针对中美在缅甸影响力的落差表现，一些观点认为缅甸已在战略上靠近美国，恐与中国渐行渐远，① 中国面临着要"失去缅甸"的问题。② 但现实表明，尽管美国"以行动对行动"的方针积极鼓励缅甸的转型和改革，但这种奖励与引诱式的政策主要集中在政治和国际合法性层面，缅甸并未有得到丰厚的美国资本、技术和商品。相反，尽管这一时期中缅关系出现挫折，但事实是，两国的经贸关系依然按照市场逻辑快速向前发展。在中国的耐心争取下，以及缅甸国内改革红利逐步消失后，在吴登盛执政末期，缅甸调整了对华政策，与中国积极沟通，否认外界认为的"亲西疏中"政策，声称坚持和平的中立主义外交传统，在莱比塘铜矿、中缅油气管道等大型中资项目上注意保护中方的利益。③

（二）日益凸显的中美在缅竞争（2017—2021）

2017年1月特朗普入主白宫后，美国逐步由"亚太再平衡"战略转向"印太战略"。同奥巴马时期相比，在这项新战略大框架之下，东南亚在美国外交和战略中的重要性大幅下降。特朗普对东盟态度冷淡，绝大部分东南亚国家基本不在"美国优先"的视野之中。特朗普时期，昔日备受奥巴马政府"亚太再平衡"战略青睐的缅甸，在"印太战略"中几乎未置一词。同一时期，缅甸罗兴亚人问题不断发酵，将中美在缅竞争关系进一步延伸。缅甸罗兴亚人问题由来已久，最新一波危机随着缅甸政治转型而在2012年爆发，在2017年空前恶化，导致大批罗兴亚人逃往孟加拉国境内而成为难民。这次危机导致缅甸、中国、美国的三角关系发生了微妙的变化。

缅甸官方和主体民族缅族一直不接受和认可罗兴亚人。危机爆发后，昂山素季采取了沉默或偏袒军方的立场，引起了西方国家和社会的普遍不满。美国主流舆论对昂山素季在该事件中的态度提出了批评和质疑。2018年3月6日，美国大屠杀纪念馆撤回了2012年颁发给昂山素季的"埃利·维瑟尔人权奖"。美国政府与国会对缅甸的态度也不断趋于强硬。2017年11月，时任美国国务卿蒂勒森宣称若开邦的罗兴亚人危机是"种族清洗"。12月，美国

---

① Robert G. Sutter, Michael E. Brown and Timothy J. A. Adamson, *Balancing Acts: The U.S. Rebalance and Asia - Pacific Stability*, Washington D. C.: Elliott School of International Affairs of the George Washington University, August 2013, p. 25.

② Sun Yun, "Has China Lost Myanmar?," Foreign Policy, January 15, 2013, http://foreignpolicy.com/2013/01/15/has-china-lost-myanmar/.

③ 祝湘辉、范宏伟：《中缅关系70年："胞波"关系的新陈代谢》，《南洋问题研究》2020年第1期，第24页。

总统特朗普发布行政令，对缅甸军方领导人和部分缅军部队进行了制裁。特朗普政府也多次表示，支持联合国事实调查团前往若开邦就罗兴亚人危机进行调查。2018年11月东亚峰会期间，美国副总统彭斯在会议间歇中与昂山素季进行了会谈，双方围绕罗兴亚人问题针锋相对，最后不欢而散。此次会晤成为特朗普卸任前，美缅高层领导人最后一次直接接触。① 罗兴亚人危机导致缅甸与西方国家的关系趋冷，昂山素季在西方社会中的形象严重受损，美国在缅甸国内的影响与形象也大受影响。

相比之下，中国在罗兴亚人问题上坚持不干涉内政原则，主张孟缅通过双边渠道妥善处理问题，反对将该问题国际化，反对西方国家对缅甸的制裁与施压。2017年12月，在72届联合国大会第67次全体会议上，缅甸代表表示"在联合国各种人权机制下以人权为名不公平地对我国采取相互重叠的多种行动，对于这种歧视性和选择性的做法，我们一再明确表示强烈反对"。② 中国支持缅甸，最后对"缅甸人权"决议案投了反对票。2019年12月8日，昂山素季飞赴海牙参加联合国国际法院听证会，就关于罗兴亚人种族灭绝指控而抗辩。当天出发前，王毅与昂山素季会见，表示中国反对干涉别国内政，不赞成把双边问题多边化，为缅甸政府背书。同时，缅甸国内也掀起了支持昂山素季的抗辩运动。中国的态度和政策得到了缅甸官方和主流民意的认可，如此，缅甸转型以来中国在缅"众口铄金"的被动局面有了一定改善。

2018年之后，中美战略竞争日益激烈，中美贸易摩擦、孟晚舟事件、中美新冠溯源争论等，揭开了两国在政治、经济、科技、舆论等方面的全面竞争。美国和平研究所（USIP）分析了中国在缅利益、中国在缅甸和平进程中扮演的角色，以及美国在推动缅甸和平进程方面的利益需要，建议美国与中国沟通，积极发挥在缅甸发展进程中的作用。③ 然而，美国对与中国合作兴趣不足，反而热衷于开展舆论战，贬损中国在缅形象，攻击"一带一路"倡议在缅甸的项目和规划，离间和破坏中缅关系。以美国为首的西方媒体、智库以及政府官员，将中缅经济走廊、皎漂港、仰光新城开发项目以及相关的工业园区、铁路、公路等基础设施项目，扣上"债务陷阱"的帽子，批评中国项目"缺乏透明度"，中国通过这些项目来控制缅甸战略基础设施等。"债务陷阱论"的炒作已在缅甸社会造成较大的不利影响，缅甸部分专家学者、媒体、官员不断发声，有的官员甚至附和"债务陷阱论"，对中缅经济走廊的建设表露出许多担忧。④ 2018年11月，中缅两国签订了皎漂港项目框架协议，但项目规模比原计划大幅缩减，原本计划的投资额从70亿美元降至13亿美元，规划建设的10个泊位减少到2个。这一变化首先来自于缅甸对债务问题的担忧，其次美国也从中挑唆施压。在缅方与中国谈判压缩项目规模时，美国派出了一个由经济学家、外交官和律师组成的团队前往缅甸，帮助缅方审查项目合同，提醒哪些交易对缅甸不利，并帮助该国争取与中国机构和

---

① 吴思琦：《美国对缅政策形成过程中的国会与政府（1988—2020）》，博士学位论文，厦门大学，2022，第117页。
② 《联合国大会第七十二届会议正式记录》，A/72/PV.76，2017年12月23日。
③ USIP Senior Study Group, "China's Role in Myanmar's Internal Conflicts," https://www.usip.org/pnblications/2018/09/chinas-role-myanmars-interhal-lonflicts, No.1（September 14, 2018）, Washington D. C.: United States Institute of Peace, p. 34.
④ 邹春萌、王好苑：《中缅经济走廊建设是"债务陷阱"吗？——基于缅甸外债真相的分析》，《南洋问题研究》2020年第4期，第78-79页。

公司达成更有利的条款。①

2020 年 7 月 18 日，美国驻缅使馆临时代办乔治·西布利（George N. Sibley）发文表示，中国在南海的行为以及"一带一路"对缅甸的影响，损害了缅甸的主权和经济生态。② 数小时后，中国驻缅大使馆发文回应，表示这篇文章是对中国以及中缅关系的抹黑和蓄意攻击。随后，具有美国背景的缅甸战略与政策研究所（Institute for Strategy and Policy – Myanmar）发布题为《关于美中（驻缅甸）使馆论战的分析与反应》的报告，进一步扩散美国临时代办的文章，扩大对缅甸社会的影响力。③ 此外，美国外交官、相关媒体将缅甸与香港问题相提并论，强调美方的这些言论是出于支持缅甸独立的提醒。④ 南海问题和香港问题关乎中国主权，美国利用这些敏感问题挑衅、激怒中国，以此引起周边小国对中国的警惕。⑤ 缅甸战略与国际问题研究所主席吴纽貌盛（U Nyunt Maung Shein）认为，如果中国在南海问题上对其他声索方过于强硬，可能会将他们送进美国的怀抱。⑥

2020 年 7 月，美国智库和平研究所发布报告，声称缅甸克伦邦妙瓦底水沟谷"亚太新城"项目涉及赌博等问题，对当地社会造成负面影响。报告同时将"亚太新城"项目与"一带一路"挂钩，矛头指向中国政府和中国企业。⑦ 中国驻缅大使馆及时发布消息，称项目系第三国投资，与"一带一路"毫无关系，中方支持缅方依法依规处理"亚太新城"问题。⑧ 中方坚决的态度，以及随后迅猛扩散的新冠肺炎疫情制止了这场论战的蔓延。

2021 年 2 月 1 日，缅甸军人接管国家政权之后，中美两国对缅甸政局的突变采取了不同的政策。美国将事件定性为政变，对缅军进行谴责制裁，要求军人交出权力恢复秩序。中国在缅军与民盟之间没有"选边站"，而是表态温和，呼吁"缅甸各方在宪法和法律框架下妥善处理分歧，维护政治和社会稳定"。⑨ 这样，缅甸问题再度成为中美关系中的交涉议题之一。

2021 年 2 月 6 日，中共中央政治局委员、中央外事工作委员会办公室主任杨洁篪应约同美国国务卿布林肯通电话，布林肯敦促中国同国际社会一起谴责缅甸发生的军事政变，杨洁篪敦促美方为亚太地区和平稳定发挥建设性作用，重申中方对当前缅甸局势的立场，强调

---

① Ben Kesling and Jon Emont, "U. S. Goes on the Offensive Agianst China's Empire – Building Funding Plan," *The Wall Street Journal*, April 9, 2019.

② George N. Sibley, "How the Erosion of Sovereignty Elsewhere Impacts Myanmar at Home," The Irrawaddy, July 18, 2020, https://www.irrawaddy.com/opinion/guest-column/erosion-sovereignty-elsewhere-impacts-myanmar-home.html.

③ 缅甸战略与政策研究所：《关于美中（驻缅甸）使馆论战的分析与反应》（缅文），脸书网，2020 年 7 月 26 日，https://www.facebook.com/1584183878552505/posts/2359875610983324/.

④ 楠伦：《美中新冷战对于缅甸是危机还是机遇？》（缅文），伊洛瓦底，2020 年 7 月 28 日，https://burma.irrawaddy.com/article/2020/07/28/227061.html.

⑤ 《南海问题导致中美关系紧张》（缅文），《民主浪潮》2018 年第 20 期，第 29 页。

⑥ Nyunt Maung Shein, "Myanmar's Preparation to Resolve Maritime Conflicts in the Region," Yangon: Myanmar Institute of Strategic and International Studies, June 11, 2013, p. 6.

⑦ Jason Tower and Priscilla A. Clapp, "Myanmar's Casino Cities: The Role of China and Transnational Criminal Networks," Special Report, No. 471, July 2020, Washington D. C.: United States Institute of Peace, p. 21.

⑧ 《中方支持缅方依法依规处理"亚太新城"问题》，中华人民共和国驻缅甸联邦共和国大使馆，2020 年 8 月 25 日，http://mm.china-embassy.gov.cn/sgjj/202008/t20200825_1380362.htm.

⑨ 《外交部：希望缅甸各方在宪法和法律的框架下妥善处理分歧》，央视网，2021 年 2 月 23 日，http://m.news.cctv.com/2021/02/23/ARTII4fzBW6sixsWpLyhj2hT210223.shtml.

国际社会应当为缅甸问题的妥善解决营造良好外部环境。① 2022年7月9日,王毅与布林肯在巴厘岛出席二十国集团外长会之后会晤,次日,布林肯在曼谷的新闻发布会上称,"让缅甸回到原来的轨道上,既是中国的责任,也符合中国的利益",敦促中国和东盟成员国向缅甸军政府施压。② 中美双方在以上两次会晤中明确表达了在缅甸问题上的不同立场。

二、缅甸对中美竞争的总体认知

根据新加坡尤索夫伊萨东南亚研究所调查显示,73.5%缅甸受访者认为中美在东南亚地区必有冲突,双方都把彼此视为战略竞争对手。9.4%的受访者认为缅甸将从中美贸易战中受益,45.6%的受访者认为缅甸经济将受到负面影响,其中16.6%的受访者认为东盟经济共同体(AEC)、《区域全面经济伙伴关系协定》(RCEP)、《全面与进步跨太平洋伙伴关系协定》(CPTTP)将缓解贸易战的负面影响。③ 此外,通过缅甸官方出版物、精英访谈、新闻、社交网评论等途径,可以发现缅甸对中美竞争具体存在以下3种认知。

(一)中美竞争是"美国优先"的集中体现

第一种认知的核心观点是,中美竞争是美国基于"美国优先"主动挑起的。有些缅甸人欣赏特朗普的做法,认为美国通过中美贸易战将获益不少。④ 奥巴马时期,美国利用缅甸遏制中国,而特朗普采取"内向"立场和"孤立主义"政策,基于"美国优先"制定外交和贸易政策,可能导致美国在东南亚地区的影响力和主导地位下降。⑤ 但是,特朗普对伊斯兰的极端言论在缅甸佛教民族主义者中引起了共鸣,如极端民族主义组织"缅甸种族佛教保护联合会"(Ma Ba Tha)的头面人物维拉图(U Wirathu)表达了对特朗普的支持,他认为特朗普胜选印证了民族主义的重要性和发展趋势。⑥ 维拉图这种观点在缅甸佛教领袖和激进佛教民族主义者中间具有一定的代表性。⑦

与其他国家一样,特朗普的言论和外交政策也遭到了众多缅甸精英的质疑和批评。例如,有受访者对于美国对中国发起的贸易战表示:"特朗普发疯了!"贸易战只对美国有益,其他国家将面临损失。⑧ 此外,疫情期间特朗普政府的防疫政策遭到很多缅甸人的批评。在缅甸学者看来,美国日益加强对中国的打压,一是为了转移国内矛盾,二是为了赢得大选而

---

① 《杨洁篪应约同美国国务卿布林肯通电话》,《人民日报》2021年2月7日,第3版。
② Reuters, "Blinken Calls on China, ASEAN Countries to Hold Myanmar Accountable," US News, July 10, 2022, https://www.usnews.com/news/world/articles/2022-07-10/blinken-in-thailand-to-shore-up-regional-support-counter-china-push.
③ Tang Siew Mun, "Moe Thuzar and Hoang Thi Ha," *The State of Southeast Asia: 2019 Survey Report*, Singapore: Yusof Ishark Institute, January 29, 2019, p. 7.
④ 对若开盟友协会主任妙萨拜因(Mra Sabai Nyun)访谈,2018年7月18日,仰光。
⑤ Ziwa Naing and Saw Tha Wah, "The U. S Election: Implications for Myanmar," Policy Brief, Yangon: Myanmar Institute of Strategic and International Studies, December 2016, pp. 1-9. https://www.mizzima.com/news-opinion.
⑥ "Anti-Muslims Groups Wax Lyrical on Trump's Victory," Frontier Myanmar, November 2016, http://frontiermyanmar.net/en/news/anti-muslim-groups-wax-lyrical-trump-victory.
⑦ Lucy Kafanov, "Burmese Buddhist Monks Love Muslim-Hating Trump," Daily Beast, April 13, 2017, https://www.thedailybeast.com/burmese-buddhist-monks-love-muslim-hating-trump.
⑧ 对缅甸曙光社会发展协会主任信康连(Cin Khan Lian)、仰光政治学院董事会成员苗昂兑(Myo Aung Htwe)的访谈,2018年7月16-17日,仰光。

打反华牌，趁机迷惑大众，获取政治利益。如果美国继续因为大国之争和一己私欲只顾互相指责，人类将难逃灾难。① 这一观点在缅甸社交网络上受到网民热传，产生了很大影响，在文章评论区中大部分网友对作者的观点表达了认同和支持。

总体来说，对于美国基于"美国优先"发起对华竞争，除了从美国国内政治利益层面做出判断之外，缅甸人更多的是从自身地域政治现实出发，以及中国未来对外战略走向来认识这一问题的。如果中国在中美竞争中遭遇重大打击，邻国缅甸也很难受益。缅甸战略与国际问题研究所联合秘书吴钦貌林（U Khin Maung Lynn）认为，中国将在"和平共处五项原则"基础上深化与周边国家的关系，不会以牺牲他人为代价谋求发展。缅甸应该以独立、清醒的头脑学习中国经验，不受外界偏见和负面看法的影响。只有全世界特别是发展中国家与中国紧密合作，互利共享，才能打造命运共同体。②

（二）中美竞争预示着中国的崛起

第二种认知指出，中美竞争是中国崛起的必然结果。③ 缅甸著名国际关系学者、现任联邦国际合作部部长吴哥哥莱认为，美国不能接受中国崛起是中美关系趋于紧张的根源。一方面，中国宣布在 2049 年百年建国之前，完成民族复兴、国家统一的目标，这意味着在此之前完成台海两岸统一。另一方面，他预测 2028 年中国 GDP 将超过美国，加之在科技方面，中国的人工智能、量子计算机等技术已经在全球领先，在下一个 10 年，中国会成为世界高科技超级大国，美国及其西方阵营肯定难以接受这样的结果，所以先下手为强实施"印太战略"。④ 仰光大学钦玛玛妙教授（Khin Ma Ma Myo）认为，美国实施"印太战略"的主要目的是应对中国的崛起，目前美国主导地位相对削弱，美国想在印太地区重塑联盟和伙伴关系以遏制中国。⑤

中国在缅甸媒体中的形象变化也部分印证了上述观点。近几年来，缅甸媒体经常将中国与美国进行比较，在美国这一头号强国的参照系数下，中国崛起的形象不言而喻。例如，2017 年民盟党报《民主浪潮》评价"一带一路"是中国斥巨资帮助沿线国家建设铁路、港口和发电站的伟大工程，相比之下美国的"马歇尔计划"涉及范围太窄了。⑥ 文中用"和中国竞相谋发展的"来指称"美国"，表明中国的实力足以和美国抗衡。此外，《民主浪潮》还热衷于评论中国与美国、日本等强国之间的竞争，特别是对于西方霸权的应对技巧和能力。⑦

那些具有西方背景的缅甸媒体经常对中国进行舆论攻击和污名化，从它们的负面言论中

---

① 吴哥哥莱：《COVID-19 与中美关系》（缅文），脸书网，2020 年 5 月 2 日，https://m.facebook.com/story.php?story_fbid=984939308569405@id=100011600353330.

② Khin Maung Lynn, "Lessons to Be Learned from Our Big Neighbor Friend China," Beijing Review, January 29, 2021, https://www.Bjreview.com/Opinion/Governance/202101/t20210129_800234219.html.

③ 茵妙：《国际贸易政治浪潮》（缅文），《民主浪潮》2018 年第 28 期，第 9 页。

④ 吴哥哥莱：《这次风波更大了》（缅文），脸书网，2021 年 9 月 22 日，https://www.Facebook.com/100068823548971/posts/159060023064782/?d=n.

⑤ Khin Ma Ma Myo, "Myanmar's Perspective on Indo-Pacific," Challenges to Peace and Security in South Asia, Yangon: Myanmar Institute of Strategic and International Studies and Myanmar Institute of Strategic and International relations, 2020, p. 2.

⑥ 《全球极具威望的领袖》（缅文），《民主浪潮》2017 年第 40 期，第 29 页。

⑦ 《外国记者和中国》（缅文），《民主浪潮》2018 年第 6 期，第 29 页。

也可看出部分亲西方缅甸人对中国崛起这一事实的承认和忌惮。总部位于挪威的"缅甸民主之声"电台称，中国利用美军撤离阿富汗事件分裂美国在亚洲的势力，调侃美国连自己都管不好怎么照顾队友。① 美国资助的反华自媒体"缅甸此刻"（Myanmar Now）称："两国竞争的根源是极端的民粹主义意识在作祟。美国是一个透明的民主国家，但中国的意图不为人知。现在中国崛起了，占领南海诸岛，挑战美国原先制定的贸易规则，种种行为使美国加大对中国的制裁。"② 该媒体似乎向公众传达这样的信息——因为中国"不听话"挑战权威与规则，美国才不得已管理秩序制衡中国。"伊洛瓦底"网站也转引缅甸所谓"独立人士"的言论攻击中国："中国对缅甸的民生发展与和平并不感兴趣，只是想把缅甸变为云南经济发展的支柱。缅北几乎所有民族武装团体都受制于中国，中国不会让西方势力蔓延到中国边境。"③ 虽然这些评价有失客观，但也说明了包括反华媒体在内的缅甸社会群体都看到了中国崛起这一重要趋势，并将其归结为中美发生摩擦的主要原因。

（三）对缅甸来说"危""机"并存

第三种认知的主要观点是，无论中美竞争结局如何，对缅甸来说既存在挑战也伴随着机遇。缅甸人认为挑战主要来自于两个方面：其一，中美竞争影响中国对缅投资及援助。④ 中国是缅甸重要的外资来源，如果因中美贸易战中国经济下滑，或中国对缅投资成为美国攻击的对象，将阻碍缅甸经济的发展。⑤ 其二，由于美国视中国为科技领域的挑战者和主要威胁，中美竞争会阻碍信息技术全球化进程，进而波及缅甸对现代通信技术的利用。如果竞争持续下去，"我们将会看到一个分裂的世界。"⑥ 例如，在美国制裁华为事件上，如果美国加强制裁力度和范围，或者中国也采取相应行动，那么华为可能不再使用美国谷歌公司提供的操作系统。⑦ 缅甸人的担心不无道理，如果考虑到中国品牌手机，如华为、维沃（Vivo）、小米等在缅甸市场的普及率和受欢迎程度，这种忧虑朴素而直接。截至2020年第三季度，中国品牌手机占据了66%左右的缅甸市场，其中小米最受欢迎。⑧

不过，缅甸人也认为，危机之中蕴含着机遇。中美竞争将导致两败俱伤，⑨ 如果缅甸利用好时机左右逢源将迎来发展契机。⑩ 首先，缅甸可以利用两者相互抗衡的力量抵消对缅影响并从中获利。缅甸学者认为，中国作为具有全球领导力的崛起大国，如果没有能力缓解邻

---

① 奈兑宁：《阿富汗事件是美国的困局，却是中国的契机》（缅文），缅甸民主之声，2021年8月21日，http://burmese.dvb.no/archives/482661.
② 哥丹伦：《中美贸易问题》（缅文），蒙玛卡，2019年8月20日，https://www.moemaka.com/2019/08/blog-post_52.html.
③ 昂佐：《中美舆论战考验内比都的忠诚度》（缅文），伊洛瓦底，2020年7月27日，https://Burma.Irrawaddy.com/opinion/viewpoint/2020/07/27/226992.html.
④ 《中美贸易战与东盟》（缅文），《民主浪潮》2018年第15期，第29页。
⑤ 对缅甸曙光社会发展协会主任信康连访谈，2018年7月17日，仰光。
⑥ 哥丹伦：《中美贸易问题》（缅文），蒙玛卡，2019年8月20日，https://www.moemaka.com/2019/08/blog-post_52.html.
⑦ 同上。
⑧ Stephanie Pearl Li and Aj Cortese, Krasia, "Xiaomi and Other China Smartphone Titans Dominate Myanmar," *Nikkei Asia*, November 30, 2020.
⑨ 对缅甸著名学者貌昂妙（Maung Aung Myoe）访谈，2018年7月19日，仰光。
⑩ 对缅甸调查研究所（Myanmar Survey Research）两名负责人访谈，2018年7月18日，仰光。

国长达60年的内战，将影响到其大国形象。因此，在国际压力之下中国会在缅甸和平进程中发挥关键的建设性作用。① 此外，缅甸可以利用中国与控诉其人权问题的美国抗衡。因为西方利用罗兴亚人问题，在中国周边制造紧张局势阻挠中国的崛起，② 为了周边安全和对外战略的实施，中国始终会站在缅甸一方。③ 同时，大国都有利用缅甸作为战略缓冲的野心，缅甸可以利用美国减少对中国的依赖。④ 因为东盟被美国视为削弱中国影响力的抓手，缅甸是其中的重要环节。⑤ 而中国也迫切需要通过缅甸进入印度洋，为其西南内陆地区提供贸易联系和海上通道。缅甸人注意到，美国组建"奥库斯"核潜艇联盟堵截中国、发动对华舆论战时，中国驻缅大使馆比驻其他东南亚国家的使馆表现出更激烈的反应。⑥

其次，缅甸可以从中美贸易争端中坐享"渔翁之利"。2018年6月，时任缅甸投资和公司管理局（DICA）副局长吴丹昂觉（U Than Aung Kyaw）表示，美国对中国产品加征25%的关税以来，很多中国制造业企业考虑迁往缅甸，尤其是电力和交通基础设施较为完备的仰光迪拉瓦经济特区，方便开展业务避开美国的高额关税，这是缅甸吸引外国直接投资的好机会。⑦ 与此同时，迪拉瓦经济特区管理委员会秘书吴瑞亨（U Shwe Hein）也表示，经济特区希望吸引更多的中国企业，向当地企业转让技术，缅甸则可以借机进一步发展经济。⑧ 缅甸农业、畜牧和灌溉部前官员仰乃梭（Yan Naing Soe）曾表示，中美贸易战导致中国难以进口美国牛肉，缅甸就可以向中国加大牛肉出口。⑨ 此外，中美贸易战将增加中国对缅甸棉花的需求，促进缅甸棉花的出口。⑩ 无论现实中这种商机是否会出现，并让缅甸获利，但至少表明缅甸作为中国的邻国，会想当然地利用中美两强展开竞争时释放出的机遇。这种心态在中国周边国家中是比较普遍的。

三、缅甸对中美竞争的反应

缅甸国内从中国、美国和缅甸的不同角度出发，对中美竞争产生了多元认知，但是从各个群体的视角出发，各方对中美竞争的认知表现出一些明确可见的共性。缅甸官方总体上能

---

① Myat Su Thwe, "Background Paper on Myanmar's Peace Process and China's Involvement in the Peace Process," Yangon: Myanmar Institute of Strategic and International Studies, 2021, p. 12. https://policylommons.net/artifacts/5340311.

② 2017年11月16日，缅甸著名国际关系学者、现任联邦国际合作部长吴哥哥莱到云南大学开展关于缅甸若开邦局势的讲座。

③ 辛邻：《若开风波及国际关系前景》（缅文），《民主浪潮》2017年第39期，第6页。

④ Saw Tha Wah, "Explaining Myanmar's Foreign Policy Behavior: Domestic and International Factors," Yangon: Myanmar Institute of Strategic and International Studies, September 2016, pp. 9–10. https://www.researchgate.net/pnblication/.

⑤ Khin Ma Ma Myo, "Myanmar's Perspective on Indo–Pacific, Challenges to Peace and Security in South Asia," Yangon: Myanmar Institute of Strategic and International Studies and Myanmar Institute of Strategic and International Relations, 2020, p. 4.

⑥ 楠伦：《美中新冷战对于缅甸是危机还是机遇？》（缅文），伊洛瓦底，2020年7月28日，https://burma.irrawaddy.com/article/2020/07/28/227061.html.

⑦ Thiha Ko Ko, "Chinese Manufactures Eye Myanmar Base as Trade War Escalates," Myanmar Times, June 21, 2018, https://www.mmtimes.com/news/chinese-manufacturers-eye-myanmar-base-trade-war-escalates.html?_ _ cf_ chl_ jschl_ tk_ _ = pmd_ M3cUSP8wIy50at7nE2cOyIg9Ls4MonOGQhftptCtPps - 1635692997 - 0 - gqNtZGzNAnujcnBszPj9.

⑧ 同上。

⑨ Khin Su Wai, "In Trade War with US, China May Import Myanmar Cattle," Myanmar Times, June 25, 2018, https://www.mmtimes.com/news/trade-war-us-china-may-import-myanmar-cattle.html.

⑩ Khin Su Wai, "Chinese Demand for Myanmar Cotton Could Surge on Trade War with US," *Myanmar Times*, July 13, 2018, https://www.mmtimes.com/news/chinese-demand-myanmar-cotton-could-surge-trade-war-us.html.

坚持传统的中立主义外交政策,但是出于对地缘现实、历史联系、经济利益和民族问题等复杂因素的考量,有时会出现短暂的波动。精英群体担忧中美竞争波及缅甸,从而积极地出谋划策。普通民众舆论易于被精英主导,但回归到日常生活上又表现出比较务实的态度。

(一)缅甸官方:确保中缅合作下的中立主义

缅甸新军人政府时期(1988—2010年)中缅关系较为紧密,但是缅甸战略与政策研究所执行董事敏辛(Min Zin)根据军政府的备忘录和会议记录,以及十几位退役将军的回忆录,认为缅甸军方实际对中国仍有较强的防范心理。① 吴登盛政府时期,美缅关系的改善以及密松大坝事件的发生,致使中缅关系一度受到影响。如前所述,对于缅甸政治转型期间出现的外交政策摇摆,中国既保持了战略定力,同时又向缅方释出一些政策信号。随后缅方也意识到密松大坝事件给中缅关系带来的负面影响,开始与中方保持接触与互动,力求在中美之间保持平衡。2013年9月,吴登盛表示将携手其他东盟国家巩固与中国的战略伙伴关系,希望中缅进一步加强贸易合作。② 部分缅甸官员也宣称,中国和印度才是缅甸外交中最重要的合作伙伴,希望美国不要给缅甸带来任何麻烦。③

昂山素季曾经是叫停密松电站项目的积极支持者。④ 2015年民盟赢得大选后,外界曾一度认为民盟政府将全面倒向西方。然而,昂山素季及其民盟政府进一步回归传统的中立主义外交政策,采取务实态度发展对华关系。2016年8月,昂山素季选择中国作为第一个出访的非东盟国家。为响应中国"一带一路"倡议,缅甸成立了"'一带一路'指导委员会",昂山素季亲自担任委员会主席。民盟执政的最初3年中,其党报《民主浪潮》关注最多的国家是中国,其次才是美国,两者相关报道数量差距达136篇。⑤ 2016年,昂山素季在新加坡电视台的采访中表示,中缅应该积极发展友好睦邻合作,缅甸将从"一带一路"中获益。她反对用"担心中国霸权和垄断主义"这种说法表述中缅关系,两国需要发展积极向上的建设性关系。美国单边主义会对国际格局造成一定影响,但缅甸中立的积极外交原则足以应对可能改变的国际格局。⑥

特朗普上台之后,随着中美竞争的加剧,缅甸政府在总体上采取了平衡与不介入的姿态。2020年7月,时任缅甸外交部发言人吴梭汉(U Soe Han)公开表示,缅甸始终坚持在互利基础上奉行中立外交政策,不鼓励中美冷战并希望两国保持良好关系。⑦ 缅甸官方媒体

---

① Min Zin, "Burmese Attitude toward Chinese: Portrayal of the Chinese in Contemporary Cultural and Media Works," *Journal of Current Southeast Asian Affairs*, Vol. 31, No. 1, 2012, pp. 115–131.
② 《吴登盛:缅甸将携手东盟国家巩固与中国战略伙伴关系》,共产党员网,2013年9月3日,https://news.12371.cn/2013/09/03/ARTI1378207728452386.shtml.
③ Li Chenyang, "The Adjustment of Obama Administration's Policies towards Myanmar: Promoting Democracy in Myanmar or Containing China?," Paper Prepared for International Academic Symposium: Myanmar in reform 2013, Hong Kong, China, June 17–19, 2013.
④ Kyaw Phyo Tha, "China's Deputy Minister Visits NLD," The Irrawaddy, February 27, 2014, https://www.Irrawaddy.com/news/burma/chinas-deputy-minister-visits-nld.html.
⑤ 涉及中国报道的文章有509篇,排名第一,美国的共373篇,仅次于中国。参见马思妍《缅甸民盟党报〈民主浪潮〉报道中的中国形象研究》,云南大学硕士学位论文,2019年,第16页。
⑥ 《民主之声:昂山素季》(缅文),《民主浪潮》2016年第48期,第3页。
⑦ 泰乃佐:《缅甸不支持中美冲突扩散》(缅文),伊洛瓦底,2020年7月25日,https://burma.irrawaddy.com/news/2020/07/25/226906.html.

关于该问题的报道也表现得谨慎克制,《缅甸之光》《镜报》密切关注中美竞争,及时报道中美贸易摩擦进展、中美阿拉斯加高峰对话、中美关于病毒溯源的论战、孟晚舟归国等事件,但缅甸媒体通常只报道或转载事态进程,不对这些事件进行评价,不公开表达缅甸政府的立场或倾向。

第二次世界大战结束以后,亚非地区许多新独立的民族主义国家都选择了中立外交政策,但能始终如一坚持不变的则少之又少,而缅甸在冷战时期一直坚持中立外交。[①] 后冷战时期,缅甸在政治转型并与西方国家关系正常化之后,总体上继续奉行这一传统的外交政策。即使是在2021年缅甸军人接管国家政权之后,美国对缅甸采取了制裁与围堵的政策,缅甸对于中美两个大国的竞争也仍然保持了一定的独立性。例如,2021年6月,缅甸国家管理委员会主席、国防军总司令敏昂莱(Min Aung Hlaing)大将在接受俄罗斯24新闻电视台《国际评论》节目采访中表示,面对中美竞争,缅甸仍然奉行独立自主的积极外交政策,对所有国家都坚持和平共处五项原则。"美国是缅甸的朋友,但距离遥远,而且由于各种原因我们与美国有些隔阂,所以与美国的政治关系比较冷淡。相比之下,中国和印度是搬不走的邻居和亲密的朋友。"[②] 可以看出,缅甸虽然对中美两个大国表示了一定的偏好和倾向性,但始终没有放弃坚持独立自主的外交政策,也没有因为美国的敌视和压力,全面倒向中国或俄罗斯。

(二)精英阶层:为应对影响积极出谋划策

面对特朗普突然发动的对华竞争,缅甸的智库、学者、非政府组织、非官方媒体表现出了一种"忧国忧民"的态度,为缅甸决策者出谋划策,或避险或谋利。第一种方案是传统的被动策略,即与大国保持一定距离以免卷入竞争。一些精英认为缅甸不能妥善处理中美竞争中的敏感问题,可能因处理不当而惹怒任何一方。如果竞争加剧东盟将遭到撕裂,中国由于重视缅甸的地缘政治地位会极力争取缅甸。[③] 而美缅关系是美国转移国内问题的关注点,所以缅甸可能成为中美竞争的核心对抗点,届时缅甸将面临如何化解"被选边站"的难题。[④] 因此,除了微妙的平衡之外别无他选。缅甸学者杜秋秋盛(Daw Chaw Chaw Sein)提出警告说,缅甸要对中美竞争产生的影响始终保持警惕,因为冷战时期东南亚因卷入美苏竞争付出过巨大代价。[⑤] 钦玛玛妙建议缅甸采用对冲战略两边下注,通过务实的接触平衡对外关系,适当时候可采取回避策略。[⑥]

---

① 范宏伟:《缅甸中立主义外交选择(1949—1954)——缅北国民党军与美国干涉的影响》,《南开学报》(哲学社会科学版)2021年第2期,第84页。

② 《缅甸国家管理委员会主席、国防军总司令敏昂莱大将接受"俄罗斯24"电视频道采访》(缅文),《缅甸之光》2021年6月27日,第6版。

③ 吴哥哥莱:《中美紧张局势升级》(缅文),脸书网,2020年7月25日,https://m.facebook.com/story.php?story_fbid=741926746556427&id=100022173244393.

④ 同上。

⑤ Daw Chaw Chaw Sein, "Assessing the Perspectives of the EU and ASEAN on China's OBOR Initiative," Yangon: Myanmar Institute of Strategic and International Studies, 2016, p. 10. https://meral.edu.mm/Assessing the Perspectives of the Eo axd ASEAN on China's OBOR Initiative.pdt.

⑥ Khin Ma Ma Myo, "Myanmar's Perspective on Indo-Pacific," Challenges to Peace and Security in South Asia, Yangon: Myanmar Institute of Strategic and International Studies and Myanmar Institute of Strategic and International ralations, 2020, p. 6.

第二种观点认为,缅甸在避免"选边站"的同时,要发挥积极的建设性作用。缅甸主要关切的是维护自身的主权和领土完整,因此缅方不希望看到中美对抗,而是两者合作共同维护亚太地区和平与稳定。① 为了缓和大国之间的紧张关系,缅甸可以在多边合作中发挥积极作用,促进大国间的建设性合作,同时利用缅甸作为中国战略合作伙伴、印度进入东盟市场的经济门户以及美日对华遏制"帮手"的身份,增加缅甸谈判的筹码。② 缅甸还可以基于中立主义组成联盟结构,鼓励其他区域伙伴共同建立更强大的地区秩序,使缅甸战略选择多样化。③

第三种看法是,在中美竞争背景下缅甸要管控好国内的偏离力量。缅甸政治转型期间的民粹主义促使反华情绪高涨,敏辛认为这将导致中国对缅甸问题的"干涉和施压",应该呼吁各方调和、约束这种反华民粹主义。④ 此外,这种情绪也可能被美国加以利用对抗中国,从而导致缅甸社会动荡。⑤ 另一种力量是因罗兴亚人等问题偏向中国的力量。这一现象在昔日反华媒体《十一新闻》的报道中得到了体现,该报评论说,"中国是缅甸解决常年内战和国际对罗兴亚问题施压的'唯一出路'"。⑥ 缅甸精英警告说:虽然中美竞争给缅甸提供了筹码,但是缅甸必须明确自己意图并能巧妙地运用,不要偏离太远。⑦

(三)普通民众:"远水解不了近渴"

缅甸普遍民众对中美竞争的认识总体上被缅甸国内的媒体与精英所主导。大部分民众对国际关系的认识不深,对各种消息的真伪缺乏辨别能力,通常会在不同的事态中以自己的情感好恶先入为主。例如,缅甸军人接管国家政权之后,因为中国没有加入西方国家行列去谴责军人的行动是政变,引起了缅甸国内诸多猜忌和不满。中国飞机在仰光机场运送海鲜,被谣传为运送军火支持缅甸军方镇压民众。其他类似的谣言还包括:中国派遣技术人员前往缅甸帮助军方封锁网络,中国帮助军方制造假币,中国军人入缅帮缅军镇压抗议等。虽然,这些谣传都缺乏基本的常识,但当时在缅甸媒体和自媒体上广为流传。2021年2月10日,中国外交部发言人否认缅甸国内的这些传言,但是这个表态没有阻止谣言的升级和发酵。为此,2月15日,中国驻缅甸大使陈海就缅甸局势接受缅甸主要媒体《声音》《十一》

---

① Nyunt Maung Shein, "Myanmar's Perspective on US and Japan Cooperation and Coordination on Humanitarian Assistance and Disaster Relief in South and Southeast Asia," Yangon: Myanmar Institute of Strategic and International Studies, March 6, 2014, p. 4.

② Saw Tha Wah, "Explaining Myanmar's Foreign Policy Behavior: Domestic and International Factors," Yangon: Myanmar Institute of Strategic and International Studies, September 2016, p. 21. https://www.nesearchgate.net/pnblication/.

③ Ziwa Naing and Saw Tha Wah, "The U. S Election: Implications for Myanmar," Policy Brief, Yangon: Myanmar Institute of Strategic and International Studies, December 2016, p. 9. https://www.mizzima.com/news-opinion/us-election-implications-myanmar.

④ Min Zin, "Burmese Attitude toward Chinese: Portrayal of the Chinese in Contemporary Cultural and Media Works," Journal of Current Southeast Asian Affairs, Vol. 31, No. 1, 2012, pp. 115–131.

⑤ 楠伦:《美中新冷战对于缅甸是危机还是机遇?》(缅文),伊洛瓦底,2020年7月28日,https://burma.irrawaddy.com/article/2020/07/28/227061.html.

⑥ 《缅甸的"钟摆"将怎么摆?中国还在那里——缅甸媒体的新观点(一)》,胞波网,2018年6月3日,http://www.paukphaw.cn/index.php?m=article&f=view&id=5228.

⑦ 楠伦:《美中新冷战对于缅甸是危机还是机遇?》(缅文),伊洛瓦底,2020年7月28日,https://burma.irrawaddy.com/article/2020/07/28/227061.html.

《七日》《缅甸时报》和《边境》书面采访,次日中国驻缅使馆网站刊登了采访全文。陈海大使在采访中就上述谣言再次作出澄清:"这些说法完全是无稽之谈,十分可笑。"①

缅甸国内针对中国的谣言和抹黑,固然是反对力量利用事变初期局势混乱、信息闭塞进行的操弄,但这一现象揭示出中国在缅甸仍未完全摆脱被妖魔化、影响力被严重夸大的困境。军人接管国家政权初期,东南亚国家、印度、日本以及俄罗斯都没有明确谴责军人政变,但中国的表现受到了特殊对待,被放大和妖魔化。对于缅甸人来说,中国是一个大国和邻国,因而他们对中国的心理预期不一样,想当然地认为中国对缅甸军人有绝对的影响力,中国不干涉内政、没有对军人采取明确的制裁与施压,就是对军人的支持、默许和放纵。所以,当中国没有明确与西方国家站在一起谴责缅军时,缅甸民众就已经进入了"信息茧房",准备好接收各种能够支持、验证他们对中国怨恨情绪的谣言了,尽管那些信息无论在当时还是在事后,都显得"十分可笑"。同样,一些缅甸人甚至要求美国出兵,剿灭缅军,帮助民盟政府夺回政权。这种同样"十分可笑"的谣言,在缅甸一度也广为流传,民众愿意乐此不疲地传播和相信。而美国在缅甸也被赋予了一种不切实际的期望。因此,有评论指出,"'201事件'中两个阵营都赢了,军方赢在了地面上,民盟赢在了脸书上,而输掉的是老百姓。"通常,每当缅甸政治精英将中国与军政府关联,或者与掠夺资源、唯利是图的形象等链接时,中国在缅甸会遭遇民间舆论危机。只有当美国谴责缅甸在罗兴亚人问题上犯下"人权"错误,而中国做出符合缅甸主体民族利益的行动之时,缅甸民间舆论才倒向中国。根据中国学者在缅甸的调查,从舆论偏好和心理接纳程度来看,缅甸人对中国人的好感度低于美国人。②

自1988年开始,美国长期制裁缅甸。2011年双方关系正常化之后,美国在缅甸的投资和经贸,以及两国人员往来交流的规模、层次都非常有限。缅甸民众对美国的认知主要来源于媒体,现实中对美国缺乏具体的感知。在缅甸军人长期专政和10年民主转型的大背景下,缅甸民众容易对"民主代言人"美国产生仰慕和不切实际的期盼。对于中国,缅甸民众的认知来源和层次更加丰富和具体化,因而对其认识和情感也更为复杂和矛盾。中国长期作为缅甸最大的贸易伙伴,中国商品早已深刻影响到缅甸民众的日常生活。中缅两国长达2000多千米的边界,也决定了中缅双方人员、物资往来的经常性和广泛性。实际上,缅甸对中国影响力的主要感知来源,与其他东南亚国家大体一致。沈大伟认为,目前中国对东南亚国家的影响力主要集中于经济和商业方面,且增长极快,其次是社会层面中的人文交流。③

但是,回归到日常生活中,普通民众对中美的选择又比较务实,因为他们对中缅关系的不可替代性深有体会,美国虽"好"但远,"远水解不了近渴"。正如缅北有的村民所言:"我们不喜欢中国人,但不能没有他们!"这个村庄因为中国制造的太阳能电池板而享受着电力资源带来的便利,虽然中国企业在履行社会责任方面存在不足,但是他们仍然坦言中国是不可或缺的。④ 无论缅甸人是否喜欢中国,他们能感受到中国对缅甸的影响力,以及中缅

---

① 《陈海大使就当前缅甸局势接受缅甸媒体采访》,中华人民共和国驻缅甸联邦共和国大使馆,2021年2月16日,http://mm.china-embassy.Gov.cn/xwdt/202102/t20210216_9986082.htm.
② 许庆红、孔建勋、陈瑛:《缅甸人心目中的中国人:社会距离及其影响因素》,《社会发展研究》2019年第2期,第97页。
③ 沈大伟:《中国在当代东南亚的角色》,《南洋问题研究》2022年第2期,第37页。
④ 对缅甸调查研究所(Myanmar Survey Research)工作人员访谈,2018年7月18日,仰光。

两国的相互依赖关系。"在中美竞争中,你可以支持美国,但不能反对中国……中缅关系很重要,即使(反军政府力量)没有中国的支持,也不能成为中国的敌人。"①

结　语

回顾 1948 年缅甸独立后的外交史,可以清晰地看出,中立、不结盟是缅甸长期以来的外交传统与对外战略文化的核心。这一状况在 1988 年冷战即将结束之际发生了重大变化,直接原因是缅甸国内政治的动荡和变化,导致以美国为首的西方国家对缅甸采取了制裁和孤立政策。因此,缅甸以往奉行的中立、不结盟外交政策失去了回旋的空间。直到 2011—2012 年,缅甸因启动了民主化政治转型而得到了西方国家的认可和支持,实现了与西方国家关系的正常化。但是,缅甸重新回归国际体系的时间仅仅维持了 10 年,就再度因为 2021 年国内政治的突变发生了逆转。观察 1988 年以来缅甸对大国的外交政策,首先需要回到缅甸国内政治这个原点上。正如有学者评论道,缅甸的大国外交政策之所以在"积极不结盟"和"消极中立"之间摇摆,其根源在于当局政治合法性基础的波动。②

1988 年以来,在缅甸政治与对外关系的波动中,缅甸对中美竞争的认知和反应,很大程度上被中美缅三角关系的起伏所左右。1988 年,通过政变上台的新军人政权长期面临国内和国际合法性的危机。1988—2011 年,美国对缅采取了制裁和孤立的政策,得到了缅甸国内反对派和相当部分民众的欢迎和支持。同期,中国采取对缅接触以及不干涉内政政策,与军政府保持了较为友好的关系。但是,这一时期中国对缅政策过于专注与官方拓展关系,为缅甸人对中国形象的认知带来了两个负面遗产。第一,中国与缅甸军政府的友好关系,让大部分缅甸人以"敌人的敌人才是朋友"这一逻辑,把中国与军人独裁进行了绑定。第二,在美国等西方国家对缅甸孤立和施压之际,中国趁势拓展了在缅甸的影响力,这一结果被西方国家、缅甸国内的反对派严重夸大、污名化,将缅甸描绘为中国的"附庸""傀儡"。甚至在缅甸军人统治集团内部,这种观点也不乏市场。

2011 年,随着缅甸民主转型进程的开启以及私营媒体的松绑,这两个负面遗产被迅速放大和利用。中国被塑造为缅甸民主化的障碍,从而遭到批评和攻击,美国作为缅甸民主的"志同道合"者而备受欢迎,缅甸的转型也被美国吹捧为"世界民主事业的历史性时刻"。所以,在密松大坝事件之后的一段时间内,中国在缅形象急剧受损,美国似乎成为了缅甸的"救世主"。不过,中国对缅保持了战略定力,也积极调整了对缅政策,注意夯实中缅民意基础。中缅关系在 2016 年昂山素季主政前后开始恢复。2017 年特朗普上台之后,中美关系进入激烈竞争阶段。同期,缅甸国内发生的两个变化,导致中美缅三角关系再度出现转折。第一,对于 2017 年罗兴亚人问题引起的危机,中美两国采取了截然不同的政策,一方面美缅关系降温,另一方面缅甸民间对华好感度明显上升。第二,2016 年民盟执政后对华采取务实的外交政策,而一年后特朗普实施"印太战略"、无视缅甸,美缅关系日渐冷淡。在此背景下,缅甸对中美竞争保持高度警惕,尽管三角关系出现了一些微妙变化,但缅甸仍努力

---

① 德塔貌:《中美竞争中的缅甸问题》(缅文),伊洛瓦底,2022 年 8 月 17 日,https://burma.irrawaddy.com/opinion/viewpoint/2022/08/17/253921.html.

② Andrea Passeri and Hunter Marston, "The Pendulum of Non‑Alignment: Charting Myanmar's Great Power Diplomacy (2011—2021)," *Journal of Current Southeast Asian Affairs*, Vol. 41, No. 2, 2022, pp. 188–213.

地在两个大国之间保持平衡。例如，在南海问题上，缅甸延续以往传统中立的态度。特朗普时期，美缅关系的降温并没有促使中缅关系的急剧升温，相反缅甸在保持对华友好关系的同时，重视发展与俄罗斯、印度和日本的关系，以平衡或缓冲中国崛起带来的巨大冲击。

2021年2月，军人再度接管国家政权之后，缅甸国内对中美两国的认知和反应再次反转。美国谴责军人政变，重新发起制裁，缅甸部分民众甚至幻想美国出兵。中国在军方与民盟之间采取了折中的态度，引起了缅甸反对派和部分激进民众的强烈反弹，各种有关中国支持军政府、镇压民众的谣言与谎言甚嚣尘上，在缅的中资企业一度成为这种敌对情绪发泄和冲击的对象。这一局面实际上仍是前期中国与军人集团被绑定沦为原罪，中国在缅影响力被严重夸大甚至恶意抹黑的翻版而已。

目前，虽然缅甸面临西方国家、联合国、东盟等多方面的压力，但缅甸官方并未介入中美两国的竞争，也没有因此与任何大国结盟，寻求保护。纵观当代缅甸外交史，外交决策者历来都重视维护缅甸的独立自主，同时也努力避免过于受到邻国影响而失去自我。[①] 历史经验表明，无论未来缅甸政局如何演变，缅甸会继续在现实与幻想之间努力寻找平衡位置，既被美国"华丽"的外表吸引，也不愿放弃中国的"朴实"，既利用美国制衡中国不断扩大的影响力，又想与中国合作获得现实利益。

---

① Andrea Passeri, "'A Tender Gourd among the Cactus': Making sense of Myanmar's Alignment Policies through the Lens of Strategic Culture," *The Pacific Review*, Vol. 33, No. 6, May 2019, p. 22.

缅甸罗兴亚人问题的视差

——历史、现状与症结分析

张 添

【摘 要】 有关罗兴亚人问题的研究，因对其族群的产生、概念和境遇有不同视角的见解，故形成了缅甸罗兴亚人问题的视差。[①] 由于视差长期存在并日渐歧异化，罗兴亚人问题的来龙去脉难以真正厘清，并在缅甸转型的背景下形成新的碰撞和冲突。罗兴亚人问题的症结除了缅甸主体大缅族主义和佛教中心主义对罗兴亚人穆斯林群体的偏见与排斥、缅甸转型与政局变动导致的罗兴亚群体日益边缘化、社交媒体发展助长的仇恨蔓延等，还在于视差影响下缅甸国内滋生的"穆斯林恐惧症"情绪以及缅甸主体民族与罗兴亚人及其国际支持者的压力对抗。罗兴亚人问题虽然在缓慢推进，但罗兴亚人孜孜以求的"生存空间"却没有得到相应改善，其前景仍令人担忧。

【关键词】 缅甸；罗兴亚人问题；视差

罗兴亚人问题是涉及缅甸内政和外交、影响缅甸稳定与发展的问题，其内核是族际关系问题。人们关注罗兴亚人问题的来龙去脉时，受不同来源素材的影响，会不自觉地站在某个立场上，而这些立场往往有较大的歧异性，这便形成了罗兴亚人问题的视差。在缅甸主流族群坚决拒绝承认和接纳罗兴亚族群的情况下，该群体的数量却以惊人的速度在增加，且逐步建立了统一的内部认同，得到国际人权组织和众多国家，尤其是西方国家和伊斯兰国家的同情与支持。为更客观全面地认知该问题，以提出更为行之有效的对策，有必要从不同视角来了解该群体的状况，通过视差的辨析来探究其症结所在。本文拟从不同视角出发，梳理对罗兴亚人的产生、词义和境遇的分歧，分析视差碰撞下罗兴亚人问题的现状和走势，进而梳理和分析其症结所在。

罗兴亚人[②]是缅孟边境地区的一个穆斯林群体，自称是阿拉伯人、阿富汗人和波斯等地区穆斯林的移民后裔。根据2014年缅甸人口普查的结果，缅甸若开地区人口319万，但其中有109万人为资料缺失，这109万人便被认为是遭缅政府"抹除"了公民身份的罗兴亚人。据统计，全球罗兴亚人的人口在150万—200万之间。但也有消息称，因2016—2017年

[①] 视差（Parallax），原指从不同角度观察一个目标而产生的视角差异，后也被用于国际关系和对外政策领域，如布鲁斯·卡明斯在其著作《视差：美国与东亚的关系》中指出，既要从美国视角，从东亚视角，还要从双方互动视角来解读相关问题。参见 Bruce Cumings, *Parallax visions: making sense of American–East Asian relations*, Durham, NC: Duke University Press, 2002, pp. 2–4.

[②] 缅甸官方和民间都不认可存在"罗兴亚"这个民族，并认为应该称为"宾格丽人"（有孟加拉人之意），但本文为明确问题所在及行文方便，后文均采用"罗兴亚"的说法。

极端暴力事件导致70万人逃往孟加拉国，目前该国罗兴亚人达到94.7万，缅甸国内剩约40万，另在沙特有近50万，阿联酋5万，巴基斯坦35万，印度4万，马来西亚15万，泰国5000，印度尼西亚1000，这些数字加起来近250万。另外，据称该群体还流亡于日本、尼泊尔、加拿大、爱尔兰、斯里兰卡等地区，由于流散性强，其真实人口数量仍有待考证。

罗兴亚人问题是指因为对罗兴亚人身份认定的争议而引发的一系列矛盾冲突。有关认定问题包括罗兴亚人是否具有缅甸族裔身份、罗兴亚难民的国际法认定等；有关冲突矛盾包括缅境内佛教徒与穆斯林的冲突、跨境犯罪、恐怖主义、难民接收与遣返国的矛盾、国际介入与缅甸主权的冲突等。缅甸官方和民间拒绝承认和使用"罗兴亚人"（Rohingya）一词，认为这些人是来自孟加拉国的非法移民，称之为"宾格丽人"（Bengali）。人们为避讳罗兴亚人问题的敏感性，有时候也以冲突所在地若开地区为名，称为"若开问题"或"阿拉干（若开古称）问题"。

对缅甸罗兴亚人问题的研究可追溯至20世纪70年代，早期研究对"罗兴亚"的提法较为谨慎，也没有明显的差异视角研究。耶格在研究以"穆夹黑"运动为首的罗兴亚人运动时，将其描述为"一个有分裂主义倾向的穆斯林少数民族"。1977—1978年穆斯林难民危机中，弗莱什曼仅将冲突双方界定为"若开佛教徒"和"穆斯林孟加拉人"。

20世纪90年代随着罗兴亚人问题的逐步凸显，对罗兴亚人的研究开始出现视差分化。首先是关于罗兴亚人民族合法性的论证，一些穆斯林学者致力于梳理罗兴亚人的形成过程，用不同的语言书写自己的历史。1999年，吉哈尼将"罗兴亚人之父"萨伊尔·巴达（Tahi Ba Tha）的"Rui han gyā nhan Kaman lū myuih cu myah"（罗兴亚语①）翻译成英文，并以《缅甸罗兴亚人与卡曼人简史》的题名发表，该书详细介绍了罗兴亚人的形成史及民族名称的来源，被罗兴亚人精英视为其族群的纲领性文本。随后，罗兴亚巩固组织（RSO）创立者尤纳斯用英文发表了《阿拉干的历史及现状》。1990年大选赢得议席的作家吴觉明则用缅文书写了《被隐藏的阿拉干历史之章》和《若开历史揭秘》（这几本书基本都是"自版"的）。这几本历史书囊括了自8世纪以来的罗兴亚人族群建构史，吴觉明还提到了"罗兴亚认同"与"罗兴亚正统性"。流亡日本的罗兴亚学者左敏杜则用英文撰写了《缅甸联邦与若开族》和《人权及对罗兴亚人歧视》，其中收录各类《致××国际组织的书信》，表明罗兴亚人一直在争取国际认同与支持。

缅族学者则对罗兴亚人梳理的历史进行批判，与后者进行着民族建构与反建构方面的博弈。钦貌梭1993年发表的文章通过反驳流传于罗兴亚人历史中的几个事件，称"罗兴亚人"完全是穆斯林政治反对派捏造出来的一个词语。瑞赞和埃昌在2005年以英缅双语撰写的册子中强调，罗兴亚人问题是"非法移民"的结果，并将该群体比喻成"涌入的病毒"。敏登则在其2013年被翻译成中文的稿件中梳理了自若开王朝到1988年后的罗兴亚人独立活动，否认罗兴亚在缅甸的历史存在，同时描写罗兴亚人对缅甸的危害性。第三方学者观点主要分为两类，一类试图站在"他者"的角度审视，对于孰对孰错不置可否。

---

① 罗兴亚人是否有自己的语言存在争议，缅甸学者指出其语言同孟加拉国吉大港方言（Chittagonian language）大同小异，但自罗兴亚学者 E. M. Siddique Basu 在1999年利用罗马字母将罗兴亚人所用语言简化，并详细阐述其字母、拼读、语法、语用等规则，该语言已经得到了国际民族语学专业机构美国 SIL 国际的认证，予其 ISO639-3 代号（罗马字母 LHG），将其定位为印度-雅利安语族东部语支孟加拉-阿萨姆语支下属，文字定位为"哈乃斐罗兴亚文字"。参见 M. PaulLewis, *Ethnologue: Languages of the World*, Sixteenth edition, Dallas, Tex.: SILInternational, 2009.

马丁·史密斯提出,"罗兴亚人认同"是一个族群演进的过程,若开北部原本松散的穆斯林组织因使用"罗兴亚"这个名称而进行了有效的政治动员,而该名称逐步凝聚成一种民族共识。雷德更关注"叙事语境",他在数篇文章中指出,罗兴亚人通过"自者"视角的"历史再现",加上对缅族/若开族史料的混杂化阐述(hybridization),为获取生存空间而构建了一种"竞争性认同"(Competing Identities)。阿德斯(Ardeth)对罗兴亚人与缅甸主体民族的"竞争性语境"进行了深入研究,认为冲突的症结在于双方都力图强调自我的"内生性"而反对他我的"内生性"。伍庆祥则指出,缅甸社会对"罗兴亚"和"穆斯林"的文化解读即污名化过程,是促使结构性矛盾转变为群体社会行动的关键过程。另一类则偏向单一或特定视角。有偏向孟加拉国视角的,如帕尼尼、拉赫曼等人认为,应当更加关注罗兴亚人问题对接受难民的孟加拉国的内部安全困境和对缅孟关系的影响。有偏向罗兴亚人视角的,如扎尼、葛红亮、奇斯曼、乌丁等人的文章,均表达了对缅甸政府的指责或对罗兴亚群体的同情。还有偏于地区和国际视角的,如许利平、乌丁等指出,罗兴亚人问题外溢将导致地区安全危机,妥善处理罗兴亚人道主义危机,也是国际社会应尽的义务。

既有文献从各个角度诠释了罗兴亚人问题,但仍有一些不足和缺憾。第一,历史性叙述存在漏洞。不管从罗兴亚人自己建构的历史,还是从缅甸人澄清的历史来看,由于双方观点对立,一些文章片面引用其中一方的观点,导致其对现状的认识也存在对立和偏见。如同雷德等人所说的,这段历史有许多"建构"的成分,但为了充分了解现存的问题,却恰恰需要结合不同视角的史料进行"双重阅读"(Double Reading),这是现有文献所缺乏的。第二,过程要素的缺位。雷德曾阐释,罗兴亚人问题虽然是一个历史问题,但其是在演化过程中才真正"惹上麻烦"的,雷德和阿德斯等人对这个过程中的"叙事环境"进行了论述。亨凯则论述了其互动的"文化进程"。但遗憾的是,他们均未对过程中不同视角的互动及其结果,以及将来可能的趋势进行规律性总结。第三,症结分析的不足。对于罗兴亚人问题的症结的分析,普遍认为包括历史原因(如殖民与非法移民)、政策原因(缅甸军政府的排斥政策)、宗教原因(自2012年以来极端宗教言论的助长)等,但这些原因在不同视角下可能会有不同的叙述,从而导致症结本身的复杂化,这也是既有文章没有进行梳理的。因此,本文力图弥补以上三方面的不足和缺憾,以在诠释该问题方面做出积极尝试。

一、历史视差——罗兴亚人的产生、词义与境遇分歧

罗兴亚人问题的形成,首先是一个历史问题,其次才是因危机外溢引发的各类政治、经济、社会和外交问题。所谓历史问题,更多是历史视差问题,即对罗兴亚人的由来、演化及其与缅甸其他民族的互动进程,不同群体有着不同的历史解读,而对立群体的历史解读互指对方迫害,并无清晰定论。

(一)对"罗兴亚人"何时产生的分歧

历史地位是决定一个族群是否应被赋予居留地原住民(即本地族裔,缅语称taingintha)身份权益的基本证据,但关于罗兴亚人是否是土生土长的若开居民是有争议的。若开邦位于缅甸西部,曾经出现定耶瓦底、维沙里、四城和妙乌4个封建王朝。最早的定耶瓦底王朝出现在公元前4—6世纪左右,鼎盛的妙乌王朝则出现在15世纪。1785年妙乌王朝被缅甸贡榜王国完全吞并,这激怒了觊觎若开已久的英国殖民者。1824年第一次英缅战争,缅甸战

败,根据《杨达波条约》,若开被割让给英属印度。

"罗兴亚人"何时产生的分歧,殖民时代是一个重要的分水岭。缅甸官方至今一直坚信,罗兴亚人问题是一个"非法移民"问题,英国殖民者鼓励和放任孟加拉国吉大港人向若开非法移民垦荒,而后者虚构了罗兴亚人这个"缅甸自古以来不存在的族群",并坚决拒绝给这些"一步一步非法侵占若开北部"的人员以合法族裔身份。缅甸学者进一步指出,若开地区富饶的土壤和宜居的环境吸引穆斯林源源不断地迁入、定居和繁衍,若开北部孟都、布迪洞地区的穆斯林人口疯狂地成倍膨胀,当地原住民若开人则不断外逃,人口规模锐减。

但穆斯林学者认为,罗兴亚人早在公元788年就存在,他们是"阿拉伯、摩尔、波斯、帕坦、蒙古、孟加拉国、若开等的后裔"。缅族王朝在1406年入侵若开,当地穆斯林击退缅族人后成立了独立的若开国,国王加布·沙(Zabuk Shah)1531年加冕称帝,穆斯林在若开建立了悠久的历史荣耀。对此缅甸学者表示质疑,他们引用若开发掘的遗址和英国历史学家菲耶(Arthur P. Phayre)的史料阐述,788年只有一个小乘佛教的若开维沙里王朝,其遗址中并无任何穆斯林考古证据。即便1203年在若开出现了穆斯林群体,但伊斯兰教在15世纪才正式传入阿拉干王国;即便若开王国曾使用穆斯林封号,但其也接受缅族王朝的封号,并不存在穆斯林建立的若开国。

第三方学者对于罗兴亚人的产生也有不同看法。耶格认为缅甸若开北部的穆斯林早在9世纪就定居在下缅甸和若开地区,法米达进一步界定,表示耶格所指的穆斯林就是罗兴亚人。雷德则指出,罗兴亚群体确属孟加国拉吉大港移民,其在20世纪90年代前"不受争议地"被称为"孟加拉人"。巴拉尼则认为,罗兴亚人的确是在英国殖民时期迁入若开的,但由于他们是被迫迁入的,并在当地生活了一个多世纪,其后代自然应当属于当地居民。这些学者的关注视角不尽相同,耶格等人的关注点在于"产生早于界定",雷德的关注点在于"界定后才产生",而巴拉尼更关注该群体的现实存在意义。

不同学者关于罗兴亚群体出现的认识虽有分歧,但对于穆斯林群体在15世纪前就进入缅甸若开、伊斯兰教在15世纪兴盛于若开多有共识,关键在于一直存续于若开的穆斯林人怎么称呼,以及如何定义其身份并不清晰。可以大致推断,在"罗兴亚人认同"成体系出现之前,罗兴亚人这个群体已经客观存在了。自英国殖民时期至缅甸独立初期,该群体未得到任何有效的族群界定。在一次又一次的迁徙和离散下,其"抱团取暖"的族群意识逐步形成并固化,并基于共同的地域、共同的血缘、共同的语言甚至共同的文化传统进行自我界定。

(二)对"罗兴亚"词义的分歧

在穆斯林学者看来,"罗兴亚人"这个词早就有了。6—7世纪时,西亚穆斯林乘船经商,一些人因遭遇灾难而将船只泊岸若开求救,并发出"Raham"(阿拉伯语意为"同情")的呼救声,在被国王拯救后,这些人就被称为"Raham"。久而久之,穆斯林人将若开之地当作"神赐之地",称自己为"Rohang"(意为"神赐之人"),后演变为罗兴亚(Rohingya)。他们的一个证据是,英国殖民当局记载过"若沃因加"(Rooinga)和"卢望佳"(Rwangya),这些名称源于"Rakhanga"的称呼,意为"罗汗(Ro-hang)之后裔",而"罗汗"正是穆斯林词汇对"若开王国"(Mrohang)的称呼,只是Mrohang后来演化出"若开"(Rahkine)和"罗兴"(Rohing)的不同译法。从某种程度上来说,"罗兴"就代表了"若开"的意思,"罗兴亚"就是"若开的主人"。还有一种说法称,妙乌王朝时期有一位名叫"穆罕穆德·罗兴"(Mohammed Rahin)的王子,"罗兴亚"就源自"罗兴"这个词。

但缅族学者指出,"罗兴亚"并非一个缅语或者孟加拉语的词语,缅甸和孟加拉学者在正式的文书记载中从未见过该词,英国殖民者当时进行的人口普查也未见该称呼。最早可考据的资料是1951年布迪洞镇议员贾法尔在英国《卫报》发表的一篇文章。他们怀疑这个词是由穆斯林反叛组织"穆夹黑"(Mujahids)流传出来的。学者钦貌梭援引资深记者耶蒙吴当(Kyemon U Thaung)的消息称,"罗兴亚"是当时与"穆夹黑"结盟的红旗共产党领袖德钦梭(Thakhin Soe)为穆斯林创造出来的一个族群名称。有人进一步解释称,"穆夹黑"需要用"罗兴亚"这个内含"若开族裔"意义,不失体面而又不好查证的词来掩盖他们"真正非法的身份",从而吸引更多支持者。

缅族学者针对罗兴亚人对"罗兴亚"词义的解读,还提出以下质疑:其一,"罗兴亚"在缅甸语(Rwa Haung Kyar)或若开语(Rwa Hsoe Kyar)中意为"古老村庄的老虎",而在若开古谚语中有句话叫"陌生的林子威胁老虎的性命","罗兴亚"在谚语里就有"找死的老虎"的含义,在若开地区生存的族裔显然不会这样称呼自己;其二,罗兴亚人认为"罗兴"来自"Raham"(同情)这个词,这是当时穆斯林船员向若开国王的呼救,但若开当时还处于定耶瓦底王朝时期,可能求救的地点只会是在皎托(今考古的定耶瓦底遗址),但考古并没有发现该地有任何穆斯林遗迹;第三,罗兴亚人称自己是妙乌王朝穆斯林的正统后裔,但当时"孟加拉十二市镇"的穆斯林大部分是囚犯,不可能留下后裔,即便有后裔,也是操蒙古语的浅色人种,而不是"自称罗兴亚的深色吉大港人";第四,即便留下了后裔,按照若开王国的发展及后期与缅族融合的历史,这些人应当深受缅族文化和语言的影响,不会始终保持完全独立的认同、语言和习俗;第五,没有一位叫"罗兴"的王子,只有因继承战落败而寻求避难的莫卧儿王子沙阿舒贾(Shah Shuja),但他和他的大部分追随者因叛乱被处刑,幸存者被流放到兰里岛,而且已经证实这些人是后来的卡曼族(缅甸合法族群之一);第六,对"罗兴亚"这个词的解读在20世纪60年代发生罗兴亚人运动之前从来没有出现过。

第三方学者对"罗兴亚"这个词则持谨慎态度,多数只是描述其出现的时间或指代的族群,鲜有解释该词含义。雷德表示,"罗兴亚"一直没有各方认同的清晰定义,只是被驱赶的穆斯林们为了合理正当地返回缅甸,反对缅政府将其划为"孟加拉人"(Bengalis)而在20世纪90年代普遍使用,并意图将其作为一个政治族群代号的名称。林特纳提出,罗兴亚实际是一个混合族群,其以"罗兴亚"为名是在其存续许久之后。艾格勒托等提出,"罗兴亚是在20世纪50年代后出现的对若开当地穆斯林的称呼"。罗格斯在界定时则干脆称"罗兴亚人就是孟加拉裔的穆斯林"。此外还有其他一些学者在使用罗兴亚这个概念时并未进行专门的界定。

(三)对罗兴亚人历史境遇的分歧(1948—2010)

缅甸独立后,围绕着罗兴亚人争取政治权利及受到的排斥,再度形成了一段具有视差的历史。缅甸吴努执政时期(1948—1962),关于罗兴亚人境遇的最大分歧主要来自"穆夹黑"(Mujahids)运动和国家议会选举。就"穆夹黑"运动而言,缅族学者认为这是一群打着"罗兴亚人"旗号的非法移民和叛乱分子。缅甸独立前,若开穆斯林策划将缅北孟都、布迪洞、拉德丹3镇并入独立的巴基斯坦国,并试图与巴领袖真纳取得联系。但缅甸领袖昂山将军率先访巴,确保巴不会接纳若开北部并入巴基斯坦的要求。在依赖他国无果的情况下,1947年布迪洞镇左底丹村穆斯林青年秘密集结并成立了"穆夹黑"协会,"穆夹黑"的意思是"为自己国家和宗教权利而战的人"——这里"国家"原是指巴基斯坦,后来指"独立的若开穆斯林国",又被称为"阿基斯坦"。

但罗兴亚学者认为,穆夹黑只是罗兴亚群体中一小部分叛乱分子,反倒是缅甸边境自卫队(BTF)和联邦军警(UMP)打着剿灭叛乱分子的名义,在1948年11月对罗兴亚人掳杀、强奸、烧村。为此,若开北部罗兴亚长老会在1950年3月10日提交了《告德钦努(即吴努)总理20条》,要求缅甸中央政府撤走缅甸边境自卫队和联邦军警,同时赋予罗兴亚人与其他少数民族平等的权利,要求孟都、布迪洞和拉德丹3地在若开建邦的情况下单独建邦或被中央直辖等,吴努政府做出积极许诺。

缅甸学者指出,吴努为了赢得1960年大选,以吸引少数民族选票为对策,故许诺将成立若开邦和孟邦。为获得和若开邦一样的地位,"穆夹黑"召集一批穆斯林知识分子开始编造历史以证明自己是本地原住民。有学者通过分析当时的政治斗争格局,认为吴努承认"罗兴亚"这个名称以换取选票纯属个人作为,是非法的。但罗兴亚学者指出,不止吴努,缅甸首届总统苏瑞泰也公开表示"罗兴亚人是一家人,因为罗兴亚族和掸族都是缅甸国民"。

缅甸《1948年新公民条例》认为罗兴亚人"不属于两代内缅甸原住民",拒绝发给他们公民卡,但缅方并不能证明其为何"不属于两代内缅甸原住民"。罗兴亚学者认为,在1947年制宪大会选举、1948—1962年间的议会,甚至奈温政权时期的议会邦委员会都有罗兴亚人议会代表(见表1),但其也没有任何证据说明这些代表被承认是"罗兴亚人"。两类学者各执一词,又未能给出强有力的证据,因此孰对孰错,实难分辨。不过可以看出,吴努时期对罗兴亚人的国内政治地位,至少从官方层面给与了合法保障,只是不承认其自诩的"罗兴亚人"族裔身份。

表1 缅甸罗兴亚议会代表列表(1947—1988年)

时　　期	议会身份	姓　　名
1947年	制宪大会、国民大会成员	Sultan Ahmed, Abdul Gaffar
1948—1962年	议会	Sultan Ahmed, Daw Aye Nyunt, U Po Khine, Haji Abul Khair, Abul Bashar, Rashid, Sultan Mahmud, Abdul Gaf-far, Soban, Azhar Meah
1962—1988年	议会邦委员会	Abul Hussain, Abdul Rahim, Abdul Hai, Muzaffar Ahmed, Kyaw Thein Mustaque, Mustaque Ahmed, Saleh Ahmed, Elias, Aman Ullah,

资料来源:Zaw Min Htut, *Human Rights Abuse and Discrimination on Rohingyas*, Japan:Burmese Rohingya Association, 2013, p.51.

奈温政变后,人们对罗兴亚人的境遇同样也形成了不同认知。罗兴亚学者表示,缅中央政权先是在1964—1965年取缔了罗兴亚边境管理特区和所有罗兴亚社会文化组织,吊销了全国范围内的罗兴亚商人经营许可权。随后，1974年通过宪法将罗兴亚合法公民身份完全抹灭，使得该群体数十年来争取族裔权利的努力付之一炬。1977—1978年，奈温军政府发起驱逐穆斯林的"纳加明行动（龙王行动）"，30万罗兴亚人被迫流亡孟加拉国，有4万人死于难民营。① 1987年缅甸经济危机，饥荒引发动乱，282名穆斯林被捕，次年3月这些穆斯林被曝在永盛监狱中被虐杀，为转移民愤，军政府还在1988年制造了"穆斯林有偿强奸论"。② 此外，罗兴亚人指责1982年新《公民法》为该群体取得合法族裔身份设障，包含非法条款：其一，该法第8（b）条允许自由取消罗兴亚个人既有身份，违反联合国人权宣言第15条；其二，该法将缅甸公民强制划分为3个等级，这让罗兴亚新生儿童难以取得公民身份，违反联合国人权宣言第13条；其三，该法妨害到国际社会减少无国籍人士的努力。

缅甸学者承认奈温政府驱赶穆斯林的行为和"龙王行动"的存在，但认为其只是军政府阻止"一波又一波"的穆斯林运动采取的极端手段，并认为行动造成的逃离人数只有15万，最多20万—25万。他们也承认1982年《公民法》剥夺了若开穆斯林的公民权，但同时指责穆斯林以"罗兴亚"的口号，利用缅甸国内的政治动乱谋取政治本钱。罗兴亚人在国际穆斯林团体的支持下，一方面参加各类国际会议论证该族群存在的合法性，另一方面则在"塔利班"等极端组织支持下，组建"罗兴亚团结组织（RSO）"等武装组织，他们"利用1988年缅甸政治动乱，计划谋杀若开族，并嫁祸给异国的孟加拉人"。该群体通过"事实上的政治化"，固化自身的存在——即便只是一个"想象的共同体"。

缅甸新军人政权上台后，对罗兴亚境遇的认知分歧进一步加大。罗兴亚学者和一些国际组织谴责缅甸中央机构治安重建委员会（SLORC）继续大规模压制罗兴亚组织，甚至还采取"尽其所能去除罗兴亚人"的政策，导致1992年在缅孟边境科克斯巴扎尔再度汇集27万难民。1992年缅孟签署关于遣返难民（回缅甸）的谅解备忘录，但联合国难民署（UNHCR）表示"事后才知情"，84%的遣返不被知晓。孟国意图尽快将难民遣返，而缅方事实上并不愿接收这些群体，两国联合遣返进度缓慢。因强制劳役、兵役、征地等原因，缅甸罗兴亚人自1996年后逐年陆续出逃。1999年后，缅当局试图在穆斯林聚集地建立更多佛教徒示范村（model village）和佛塔，当地罗兴亚人因为"生存空间受挤压"而出逃。2001年，若开发生佛教徒与穆斯林的冲突，形势在"9·11"事件后更加严峻。③ 2009年，罗兴亚人因"船民"危机再度受到国际社会关注，但遗憾的是"船民"危机一直到2015年仍未解决。④

---

① 由于涉嫌种族清洗，该事件被称为1975年柬埔寨大清洗的"翻版"，参见 "Comments on the plights of Rohingya by Francois Hauter," *the Bangladesh Times*, Monday, June 5, 1978.

② 罗兴亚学者认为，军政府为了转移民众对自身的不满，故意制造了穆斯林意图使不同佛教徒女性受孕，并获得1000缅币、2000缅币、50000缅币不等的奖励（分别对应普通女性、毕业学生、军官女儿），最终引发了全国排穆运动。参见 Aw Min Htut, *Human Rights Abuse and and Discrimination on Rohingyas*, Japan: Burmese Rohingya Association, 2013, p. 72.

③ 对于此次冲突，联合国人权观察组织认为造成10多人死亡，但罗兴亚学者认为有150—180人死亡。参见 Human Rights Watch Report 2001/2002/2003: Burma, https://www.hrw.org/legacy/wr2k1/asia/burma.html; ZawMinHtut, *Human RightsAbuse and Discriminationon Rohingyas*, Japan: Burmese Rohingya Association, 2013, p. 173.

④ 缅孟边境的罗兴亚人因不受缅孟双方接纳，大量借走私船出逃，远泊泰国、印度尼西亚、印度，甚至澳大利亚，出逃的人每年有一半以上因此葬身大海，而幸存者部分被沿岸国救起，部分被继续放逐，这便是一直备受争议的"船民"问题。2008年报道有1000名罗兴亚"船民"，2015年又报道有8000名。参见 "Perilous Plight Burma's Rohingya Take to the Seas," Human Rights Watch report of Burma, May 2009；《从源头解决罗兴亚难民问题》，《联合早报》（新加坡）2015年5月15日，https://www.zaobao.com.sg/forum/editorial/story20150515-480411，2018年9月8日。

对此，缅甸学者也有不同看法。他们指出，新军人政权上台后镇压的是所有合法的政党与组织，而不仅限于若开穆斯林（罗兴亚人）。缅甸政府在20世纪末和21世纪初一直积极进行遣返工作，但每次遣返回来的人都"远超过原本出去的人"，有一部分是借遣返之机试图混入缅甸的恐怖分子。对于1992年、1996年难民潮以及21世纪初陆续出现的船民问题，缅甸学者并不否认，但却与官方保持一致的口径，声称"该群体不属于缅甸任一合法原住族裔，（缅甸）历史上从未有过这个民族"。言外之意即所发生的人道主义危机不属于缅甸职责范围内。无论如何，即便心存不满，缅甸学者与民众动辄将罗兴亚人称为"病毒""污物"和"食人恶魔"，确实有失理性和公允，难免引发外界的怀疑和不满。

二、现实视差——罗兴亚人问题的现状与趋势

（一）"缅甸之春"与"若开之冬"——视差之下的两轮危机

2011年3月底登盛执政后，启动了缅甸的民主化政治改革，释放了大批政治犯，解除党禁、报禁，与美欧和东盟国家改善关系，赢得了"缅甸之春"的称颂。此后，登盛政府还确保了2015年12月大选的顺利举行，并按时将政权交给获胜的全国民主联盟（NLD，民盟）。虽然军人集团仍受惠于2008年宪法所赋予的权力，但长期饱受牢狱之灾、享誉西方的"民主、人权斗士"、诺贝尔和平奖获得者昂山素季还是以"国务资政"的国家领导人身份上台执政。

在缅甸政治转型期间，罗兴亚人问题的解决几乎陷于停滞，不仅如此，因为几次涉及罗兴亚人的血腥冲突，该群体与缅甸主体民族的关系进一步恶化。罗兴亚难民潮成为国际焦点，缅甸民主转型的功绩和美誉以及昂山素季上台初期与美欧和东盟国家建立的良好关系，受"人权问题"冲击而大打折扣，缅甸政局面临新一轮不稳定，"缅甸之春"的另外一面似乎是"若开之冬"。"缅甸之春"更多代表了缅甸主流民族的希冀，而"若开之冬"更多隐含着罗兴亚群体的绝望，两者形成强烈反差，使人们对缅甸转型的认知形成了二元分化。

在"缅甸之春"的视角下，缅甸拥有着更多元的国际伙伴、更广阔的国际市场与更自主的发展道路，不管是退役军人政权还是民选民盟政权，都希望带领缅甸人民重新融入国际社会，获得本应当属于缅甸的国际地位和话语权。昂山素季上台初期，缅甸因民主女神重回政治舞台中央的"迷思重现"而赢得广泛的国际声誉，甚至还有人预测，缅甸将以前所未有的姿态"引领民盟"的发展。但"若开之冬"重击了"缅甸之春"。登盛出于巩固退役军人政权合法性的需要，并未有效管控佛教民族主义与穆斯林极端主义的社会冲突，这助长了罗兴亚问题中"缅甸视角"和"罗兴亚视角"的现实碰撞及难以弥合的群体间裂痕，这种碰撞延续至民盟执政时期，主要表现为2012—2013年和2016—2017年的两轮危机。

第一轮危机发生在2012—2013年登盛执政期间。2012年5月28日，3名穆斯林在若开奸杀一名佛教徒女性并劫走其财物，这引发了佛教徒群体的愤怒和集体反击。6月3日，10名穆斯林在若开丹兑洞鸽（Toungok）地区被谋杀。一连串的冲突持续发生，据官方统计，在5—10月的骚乱中有200多人死亡，300多人受伤，5000多间房屋被烧，14座宗教建筑被毁，6万多居民流离失所。按照国际危机组织的统计，有10多万名罗兴亚人流离失所。2013年3月20日，一名僧侣被6名穆斯林青年掳走并在一家清真寺门口将其活活烧死，此事引发两个群体的对抗，导致40死61伤。虽然佛教徒和穆斯林都有暴力行动，但在缅甸中部以佛教为主的地区，事件很快演变为佛教民众针对穆斯林的群体攻击，当地清真寺受到攻

击,穆斯林群体被迫逃离。期间,登盛政府曾于2012年6月和2013年5月两次宣布国家进入紧急状态,但之后在缅甸全国各地仍有零星冲突和人员伤亡。①

第二轮危机发生在2016—2017年昂山素季执政期间。2016年10月9日凌晨,一支名为"阿卡姆"圣战组织的武装从3个不同地区向缅孟边境警哨发动袭击,当场造成9死5伤1失踪,边境警哨的大量军备被掠夺。2017年8月25日,一支名为"若开罗兴亚救世军"(ARSA)的组织武装(后证实为"阿卡姆"改组)袭击北部若开边境警哨,当场导致13死9伤。缅甸政府、军队、学者和官方媒体均将这两起事件定性为恐怖袭击。缅甸当局数次派遣军警部队开展"联合清剿行动",但不少欧美国家和国际组织怀疑缅甸军警在清剿中趁机强奸、驱赶、屠杀罗兴亚人,国际媒体则避用"恐怖袭击",而采用"反叛行为"(insurgency)。根据联合国人权事务高级专员办公室的统计,因逃避战火而产生的罗兴亚难民,截至2018年5月达到70万人。

着手于民族和解的民盟政权誓言带领缅甸各民族完成"政治谈判",建设"联邦国家",但正在21世纪彬龙大会如火如荼举行的间歇,罗兴亚人问题频频曝光。面对国际社会的指责,民盟政权既不能迫于压力而得罪广大佛教徒选民,又没有能力去管控、约束军队以"维护治安""保护公民"的名义开展的军事行动,因而在两难的情况下选择了沉默。随着国际社会日益严重地施压,民盟政府开始利用联合国大会等各类公开场合申诉缅甸转型的艰辛、有关冲突的复杂性,并抗议国际刑事法庭意图扩大管辖权"制裁缅甸",指责联合国人权理事会的调查结果不公正,其结果只会恶化形势,但经过这些努力缅甸政府仍未能得到美欧诸国和一些国际组织的谅解。2018年10月24日,联合国安理会主席团在英美推动下通过一项调查简报,谴责缅甸军方对罗兴亚人"种族灭绝"。12月12日,美国众议院宣布缅甸军队对罗兴亚穆斯林少数民族犯下"灭绝种族罪",决议获得394比1的压倒性票数通过。

(二)罗兴亚问题的前景——视差下的缓慢推进

目前,罗兴亚人问题虽有一些缓解,但要彻底解决仍任重道远。其一,声称代表罗兴亚群体的ARSA武装的暴恐行为,以及缅政府军的一些杀戮行为均被证实,双方都难辞其咎,但相关方仍相互指责、推卸责任,坐视仇恨蔓延。2018年5月24日,大赦国际组织发布报告称,有新的证据表明ARSA恐怖分子在若开邦有屠杀行为,谴责ARSA对罗兴亚人难民危机有不可推卸的间接责任,这一指控随即被"美国之音"、英国广播公司、英国《卫报》等各大国际媒体转载。与此同时,缅政府军也承认有4名军官和3名军人涉嫌在若开Indin村杀害10名ARSA战俘,并已将其开除军籍和判刑。对此,国际社会并没有给予谅解,反而认为缅政府军意图息事宁人,掩盖更多屠戮的事实。缅方则回应称,国际社会应当更加关注若开其他族群的安全问题,因为受害者事实上还包括若开族、穆族、马尔马族和印度裔若开人等。

其二,缅孟双边已就合作遣返难民达成协议,缅甸政府也与联合国机构签署谅解备忘录,但难民问题仍然严峻,解决进度异常缓慢。2017年10月24日,缅甸与孟加拉国签署关于遣返难民合作的10点协议,其中包括"立即停止难民涌入并及早遣返和安置难民",双方还一致同意设立边境联络办公室以联合执法。缅孟在许多原则问题上达成一致,但在具体操作上缺乏共识。缅甸政府先是指责孟加拉国审查遣返人员名单"难产",后又认为孟国

---

① 其余骚乱还包括甘布鲁镇(2013年4月,2013年8月)、腊成镇(2013年5月)、曼德勒市(2014年7月)等。

提供的名单虚假错漏信息过多,孟国则认为缅方在事实上制造遣返障碍。2018年2月始,缅甸政府与联合国开发计划署(UNDP)、联合国难民事务高级专员(UNHCR)谈判并签署了"有关援助若开地区流离失所者返回的谅解备忘录"。该谅解备忘录旨在确保缅孟合作遣返不再出现1992年的混乱情形。当时因为联合国难民署介入不及时,导致大量难民在遣返途中陷入"进退两难"的窘境。联合国的介入意在监督和管控遣返中出现的意外事故,但事实证明,并不能加快难民遣返的进度。在2018年前4个月中,通过缅甸公民资格审查程序并允许入境的难民仅339人,这不到难民总量的0.05%。还有一种观点是,究竟罗兴亚人是否想被遣返?有的罗兴亚人因畏惧缅政府而不愿返回,有的则出于无处可去而被迫接受遣返,这说明就连遣返本身也是争议重重。

其三,若开局势渐趋稳定,救济安置工作平稳进行,但罗兴亚人问题影响缅甸政治转型及经济发展已成事实,若开的稳定与发展更是任重道远。缅甸国家领袖昂山素季牵头启动了联邦若开人道主义、安置和发展项目(UEHRD),采用一种"国内外众筹"的崭新方式来引进助力。例如,该计划的"青年志愿者项目"向若开北部孟都和布迪洞的4520户家庭发放了价值2.77296亿缅币(约合19万美元)的物资。即便如此,传统的救济援助方式仍然改变不了若开贫困潦倒的现状。若开邦曾经是富饶的古国,资源丰富、土壤肥沃,又位于交通枢纽之地,商贾繁多。但目前,若开是缅甸第二贫困省邦,贫困率高达78%。若开的动荡与安全问题导致其发展环境恶化,贫困和失业不仅造成更多的人口流失,还滋生极端宗教激进主义和极端民族主义,助长社会暴力,进一步削弱若开发展的机遇和空间。若开的不稳定牵动整个缅甸社会经济环境,将影响新增外资进入缅甸的安全评估,使得新近起飞、潜力巨大的缅甸市场更加敏感和脆弱。

而孟加拉国根本不相信缅甸有诚意接收罗兴亚人难民,但又不能放任数十万难民滞留边境。即便不少人认为罗兴亚人历史上来源于孟加拉国,但现阶段的孟加拉国是一个有着上亿人口的拥挤国家,同缅甸一样名列"最不发达国家"(LDC)名单中,根本无力单独解决难民问题。孟加拉国曾提出将数十万罗西亚难民迁移到孟加拉湾迎风口的一个小岛——巴桑沙(Bhasan Char)岛。但实际上,这个3万英亩(约121.4平方千米)面积的岛常受飓风影响,涨潮时露出海平面的面积只有1万—1.5万英亩(约40.47—60.70平方千米),是否适合居住尚无定论。孟加拉国这种饮鸩止渴的策略很大程度上会因人道主义灾难而再度将祸水引给缅甸。最后可能的结果是,缅甸继续与国际社会就罗兴亚人问题展开对峙,难民危机继续波及孟加拉国,陷入新的恶性循环。

三、罗兴亚人问题的症结——立场视差与压力对抗

从历史上有关罗兴亚人分歧的焦点来看,问题的症结在于:第一,缅甸主体佛教民族对自称"罗兴亚人"的若开穆斯林群体的排斥,该排斥夹杂着宗教民族主义和地区种族偏见。而罗兴亚人始终以前者不接受的族群建构方式,意图作为原住族裔融入缅甸民族国家中。结果南辕北辙,罗兴亚人与缅甸主体民族渐行渐远。第二,随着缅甸政局的发展,罗兴亚人日益被边缘化,从意图主动建国或并入他国,到建民族邦或建自治区,到后来降级为谋求合法族裔身份,这些诉求均未得到缅甸政府、缅族的承认。他们现在除了博取国际同情和介入,没有其他能够实施具体行动的合法手段和政治能量。第三,在缅甸政府和民众无法接受罗兴亚人的情况下,国际社会高强度的施压显得苍白无力,该问题仍难以找到行之有效的解决方式,而社会的

开放化和社交媒体的发达化助长了传谣造谣之风气，使仇恨更容易蔓延、信任更难建立。

（一）缅甸立场——"伊斯兰恐惧症"与若开民族主义

缅甸立场大体上表现为对罗兴亚群体的否认与排斥，具体可分为宗教视角和民族视角。宗教视角表现为缅甸主体宗教佛教与若开伊斯兰教之间的宗教分歧。对于大部分信奉佛教的缅甸公民来说，不愿或不能接受罗兴亚人这个群体的原因很多：比如历史上罗兴亚人曾作为英国殖民者的帮凶残杀若开人，政治上曾想独立并加入东巴基斯坦（孟加拉国），文化上意图保持穆斯林特殊传统而不愿融入主流缅甸或若开文化等。此外，缅甸人亦无法接受自2012年骚乱以来，各类穆斯林团体以"为罗兴亚人呼喊"为名，在缅甸各城镇甚至海外持续不断的极端主义行径。

实际上，仇恨已经从缅族、若开族与罗兴亚人之间蔓延到佛教徒与穆斯林之间。虽然不排除缅甸有潘泰（Panthay）、波苏（Pashu）等一些与佛教社群相处融洽的穆斯林，但当前助长罗兴亚人问题的一大因素正是很多文明冲突论信徒和阴谋论家所叙述的"伊斯兰恐惧症"（Islamaphobia）。罗兴亚人问题在西方学界和国际社会如此受关注的一大原因是，这是一个"占缅甸全国90%以上多数的佛教徒出于对穆斯林的担忧和恐慌，进而对占比4%—10%的穆斯林少数群体人权倾轧的故事"。缅甸佛教徒对罗兴亚群体强烈的认同排斥很大程度上源于缅甸佛教主体成员们自殖民时代以来对穆斯林的两大印象或认知："人口膨胀"与"宗教同化"，这是缅甸"伊斯兰恐惧症"产生的重要来源。

"人口膨胀"是缅甸学者在反对罗兴亚人申请族裔身份时较为常见的一套说辞，其观点主要包括：其一，穆斯林迁徙能力和繁殖能力极强，若开各市镇穆斯林人口急剧增长，这使得原本数量不多的非法移民膨胀到可怕的地步，势必会从人口上占领若开地区。相反，当地若开人因为遭到穆斯林的恐吓，或因居住地被占领，人口不断减少，生存权利被剥夺；其二，每次挑起事端的基本都是穆斯林，穆斯林的行径引发佛教徒排斥后，又形成大量穆斯林难民，但每次难民危机结束后，大量新的非法移民混入难民中借机进入若开；其三，非法移民数量日益增多，并且以国际难民的身份博取国际社会和西方国家的支持和认同，但这些动辄七八十万的人群，让本身能力有限而且数十年积贫积弱的缅甸难以消化。

"宗教同化"是与"人口膨胀"相辅相成的一个概念，其逻辑在于：随着穆斯林的人口膨胀，在宗教信条上与佛教格格不入、意图保持自身纯正的伊斯兰教徒将改变若开北部、整个若开乃至缅甸其他地区的信仰，这让在缅甸占有支配地位的佛教徒感到异常恐惧。缅甸历史学家在叙述缅甸殖民地"屈辱史"时，除了谴责英殖民者分而治之的政策外，谈论较多的还包括"非法移民"，对这些移民的涌入，缅甸主体民的感受从最早的"印度恐惧症"（Indo-phobia）到"印度-伊斯兰恐惧症"（Indo-Islamaphobia），再到"伊斯兰恐惧症"（Islamaphobia）。耶格、雷德等西方学者也承认，在孟加拉国移民进入若开后，其他地方的移民和当地居民被孟加拉国穆斯林所同化。在缅甸佛教民族主义者，尤其是"969"运动领袖维拉度眼里，缅甸佛教的敌人是伊斯兰教，他在各类富有煽动性的演讲中鼓动人们"反制穆斯林，防止缅甸被宗教同化"，同时利用了很多"穆斯林暴徒强制佛教妇女更改信仰，否则就施以暴行"的故事，引起许多佛教缅族和其他族群的注意。而缅甸官方媒体在曝出ARSA极端组织于2017年9月坑杀85名印度教徒的惨案后，还公开了对8名获救女性的采访，后者也称极端穆斯林曾要求其改信伊斯兰教，否则便施与暴行。这更加触动了缅甸人"伊斯兰恐惧症"的敏感神经，加深了对罗兴亚人的认同排斥。

民族视角则表现为若开族与缅族、罗兴亚人的民族矛盾。在缅甸与国际社会的对峙中，罗兴亚人问题的直接"受害者"是当地族群——若开人，他们在同时反对罗兴亚群体和"大缅族主义"过程中形成新的视差。虽然，缅甸政府和缅族精英均难以接受罗兴亚人借遣返之机和国际压力取得族裔资格身份，但并不排斥给能够证明"其出逃前原居地在缅甸"的那一部分罗兴亚人发放国籍认证卡（NVC），虽然该卡只能在若开孟都地区自由行动，但有资格经审查后申请公民身份。若开族精英则认为，缅族中央政权这个所谓的资格审查并没有征求若开当地民族的同意，缺乏对当地民族利益的保护，完全是大缅族主义的反映，并对遣返进程进行消极的抵制。2018年1月16日，为悼念若开古国被缅族吞并233周年，前若开民族党（ANP，缅甸最大的少数民族政党之一）主席埃貌提出煽动抗议缅族政府的口号，引发若开民众与警察的对峙，并导致7死20伤。埃貌虽然被捕入狱，却仍积极支持其子丁貌温参加2018年11月议会补选，并倡导若开人以政治、经济和军事手段支持若开民族主义。2019年1月4日，以"拉启塔"（Rakhita，若开语意为守护若开）为口号的若开民族武装若开军（AA）在若开北部边境地区袭击边境警营哨战，造成至少13死9伤，后续的对峙冲突仍在进行。若开军的行动得到了部分若开精英和民众的支持，即便缅甸总统府发言人吴佐泰发布声明，警告若开人停止对AA的援助，但仍然有不少人自发地倾囊相助。

由此可见，不仅是历史上形成的大缅族主义和佛教中心主义阻碍着罗兴亚人问题的解决，若开存在的若开民族主义也阻碍着问题朝和解的方向发展。若开极端民族主义者竭力反对任何罗兴亚人回归，更借由该问题对缅甸政府和军队发起政治和军事攻势。这只会加剧仇恨的传播，使得既有的矛盾和问题更加纷繁复杂，难以形成解决问题的合力。

此外，缅甸的宗教问题与民族问题还相互牵连。在缅甸官方所认定的135个合法的民族中，若开邦除主体民族若开族外，还有马尔马族（Maramagyi，又名巴鲁阿族，约1.25万人）、卡曼族（Kaman，约5万人）、山穆族（Mru，又名卡米族，约4万人）、德族（Thet，又名卡杜族，约3.4万人）、丹馁族（Daingnet，又名泰玛族，约8万人）、穆族（Mro，又名奎米族，约8.3万人）和麦拉人（Miram，又名马拉人，主体在钦邦）。在这些少数民族中，除了卡曼族信仰伊斯兰教外，其他民族信仰小乘佛教、印度教或本土宗教。在这些族群之外，信仰伊斯兰教的群体普遍被统称为"若开穆斯林"，它们同"若开印度人"等称呼一样，是不作为族群界定的，即非"本土族裔"（indige – nousethnic）。即便卡曼人拥有本土族裔身份，但仍然因其伊斯兰信仰数次遭受"排穆"事件和若开北部罗兴亚人问题牵连。据悉，在2012年和2013年的骚乱中，均有卡曼族穆斯林遇害，其中2013年10月，在丹兑有5名卡曼人被极端佛教徒杀害。

（二）罗兴亚人/国际社会——"生存空间"与压力对抗

罗兴亚人的立场是获得生存空间，而国际社会的总体立场是给予罗兴亚人生存空间，两者的立场表面上相互契合。然而从解决问题的过程来看，罗兴亚人、国际社会与缅甸互动的过程却是罗兴亚人问题不断国际化、罗兴亚人不断边缘化、生存环境恶化、缅甸与国际社会的压力对抗不断激化的过程。

罗兴亚人得到全世界的关注和大部分西方国家与人权组织的声援，其原因一方面正如雷德所说——这个流亡群体符合后者人权话语的叙事需求，支持"一群被压迫的穆斯林少数群体"符合西方人权道义观和民主价值观，从而使其借题施压和干涉缅甸内政具备了合法性；另一方面，这背后也有说不清楚的价值链，大致是国际组织借支持罗兴亚人团体获得某些基金会的支持，以及一些国家利用该议题获得国内自由民主派选民或穆斯林选民的支持。但结果是：其一，每一次若开危机都会出现大规模难民外逃，一些学者称之为"大规模自发外逃"，因为它们有更多的外逃目的地或者说接济者，且成规模的流动更容易得到国际社会的关注和同情，这让难民潮的数量滚雪球式增长，1977年"龙王行动"导致20万—30万难民外逃，而40年后数量达到70万；其二，与"自发性外逃"相匹配的是"习惯性遣返"，历史上数次难民危机后，基本上大部分罗兴亚人都得到了缅甸政府的遣返许可，否则无法解释为什么后边会有更多人数的难民潮。有缅甸学者怀疑，混杂于遣返过程中的罗兴亚"非法移民"通过此途径尝到了合法进入缅甸的甜头，遇到危机后便倾向于逃离国境，待缅甸政府遣返时便带领自己的亲朋好友迁入，进而使"出逃-遣返"成为一种奇特的"习惯"，而这促使缅甸若开的罗兴亚人人数越来越多，若开的族群矛盾也愈加紧张。其三，难民外逃与遣返的恶性循环一些时候是因为自然灾害而非族群冲突，但在国际社会同情罗兴亚难民的情况下，所有的责任都归咎于缅甸政府。

即便如此，目前最关键的——罗兴亚群体的"生存空间"问题并没有得到彻底解决，罗兴亚人仍大批流散于外逃的路途或等待遣返的难民营中。备受关注的"船民"问题，其实质便是缺乏生存空间的罗兴亚人走投无路而"投身大海"的无奈之举。换句话说，如何让罗兴亚人在各方认同和接受的前提下获得更大的生存空间，这才是解决数十万计难民问题的要旨，而不是让这个群体在人数不断膨胀的情况下，继续生存于国际社会怜悯和缅甸政府被动接受的"出逃-遣返"怪圈中。现状之所以一直没有改观，就在于罗兴亚人和国际社会的态度，他们要求缅甸对"罗兴亚人"整体认同、接纳，并同时解决难民问题。罗兴亚人和国际社会的态度遭到缅甸整个民族国家的对抗。从压力对抗的格局来看，罗兴亚人及其国际支持者们主要施压的方式有三种：

一是渲染罗兴亚人的"被害者语境"，与巴勒斯坦人、犹太人相提并论，将罗兴亚人问题政治符号化，将缅甸推到道义、价值甚至伦理的对立面。国际人权组织及咨询机构大量引用图片、影像和数据资料在有关报告中描述罗兴亚人作为"被害者"的悲惨境遇。值得注意的是，一份研究报告称，罗兴亚人问题已经达到了"种族清洗最终阶段"，而有媒体引述该报告将罗兴亚人比作"东南亚巴勒斯坦人"，并指出缅甸政府将罗兴亚人叫作"孟加拉国非法移民"同以色列将巴勒斯坦人叫作"南部叙利亚人"或者"约旦人"如出一辙，这似乎意味着，缅甸政府同以色列一样，是"抢走他人家园的强盗"，受害方罗兴亚人应当像巴勒斯坦一样在国际社会支持下争取自己的政治权利。有趣的是，同样基于谴责缅甸政府犯下人权罪行的初衷，却有人将罗兴亚人比作"亚洲的犹太人"，其论述除了将罗兴亚人流散世界各地同当年犹太人的命运相比较，还特别提到了20世纪30年代的犹太人清洗，其潜台词自然是将缅甸当局与纳粹分子相比较。此外，美国犹太人集团似乎对罗兴亚人的命运"异常感同身受"，据说包括三大犹太教派在内的20多个美国犹太人组织领袖签署联名请愿书，要求美国政府通过经济制裁施压缅甸政府承认罗兴亚人。尽管以上比喻赢得了不少国际同情和支持，但这些论述与历史事实相悖，缅甸政府既不是以色列，更不是纳粹德国，这样一刀切的叙事逻辑只能在潜意识上加大罗兴亚人与缅甸主体民族的裂痕，无益于问题的解决。

二是借助缅甸转型的背景，打造"转型黑幕语境"，将承认罗兴亚群体作为评判缅甸民主、人权和自由化进程的标准,甚至不惜攻击和抹黑缅甸的民族民主偶像昂山素季。2013年国际危机组织一篇名为《转型的黑暗面:缅甸对穆斯林的暴力》的报告,深刻描绘了国际社会对罗兴亚人问题的不满,但对缅甸转型的成果只字未提。2016年,罗兴亚人及其国际支持者曾满怀希望地期待昂山素季及民盟政权上台后"有所表现",但等来的却是极端主义袭击后的"人权危机"。罗兴亚人虽然承认危机是"缅甸军队所致",却将在军队面前无力作为的昂山素季作为靶子。英国《卫报》等知名媒体的专栏文章、马拉拉·优素福·扎伊等诺贝尔和平奖获得者,要求取消昂山素季诺贝尔和平奖;2017至2018年,昂山素季的多个荣誉奖章被西方国家"吊销"(详见表2),原因是昂山素季"没能阻止缅甸军队对若开罗兴亚穆斯林的屠杀行为"。西方国家还利用各种经济手段向缅甸施压。2017年8月,美国和欧盟宣布对缅甸军官实施经济制裁,以惩罚其对罗兴亚人的"种族清洗";2017年10月,世界银行宣布将推迟给予缅甸的2亿美元贷款,以表达对罗兴亚难民的"严正关切"。不过,抹黑领袖及制裁缅甸还是很难改变一个民族主权国家捍卫自身尊严的决心,反而有利于其内部聚合。此外,国际货币基金组织及一些学者指出,对缅甸来说经济制裁效果有限。

表2 2017—2018年缅甸国务资政昂山素季被剥夺的国际称号和奖项列表

国际称号/奖项名称	颁发时间	取消时间
英国谢菲尔德市荣誉市民	2005年	2017年11月
爱尔兰都柏林市荣誉市民	2000年	2017年11月
伦敦政治经济学院荣誉学生联盟主席	1991年	2017年12月
美国大屠杀纪念馆奖章	2012年	2018年3月
英国爱丁堡自由奖	2005年	2018年8月
加拿大荣誉公民称号	2007年	2018年9月
大赦国际"良心大使奖"	2009年	2018年11月
英国格拉斯哥市荣誉市民	2009年	2018年11月
英国牛津市自由奖	1997年	2018年11月

资料来源:"Aung San Suu Kyi stripped of at least 9 awards in a year", Coconuts Yangon, August 24, 2018, https://coconuts.co/yangon/news/aung-san-suu-kyi-stripped-least-9-awards-year/; "Glasgow strips Aung San Suu Kyi of Freedom of the City", The Sunday Post, November02, 2017, https://www.sundaypost.com/fp/glasgow-strips-aung-san-suu-kyi-of-freedom-of-the-city-award/; "Aung San Suu Kyi stripped of Freedom of Sheffield", BBCNews, November 2, 2017, https://www.bbc.com/news/uk-england-south-yorkshire-41831655.

实际上,正在向"民主联邦国家"转型的缅甸处境艰难。在国内脆弱的制度环境和强烈的国际压力下,民主领袖很多时候要面临被民粹主义者和民族主义者抢夺话语权的风险。一些缅甸学者已经敏锐地觉察到这种风险,例如尼尼觉指出:"西方的民主人权卫道士要求当局在制止穆斯林受极端佛教徒侵害方面做到更多,但这样的做法恰恰违背了其选民(排斥穆斯林)的意愿。"也就是说,民主的价值取向与制度取向相悖,这使得缅甸决策者被迫在国际压力面前必须做出不利于自己执政的选择:屈从压力而丧失民心;服从被仇恨挑唆的民意而助长民粹主义乃至族群冲突（如登盛政权）；或者选择沉默寻求缓和之道而被各方质疑（如昂山素季政权）。

三是仇恨言论与极端主义的蔓延。自2012年大规模族群冲突以来，罗兴亚人及其国际支持者与缅甸政府和社会的仇恨言论拉锯战就从未停息过。2015年1月联合国缅甸问题特使被授权调查罗兴亚人问题后，以"969运动"为代表的佛教民族主义崛起。该运动领袖维拉度称特使为"娼妓"，联合国人权事务高级专员扎伊德立即回应其"蓄意挑起国际仇恨"。在缅甸佛教民族主义势力鼓动下，缅甸登盛政权通过了被认为不利于缅甸穆斯林尤其是罗兴亚人的"保护宗教和种族四项法令"。当年维拉度不仅登上《时代》周刊封面，还被冠以"佛教本拉登"的称号。缅甸政府随即下令封杀《时代》周刊。

昂山素季上台后，在缅甸政府和中央佛教委员会的管控下，维拉度等极端佛教民族主义者被勒令禁止活动一年，其组织"马巴达"被取缔，原有势力有所消减。但随着2016—2017年若开袭击事件及其后罗兴亚人难民危机的加剧，国际社会与缅甸民盟政府的矛盾激化。2017年7月，联合国特使李亮喜赴缅甸考察，他认为缅甸政府还在沿用军人执政时期的手段，对缅甸人权形势"深感不安"，还宣称缅甸政府限制其活动范围。缅甸国务资政部则立即回应称李亮喜在"煽风点火"。2017年12月，缅甸政府表态拒绝就罗兴亚问题向国际压力妥协，决定取消李亮喜入境考察的资格。2018年5月，人权观察组织（HRW）称，联合国安理会应将缅甸军队以种族灭绝罪诉至国际刑事法庭（ICC）。8月，国际刑事法庭称将扩大管辖权（缅甸不是ICC签署国）以干预缅甸罗兴亚人问题，随即遭到缅方的强烈抨击。8月下旬，Facebook公司发表官方声明称，缅甸高级军官，包括总司令敏昂莱在内的18个官方和个人Facebook账户被关闭，原因是其"涉嫌侵犯人权并发布仇恨言论"，但对攻击缅甸的仇恨言论来源却未作处理。这说明西方在控制国际公共舆论话语方面使用双重标准。

散播仇恨言论为极端主义在缅甸若开的蔓延提供了社会土壤。2017年的"8·25"极端主义袭击事件正好发生在科菲·安南带领的若开顾问委员会发布最终报告后的一天，这无异于给试图积极解决若开问题的民盟政权一记重击，对缅甸的民族感情和国际社会来说也是一种挑衅。部分极端团体组织发动的袭击加深了受害民族与罗兴亚人的仇恨裂痕，这对身处困境的罗兴亚人来说相当于饮鸩止渴。此外，在"人权高于主权"的语境下，缅甸誓言的"反恐"成为仇恨言论的靶子。2018年1月17日，缅甸官方报纸陆续公布了与ARSA极端组织有关的"1400名恐怖人员"名单，包括姓名和照片，还有部分妇女和儿童，缅甸政府的这一举动立即引发国际舆论的轩然大波。国际律师委员会（ICJ）表示，"这是公然蔑视法制，将生命置于危险中"。有人认为，缅甸政府将ARSA定为恐怖组织同以色列将巴勒斯坦抵抗组织定为恐怖主义组织如出一辙，是"出于政治目的"的定性。

结　论

罗兴亚人问题虽滥觞于族际与宗教冲突，但也是一个在历史进程中演化、发展并受各类内生、外生要素影响而不断发酵的问题。从对罗兴亚群体起源的释疑，到对"罗兴亚"这个词的解读，再到对罗兴亚群体历史境遇的叙事，均存在不同视角的阐述。而这些不同视角的对立促使历史性视差转化为现实性视差，历史仇恨转化为现实仇恨，并通过2012年以来的冲突与危机释放出来。一方面，缅甸主体民族在担心罗兴亚群体"人口膨胀"和"宗教同化"的过程中，滋生出"伊斯兰恐惧症"；而若开民族主义者认定缅甸政府奉行"大缅族主义"而无意真正解决危机，同时对抗着罗兴亚人和缅族中央政权；另一方面，国际社会向缅甸政府施压，要求缅甸政府妥协，并给予数量庞大的罗兴亚难民生存空间，但这加剧了缅甸内部的族际对立以及缅甸与国际社会的对立。值得警惕的是，在此过程中罗兴亚群体不断被边缘化。罗兴亚人对自身的境遇和政治前景日益悲观，没有再像20世纪80—90年代那样有一批罗兴亚人精英站出来带领这个群体向前发展（不管是选择妥协还是继续对抗）。罗兴亚人在流散状态下保存下来的历史文本为数不多。在此境遇下，罗兴亚人问题的发展有更多不确定性，甚至不乏有更多极端化的倾向。

罗兴亚人问题在宗教、民族和国家间矛盾上的多视角歧异，加上缅甸、若开、罗兴亚群体和国际社会的立场视差，赋予其日益深刻和敏感的复杂性。解决罗兴亚人问题的突破口在于通过更加良性的互动与磨合，弥合不同群体之间的视差，在尝试有效解决现实问题的过程中，逐步达成"向前看"和合作发展的共识。值得注意的是，由于视差的客观存在，仅仅在民族学、文化学或者历史学上界定，不足以在全球化的背景下充分厘清这个跨境群体的国际影响及其未来的发展走势；寻找单纯的国际法或者人道主义的解决之道又容易忽视民族国家的主权或者该国其他民族的利益。因此，在研究罗兴亚人问题时是否可以添加比较政治学、发展经济学和社会心理学等领域的理论方法，更加关注群体间互动的过程、功能和效用，而非群体间的结构性矛盾，这也值得进一步思考。

克里斯多夫·戈沙的越南史研究叙论

王子奇

【摘　要】 克里斯多夫·戈沙是当代西方著名的越南史研究学者，在越南史研究中，戈沙提出"去动员化""去例外化"及"去简单化"。摆脱政治语境叙事，他以"现代化"为视角考察越南史。通过横纵向比较研究，他指出越南历史并不"例外"，其国家发展历史与很多国家类似，南北分裂的状况植根于越南历史的背景环境之下而并非是冷战造就的一段"特殊"历史。在研究中他擅长运用多语种、多形式的材料综合分析，尤为注重呈现多样性与偶然性。他提出，越南并非自古以来即有"S"形的国土，其现代化远比法国殖民者入侵及统治开始的更早，其历史远比"简单"叙事框架下描述的更具有复杂性与多样性。戈沙的研究理念、方法与观点对当代越南史研究具有较强的借鉴意义。

【关键词】 克里斯多夫·戈沙；越南史；越南；印度支那

克里斯多夫·戈沙（Christopher E. Goscha）是当代西方著名的历史学家，其主要研究集中于大陆东南亚尤其是越南的历史。他以其跨学科的学术专业素养与多语种文献的驾驭能力，对印度支那三国尤其是越南的历史进行了一系列创新性的研究。他的研究在北美以至世界范围内都产生了广泛的影响，其作品《新越南史》（*Vietnam: A New History*）于 2017 年先后获得"费正清奖"和"坎迪尔奖"即是例证。① 戈沙关于越南史研究的思考与实践，对学术界的越南史乃至东南亚区域和国别史的研究具有较强的借鉴意义。本文在借鉴学术界相关研究的基础上，尝试系统地梳理戈沙的越南史研究理念、方法与观点，并对其研究作出简要评析。

一、戈沙的生平与学术经历

戈沙是一位具有美国、加拿大双重国籍的历史学家，1965 年出生于美国堪萨斯州。堪萨斯州相对宽容的政治环境一定程度上造就了戈沙客观中立的政治倾向，② 也一定程度上影

---

① "费正清奖"（John K. Fairbank Prize）是美国历史学会创办的学术图书奖项，用以表彰优秀的东亚研究著作，该奖以著名汉学家费正清之名命名，被视为国际东亚研究界的最高奖项；坎迪尔奖（Cundill History Prize）由皮特·坎迪尔于 2008 年创立，旨在表彰在历史研究和写作上具有突出贡献的学术著作，是全球奖金最高的非小说类历史著作奖。

② 堪萨斯州在美国的政治选举版图上属于"红州"，即亲共和党的州，但该州关于共和党与民主党"红蓝之争"的政治偏见程度较低，不同的政治立场与党派观点在堪萨斯州都得到了较好的包容。参见 Jianan《红州蓝州，美国的党派政治版图》，https://share.america.gov/zh-hans/blue-states-red-states，2020 年 10 月 3 日；Amanda Ripley, Rekha Tenjarla and Ahgela Y. He, "The Geography of Partisan Prejudice," October 03, 2020, https://www.theatlantic.com/politics/archive/2019/03/us-counties-vary-their-degree-partisan-prejudice/583072/.

响了其后来在研究历史尤其是越南史上所采取的情感态度与研究方法。戈沙出生时正是美国卷入越南战争（以下简称"越战"）的时期。1975年越战结束后，关于战争的反思、检讨开始大规模兴起并一直持续到20世纪80年代，戈沙的青少年求学时代正是在这样的社会大环境背景下度过的。1983年，戈沙进入乔治城大学沃尔什外事学院主修国际关系学。在这所国际关系学世界顶尖的高校，戈沙打下了良好的国际关系学理论知识基础，同时受到了良好的学术基础训练，他逐步将学术研究视野投向大陆东南亚。① 为了更好地深入研究大陆东南亚，戈沙于1988年远涉重洋赴澳大利亚国立大学攻读历史学硕士学位，师从著名越南历史研究学者大卫·马尔（David Marr），② 并于1991年以一篇题为《泰国和越南的抗法斗争：1885—1949》（"Thailand and the Vietnamese resistance against the French，1885—1949"）的论文顺利取得硕士学位。③ 随后他又赴法国巴黎狄德罗大学继续进修，并于1994年取得高等深入研究文凭（DEA），其学位论文是在法国著名越南史学者皮埃尔·布罗切（Pierre Brocheux）教授的指导下完成的，题目为《越南反革命的第一次失败》（"Le Premier Echec contre-révolutionnaire au Vietnam"），内容主要涉及1925年至1947年间越南的非共产主义的民族主义运动。④

在取得高等深入研究文凭后，戈沙没有继续在象牙塔里徘徊，而是远赴他所研究的地区与国家进行田野调查。他在大陆东南亚地区特别是泰国、老挝和越南进行了多年的实地调查研究，期间他还在越南河内国家大学接受了密集的越南语培训，这段田野调查研究岁月为其继续攻读博士学位以及正式以学术研究为业打下了坚实的基础。⑤ 2000年，戈沙重返法国，在世界知名的东南亚国际问题专家、法国高等研究应用学院印度支那半岛历史与文明系主任阮世英（Nguyen Th Anh）教授的指导下攻读博士学位，其博士学位论文题目为《法越战争的亚洲背景：网络、关系与经济（1945—1954）》（Le contexte asiatique de la guerre franco-vietnamienne：Réseaux，relations et économie（1945—1954）），文章从跨国的角度研究印度支那战争，认为如果不把法越战争（1945—1954）放在更广泛的亚洲背景下就不可能理解它，戈沙探索出一种类似于丹尼斯·隆巴德（Denys Lombard）的研究路径。⑥ 在法国留学期间，戈沙进一步修改、完善、扩充了他作于澳大利亚国立大学时期的硕士学位论文，并将之出版，在书中他指出，越南史尤其是越南革命史的研究学者长期以来不约而同地将眼光投入到越南内部的革命之中，而缺乏对于越南革命的海外网络的审视，他重点研究梳理了越共革命的海外部分。⑦

---

① "Christopher Goscha's Web Page — Page de Christopher Goscha，" October 03，2020，https：//cgoscha. uqam. ca/.
② Edward Miller，"David Marr's Vietnamese Revolution，" *Journal of Southeast Asian Studies*，Vol. 48，No. 1，2017，pp. 135 – 142.
③ "Goscha，Christopher，" October 03，2020，https：//seagase. uqam. ca/fr/professeurs – chercheurs/5 – goscha – christopher. html.
④ Christopher E. Goscha，*Le Premier Echec contre – révolutionnaire au Vietnam*，Mémoire de DEA，Paris：Université de Paris VII，1994.
⑤ "Goscha，Christopher，" October 03，2020，https：//seagase. uqam. ca/fr/professeurs – chercheurs/5 – goscha – christopher. html.
⑥ Christopher E. Goscha，"Le Contexte asiatique de la guerre franco – vietnamienne：réseaux，relations et économie（1945—1954），"（PhD dissertation，Paris：Institut d'études politiques，1996）.
⑦ Christopher E. Goscha，*Thailand and the Southeast Asian Networks of The Vietnamese Revolution，1885—1954*（Abingdon – on – Thames：Routledge，2016）.

克里斯多夫·戈沙的越南史研究叙论

戈沙于2005年加入加拿大魁北克大学蒙特利尔分校历史系，教授国际关系、世界史、殖民和后殖民时期的印度支那历史、非殖民化和印度支那战争等课程。任教期间，戈沙继续致力于研究老挝、柬埔寨和越南的民族认同、东南亚的殖民化和非殖民化以及现当代东南亚国际关系等问题，取得了丰硕的学术成果。① 在《印度支那还是越南？》（*Indochine or Vietnam?*）一书中，他通过分析越南人、柬埔寨人和老挝人之间的关系，对法属印度支那的概念提出了质疑，并展示了越南的扩张主义是如何建立在印度支那殖民计划的基础之上的。② 在《越南，1945—1954年战争的产物》（*Vietnam, un État né de la guerre 1945—1954*）一书中，他摆脱殖民者和被殖民者之间的战争以及不同意识形态之间的斗争这类经典问题，主要探讨了越南国家机器的建设。③ 2012年，戈沙编纂出版了《印度支那战争历史词典（1945—1954）：国际和跨学科的方法》（*Historical Dictionary of the Indochina War (1945—1954): An International and Interdisciplinary Approach*），这是第一本关于印度支那战争的多学科主题词典，以重要事件、人物、机构以及条约协议等为词条，囊括印度支那战争多方，词条阐释不分政治立场而尽可能详尽地阐述。④ 同年，戈沙还出版了《走向印度支那：法属印度支那空间与位置概念之争》（*Going Indochinese: Contesting Concepts of Space and Place in French Indochina*）一书，受本尼迪克特·安德森（Benedict Anderson）提出的"想象的共同体"的启发，他在书中对越南革命者如何想象政治未来进行了深入分析，认为虽然"印度支那"这一概念与形式是西方殖民者所创，但是将印度支那落到实处变为现实的却是更富有活力与行动力的越南人，"印度支那"这一概念最终被越南的革命者用来对抗法国殖民者。⑤

戈沙在康奈尔大学"越南之声2016年春季系列讲座"中讨论了他于2016年出版的著作《现代越南新史》（*The Penguin History of Modern Vietnam*），他指出，人们对越南的普遍印象仍然以越战为主，大多数的英语报道都聚焦于美国的经历、来源和视角，但是越南的历史比单纯的冷战对抗更加丰富和复杂，伴随着扩张、分裂、殖民征服、文化复兴和革命，在书中，利用大量越南语资料和全球资源的研究和发现，戈沙讲述了丰富和引人注目的现代越南历史概况，他刻画了一系列令人难忘的人物，从皇帝到反叛者，从诗人到牧师，为错综复杂的越南现代史提供了诸多引人入胜的视角。⑥《现代越南新史》是戈沙最新研究的杰出代表作，也是新世纪西方越南史研究的标志性成果之一，同年戈沙的《新越南史》也付诸出版。《现代越南新史》和《新越南史》二书，事实上是由不同出版社出版而名称不同的同一著作，前者由企鹅出版集团艾伦·雷恩出版社（Penguin Books/Allen Lane）在英国伦敦率先出版，后者则由纽约基础书籍出版社（Basic Books）随后出版于美国。二书被视为当前越南史研究领域最前沿的成果，集中反映了戈沙的最新研究成果与思考。2017年10月10日，美国历史学会公布了2017年度获奖名单，"费正清奖"授予了戈沙的《新越南史》。

---

① "Christopher Goscha's Web Page — Page de Christopher Goscha," October 03, 2020, https://cgoscha.uqam.ca/.
② Christopher E. Goscha, Agathe Larcher-Goscha, *Indochine ou Vietnam?*, Paris: Vendémiaire, 2015.
③ Christopher E. Goscha, *Vietnam, un État né de la guerre 1945—1954*, Paris: Armand Colin, 2011.
④ Christopher E. Goscha, *Historical Dictionary of the Indochina War (1945—1954): An International and Interdisciplinary Approach*, Honolulu: University of Hawai'i Press, 2012.
⑤ Christopher E. Goscha, *Going Indochinese: Contesting Concepts of Space and Place in French Indochina*, Copenhagen: NIAS Press, 2012.
⑥ Voices on Vietnam Cornell University: "Towards a History of Modern Vietnam featuring Professor Christopher Goscha," October 03, 2020, https://www.youtube.com/watch?v=1l7-JuArFdc.

二、语境中立与"去动员化"

长期以来,在以美国为代表的西方越南史研究学界存在两大阵营:其一为在政治倾向上较为偏左的正统(Orthodox)阵营,另一为在政治倾向上较为偏右的修正(Revisionist)阵营。这两大阵营的研究往往预设了政治、文化、价值立场,存在政治"动员"的目的,这与美国史学界长期以越战为核心考察越南史的传统有关,其治学研究路径影响至今。随着时间推移,美国社会的越战记忆逐渐变淡,越南史学者亦开始反思越南史的叙事,包括戈沙在内的众多学者尝试另辟蹊径营造一种更为中立的叙事语境以摆脱传统上带有政治色彩的历史叙事方式。进入21世纪第二个十年,国际学界多位越南史一流学者的新著先后出版,除戈沙的《现代越南新史》之外,较有代表性和影响力的还包括美国康奈尔大学基思·泰勒(Keith Taylor)教授于2013年出版的《越南人史》(*A History of the Vietnamese*)和耶鲁大学本·基尔南(Ben Kiernan)于2017年出版的《越南古今史》(*Việt Nam: A History from Earliest Times to the Present*),这些成果反映了当前越南史研究的新动向。泰勒、基尔南和戈沙等都对以新的方式书写越南历史做出了有益的尝试,而在探索摆脱正统和修正的叙事影响上,戈沙无疑是较为出色的一位。

戈沙认为带有政治色彩的叙事是以目的论方式为越南史设定框架,从而掩盖了越南历史的多样性和复杂性,因此他提出"去动员化"(De-mobilize)。戈沙的"去动员化"事实上是试图达成研究的"价值中立"以求历史知识的客观性,对应到越南史研究中即要求抽离政治语境来考察越南历史。通过政治"中立"语境下的考察,戈沙有力地批驳了正统阵营和修正阵营关于越南史的叙事及观点。更难为可贵的是,他不仅在研究中努力抽离政治语境,而且还尝试摆脱"西方中心"来考察越南近现代历史。当然,任何学者在治学中很难甚至不可能完全摆脱自身背景知识的影响,戈沙在对"现代性"与"现代化"的认识与处理上反映了他的局限。

首先,戈沙在研究中摆脱了正统阵营的束缚,跳脱美国乃至西方学界一贯针对越战的左翼反战思维。正统阵营由反战的左翼或是自由派学者群体组成,他们强调越南民主共和国的革命者的民族主义者身份,同情共产党的民族主义与反殖民主义立场,并大力批判美国的侵略行径与战争犯罪。正统阵营视越南历史为抵抗外来侵略的历史,由此推论美国在越南的战争必然失败。正统阵营的代表人物之一弗朗西丝·菲茨杰拉德(Frances Fitzgerald)在1972年出版了名作《湖中之火:越战中的越南人与美国人》(*Fire in the Lake: The Vietnamese and the Americans in Vietnam*),她探索了越南数千年的历史和文化,认为美国对这个国家及其领导人了解甚少,只是做出基于冷战思维的条件反应,而没有认识到这个国家在摆脱外国侵略者、保持独立方面的长期斗争,使得越战从一开始就注定失败。[1] 该书讨论了美国政府对越南历史的无知,特别是对越南民族对于清除外国侵略者的决心的无知。

正统阵营学者因其预设的价值与政治语境,通过历史材料的择取与编排,在叙事中有意强化越南"受害者"与"反抗者"的角色。戈沙则注意厘清经验事实与价值评价判断的界限,并因此发现越南在历史上所扮演的角色的复杂性,进而反对将越南一味地视为"受害

---

[1] Frances Fitzgerald, *Fire in the Lake: The Vietnamese and the Americans in Vietnam*, New York City: Back Bay Books, 2000.

者""民族主义者"与"反殖民主义者"。他通过梳理越南在印度支那三国独立过程中的所作所为,指出越南早在法国殖民时期即已开始有意识地在殖民框架下进行扩张,而这一"扩张"正是基于越南历史上的"大南(Dai Nam)"思想,因此越南民主共和国的民族主义并不单纯,其中蕴含着扩张的成分。他指出,20世纪初期印度支那这一概念已经被越南人有意识地运用到扩张之中;20世纪20年代,安南人开始对印度支那有了新的认识,接受了法国人设定的路线图和联盟,并把它塑造成一种新的东西,常常与殖民前安南帝国对半岛地理的看法联系起来;而到20世纪30年代,印度支那的民族认同变得非常复杂,这取决于认知者在印度支那王国所处的时空位置,这一时期越南人有意强化印度支那的概念并意图扩张其势力,而老挝、柬埔寨则试图强调自身的独立地位——"阮安宁(Nguyễn An Ninh)梦想两者兼而有之,而费特萨拉特亲王(Prince Phetsarath)坚持认为老挝是独立存在的"。① 越南人开始争取民族独立时,也并没有放弃以印度支那的名义实行扩张,他们反对帝国主义,但会利用殖民地国家的轮廓作为空间运作方式。② 通过抽丝剥茧的分析叙事,戈沙有力地指出了越南民族独立背后隐含的扩张,越南民族主义者并非是单纯的抵抗殖民者的反殖民主义者,美国对越南的扩张倾向的担忧有其历史与现实合理性,而这正是正统阵营因其预设政治语境所无法发现或者说有意忽视的。

其次,基于同样的研究认识与方法,戈沙在摆脱正统阵营的影响的同时,也注意避免研究走向对立面而偏向修正阵营。修正阵营主要由右翼学者组成,这部分学者认为,胡志明及越南民主共和国的革命者并非是单纯的民族主义者,他们首先是忠实的共产主义者,其次才是民族主义者,越共主导的民族独立严重威胁着美国所谓的"自由世界"。他们否认正统阵营所认为的美国必将失败的原因,主张美国在越战中的不利局面与黯然收场是被国内偏左的反战媒体舆论所绑架,并为战略上的失误所拖累,同时认为美国决策者依据"多米诺骨牌理论"升级越战的行为并非毫无依据。修正阵营的代表人物为马萨诸塞大学阿默斯特分校教授冈特·莱维(Guenter Lewy),他于1978年发表的著作《美国在越南》(*America in Vietnam*)一书被称为战争的经典修正主义解释,书中对美国参与越战的国内反对者进行了广泛的批评,认为越战是合法的而不是不道德的,越战在许多美国人心中所造成的内疚感是没有根据的。③

如同正统阵营一样,修正阵营基于预设价值立场,通过记忆与遗忘的主观性选择,在叙事中将越南现代史逻辑性演绎为越南共产主义的扩张史,并以此为据服务于其政治立场,为美国的越战政策辩护。戈沙并没有简单地将越南的扩张性赋予美国的介入以合理性与正当性,通过对政府历史文件的历时比对分析,在回溯梳理二战后越南民族独立进程中,他指出美国并非在一开始便如它所标榜的那样为了维护"自由世界"而支援"民主"力量,"民族主义者相信美国人会帮助他们,而且他们会迫使法国人去实现非殖民化……我们现在知道美

---

① Christopher E. Goscha, *Going Indochinese: Contesting Concepts of Space and Place in French Indochina*, p. 73;阮安宁(1900年9月15日—1943年8月14日)是越南在法国殖民时期的一位独立运动家、作家、革命家;费特萨拉特亲王(1890年1月19日—1959年10月14日)于1941年8月21日至1945年10月10日任法属老挝琅勃拉邦首任总理,1945年10月12日至1946年4月4日为老挝国家元首。

② Christopher E. Goscha, *Going Indochinese: Contesting Concepts of Space and Place in French Indochina*, p. 75.

③ Guenter Lewy, *America in Vietnam*, Oxford: Oxford University Press, 1980.

国人会让人失望"。① 修正阵营认为美国是不得不卷入越南事务并最终武力介入的，戈沙则认为美国人抗拒谈判，担心共产党人会通过外交手段取得他们在战场上无法取得的胜利。② 他认为，美国对越南的间接介入是美苏争霸背景下其全球地缘战略的一环，"美国开始专注于扶持一个完全非殖民化、反共、经济活跃且全副武装的'南越'，使其能力在遏制共产主义的斗争中控制印度支那战线"。③ 而美国对越南的直接介入在戈沙看来也遵循同样的逻辑，美国对地缘政治以及霸权争夺的考虑远胜于其所标榜的捍卫"民主""自由"。他写道，"约翰逊总统拒绝了中立南越的想法（即让它超脱于冷战的战线）；在他看来，这只会削弱美国对中国的遏制"。④ 在谈到美国直接介入越战进程中的具体战争行为时，戈沙也以罗列包括军队日投弹量、战争伤亡人数等在内的战争关键数据的方式，指出美国对越南的战争是"野蛮的破坏战争"。⑤

此外，戈沙不仅从美国越南史研究两大阵营塑造的政治语境中抽离出来，也因其"去动员化"背后隐含的"价值中立"的取向，一定程度上规避了"西方中心论"。美国社会关于越战的主流历史叙事往往聚焦于美国、美军、美国人，鲜少关注战争所发生的地域下的当地民众与故事，这使得涉及越战的越南史并未成为真正意义上的"越南史"。戈沙在内的当代西方越南史研究学者早已注意到这一现象，他们努力将叙事聚焦于越南这一地理空间及空间下的"越南人"。而在越战前的历史叙述中，西方学者通常将越南历史置于殖民的视角下叙述，以殖民者与被殖民者的互动作为叙事脉络，其背后实质上还是"西方中心论"，戈沙难能可贵地在回溯越南近现代史时注意摆脱"西方中心"的视角。通过共时性与历时性的分析，⑥ 他将"现代化"视为考察越南历史的线索，将越南历史视为一部完整的而非割裂的现代化的历史。⑦ 他认为越南近现代史实质是越南人自身推动现代化的进程，即使在殖民时期也不例外。在《现代越南新史》中，他坦率地承认西方殖民主义是越南史上一项重要的现代化因素，但同时也指出，"以西方殖民这样的方式对越南所有现代事物进行分期、定义和构架，带来了真实的问题"。⑧ 戈沙认为将越南历史置于殖民视角的做法等于将越南从历史上一分为二⑨，这种做法会使研究者忽略法国入侵以前既存的复杂历史现象以及众多"消失的现代性"或"多元的现代性"。⑩

以"现代化"为线索，戈沙的叙事在政治语境中立的基础上更进一步去"西方中心"而"还越南史予越南人"，在这方面，他的处理较同期学者更为出色。基尔南的《越南古今

---

① Christopher Goscha, *The Penguin History of Modern Vietnam*, London：Penguin UK，2017，p. 257.
② Christopher Goscha, *The Penguin History of Modern Vietnam*, p. 287.
③ Christopher Goscha, *The Penguin History of Modern Vietnam*, p. 305.
④ Christopher Goscha, *The Penguin History of Modern Vietnam*, p. 350.
⑤ Christopher Goscha, *The Penguin History of Modern Vietnam*, p. 355.
⑥ "共时性"与"历时性"分析，是分别从静态与动态、横向与纵向的维度考察社会结构及其形态的视角。前者侧重于以特定社会经济运动的系统以及系统中要素间相互关系为基础，把握社会结构；后者侧重于以社会经济运动的过程以及过程中的矛盾运动发展的规律为基础，把握社会形态。参见田志云《"历时性"与"共时性"分析——浅析巴赫金〈陀思妥耶夫斯基诗学问题〉》,《剑南文学（经典教苑）》2012 年第 7 期，第 60－62 页。
⑦ 在《新越南史》一书正文中，"modern""modernity"以及"modernization"等有关"现代"与"现代化"的词汇出现了多达 315 次，贯穿全书。参见 Christopher E. Goscha, *Vietnam：A New History*, New York City：Basic Books，2016.
⑧ Christopher Goscha, *The Penguin History of Modern Vietnam*, p. 24.
⑨ 一个是殖民前或法国统治前的越南，另一个则是走向"现代"的"19 到 20 世纪的越南"。
⑩ Christopher Goscha, *The Penguin History of Modern Vietnam*, p. 24.

史》尝试书写越南国家地理空间的历史，意图"记录和叙述自有记载以来居住在该国范围内不同地区的各族人民的经历，以及他们与自然环境和周边国家的互动"。① 对生态环境尤其是对"水"的关注贯穿基尔南的研究，成为一个具有创新意义的考察越南史的新视角，他认为"水"是越南人自我和民族观念的中心，"这个国家自古就有'水'文化"。② 这一视角为"还越南史予越南人"做出了重要贡献，但令人遗憾的是，基尔南的叙述在叙及越南现代史时又不自觉地落入正统阵营语境，他"书写了一部经典传奇（classic romance）：庆祝在考验和冒险之后的美好的胜利"，③ 使他又陷入了目的论的窠臼。在《越南人史》中，泰勒提到他的研究努力使读者从过去生活在越南的人和记录这些事件的越南人的角度来看待越南历史上的事件，他标榜其叙事单纯呈现"基本的事件顺序"而避免采用任何模式。④ 但是，泰勒的叙事通过频繁地对红河流域越南政权的批评以及对新政权诞生的赞许，呈现出对越南南部崛起的历史的预知，⑤ 表现出了目的论的倾向。他对推动历史"基本事件"发展的关键政治、军事人物的描述与叙事支撑材料的选择，呈现出"贬北扬南"的特点，带有修正阵营色彩。

对比基尔南和泰勒这两位当代杰出的越南史学者的研究，戈沙在去中心、避免目的论上的处理可以说是较为成功的，不过他的研究也并非无可挑剔。"现代化"的视角必然牵扯"现代性"的界定，戈沙对此做了模糊处理，他默认"工业化、城市化、世俗化、科学和官僚合理化、资本主义和民族国家的兴起"是"构成现代的主要成分"。⑥ 这些成分事实上可以被归为吉登斯概括的四个"现代性"的制度维度，⑦ 而"现代性"在吉登斯看来"首先意指在后封建的欧洲所建立而在20世纪日益成为具有世界历史性影响的行为制度与模式"。⑧ 因此，尽管戈沙对"现代化"持更广泛的时空考量，⑨ 并在"现代性"的观点上表现出后殖民主义，⑩ 但由于"现代性""现代化"的概念本身便与特定的时空相联结，戈沙的叙事残存"西方中心"的影子，这突出的表现在其对战后越共领导的越南国家建设和当代越南改革的看法上。⑪ 此外，戈沙在"现代性"上有倾向性的模糊界定，使其"现代化"

---

① Ben Kiernan, *Viêt Nam: A History from Earliest Times to the Present*, Oxford: Oxford University Press, 2017, p. 5.
② Ben Kiernan, *Viêt Nam: A History from Earliest Times to the Present*, p. 7.
③ Gerard Sasges, "Ben Kiernan's Việt Nam: *A History from Earliest Times to the Present*; Christopher Goscha's Vietnam: A New History, and Keith Taylor's A History of the Vietnamese: a review article," *H-France Review*, Vol. 17, No. 194, 2017, p. 4.
④ K. W. Taylor, *A History of the Vietnamese*, Cambridge: Cambridge University Press, 2013, p. 7.
⑤ George Dutton, "The Challenges of Writing Vietnamese History," *The Journal of Asian Studies*, Vol. 74, No. 2, 2015, p. 451.
⑥ Christopher Goscha, *The Penguin History of Modern Vietnam*, p. 35.
⑦ 英国社会学家安东尼·吉登斯（Anthony Giddens）认为现代性的制度性维度包含四个方面的内容：一是资本主义，二是工业主义，三是监督机器，四是暴力工具。参见安东尼·吉登斯《现代性的后果》，田禾译，译林出版社，2000，第49-56页。
⑧ 安东尼·吉登斯：《现代性与自我认同：现代晚期的自我与社会》，赵旭东、方文译，生活·读书·新知三联书店，1998年，第16页。
⑨ Christopher Goscha, *The Penguin History of Modern Vietnam*, p. 33.
⑩ 例如，戈沙将越南引进儒家科举制度及其衍生出的文官系统视为现代化的一部分。
⑪ 这些看法与讨论集中反映在《现代越南新史》一书中的第13章和结论章，戈沙的叙事表现出对"自由派"的同情以及对通过经济自由化推动"民主化"的期许。参见 Christopher Goscha, *The Penguin History of Modern Vietnam*.

叙事有堕入福山式"历史终结论"的危险。①

三、比较研究与"去例外化"

区域国别的研究往往会倾向于将该区域或国家"特殊化""例外化",越南因其看起来极为"特殊"的经历而更容易令研究者强调其"特殊"性——其全部历史似乎都是与外部强权做抗争的历史。而在研究越南二战后的历史时,史家往往会叙及因冷战而造成的分裂——这一看起来因雅尔塔体系下两大阵营对峙所造成的分裂除了于朝鲜半岛与德意志外仿佛再难找出第三国,而这一分裂及分裂带来的战争灾难又显得格外突兀。与"德意志特殊道路"(Deutscher Sonderweg)和"美国例外论"(American Exceptionalism)类似,"越南例外论"在分析中过分强调特殊性而忽略或贬低有意义的比较,"例外论"下的叙事往往带有鲜明的民族、政治倾向。戈沙由学生成长为学者的阶段正处于全球史兴起的时期,其博士论文《法越战争的亚洲背景:网络、关系与经济(1945—1954)》反映出他的研究受到了全球史思潮的影响,② 因此也无怪乎其在研究中反对"越南例外"的观点与叙事论调并提出"去例外化"(De‑exceptionalize)。

戈沙在研究中运用比较的方法实现"去例外化",在"还越南史予越南人"的同时,他并未放弃以全球的、区域的、长时段的视角考察越南历史。将越南置入全球、区域视野,通过横向比较研究,他指出越南并非研究者所叙述的那般"例外",其国家发展历史不单单是一部反抗外来侵略的历史,而是与很多国家类似,同样充斥着领土扩张的行为。他同时进行了纵向比较研究,置入长时段视角,戈沙考察了现代越南版图空间下地理环境、文化传统等"长时段"的"结构",指出南北分裂的状况根植于"红河越南"和"红河外的越南"的背景之下,并非是冷战造成的一种历史上"特殊"的时期。

首先,戈沙将越南史置入全球、区域视野进行了横向比较研究,他认为越南被外部侵略或殖民的历史与其他地方所发生的同类事件并无二致,同时越南也与它所抵抗的外部侵略者一样,历史上长期以来一直扮演着抵抗者与侵略者的双重角色而非单纯的抵抗者。在讨论到其《现代越南新史》一书的讲座中,戈沙以美国历史与越南历史作比较。他讲到,美国在建国之初只有从大英帝国独立出来的13块殖民地,其后在扩张主义思潮的领导下,通过一系列战争、交易及领土拓展运动才达到今天横跨两洋的领土规模;越南则是向中部与南部进行扩张,越人先后征服占人与高棉人的土地,最终形成类似于今天的越南版图,其发展历史与美国的扩张历程如出一辙,同时越南也早于美国4个世纪爆发了如同美国一样由于自身的殖民扩张所造成的南北内战。③ 戈沙强调亚洲帝国在现代越南形成过程中的重要性,认为"殖民关系和帝国国家并不是西方或19世纪所独有的,它们是更广泛的全球历史的一部分"。他认为忽视既存的亚洲式殖民主义的作用,将无法认识越南等国家的复杂性及其领土

---

① 美国学者弗朗西斯·福山提出,西方自由民主制将成为人类政府唯一而且是最后的形式,历史将在这里终结。参见 Francis Fukuyama, "The End of History?," *The National Interest*, No. 16, 1989, p. 4.

② 全球史关注更为广阔的背景,这些背景超越了框定民族社会和国家发展的本国的边界,以此对国别史形成补充,它可以提供囊括内外因的更复杂的解释。参见于尔根·奥斯特哈默《关于全球史的时间问题》,《复旦学报》(社会科学版)2018 年第 1 期,第 57 页。

③ Voices on Vietnam Cornell University: "Towards a History of Modern Vietnam featuring Professor Christopher Goscha," Youtube, October 03, 2020, https://www.youtube.com/watch?v=117‑JuArFdc.

形式的新颖性,在他看来,越南殖民统治者也与俄国、美国与法国殖民者一样造就了一种复杂的历史经验,"像美国与俄罗斯联邦一样,今天的越南也是包括其自身帝国在内的几个帝国的历史产物"。①

戈沙还引用了欧洲古代历史史实来与越南古代历史做比较,在考察越南"北属时期"的历史时,他提出两点:一是"北属"对越南历史的影响就如同罗马帝国对法国历史的塑造,"像中国一样,罗马帝国充当了一个媒介,通过它,制度、法律、建筑、宗教和以拉丁语为基础的书写系统传播到高卢和其他被征服的土地。与在欧洲使用拉丁语一样,汉字在东亚(包括越南)成为了官僚政治和宗教表达的书面语言";② 二是"北属"对越南的意识形态发展影响与古代西方类似,"回归欧亚地区作对比,并不是当罗马皇帝君士坦丁一世在四世纪支持基督教,或法兰克部落首领克洛维在一个世纪后受洗时,所有欧洲人或法国人才突然成为基督徒。这是一段较长的过程。同样的道理也适用于东亚与越南的'儒家化'"。③ 他认为越南长期的"北属"经历为越南提供了参考模式,"红河越南"结束"北属"后充分利用了中国文明遗留下来的诸多政治、文化、制度遗产,同时越南人通过积极融入儒家文化圈成为"礼义教化之邦"获得了强大的殖民意识形态和等级民族观念,这种东亚文明使其也以"文明人"的心态去殖民周边的"野蛮人";越南人的这一行径在戈沙看来恰与征服了西罗马帝国的法兰克人的行径类似,"宣称传播汉文明是一种殖民合法化的过程,类似于欧洲'野蛮人'法兰克人以新罗马人的身份出现,通过宣称自己是优越的罗马文化和历史的一部分来为自己的征服辩护"。④ 在殖民扩张中,越南人使用的方式手段与其被异族统治时期所采取的行为并无二致。⑤

显然,戈沙在全球史研究范式下将"帝国"概念泛化,未能在基于军事和政治需求驱动的古代"帝国"与近现代之后主要基于资本主义经济利益驱动的现代帝国之间加以区分,⑥ 由此得出"殖民关系和帝国国家并不是西方或19世纪所独有的"这一值得商榷的观点。而建立在泛化"帝国"的视野之上,戈沙将中国主导的封贡体系视为"亚洲式殖民主义"的"帝国模式",更是存在重大的理论缺陷。与近代西方资本主义帝国掠夺性质的"殖民主义""帝国模式"明显不同,古代中国主导的基于"天下秩序"的封贡体系表现出互惠互利的特质,中国对封贡体系下藩国"厚往薄来"的例子不绝于史书。古代中国在处理与封贡体系下周边民族、国家的关系上,并未表现出明显的强权政治特征,这一点与以古罗马帝国为代表的西方古代帝国有显著的差别。所谓的"帝国时代"的中国,没有呈现典型"帝国"的特质。⑦ 至于古代越南,确实存在以儒家文明下的"文明人"自居,去"殖民"周边的情况。但是,越南亚封贡体系与中国主导的东亚封贡体系有一个显著的不同,古代中国是以先进文化、科技、制度、道德教化等为手段或动力机制,吸引、凝聚各成员国;而不

---

① Christopher Goscha, *The Penguin History of Modern Vietnam*, p. 33.
② Christopher Goscha, *The Penguin History of Modern Vietnam*, p. 10.
③ Christopher Goscha, *The Penguin History of Modern Vietnam*, p. 11.
④ Christopher Goscha, *The Penguin History of Modern Vietnam*, p. 23.
⑤ Christopher Goscha, *The Penguin History of Modern Vietnam*, p. 24.
⑥ 李友东:《从"王朝"到"帝国"的转移——西方学术范式中"历史中国"的意涵变化》,《史学理论研究》2020年第3期,第15页。
⑦ 欧立德:《传统中国是一个帝国吗?》,《读书》2014年第1期,第29页。

具有这样优势条件的越南,维系其体系最常见的选择则是军事征伐。① 越南亚封贡体系显然带有更多的"殖民""帝国"色彩,其独特的"帝国模式"并非像戈沙所述的借鉴于古代中国,"传播汉文明"更不过是其虚伪的包装。戈沙在此处横向比较研究中存在的问题缺陷,具有一定的启发性。它提醒研究者,在采取宏观历史比较方法时,一定要对所比较的不同研究对象有充分的把握与深刻的认知,否则所得出的结论将经不起推敲。

其次,戈沙将越南史置入"长时段"视角,进行了纵向比较研究,他认为"分裂与统一"的历史故事在越南历史中并不鲜见与例外。戈沙对越南史的考察带有布罗代尔式"地理历史结构主义"的影子,他的研究表现出对长时段"结构"的认同——红河地区、高地地区和湄公河三角洲地区形成了不同的单元地理结构、社会结构和思想文化结构,这些单元相互作用与动态平衡的历史又形成了越南这一地理空间下的"结构"。② 在"长时段"视角下,戈沙指出越南的发展史上充斥着"分裂与统一"的故事。

回溯越南历史,他认为在越南历史的开端时期东山文化时期广义上的越南即存在"分裂与统一","东山文明是一个充满活力的民族和文化集合的家园,但它并不总是一个和平或统一的地区……从来没有一个单一的'越'国,'越'是众多王朝和部落政治实体的集合"。③ 而经历过漫长的"北属时期"后,越南人独立建立的"统一"国家也一开始便蕴含着"分裂"。独立初期,越南国家建构双轨并进,内陆地区和沿海地区存在着两套建构模式。④ 16世纪,走出安南属明时期的越南,依然充斥着"分裂与统一",黎朝重振王室同时平衡强大的军事家族的意图失败,导致北部沿海地区莫系军阀夺权创立莫朝,而南部的阮氏与郑氏军阀也相继崛起为独立的政治力量,莫朝控制着中越边界沿线,郑氏控制红河三角洲,阮氏则控制南部边陲。⑤ 戈沙认为,如此类似的分裂状态,始终充斥在越南的历史之中。通过一系列纵向的深度解剖,戈沙努力呈现越南"分裂与统一"的历史真相并试图从历史中找寻现代越南"分裂与统一"的答案。

四、多维解析与"去简单化"

如在本文开篇之初叙及的人物生平与学术经历,戈沙有着多元的学科背景与丰富的求学经历,使得他能够也善于以更广阔的视角去审视与研究越南及其历史。"去简单化"(De-simplify)在戈沙自己的表述中主要针对的是越南官方历史叙事,他认为越南官方为了维护政权合法性而采取了"简单化"的叙事使得历史失真。例如按照越南官方历史叙事,在安沛起义之后,越南国民党及其他地方中的真正的民族主义者都成为了共产主义者,⑥ 戈沙认为这种叙事掩盖了越南历史呈现的多样性与复杂性。不过尽管剑指越南官方叙事,戈沙对史料更为充分的收集运用及多维解析,使他实现了更广泛意义上的"去简单化"。在越南历史

---

① 左荣全:《略论越南亚朝贡体系——兼论与东亚朝贡体系之异同》,《南洋问题研究》2014年第2期,第96页。
② "结构是指社会上现实和群众之间形成的一种有机的、严密的和相当固定的关系。对我们历史学家来说,结构无疑是建筑构件,但更是十分耐久的实在"。参见布罗代尔《历史和社会科学:长时段》,承中译,《史学理论》1987年第3期,第107页。
③ Christopher Goscha, *The Penguin History of Modern Vietnam*, pp. 3 – 5.
④ Christopher Goscha, *The Penguin History of Modern Vietnam*, p. 19.
⑤ Christopher Goscha, *The Penguin History of Modern Vietnam*, pp. 27 – 28.
⑥ Christopher Goscha, *The Penguin History of Modern Vietnam*, p. 492.

研究中，戈沙擅长运用多语种、多形式材料来综合分析，通过丰富的材料论证避免简单化的结论；而在问题阐述上，他尤为注意呈现多样性与偶然性，力求还原一个"真实"的越南及其发展进程。

首先，在历史材料收集上，戈沙注意运用多语料、多形式的材料。前文提及的修正阵营的代表人物冈特·莱维教授的研究专长并不在越南，其对越南相关材料的获取几乎完全依赖英文，使其越南史研究基于美国之上而非越南，对越南史的研究成了美越互动史的研究。1983 年出版《越南史》（*Vietnam：A History*）一书的历史学家斯坦利·卡诺（Stanley Karnow）精通英语和法语，记者出身的他同时掌握了大量一手采访素材。良好的材料收集能力为卡诺的研究拓宽了视野，但其自身反战的倾向限制了其对材料的运用与解析。与戈沙同时期的芝加哥大学历史系教授布马克·菲利普·莱德利（Mark Philip Bradley）在《战争中的越南》（*Vietnam at War*）一书中着眼于越南人自身的一系列战争经历，探讨了战时河内和西贡的决策者的思维和行为，同时考察了普通的越南南方人和北方人、男人和女人、士兵和平民、城市精英和乡村农民、激进分子和保守派如何来理解身边长达三十年的血腥战争及其后果，认为战争的根源都来自于对"一个独立的越南应该意味着什么"这一愿景的根本性冲突的看法。① 但由于主要依靠英文史料以及倾向正统阵营的材料选择，② 使得布莱德利置身越南以求客观、中立地解释一系列"越南战争"的立意在最终呈现为成果时大打折扣。

戈沙掌握英语、法语、越南语和泰语等多门语言，其多元的求学背景与语言能力使其能够更多使用多语种、多形式的史料进行研究，同时能做到一手史料与二手史料的兼顾，多维的解析使得对问题的还原更加真切。例如，在分析越战行将结束阶段的美国与北越势力外交谈判互动时，西方学者绝大多数只能通过查阅美国的档案去分析，这往往导致视角的偏颇，很容易以美国为主线去考察而认为谈判是由美国引领的，美国主动塑造了越战结束的方式与战后南北越的发展。而戈沙则通过详细查阅越南共产党《党文件全集》(*Văn kiện Đảng toàn tập*) 以及越南官方出版机构人民军出版社出版的档案性著作《武文崇、胡志明在巴黎心脏的战斗》（*Võ Văn Sung, Chiến Dịch Hồ Chí Minh giữa lòng Paris*)、《阮定斌：越南外交事务》（*Nguyễn Đình Bin, Ngoại Giao Việt Nam*）等越南文一手材料与美国方面的记载进行比对，对越战行将结束时的美越接触做了更深入详细地分析。③ 他指出，北越一方为加强谈判筹码，在谈判进程中主导成立了越南南方共和国临时革命政府（PRG）和第二国民阵线"民族、民主及和平力量联盟"，除了战争的进度以及美国国内的压力，北越一方的"一而为二，二而为一"的外交政策一定程度上加速了越战的和平进程，④ 促使尼克松政府加速实现"光荣和平"。戈沙认为南北方越南民众及其政治势力对自身民族命运的关切与对现代化的认知才是越战得以加速结束的关键因素，而北越一方对美越停战谈判的引领也发挥了催化剂作用，这些别具新意与解释力的看法正是植根于其广博的史料收集。

---

① Mark Philip Bradley, *Vietnam at War* (Oxford: Oxford University Press, 2012).
② Peter Zinoman, "Vietnam-Centrism, the Orthodox School and Mark Bradley's Vietnam at War," *H – DiploRoundtable Reviews*, Vol. XI, No. 22, 2011, pp. 26 – 40.
③ Christopher Goscha, *The Penguin History of Modern Vietnam*, p. 565.
④ Christopher Goscha, *The Penguin History of Modern Vietnam*, pp. 363 – 364.

其次，在问题阐述上戈沙尤为强调多样性与偶然性，他通过对多样性与复杂性的描述呈现越南史上每一阶段各种未来可能性与偶然性，为越南史研究又探索出一系列新的认知。传统上，关于越南近现代史的叙述方式是从法国于1858年攻击越南阮朝开始，叙述法国的殖民与越南的反殖民运动，接着叙述越南民族主义与共产主义的兴起，最后叙述二战后越南民主共和国建国以及之后的历次印度支那战争。这种叙事方式呈现出的线性与"历史目的论"，难以发现时代呈现出的各种未来可能性，① 从而陷入庸俗的"简单"的解释。这种线性的、"目的论"的叙述导致的"简单"的解释也往往为政治势力所利用，例如今天的越南的执政者会标榜"自古以来即有'S'形越南国土"而为其中央集权与合法性辩护。戈沙则"没有设定一个越南，一个同质的民族，一个历史，一个现代性，甚至一个殖民主义，而是通过它的多种形式和令人印象深刻的多样性来调查现代越南的过去"。② 在涉及越南古代史的解析中，为了防止将种族和国家身份的同质化观念投射到一个更加多样化和有趣的过去，戈沙对"帝国"这一概念采取了更为宽泛的界定。③

对于法国入侵越南的传统表述往往带着"历史决定论"色彩，掩盖了很多"偶然性"的因素，损害了对这段历史的还原与问题的阐释，也不利于对越南历史更加合理的认知与继往开来的审视。关于法国入侵越南的原因，戈沙认为一是传播天主教；二是拿破仑三世受19世纪中叶西方列强亚洲殖民浪潮刺激；三是越南嗣德帝在1857年处决2名西班牙传教士以及此前对法国天主教传教士以及教徒的迫害。④ 第三个原因呈现的"偶然性"解释了在多样性的历史呈现的诸多可能性下，为何法国会做出侵略行为以及为何选择越南。戈沙还通过对多样性的考察，提出"多样化的越南"，并从"多样化的越南"中提炼出植根于历史的越南主体民族越族的"帝国主义"，并指出了这种思想对越南历史诸多事件的影响。他写道，"在17至18世纪，至少存在过两个政治实体，一个在河内周围的红河三角洲，另一个向南经顺化聚居于湄公河平原。直到1802年，阮朝嘉隆帝统一了国家，越南才出现了现在的'S'形版图"。⑤ "多样化的越南"对于理解其后越南人对"印度支那"概念的认知与在这种认知下展开的与法国殖民者的合作以及革命地域上的泛化等一系列行为有着重要的积极作用。需要指出的是，戈沙对多样性与偶然性的考察，更多的是将之视为与长时段历史现象相互对照、说明与解释的短时段事件，他的多维解析不同于后现代主义的解构。⑥

对多样性与偶然性的提炼，得益于戈沙对多语料、多形式材料良好的收集与处理能力，他对历史材料的精细处理颇见功力。在研究中戈沙重视史料的性质及限度，呈现成果时他对于包括其自身在内的历史学者本身可能存在的偏见以及学者所掌握的语言本身的限度作了说明，这一点从《现代越南新史》的注解可以一窥。他不仅用英语、法语和越南语编纂了一份令人钦佩的完整且前沿的越南历史资料清单，还将之置入上下文中探讨，讨论了他是如

---

① Christopher Goscha, *The Penguin History of Modern Vietnam*, p. 34.
② Christopher Goscha, *The Penguin History of Modern Vietnam*, p. 32.
③ Christopher Goscha, *The Penguin History of Modern Vietnam*, p. 38.
④ Christopher Goscha, *The Penguin History of Modern Vietnam*, pp. 57 – 59.
⑤ Christopher Goscha, *The Penguin History of Modern Vietnam*, p. 32.
⑥ 戈沙也在著作中明确表示不认可将他的多样性分析视为后现代主义解构。参见 Christopher Goscha, *The Penguin History of Modern Vietnam*, p. 39.

何、何时以及为什么使用这些资料,这些笔记形成了与学者及读者关于越南史学的平行对话。①

不过,略为遗憾的是,中文能力的缺失,限制了戈沙对中文一手史料的获取以及解读。越南曾长期从属于"汉字文化圈",中国的历史文献留下了诸多关于越南的记录,同时越南官方及民间也留下了大量中文文献。国际史学界公认在东南亚史特别是古代史研究中中文史料不可或缺,② 这一点对研究 1945 年废除汉字前的越南的历史亦成立。例如,潘佩珠(1867 年—1940 年)是戈沙在研究越南民族独立及多样的现代化道路中经常提及的人物,潘氏的多数著作均由中文写就,部分作品并未被翻译成越南国语字,已被翻译的作品也较之原著多有删减与修辞上的转述,戈沙对潘氏的解读无疑会受到其语言能力的限制。此外,中文能力的缺失还使得戈沙对部分概念的理解出现偏差,例如,其将中国古代王朝简单翻译为"帝国",进而以"帝国"的视角去诠释中国与越南的互动关系,又陷入了另一种"简单化"。

结　语

戈沙在长期研究印度支那史尤其是越南史中逐步形成了自己的研究认识,并基于这些认识而提炼出来一些较有创新性的越南史研究理念、方法与学术观点。他在讨论其著作《新越南史》时,提出其越南史研究致力于"去动员化""去例外化"及"去简单化",③ 这"三去"既是他的研究目标也是他的研究理念。"去动员化"本质上是致力研究的"价值中立"以求历史知识的客观性,是"价值中立"对应到越南史研究上的具体表述。在越南史研究中,"价值中立"即要求研究者首先要超脱越战以来形成的越南史正统与修正阵营的分歧,去除历史叙事中的政治"动员"目的,这是最基本的"去动员化"。在此基础上,"价值中立"还要求研究者在研究中注意去"中心论",对应到越南史上即是去"西方中心论",同时还包括去"越族中心论"。"去例外化"与"去简单化"承继"去动员化"的旨趣,分别针对的是"越南例外论"与"简单化"叙事——二者往往带有鲜明的民族、政治倾向,这些倾向扭曲了历史的记忆与还原。

以"三去"为宗旨,戈沙在研究中注意厘清经验事实与价值评价判断的界限,通过横、纵向的比较研究以及运用多源史料对事件进行多维解析,他提出了对越南史的三点创新性认知:一是越南并非自古以来即有"S"形的国土,这意味着越南的历史并非是单纯的反抗外来侵略的历史,越南也与它所抵抗的外部侵略者一样长期以来一直扮演着抵抗者与侵略者的双重角色而非单纯的抵抗者。④ 二是越南的现代化远比法国殖民者入侵及统治开始的更早,法国殖民统治并不是越南开启现代化的历史拐点。法属印度支那的一系列现代化过程并非法

---

① Gerard Sasges, "Ben Kiernan's Việt Nam: A History from Earliest Times to the Present, Christopher Goscha's Vietnam: A New History, and Keith Taylor's A History of the Vietnamese: a review article," p. 5.
② 张云:《东南亚史的编撰:从区域史观到全球史观》,《史学理论研究》2019 年第 3 期,第 70 页。
③ 相关表述见 "History of Vietnam," October 03, 2020, https://www.c-span.org/video/?428212-1/history-vietnam.
④ 戈沙指出,直到 1802 年越南阮朝嘉隆时期,今天越南范围内的内战状态才结束,"S"形的越南才初步形成,而随后越南又受到法国殖民者的入侵被殖民统治当局再度分割为北部的东京、中部的安南和南部的交趾支那。这意味着"S"形的越南在 19 世纪存在了 43 年,在 1945 年存在了 6 个月,在 20 世纪和 21 世纪存在了 44 年(截至 2020 年),其"S"形国土状态下的历史不足 88 年。参见 Christopher Goscha, *The Penguin History of Modern Vietnam*, p. 508.

国殖民者单方面的输出，越南的法式现代化实质上是一种嫁接。在观念上，法国人提出的"印度支那"这一概念被越南人古已有之的"大南"的观念所吸收；在制度上，法国推行的现代管理制度实际上嫁接于古代越南的文官制度；在经济上，越南以稻米种植农业经济为主的经济形态并非是传统意义上的殖民地经济。三是越南史具有复杂性与多样性，越南的历史像世界上任何其他地方历史一样，是一系列相互关联的力量和人物，在时间和空间的特定点上发生交汇的结果，每一单元都有自身的一系列可能性，同时排除其他可能性。① 越南在与周边国家以及外部大国互动中，始终存在着不断主动向先进学习以改良自身的意识。

立足于"去动员化""去例外化"及"去简单化"，戈沙为越南史研究"去政治化"做出了有益的尝试与示范，提出了诸多颇具独到见地与推动知识生长的新认知、新观点和新论断。戈沙主张的"三去"，提醒越南史研究者在研究中尤当注意勿把价值强加给史实材料，研究应尽力遵循史实材料所揭示的指导线索，这对于越南史乃至东南亚区域与国别史的研究具有重要的方法论意义。

---

① Christopher Goscha, *The Penguin History of Modern Vietnam*, p. 34.

印度崛起视角下的"东向政策": 意图与实践

——兼论印度"东向政策"中的中国因素

孙现朴*

【摘　要】 21世纪以来,随着印度的崛起,其"东向政策"发展到了新的阶段,首要意图已经从谋求经济利益转变为战略利益空间的扩展,经济利益与安全因素仍然是"东向政策"新阶段的重要意图。印度崛起背景下,"东向政策"在地理范围上不断扩展,合作领域也在不断深化。印度实施"东向政策"有制衡中国的考虑,但是"东向政策"在战略上更多的是对中国的"软制衡"而不是遏制中国发展。印度"东向政策"对中国的软制衡,也取决于中国怎样应对"东向政策",中印可以通过"安全互构"的方式建立战略互信,中印应理性看待对方战略利益的扩展。

【关键词】 印度;东向政策;中国因素

20世纪90年代,冷战终结以及苏联解体使印度面临的国际环境持续恶化。苏联解体不但使印度失去了重要的战略盟友,而且使印度失去了主要的经济和军事援助。在此背景下,印度在国内开始进行经济自由化改革。为了给经济发展提供新突破口,印度决定实施"东向政策",最初目标主要是与经济相对发达的东南亚国家发展经贸联系。然而随着印度的崛起,进入21世纪后印度"东向政策"的目标已远远超出了东盟,超出了经济领域。①

印度"东向政策"初始阶段主要集中在东南亚地区。21世纪以来,印度"东向政策"实施的范围由东南亚地区向西太平洋地区扩展,印度与亚太国家的合作领域也从经济领域扩展到政治、安全等领域。随着印度的崛起,其"东向政策"也进入第二阶段。② 特别是近年来印度与亚太国家之间各领域互动频繁,"东向政策"在印度外交中的地位随着亚太地区的

---

* 孙现朴,云南大学国际关系研究院博士研究生。
① David Scott, "Strategic Imperatives of India as an Emerging Player in Pacific Asia," *International Studies*, Vol. 44, No. 2, 2007, pp. 123–140.
② 关于印度"东向政策"进入第二阶段的论述可参见 David Scott, "Strategic Imperatives of India as an Emerging Player in Pacific Asia," pp. 128–132; 张力:《印度迈出南亚——印度"东向政策"新阶段及与中国的利益关联》,《南亚研究季刊》2003年第4期,第31–37页; 赵干城:《印度"东向"政策的发展及意义》,《当代亚太》2007年第8期,第12页。

勃兴不断上升。①

瓦杰帕伊最早提出"东向政策"不仅限于东南亚国家。2002年，时任印度总理的瓦杰帕伊在新加坡发表印度对东盟和亚太地区政策的演讲时曾表示："从地理和政治现实角度来看，印度属于亚太地区，它不取决于地区机构是否接受其成为正式成员。"② 此后不久印度外长亚施旺特·辛哈（Yashwant Sinha）明确提出了印度"东向政策"已经进入第二阶段，他表示，"如果第一阶段'东向政策'的重点是贸易、商业及与东盟多边机构的会员国的关系，那么第二阶段重点就是实质性的安全和政治合作。"③ 2003年9月辛哈在哈佛大学的演讲中表示，"'东向政策'新阶段的显著特征是'东向'的范围将重新定义，包括从澳大利亚到东亚的广阔地带，其中东盟是该政策的核心基础。"④ 印度"东向政策"第二阶段的外交目的有两个：一是扩展印度外交的地理空间，与东亚和南太平洋国家发展友好关系；二是从经济领域扩展到安全领域，如联合保证航线安全以及共同打击恐怖主义威胁等。⑤ 此外，第二阶段另一个层面的考虑便是加快发展印度东北部地区。⑥ 2003年10月印度总理瓦杰帕伊出席在巴厘岛举行的东盟峰会和第二届印度—东盟峰会期间与东盟国家及中日韩等国领导人进行了深入商谈，表明了印度推行"东向政策"第二阶段的决心。"东向政策"第二阶段具有如下几点特征：强调发展与东南亚的有形联系，使印度走出南亚和印度洋，中印关系的

---

① 国内学者关于印度"东向政策"的相关研究成果主要有：张力《印度迈出南亚——印度"东向政策"新阶段及与中国的利益关联》，第31－37页；傅小强《印度"东向"的地缘、历史及认知变化分析》，《现代国际关系》2004年第9期，第23－28页；张淑兰《印度"东向"政策再认识》，《现代国际关系》2005年第4期，第50－55页；陈建荣《东向政策与大国平衡：印度东盟认知的改变》，《东南亚研究》2006年第3期，第51－54页；侯松岭《印度"东向"政策与印度—东盟关系的发展》，《当代亚太》2006年第5期，第37－42页；王传剑《从"东进战略"的实施看印度的东亚合作政策》，《南洋问题研究》2007年第1期，第36－41页；任佳《印度的"东向"政策及其发展》，《南亚研究季刊》2007年第4期，第14－17页；赵干城《印度"东向"政策的发展及意义》，第10－16页；李益波《印度与亚太安全：历史、现实和中国因素》，《世界经济与政治论坛》2008年第1期，第92－98页；王传剑《印度的南中国海政策：意图及影响》，《外交评论》2010年第3期，第107－122页；黄正多、李燕《多边主义视角下的印度"东向政策"》，《南亚研究》2010年第4期，第86－95页；师学伟《21世纪初印度大国理念框架下的亚太外交战略》，《南亚研究》2011年第3期，第66－84页；马燕冰《印度"东向"战略的意图》，《和平与发展》2011年第5期，第42－48页。国外学者的相关研究成果主要有：Anindya Batabyal, "Balancing China in Asia: A Realist Assessment of India's Look East Strategy," *China Report* 2006, Vol. 42, No. 2, 2006, pp. 179–197; Shibashis Chatterjee, "Conceptions of Space in India's Look East Policy: Order, Cooperation or Community?" *South Asian Survey*, Vol. 14, No. 1, 2007, pp. 65–81; David Scott, "Strategic Imperatives of India as an Emerging Player in Pacific Asia," *International Studies*, Vol. 44, No. 2, 2007, pp. 123–140; C. Raja Mohan, "India's Geopolitics and Southeast Asian Security," *Southeast Asian Affairs*, Volume 2008, pp. 43–60; Rajiv Sikri, "India's 'Look East' Policy," *Asia-Pacific Review*, Vol. 16, No. 1, 2009, pp. 131–145; IskanderRehman, "Keeping the Dragon at Bay: India's Counter-Containment of China in Asia," *Asian Security*, Vol. 5, No. 2, 2009, pp. 114–143; C. Raja Mohan, "Is India an East Asian Power?" *ISAS Working Paper*, No. 81, August 11, 2009; Walter C. Ladwig III, "Delhi's Pacific Ambition: Naval Power, 'Look East', and India's Emerging Influence in the Asia-Pacific," *Asian Security*, Vol. 5, No. 2, 2009, pp. 87–113; Archana Pandya and David M. Malone, "India's Asia Policy: A Late Look East," *ISAS Working Paper*, No. 02–25, August 2010; S. D. Mun, "India's 'Look East' Policy: The Strategic Dimension," *ISAS Working Paper*, No. 121–1, February 2011. 笔者在写作过程中参考了上述研究成果的相关表述，在此致以真挚的谢意。

② Atal Bihari Vajpayee, "India's Perspectives on ASEAN and the Asia-PacificRegion," April 9, 2002, http://www.aseansec.org.

③ C. Raja Mohan, "Is India an East Asian Power?" p. 6.

④ Yashwant Sinha, "When Elephants Move," October. 1, 2003, http://www.outlookindia.com.

⑤ C. Raja Mohan, "Look East Policy: Phase Two," October. 9, 2003, http://www.hindu.com.

⑥ C. Raja Mohan, "Looking East: Phase Two," April. 11, 2002, http://www.thehindu.com.

良性发展为其提供了新动力。①

本文共分四个部分。第一部分阐述了印度"东向政策"的意图。第二部分从印度与亚太国家双边关系拓展及印度参与亚太多边机制的角度陈述印度实施"东向政策"的一系列措施。第三部分考察中国因素在印度"东向政策"中的影响。第四部分作为本文结论分析印度"东向政策"对中国外交的影响。

一、印度崛起背景下"东向政策"的意图

（一）21 世纪以来，印度"东向政策"的首要意图已经从谋求经济利益转变为拓展战略空间

印度"东向政策"肇始于印度国内进行经济自由化改革时期，印度希冀借助东南亚国家经济腾飞拉动国内经济发展，提升国家实力。印度在"战略上介入东南亚地区是为了在1991 年失去超级大国的保护后寻找新伙伴和合作者"②，其中经济因素是"东向政策"提出的首要原因。然而随着21 世纪初印度的崛起，"东向政策"的首要意图逐渐由经济的发展转变为战略空间的拓展。

这一转变始于瓦杰帕伊政府上台后提出的"周边外交扩展政策"，是指随着印度的崛起，印度的战略空间要向南亚次大陆以外地区进行扩展，印度外交的"周边"概念不再仅仅指南盟国家，亚洲其他国家也将纳入印度"周边扩展外交"的范围。2004 年国大党政府上台后重申了扩展周边在印度安全和外交政策形成中的重要性。③ 在印度整体外交政策的指导下，"东向政策"成为"周边扩展外交"面向亚太地区的分支政策。在此背景下印度实施"东向政策"的意图也发生了某种变化，演变为印度希望与亚太国家建立战略联系，扩展战略空间。"东向政策"新阶段实施的另一个层面是对南盟成立后南亚国家在经济合作领域和南亚地区主义停滞不前的反应，④ 随着 20 世纪 90 年代末印度和巴基斯坦关系的恶化，印度也希望通过"东向政策"与亚太地区的国家建立战略联系，获得更多外交政策支持，从南亚僵局中走出来以赢得更大的战略空间。

（二）谋求更大范围的经济合作

随着全球化的推进以及印度经济的飞速发展，印度正在成为巨额投资的目的地和来源地，印度拥有的"人口红利"和广阔的市场前景是印度参与亚太经济的重要优势。相对于中国、美国和日本参与亚太经济的程度，印度属于亚太经济整合的边缘角色，但是随着印度国内经济自由化改革的推进，印度希望与经济勃兴的亚太地区深化联系，促进印度经济持续发展。

---

① 张力：《印度迈出南亚——印度"东向政策"新阶段及与中国的利益关联》，第 31 - 33 页。
② Sumit Ganguly and Manjeet S. Pardesi, "Explaining Sixty Years of India's Foreign Policy," *India Review*, Vol. 8, No. 1, January-March 2009, pp. 13 - 14.
③ David Scott, "India's 'Extended Neighborhood' Concept: Power Projection for a Rising Power," *IndiaReview*, Vol. 8, No. 2, April-June 2009, p. 108.
④ Shibashis Chatterjee, "Conceptions of Space in India's Look East Policy: Order, Cooperation or Community?," p. 67; Zhao Hong, "India and China: Rivals or Partners in Southeast Asia?," *Contemporary Southeast Asia*, Vol. 29, No. 1, April 2007, p. 129.

印度与东盟的经济合作始终是其"东向政策"的重要目标,特别是随着崛起步伐的加快,印度更加重视扩展与亚太国家之间的经济合作。对经济高速增长的印度而言,东盟拥有5亿多人口,是大有潜力的合作伙伴。在东盟看来,印度不仅是一个拥有十多亿人口、国内生产总值超过8000亿美元的巨大市场,而且双方的经济互补性极强,尤其在软件及服务领域印度的优势明显。① 时任印度总理的瓦杰帕伊在东盟—印度峰会的演讲中曾表示印度正在努力消除贸易和投资障碍,同时他也列举了印度经济的优势,如大量讲英语的人力资源、信息科技、印度金融服务公司、医药产业、娱乐产业和基础设施。这些优势可以提升印度与东盟国家之间的贸易和投资。② 虽然目前印度与日本、澳大利亚、美国等国家之间的合作以政治为主,但是印度在提升与这些国家战略关系的同时也在积极提升双边的经济关系。印度分析家认为,通过印度与亚太国家快速提升的经济关系可以让这些国家成为印度经济繁荣的相关利益者,这也成为印度向其他国家实施政治、外交、战略影响的重要途径。③ 此外,印度与东南亚地区国家之间的能源合作也是经济合作的重要领域。东南亚国家丰富的能源资源对印度有着极大的吸引力,印度是一个能源匮乏的国家,而加速经济增长必须有充足的能源保障。④

(三) 提升与亚太国家之间的安全关系

冷战结束以来,印度积极加强与亚太国家之间的安全合作,尤其是随着印度的快速崛起,印度与亚太国家之间安全合作的领域不断扩展。印度希冀通过积极参与亚太地区安全事务的方式彰显其在亚太地区的战略存在,也希望通过军事存在使其大国地位得到亚太国家的认可。

尽管印度与东南亚国家陆路相连,然而最初安全问题并不是印度和东盟之间合作的主要问题。东盟国家曾经对印度海军的扩张感到担忧,也担心印度会把与巴基斯坦和中国之间的问题带到东盟。然而随着印度与东盟之间经济合作的深入,印度与东南亚国家在安全领域的合作逐渐得到东南亚国家的认可,印度于1996年加入了东盟地区论坛。⑤ 此后印度积极发展与东南亚国家之间的军事合作,多次主动提议与东南亚国家举行联合军事演习、军事人员交流、军舰互访等活动,得到东南亚国家的积极响应。⑥ 此外,作为拥有核武器的国家,印度被认为有能力在地区事务中扮演平衡力量的角色,日本、韩国、澳大利亚等国基于该目的加强与印度的安全合作,而印度也希望通过提升与亚太地区国家的安全联系突出印度的大国地位。

(四) 与亚太国家共同应对本地区的非传统安全威胁

随着非传统安全问题的日益突出,特别是"9·11事件"后全球恐怖主义的泛滥,印度与东盟国家在打击恐怖主义、维护航线安全等非传统安全领域逐渐展开深入合作。印度深受

---

① 任佳:《印度的"东向政策"及其发展》,第15页。
② Shibashis Chatterjee, "Conceptions of Space in India's Look East Policy: Order, Cooperation or Community?" p. 73.
③ Harsh V. Pant, et al. eds. , *Indian Foreign Policy in a Unipolar* World, NewDelhi: Routledge, 2009, p. 315.
④ 孙士海、江亦丽主编:《二战后南亚国家对外关系研究》,方志出版社,2007,第43页。
⑤ C. Raja Mohan, "India's Geopolitics and Southeast Asian Security," p. 46.
⑥ 马嬿:《当代印度外交》,上海人民出版社,2007,第190页。

恐怖主义危害，恐怖主义在印度国内许多地区都有踪迹。根据华盛顿国家反恐中心的统计数据，从 2004 年 1 月至 2007 年 3 月恐怖主义袭击共造成印度国内 3674 人死亡，位居世界第二，仅次于伊拉克。① 东南亚国家同样深受恐怖主义危害，印度与东南亚国家在打击恐怖主义问题上有共同诉求。特别是 2003 年巴厘岛发生爆炸后，东盟更加重视打击恐怖主义和跨境犯罪问题，印度与东盟或与个别东南亚国家在打击恐怖主义和跨境恐怖主义领域的合作逐渐升温。② 印度与东盟国家在一系列安全威胁上有共同点，即是面对跨境恐怖主义的威胁，打击恐怖主义为它们提供了特殊的合作机会，打击恐怖主义的共识成为它们建立互利伙伴关系的基础。③ 东盟国家通过与印度联合打击恐怖主义发现印度可以作为东南亚安全中的积极因素出现。印度也通过"东向政策"的实施与缅甸、孟加拉国等国协作打击位于印度东北部地区的反叛武装，维护了东北部地区的稳定。

随着印度的崛起，印度更加重视能源供应安全和贸易通道安全，印度也被部分亚太国家认为是维护海上安全的战略伙伴。为了提高海上航行安全和保护海洋生态环境，印度与东盟通过合作方式维持海上交通线的安全。印度与东盟国家的海军通过在搜救、海洋安全、海洋法及海洋秩序、海军合作等领域的信息交流和联合训练加深了了解。④ 近年来印度与日本、澳大利亚、美国等国多次举行以保障海上安全为目的的军事演习，这极大地提升了印度与这些国家在非传统安全领域的合作。

（五）对快速崛起的中国进行"软制衡"

随着中国在亚洲的快速崛起，中国与东南亚国家之间的贸易关系与战略关系在 20 世纪 90 年代后逐渐提升，印度担心中国将会对其进行遏制，削弱印度的国际地位。印度自身实力发展很快，但是考虑到发展国内经济的重要性以及自身与中国实力的差距，印度希望以"软制衡"的方式应对中国快速崛起。

印度希望扩展在东亚地区的战略存在，同时避免公开与中国在本地区展开竞争，⑤ 该原则成为印度"东向政策"的底线，在此背景下，对中国实施"软制衡"成为印度"东向政策"的选择。本文中的"软制衡"指一国实力尚不及与其竞争国家实力的情况下，实力较弱的国家主观上不希望以战争方式挑战与其竞争的强国，实力较弱的国家会通过经济、外交、文化等方式迂回地应对强国，软制衡是弱国与强国竞争的手段，是实力处于相对弱小的一方更好地维护自身国家利益的一种方式。如果弱国的实力逐渐增强甚至超过与其竞争的强国，那时则会放弃"软制衡"这种手段。软制衡与遏制战略有很大的不同，遏制战略指实力相对强大的一方对较弱的一方采取的全方位的战略安排，遏制战略的根本目标是阻碍实力较弱一方的实力增长与发展，软制衡则是弱国在与强国相互竞争、共同发展的前提下采取的

---

① Sadanand Dhume, "India's Radical Islam Problem," *Far Eastern Economic Review*, Vol. 171, No. 10, December 2008, p. 6.
② Rajiv Sikri, "India's 'Look East' Policy," p. 135.
③ Arabinda Acharya, "India and Southeast Asia in the Age of Terror: Building Partnerships for Peace," *Contemporary Southeast Asia*, Vol. 28, No. 2, 2006, p. 314.
④ K. Raja Reddy et al. eds., *India and ASEAN* (New Delhi: New Century Publications, 2005), pp. 187 – 188.
⑤ David Brewster, "Indian Strategic Thinking about East Asia," *The Journal of Strategic Studies*, Vol. 34, No. 6, December 2011, p. 833.

策略和手段。此外，软制衡与制衡战略也有很大的不同，制衡主要指实力相对较弱的国家通过采取联盟战略应对强国的战略安排，而软制衡则指单一弱国面对强国采取的战略手段，同时实力较弱的国家和政府主观上不希望军事对抗或联合其他盟友对抗强国。

印度并不希望与中国处在对抗状态，而是与快速崛起的中国进行竞争，"软制衡"中国成为竞争的策略和手段。虽然当前印度与亚太国家之间的贸易发展迅猛，但是印度与亚太国家间经济贸易等方面的合作还无法与中国相提并论，因此印度希望通过文化、多边机制等多种途径与中国在亚太地区展开竞争。由于中国在亚洲地区快速崛起，周边国家认为中国的强大造成了亚洲地区力量失衡，加之对中国战略意图不确定性的考虑；而同时与中国的贸易又使它们受益良多，因此周边国家也希望通过多边机制、经济、文化等方式应对中国的崛起。① 周边国家的策略与印度的战略安排不谋而合。在此背景下，印度加大了与亚太国家之间的合作力度，积极参与亚太地区的多边机制，希望借助其他国家的力量应对快速崛起的中国。印度考虑到自身力量的局限性，积极在亚太地区寻找潜在战略伙伴对中国进行"软制衡"。②

二、印度崛起背景下"东向政策"的实践

"东向政策"的实施主要基于以下五个因素的考虑：与中国竞争、政治介入东亚事务、最大程度地与东亚经济整合及相互依存、构建强烈的安全联系、积极提升参与地区和多边机制安排。③ 印度实施"东向政策"最初主要是出于经济因素，而在实施过程中，"其经济意义似乎并不如其设计者设想的那么重大。"④ 然而由于其他四个因素在"东向政策"实施的过程中逐渐凸显，"东向政策"在印度对外战略中的地位不断提升。特别是 21 世纪以来，作为全球第三次权力转移的主要区域和全球最有经济活力的"新亚洲半球"⑤ 的崛起，印度意识到全面介入亚太地区事务能为其大国崛起增加不可缺少的力量。本文将从政治、安全和参与多边机制的角度来陈述近年来印度实践"东向政策"的一系列措施。

（一）加强与亚太国家的政治合作

"东向政策"实施之初面向的是东南亚地区。印度与东南亚国家历史上就有贸易联系和文化联系，这种传统联系成为印度实施"东向政策"的基础。冷战后印度介入东南亚事务的战略考虑就是不希望一个大国支配东南亚地区，如果一个大国主导东南亚地区将影响印度国家安全。在该战略的指导下，印度逐步开始与东南亚国家提升双边关系。"印度与新加坡的关系成为其'东向政策'实施的核心基础，在新加坡的帮助下印度与东盟地区论坛建立

---

① 赵可金：《软战时代的中美关系》，时事出版社，2011，第 19-24 页。本文中印度运用新形式、新手段应对中国崛起的观点受到了该著作的启发。
② Anindya Batabyal, "Balancing China in Asia: A Realist Assessment of India's Look East Strategy," pp. 179-197; Iskander Rehman, "Keeping the Dragon at Bay: India's Counter-Containment of China in Asia," pp. 114-143; David Scott, "Sino-Indian Security Predicaments for the Twenty-First Century," *Asian Security*, Vol. 4, No. 3, 2008, pp. 244-270.
③ Harsh V. Pant et al. eds., *Indian Foreign Policy in a Unipolar World*, pp. 312-318.
④ 赵干城：《印度"东向"政策的发展及意义》，第 10 页。
⑤ 参见马凯硕《新亚洲半球：势不可当的全球权力东移》，刘春波、丁兆国译，当代中国出版社，2010，第 1-10 页；法里德·扎卡利亚：《后美国世界：大国崛起的经济新秩序时代》，赵广成、林民旺译，中信出版社，2009，前言，第 2 页。

了联系，而且新加坡公开支持印度成为安理会常任理事国。"① 新加坡更多地从战略角度考察印度的"东向政策"。新加坡地域狭小没有战略回旋空间，而且地处战略地位极为重要的马六甲海峡，地理位置决定了新加坡处于脆弱的安全环境中，因此新加坡希望在东南亚地区引入其他大国以防止东南亚国家为一国所支配。从战略角度看印度与新加坡拥有相近的战略目标，这成为新加坡支持印度"东向政策"的重要动因。

印度与越南在冷战时期就相互支持对方国家的政策，尤其是在1978年越南在苏联的支持下入侵柬埔寨，作为苏联准盟友的印度对越南的侵略给予支持，这一度曾是印度与东盟关系中的障碍因素。90年代印度与越南的战略联系在结构和制度安排下正式展开。2003年5月越共中央总书记农德孟访问印度期间，两国签署并发表"'加强全面合作的框架联合宣言'，承诺大力发展'战略伙伴关系'。"② 2007年7月越南总理访问新德里，两国在联合宣言中明确提出建立战略伙伴关系，保证提升两国在防务供应、联合项目、联合军演及情报交流方面的合作。③ 此后，两国在上述声明的框架下保持了高规格的双边交流与往来。2010年印度总理辛格与国防部部长安东尼访问越南。2011年10月越南国家主席张晋创对印度进行了为期三天的访问。两国不顾中国政府的反对签署了印度国有石油天然气公司与越南国家石油公司联合开发南中国海石油的协议。

作为东南亚国家中最有潜力的国家，印度尼西亚也一直支持印度参与东盟地区事务。印度与其他东南亚国家如马来西亚、菲律宾、泰国和缅甸也建立了密切的合作关系。20世纪90年代末期印度与缅甸的双边关系才有实质性转变，在此之前两国关系一直处于冷淡状态。两国关系改善的原因主要有以下几点：第一，印度东北部的安全问题。第二，经济崛起过程中的能源问题。印度经济崛起使其能源需求越来越大，缅甸丰富的天然气资源成为印缅关系改善的主要因素。第三，中国因素。④ 2004年4月两国外交部部长在泰国就加尔各答至曼谷高速公路的建设进行了进一步商谈；2006年印度总统卡拉姆访问缅甸，两国就缅甸使用印度卫星达成协议。⑤ 2011年10月，缅甸总统吴登盛访问印度，两国同意加强边界安全管理、扩展经济与发展领域的合作，⑥ 推进两国在石油和天然气领域的合作并就建设新的天然气管道进行了讨论。⑦ 泰国同样支持印度介入东南亚事务。

印度"东向政策"第二阶段的主要目标是扩展战略空间，提升与东亚和南太平洋国家的外交关系。日本作为亚洲强国成为印度东向外交的主要目标，与其他亚洲国家不同，印日两国之间没有任何历史包袱。此外，两国政治、经济关系起点低，这也使两国关系的发展拥有极大的提升空间。潘特（Harsh V. Pant）认为印日两国关系的发展可从以下三个层面解

---

① Walter C. LadwigIII, "Delhi's Pacific Ambition: Naval Power, 'LookEast,' and India's Emerging Influence in the Asia - Pacific," p. 96.
② 马燕冰：《印度"东向"战略的意图》，第44页。
③ 联合声明的相关内容可参见 http://english.vietnamnet.vn/politics/2007/07/715169/.
④ Marie Lall, "Indo - Myanmar Relations in the Era of Pipeline Diplomacy," *Contemporary Southeast Asia*, Vol. 28, No. 3, December 2006, pp. 432 - 435.
⑤ 同上，p. 436.
⑥ Rajiv Bhatia, "RebuildingEastern Connections through Myanmar," the Hindu, October21, 2011, http://www.thehindu.com.
⑦ Sandeep Dikshit, "India, Myanmar Agree to Resolve Border Issues," the Hindu, October 15, 2011, http://www.thehindu.com.

释：第一，在结构层面，中国在亚太地区的快速崛起超过了印日两国的战略预期，使得两国重新审视各自的外交战略。第二，国家层面上，日本对印度经济崛起产生了浓厚的兴趣，希望成为印度的经贸伙伴。此外日本希望为本地区提供安全，而印度在所有邻国中最支持日本能在未来亚太安全秩序中成为中心角色。第三，个人角度上，印日两国新一代领导人都认识到对方的重要性，抛弃了以往的外交政策，因此改变了印日两国关系的轨道。① 1998年印度进行核试验后，两国关系降到了低点。日本强烈谴责此次核试验，并对印度进行经济制裁。2000年日本首相森喜朗访问印度，两国关系开始重新启动，决定建立"面向21世纪的日印全球伙伴关系"。2006年11月，辛格总理访问日本期间与日本首相安倍宣布两国建立"战略伙伴关系"。2011年10月，在印日第五次双边战略对话中，日本向印度承诺推进两国的民用核计划合作，两国还就举行双边联合军演和贸易问题进行了会谈。目前印日两国的合作主要集中在政治和安全领域，两国经济关系虽然持续发展，但是由于贸易和关税等问题，经济领域的合作依然有限。

亚太地区地缘政治的变化催生了印度和澳大利亚战略合作的深化。亚太地缘政治的这种变化主要有以下三个特征：第一，中印崛起为重要的战略力量；第二，新权力格局的出现；第三，东盟引导的多边合作进程的发展。② 印澳两国作为东亚地理上的边缘国家，一直在寻找战略伙伴，以提升其在今后亚太秩序中的地位。此外，印澳两国关系的发展与美国主导的亚太联盟体系有很大关系。2007年在日本提议下日、澳、美、印签署了"四国倡议"（Quadri-lateral Initiative），以民主制为合作的基础。在该倡议下印澳两国找到了战略切合点，但由于具有明显的"反华"色彩，最终印度退出了该协议。但是通过"四国倡议"印澳明确了双方的战略目标。另外澳大利亚拥有丰富的铀矿，在印美两国签署民用核协议后，印度一直希望澳大利亚向其出售铀资源。

印度"东向政策"的外交目标是成为亚洲地区秩序的参与者，它与日本、澳大利亚等国家的战略安全关系的建立，离不开亚太地区最强大的国家美国的支持。印度希望借助美国的力量使其快速崛起，成为亚太地区的强权。与此同时，美国在东亚地区的主要目标是防止中国成为该地区挑战美国的力量，使中国的崛起受其亚太联盟体系的制约。③ 面对中国的快速崛起以及亚太地区非传统安全因素不断上升的挑战，除了美国在亚太地区编织的"轮轴—辐条"同盟体系，④ 美国还需要崛起的印度成为其战略合作者，通过制度性安全合作平衡快速崛起的中国。美印战略关系的努力在小布什政府执政初期便进入快速发展时期，"9·11事件"更是赋予美印关系另一种意义。⑤ 小布什政府时期美印关系的最大进展便是《美印民用核协议》的签署，这也是美国亚洲势力平衡政策的主要表现。奥巴马上台后，曼莫汉·辛格成为白宫的首位国宴客人，美印关系进入一个新阶段。

---

① Sumit Ganguly et al. eds., *India's Foreign Policy: Retrospect and Prospect*, New Delhi: Oxford University Press, 2010, pp. 206 – 207.

② Vibhanshu Shekhar, "India and Australia in the Twenty-first Century: Emerging Parameters of Strategic Engagement," *India Quarterly*, Vol. 66, No. 4, 2010, p. 401.

③ Thomas J. Christensen, "Fostering Stability or Creating a Monster? The Rise of China and U. S. Policy toward East Asia," *International Security*, Vol. 31, No. 1, Summer 2006, pp. 81 – 126.

④ 关于美国与亚太国家的同盟体系可参见王帆《美国的亚太联盟》，世界知识出版社，2007。

⑤ Surya NarainYadav, *India – America Strategic Partnership: Experience and Expectation*, New Delhi: Global Vision Publishing House, 2010, pp. 17 – 18.

(二) 不断提升与亚太国家的安全联系

"东向政策"实施后印度与亚太国家之间的安全关系不断提升，重点发展与亚太地区主要国家之间的军事关系。从1993年开始，新加坡皇家海军与印度海军便开始进行定期军事演习（SIMBEX，Singapore – India Maritime Bilateral Exercise）。2009年3至4月，新加坡与印度在南中国海地区进行了双边海军演习（SIMBEX）。2003年印度与新加坡签署的双边防务协议（DCA，Defence Cooperation Agreement）加速了印新关系的发展。[①] 1994年9月印度与越南签署了双边防务谅解备忘录，但是备忘录内容并没有得到贯彻和执行。2000年3月，时任印度国防部部长的费尔南德斯访问越南期间，正式向越南提出重启双边防务合作的建议，经过双方协商印度与越南签署了全面的防务合作协议。[②] 印度与印度尼西亚就联合研发武器装备进行了多次磋商。2001年两国签署防务合作协议，提升两国在安全领域的合作。2005年印尼总统访问新德里，两国在联合声明中宣布建立"战略伙伴关系"，印度将向印尼提供国防武器供应、高科技合作、联合研发等方面的支持。尽管当时印度的武器出口极为有限，然而印度最终拥有了东南亚国家武器出口国的地位。[③] 马来西亚是最早提出与印度建立防务关系的国家。早在1993年两国就签署了防务合作协议，90年代早期马来西亚开始从俄罗斯进口战斗机，此后印度便开始直接向马来西亚派出军事代表团帮助其训练驾驶员及维护修理相关设备。近年来两国还就出售布拉莫斯导弹及训练潜艇进行了协商。[④] 1999年7月，印缅两国内政部部长在新德里就提升两国安全合作进行了会谈。2000年两国恢复了军方的交流机制。2005年印度海军与泰国皇家海军达成了海军联合巡逻的备忘录。2006年印度与菲律宾签署了防务合作协议以深化两国的海军合作和军事交流，印菲关系相对还不够成熟，未来还有很大的提升空间。[⑤]

2001年7月，印度与日本在东京举行首次安全对话。2004年1月，印日两国第二次安全对话在新德里举行。2008年10月印度与日本签署安全合作的联合声明，声明承诺两国国防官员将进行定期对话以提升安全关系，印度成为继美国、澳大利亚之后第三个与日本签署此类协议的国家。[⑥] 此外，印度与美国在防务方面的合作也持续提升。在太平洋地区印度多次参与了由美国主导的军事演习。2004年2月印度空军编队越过太平洋，在阿拉斯加与美国军队联合军演。2006年9月，印美两国在夏威夷举行了代号为"战争准备"的军事演习。[⑦] 从2005年开始美印军事关系的频度和范围得到极大提升，2006—2008年，印度开始

[①] 关于印度与新加坡防务关系的内容见：Sinderpal Singh and Syeda Sana Rahman, "India – Singapore Relations Constructing a 'New' Bilateral Relationship," *Contemporary Southeast Asia*, Vol. 32, No. 1, April 2010, pp. 78 – 83。

[②] S. D. Muni, "The Turbulent South – China Sea Waters: India, Vietnam and China," *ISAS Insights*, No. 140 – 11, October 2011, p. 6.

[③] C. Raja Mohan, "India's Geopolitics and Southeast Asian Security," p. 49. 印度与印尼双边关系亦可见 http://www.mea.gov.in/mystart.php?id=50044478.

[④] C. Raja Mohan, "Is India an East Asian Power?" p. 12.

[⑤] Walter C. Ladwig III, "Delhi's Pacific Ambition: Naval Power, 'Look East' and India's Emerging Influence in the Asia – Pacific," p. 97.

[⑥] Terence Roehrig, "An Asian Triangle: India's Relationship with China and Japan," *Asian Politics and Policy*, Vol. 1, No. 2, 2009, p. 175.

[⑦] David Scott, "Strategic Imperatives of India as an Emerging Player in Pacific Asia," p. 134.

向美国采购武器系统,虽然交易金额不大,但是意义重大。2009年7月希拉里访问印度期间签署了《终端用户监控协议》(End – Use Monitoring Agreement),扩展了美国对印度销售武器的范围。① 2007年9月,印度、澳大利亚、新加坡、日本和美国在安达曼海域举行了联合海军演习。② 2011年12月,美国、日本和印度举行了首次三边安全论坛,讨论东亚安全问题。海上航道安全、人道主义援助的协调、全球恐怖主义是会议的重点议题,但是中国崛起也是会议不言而喻的重点。③ 印度通过与亚太国家进行一系列军事演习,购买美国武器加速提高军事实力,其目的便是提升在亚太国际格局中的地位,而这也迎合了美国希望印度成为亚太平衡力量的外交政策。

（三）印度积极参与亚太地区多边机制

印度"东向政策"在多边机制中的扩展主要以东盟为中心,参与多边机制合作在"东向政策"中扮演重要的角色。印度实践"东向政策"的重要措施是积极参与东盟主导的多边机制,东盟也对印度给予了积极回应。1992年1月,印度被东盟接纳为部分对话伙伴国,对话的范围被限定为贸易、投资和旅游。东盟同时给予印度与巴基斯坦部分对话伙伴国地位,但是不久,东盟发现巴基斯坦没有意愿或能力与东盟国家进行经济联系,与此同时印度努力发展与东盟国家的经济联系。因此,在1995年11月东盟第五次峰会上印度被接纳为全面对话伙伴国,同时被接纳为东盟地区论坛的会员国。④ 1996年印度开始参与东盟外长扩大会议以及东盟地区论坛,这是印度50年来第一次参与亚太地区在政治、安全等领域的多边论坛。⑤ 2002年,印度与东盟举行首届印度—东盟峰会,成为继中、日、韩之后与东盟建立"10 + 1"合作机制的第四个国家。2003年在巴厘岛举行的第二届印度—东盟峰会上,印度加入《东南亚友好合作条约》,双方正式签署了《印度与东盟全面经济合作框架协议》。⑥ 2005年4月应新加坡、印尼和泰国的强烈要求,东盟国家的外长们同意支持印度加入东亚峰会,这成为印度加强与东亚国家间关系的重要里程碑,同时东盟也实现了让印度在战略和经济上融入该地区的努力,东盟希望印度在东亚地区作为应对中国的平衡因素。⑦ 2010年,印度与东盟自由贸易协定在经过延迟之后正式实施,印度与东盟之间经济融合更加紧密。

印度参与亚太国家在多边领域的建设并不仅仅限于东盟。1997年印度与其南亚、东南亚邻国建立了孟印缅斯泰经济合作组织(BIMSTEC),泰国最早提出这项次区域合作的目的是为了有利于其在贸易、投资等领域的扩展,同时这也是泰国对印度"东向政策"的回应。而印度参与该协议也被认为是在南亚孤立巴基斯坦的表现。⑧ 2004年不丹和尼泊尔加入该组织,组织也更名为环孟加拉湾多领域经济技术合作倡议组织,印度与该组织联系的政治色彩

---

① C. Raja Mohan, "Is India an East Asian Power?" p. 14.
② Vibhanshu Shekhar, "India and Australia in the Twenty – first Century: Emerging Parameters of Strategic Engagement," p. 401.
③ Harsh V. Pant, "Meeting the China Challenge," *The Wall Street Journal*, December 20, 2011.
④ S. D. Muni, "India's 'Look East' Policy: The Strategic Dimension," p. 15.
⑤ Zhao Hong, "India and China: Rivals or Partners in Southeast Asia?" *Contemporary Southeast Asia*, Vol. 29, No. 1, April 2007, p. 123.
⑥ 黄正多、李燕:《多边主义视角下的印度"东向政策"》,第89页。
⑦ Zhao Hong, "India and China: Rivals or Partners in Southeast Asia?" p. 124.
⑧ 关于该部分的论述见 S. D. Muni, "The Turbulent South – China Sea Waters: India, Vietnam and China," p. 16.

不浓,组织内各国的合作主要集中在经济领域。2000年,印度与湄公河流域国家泰国、缅甸、老挝、柬埔寨和越南建立了湄公河—恒河合作论坛(MGC),论坛的成立促使印度直接开始参与湄公河流域的开发。印度还与东面邻国孟加拉国、缅甸和中国成立了孟中印缅次区域论坛(BCIM)以加强对印度东北部地区的开发与建设。此外,印度一直努力成为亚太地区合作论坛会员国,但是鉴于其亚太身份的模糊性,这个愿望一直没能如愿。早在1991年,印度便开始进行此种努力,1997年印度提出加入亚太经合组织的申请遭到拒绝,此后印度一直就加入亚太经合组织进行着各种努力。①

三、中国因素在印度"东向政策"中的作用

(一)中国因素在"东向政策"动因中的作用

两极格局的结束导致印度的不结盟政策失去了原有的色彩,主要战略伙伴苏联的解体使得印度外交更加孤立,但是印度并没有就此倒向美国及其西方盟国的怀抱。印度利用与东南亚国家在历史、地缘和文化上的联系,希望以"东向政策"为突破口开启印度外交的新局面。随着21世纪初印度崛起势头更加迅猛,"东向政策"逐渐成为印度发展与亚太国家关系的基石。印度最初实施"东向政策"的动因主要是:第一,与东南亚国家建立经济联系,摆脱外交孤立;第二,发展印度东北部地区;第三,消除在印缅边境的叛乱武装。②然而除了上述动因之外,中国因素在"东向政策"中也扮演了重要作用。特别是21世纪后,随着中国的崛起,中国因素在印度"东向政策"中的作用越来越明显。

中印两国同为亚洲大国,且都在不断崛起之中,冷战后两国在亚洲地区实现了"平行崛起"。中国实施改革开放之后,外交政策的目标主要服务于国内经济建设,希望周边地区拥有安全的战略环境。印度自经济自由化以来,也将发展国内经济放在首要位置,因此与北部邻国的政治和经济合作成为"东向政策"的目标。2000年中国与印度的经济贸易总额仅为29亿美元,但是到2010年两国的双边贸易总额已经高达617亿美元。③双边贸易的互惠有助于淡化以往两国之间的矛盾,转变两国的相互认知,使双方认识到对方的发展对自己是机遇。④与此同时,两国政治领域的合作同步发展,"2003年两国关系实现了全面正常化",⑤印度总理瓦杰帕伊访问中国,两国签署了《中印关系原则和全面合作的宣言》。2005年,中国总理温家宝访问印度,双方宣布建立面向和平与繁荣的战略合作伙伴关系,战略合作伙伴关系的确立使两国关系到达了一个新的层面。2006年,中国国家主席胡锦涛访问印度,深化了两国之间的战略伙伴关系。2008年印度总理辛格访华,双方签署了《中印关于二十一世纪的共同展望》。2010年中国总理温家宝访印并出席了中印建交60周年纪念活动的闭幕式。除了双边交往,两国在二十国集团、金砖国家合作机制、气候变化大会等多边机

---

① David Scott, "Strategic Imperatives of India as an Emerging Player in Pacific Asia," p. 135.
② Anindya Batabyal, "Balancing China in Asia: A Realist Assessment of India's Look East Strategy," p. 180.
③ 相关数据见商务部网站, http://yzs.mofcom.gov.cn/static/date/g/date.html/1.
④ Gillian GOH Hui Lynn, "China and India: Towards Greater Cooperation and Exchange," China: An International Journal, Vol. 4, No. 2, September 2006, p. 272.
⑤ Walter C. Ladwig III, "Delhi's Pacific Ambition: Naval Power, 'Look East' and India's Emerging Influence in the Asia-Pacific," p. 88.

制中也保持了密切的交流与合作。

印度"东向政策"的重要目标是确立印度的大国地位。中国与印度同时作为东南亚地区邻国的地缘事实导致了两国平行崛起的过程中必然出现竞争。冷战后苏联势力的退出使东南亚地区出现了权力真空,中国实力的快速崛起导致东南亚国家担心被中国控制,崛起后的印度被部分东南亚国家视为在亚太地区平衡中国的潜在力量。同时部分印度学者也认为中国与南亚国家关系的发展是在削弱印度作为南亚大国的基础。① 鉴于此,印度希望通过"东向政策"进入亚太地区,与中国实现某种程度的战略平衡。此外,随着中国与东南亚国家之间在经济贸易等领域的合作越来越密切,印度意识到如果不加紧发展与东南亚国家的关系,就将被快速发展的亚太地区抛弃,因此这也导致了印度加速实施"东向政策",与中国在东南亚地区展开竞争。中国经济和军事实力在亚洲的持续上升成为印度执行"东向政策"的决定性因素,② 特别是近年来,印度"东向政策"针对中国的安全考虑逐渐增多。

(二) 印度实施"东向政策"更多的是从与中国竞争的角度考虑而不是遏制中国

随着印度"东向政策"的不断扩展,"东向政策"的意图是与中国在亚太地区竞争,还是与美国、日本等国联合遏制中国成为讨论的焦点。1962年中印边界冲突一直是两国关系发展的重大障碍,印度的失败与中国的胜利"诱发了印度的'受害者心态'"。③ 针对中国轻视印度实力及其挑战能力,印度的反应是通过一系列外交举动让中国重视印度的战略存在。特别是在印度崛起的背景下,印度寄希望于通过"东向政策"的实施保持在亚太的战略存在,使中国重视可作为亚洲平衡力量的印度。

在"受害者心态"的作用下,中国与南亚国家发展关系被认为是中国在削弱印度的地区大国地位,最终让印度的影响限于南亚地区。中国与巴基斯坦双边关系的稳步发展是印度最担心的问题。印度认为中国的战略目的是让印度转移其在东亚的注意力,防止印度向南亚以外的区域延伸,中国利用巴基斯坦让印度在南亚无法抽身。④ 中国与南亚其他国家发展双边关系也被印度认为是中国正在南亚地区实施所谓针对印度的"珍珠链战略",目标是限制印度成为全球大国。中国主张的"多极世界"被印度理解为中国在全球层面主张多极,在亚洲层面则是追求主导地位,印度追寻大国地位是中国不愿意看到的。因此印度的"东向政策"是对中国的反制措施,⑤ 最终目标是让中国重视印度的战略存在。印度希望通过国家实力的发展,提高印度的国家地位。印度对全球治理的兴趣仅限于通过高速增长、信息及通信技术的专业化、核能力及太空梦想以提升在国际体系中的国家地位。⑥ 面对中国大战略意图的不确定性,斯科特认为印度可以在不对抗中国的条件下,通过接触与软制衡的方式与中国打交道。⑦ 虽然印度从没有明确表示遏制中国或在美国对抗中国的战略框架下给予美国任

---

① Iskander Rehman, "Keeping the Dragon at Bay: India's Counter – Containment of Chinain Asia," p. 114.
② Anindya Batabyal, "Balancing China in Asia: A Realist Assessment of India's Look East Strategy," p. 180.
③ 司乐如:《印度学者对中国的安全认知》,《国际政治科学》2010年第4期,第35–36页。司乐如在该文中阐述了中国与印度在双方安全互动上出现的"过度自信现象"和"受害者心态",分析了两种心态对双边关系的影响。
④ Iskander Rehman, "Keeping the Dragon at Bay: India's Counter – Containment of China inAsia," p. 118.
⑤ Ibid., p. 114.
⑥ Amitav Acharya, "Can Asia Lead? Power Ambitions and Global Governance in the Twenty – first Century," *International Affairs*, Vol. 87, No. 4, 2011, p. 863.
⑦ David Scott, "Sino – Indian Security Predicaments for the Twenty – First Century," p. 263.

何帮助,但是印度仍然被美国与东南亚国家视为是在亚洲地区对抗中国的"地区平衡力量"。①

从印度外交传统来看,印度强调其外交政策的独立性,冷战时期,印度通过不结盟运动强调其外交的独立性,借助不结盟运动的力量在美苏两大阵营之间左右逢源,不结盟是印度外交的核心原则。②虽然冷战后不结盟运动式微,印度开始运用"实用主义"外交为其经济发展提供外交保证,但是印度并没有抛弃不结盟外交政策。印度更希望在大国之间保持平衡外交,利用自己的中间地位实现国家利益的最大化。

(三)近期印度与亚太国家的一系列举动在战略上是"软制衡"中国的延续,但是印度与亚太国家的关系已经从横向向纵深方向发展

随着印度崛起步伐的加快,近年来印度加速推进"东向政策",与越南、日本和美国等亚太国家的关系已经从横向逐渐向纵深方向发展。印度向来视中国为其争做世界大国的主要障碍,为了对付来自中国的威胁,印度在亚太地区寻找制衡中国的潜在盟友,利用部分东盟国家和日本对中国存在防范心理,通过发展与这些国家的防务关系,在军事上对中国进行牵制。③近年来印度与部分亚太国家政治军事互动频繁。2010年10月,印度总理辛格访问日本、越南和马来西亚,与这些国家达成了多项共识。2011年10月,印度与越南两国不顾中国反对,签署协议,开发南中国海石油资源。2011年10月,缅甸总统首次访问印度并签署多项协议以加强两国关系,提升两国合作水平;同月,印度外长访问日本协调合作立场,随后两国防长还就两国联合军演进行了磋商。除了双边的军事演习,印度近年来还与美国、日本、新加坡等国多次举行多国联合军演。虽然印度实施"东向政策"在向纵深方向发展,有某种防范中国的意图,但是印度没有遏制中国发展的意图,"东向政策"依然停留在"软制衡"中国的战略层面。

印度近年加快实施"东向政策"与亚太国家建立战略联系在另一种层面上是对中国与南亚国家发展关系的激烈反应。中国与巴基斯坦"比海深,比山高"的友谊,④"全天候战略伙伴关系"的不断深化,以及中国与斯里兰卡、尼泊尔、孟加拉国等国发展双边关系都被印度认为是中国正在组建针对印度的"珍珠链"。部分印度学者认为中国经营与印度邻国的关系是在精心挑战印度外交,⑤它遵循着以下的逻辑,"将印度限制在次大陆仍然是中国的政策,策略十分简单:保持中印边界的安宁但是不解决它,与印度进行贸易的同时,军事援助巴基斯坦,与尼泊尔、孟加拉国和缅甸保持密切关系。"⑥印度战略分析家马利克(Ma-

---

① Amitav Acharya, "Can Asia Lead? Power Ambitions and Global Governance in the Twenty – first Century," pp. 862 – 863.
② K. R. Gupta and Vatsala Shukla, *Foreign Policy of India* (New Delhi: Atlantic Publisher and Distributors (P) Ltd, 2009), pp. 31 – 44.
③ 王传剑:《从"东进战略"的实施看印度的东亚合作政策》,第38页。
④ Sudha Ramachandran, "India Frets as China and Pakistan Embrace," November. 8, 2003, http: //www.atimes.com/atimes/South_ Asia/EK08Df06.html
⑤ Rohan Mukherjee and David M. Malone, "Indian Foreign Policy and Contemporary Security Challenges," *International Affairs*, Vol. 87, No. 1, 2011, p. 98.
⑥ Alyssa Ayres and C. Raja Mohan, et al. eds., *Power Realignments in Asia: China, India, and the United States*, New Dehli: Sage Publications India Pvt Ltd, 2009, p. 261.

lik)、卡皮拉（Kapila）、潘特（Pant）、乌尔马（Verma）等同样认为中国正在对印度实施战略包围，尽管中国否认，但是印度无论是在陆地上还是在海上正在面临中国影响力的不断增长。[①] 为了跳出中国在南亚地区针对"印度的包围"，印度要在亚太地区寻找战略伙伴对中国进行"软制衡式"的"反包围策略"，该策略成为指导近期印度"东向政策"的纲领性方针。在该方针的指导下，印度与亚太地区同样对中国崛起感到焦虑并与中国有争端的部分东南亚国家、日本和美国等政治、军事互动频繁。

结　语

21世纪以来，随着印度的崛起，"东向政策"实施的地理范围在不断扩展，战略意图也有一定转变。虽然制衡中国在印度"东向政策"实施的过程中扮演了十分重要的角色，但是我们也应当更理性地看待印度的"东向政策"。伴随着印度国内经济的飞速发展，其活动范围扩展是必然趋势，印度崛起后活动范围的扩展不仅仅局限在亚太地区，其在中亚、西亚和非洲等地区影响力的增长也非常明显。

中印两国出现视对方战略利益扩展为自身发展威胁的观点，主要原因是随着中印崛起，两国的战略利益逐渐超出了传统活动区域，中国战略利益开始"向西看"，印度开始"向东看"，结果出现了战略利益交叉。双方都对对方深入自己的战略利益范围本能地警觉，尤其是与对方的邻国开展频繁的政治、安全合作。印度的"东向政策"与中国在印度洋地区的活动其实是相互交叉的战略安排，双方应理性看待对方战略利益的扩展，而不应当从零和博弈的角度看待对方发展。如果中印两国都把对方的战略安排视为对方采取的战略包围策略，则很难赢得对方的信任。中印两国都曾强调亚洲有足够空间容纳中印同时崛起，其实印度的"东向"战略与中国在南亚和印度洋地区的活动，本身就是两国在亚洲同时崛起的表现。此外，我们也应该看到虽然印度在实施"东向政策"的过程中与美国、日本和澳大利亚等国政治、军事互动频繁，但是独立外交政策一直是其外交政策的基石，因此从印度外交政策延续性上考虑印度不大会加入美国在亚洲地区的"轮轴—辐条"同盟体系。

虽然印度实施"东向政策"制衡中国的安全考虑不断上升，但是未来中印关系的发展，也取决于中国怎样应对印度"东向政策"的措施，中国可以通过在安全领域的"安全互构"建立战略信任。"安全互构"指中印两国应通过积极方式处理双方的战略疑虑，通过各种实际行动和措施消除对对方长期战略的疑虑，夯实两国合作和信任的基础。以往经贸关系在中印两国关系中扮演了重要的平衡作用，但是近年来随着双边贸易不平衡问题越来越严重，双边贸易作为中印两国关系"稳定器"的作用在逐渐失效，在此背景下中印两国怎样在政治领域赢得对方信任成为中印关系面临的重要考验。因此面对印度崛起后的"东向政策"，中国应当理性看待印度崛起过程中战略利益的扩展，与此同时在"安全互构"的过程中也让印度正视中国在南亚的战略利益存在。

---

① David Scott, "Sino–Indian Security Predicaments for the Twenty–First Century," p. 256.

中国和印度与东南亚区域合作的比较与竞合

卢光盛　聂　姣*

【摘　要】东南亚既是中国"一带一路"倡议线路的必经之路，也是印度"印太构想"的重要区域。当中国的"一带一路"与印度的"印太构想"在东南亚地区相遇，两国的利益碰撞和影响力竞争明显增强，但也为中印在与东南亚区域合作过程中走向"竞合"提供了广阔的空间。中印在东南亚区域合作中的竞争与合作，贯穿于中国和印度参与东南亚区域合作的不同理念中。中印与东南亚区域合作有着不同的利益诉求，这使得双方对彼此认知出现错位，印度呈现出明显的排他性，中印在域外因素和合作成效方面也出现明显的差异。比较中国和印度与东南亚区域合作在利益诉求、彼此认知、排他性、域外因素、合作成效等方面的不同，有利于厘清中国和印度在东南亚区域合作中的"竞争面"与"合作面"，推动中印两国在与东南亚区域合作的"碰撞与竞争、对接与合作"中探索更具实质性意义的合作，最终实现互利共赢或多赢，为周边命运共同体的实现创造有利的条件。

【关键词】东南亚区域合作；中国—印度—东盟关系；周边外交跨区域合作

一、问题的提出

东南亚是中国和印度开展地区外交的核心区域，两国与东南亚都有着悠久的交往历史。历史上，东亚曾形成了以中国为核心的"朝贡秩序"，朝贡成为古代中国与东南亚国家进行交往的主要方式，而公元前二三世纪时印度文化就已经进入东南亚地区。中印最初的贸易关系也是以东南亚地区为中介的间接贸易行为，甚至世界两大古老文化——汉文化和古印度文化的首次接触也是以东南亚为中介或转移平台实现的。①

当前中印两国的地缘战略布局正在陆地和海洋两大方向上同时展开：中国围绕"一带一路"展开陆海统筹的全方位对外开放新布局；印度则是以南亚为中心，辐射印度洋，主要面向东、西两大战略方向拓展的综合性布局。从覆盖范围来看，两国的相关目标区域存在事实上的重叠，并呈现出陆海交叠、迎头相撞的态势。②随着中国"一带一路"、印度"东向行动政策"和"印太构想"的推进，东南亚愈发成为中国和印度的利益交汇甚至碰撞区。当中国的"一带一路"与印度的"印太构想"在东南亚地区相遇，两国的利益碰撞和影响力竞争明显增强。

---

* 卢光盛，云南大学周边外交研究中心首席专家，云南大学国际关系研究院副院长，教授、博士生导师；聂姣，云南大学国际关系研究院博士生。
① 王希、肖红松编：《跨洋史话：在全球化时代做历史》，商务印书馆，2017，第157页。
② 冯传禄：《近期中印关系发展趋势研判："回归常态"抑或"战略性转向"》，《南亚研究》2019年第3期，第29-31页。

经过五十多年的努力，东盟成为东亚乃至亚太地区的重要政治力量，在东亚区域合作中创造并维持着"小马拉大车"的奇迹。① 东盟始终奉行开放的区域主义，倡导与世界各国建立各种形式的双边或多边联系的合作机制，形成了嵌套叠加的"东盟+"结构②。以东盟为核心的区域合作机制已经成为引领亚太区域合作的核心动力。随着中印两国越来越主动地参与东南亚地区秩序建立和区域合作，中印关系中的竞争与合作也延伸到这一过程中。

尤其2014年印度莫迪政府执政后，中印竞争的地域范围在扩大，两国竞争的对抗性因素不断增加，印度借助外力来与中国争夺地区影响力的态势日益凸显。③ 中国和印度与东南亚的区域合作虽然表面上具有国际合作的形式，但长期以来一直处于一种潜在的竞争状态，东南亚区域合作已经成为中印竞合的重要内容和平台。

对东盟而言，更希望中印在与东南亚区域合作中能实现某种程度的"软平衡"，使"龙象之争"能为东盟的发展创造战略空间。东盟推动亚洲区域合作进程的首要目标是助力东盟共同体的建设，即以外部的一体化进程推动自身的一体化进程。④ 在2019年6月东盟发布的"东盟印太展望"文件中也指出，将东盟的中心地位作为推动印太区域合作的根本原则，东盟将酌情同亚太和印度洋地区其他区域和次区域，在共同关心的具体领域开展合作，以补充相关的行动倡议。⑤ 这份文件可视为东盟自己的"印太战略"，其中也透露出东盟更倾向于发展具有包容性的多边协作机制，这实际上为中国和印度在东南亚区域合作中实现协调提供了第三方机遇。

对中国和印度而言，在中美关系日益紧张的背景下，中国需要联合印度共同分担美国重新规制亚太的压力⑥，印度也需要中国维持其在自由贸易秩序中获得的快速发展红利。最重要的是，如果中国和印度在东南亚区域合作中能够有效限制竞争，扩大合作，可以有效避开两国在"一带一路"和孟中印缅经济走廊等合作中出现的僵局，在东南亚地区探索更具实质性意义的合作。

值得注意的是，中国和印度与东南亚区域合作，为两国缓和关系和建立共识提供了更广阔的合作舞台，但在这个舞台上中印也在表达着各自的不满，并巧妙地削弱和破坏彼此的区域影响力，无论是通过试图拒绝对方参与区域组织，还是通过发起竞争性开发项目。⑦ 同时，当前世界面临"百年未有之大变局"的"转型过渡期"，中国对外开放的外部环境也发生了重大变化，即经济全球化的中心从多边主义转到了区域主义。⑧ 在日益明晰的"规则世界"背景下，中印两国如何协调彼此在东南亚区域合作中的关系成为一个值得探讨的问题。

本文以东南亚区域合作为切入点，对比分析中国和印度与东南亚区域合作基本概况，并

---

① 王玉主:《小国集团的能动性——东盟区域合作战略研究》,《当代亚太》2013年第3期,第93页。
② 梁志明:《论东南亚区域主义的兴起与东盟意识的增强》,《当代亚太》2001年第3期,第15–18页；翟崑:《东盟对东亚合作主导权的波动规律(1997—2017)》,《教学与研究》2017年第6期,第50页。
③ 李益波:《中印外交竞逐：从南亚到东南亚》,《南风窗》2017年第24期,第37页。
④ 沈铭辉:《RCEP谈判中的区域合作博弈与东北亚国家的新角色》,《东北亚学刊》2018年第5期,第26页。
⑤ 沈铭辉:《RCEP谈判中的区域合作博弈与东北亚国家的新角色》,《东北亚学刊》2018年第5期,第26页。
⑥ 席桂桂、陈水胜:《美国"亚太再平衡"战略及其对美国、中国、印度三边关系的影响》,《东南亚研究》2016年第2期,第64页。
⑦ Iskander Rehman, "Keeping the Dragon at Bay: India's Counter-Containment of China in Asia," *Asian Security*, Vol. 5, No. 2, 2009, p. 138.
⑧ 李向阳:《构建"一带一路"需要优先处理的关系》,《国际经济评论》2015年第1期,第55页。

探讨中印两国在东南亚区域合作中的竞合关系，试图寻找中印两国在东南亚区域合作中走向"竞合"的方式，探索构建"中国—印度—东盟"（CIA）增长三角的可能性。从这种视角来看中国—印度—东盟关系的发展，既能够更为深刻地认识"中国—印度—东盟"中的双边和三边关系，推动中印两国在东南亚从区域竞争迈向高质量发展的区域合作，为亚洲经济一体化以及亚洲共同体的实现提供动力，也能探索第三方介入中国区域合作的应对方式，为中国与其他地区的区域合作提供参考。

二、东南亚地区主义：相互重叠和竞争

中国和印度都是地区性大国，两国在地区层面的互动是两国关系的重要组成部分，对所涉地区的发展与稳定以及中印双边关系至关重要。中国和印度按照自身偏好在东南亚地区主导和参与区域合作的过程中形成的"势均力敌"的竞争关系，就在一定程度上加剧了东南亚地区主义相互重叠和竞争的局面。

（一）重叠地区主义的内涵和交互模式

"重叠地区主义"（overlapping regionalism）是指当国家加入若干地区性合作组织（区域组织）时，由于这些区域组织在至少一个政策领域具有相同或类似的政策能力，造成了区域组织在成员和任务方面的重叠[①]。当前，重叠地区主义已经成为一种普遍的现象，没有一个区域没有出现重叠地区主义。[②] 并且大多数区域都有两个以上的区域组织，这些区域组织往往是互补的，执行着不同的功能。区域组织的扩散和重叠经常被描述和比喻为"意大利面条碗"（spaghetti bowl）。[③] 也有学者称，近年来出现了对现有区域和全球秩序的新挑战，即一系列新成立的或复兴的区域组织，共同构成了"竞争性的地区主义"（rival regionalism）。[④] 在东亚地区，这种"竞争性的地区主义"格局，就导致了该区域的制度过剩。[⑤]

在重叠地区主义中，重叠的区域组织存在着积极和消极的两种相互作用模式，这些模式可以是互补的，也可以是竞争的。一方面，重叠地区主义会对区域合作和区域一体化的效力产生消极影响。区域合作是几个国家在共同关心的问题上联合起来采取共同立场的一种群体认同表现，这种临时构建的群体身份通常是负面的，往往与其他群体身份相抵触。这种区域合作一般针对一个具体的问题，只限于本合作在某些问题上采取共同和联合立场，因此，紧张、竞争甚至冲突持续发生，有时甚至以群体的姿态发生。[⑥] 重叠导致行为者之间无益的竞

---

① Diana Pankea and Soren Stapel, "Exploring Overlapping Regionalism," *Journal of International Relations and Development*, Vol. 21, No. 3, 2018, p. 636.

② Diana Pankea and Soren Stapel, "Overlapping Regionalism in Europe: Patterns and Effects," *The British Journal of Politics and International Relations*, Vol. 20, No. 1, 2018, p. 240; Diana Pankea and Soren Stapel, "Exploring Overlapping Regionalism," p. 635.

③ Detlef Nolte, "Latin America's New Regional Architecture: A Cooperative or Segmented Regional Governance Complex?" *European University Institute Working Paper RSCAS*, 2014, p. 2, https://cadmus.eui.eu/bitstream/handle/1814/32595/RSCAS_2014_89.pdf.

④ Ellen L. Frost, "Rival Regionalisms and Regional Order: A Slow Crisis of Legitimacy," *NBR Special Report*, No. 48, December 2014, p. 5.

⑤ 李巍:《东亚经济地区主义的终结？——制度过剩与经济整合的困境》,《当代亚太》2011 年第 4 期，第 32 页。

⑥ Artatrana Gochhayat, "Regionalism and Sub-regionalism: A Theoretical Framework with Special Reference to India," *African Journal of Political Science and International Relations*, Vol. 8, No. 1, 2014, p. 18.

争、效率低下和交易成本高昂,最终损害了国际合作的目标。另外,一般来说,一个国家加入的具有类似政策能力的区域组织越多,它需要遵守的规则和规范就越多,① 受到重叠地区主义的影响越严重。

另一方面,行为体能够从部分嵌套、重叠的区域合作中获益。一是降低成本和进入壁垒。重叠机构的大杂烩为参与者提供了一系列选择,这些选择往往只需要很少的前期参与成本。二是为小国提供杠杆工具。重叠地区主义使得较小的国家在各区域组织中能够掩盖自己的偏好,参与由不同权力支持的区域合作,这些小国由此获得了更大的战略灵活性。三是增加中等国家发挥作用的空间。重叠地区主义使得中等国家能够在地区政治中发挥更积极的作用,更便于他们在大国政治中穿梭。由于中等国家没有地区大国那么具有威胁性,中等国家成为其他参与方的连接桥梁,重叠的机构也增加了国与国之间进行互动的机会②。四是重叠有助于产生冗余和增加后备选项,即通过差异化的多边合作,为成员国提供选择退出某些制度化政策领域或在另一区域组织中推动其政策偏好的机会③。五是帮助解决地区治理问题。大国是区域合作制度安排的主要供给者,大国竞争为区域合作制度安排提供动力。④ 重叠地区主义形成的制度层次性能够帮助解决地区治理问题,一定程度上缓解了竞争。

东南亚地区主义存在着明显的重叠现象。在实践当中,由于"东盟模式"未能有效整合地区利益,加之地区大国对区域组织的主导权争夺,导致地区合作制度过剩,地区主义在一定程度上沦为大国竞争的工具。⑤ 也就是说,中国和印度在与东南亚区域合作过程中的竞争和博弈,在东南亚重叠地区主义的演变过程中显现出来,并加剧了东南亚地区主义的重叠局面。随着中国和印度参与东南亚区域合作的深度和广度不断加深和拓展,中印两国在其他领域的竞争与合作也延续到两国与东南亚的区域合作中。这种竞争与合作的影响是两面的:一方面帮助解决地区治理问题,为东南亚国家提供了更多的公共产品;另一方面加剧了东南亚地区主义相互重叠和竞争的局面,给东南亚区域合作带来了重复且无益的竞争和议程的混乱。

(二) 中印竞合加剧了东南亚地区主义的相互重叠

目前大多关于重叠地区主义的研究集中于对东亚地区的研究。在研究东亚重叠地区主义的文章中,⑥ 主要侧重于把东北亚合作和东亚合作进展缓慢归咎于中日对区域合作的主导权

---

① Diana Pankea and Soren Stapel, "Overlapping Regionalism in Europe: Patterns and Effects," p. 245.
② Andrew I. Yeo, "Overlapping Regionalism in East Asia: Determinants and Potential Effects," *International Relations of the Asia – Pacific*, Vol. 18, No. 2, 2016, pp. 183 – 185.
③ Brigitte Weiffen, Leslie Wehner and Detlef Nolte, "Overlapping Regional Security Institutions in South America: The Case of OAS and UNASUR," *International Area Studies Review*, Vol. 16, No. 4, 2013, p. 372.
④ 刘均胜、沈铭辉:《亚太区域合作制度的演进:大国竞争的视角》,《太平洋学报》2012 年第 9 期,第 60—61 页。
⑤ 韩爱勇:《开放的地区主义:中国地区合作的新路径》,《教学与研究》2017 年第 6 期,第 46—47 页。
⑥ 此类研究详见:Andrew I. Yeo, "Overlapping Regionalism in East Asia: Determinants and Potential Effects," pp. 161 – 191; Mark Beeson, "Asia's Competing Multilateral Initiatives: Quality Versus Quantity," *The Pacific Review*, Vol. 32, No. 2, 2019, pp. 245 – 255; Jürgen Rüland, "Southeast Asian and Global Governance: 'Multilateral Utility' or 'Hedging Utility'?" *Contemporary Southeast Asia*, Vol. 33, No. 1, 2011, pp. 83 – 112.

之争①，也有少部分文章提及美国和俄罗斯等域外大国的介入。② 然而，对中国和印度在东南亚区域合作中的竞合关系研究的文章较少，部分学者在关注湄公河地区制度重叠的文章中一笔带过印度在该地区的影响，③ 这与近年来中印两国对东南亚的重视不断增强以及两国在该地区的交集日益密集的发展趋势是不相符的。

实际上，从东南亚重叠地区主义的形成过程中就可以看出，中国和印度与东南亚区域合作的进程加剧了东南亚区域组织的拥挤和重叠，使得东南亚地区主义存在着明显的重叠现象。东南亚区域组织的建立和扩散大约经历了三波浪潮，这三波浪潮也是东南亚重叠地区主义的形成过程。

第一波浪潮始自20世纪60年代初，东南亚先后成立了两个地区合作组织——"东南亚联盟"（ASA）和"马菲印多"（Maphilindo），这两个组织的成立标志着东南亚地区主义的产生。④ 但好景不长，这两个组织很快解体并于1967年8月并入统一的东南亚国家联盟组织（ASEAN，简称东盟）⑤，东盟是东南亚地区首次尝试建立深化亚洲区域合作的政府间组织。⑥

随后，1989年由新加坡提出的"新柔廖成长三角"（SIJORI-GT），1992年由中国云南省、缅甸、泰国、老挝、柬埔寨和越南组成的大湄公河次区域经济合作（GMS），1994年文莱、印尼、马来西亚、菲律宾—东盟东部增长区（BIMP-EAGA）等次区域合作相继启动。

第二波浪潮主要追求地缘政治目标，并受到中印战略竞争加剧的推动。⑦ GMS成立后，随着中国与南亚、东南亚国家更为紧密的合作，印度在明显的危机感驱使下提出"东向政策"，通过成立环孟加拉湾多领域经济技术合作倡议（BIMSTEXC，下文简称环孟合作倡议）和湄公河—恒河合作倡议（MGC）深化与东南亚邻国的关系。1999年中国学者提出"昆明倡议"，该倡议2013年发展为孟中印缅经济走廊（BCIM），虽然印度被纳入了这一倡议，但印度对中方在孟中印缅经济走廊合作中的地缘政治、经济、安全的影响力及对本地区"主导权"方面有疑虑，对孟中印缅经济走廊建设始终保持高度警惕。⑧ 这一阶段成立的还有2003年4月由泰国提出的伊洛瓦底江—湄南河—湄公河经济合作战略（ACMECS）。AC-

---

① 王玉主：《中日之争与东亚合作——以"10+3""10+6"为主的分析》，《创新》2010年第3期，第8页；金仁淑：《中日与东盟区域经济合作战略及其经济效应》，《日本学刊》2018年第3期，第82-99页；王玉主：《亚洲区域合作的路径竞争及中国的战略选择》，《当代亚太》2010年第4期，第73-81页；黄大慧、孙忆：《东亚地区合作主导权与中日制度竞争》，《教学与研究》2017年第6期，第35-41页。

② 夏苇航、刘清才：《浅析中美在与东盟区域合作中的博弈》，《人民论坛·学术前沿》2017年第24期，第78-81页；李巍：《东亚经济地区主义的终结？——制度过剩与经济整合的困境》，第6-32页；Ja Ian Chong, "Deconstructing Order in Southeast Asia in the Age of Trump," Contemporary Southeast Asia, Vol. 39, No. 1, 2017, pp. 29-35.

③ 王庆忠：《大湄公河次区域合作：域外大国介入及中国的战略应对》，《太平洋学报》2011年第11期，第47页；马燕冰、张学刚：《湄公河次区域合作中的大国竞争及影响》，《国际资料信息》2008年第4期，第17页；毕世鸿：《机制拥堵还是大国协调——区域外大国与湄公河地区开发合作》，《国际安全研究》2013年第2期，第64-65页。

④ 韦红：《20世纪60年代初东南亚地区主义发展受挫原因再思考》，《华中师范大学学报》（人文社会科学版），2004年第1期，第83页。

⑤ 郑先武：《东南亚早期区域合作：历史演进与规范建构》，《中国社会科学》2017年第6期，第197页。

⑥ 苏密斯·那坎德拉：《南亚与东南亚多边经济合作的形成》，刘鹏译，《印度洋经济体研究》2017年第1期，第136页。

⑦ Jürgen Rüland, "Southeast Asia's Competitive Sub-regionalism: Overlap and Superfluity?" Asia Dialogue, April 8, 2019, https://theasiadialogue.com/2019/04/08/southeast-asias-competitive-sub-regionalism-overlap-and-superfluity/.

⑧ 罗圣荣、聂姣：《印度视角下的孟中印缅经济走廊建设》，《南亚研究》2018年第3期，第1页。

MECS 促使泰国的邻国立即做出反应，2004 年柬埔寨、老挝、缅甸、越南成立了柬老缅越四国合作机制（CLMV）。

第三波浪潮是中国启动"一带一路"倡议之后，主要表现为 2013 年李克强总理访问印度期间提出的孟中印缅经济走廊和 2016 年启动的"澜湄合作"（LMC）。至此，东南亚地区主义形成了相互重叠和相互竞争的局面（见图 1）。

具体来说，目前东南亚地区的区域合作与次区域合作框架主要包括：环孟合作倡议、亚洲开发银行牵头的文莱—印尼—马来西亚—菲律宾东盟增长区、大湄公河次区域经济合作和印尼—马来西亚—泰国增长三角，中国主导的澜湄合作，美国主导的"湄公河下游倡议"（LMI），印度主导的湄公河—恒河合作倡议，日本与湄公河流域国家峰会，湄公河—韩国合作计划，伊洛瓦底江—湄南河—湄公河经济合作战略等。此外，还有东盟的两个正在进行的区域发展倡议，即东盟一体化倡议（IAI）和东盟互联互通总体规划（MPAC）。

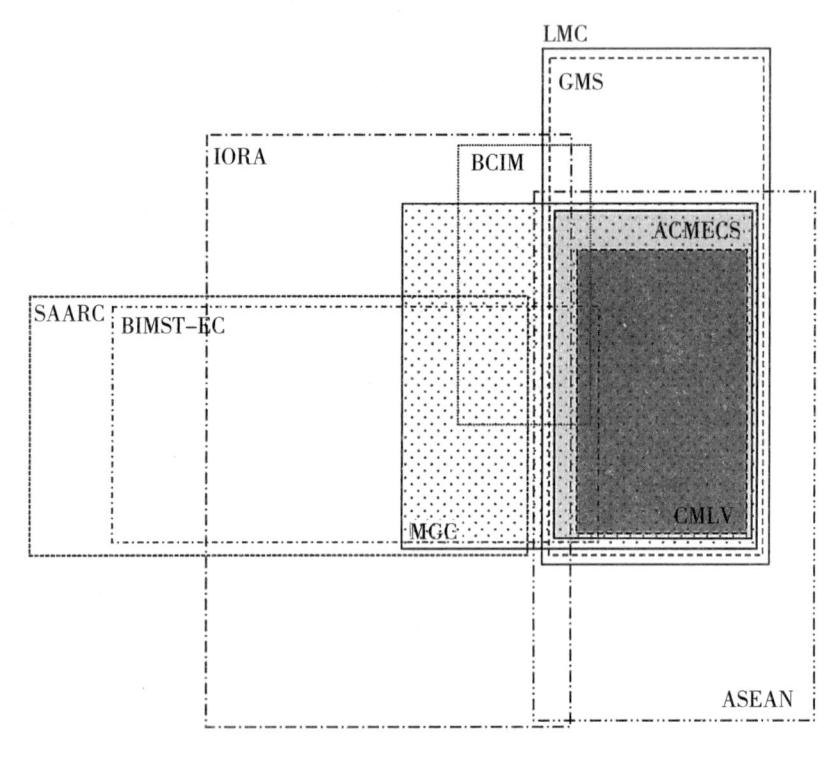

图 1 东南亚的重叠地区主义

资料来源：Jurgen Ruland and Arndt Michael, "Overlapping Regionalism and Cooperative Hegemony: How China and India Compete in South and Southeast Asia," Cambridge Review of International Affairs, Vol. 32, No. 2, 2019, p. 13.

最引人注目的趋势是，这些区域合作框架正在成为地缘政治竞争的机制。① 德国弗赖堡

---

① Thomas Parks, Larry Maramis, Apichai Sunchindah and Weranuch Wongwatanakul, "ASEAN as the Architect for Regional Development Cooperation," The Asia Foundation, p. 2. September 2018, https://asiafoundation.org/wp-content/uploads/2018/09/ASEAN-as-the-Architect-for-Regional-Development-Cooperation_Nov2018.pdf.

大学政治学教授容根·罗兰（Jürgen Rüland）将东南亚重叠地区主义称为"东南亚竞争性次区域主义"，而这种"竞争性次区域主义"造成了东南亚区域合作的"重叠"和"多余"。① 最典型的例子就是目前各国在湄公河地区的竞争形成的重叠地区主义。自2000年以来，在湄公河地区已经发起了13项单独的次区域合作倡议②。从制度上来看，中国主导的澜湄合作就与成立于1957年的湄公河委员会（MRC）、亚行牵头的GMS、印度的MGC、美国2009年启动的LMI、日本与湄公河流域国家峰会以及一些东南亚国家发起的区域合作存在着制度重叠。这些由地缘政治驱动的区域合作对东盟国家来说既是重大机遇，也是重大风险。机遇表现为东盟国家接受这些区域合作带来的资金、技术等的支持，享受着进一步一体化和基础设施建设带来的经济效益；风险则表现为东盟承受着重叠和竞争带来的压力，东南亚日益增长的重叠地区主义成为一种渐进式蔓延的危机的征兆，它预示着东盟在该地区日益加剧和分裂的大国竞争中越来越纠结。③ 比如当东盟面对基础设施建设的多个区域合作选择时，如果单个东盟国家对一个项目说"不"，就必须考虑到对双边关系的负面影响。④

从东南亚区域组织的建立所经历的三波浪潮可以看出，地缘政治驱使下中印战略竞争加剧对东南亚重叠地区主义产生了重要的影响。有学者将中国和印度与东南亚的区域制度建设称为"竞争性合作霸权"，认为区域制度建设实际上是一种"软平衡"，区域制度建设的过程也是中印建立"竞争性合作霸权"的过程。⑤ 需要说明的是，关于东南亚地区主义和重叠国际机制的研究已经不胜枚举，在此不再赘述。本文要重讨论的是中国和印度在东南亚区域合作中的竞合关系，中印两国在与东南亚区域合作过程中的竞争与合作一定程度上加剧了东南亚重叠地区主义的局面。

三、中印与东南亚区域合作的基本情况

中印两国在亚洲的战略重要性使得中印双边关系成为更广泛的区域动态的缩影，也是亚洲地区格局架构的先驱⑥。因此，我们需要将中印关系置于亚太甚至全球背景下考量，至少需要从区域层面而非双边层面考量。

（一）中国与东南亚区域合作的基本情况

对中国来说，经略东南亚一直是中国周边外交的优先方向，与东南亚的区域合作自然被提到前所未有的高度。中国与东南亚区域合作甚至被视为中国参与区域治理与构建区域秩序的重要"实验田"。⑦ 从战略背景来看，中国的东南亚区域合作战略是依托"一带一路"倡

---

① Jürgen Rüland, "Southeast Asia's Competitive Sub-regionalism: Overlap and Superfluity?".
② Thomas Parks, Larry Maramis, Apichai Sunchindah and Weranuch Wongwatanakul, "ASEAN as the Architect for Regional Developmet Cooperation," p. 45.
③ Jürgen Rüland, "Southeast Asia's Competitive Sub-regionalism: Overlap and Superfluity?".
④ Thomas Parks, Larry Maramis, Apichai Sunchindah and Weranuch Wongwatanakul, "ASEAN as the Architect for Regional Development Cooperation," p. 2.
⑤ Jürgen Rüland and Arndt Michael, "Overlapping Regionalism and Cooperative Hegemony: How China and India Compete in South and Southeast Asia," p. 2.
⑥ Chietigj Bajpaee, "China-India: Regional Dimensions of the Bilateral Relationship," *Strategic Studies Quarterly*, Vol. 9, No. 4, 2015, p. 132.
⑦ 全毅、尹竹：《中国—东盟区域、次区域合作机制与合作模式创新》，《东南亚研究》2017年第6期，第26页。

议的。"一带一路"本身就是以运输通道为纽带,以互联互通为基础,以多元化合作机制为特征,以打造命运共同体为目标的新型区域合作机制。① 中国与东南亚的区域合作则在此基础上更为具体和细化,表现为在建立共识和达成协议的基础上,中国与东南亚构建了多种区域性和次区域性合作机制。

在国家—区域层面,中国与东盟已由对话关系上升为战略伙伴关系,建立起日益完备的合作机制。中国和东盟的对话始于1991年,1996年中国成为东盟的全面对话伙伴国。目前中国与东盟已经建立起中国—东盟领导人会议(即"10+1"合作机制)、中国—东盟全面经济合作框架协议、中国—东盟博览会、中国—东盟海上合作机制等系列区域合作机制。同时,中国和东盟还共同建立了泛北部湾经济合作机制、中国与东南亚国家海洋合作论坛、中国—东盟海事磋商机制、中国—东盟港口发展与合作论坛、中国—东盟海洋科技合作论坛、中国—东盟海洋合作中心、中国—马来西亚港口联盟以及中国—东盟海上合作基金等海洋合作机制,推动中国与东盟国家开展海上互联互通与海洋经济合作。②

在国家—次区域层面,以 GMS、LMC 为代表的次区域合作成为中国与东盟关系的重要抓手。另外,"海上丝绸之路"中包含的一些经济走廊和经济合作区,如孟中印缅经济走廊、中南半岛经济走廊,南宁—新加坡经济走廊、广西—文莱经济走廊、中越构建"两廊一圈"等,也是中国与东南亚次区域合作的重要内容。

(二) 印度与东南亚区域合作的基本情况

区域合作一直是印度外交政策的一个重要方面,而参与东南亚区域合作已经成为印度实现"大国梦"的重要平台。印度的大国逻辑是先做南亚大国、亚太大国,最后成为世界大国,东南亚是这"三步走"战略中的第二步。因此印度十分看重东南亚的地缘地位,不甘心对该地区的影响久居人后,加强与东南亚的区域合作就成为印度从"南亚大国"过渡到"世界大国"的跳板。为了获得1947年印度独立以来历届印度领导人一直追求的"大国"地位,印度一直在加强与东南亚国家的区域合作。莫迪执政后,以"东向行动政策"为先导,印度通过次区域合作、"印太战略"等政策,逐渐嵌入东南亚的地区一体化进程中。③

在国家—区域层面,出于发展经济的需要,20世纪90年代初印度出台了"东向政策",拉近与东盟的经济关系。印度于1992年成为东盟的部门对话伙伴国,1995年升格成为全面对话伙伴关系,1996年加入东盟地区论坛(ARF),2002年印度与东盟建立"10+1"合作机制,2003年印度与东盟签署《东南亚友好合作条约》,2004年印度与东盟签署了被视为双方关系纲领性文件的《和平、进步与繁荣的伙伴关系协定》,意图全面促进双方政治、经济、文化、科技和安全合作,并在2005年参加了东亚峰会。2012年年底的印度—东盟峰会把双方关系升级为"战略协作伙伴关系",构建了基于"东盟+1"框架的印度—东盟自贸区,同时全面签署了《印度—东盟FTA》,标志双方合作进入新的历史时期。④ 莫迪上台后,"东向政策"升级为"东向行动政策",强调进一步加强与东盟的经贸关系,推动 RCEP、

---

① 李向阳:《论海上丝绸之路的多元化合作机制》,《世界经济与政治》2013年第11期,第17页。
② 全毅、尹竹:《中国—东盟区域、次区域合作机制与合作模式创新》,第18页。
③ 张建岗:《印度与东盟关系:来自印度学界的视角》,《东南亚研究》2019年第1期,第94页。
④ 葛成:《印度区域合作重心东移的诉求与制约》,《南亚研究季刊》2013年第2期,第50页。

"10+6"机制谈判进程,促使印度更大程度地进入东盟市场①。值得注意的是,印度是东盟所有安全合作机制的积极参与者。从安全合作角度来看,东南亚地区的安全架构已经形成了一个以东盟为中心的重叠体系。这一体系自20世纪90年代以来一直在演变发展,主要包括三个层次:第一层是东盟地区论坛(ARF)、东亚峰会(EAS)、东盟海上论坛(EAMF)、东盟防长扩大会议(ADMM+)等相关会议;第二层比较突出的是在新加坡举行的香格里拉对话;第三层主要是由非政府组织主导的亚太圆桌会议②。印度是上述所有安全合作机制的积极参与者。通过上述多边论坛合作,印度与东盟国家保持着连续的接触,这些平台也为印度提供了接近东南亚国家的空间。

在国家—次区域层面,印度与东南亚的次区域合作主要集中反映在印度的东北和东南两个方向上。东南方向的次区域合作重点是环孟合作倡议,东北方向的次区域合作重点是湄公河—恒河合作倡议(见表1)。③ 环孟合作倡议(BLMSTEC)。1997年,印度的"东向政策"与泰国的"西向政策"共同促成了孟印斯泰经济合作组织(BISTEC)的成立,其随后变成了环孟合作倡议(BLMSTEC)。由于环孟合作倡议特别强调南亚和东南亚两个区域在历史传统上以及文化习俗上的联系,它通常被认为是沟通南亚、东南亚地区最重要的经济组织——东盟和南盟的桥梁。④ 湄公河—恒河合作倡议。2000年11月印度与柬埔寨、老挝、缅甸、泰国和越南五个国家共同成立了湄公河—恒河合作倡议。该组织是印度积极参与和倡导、连接东南亚和南亚,成立时间最短的跨区域非正式合作组织,是印度为加速推行"东向政策",与东盟国家拉近关系和加强合作采取的重要举措之一。⑤ BIMSTEC和MGC这两个次区域合作的成立,使得南盟和东盟的一些成员国建立关系的模式比这两个组织过去的直接接触要更加具体和更为有效。⑥

表1 印度与东南亚的次区域合作

方 向	次区域合作形式(名称)	成立时间/加入时间	性 质	印度在该区域合作中的地位
东南方向	环孟合作倡议	1997年由印、孟、斯、泰四国首先发起成立,缅甸随后加入,2004年7月,尼泊尔和不丹也加入了该组织	是印度第一个也是唯一一个将印度的战略边缘(北、南、东)集中在一个单一区域合作体系下的组织	创建国/主导国

---

① 张力:《日益扩展中的印度海外战略布局》,《人民论坛·学术前沿》2018年第1期,第30页。
② Jonah Blank, Jennifer D. P. Moroney, Angel Rabasa and Bonny Lin, *Look East, Cross Black Waters: India's Interest in Southeast Asia*, California: RAND Corporation, 2015, p. 55.
③ 张建岗:《印度与东盟关系:来自印度学界的视角》,第99—100页。
④ 李好:《印度与东盟贸易合作对我国的影响》,《经济纵横》2009年第5期,第116页。
⑤ 邓蓝:《湄公河—恒河合作倡议:十年发展与前景展望》,《东南亚南亚研究》2010年第4期,第67页。
⑥ 斯瓦兰·辛格:《南亚区域合作联盟与东盟的经济关系:限制因素和有利因素》,《南洋问题研究》2006年第4期,第47页。

续 表

方 向	次区域合作形式（名称）	成立时间/加入时间	性 质	印度在该区域合作中的地位
东北方向	湄公河—恒河合作倡议	2000年11月，印度与柬埔寨、老挝、缅甸、泰国和越南五个国家共同成立	是印度积极参与和倡导、连接东南亚和南亚的跨区域非正式合作组织	创建国/主导国

资料来源：笔者根据相关资料整理而成。

四、中印与东南亚区域合作的比较分析

中国和印度在东南亚区域合作中的竞争与合作，贯穿于中印参与东南亚区域合作的不同理念中。通过比较中印两国与东南亚区域合作的差异，本文试图厘清中国和印度在东南亚区域合作中的"竞争面"和"合作面"。

（一）从利益诉求来看，中国试图建立以命运共同体为理念的新秩序，印度则带有防止出现以中国为核心的地区秩序的意味

中国和印度与东南亚区域合作的利益诉求层次是不同的。事实上，各国在相互竞争过程中产生的需求层次是不尽相同的，这与国家发展水平有关。国家发展水平越高，国家追求的需求层次也越高，这种需求层次的差异性驱使各行为体寻求更符合自身发展的战略。中国与东盟的合作，旨在促进双方全方位关系的发展，并不针对第三方，是互利共赢的；但印度与东盟的合作，除了推动双边政治、经济、安全等方面关系的发展外，很大程度上是针对第三方的，即针对中国崛起的，是相互利用的。[1] 中国作为制度倡议国，加强与东南亚区域合作一定程度上体现了中国对区域引领地位的追求[2]。在中方的认知逻辑中，任何单纯利己的倡议计划都是不可能成功的。[3] 中国希望与周边国家建立一种基于相互尊重、和平相处、合作共赢的新关系，一种以命运共同体为理念的新秩序。中国在具体的实践中也一直遵循该理念。"一带一路"倡议强调实现沿线国家的"五通"（政策沟通、设施联通、贸易畅通、资金融通和民心相通），打造"三大共同体"（利益共同体、责任共同体和命运共同体），旨在给沿线国家和地区的人民带去福祉。在此基础上，中国提出与周边邻国构建命运共同体，构建周边命运共同体也成为中国与东南亚区域合作的目标和指导思想。中国推动亚洲区域合作的战略目标在于通过区域合作推动亚洲经济一体化，寻求自身的主导地位和提高中国的影响力，而实际上积极参与和推动地区合作，尤其是参与区域合作规则的制定，本身就是发挥影响力的过程。[4] 因此，中国愿意推动实现东盟方式从东盟次区域层面到整个亚洲层面，甚至

---

[1] 邓集龙：《"互利共赢"与"相互利用"——冷战后中印在东盟地区的竞争》，《亚非纵横》2011年第3期，第52页。
[2] 李巍、罗仪馥：《中国周边外交中的澜湄合作机制分析》，《现代国际关系》2019年第5期，第17页。
[3] 姚遥、贺先青：《孟中印缅经济走廊建设的现状及前景》，《现代国际关系》2018年第8期，第54页。
[4] 王玉主：《亚洲区域合作的路径竞争及中国的战略选择》，第86–87页。

亚太区域层面的历史性飞跃，试图通过这样的方式催生出亚洲区域意识和集体认同，从而走出一条区别于欧盟模式和欧洲一体化道路的、适合亚洲实际的崭新政治道路。①

印度与东南亚区域合作的主要利益诉求在于提高印度的地区影响力，防止出现以中国为核心的地区秩序。莫迪上台后继续奉行"大周边"概念，将周边外交战略目标提升为注重周边利益拓展与地区影响力提升，助推印度崛起。② 虽然印度的战略诉求被温和地形容为地区性的"领导力量"，但事实是，莫迪的愿景是让印度成为传统大国，将印度从一个仅有影响力的实体转变为一个影响力和偏好能够决定国际政治的实体。③ 对印度而言，印度坚定地支持东盟在地区架构中的主导地位，其目的是防止在东南亚地区出现由其他主要大国（尤其是中国）主导的替代安排，④ 确保中国在东南亚的战略影响不会威胁到其安全和经济利益。正如印度前外长斯瓦拉吉（SushmaSwaraj）所言："东盟在亚洲的体制结构中占据着重要地位，东盟的中心地位起到了制衡该地区各种大国博弈和竞争的作用。"⑤ 再加上印度和东盟许多国家发现，他们对中国在该地区过度扩张的担忧，在某种程度上具有战略一致性。⑥ 东盟希望引入印度力量来平衡中国的影响，而印度也想拉拢东盟来制衡中国，双方具有共同利益和诉求。在此情况下，印度在东盟问题上的基本立场是建立一道屏障，以阻止以中国为中心的地区秩序出现。在印度无法主导实现这种地区秩序之前，印度采取了坚持以东盟中心的方式。讽刺的是，印度一再强调坚持东盟的中心地位，但是现实世界中的外交实践似乎证明了对东盟中心地位的背离，尤其随着印度"东向"到"东向行动"政策的调整，其地理范围扩大到整个太平洋地区，对东盟的中心地位造成了一定的冲击。⑦

（二）从彼此认知来看，印度视中国与东南亚的区域合作为"抢蛋糕者"，中国视印度为"做大蛋糕"的合作者之一

如果把与东南亚区域的合作比作一块蛋糕，印度将中国视为抢蛋糕的人，而中国更倾向于将印度视为一起合作将蛋糕做大的伙伴之一。更为具体地看，在与东南亚区域合作的过程中，印度将自己置于与中国竞争的地位，这也是印度"东向政策"等一系列政策出台的重要背景。⑧ 对印度战略界而言，中国的"一带一路"是一种地缘战略，旨在在印度周边构建一个中国主导的新秩序，加强中国对印度邻国的影响力，甚至是"围堵"印度的升级版"珍珠链战略"。⑨ 在此认知下，其认为中国试图将印度的影响力限制在南亚地区，并将印度

---

① 王在亮：《习近平亚洲区域合作思想探析》，《理论导刊》2018年第6期，第67页。
② 刘思伟：《印度新周边外交战略：观察与评估》，《南亚研究季刊》2016年第2期，第17-19页。
③ Ashley J. Tellis, "India as a Leading Power," Carnegie Endowment for International Peace, April, 2016, pp. 4-5, https://carnegieendowment.org/files/CP_268_Tellis_India_final1.pdf.
④ Chietigj Bajpaee, "The China Factor in India's Commitment to ASEAN," The Lowy Institute, June 24, 2018, https://www.lowyinstitute.org/the-interpreter/china-factor-india-s-commitment-asean.
⑤ "Keynote Address by External Affairs Minister on ASEAN-India Partnership," Ministry of External Affairs, Government of India, June 22, 2017, https://www.mea.gov.in/Speeches-Statements.htm?dtl/28550.
⑥ Iskander Rehman, "Keeping the Dragon at Bay: India's Counter-Containment of China in Asia," p. 130.
⑦ 张建岗：《印度与东盟关系：来自印度学界的视角》，第112页。
⑧ 赵干城：《从"东向"到"东向行动"——印度莫迪政府的外交抱负及其限度》，《当代世界》2016年第1期，第59页。
⑨ 胡仕胜：《洞朗对峙危机与中印关系的未来》，《现代国际关系》2017年第11期，第20页。

排除在任何泛亚组织之外或将其边缘化。① 印度尼赫鲁大学国际政治学教授拉贾戈帕兰（Rajesh Rajagopalan）就认为，中国日益增长的势力对印度构成了至少四个挑战：一是直接的军事威胁；二是中国在联合国安理会（UNSC）和核供应国集团（NSG）等国际机构中的权力有时被证明是印度外交野心的障碍；三是中国在南亚扮演外部平衡者的角色对印度造成严重的挑战，甚至是一种军事威胁；四是中国强大的经济实力使其能够将其影响力传播到世界各地，中国可以利用援助和贸易等工具向其他国家尤其是发展中国家施压，使这些国家在中国与印度发生分歧时支持中国②。不过也有部分印度学者意识到，中国对印度构成的威胁是真实的，但只是潜在的威胁，③ 这也为中印的合作提供了"缓冲"空间。对中国而言，印度显然还不是一个对外战略中的主要考量对象。④ 尽管中国担心潜在的包围，但中国理论家似乎并不认为印度目前的活动构成真正的战略威胁。⑤ 多年来，中国并未将印度当作对手，对印政策始终展现的是一种积极合作的姿态，但印度却不那么"领情"。⑥ 中印之间的相互认知出现这种区别主要是因为中印两国的威胁感知存在着根本性的错位。印度将外交政策和军事资源的大部分注意力都集中在应对中国方面，但中国的主要战略关切主要在于美国在亚洲的军事存在以及台湾海峡、东海和南海、朝鲜半岛等的潜在冲突上。⑦ 简言之，中国在印度的"雷达"上，但印度并不在中国的"雷达"上。

（三）从排他性角度来看，中国和印度与东南亚区域合作都具有互相排斥性，但印度的排斥性更为明显

印度的所有区域合作都具有一个共性，尤其是印度主导建立的区域合作，都尽可能地排除中国和巴基斯坦。同时，印度的排他性还是双向的，既排除中国加入印度主导的区域合作，也对中国主导的区域合作持排斥拒绝态度。这种明显的排他性从印度不同意中国加入南亚区域合作联盟、拒绝加入"一带一路"倡议可以看出。这种排他性在印度与东南亚区域合作中同样如此。第一，印度拒绝中国加入印度洋海军论坛的申请。在印度首倡和主导的印度洋海军论坛成立初期中美两国都提出了加入申请，但是中国成为印度洋海军论坛的观察员国的申请多次被印度拒绝，理由是中国不是印度洋国家，其他国家对中国也不放心。⑧ 第二，印度拒绝中国加入环印度洋联盟。1997年印度与澳大利亚和南非共同成立了环印度洋地区合作联盟（IOR-ARC），2013年该组织改名为环印度洋联盟（IORA）。该组织包括印度尼西亚、马来西亚、新加坡、泰国等东南亚国家，不包括巴基斯坦，中国也只是对话伙伴

---

① Iskander Rehman, "Keeping the Dragon at Bay: India's Counter-Containment of China in Asia," p. 119.
② Rajesh Rajagopalan, "India's Strategic Choices: China and the Balance of Power in Asia," Carnegie Endowment for International Peace, September 14, 2017, pp. 6-7. https://carnegieendowment.org/files/CP_312_Rajesh_Strategic_Choices_FNL.pdf.
③ Jonah Blank, Jennifer D. P. Moroney, Angel Rabasa and Bonny Lin, *Look East, Cross Black Waters: India's Interest in Southeast Asia*, California: RAND Corporation, 2015, p. 76.
④ 叶海林：《不对称需求对中印关系的影响》，《印度洋经济体研究》2014年第1期，第13页。
⑤ Jonah Blank, Jennifer D. P. Moroney, Angel Rabasa and Bonny Lin, Look East, Cross Black Waters: India's Interest in Southeast Asia, p. 153.
⑥ 朱翠萍：《从洞朗对峙看中印战略竞争》，《世界知识》2017年第17期，第29页。
⑦ Chietigj Bajpaee, "China-India: Regional Dimensions of the Bilateral Relationship," p. 116.
⑧ P. K. Ghosh, "Indian Ocean Naval Symposium: Uniting the Maritime Indian Ocean Region," *Strategic Analysis*, Vol. 36, No. 3, 2012, pp. 352-357.

国。第三，印度推行"恒河—湄公河合作倡议"，意在强调印度传统文化与东南亚国家的联系，并将中国排除在外。① 印度积极推动 BIMSTEC 和 MGC 等都不包括中国的区域合作，增强印度在东南亚地区一体化合作中的领导地位。与此截然相反的是，印度对中国提出的孟中印缅经济走廊不十分热心。另外，印度区域合作的排他性还体现在排除巴基斯坦的参与。有印度学者指出，"随着南盟被证明是一个'功能失调'（dysfunctional）的组织，印度开始寻找其他没有巴基斯坦的多边区域/次区域组织。BIMSTEC 符合这一方案，印度开始试图重启 BIMSTEC，几乎将 BIMSTEC 与南盟相提并论"。②

中国与东南亚区域合作的进程中，排他性表现得不明显，但具有一定的倾向性。比如中国对"10＋3"合作就有着更强的倾向性，一是因为"10＋3"更符合中国周边战略的要求，在这个表面上由东盟主导的框架内，中国有更大的话语权；二是从效率角度来看，"10＋3"的合作决议更容易达成和实现。③ 值得警觉的是，中国和印度在东南亚区域合作中的竞争促使东南亚的一些国家开始着手建立自己的区域合作论坛，而这些论坛将中印两国拒之门外。④ 2003 年泰国为了削弱中印在东南亚日益增长的影响力，倡议成立了 ACMECS，ACMECS 又促使泰国的邻国立即做出反应，成立了 CLMV 四国合作机制，并将泰国排除在外。

（四）从合作成效来看，中国—东南亚区域合作比印度—东盟合作的成效更为明显

与印度相比，中国与东南亚的区域合作比印度更具竞争优势，成效也更为明显。国家力量的大小导致各国在区域合作中的行为能力存在差异。一般来说，实力较强的国家在区域合作中往往更能发挥主导型的作用。在中国和印度与东南亚的区域合作中，中国的综合实力与印度相比是具有相对优势的。尽管印度的经济增长速度令人印象深刻，目前已超过 7%，但它面临着一个脆弱国家的所有挑战，例如无法提供基础设施、供水、教育、电力或卫生服务等基本公共产品。⑤ "战略目标与战略能力不匹配"情况依然存在，国家实力已经影响了莫迪政府外交战略决策和执行。⑥

从投资角度来看，2003 年至 2016 年，东盟近 10% 的外国直接投资（FDI）流入来自中国，仅次于美国和日本，同期来自印度的外国直接投资仅占东盟外国直接投资流入的 3%。⑦ 从贸易角度来看，2018 年，中国与东盟贸易额高达 4831.35 亿美元，占东盟进出口贸易总额的 17.25%，而印度与东盟的贸易额只有 809.72 亿美元，占比仅为 2.89%（见表 2）。中国已连续 10 年保持为东盟第一大贸易伙伴，东盟已成为中国第二大贸易伙伴。当前，中国

---

① 斯蒂芬·科亨：《大象和孔雀：解读印度大战略》，刘满贵译，新华出版社，2002，第 275 页。
② Sudha Ramachandran, "India's BIMSTEC Gambit," The Diplomacy, May 31, 2019, https：//thediplomat.com/2019/05/indias – bimstec – gambit/.
③ 王玉主：《亚洲区域合作的路径竞争及中国的战略选择》，第 80 页。
④ Jürgen Rüland and Arndt Michael, "Overlapping Regionalism and Cooperative Hegemony: How China and India Compete in South and Southeast Asia," p. 16.
⑤ T. V. Paul, "India's Strategic Roadmap," The National Interest, August 9, 2018, https：//nationalinterest.org/feature/indias – strategic – roadmap – 28322？page＝0%2C1.
⑥ 刘思伟：《印度新周边外交战略：观察与评估》，第 23 页。
⑦ Akhil Deo, "India's Challenge to China," Asia and the Pacific Policy Society, January 25, 2018, https：//www.policyforum.net/indias – challenge – china/.

—东盟关系进入提质升级新阶段,中国—东盟合作堪称引领东亚区域合作的一面"旗帜"。①

表2 2009—2018年中印与东盟进出口贸易发展状况

单位:亿美元

年 份	中国—东盟					印度—东盟					东盟进出口贸易总额
	贸易总额	占比(%)	对中出口	从中进口	差 额	贸易总额	占比(%)	对中出口	从中进口	差 额	
2018	4831.34	17.25	1985.84	2844.52	-857.68	809.72	2.89	507.36	302.37	204.99	28007.83
2017	4415.99	17.14	1865.24	2550.75	-685.51	736.77	2.86	453.62	283.15	170.47	25767.98
2016	3686.94	16.47	1441.76	2245.18	-803.43	585.97	2.62	377.68	208.29	169.40	22386.01
2015	3634.97	15.99	1452.91	2182.05	-729.14	601.66	2.65	405.53	196.12	209.41	22728.62
2014	3667.11	14.46	1540.13	2126.99	-586.86	679.93	2.68	436.94	242.98	193.95	25352.08
2013	3515.83	13.88	1533.79	1982.05	-448.26	682.69	2.70	423.26	259.89	163.83	25330.69
2012	3193.90	12.88	1425.40	1768.50	-343.10	712.52	2.87	435.95	276.57	159.38	24805.92
2011	2949.89	12.30	1400.66	1549.24	-148.58	742.32	3.10	459.89	282.43	177.46	23983.28
2010	2355.14	11.77	1125.77	1229.37	-103.60	567.26	2.83	370.84	196.42	174.42	20014.43
2009	1780.49	11.58	815.11	965.38	-150.27	391.71	2.55	265.93	125.78	140.15	15377.96

资料来源:根据东盟统计部门(ASEAN Stats)数据整理。

注:东盟统计部门与中国的统计方式有所区别,但为了保证中印贸易数据对比的客观性,本文采用东盟统计部门的数据。另外,中国方面的数据不包含港澳台地区。

在此基础上,中国与东南亚区域合作的成效也更为明显。以中国和印度与湄公河国家的区域合作为例,中国在该地区的区域合作更为成熟。中国在湄公河地区的区域合作以GMS和LMC为代表,印度则主要是MGC。从经济合作效果来看,大湄公河次区域合作开展以来,大湄公河地区年平均经济增长速度超过6%,已经成为全球经济增长最快的区域。② 从制度设计来看,澜湄合作经过三年多的发展,已基本形成较为成熟的制度框架。澜湄合作已经形成了以领导人会议为主,以外长会议、外交高官会,再由各国的秘书处或协调机构负责机制内的行政性事务及对上述会议相关决议落实为辅的顶层对话机制,还成立或举办了澜沧江—湄公河文化论坛、环境合作圆桌对话、澜湄次区域国家商品博览会等非常设性交流平台。③ 从项目进展来看,澜湄合作在第一次领导人会议上提出的45个早期收获项目和第二次外长会议上中方提出的13个倡议已取得实质进展。④ 相反,印度在湄公河地区推行的湄公河—恒河合作倡议的象征意义大于实际意义,收效甚微。事实上,印度与东南亚接触的承诺与其采取的具体行动是不匹配的。⑤ 湄公河—恒河合作倡议合作过于松散、缺少资金支

---

① 《话语投契,中国—东盟关系更紧密》,《人民日报》(海外版),2019年8月12日。
② 柳建文:《"一带一路"背景下我国国际次区域合作问题研究》,《国际论坛》2017年第3期,第2页。
③ 李魏、罗仪馥:《中国周边外交中的澜湄合作机制分析》,第21页。
④ 卢光盛、罗会琳:《从培育期进入成长期的澜湄合作:新意、难点和方向》,《边界与海洋研究》2018年第2期,第19页。
⑤ Jonah Blank, Jennifer D. P. Moroney, Angel Rabasa and Bonny Lin, *Look East, Cross Black Waters: India's Interest in Southeast Asia*, p. 139.

持、受国内外局势影响大,① 是一个松散的且没有常设秘书处和定期定址召开部长会议的跨区域非正式合作组织,没有取得很好的实际效果。② 与中国推行的澜湄合作成为共建"一带一路"进程中次区域合作的典范相比,印度的 MGC 在扩展印度的战略影响方面没有发挥什么作用,象征意义大于实际意义。有印度学者直言:"与其他国家在湄公河流域日益增强的介入相比,印度未赋予 MGC 足够的关注。"③ 此外,印度与东盟国家签订的自由贸易协定的自由化程度也明显低于其他的"东盟 + 1"的水平。④

(五)从域外因素来看,大国博弈是中国与东南亚区域合作的主要制约因素,却是印度与东南亚区域合作的主要借助力量

在域外因素的运用上,中国和印度呈现出两种截然相反的朝向:中国是内向型的,依靠自身不断增长的经济实力和政治影响力参与和主导与东南亚的区域合作,域外因素成为中国与东南亚区域合作的主要制约因素;印度则是外向型的,自身能力的限制使得其需要借助域外力量在东南亚区域合作中占有一席之地。事实上,中国与东南亚区域合作的主要制约因素是大国博弈,一定程度上也受到了印度的影响。简言之,印度由于自身能力的限制难以在区域合作中实现对中国的遏制,因此引入了大国因素,借力域外大国在与东南亚区域合作中制衡中国。印度借力最明显的一个国家是美国。在美国 2017 年发布的《国家安全战略报告》中,中国被美国界定为"主要战略竞争对手",而印度则被美国热捧为全球范围内的"天然民主伙伴"和"主要防务伙伴"。⑤ 美国的安全政策制定者和实施者关心印度在东南亚的利益最重要的原因是,印度的目标与美国在该地区的目标是一致的,如果将这种趋同转化为富有成效的合作,对美国而言是非常有利的。⑥ 显然,这个目标就是防止中国将目前的区域影响力地位转变为区域主导地位。"印太"视域下,东盟是印度的印度洋战略实现从"印度之洋"到"印太"过渡的重要一环。而"拉印制华"是美国"印太战略"的题中应有之意,⑦ 特朗普政府的"印太战略"中不少内容就是为印度而量身定制的,旨在加速美印战略捆绑。对印度而言,特朗普政府以"印太"取代"亚太"概念转变的核心,在于强调印度在重塑地区秩序方面将发挥举足轻重的作用。⑧ 因此在东南亚区域合作中,印度将中国视为争夺势力范围的竞争对手,频频出招牵制中国,其背后很大程度上得到了美国的支持。印度借力的另一个国家是日本。最典型的事件是印度拒绝派代表参与"一带一路"高峰合作论坛,却与日本着手打造"亚非增长走廊"。战略利益的趋同为印日双边关系走向新高度奠定了坚实

---

① 邓蓝:《湄公河—恒河合作倡议:十年发展与前景展望》,第70页。
② 王勇辉、佘珍艳:《中国与东盟小多边安全机制的构建现状——从公共产品供给的视角》,《世界经济与政治论坛》2015 年第 4 期,第 11 页。
③ 马燕冰、张学刚:《湄公河次区域合作中的大国竞争及影响》,第 18 页。
④ 沈铭辉:《RCEP 谈判中的区域合作博弈与东北亚国家的新角色》,第 26 页。
⑤ "National Security Strategy of the United States of America," The White House, December 2017, pp. 46 – 50. 转引自冯传禄《近期中印关系发展趋势研判:"回归常态"抑或"战略性转向"》,第 28 页。
⑥ Jonah Blank, Jennifer D. P. Moroney, Angel Rabasa and Bonny Lin, *Look East, Cross Black Waters: India's Interest in Southeast Asia*, p. 7.
⑦ 楼春豪:《印度的"印太构想":演进、实践与前瞻》,《印度洋经济体研究》2019 年第 1 期,第 26 – 27 页。
⑧ 王世达:《印太战略背景下印度参与中俄印三边合作的动因与局限》,《俄罗斯东欧中亚研究》2019 年第 2 期,第 69 – 70 页。

的基础。通过与印度合作开发南亚和东南亚的互联互通项目,日本有机会实现应对中国在该地区影响力不断扩大的目标。而印度正在为其不发达的东北部地区寻求投资,特别是在连接印度与孟加拉国和缅甸的关键高速公路上,这些公路对于促进印度与这些国家及其他国家和地区的道路连接至关重要。莫迪总理2014年9月访问日本时,印日领导人就肯定了他们对基础设施和联通性项目的承诺,尤其强调印度东北部地区的发展以及加强印度与东南亚之间的联通重要性。由此,日本即将在印度开展的许多基础设施项目都集中在开发和连接印度东北部和东南亚。印日两国2015年发表的联合声明也强调了两国利益的趋同性:"寻求印度'东向行动政策'和日本'高质量基础设施合作伙伴关系'之间的协同作用,两国总理决定发展和加强可靠、可持续和有弹性的基础设施建设,以增强印度内部以及印度与该地区其他国家之间的联通性。"① 需要警惕的是,印日合作打通印度东北地区通向东南亚的经济走廊可能对我国"一带一路"倡议尤其是孟中印缅经济走廊建设构成竞争性影响。②

五、中国和印度与东南亚区域合作的"竞合"路径

当前"或敌或友"与"非黑即白"的话语体系已无法准确概括中印关系的性质和内涵。③ 简言之,中印关系不能被视为纯粹的竞争或合作。虽然中国和印度在东南亚区域合作中存在着诸多的合作机遇,但双方之间的利益角逐和竞争仍旧有可能在未来升级为对抗。短期内,中国和印度与东南亚区域合作的竞争面大于合作面,但从长远看中印合作面大于竞争面。在区域经济和人文交流领域,合作依旧强于竞争;在区域政治和安全等问题上,合作与竞争共同加强。中印两国都奉行竞争性的地区主义,在许多区域合作中不可避免地发生碰撞,尽管存在着竞争,中印仍存在着巨大的合作空间。④

(一)整合中国和印度与东南亚区域合作的现有机制,探索对接彼此合作机制的可能性

中印在东南亚区域合作中在议题、内容、形式等方面的竞争一定程度上造成了东南亚地区国际制度的过剩和低效。以澜湄合作和湄公河—恒河合作倡议为例,这两个并行的经济合作组织,至今还未形成合作机制。⑤ 同时由于在中印关系当中能够合作或者已经处于合作状态的往往在一些安全敏感度很低的领域,比如说环境问题和人文交流等,而越是具有安全色彩的领域,双方的对抗情绪就越强烈。⑥ 在此背景下,可从中国和印度与东南亚区域合作的一些不敏感领域入手,整合现有机制。比如针对中国的"21世纪海上丝绸之路"倡议,印度推出自己的"季风计划"以加强印度洋与东南亚地区的联系,⑦ 可以从加强文化合作的角度推进"21世纪海上丝绸之路"与"季风计划"对接的探索。可以考虑借力印度与东南亚的现有合作机制,在不去触碰印度与东南亚区域合作现有"蛋糕"的同时,开拓新的合作

---

① Darshana M. Baruah, "Toward Strategic Economic Cooperation between India and Japan," Carnegie Endowment for International Peace, p. 3, December 1, 2016, https://carnegieendowment.org/files/Darshana_Baruah_India_and_Japan.pdf.
② 李益波:《印度东北部地区:日本在深耕》,《世界知识》2017年第17期,第36页。
③ 蓝建学:《新时期印度外交与中印关系》,《国际问题研究》2015年第3期,第56页。
④ Bhartendu Kumar Singh, "India, China and the Politics of Regionalism," Institute of Peace and Conflict Studies, December 30, 2005, http://www.ipcs.org/focusthemsel.php?articleNo=1915.
⑤ 陈继东:《中国、印度在东南亚的合作与竞争》,《南亚研究季刊》2010年第2期,第68页。
⑥ 叶海林:《不对称需求对中印关系的影响》,第11页。
⑦ 张建岗:《印度与东盟关系:来自印度学界的视角》,第108页。

领域。进一步加强中国对接印度与东南亚建立的合作机制的可能性研究,在合适的时机可考虑澜湄合作与环孟合作倡议的深度对接。不过需要注意的是,印度对"一带一路"的态度短期内难以扭转,因此近期内不必一味强求印度对"一带一路"的支持,优先开展实质性的、具体的、功能性的合作更为可行。2019年8月印度智库专家就曾表示,实际上印度对于孟中印缅经济走廊的参与就可以看作印度对"一带一路"的某种形式的参与。① 在开展具体项目的对接过程中,不要拘泥于形式,最重要的是进行实质性的合作,提高对接项目的透明度,强调对接不等于"纳入"。

(二) 促进中国—东盟—印度的区域合作协调发展,积极推动 RCEP 协议早日签署生效

一方面,促进中国—东盟—印度的区域合作协调发展。可以考虑将"一带一路"倡议与印度"季风计划"对接;将人类命运共同体建设与印度 2022 年建成"新印度"的宏伟目标以及东盟共同体建设对接;将孟中印缅经济走廊、环孟合作倡议、中国—中南半岛经济走廊、南北经济走廊、东西经济走廊进行对接。中国"制造业2025"和"互联网 +"等战略与印度的"印度制造""智慧城市""技能印度""数字印度""清洁印度"和东盟的《2025东盟经济共同体蓝图》对接。另一方面,尊重东盟在区域合作中的中心地位,积极推进正式签署 RCEP 协议等后续工作。在中美日印积极布局印太的背景下,东盟作为印太地区相对成熟、中立的区域合作组织,对其作用的强调可以淡化大国博弈色彩。② 作为主要的发展中国家和新兴经济体,中国、印度和东盟具有维护发展中国家共同利益,推动国际秩序朝着更加公正合理的方向发展的相同诉求。针对目前印度暂不加入 RCEP 的问题,中国和东盟应该对印度的顾虑给予充分的理解,继续与印度保持磋商协调。当然,单一国家因素不应该影响多方利益,不能因为印度的退出而停滞不前,等到 RCEP 对各国经济发展的巨大益处充分显现,印度的加入也是自然之事。

(三) 充分利用"中印 +"机制的支持,构建"中国—印度—东盟"(CIA) 增长三角

2018 年习近平主席同莫迪总理进行了多次会晤,就开展"中印 +"合作达成重要共识。"中印 +"机制包括"中印 + 1"和"中印 + X",旨在实现中印两国与其他国家或地区的互利共赢。"中国—印度—东盟"增长三角就可作为"中印 + X"机制的先行先试,开拓中国、印度和东盟三方新的互动模式。增长三角是三个或几个地理上邻近的国家或地区,为了实现资源互补和取得比较利益而共同进行合作的跨国经济区。构建中国—印度—东盟增长三角,既能维护中印关系稳定,巩固中国—东盟关系发展,也将提高中国、印度和东盟的开放合作水平,并有望为"一带一路"建设开辟新增长点。具体来说,当前构建"中国—印度—东盟"增长三角可以采取以下方式:对接中国、印度和东盟发展战略,形成构建"中国—印度—东盟"增长三角合力;建立"中国—印度—东盟"增长三角自贸区,促进贸易发展与经济可持续增长;在东盟地区论坛开辟"中国—印度—东盟"增长三角和平与安全对话;深入开展产业合作,提升经济相互依存度、市场一体化程度;维护区域自由秩序、构建区域自由贸易安排等。当然,增长三角的名称不一定就为"中国—印度—东盟增长三角",

---

① 2019 年 8 月笔者赴印度调研时印度智库专家提出的观点。
② 楼春豪:《印度的"印太构想":演进、实践与前瞻》,第 34 页。

照顾到东盟中心性以及让印度感到"被重视","东盟—印度—中国（AIC）增长三角"、"印度—东盟—中国（IAC）增长三角"等概念都是可以接受的，关键的是找到切入点开展实质性的合作。

（四）加强第三方市场合作，为东南亚区域合作提供更多的公共产品

对于中国与东南亚的区域合作，中国要以更加开放的心态，欢迎域外国家参与，加强第三方市场合作。第一，第三方市场合作应利用好现有的区域合作机制，在与东盟达成共识的基础上，可以把第三方市场合作列入对话与合作议程，比如印度与东南亚的区域合作可允许中国的适度参与，中国与东南亚的区域合作则允许印度适当参与。这样，既缓解了印度对于中国意图的疑虑，也推进了中国和印度与东南亚区域合作的发展。第二，打造一批第三方市场合作的旗舰项目和早期收获项目。目前泰国"东部经济走廊"已经成为中日第三方市场合作的示范性旗舰项目，未来可在东盟国家中着重打造一批中印第三方市场合作的旗舰项目和早期收获项目，形成示范效应。在打造旗舰项目时，可以学习中缅油气管道的成功经验，鼓励多方参与共建。中缅油气管道已经成为"一带一路"多方共建典范，其成功的经验之一，就是建立国际化运营理念，鼓励多方参与共建。[1] 第三，在国际区域合作中，具有领导作用的核心大国或国家集团发挥着至关重要的作用，不仅因为核心领导国可以提供国际公共产品，而且因为领导国在区域合作中还发挥着对成员国进行利益协调、完善区域内合作制度、确保区域合作组织发展方向、维护地区秩序等方面的作用。[2] 中国要继续在东南亚区域合作中承担起提供公共产品的责任，力所能及地提供更多的公共产品，让东南亚国家真正得益于中国的发展。

（五）在低敏感领域开展功能性合作，实现中国—印度—东盟跨区域合作的早期收获

新加坡学者做过这样的比喻："如果把中印之间的竞争比作一场足球比赛，双方都只是在防守，但我们（东南亚国家）不是这场比赛的观众，我们只是被践踏的赛场。"[3] 因此，在关注中印竞合的同时，不能忽视东南亚国家的认知和感受，也需重视东盟自身对两国的选择。目前中、印、东盟三方合作的机制并不多，在少有的框架中的互动和成效也不尽如人意。基于此，可加强中国和印度与东南亚区域合作中的一些低敏感领域的功能性合作。比如开展跨区域合作和治理，改善跨区域道路网络在内的基础设施；扩大政党、非政府组织、智库、地方等交流，加强语言、影视、旅游、历史文化遗产保护与开发等文化合作；打造环境合作共同体，开展节能与低碳发展、污染预防与治理等交流合作；进行国际和区域扶贫、发展经验交流和分享等。

结　论

大国崛起必先崛起于所在的地区，没有一个真正的世界大国不是先从自己所在地区的事

---

[1]《中缅油气管道："一带一路"多方共建典范》，《中国经济时报》2019 年 4 月 25 日。
[2] 宫倩、高英彤：《国际区域合作的驱动力要素论析》，《理论与现代化》2016 年第 4 期，第 26 页。
[3] Jonah Blank, Jennifer D. P. Moroney, Angel Rabasa and Bonny Lin, *Look East, Cross Black Waters：India's Interest in Southeast Asia*, p. 73.

务中逐渐占主导地位而发展起来的，中国成为一个世界大国的进程也将不能摆脱这一模式。[①] 随着中印两国都加强周边外交攻势，双方在地区层面的互动频率将会日益增强。东南亚地区在中印两国的周边外交格局中都具有重要的地位，使得中国和印度在东南亚区域合作中存在着复杂的竞合关系。中国和印度对彼此在东南亚区域合作中的存在怀有战略疑虑，导致东南亚地区多重制度框架相互重叠和竞争。应对中国在东南亚、南亚等地区以及更广泛区域日益增长的影响力是促使印度对区域合作的态度发生不断变化的原因之一，且印度也越来越多地认为，其参与区域和次区域合作是促进孤立中国的重要手段。因此印度与东南亚的区域合作，具有明显排斥中国的意图。应该说，对中国的区域合作，印度都持警惕排斥的态度。这里所说的中国的区域合作，大范围的区域合作指的就是"一带一路"倡议，小范围的区域合作指的是中国积极提出的与印度有关的区域合作。比如孟中印缅经济走廊，印度怀疑中国将通过大范围的"一带一路"与小范围的次区域合作相结合对印度形成"包围圈"。这种背景下，中印在同时涉及双方的区域合作中的竞争性大于合作性。

总体而言，比较中国和印度与东南亚的区域合作，中国具有更为全面的优势。同时，中国和印度在东南亚区域合作中仍处于一种"软"而非"硬"的激烈竞争。这种竞争是不能忽视的，但是可以控制的，直接冲突更是可以避免的。当中国的"一带一路"与印度的"印太构想"在东南亚地区不期而遇，中国既要在尊重和维护东盟的中心地位的基础上巩固和加强与东南亚区域的合作关系，也要降低印度因素对中国与东南亚区域合作的负面影响，更要拓宽中印两国在东南亚区域合作中的合作面，推动中国—东盟—印度跨区域合作的协调发展，在"对接与合作，碰撞与竞争"中实现自身利益。

[①] 叶自成：《中国实行大国外交战略势在必行——关于中国外交战略的几点思考》，《世界经济与政治》2000 年第 1 期，第 10 页。

南亚小国的战略对冲与中国的南亚地区政策选择

冯立冰　连昌惠

【摘　要】 在中国推进高质量共建"一带一路"以及美日印澳借"印太"框架制衡中国的大背景下,南亚地区在中国周边战略中的重要性凸显。中国的南亚地区政策受到中印关系调整及小国战略对冲等因素的影响和挑战。本文以尼泊尔、斯里兰卡、孟加拉国在中印之间的战略对冲为案例,分析三国面对中印竞争的心态以及进行战略对冲过程中的差异性选择。本文认为,威胁认知和经济预期是影响小国战略对冲的主要自变量,而地区结构、大国竞争的性质和强度、小国相对能力的差异决定了小国的威胁认知和经济预期。在双向对冲的语境下,小国战略对冲的策略组合主要有四种,分别为双向合作、双向制衡、偏向型合作与偏向型制衡。由于南亚小国对中印两国的威胁认知和经济预期不同,陆锁国尼泊尔倾向于"偏向型合作或制衡",海岛国家斯里兰卡经历了从"偏向型制衡"到"双向合作"的转变,未来有进行"双向制衡"的趋势,陆海复合型的孟加拉国在中印之间奉行较为稳定的"双向合作"策略。对此,中国应在实践中进一步明晰南亚政策选择,在协调中印巴关系的同时,强化与南亚小国的多领域合作,并越过美印排他性"小圈子""小集团"的冲突与竞争逻辑,通过消极安全配置谋求积极经济利益,推动与南亚国家的制度化合作进程。

【关键词】 小国外交；战略对冲；南亚地区；中印关系；尼泊尔；斯里兰卡；孟加拉国

一、问题的提出

中国与南亚有着悠久的文明交往,但近现代以来两地关系处于不温不火的状态,加之南亚地区极度不平衡的地缘政治结构,使得中国与南亚的交往面临挑战。2013年以来,随着"一带一路"倡议的提出,南亚地区在中国周边战略中的重要性凸显,其身处东南亚、西亚的连接地带,是中国周边外交整体布局的关键区域。随着中国在南亚影响力的不断提升,学界普遍认为中印在南亚乃至"印太"地区将面临更加广泛而深刻的战略竞争。[①] 印度人民党自2014年上台执政以来,通过"邻国优先"政策加强与邻国合作,并将南亚政策与"印太"构想、"亚非增长走廊""萨迦战略"等挂钩,[②] 不断强化与美日等域外大国在"印太"框架下的经济与安全合作,打造"地区安全共同体",阻止中国将在周边地区的经济优势转

---

① Francine R. Frankel, "The Break out of China – India Strategic Rivalry in Asia and the Indian Ocean," *Journal of International Affairs*, Vol. 64, No. 2, Spring/Summer2011, p. 1.

② S. Jaishankar, *The India Way: Strategies for an Uncertain World*, Harper Collins Publishers, 2020, pp. 153 – 158.

化为更深层次的地缘战略优势。① 近日,美国抛出"印太经济框架",试图在关键领域取代中国,重建地区经济主导地位,印度是首批13个参与方之一。南亚地区正承载着大国战略竞争带来的体系变动压力,除了传统的印巴紧张关系,小国心态变化及其在大国之间的战略对冲也可能给地区局势增添不确定性。

  学界关于南亚地缘格局变动及中国的南亚地区政策的思考主要从以下几个维度展开:第一,基于南亚地区秩序和地缘格局的总体观察。印度凭借其地理、历史、文化和综合实力的优势,② 长期主导南亚地区事务。近年来,印度的邻国外交更为积极,但并未引发世界主要大国和周边大国制衡,获得了在南亚次大陆的独大地位。③ 这导致南亚地区格局呈现明显的不对称与失衡的特点,④ 具体表现为印巴争斗及印度与南亚小国之间的控制与反控制斗争。⑤ 随着大国在南亚战略竞争的加剧,南亚地区重现"集团对抗"苗头,⑥ 印度外交战略更具主动性和冒险性,试图利用国际格局变动的契机壮大自身力量,美日印澳四边机制可能进一步机制化和实体化,推动地区秩序调整。⑦ 第二,关于南亚地区安全困境的观察与思考。学者认为南亚地区存在多层次的安全困境,包括民族宗教、国家政治、国家间关系、南盟层次、次地区大国层次(印巴关系)等,导致南亚地区安全对话成效不足,地区经济整合遭到限制,美印的借势更增加了地区安全环境的复杂性。⑧ 与此同时,中印的共同崛起带来彼此认知不对等、战略意图不确定等问题,两国为增强自身安全而采取的行动增加了对方的不安全感,造成中印之间的安全困境,⑨ 南亚小国则借势中国对冲印度,谋求动态平衡,使得南亚安全秩序的动荡性进一步加剧。⑩ 第三,关于"一带一路"在南亚地区实施及南亚区域合作的思考。印度对中国"一带一路"倡议持怀疑态度,⑪ 提出平行政策来制衡中国,积极构建将中国和巴基斯坦排除在外的地区互联互通网络。⑫ 与此同时,"一带一路"在南亚其他国家稳步推进,⑬ 经由南亚次大陆的陆上联通和经由印度洋的海上联通,可能会改变印度在南

---

① Mahendra P. Lama, "Indo Pacific in the Act East Policy," *The Kathmandu Post*, October 13, 2020, https://kathmandupost.com/columns/2020/10/13/indo-pacificin-the-act-east-policy.
② 卢光盛、冯立冰、别梦婕:《中印周边外交比较研究:思想渊源、当代实践及现实碰撞》,《南亚研究》2018年第2期,第20-21页。
③ 叶海林:《印度南亚政策及对中国推进"一带一路"的影响》,《印度洋经济体研究》2016年第2期,第4页。
④ 吴琳:《地区霸权的制度护持与印度的南盟政策》,《世界经济与政治》2020年第12期,第57页;冯传禄:《"一带一路"视野下南亚地缘政治格局及地区形势发展观察》,《南亚研究》2017年第3期,第1-32页;赵干城:《南亚国际格局的塑造与中国的抉择》,《南亚研究》2010年第1期,第29页。
⑤ 林民旺:《南亚的地缘政治博弈及其战略格局的演进》,《云大地区研究》2019年第2期,第111页。
⑥ 荣鹰:《南亚:印度的浮沉和大国竞争的投射》,《世界知识》2021年第24期,第38页。
⑦ 林民旺:《大变局下印度外交战略:目标定位与调整方向》,《当代世界》2021年第4期,第29页;林民旺:《"亚洲北约"已具雏形》,《世界知识》2021年第20期,第35页。
⑧ 杨思灵:《南亚地区安全:多重层次分析视角》,《国际安全研究》2016年第6期,第66-89页。Lowell Dittmer, "South Asia's Security Dilemma," *Asian Survey*, Vol. 41, No. 5, 2001, pp. 897-906.
⑨ 大卫·布鲁斯特:《印度之洋:印度谋求地区领导权的真相》,杜幼康、毛悦译,社会科学文献出版社,2016,第5页;朱翠萍、科林·弗林特:《"安全困境"与印度对华战略逻辑》,《当代亚太》2019年第6期,第26页。
⑩ 杨晓萍:《南亚安全秩序与印度的地区战略选择》,《学术探索》2021年第4期,第44页。
⑪ 林民旺:《印度对"一带一路"的认知及中国的政策选择》,《世界经济与政治》2015年第5期,第42-57页。
⑫ 楼春豪:《印度的地缘战略构想与地区基础设施联通政策》,《南亚研究》2019年第4期,第8页。
⑬ 张家栋、柯孜凝:《"一带一路"建设在南亚:现状、挑战与机遇》,《印度洋经济体研究》2021年第5期,第21页。

亚一家独大的地缘政治特征。①

南亚地区结构的不平衡造成了地区的安全困境和安全焦虑，而中国在南亚的经贸合作与互联互通直接影响了南亚原有的政治经济格局，导致中印在南亚地区的竞争在所难免。基于南亚地区结构特性，什么样的南亚地区政策更符合中国的利益，对此学界观点纷呈。一种观点认为，南亚地区是中国崛起的次要战略方向，印度是中国在这一方向的主要挑战，中国不可采取战略冒进，应避免两线作战的风险，以维持整体态势稳定。②另一种观点认为，中国应积极争取印度，印度的参与将有助于"一带一路"在南亚方向的推进，并且印度是一个务实的国家，不会拒绝中印合作带来的经济利益。③还有观点认为，中国在核心利益未遭重大挑衅之前不应主动挑起干戈，但也不能自动排除在地区"近身"博弈的机会，应通过灵活的外交政策拓展外交空间。④

在印度不断强化对华竞争、拉拢域外大国并争取南亚小国共同制衡中国的情况下，中国如何才能保证南亚地区的战略稳定并争取外交利益？这涉及两个主要问题：一是中印之间保持怎样的竞合关系更符合中国的利益，二是南亚小国在中印之间的战略对冲给中国的南亚政策带来怎样的挑战。回答这两个问题需基于对中印竞争背景下南亚小国对冲策略的系统分析之上。然而，当前学界对于南亚小国外交政策的研究存在认识碎片化的问题，虽有针对南亚个别小国的专题研究，⑤但缺乏全局性的分析。此外，南亚地区结构的特殊性决定了其与东亚、东南亚小国的战略对冲有着显著不同，目前关于小国外交的理论框架难以直接运用于对南亚小国的分析上。因此，本文将考察南亚小国在威胁认知和经济预期上的变化，分析它们在大国竞争背景下的战略对冲策略，进而思考中国的南亚地区政策选择。

二、威胁认知与经济预期：影响小国外交的关键变量

（一）影响小国外交的主要自变量

国际关系研究存在较为明显的"大国偏好"，小国通常被视为国际体系和秩序的承受者而非塑造者，⑥当全球和地区结构变动时，大国间竞争会给小国造成直接的体系压力。⑦小国具有脆弱性、依赖性、边缘性等特征，保障自身的生存与安全是其第一要务，当小国依靠自身力量无法获得安全时，会寻求其他国家或国际制度的帮助，⑧借助谨慎灵活的外交政策，在大国之间寻求战略空间。大国对中小国家的政策、大国实力排序的变化以及大国互动

---

① 大卫·布鲁斯特：《"一带一路"倡议对南亚和印度洋地区的战略影响》，朱翠萍译，《印度洋经济体研究》2016年第6期，第1页。
② 叶海林：《中国崛起与次要战略方向的挑战——以洞朗事件后的中印关系为例》，《世界经济与政治》2018年第4期，第106−128页。
③ 朱翠萍：《印度的地缘政治想象对中印关系的影响》，《印度洋经济体研究》2016年第4期，第22页。
④ 杨思灵：《印度"东进"的战略逻辑及其变迁》，《东南亚研究》2021年第6期，第94页。
⑤ 袁淼：《对冲视角下的南亚地区风险与斯里兰卡外交战略》，《南亚研究季刊》2021年第4期，第37−55页；王腾飞：《斯里兰卡西里塞纳政府的平衡外交：特点、成效与挑战》，《印度洋经济体研究》2019年第2期，第99页；陈宇：《不丹对印度的极不对称安全困境：基于小国/弱国对大国/强国的"安全交换"解释》，《南亚研究》2018年第3期，第52−76页。
⑥ 韦民：《小国与国际关系》，北京大学出版社，2014，第281页。
⑦ 刘若楠：《大国安全竞争与东南亚国家的地区战略转变》，《世界经济与政治》2017年第4期，第62页。
⑧ Robert L. Rothstein, *Alliances and Small Powers*, Columbia University Press, 1968, p.253.

模式对地区秩序的塑造，会直接影响中小国家的利益诉求，改变其实现战略目标的手段。

然而需要注意的是，大国竞争可能给小国带来战略红利，也可能挤压小国的战略空间。① 具备一定经济和安全实力、战略价值与内部凝聚力的次级中等国家或一般中等国家，能够在大国之间采取"平衡外交"政策甚至挑战大国，② 但对于绝对意义上的小国或纯粹的小弱国而言，它们通常不会选择单一、绝对的方式来应对安全压力，而是会选择一系列中间措施来对冲风险。③

从小国追求生存和安全利益的考量来看，威胁认知是影响小国外交政策选择的首要变量。威胁认知是指一个国家对另一个国家产生的威胁程度的认知。有学者认为，一个国家在对另一个国家威胁认知高的情况下，可能会采取追随、制衡或捆绑的战略，而当威胁认知较低时，可能会选择战略对冲。④ 但也有学者注意到，在高威胁认知下，很多国家会选择战略对冲。王栋认为，威胁认知越高、相对能力越高的国家，对冲强度越高，其对冲战略形态中制衡等竞争性元素的比例也越高，越倾向于采取强制性的"硬对冲"，代表国家是安倍第二任期的日本、印度和越南；威胁认知和相对能力越低，对冲形态也越趋于温和，越倾向于选择接触等合作性战略工具，进行温和的"软对冲"，代表国家是泰国、马来西亚、新加坡和菲律宾。⑤ 对于本文所研究的国土面积小、经济和安全实力也较弱的"小弱国"而言，在应对地区秩序变动带来的安全压力时，会根据自身需求而表现出不同于上文所述的对冲策略。

小国在追求安全利益的同时，会综合判断局势，寻求外交自主性和经济利益。当引入经济预期变量时，可以更好地说明小国如何选择外交策略。经济预期是指一个国家对与另一个国家经济合作和经贸往来关系的判断以及获得经济利益的预期。积极的经济预期意味着从双边经贸合作中获得更多公共产品和发展机遇，消极的经济预期则意味着较少的发展机会，甚至受到发展限制、蒙受经济损失。陈宗岩和杨昊以柬埔寨、越南和新加坡对冲中国的战略选择为例指出：越南对中国有着高威胁认知和消极经济预期，选择制衡中国；柬埔寨对中国有着低威胁认知和积极经济预期，会追随中国；新加坡对中国有高威胁认知和积极经济预期，故而采取比较稳定的对冲政策。⑥ 然而，仅单独分析小国对某一大国的威胁认知和经济预期还不够，而是需要综合判断域内外多个大国的影响。

（二）影响小国威胁认知和经济预期的因素

小国的威胁认知和经济预期通常由三方面因素决定：一是小国所处地区结构所形成的根本性影响；二是在双向对冲的情境下两个目标国之间的竞争关系；三是小国的相对能力，即与对冲目标国相比在经济力量和军事力量等方面的差距。

---

① 史田一：《地区风险与东盟国家对冲战略》，《世界经济与政治》2016年第5期，第90页。

② 罗肖：《战略预期与小国挑战周边大国的策略选择——以菲、越两国南海制华政策（2009—2019）为例》，《当代亚太》2020年第2期，第126-155页。

③ Antonio Fioriand Andrea Passeri, "Hedging in Search of a New Age of Nonalignment: Myanmar between China and the USA," *The Pacific Review*, Vol. 28, Issue 5, 2015, p. 684.

④ Patricia A. Weitsman, "Alliance Cohesion and Coalition Warfare: The Central Powers and Triple Entente," *Security Studies*, Vol. 12, No. 3, 2003, pp. 82-83.

⑤ 王栋：《国际关系中的对冲行为研究》，《世界经济与政治》2018年第10期，第35页。

⑥ Lan Tsung-Yen Chen and Alan Hao Yang, "A Harmonized Southeast Asia? Explanatory Typologies of ASEAN Countries' Strategies to the Rise of China," *The Pacific Review*, Vol. 26, No. 3, 2013, p. 275.

第一,地区结构从总体上决定了小国对他国的威胁认知和经济预期。地区意味着邻近国家构成的相互依存的政治经济体系,是地区国家之间由于地理的接近和历史的长期互动而形成的地缘空间上的交互与思维理念上的共性,在这样的背景下域内小国经常受到域内大国的政治干预和影响。① 按地区国家互动紧密程度和权力分配状况,可将地区体系结构分为两类:一是权力分散的水平关系结构,不存在明确的地区结构中心,域内所有国家存在较高程度的集体互动。在无明确中心主导国的地区,域内国家或地区行为体间实力差距不大,地缘空间联系相对紧密,在没有域外国家介入的情况下,域内小国互相具有敌意、安全感极低,小国很难融洽相处,冲突是小国互动的主要形式。② 域外大国的介入可能改变小国的互动方式,使其一致对外,从"零和"走向合作共赢,最典型的案例是东盟。③ 二是权力集中的垂直关系结构,可以是单中心或双中心型地区结构,呈现高级化主导型互动特征。④ 在垂直关系结构中,地区主导国拥有较多干预和影响小国的空间和能力,小国之间缺乏地区一体化合作,地区关系表现为主导国和小国的互动,小国之间互动不足、较难发挥集体和数量、优势,难以通过地区组织和集体制度来束缚地区主导国。地区体系内的小国完全或部分服从域内主导国的权威,当主导国拥有权威或能为本地区提供充足的公共产品时,小国会赋予主导国地区统治的合法性,并采取跟随、服从的战略选择。⑤

第二,大国竞争关系影响小国对他国的威胁认知和经济预期。从竞争性质来看,大国之间如选择包容型竞争,如其目标为追求自身利益,竞争手段主要是通过提供公共产品和经济利益来拉拢小国、扩大影响力,这将给小国带来更积极的经济预期和"搭便车"机会。与之相对的是损人型或互损互毁型竞争,其首要目标是遏制或制衡对手,竞争手段包含更多的政治施压和安全竞赛。在这种竞争模式下,大国会做出"损人不利己"的行为,不惜牺牲经济利益以达成战略目标,则小国获得的"竞争红利"较少。从竞争强度来看,在竞争强度较低的情况下,无论是哪种类型的竞争,给小国带来的安全威胁均较为有限,但当竞争强度上升,两国剑拔弩张时,小国很容易感到"选边站队"的安全压力(见表1)。

表1 大国竞争对小国威胁认知与经济预期的影响

竞争性质	竞争强度	
	高	低
包容型	高威胁认知 消极经济预期	低威胁认知 积极经济预期
互损型	高威胁认知 消极经济预期	低威胁认知 消极经济预期

---

① 庞中英:《地区化、地区性与地区主义——论东亚地区主义》,《世界经济与政治》2002年第11期,第8页。
② S.尼尔·麦克法兰尼:《美国和中亚的地区主义》,彭萍萍译,《当代世界社会主义问题》2005年第4期,第91页。
③ 曹云华:《东盟再认识》,《东南亚研究》2007年第4期,第13页。
④ 王学玉:《地区政治与国际关系研究》,《世界经济与政治》2010年第4期,第44页。
⑤ 刘若楠:《地区等级体系衰落的路径分析》,《世界经济与政治》2014年第12期,第118-136页;顾炜:《地区等级体系与崛起国的介入战略——以中国介入后苏联空间为例》,《外交评论》2015年第4期,第20页。

第三，小国与地区大国之间的能力差距，决定了小国威胁认知和经济预期的差异性。在相互依赖关系中，对外需求的规模越大，替代性越小，其政策调整的余地越小，脆弱性越高，所付出的代价越大。① 一般而言，陆锁国受其地理位置影响，存在外交政策选项少、国家力量薄弱与谈判能力弱等原生劣势，外交政策受制于其过境国的政策。海岛国家则存在生存发展空间狭小以及因四面环海而难以规避侵略和打击所带来的天然的焦虑和不安全感。但同时，岛国具有"小岛国、大海洋"的外交优势，其开放的地理环境具有多向度调节的空间，带来多元开放的可能性。② 陆海复合型国家具有陆海兼备的特点，在安全上有着双重易受伤害性，可能导致在陆海平衡中分化国家战略资源，因而必须同时注意陆上和海上的安全防卫，处理好海权和陆权的统筹协调。③ 相比陆锁国和海岛国，陆海复合型国家拥有更多元的战略资源和更广阔的战略空间，一般会在陆地方向确保稳定之后向海洋方向拓展。④ 总体而言，陆锁国通常对地区主导国及其过境国有较高威胁认知和经济依赖，陆海复合型国家对地区大国的威胁认知相对较小，海岛国家对地区大国的威胁认知可能存在变化，既有脆弱性的一面，也具有可调节性。

（三）小国双向对冲的策略选择

小国在应对体系变动的压力时，绝大多数情况下会采取中间策略进行战略对冲，通过合作、竞争和敌对等多种元素融合的权变策略来消解风险。⑤ 刘丰和陈志瑞从合作性和对抗性两个维度对中国周边国家应对中国崛起的战略选择进行了分类。在对抗性方面由弱及强依次为疏远、约束、防范、制衡；在合作方面由弱到强依次是疏远、接触、绥靖、追随。对冲在合作程度上大于接触、小于绥靖，在对抗程度上大于约束、小于防范。⑥ 吴翠玲将东南亚国家应对中美战略竞争的对冲手段归为三类：一是间接制衡或软制衡，即说服一个大国对另一个国家进行平衡；二是复合型接触，即通过政治、经济和战略层面的接触，说服和引导大国按照国际组织的制度和规范行动，避免大国对地区事务的进攻性主导；三是束缚，即用地区制度来约束地区大国的行为。⑦

在双向对冲的语境下，小国对两个竞争大国的威胁认知和经济预期会有十六种可能，其对冲策略组合大体可以概括为四类：第一类是双向合作或接触，即保持与两个大国的合作关系；第二类是双向制衡或牵制，即利用两个大国的竞争关系使其相互牵制；第三类是偏向型合作，即重点发展与一个国家的合作来平衡另一个国家的影响力；第四类是偏向型制衡，即拉拢一个国家或域外国家来牵制和束缚某一地区强国（见表2）。

---

① 于军：《相互依赖与国际冲突》，《国际问题研究》2003年第3期，第147–148页。
② 崔金奇：《岛国心理与英国对外政策》，博士学位论文，外交学院，2015，第50页；陈晓晨：《小国研究视域下太平洋岛国的外交策略》，《国际关系研究》2020年第2期，第116–117页。
③ 秦立志：《陆海复合型国家战略转型的动力机制——兼论对中国的启示》，《太平洋学报》2019年第2期，第2页；吴征宇：《论陆海复合型国家的战略地位——理论机理与政策选择》，《教学与研究》2010年第7期，第65页。
④ 郑义炜：《陆海复合型中国"海洋强国"战略分析》，《东北亚学刊》2018年第2期，第80页。
⑤ 奥斯汀·腾斯强：《中国能源安全的对冲战略》，《世界经济与政治》2008年第8期，第42–51页。
⑥ 刘丰、陈志瑞：《东亚国家应对中国崛起的战略选择：一种新古典现实主义的解释》，《当代亚太》2015年第4期，第9页。
⑦ Evelyn Goh, *Meeting the China Challenge: The U.S. in Southeast Asian Regional Security Strategies*, Washington. D. C., The East – West Center Washington, 2005, P. 7.

表2　小国双向对冲的策略组合

对大国 A 的认知		对大国 B 的认知		小国策略选择
威胁认知	经济预期	威胁认知	经济预期	
★	▲	☆	▼	追随
☆	▼	★	▲	追随
★	▼	☆	▼	制衡
☆	▼	★	▼	制衡
☆	▲	☆	▲	双向合作
☆	▼	☆	▼	双向合作
★	▲	★	▲	双向制衡
★	▼	★	▼	双向制衡
★	▲	☆	▲	偏向型合作
☆	▲	★	▲	偏向型合作
☆	▲	☆	▼	偏向型合作
☆	▼	☆	▲	偏向型合作
★	▲	★	▼	偏向型制衡
★	▼	★	▲	偏向型制衡
★	▼	☆	▲	偏向型制衡
☆	▲	★	▼	偏向型制衡

说明：★强 ☆弱　　▲积极 ▼消极

三、南亚小国的威胁认知与经济预期

（一）南亚小国对印度的威胁认知与经济预期

南亚地区具有典型的权力集中的垂直关系结构，地区结构从总体上决定了地区主导国印度与地区小国之间的不对称依赖关系。印度在地理位置、国土面积、综合国力、文化纽带等方面都是毋庸置疑的地区大国，对南亚其他国家有着支配和控制的愿望和能力。南亚地区由于缺少世界大国的干预，长期处于印度一家独大的地缘政治格局之下。在这样的单极地区结构下，主导国享有较大的行动自由，其提供国际公益的动机也会随之下降。[①] 印度惯于通过强化政治控制的方式来维持与南亚小国的关系，南亚小国对印度的"后院外交"多有不满，但鉴于力量对比悬殊，加之小国之间缺少合作的基础和机制，因此无法从根本上挑战和改变单极垂直的地区结构。

---

① 刘丰：《单极结构下的体系效应与国家行为——兼论中国的战略选择》，《太平洋学报》2011 年第 7 期，第 48 - 49 页。

印度从整体上带给南亚小国较强的威胁认知，但各小国对印度的威胁认知和经济预期存在差异性。尼泊尔是喜马拉雅山地"陆锁国"，北部高山耸立，东西南三面受印度环绕，在关键战略资源上对印存在单向度的强依赖关系，地缘安全脆弱性极大。印度从独立初期便寻求建立喜马拉雅山麓的"安全共同体"，[①] 将不丹纳作"保护国"，吞并锡金，导致尼泊尔对印度形成强大的威胁认知。与此同时，尼泊尔对印有着积极的经济预期，据统计，印度是尼泊尔的第一大贸易伙伴国，2003—2017年间，尼泊尔对印出口额占尼泊尔出口总额的52.37%—69.05%，对印进口额占尼进口总额的53%—65.51%，中国是尼泊尔的第二大进口国，但同期占比仅有8.38%—14.05%。[②] 尼泊尔自谑为"夹在中印两块巨石之间的山药"，[③] 但正是中国的影响，给了尼泊尔在中印之间实施战略对冲、拓展自身生存空间的机遇和砝码。

斯里兰卡对印威胁认知存在较大变化。斯里兰卡是海岛国家，有着较为明显的安全隐患，但由于其位于印度洋和太平洋交汇的战略要冲，能够利用面向海洋的地缘优势开展多边外交，借助域外大国的力量平衡印度的影响和控制。独立之初，斯里兰卡没有陆海空军，防卫能力几乎为零，而此时印度试图将斯里兰卡和马尔代夫纳入其实现海洋安全的势力范围，因而斯里兰卡对印有着强烈的威胁认知。在斯里兰卡内战期间，印度对斯民族问题的强势干预更进一步强化了斯对印威胁认知。直到斯内战结束，适逢印度在"古杰拉尔主义"原则下改善与邻国关系，加强与邻国的经济合作，斯里兰卡也需要印度的经济支持来进行战后重建，其对印度的威胁认知开始减弱、经济预期显著上升。

与其他南亚小国类似，孟加拉国与印度之间也存在非对称依赖关系。印孟之间存在边界争端、非法移民、贸易赤字等诸多矛盾分歧，孟加拉国国内长期存在"反印"情绪。[④] 相比尼泊尔和斯里兰卡，孟加拉国在地理、资源、过境通道等方面具备开展多元外交的有利条件，并在一定程度上有能力牵制印度。孟加拉国占据着通往孟加拉湾的出海口，与东南亚临近，是两洋交汇、大陆交汇的"十字路口"，[⑤] 孟加拉湾蕴藏着丰富的油气、渔业、矿产、海洋资源，使其成为印度"东向行动"的门户。[⑥] 孟加拉国还紧邻印度东北部，是印度东北部地区与外部世界联系的重要通道，可以在一定程度上牵制和影响印度东北部的过境运输。与此同时，印孟之间有着较强的经济纽带，尤其是2010年以来印孟经贸往来密切，从而使孟加拉国对印度保持着总体上的弱威胁认知与积极经济预期。

（二）南亚小国对中国的威胁认知与经济预期

21世纪以来，中国同南亚国家的经贸关系和互联互通不断加强，中国在南亚地区的影

---

① 如博·萨普科塔：《中国—印度—尼泊尔三边主义：超越地缘政治的倡议》，赵雪丹译，《国际安全研究》2016年第4期，第74页。
② World Bank, "WorldIntegrated Trade Solution," World Bamk, https://wits.worldbankorg/countrysnapshot/en/NPL.
③ Sanjib K. Chaudhary, "Nepal: 'AYam Between Two Boulders'," Oh My News, October 2007, http://english.ohmynewscom/articleview/articleview.asp?no=380567&-relno=1.
④ 邓红英：《孟加拉国反印情绪的变化及其影响因素》，《南亚研究》2016年第4期，第101-114页。
⑤ Joy L. K. Pachuau and Willem van Schendel, "Borderl and Histories, Northeastern India: An Introduction," *Studies in History*, Vol. 32, No. 1, 2016, p. 1.
⑥ 沙希杜·伊斯兰姆等：《孟加拉国视角下的"一带一路"及孟中印缅经济走廊建设》，和红梅译，《南亚东南亚研究》2018年第3期，第94页。

响力显著上升。2009年，中国对南亚小国的贸易总额首次超过印度并一直处于领先地位，成为南亚小国最主要的贸易伙伴国之一（见图1、图2）。①

中国提出"一带一路"倡议后，得到南亚小国的积极响应。中国对孟、斯、尼的直接投资额已经远远超过印度在当地的投入（见表3）。中国在贸易、投资、基建方面的资金和技术优势，使南亚小国对中国保持了较高的经济预期。

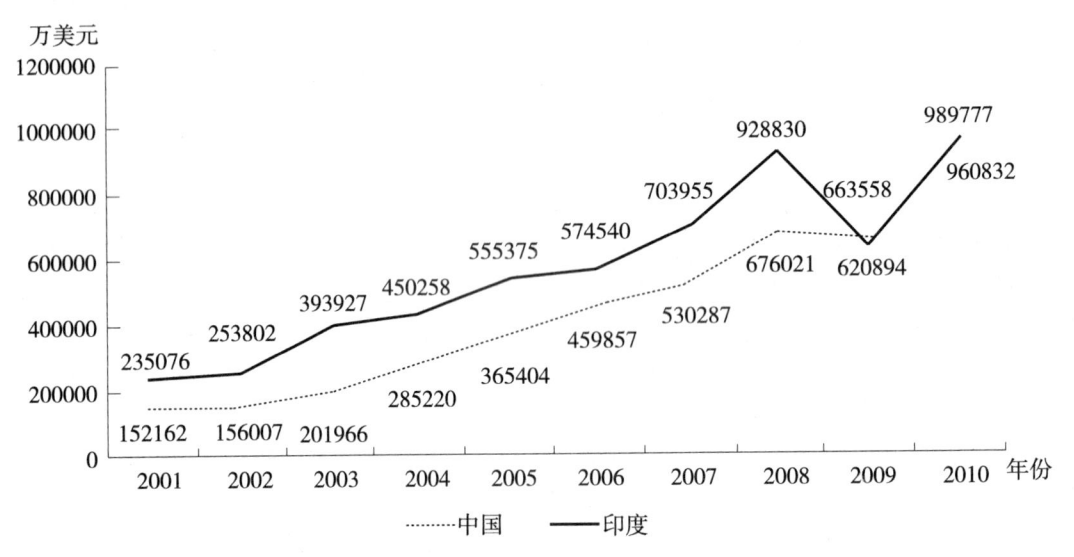

图1 2001—2010年中印与南亚小国进出口贸易总额变化

资料来源：根据联合国商品贸易统计数据库数据整理绘制，https：//comtrade.un.org/data/.

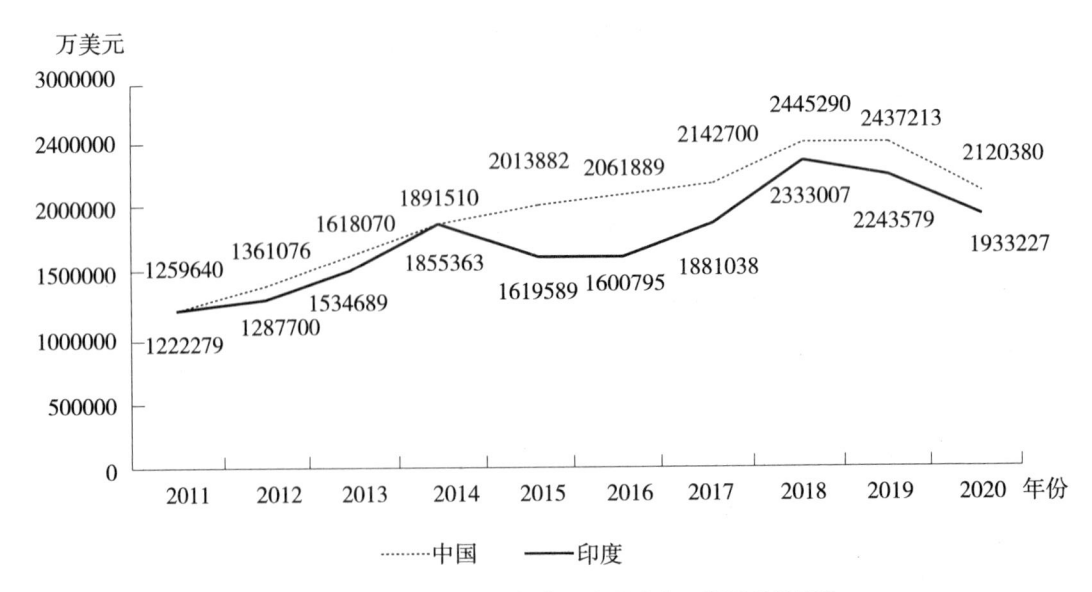

图2 2011—2020年中印与南亚小国进出口贸易总额变化

资料来源：根据联合国商品贸易统计数据库数据整理绘制，https：//comtrade.un.org/data/.

---

① World Bank, "World Integrated Trade Solution," Worla Bank, https：//wits.worldbankorg/countrysnapshot/en/LKA.

表3　2019年中印对孟、斯、尼直接投资

单位：百万美元

国　别	直接投资额	
	中　国	印　度
孟加拉国	1934	23
斯里兰卡	293	139
尼泊尔	141	27

资料来源：根据孟加拉国投资发展署、斯里兰卡议会、尼泊尔中央银行2019年外国投资统计数据整理。

与此同时，南亚小国对华威胁认知较低。一方面，中国与南亚小国之间没有明显的安全分歧，这些小国在与中国合作时不需要通过牺牲安全利益来换取物质利益。[1] 在中印、印巴局势总体可控的情况下，中国在南亚影响力的提升并不会引发剧烈的军事冲突和安全威胁。另一方面，中国与南亚国家的合作强调经贸合作与互联互通，较少突出安全和军事合作，不仅为南亚小国提供了更多的发展机会和公共产品，也使得小国得以在中印之间保持合适的安全距离，这超出绝大多数国际关系理论对小国脆弱性的预期。[2]

然而，近期中印关系正经历调整，突出表现在三个方面：一是中印边界问题的持续影响，印度在边界问题上采取冒险主义政策，造成中印边境的对峙和摩擦，给中印关系带来不利影响。二是印度强调中印竞争关系，反复强调中印贸易不平衡造成不利影响，提出"对华脱钩"，对中国投资项目实施双重标准，抵制中国制造，并拉拢南亚小国支持其"自力更生"政策。三是印度将中国视为头号安全威胁，拉拢域外大国，加强在"印太"框架下的大国合作，构建美日印澳四边机制的"准同盟"，并支持美国与南亚小国的安全与防务合作，以共同应对所谓"中国威胁"，进一步加剧了地区局势的复杂性。在上述三方面的影响下，中印竞争的强度逐渐升高，如果竞争性质一旦从包容型竞争转变为以制衡对手为主要目的的损人型竞争，小国对中印竞争的威胁认知都将上升，其可能获得的大国竞争红利也将大幅减少。

（三）南亚小国的双向对冲策略选择

南亚小国从总体上有着对华低威胁认知和积极经济预期，但它们对印度的威胁认知和经济预期有所不同，因此所采取的对冲策略也呈现差异性。

尼泊尔最常采取"偏向型合作"的对冲策略组合，同时与中印两国发展经济关系，但侧重强调对华合作，以平衡印度对尼泊尔影响力，增加同印度协商时的谈判砝码。当印度对尼泊尔进行经济封锁时，尼泊尔对印度认知转变为高威胁认知和消极经济预期，其在中印之间的对冲策略会从"偏向型合作"转变为"偏向型制衡"，可能采取"拉华抑印"政策，

---

[1] Darren J. Lim and Rohan Mukherjee, "Hedging in South Asia: Balancing Economic and Security Interests Amid Sino – Indian Competition," *International Relations of the Asia – Pacific*, Vol. 19, Issue 3, May 2019, p. 496.

[2] T. V. Paul, "When Balance of Power Meets Globalization: China, India and the Small States of South Asia," *Politics*, Vol. 39, No. 1, 2019, pp. 50 – 63.

通过强化对华经济和军事合作来牵制印度。

斯里兰卡的情况较为复杂。在内战期间，斯里兰卡对印有着强威胁认知和消极经济预期，尽可能多地争取外部力量支持来制衡印度。内战后，斯里兰卡对印认知转变为弱威胁认知、积极经济预期，转而在中印之间维持"双向合作"以寻求经济利益最大化。近期，斯里兰卡正更深刻地卷入世界大国的安全竞争之中，加之其国内面临严峻的经济危机和政治动荡，导致其对国家安全的焦虑上升，因此对冲策略中制衡的意味将会增多。

孟加拉国的综合实力强于尼泊尔和斯里兰卡，对中印有着相对较弱的威胁认知和积极经济预期，倾向于在中印之间进行较为稳定的"双向合作"。但如果中印竞争关系的性质和强度发生变化，孟加拉国对中印的威胁认知将逐渐转强，可能会转向"双向制衡"的对冲策略。

表4 南亚小国的对冲策略组合

国家	状态	对华心态		对印心态		对冲策略
		威胁认知	经济预期	威胁认知	经济预期	
尼泊尔	常态	☆	▲	★	▲	偏向型合作
	特殊状态	☆	▲	★	▼	偏向型制衡
斯里兰卡	内战	☆	▲	★	▼	偏向型制衡
	内战后	☆	▲	☆	▲	双向合作
	趋势	★	▲	★	▲	双向制衡
孟加拉国	常态	☆	▲	☆	▲	双向合作
	可能趋势	★	▲	★	▲	双向制衡

说明：★强 ☆弱 ▲积极 ▼消极

四、南亚小国战略对冲的实践

（一）尼泊尔：偏向型制衡与合作

尼泊尔在中印之间主要采取"偏向型合作"策略，在保持对印经济合作的同时，重视并强化中尼合作，以平衡印度的影响力。尼泊尔政治精英曾在是否追随印度的问题上产生严重分歧，但最终选择了"多元化"的外交政策。① 尼泊尔提出要打造"桥梁经济体"和"过境经济体"，不做"巨石间的山药"，要做"中印间的桥梁"。② 一方面，尼印通过"孟不印尼次区域合作"和"环孟加拉湾多领域经济技术合作倡议"，强化尼印经贸合作与互联互通，实现"山地经济体"与"蓝色经济"的对接。③ 另一方面，尼泊尔积极响应中国

---

① 里奥·罗斯：《尼泊尔的生存战略》，王宏伟、张荣德译，中国藏学出版社，2018年，第219-225页。
② "Replied Speech by Rt. Honorable Dr. Babu Ram Bhattarai to His Excellency Dr. Man Mohan Singh, *Prime Minister of India*," Mepal Monitor October 21, 2011, http：//www.nepalmonitor.com/2011/10/Nepal-india.bhattara.html.
③ Nilhari Neupane, "Mountain Economies and BIMSTEC," The Kathmandu Post, August 30, 2018, https：//kathmandupost.com/opinion/2018/08/30/mountain-economies-and-bimstec.

"一带一路"倡议,自 2015 年以来,中尼先后签署了在"一带一路"倡议下开展合作的谅解备忘录以及《中尼过境运输协议议定书》。尼泊尔获得使用中国海港和内河航运进行第三国贸易的过境通道,这将有助于尼泊尔减少对印依赖,增强外交自主性。

在危机时期,尼泊尔会更加重视强化对华经济与安全合作,以实现对印牵制。印度多次通过经济封锁等方式干涉尼泊尔内政外交,造成尼印关系紧张。20 世纪 60 年代,尼泊尔发生政治危机,印度默许尼泊尔逃亡人员在印度境内开展推翻马亨德拉政权的运动,中国则接受马亨德拉访问,中尼达成修建从加德满都到拉萨的跨境公路协议。① 尽管中尼公路的修建遭到印度阻挠,但尼泊尔坚持中尼公路符合尼泊尔的民族利益。1987 年,尼印发生多次小规模摩擦,印警察部队以追缴极端分子为名多次越界,引起尼民众抗议。尼政府通过从中国购买武器的形式对印进行反制,引起印强烈不满,取消对尼 66 种产品的贸易优惠,停止对尼供应食用油、食盐和石油产品,中止尼印贸易条约和过境条约。② 2015 年尼泊尔颁布新宪法,其中未满足尼泊尔南部以印裔马迪西人为代表的少数民族单独建邦的要求,引发马迪西人大规模暴力抗议和印度长达 5 个月的非正式封锁,给尼泊尔造成极大创伤。③ 奥利政府上台后强化同中国的防务合作,于 2017 年和 2018 年进行了中尼"萨迦玛塔友谊 I"和"萨迦玛塔友谊 I"的军事演习,同时放弃参与由印度主导的"环孟加拉湾多领域经济技术合作倡议"下的军事演习。④

尼泊尔"偏向型合作或制衡"的对冲策略正受到两方面挑战:一是国内政治局势变动的外溢效应。2018 年尼泊尔共产党(联合马列)和尼泊尔共产党(毛主义中心)合并成立尼泊尔共产党,而后内部矛盾分歧不断,尼共产党主席奥利与尼共党执行主席普拉昌达之间的权力斗争引发尼共分裂,导致政府更迭、政局不稳。随着亲印的大会党主席德乌帕担任总理,尼国内反华暗流不断涌动。⑤ 与此同时,印对尼展示出越发强势的态度,继 2019 年"地图战"挑战尼泊尔领土完整之后,印度同尼泊尔在跨境水资源开发管理、开放边界管控等问题上产生严重分歧。⑥ 二是美印强化战略合作的不利影响。在美国的不断施压下,尼议会在 2022 年 2 月 27 日批准了美国"千禧年挑战公司"计划的实施,强化对印输电贸易和道路联通。该计划是美国"印太战略"的组成部分,涉及大量不平等条款,比如协议内容需印度同意才能实施、该协议优于尼泊尔当地法律等,⑦ 是对尼泊尔主权独立的严重挑战。面对美国的战略捆绑和印度的强势干预,尼民众发起了大规模示威游行。尼政府高层也清醒地认识到,卷入大国战略竞争只会令尼从"两块巨石之间的山药"变成"三块巨石之间的山

---

① Shelton Kodikara, "Strategic Factors in Interstate Relations in South Asia," *Canberra Papers on Strategy and Defence*, No. 19, 1979, pp. 23 – 25.
② 董漫远:《尼泊尔印度关系为何日趋紧张》,《世界知识》1989 年第 10 期,第 16 – 17 页。
③ "UN: Nepal Blockade Puts Millions of Children at Risk," BBC News, November 30, 2015, https://www.bbc.com/news/world – asia – 34968252.
④ "Nepal Not to Join BIMSTEC Military Drill in India: Report," The Economic Times, September 8, 2018, https://economictimes.indiatimescom/news/defence/nepal – not – tojoin – bimstec – military – drill – in – india/articleshow/65733874.cms?from = mdr.
⑤ 张树彬:《警惕美国将尼泊尔拉入印太战略》,《环球时报》2021 年 11 月 17 日,第 15 版。
⑥ 朱鹏飞、何朝荣:《〈尼泊尔外交政策 2020〉评析》,《国际研究参考》2021 年第 5 期,第 18 页。
⑦ 王世达:《美国胁迫尼泊尔通过 MCC 协议,难逆中尼合作势头》,《世界知识》2022 年第 6 期,第 28 – 29 页。

药",① 多边经济合作更有利于尼泊尔的外交自主和国家利益。美国欲借美尼建交75 周年之际，推动美尼安全合作与交流，引起尼泊尔政治派别之间的论战，2022 年 6 月 20 日尼泊尔内阁做出决定，不与美国推进在"国家伙伴计划"（SPP）框架下的军队安全合作。② 大国竞争的加剧给尼泊尔带来更大的战略压力，地缘政治与国内政治之间的互动可能使其外交政策面临较大变数。但从尼泊尔国家利益的角度来看，美印越是强化对尼控制，尼泊尔从客观上就越需要通过强化对华合作来实现战略对冲，以拓展生存空间，加强战略自主性，维护尼领土主权和安全。

（二）斯里兰卡：制衡与合作之间的转变

斯里兰卡在中印之间的对冲策略经历了"偏向型制衡"到"双向合作"的转变，并有可能向着"双向制衡"的趋势发展。在斯里兰卡内战期间，印度在"英迪拉主义"影响下强化对邻国的控制，武力介入斯里兰卡民族冲突。斯里兰卡则积极寻求美国、英国、中国和巴基斯坦的军事支持，对印进行"偏向型制衡"。内战结束后，西方国家以人权为名大肆批评斯里兰卡，与此同时，印度主动强化与周边小国的经济关系，并积极改善中印关系。在此背景下，斯里兰卡改变"亲西方"政策，同时加强与中印两国的经济合作，推动本国战后重建。一方面，印斯关系加强，双方虽在泰米尔人、渔民问题等议题上存在分歧与障碍，但印通过投资、援助等方式参与斯战后重建，与斯在铁路、港口、机场、住宅项目与能源领域展开合作，达成自由贸易协定、科伦坡港口转运协定等。③ 另一方面，中斯关系发展迅速，高层互访、经贸合作、人文交流等拉近了中斯距离。斯里兰卡积极响应中国"一带一路"倡议，中斯双边贸易额以及中国对斯投资额均大幅增长，汉班托塔港、国际机场项目、发电厂、科伦坡港口城项目等推动了当地经济发展。④

斯里兰卡在中印之间所采取的"双向合作"策略与尼泊尔的"偏向型合作"有所不同，主要表现为斯里兰卡在经济上同时强化与中印两国的经贸合作，而在安全领域则采取了与尼泊尔不同的政策。斯里兰卡不仅很少通过强化中斯安全合作来制衡与牵制印度，而且几乎保持了"印度优先"的原则。对斯里兰卡而言，中印地缘经济竞争为其提供了更多的发展机会和公共产品，平衡外交有利于国家利益，而卷入大国的战略与安全竞争则可能威胁本国的安全。以中斯汉班托塔港口建设为例，中斯港口援建协议的签订引发印度激烈抗议，最终斯里兰卡以印度和国内政治力量反对为由，强调汉港仅作民事用途，拒绝中国潜水艇停靠。⑤

斯里兰卡"双向合作"的平衡外交受到内外两方面因素影响。从国际层面来看，美印加强地区安全合作，导致斯里兰卡外交政策受到"两极思维"和"选边站队"的现实考验。美国从 2016 年以来不断强化对斯安全合作，美国舰队频繁访斯、多次与斯进行联合军演。

---

① "A Yam Between 3 Boulders," Nepali Times, February 1, 2019, https：//www.nepalitimes.com/editorial/a - yam - between - 3 - boulders/.

② Anil Giriand Tika R. Pradhan, "Government Decides to Stay Away from SPP," The Kathmandu Post, June 21, 2022, https：//kathmandupost.com/national/2022/06/21/government - decides - to - stay - away - from - spp.

③ Darren J. Limand Rohan Mukherjee, "Hedging in South Asia：Balancing Economic and Security Interests Amid Sino - Indian Competition", p. 513.

④ 帕利塔·科霍纳：《斯里兰卡与中国的贸易和投资合作》，王晓波译，《中国投资》2022 年第 7 - 8 期，第 66 - 69 页。

⑤ T. V. Paul, "When Balance of Power Meets Globalization：China, India and the Small States of South Asia", p. 53.

印度则一直高度重视斯里兰卡和马尔代夫的地缘重要性，认为这两个国家的外交选择会对印度外部安全环境产生直接影响。① 2020 年以来，印度先是重启停滞六年之久的印斯马海上安全合作机制，后将斯里兰卡列为防务合作的"一级优先"伙伴，并成立印斯马三方海上安全合作秘书处，加强海上安全情报共享。② 从斯里兰卡国内层面来说，2022 年以来，斯里兰卡发生了严重的经济危机，引发广泛的社会危机和政局动荡，执政联盟内部发生分裂，反对党不断挑战拉贾帕克萨家族统治，2022 年 5 月 9 日马欣达总理辞职，统一国民党维克拉马辛哈出任总理。斯政局目前还处于变动之中，国内政治博弈可能给外交政策带来变数。

在国内危机与地区局势变动的相互作用和影响下，斯里兰卡对大国竞争的威胁认知和经济预期均大幅提升，其对冲策略中制衡的因素逐渐增多。一是斯里兰卡寻求多方经济援助，为大国地缘经济竞争提供了契机。维克拉马辛哈表示，斯里兰卡危机需要印度、日本、中国三个"历史盟友"的援助。③ 2022 年以来，中国政府向斯里兰卡提供人道主义援助，未来也将在力所能及的范围内继续提供支持，助力斯里兰卡经济复苏和民生改善。印度积极向斯提供食品、药品和其他生活物资援助，通过媒体大力宣传并不忘与中国做比较。美国也在积极作为，2022 年 3 月美斯举行伙伴关系会议，讨论了强化双边防务合作、加强海上安全合作、增加对斯投资等议题。④ 二是斯里兰卡危机激化大国地缘政治竞争。此次经济危机暴露了斯国内经济的结构性问题，因国际贸易流通受阻，导致通货膨胀和外汇短缺。斯里兰卡多次向中国提出债务重组的要求，为美印大肆蛊惑"债务陷阱"提供了话题。美印还借机模糊斯经济危机的真实原因，将焦点转向针对中国的抹黑与抨击。⑤ 三是斯国内压力集团意见分歧，增加了外交决策的变数。斯执政联盟内部、政府与反对派之间围绕国内外政策问题展开论战和权力斗争，社会上不乏"亲印"的声音，泰米尔民族联盟支持印度介入以缓解经济危机，但也有大量民众高度评价中国的援助。国内压力集团对中印两国的态度及其权力博弈必将对斯里兰卡外交政策产生影响，但可以预见，无论是"亲印派"还是"亲华派"执政，都不会从根本上改变其在中印之间寻求"平衡"的政策方向，反而会在大国的竞争和相互制衡中寻求自身安全利益的最大化，以"双向制衡"实现国内和国际政治的"双平衡"。

---

① Arshana M. Baruah, "India in the Indo – Pacific: New Delhi's Theater of Opportunity," Carnegie Endowment for International Peace, June 30, 2020, https://carnegieendowment.org/2020/06/30/india-in-indo-pacific-new-delhi-s-theater-of-opportunity-pub-82205.

② "Inauguration of NSA Trilateral Secretariat," Financial Express, March 4, 2021, https://www.financialexpress.com/defence/inauguration-of-nsa-trilateral-secretariat-a-step-forward-for-maritime-security-cooperation-withsri-lanka-and-the-maldives/2206173/.

③ Uditha Jayasinghe, "Crisis-hit Sri Lanka Plans Donor Conference, Interim Budget in August," Reuters, June 22, 2022, https://www.reuters.com/world/asia-pacific/crisis-hit-sri-lanka-plans-donor-conference-with-china-india-japan-2022-06-22/.

④ "Joint Statement from the Fourth Session of the Sri Lanka – United States Partnership Dialogue," U.S Embassy in Sri Lanka, March 23, 2022, https://lk.usembassy.gov/joint-statement-fourth-session-of-the-sri-lanka-united-states-partnership-dialogue/.

⑤ Saibal Dasgupta, "China's Global Image Under Strain as Sri Lank Faces Debt Trap," VOA News, April 25, 2022, https://www.voanews.com/a/china-s-global-image-under-strain-as-sri-lanka-faces-debt-trap-/6544106.html.

（三）孟加拉国："双向合作"的稳定对冲

20世纪90年代以来，随着印度"东向行动"和中国在南亚投资合作增多，孟加拉国的地缘优势不断凸显，使其能够在中印之间实现更为娴熟有效的"双向合作"，获取发展红利。孟加拉国一方面积极响应中国"一带一路"倡议和孟中印缅经济走廊建设，另一方面积极加入印度发起的"环孟加拉湾多领域经济技术合作倡议"和"环印度洋联盟"。

总体上，中孟有着稳定的合作关系，孟加拉国欢迎中国的经济援助和投资项目，在传统与非传统安全以及文化教育、智库、旅游等领域均有较多合作与互动。2016年中国国家主席习近平访问孟加拉国，中孟双边关系升级为战略合作伙伴关系，并围绕共建"一带一路"、产能合作、信息通信、能源电力等领域签署了双边合作协议。中国现已成为孟加拉国最大的贸易合作伙伴国，中国参与援建的帕德玛大桥、吉大港卡纳普利河底隧道等工程显著改善了孟加拉国国内交通设施落后的状况。不过，中国在孟加拉国拥有170亿美元的市场，而孟加拉国对华出口额只有7500万美元，贸易逆差问题突出，因此孟加拉国希望中国提供更多税收优惠，以出口更多商品到中国。①

在中孟关系升温的同时，印孟关系也在稳步发展。印孟围绕边界问题展开谈判并实现了162块飞地的交换，此外双方还围绕难民、边境叛乱、恒河水分享等问题进行沟通对话，缓和了两国的矛盾分歧。孟加拉国接受印度的经济援助，并与印签订经济合作备忘录，加强在经济、技术、民用核能等领域的全面合作。② 印孟在边境互联互通和水电开发方面也达成了合作协议，③ 孟加拉国希望印孟有更多的跨境交通合作，印度则要求孟加拉国在印度东北部的联通问题上给予优待。2019年印度《公民身份法》修正案出台，引起孟加拉国强烈抗议，双边关系一时趋于紧张，但随着新冠肺炎疫情暴发，印孟在共同抗击疫情、加强区域经济合作的共同目标下重回合作。2021年，莫迪对孟加拉国进行了国事访问，强调进一步加强和塑造双边关系，使之成为区域典范。④

孟加拉国还重视发展多元外交，与美日俄等世界大国均保持较为密切的经济往来。孟日经济互动频繁，日本是孟加拉国最大的双边援助国，⑤ 在孟加拉国有科普帕拉天然气发电厂、吉大港凯坡泰水电站等投资项目。⑥ 近年来日本还同印度加强在南亚地区的基础设施建设合作，与中国在孟加拉国的基建投资项目形成竞争。此外，孟加拉国还重视参加联合国、伊斯兰合作组织等国际组织的活动，借助东盟地区论坛等机制开展区域合作，通过多边外交来提升自身国际地位，拓展战略空间。

孟加拉国前外长乔杜里指出，随着美国主导的国际秩序的松动和调整，以及中印在南亚

---

① Tasmiah Nuhiya Ahmed, "India – China Conflict and Its Impact on Bangladesh," Bangladesh Post, July 5, 2020, https：//bangladeshpost.net/posts/india – china – conflict – and – its – impact – on – bangladesh – 36946.
② T. V. Paul, "When Balance of Power Meets Globalization：China, India and the Small States of South Asia", p. 53.
③ Ministry of External Affairs of the Government of Bangladesh, "Joint Statement on India – Bangladesh Virtual Summit," December 17, 2020, https：//mofa.gov.bd/site/page/8be2ee07 – 51fa – 47a5 – 8e93 – 8e187e2cbeb6.
④ Ministry of External Affairs of the Government of Bangladesh, "Joint Statement Issue don the Occasion of the Visit of Prime Minister of India to Bangladesh," Ministrg of Foreign Affairs, Bangladesh, March 27, 2021, https：//mofa.gov.bd/site/pressrelease/fc2aeaal – 8caf – 4ad4 – 83aa – 68c8026386b0.
⑤ 陈松涛：《孟加拉国的外来发展援助》，《印度洋经济体研究》2016年第4期，第88页。
⑥ 邹应猛等：《企聚丝路：海外中国企业高质量发展调查（孟加拉国）》，中国社会科学出版社，2020，第266页。

地区竞争强度的增加,"平衡外交"的重要性进一步凸显。现外长莫门指出,孟加拉国将继续以多元化的经济外交为指导方针,重点关注和平与经济,着力推动国内投资和经贸发展。① 中印在大型铁路项目和深海港口投资项目上的竞争,给孟加拉国带来更多发展机会,有助于孟加拉国拓展战略空间。② 目前孟加拉国政治经济局势较为平稳,外交政策也有较为稳定的预期。未来孟加拉国不仅不会在中印之间"选边站队",而且还会继续综合运用多种对冲策略,在中印之间争取利益最大化,同时通过多元外交消解大国竞争带来的地区压力。

五、中国在南亚地区的政策选择

(一)超越"两极"竞争模式,明确南亚地区政策

随着美印在"印太战略"框架下强化地区安全合作,南亚国家"多极化"的外交政策和"多元"发展目标正面临"两极"思维的现实挑战。美印一方面兜售"印太战略"、鼓吹价值观外交,拉拢南亚小国,并通过话语主导和强势言论美化自身的地缘政治行为、占据道德制高点,将地缘政治实践中的不对等权力关系合理化。③ 另一方面,则攻击中国"一带一路"倡议,抹黑中国在周边国家的经贸与基建合作项目,试图消解中国在周边地区的影响力。美印的"双重标准"和"非此即彼"的权力竞争模式,只会加剧南亚地区的"安全困境"。

目前,中美均未形成明确的南亚地区政策。在美国的外交政策中,"金权"和"智权"发挥了至关重要的作用。④ 中国的南亚地区政策不仅需要资金和技术支撑,更需要观念和政策层面的探索。中国应超越美印以对抗和制衡为主题的地缘政治学说和竞争模式,探索一种互为中心、互为边疆的空间思维,⑤ 创新中国特色地缘政治学说,在"共商、共建、共享"的原则下,构建与南亚国家的良性互动和共同繁荣。

中国在南亚地区的政策目标并非争取地区主导权,但也不宜"自我设限",更不可"自我边缘化",而是应通过共同参与构建周边命运共同体。中国在与南亚小国交往的过程中,应重视印度的心理感受,在南亚地区合作中寻求印度的理解和支持,构建"中印+"合作,促进中国与南亚国家的共同发展和繁荣。中印相互包容的竞合关系、中印巴三边关系的平衡以及中国与南亚小国之间的紧密合作,有利于南亚地区结构的平衡,也符合中国周边外交乃至全球战略的总体布局。

(二)维持"消极"安全配置,谋划积极经济利益

结合战略对冲的策略选择,小国在对中国保持低威胁认知和积极经济预期的情况下,倾

---

① Ministry of External Affairs, Government of Bangladesh, "Statement of Foreign Minister Dr. A. K. Abdul Momen at 'Japan – Bangladesh Investment Summit 2021'," Ministry of Foreign Affairs, Bang Ladesh, October 27, 2021, http://www.mofa.gov.bd/site/page/dc24f177-f3b9-460f-9518-2913c17d944f.
② Tasmiah Nuhiya Ahmed, "India – China Conflict and Its Impact on Bangladesh," Bangladesh Post, July 5, 2020, https://bangladeshpost.net/posts/india-china-conflict-and-its-impact-on-bangladesh-36946.
③ 科林·弗林特、张晓通:《"一带一路"与地缘政治理论创新》,《外交评论》2016年第3期,第1-24页。
④ 银培荻:《"金智复合体"与美国外交政策的克制主义转向》,《外交评论》2021年第6期,第67-99页。
⑤ 曾向红:《"一带一路"的地缘政治想象与地区合作》,《世界经济与政治》2016年第1期,第46-71页。

向于加强与中国合作,因此,通过"消极"安全配置降低小国的威胁认知,同时强化经济合作、保持小国积极的经济预期,是中国南亚地区政策的较优选项。

所谓"消极"安全配置是相对于积极的军事介入而言的,是指以追求地区稳定为目标,基于不干涉原则等国际关系准则,构建多边主义的安全合作机制,形成一种规范的集体安全治理模式。可以预见,南亚地区发生大规模战争和军事冲突的可能性不大,但局部小规模族群冲突、地方分裂主义等问题将时有发生,南亚小国还面临各种非传统安全威胁。中国应当更加重视与南亚国家的安全交流,特别是加强非传统安全领域的合作,降低小国的安全压力。

积极经济利益是指持续强化经济合作,以期实现互利共赢。经济发展和区域经济合作是抑制中印发生大规模军事冲突的"抑制器"。[①] 保持中印两国可持续的经贸合作关系,对于维护南亚地区局势稳定和经济合作极为重要。与此同时,中国应继续加强与南亚小国的经贸往来,强化在多边机制下的多领域对话与合作,切实发挥孟中印缅地区合作论坛、中国—南亚合作论坛等多边合作机制的作用,推动政府、智库、企业、民间等不同行为体共同参与。

(三) 有效应对局势变化,维护地区稳定与繁荣

南亚地区局势正在经历深刻变动,表现出较大的不确定性。一是在国家层面危机和矛盾不断积聚,经济危机、政局动荡、社群矛盾导致政局和政策存在较大变数。二是在地区层面,印度正积极强化与南亚邻国的传统关系,改善印巴关系,扶持和拉拢尼泊尔亲印势力,通过经济救助对斯里兰卡施加更大影响,强化与孟加拉国的关系。三是在国际层面,美日积极介入南亚事务,强化地区安全合作和战略结盟,增加了地区局势的复杂性。南亚地区局势变动可能在以下几个方面对中国造成影响:一是南亚小国"亲华派"和"亲印派"的权力斗争导致小国对华政策发生摇摆,二是中资企业和中国投资项目遭遇政治风险而蒙受经济损失,三是美印的不当宣传损害中国国家形象,四是中国在南亚地区的合作空间受到实质性压缩。

面对南亚地区局势变动,中国应谋划长远,主动作为,积极应对,争取在南亚地区赢得战略主动。第一,主动参与南亚小国的危机应对,帮助小国纾解困局。斯里兰卡经济危机已然爆发,社会危机和政治危机也相随而至,除了提供人道主义救助,中国还可尝试"参与式"危机应对,从政府、智库和民间层面为斯里兰卡应对危机提供智力支持。除此之外,鉴于南亚小国有着相似的经济结构,面临类似的经济困难,中国还应密切关注南亚其他国家的经济问题,未雨绸缪,防患未然。第二,提升国际传播能力,维护国际形象。中国应当做好危情与舆情预警,加强国际正面宣传,防止美印拿"债务陷阱""中国病毒"大做文章,也防止小国制造话题,产生不利影响。第三,警惕小国的社会舆论和政局变动,保护海外企业的经济利益。"吃一堑长一智",尤要警惕南亚国家国内政治危机和政局变动对中国投资项目的影响,防止小国因发生政府更迭而导致的毁约行为。第四,加强社会合作,促进民心相通。除了大型基建项目,中国应更加重视社会合作、民心工程,鼓励民间外交,促进民间交流,强化多领域合作。第五,推动完善南亚地区合作机制,防范美印借南亚小国的国内危

---

① David Fickling, "The Most Troubling China - India Conflict Is Economic," The Business Standard, June 18, 2020, https://tbsnews.net/world/south-asia-china/most-troubling-china-india-conflict-economic-94930.

机强力干预和影响。

结　语

在南亚地区结构下，南亚小国与域内外大国之间一直存在控制与反控制、主导与反主导的张力，南亚小国普遍希望通过多元化的外交政策来消解大国竞争所带来的安全和发展压力，通过加强与中国的联系来拓展自身的战略空间和国家利益。具体来说，尼泊尔作为喜马拉雅山地小国属于典型的陆锁国，对印度有着长期的单向度、高强度的依赖关系，地缘安全脆弱性极大，在中印之间艰难平衡，摸索小国的生存与对冲策略。对斯里兰卡而言，"小海岛、大海洋"的地缘特色既为其带来安全焦虑，也为其创造了多元外交的空间，在中印之间其对冲策略几经调整，又在美印"印太"合作背景下面临更大安全压力。孟加拉国属于陆海复合型国家，建国伊始就确立了多元外交原则，争取中国的支持一直是其外交的重要方向。从最初争取外部支持来牵制印度，到在中印之间"左右逢源"，孟加拉国在中印之间的双向合作逐渐娴熟。

中国在南亚影响力的提升对南亚小国总体利好，不仅为小国提供了更多的发展机会和公共产品，还为它们创造了双向对冲的战略空间，利于平衡印度对它们的控制与主导。对于地区的和平与发展而言，中印之间适度的包容型竞争较为有利，而随着印度单方面强化对华敌对态度和地缘政治竞争，以及美日印澳四边机制挑起集团对抗，地区国家势必面临更大的安全风险。域内外大国如果遵循零和博弈及"两极"思维，将极大挤压地区小国的外交自主性与对冲空间。对此，中国应尽快明确南亚地区政策，超越零和竞争思维，以消极安全配置谋积极经济利益，并通过积极有效的危机应对，促进地区的和平和共同繁荣。

印度的 FTA 战略及对中国的启示

李 丽[*]

【摘 要】 出于加速自身经济发展以及应对经济全球化和区域经济一体化的发展趋势，印度制定和实施了 FTA 战略。时间虽然不长，但取得的进展比较显著，并显示了与其他国家 FTA 战略不同的特征。印度的 FTA 战略给印度经济带来了相当的促进作用，对中国推进自由贸易安排战略也提供了可资借鉴的宝贵经验。

【关键词】 印度；FTA 战略；启示

自由贸易区（Free Trade Area，FTA），是指两个或两个以上的国家或地区或单独关税区组成的，区内取消关税和其他非关税限制，区外实行保护贸易的特殊经济区域或经济集团。签订自由贸易协定、成立自由贸易区已成为世界各国发展对外经济合作的重点战略，WTO 的成员国几乎都参加了一个或多个自由贸易安排，世界上约有一半以上的贸易发生在不同的自由贸易区中。

20 世纪 80 年代末以前，印度发展对外贸易的主要目标是保护本国市场免遭外来竞争，对建立自由贸易区等加强与别国的经济联系并不热心。1991 年印度实行经济改革并制定了新的外贸政策，加强与别国的经济联系，融入经济全球化与区域化的进程逐渐展开，并开始实施与主要贸易伙伴建立双边、多边自由贸易区的战略。21 世纪以来，这一战略得到不断加强。本文从分析印度 FTA 战略的实施状况入手，进而分析战略实施的特征以及战略实施后的总体效应，并在此基础上试图总结印度 FTA 战略对中国的启示。

一、印度建立 FTA 现状

根据世界贸易组织的统计，截至 2014 年 1 月 31 日，全世界共签署了 583 个区域贸易协定，其中亚洲国家签署并生效的自由贸易协定有 266 个，[①] 是全球区域贸易一体化程度最高的地区之一。而在亚洲国家中，印度建设 FTA 的进程仅次于新加坡，居亚洲第二位。截至 2013 年底，印度已签署、正在谈判或展开联合研究的 FTA 共有 34 个，其中已签署并生效的有 13 个，已签署但需进一步谈判的有 4 个，正在谈判的有 10 个，正在进行可行性研究的有 7 个。下文试选取几个具有代表性的 FTA 进行介绍，以使读者了解印度建立 FTA 的状况。

---

[*] 李丽，云南省社会科学院《南亚东南亚研究》编辑部副研究员，云南大学国际关系研究院博士研究生。
[①] Asian Development Bank, "Asia Regional Integration Center – Trade and Investment – FTA," ADB, http://www.adb.org.

（一）印斯自由贸易协定

1998 年 12 月 28 日印度与斯里兰卡签署了自由贸易协定（ISFTA），该协定于 2000 年 3 月 1 日起正式生效。自生效之日起印度便给予斯里兰卡 1351 种商品免税准入，2003 年 3 月 1 日起印度给予了斯里兰卡 4100 多种商品免税准入。该协定也适用于在斯加工的第三国产品。斯里兰卡则在协定签订 3 年内把大部分印度进口产品的关税降为零，部分商品的关税优惠 35%，并在 8 年内降为零。在协定当中两国还专门对两国进出口的主要商品茶叶和服装的关税配额进行了特别规定。

印斯自由贸易协定是印度签署的第一个自由贸易协定，它解决了两国贸易极不平衡的状况，扩大了斯里兰卡对印度的出口，甚至有其他国家利用这一协定，将斯里兰卡作为与印度进行商品贸易的中转站。虽然印斯贸易额仍有限，但这一协定对密切两国的经济关系具有重要作用。

（二）印度新加坡全面经济合作协定

2005 年 6 月 29 日印度与新加坡签署了全面经济合作协定（CECA），该协定于 2005 年 8 月 1 日生效。在协定下，印度给予新加坡 75% 的产品关税减免，其中包括协定生效后立即实行零关税的产品，以及在 5 年内实行关税消除和减让的产品。而新加坡给予印度产品更为优惠的待遇。自协定生效之日起，对于所有原产于印度的产品均实行零关税，两国进出口电子产品、通信器材和食品的通关检验程序得到简化。另外，印新也改善了避免双重课税的协定，这有助于建立更多的贸易和投资联系。印度还将特许新加坡投资机构淡马锡集团和新加坡政府投资公司持有印度本土公司 20% 的股份。一般根据印度政府规定，外资公司只能持有其本土公司最多 10% 的股份。[①]

就本质来讲，印度新加坡全面经济合作协定已经超越了 FTA 的范畴，包括了更多的贸易安排，如特别签证和航空运输自由化等。且除了货物贸易外，该协定还包含了服务贸易的内容。新加坡银行可以进入印度市场，印度银行也可以扩大在新加坡的业务。印度允许新加坡的三家大银行星展银行、华侨银行和大华银行在印度设立独资分支机构，在开设分支机构的数量、地点和风险管理标准上享受与印度本土银行一样的待遇。相应地，已经在新加坡营业的印度银行也将获得完全的从业资格，即可以经营电汇和清算业务，并进入当地的 ATM 银联网络。双方还建立牙科、护理、建筑、会计、文秘等人才资质互认制度，为两国人才交流使用提供便利。印新两国表示，将进一步消除贸易壁垒，加强旅游、商业和人才等方面的经贸合作，并逐步扩大协定项目内容，拟于 2015 年实现双边贸易额突破 320 亿美元的目标。[②]

（三）南亚自由贸易区

1993 年 4 月 11 日，南盟各国签署"南盟特惠贸易安排协定"（SAPTA），该协定旨在减少南亚联盟国家之间的贸易障碍及关税壁垒，促进成员国之间的贸易发展，于 1995 年 12 月

---

① 何萍：《九十年代以来印度与新加坡的经贸关系》，四川大学硕士论文，2006 年。
② 陈利君、许娟：《弹性均势与中美印在印度洋上的经略》，《南亚研究》2012 年第 4 期。

生效。1995年12月18—19日，在新德里召开的南盟第16次部长理事会决定2005年将"南盟特惠贸易安排"升级为"南盟自由贸易区"（SAPTA - SAFTA）。2003年1月27日南亚各国签署了《南亚自由贸易协定框架条约》，开始建立南亚自由贸易。南亚自由贸易协定确定了削减关税、消除非关税壁垒、落实贸易投资便利措施等主要目标。在这一条约实施下，2007年印度实现了削减进口关税至20%，2012年降至0%—5%。南亚自由贸易区的建立是南亚国家合作的最大成果之一，它标志着南亚国家在加强地区经济合作、实现区域经济一体化上已达到较高水平。

（四）亚太贸易协定

1975年7月31日，印度与孟加拉国、老挝、韩国、斯里兰卡、菲律宾和泰国签署了《亚洲及太平洋经济和社会委员会发展中成员国关于贸易谈判的第一协定》（简称《曼谷协定》），2005年11月2日该协定更名为《亚太贸易协定》。《亚太贸易协定》是亚太区域中唯一由发展中国家组成的关税互惠组织，是亚太地区唯一连接东亚和南亚的区域贸易安排。印度通过这一协定，加大了与东南亚国家和东亚国家的经济联系，是实现亚洲经济一体化的有益尝试。

（五）印度东盟全面经济合作协定

2003年10月，在第二次印度—东盟领导人会议上，印度和东盟领导人宣布决定在10年内建成印度—东盟区域贸易投资区（India - ASEAN RTIA），双方计划2009年建成涵盖货物、服务和投资的印度东盟全面经贸合作协定。印度—东盟自由贸易区的建立，是印度与东盟经济关系发展的里程碑，它将对整个区域经济一体化格局产生重要影响。

（六）印度日本全面经济伙伴关系协定

2011年2月16日，印度和日本签署了全面经济伙伴关系协定（CEPA），协定规定两国在未来10年内陆续免除94%的产品的关税，其中日本对印出口的汽车零部件、钢铁制品和机械等有望实现零关税。同时印度也承诺向来自日本的企业无论投资前与投资后都给予国民待遇。印度日本全面经济伙伴关系协定的签订是印度与东亚国家发展经济关系的成功代表，是将印度广阔市场与日本过剩资金的有机结合。

（七）印度泰国自由贸易区

2003年10月9日印度和泰国签署了印度—泰国自由贸易区框架协议（ITFTA）。协议规定两国将在2010年后实现货物贸易自由化，服务贸易和投资的自由化将在2006年后实现。这是印度同南亚区域合作联盟（SARRC）之外的国家首次签订自由贸易协定。此外，两国还签署了农业、旅游、高科技等领域的合作协议以及外交和公务护照免签证协议。两国总理还同意在2005年前将两国贸易额翻一番，达到20亿美元。协议还规定了早期收获计划，从2004年9月1日起对双方出口的82个一般税目进行更快的关税减让，并从2006年9月1日起对这些税目实施零关税。自由贸易协定将扩大贸易创造，使双方能够互惠互利，扩大双方在投资以及其他经济领域的合作，如旅游、教育、金融及银行业、医疗、航空和国际运输等。此外，泰国在成衣、皮革制品、化学品、橡胶、塑料、金属、汽车及零部件、电器产品出口方面也将获益。

（八）印度海湾合作委员会自由贸易区

海合会全称海湾阿拉伯国家合作委员会，包括阿联酋、阿曼、巴林、卡塔尔、科威特和沙特阿拉伯六个国家。2004年8月25日印度与海合会签订《双边经济合作框架协议》，启动了印度海合会自贸区（India – GCCFTA）谈判。2008年9月，双方进行第二轮谈判，讨论了工作组议题以及关税自由化时间安排。2013年底，印度重启了与海湾合作委员会（GCC）关于FTA的谈判，这次谈判讨论了双方取消限制性关税、降低货物贸易关税等，为印度医药和化工产业出口产品到海湾地区提供机会。

二、印度实施FTA战略的原因

自由贸易协定已成为全球化背景下多边贸易体制的补充，通过签订自由贸易协定推进一国或地区的经济贸易增长是当今国际经贸发展的重要趋势。印度实施FTA战略有经济和非经济因素的双重考量。

（一）经济原因

20世纪50年代到80年代，印度实行进口替代的发展战略，80年代开始尝试放开管制、降低关税壁垒并采取浮动的卢比汇率。1991年以来，印度开展了全面而深刻的经济改革，改革后的主要成就有实施贸易自由化政策，取消进口许可证制度，新工业政策，采矿、银行、保险、电信、港口及公路建设、航空和国防设备等部门向外国投资者开放，大部分行业允许外商100%投资，外商投资的申请可自动核准。这一系列改革使印度的对外贸易和吸引来的外国直接投资（FDI）迅速增长，2012—2013年度印度对外贸易总额达7911.37亿美元。① 2000—2013年共收入FDI 2900.78亿美元，仅2012—2013年度收入FDI就达224.23亿美元。② 改革开放后的印度成为世界经济中成就非凡的，也是发展潜力巨大的，处于不断上升状态的经济体。印度在经历了改革开放的洗礼后，选择了面向世界的开放体系，在外贸、外汇、外资等一系列政策上进行了及时和必要的调整，这为印度实施FTA战略做好了政策上的准备。

与此同时，随着经济全球化的发展和WTO成员的增加，WTO体制在进一步推进多边合作上遇到一些障碍，使得WTO成员方纷纷通过建立FTA寻求出路，印度为摆脱被动局面，享受自由贸易安排带来的巨大经济效益，也顺应这一趋势，开始实施FTA战略。

（二）非经济原因

FTA属于经济协定的范畴，但它却包含着深刻的政治、安全意义，不是一个单纯的经济现象。它的建立，既超越了纯粹的贸易领域，也超越了整个经济领域，可以将不同国家、不同地区联系起来，通过FTA渠道开展合作，从而有效地协调各方立场，以解决全球化时代

---

① Ministry of Commerce and Industry, http://www.commerce.nic.in.
② FACT SHEET ON FOREIGN DIRECT INVESTMENT (FDI), Department of Industrial Policy&Promotion, Ministry of Commerce and Industry, http://dipp.nic.in/fdi_statistics/india_fdi_index.htm.

所共同面对的全球性和区域性问题。印度在不断融入经济全球化和区域化的同时,也不可避免地遇到各种各样仅依靠一国力量无法解决的问题,比如环境保护、劳工贸易、知识产权保护、艾滋病及其他传染病预防以及反毒、反恐等非传统安全问题,这些都可以通过建立FTA提出共同的应对方案。

通过建立FTA,印度不仅可扩大市场规模,还能通过影响国际经济规则的制定而提高自身的影响力。这种影响力一方面是指获得区域内的主导权从而获得区域合作的内部收益,更重要的是获得区域合作的外部收益,即扩大其在多边贸易谈判中的筹码,进而获得国际经济规则制定过程中的主导权。

三、印度 FTA 战略的特征

1998年印度与斯里兰卡签订了印斯自由贸易协定(India-Sri Lanka Free Trade Agreement)标志着印度实施FTA战略的开始,截至2013年12月底,印度共与36个国家或地区签署了17项自由贸易协定(其中有11项已生效,1项已签署协议正等待政府或议会批准,5项已签署框架协议正进一步开展自由贸易谈判),并正在与47个国家或地区展开自由贸易谈判,同时还与20个国家或地区就建立自由贸易区进行可行性研究。可以说,印度启动建立自由贸易区战略的时间不长,但取得的成绩却很显著,而战略的实施也体现了明显的个性特征。

(一) 印度建立 FTA 的速度与数量发展迅速

印度实施FTA战略的进程从与伙伴国进行可行性研究开始,一般要经历谈判、签署框架协议、批准协议和生效几个阶段,其中从签署框架协议开始进入实质阶段。印度从1998年以来,建立FTA的速度越来越快。

1998年印度建立第一个FTA,与斯里兰卡签订了印斯自由贸易协定,2000年以后,印度建立FTA的数量的规模开始增加和扩大。2002年印度签订了1项FTA(印度—尼泊尔)、2003年签订了6个FTA(亚太贸易协定、印度—新加坡、印度—阿富汗、印度—南方共同市场、印度—东盟、印度—泰国),是史上建立FTA最多的一年。2004年印度签订了1个FTA(印度—海湾合作委员会),2005年签订了3个FTA(印度—智利、环孟加拉湾经济技术合作自由贸易区、印度—南非),2006年签订了2个FTA(印度—不丹、南亚自由贸易区),可以说建立FTA的节奏正在加快。

(二) 印度建立的 FTA 协定多样性明显

在印度已经生效和正在建立的FTA中,双边协定和多边协定各占一半。其中亚太贸易协定涉及了孟加拉国、印度、老挝、中国、斯里兰卡5个国家,南亚自由贸易区涉及了孟加拉国、印度、尼泊尔、斯里兰卡、不丹、马尔代夫、巴基斯坦、阿富汗8个国家,环孟加拉湾经济技术合作涉及了孟加拉国、印度、尼泊尔、泰国、不丹、缅甸、斯里兰卡8个国家,印度南方共同市场FTA涉及印度、阿根廷、巴拉圭、巴西、乌拉圭等5个国家,印度—东盟FTA涉及印度、文莱、印度尼西亚、马来西亚、菲律宾、泰国、柬埔寨、老挝、缅甸、新加坡、越南11个国家,印度—海湾合作委员会自由贸易区涉及印度、巴林、阿曼、沙特阿拉伯、科威特、卡塔尔、阿联酋7个国家,印度—南非关税同盟特惠贸易协定涉及印度、南非、博茨瓦纳、纳米比亚、斯威士兰、莱索托 6 个国家。

印度签订的 FTA 的对象国还有一个特点是从双边的 FTA 出发，通过 FTA 网络的相互交织，从而建立起更大区域的多边 FTA。比如印度与斯里兰卡、尼泊尔、不丹、阿富汗等南亚国家签订了双边 FTA 后进而建立了南亚自由贸易区，印度与尼泊尔、泰国、不丹、斯里兰卡等环孟加拉湾国家签订 FTA 后进而建立了环孟加湾经济技术合作。又如印度与东盟建立自由贸易区的同时又与泰国、新加坡等国家进行自由贸易谈判，两者相互促进、相得益彰。

（三）印度建立的 FTA 区域性显著

与印度已进入实质阶段的 FTA 伙伴国有 34 个，其中有南亚国家 7 个，东南亚国家 10 个，东亚国家 1 个，西亚国家 6 个，非洲国家 5 个，南美国家 5 个。

分析印度建立 FTA 的伙伴国可以发现，印度已签订的 14 个 FTA 中有 7 个是南亚地区的国家，有 3 个是东南亚国家，其中又数与环孟加拉湾的国家建立自由贸易区最多。这表明印度在实施 FTA 战略的过程中，首选与区域内，尤其是南亚国家合作，这与印度在南亚地区的影响力和印度与南亚地区经济联系最为密切直接相关。另外，环孟加拉湾国家，也因为是印度的重要出海口和贸易伙伴，也成为印度建立 FTA 的主要伙伴国。

（四）印度在建立 FTA 时注重与发展中国家合作

虽然世界上并没有建立起一套发达国家的标准，但依据各种国际组织的资料来看，公认的发达国家共 24 个，新增的发达国家共 8 个，在与印度已经签订 FTA 协定的 34 个国家中，只有新加坡一国在发达国家行列，另外还有多个发达国家正在就建立 FTA 与印度进行谈判和可行性研究。由此可见印度的 FTA 战略将发展中国家作为战略重点。

发展中国家与发达国家合作是发展中国家争取发展机会融入世界经济的一种有效措施，但是在这种合作模式中，发展中国家常常处于被动状态，有时为了迎合发达国家的需求还会不惜侧重某些产业的发展而导致本国产业失衡。发展中国家之间处于相似的发展阶段，产业结构互补，面临相似的发展机遇和挑战，相比发展中国家与发达国家合作所遭遇的不公平待遇和不良后果，发展中国家之间建立 FTA 有利于双方实现产业对接和贸易转移，进而促进两国平等、互利、共赢地发展。

四、印度 FTA 战略实施后的绩效分析

自由贸易协定的实施，首先带来的是关税的降低甚至取消，从而导致区内产生贸易创造和贸易转移，从而提高贸易规模和吸引外资的能力，进而提高一国的经济发展能力。印度自 FTA 战略实施后，绩效极其明显，主要表现在：

（一）对印度经济发展的贡献

20 世纪 90 年代以前，印度是一个经济增长缓慢的国家，经过经济改革，尤其是外向型经济战略的实施以后，印度的经济增长速度加快。进入 21 世纪以后，印度制定和大规模实施 FTA 战略以后，经济发展更为迅速，2003 年以后开始高速增长，2003 年至今增长速度均超过世界同期水平，并能持续保持这一增长速度（见表 1）。

表1 印度经济增长率

单位:%

项目	2001	2002	2003	2004	2005	2006	2007	2008	2009	2010	2011	2012
GDP增长率	5.8	3.8	8.5	7.5	9.5	9.7	9.0	6.7	8.6	9.3	6.2	5.0
工业增长率	6.3	-7.2	10.0	0.0	5.8	4.0	4.9	1.6	0.8	7.9	3.6	1.9
农业增长率	2.7	7.1	7.4	10.3	10.2	11.0	8.1	3.9	9.2	9.2	3.5	2.1
服务业增长率	7.2	7.5	8.5	9.1	10.6	11.2	10.9	9.7	10.5	9.8	8.2	7.1
出口增长率	2.7	22.1	15.0	27.9	21.6	25.3	14.7	28.2	0.6	35.2	28.3	11.5
进口增长率	6.2	21.2	20.8	39.5	31.8	27.3	20.4	35.8	-0.8	23.4	39.3	14.0
吸收外资增长率	3.2	3.0	3.4	3.2	3.6	6.9	6.5	9.6	8.2	3.9	5.9	4.3
对外直接投资增长率	1.3	1.0	1.0	1.2	1.4	4.8	4.5	4.1	3.7	2.9	2.0	1.4

资料来源:Asian Development Bank (ADB) – *Key Indicators* 2009, www.adb.org/statistics; United Nations Conference On Trade And Development, *World Investment Report Country fact sheet: India*, www.unctad.org.

从上表可见,2001年以后印度的GDP、工业、农业、服务业、进出口以及吸收外资和对外投资等指标,都上了一个台阶,并在印度建立FTA的高峰年份(2003—2005年)达到峰值,这不能不说是FTA战略实施的辐射效应起了作用。虽然受全球经济危机的影响,2008年印度的经济发展出现了降温的趋势,但随着印度已建成的FTA的深入发展以及正在谈判和进行可行性研究的FTA的逐步落实,融入区域经济一体化和世界经济全球化程度越来越高的印度经济仍将会出现新一轮的高速增长。

(二) 对印度与FTA伙伴国的贸易和投资的促进作用

自由贸易协议通过贸易创造(trade creation)与贸易转移(trade diversion)两个效应给区域内的国家带来福利,这也是当今世界各国纷纷实施FTA战略的现实原因和必然结果。印度通过建立FTA与其伙伴国实现了资源与市场的共享,从而扩大了贸易量。从已经生效的6个自由贸易区的来看,贸易量均有不同程度的增长(见表2)。

表2 2009—2012年印度与FTA伙伴国贸易额及其增长率

自由贸易协定	2009		2010		2011		2012	
	贸易额/百万美元	增长率/%	贸易额/百万美元	增长率/%	贸易额/百万美元	增长率/%	贸易额/百万美元	增长率/%
亚太贸易协定	47747.52	0.62	66677.23	39.65	82885.53	24.31	76344.76	-7.89
南亚自由贸易区	10048.04	-3.24	13832.52	37.67	15821.22	14.38	17790.64	12.45
印度—斯里兰卡自由贸易协定	2580.20	-7.27	4011.78	55.48	5016.23	25.04	4609.68	-8.1

续 表

自由贸易协定	2009 贸易额/百万美元	2009 增长率/%	2010 贸易额/百万美元	2010 增长率/%	2011 贸易额/百万美元	2011 增长率/%	2012 贸易额/百万美元	2012 增长率/%
印度—不丹贸易协定	271.98	3.44	377.6	38.84	432.41	14.51	397.22	-8.14
印度—尼泊尔贸易协定	1985.93	-3.88	2681.47	35.02	3271.54	22.01	3631.94	11.02
印度—阿富汗特惠贸易协定	588.74	13.12	568.44	-3.45	643.41	13.19	632.18	-1.74
印度—新加坡全面经济合作协定	14046.74	-12.75	16964.75	20.77	25246.19	48.82	21105.63	-16.4
印度—马来西亚全面经济合作协定	8012.19	-24.45	10394.75	29.74	13454.00	29.43	14395.13	7
印度—南方共同市场特惠贸易协定	6901.06	43.52	9149.64	32.58	11870.48	29.74	12872.16	8.44
印度—日本全面经济伙伴关系协定	10363.72	-5.02	13723.27	32.42	18327.97	33.55	18512.35	1.01
印度—韩国全面经济伙伴关系协定	11997.12	-5	14202.58	18.38	17164.34	20.85	17307.37	0.83
印度—东盟全面经济合作协定	43911.67	-3.16	56235.85	28.07	78903.19	40.31	75874.57	-3.84
印度—智利特惠贸易协定	1396.70	-26.39	2057.80	47.33	2655.35	29.04	3682.31	38.67

资料来源：Ministry of Commerce and Industry. Export Import Data Bank, https://tradestect.commerce.gov.in/eidb/ecomq.asp.

印度建成的自由贸易区中，有的贸易额增长稳定（如亚太贸易协定、印新自由自贸区），有的则波动比较大（如印斯、印不、印尼自由贸易区），这主要是由于印度的 FTA 伙伴主要以对其具有较强依赖性的周边小国为主，这些国家自身经济发展能力较弱，虽然从与印度建立的自由贸易区中得到较多利益但产品输出和消化能力均显不足，因而拉动贸易增长的能力也很不稳定，随着该地区经济一体化程度的加深，相信 FTA 给该地区带来的福利将会更为明显地体现出来。

衡量一国与世界经济联系的紧密程度还有一个重要指标是对外投资能力和吸引外资能力。2001 年以后，印度经济的高速增长使得世界资金流向发生了转变，外资越来越多地注入印度，而印度在经济增长稳定以后，对外投资的能力也有所增强（见表3），这也是印度的经济改革和实施 FTA 战略综合作用的结果。

表3 印度吸收外资和对外直接投资统计

单位：百万美元

年　份	2001	2002	2003	2004	2005	2006	2007	2008	2009	2010	2011	2012
吸收外资	3403	3449	4269	5335	7606	20336	25127	41554	35657	21125	36190	25543
对外直接投资	757	1107	913	2222	2978	14344	17281	17685	16031	15933	12456	8583

资料来源：United Nations Conference On Trade And Development, *World Investment Report Country fact sheet*: *India*, www. unctad. org.

在研究 FTA 战略对印度吸引外资能力的促进上，选取对外投资能力较强的新加坡作为研究对象较能说明问题。历史上新加坡与印度的联系就非常友好，两国政治关系稳定，没有出现过大的波动，经济联系也颇为密切。在印新自由贸易区生效的 2003 年以前，新加坡对印度的投资已经不少，但排名并不靠前。2003 年以后新加坡对印度的投资额直线上升（见图1）。2002—2003 年度和 2003—2004 年度，新加坡对印度的投资只有 3800 万美元和 3700

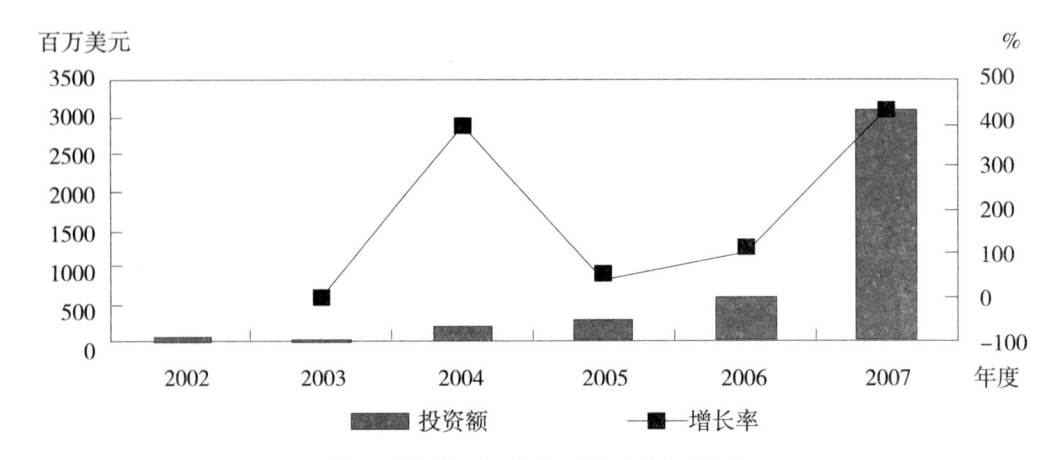

图1 新加坡对印度投资及其增长示意图

资料来源：Department of Industrial Policy & Promotion, Ministry of Commerce and Industry, *FACT SHEET ON FOREIGN DIRECT INVESTMENT* (*FDI*), http://dipp. nic. in/fdi_ statistics/india_ fdi_ index. htm.

万美元,FTA 生效后,2004—2005 年度新加坡对印度的投资就上升至 18400 万美元,接着 2005—2006 年度、2006—2007 年度、2007—2008 年度更增加至 27500 万美元、57800 万美元和 307300 万美元,连年成倍地增长,足可证明贸易和投资的自由化给 FTA 伙伴国间资金流动带来的便利,这种资金转移对两国经济和人民福利的增加均有不可估量的作用。

五、印度 FTA 战略对中国的启示

通过对印度 FTA 战略的分析,可以发现 FTA 战略不仅可以促进一国的经济发展,而且还能加强一国与世界各国的政治经济联系,在当今世界经济一体化和区域化发展的趋势之下,采取积极的 FTA 战略具有重要的意义。印度与中国同是亚洲的发展中大国,在历史和现在都有很多相似之处,在实施方面,印度 FTA 战略对我国也具有一定的借鉴和启示。

第一,在建立 FTA 的谈判对象选择上,要遵循由近及远、由易到难的原则。

从印度的 FTA 战略的实施来看,首先选择本国影响较大的南亚地区和环孟加拉湾地区,并且在实施了"东向政策"以后,将建立 FTA 的重点向东南亚国家倾斜,这些国家都是印度的主要贸易伙伴,也是与印度经济联系密切的国家。由此,我国在选择 FTA 的战略伙伴时,可以首先考虑我国的周边国家以及主要贸易伙伴国,这一方面符合我国的周边国家政策,另一方面也对我国与向更广大地区建立 FTA 具有重要的示范作用。

第二,从已有的 FTA 地区内选择谈判对象,以建立起 FTA 网络。印度 FTA 网络的建立,很大程度上是通过已有的 FTA 向更深远的网络辐射,可以通过几个双边自由贸易安排的推动,建立经济联系更密切的多边自由贸易协定,也可以通过已签署的多边自由贸易协定来推动与区域内各国的自由贸易谈判。我国在建立 FTA 网络上,也可以采用这种方式,这样一方面可以提升 FTA 建立的效率,另一方面也可以强化与区域内各国以及整个区域的经济联系,从而加强我国在 FTA 网络内的主导地位。

第三,借鉴大国与小国缔结自由贸易协定的模式,进一步增强政治经济影响力。印度作为地区内的大国,在政治经济上对地区内的国家具有不可估量的影响,南亚地区的孟加拉国、尼泊尔、斯里兰卡、马尔代夫、不丹等国在政治经济上对印度的依赖程度相当高,而与这些国家建立双边、多边自由贸易协定更能强化印度在该地区的主导地位。中国的具体情况与印度不完全相同,但同样可以寻求通过与中国经济关系密切的周边小国建立 FTA 的方式巩固我国在亚太地区的影响力。从这一角度来讲,与这些国家建立 FTA 不仅关系到我国的经济发展,而且还是保障我国政治安全的一大战略举措。

第四,通过跨地区 FTA 的签署,寻求战略平衡点。印度的 FTA 战略的一个明显特点是立足于建立区域内自由贸易区,并在此基础上与跨地区国家或国家集团建立 FTA。中国也可以借鉴这种发展模式,将 FTA 战略扩展到全球范围,这样一方面可以与澳大利亚、新西兰、甚至部分中亚、非洲、拉美国家进行双边 FTA 的谈判,争取加大与这些国家和地区的经济联系。另一方面也可以通过与这些国家和地区建立 FTA 来加快周边国家与我国建立 FTA 的速度,实现以跨地区经济联系平衡与周边国家经济联系的重要作用。

伊核维也纳谈判的困境与前景初探

潘 登

【摘 要】 伊核维也纳谈判不仅是伊朗与美国的博弈，也反映了国际体系转型中的各方力量对比，是多极体系抗衡单极体系的"前线"。伊朗核计划原本是美国封锁下的安全困境和伊朗民族主义抱负结合的产物，但早已与全球主要政治势力紧密相关。伊朗、美国、中国、俄罗斯、以色列、海湾国家和欧洲是这场博弈的主要玩家，决定了伊核谈判的态势和走向。维也纳谈判陷入困境的根本原因是多方博弈形成了"纳什均衡"局面，任何一方都不愿妥协，但也无力迫使对手让步。可以预见，在一些关键变量发生改变之前，谈判无法取得实质性的进展，僵局也将长期存在。国际体系的转型是决定伊核问题将如何发展的主要变量，非西方国家的崛起和美国的相对衰落将有利于和平解决伊核问题，重建中东安全机制。

【关键词】 伊朗核问题；维也纳谈判；大国博弈；国际体系

伊核谈判的重启是一个重要事件，它不仅关系着伊朗的命运，还与国际体系转型、大国博弈、地区权力结构变化相关，是理解中东政治格局的一个重要视角。伊核维也纳谈判从重启、和解、分歧，到陷入困境，背后有复杂交错的利益关系和矛盾。尽管美国和伊朗的博弈是伊核问题的主要矛盾，但伊核问题的走向不是任何一方能完全主导的，它的走向取决于多个具有影响力的参与者的博弈结果。本文通过政治学博弈论的视角，分析维也纳伊核谈判中博弈各方的目标、行动策略与后果，并根据纳什均衡原理探讨伊核谈判的前景。

一、维也纳伊核谈判的重启与停滞

2021年是美国和伊朗政府换届的一年，国际社会期盼两国新政府在解决伊核问题上踏出具有建设性的一步。伊朗总统莱西于8月就职，主张采取更加灵活和务实的外交方针，一定程度上改变了"向东看"和"向西看"两种观点对立的局面。伊朗正积极打开外交空间，包括与中国签署的25年战略合作协议和与俄罗斯签署的20年战略协议，正式加入上合组织，与委内瑞拉、玻利维亚、尼加拉瓜和厄瓜多尔等拉美国建立广泛经贸联系，缓和与海湾合作委员会国家的关系等。相比伊朗早期的激进伊斯兰革命输出和外交孤立，现在的伊朗外交正朝着更加理性、务实的方向发展。伊朗已经做好了政治准备，达成伊核协议，解除经济制裁，融入国际社会。无论如何，这是符合伊朗国家利益的选择。

许多学者对拜登政府的伊朗政策曾抱有积极的预期："美国和伊朗正处于互有需求的阶段，而且二者的这种相互关系有极大可能延续下去……一言以蔽之，美伊关系向好发展的大趋势已然出现。"① 从今天的情况看，拜登并没有完全改变特朗普对伊朗极限施压的政策，两国关系也没有明显改善。除了批评特朗普对伊朗的极限施压政策的失败，拜登并没有作出什么实质性的改变。伊朗方面表示，拜登实际上延续了特朗普的伊朗政策："在美国，尽管乔·拜登取代了唐纳德·特朗普，并有望在放松制裁后为伊核协议的重启奠定基础，但这位民主党总统实际上追随了前任激进总统和商人的脚步。"② 在欧盟的斡旋下，伊核谈判于2021年4月在维也纳恢复，直到6月20日，一共进行了六轮谈判。中断六个月后，于2021年12月28日就解除制裁进行重要谈判，此次会谈取得了一些进展。欧洲、俄罗斯和中国都完成了相关谈判，对达成全面伊核协议表示支持。但针对谈判的一些关键问题，美国国内尚未统一意见。伊通社指出："大多数参与谈判的国家都希望谈判能够更快地结束，但最终协议仍需等待美国就剩余的几个关键问题做出政治决定。"③

伊斯兰革命卫队地位问题是谈判最主要的分歧。特朗普政府将伊朗伊斯兰革命卫队定性为"外国恐怖主义组织"，理由有三：一是该组织为外国组织；二是从事和支持恐怖主义活动，或是拥有参与恐怖主义活动的能力和意图；三是其恐怖主义活动威胁到美国国民安全或国家安全。④ 由于涉及美国国内政治斗争，"这个问题在华盛顿和德黑兰的政治敏感度如此之高，以至于让妥协变得不可能，现在达成一致似乎越来越不现实，重启伊核协议的谈判陷入了死胡同。"⑤ 据称拜登在5月24日与以色列总理贝内特的通话中表示，美国不会将伊朗伊斯兰革命卫队从"恐怖组织名单"除名，并称这是美国的"最终决定"。贝内特随后在社交媒体上证实了此事。

对俄制裁问题也对谈判产生了影响。随着俄乌冲突爆发，美国及其盟友发起了对俄罗斯的全面制裁。俄罗斯提出，其支持谈判的条件之一是俄罗斯与伊朗的合作不会受到限制。美国国务卿在众议院外交事务委员会听证会上表示，如果维也纳会谈成功，拜登政府将不会阻止俄罗斯与伊朗签署100亿美元建设伊朗部分核基础设施的协议。显然，拜登政府已经准备好作出让步。反对党批评拜登对俄罗斯的让步将破坏"国际社会"因乌克兰战争而孤立俄罗斯的努力，拜登在伊核问题上向俄罗斯妥协以寻求支持，这相当于在对俄罗斯的经济制裁包围圈上划开一道口子。

谈判的预期并不乐观。以色列强烈反对伊核谈判，主张武力解决伊核问题，并通过以色列院外集团试图获得美国支持。美国国内的政治分歧严重，拜登在谈判中不得不考虑来自反对党的批评和可能的后果。国际局势的变化也使博弈者更倾向于通过其他手段向对手施压，或通过一系列外交活动推动局势向着有利于自身的方向发展，期望掌握更多筹码以后再返回谈判桌。

---

① 范鸿达：《伊朗核问题全面协议视域下的美伊关系分析》，《当代世界》2021年第3期，第45页。
② اجﺗناوزندرتسایس؛جیراخکناﯾﭘامنﯾلﭘهدنﯾامنادکﯾتکنهپلماديپلمعیسنوطنیلابراوت，伊朗国家通讯社（IRNA），2022年8月4日，http://www.irna.ir/news/84696941/.
③ مخیﻧاﻫاوﺧﺭﻮﻣﻬﻤﺟزاﺪﻤﻋﺖﻋﺎﻤﻤﻳﺪﻧﺎﺑنﺪﯾﺎﺑﺖﻟﻭﺩنﺪﻨﻨﮐﻤمﻩﺎﯾﺎﮐرﺎﻤﻫیﺎهنسﻯﻩﺴﻭرﻭرناﺮﻳا，伊朗国家通讯社，2022年4月5日，www.irna.ir/news/84741152.
④ Kenneth Katzman, "Iran's Revolutionary Guard Named a Terrorist Organization," *CRS Report*, IN11093, April 9, 2019, p. 2.
⑤ طرشﻫﻱﺭاﺬﮔﻣاﺟﺮﺑﺍﺭﻦﻳﺎﮑﻴﻣﺁناﺮﻳا，2022年4月29日，http://www.irna.ir/news/84735573/.

二、伊核问题的起因和内在逻辑

就内因而言,"伊核问题并非仅仅是表面上的核扩散问题,而是伊朗对美国'霸权'战略的反制与挑战以及一种民族主义抱负的体现。"①

伊朗谋求核能力的根本动机是严峻的外部环境带来的安全困境。"美国是伊朗最大的战略对手,也是伊朗谋求核能力的最主要动因"。② 伊拉克战争中萨达姆政权的快速溃败让伊朗看到自身与美国巨大的实力差距,也深刻认识到构建核威慑关乎生死存亡。伊朗的外部环境强敌环伺,除了阿拉伯半岛遍布的美军基地,以色列的核威慑也是伊朗不安全感的来源。波斯湾隔海相望的沙特则是美国长期的亲密盟友,且与伊朗在国家利益与宗教意识形态有双重冲突。由于国际环境的限制,伊朗利用核计划保障自身安全的最佳方式并非直接获得核武器,而是成为"临界有核国家",即在遵守《不扩散核武器条约》(NPT)规定的情况下其具备在短时间内依靠本国力量制造核武器的能力,并借此作为政治筹码来改善伊朗的安全困境。这也表示伊朗发展核能力本质是一种防御性策略。

伊朗核计划也是其大国复兴梦的体现。伊朗的行动策略与波斯民族的历史、民族主义、宗教意识形态和经济结构密切相关。作为五千年波斯文明的继承者,伊朗具有和中国相似的大国复兴梦。自1979年革命以来,伊朗的内政外交目标始终围绕着民族复兴的主题。凭借重要的地理位置、丰富的油气资源、庞大的人口和意志坚定的军队,伊朗不仅在西方长达40年的制裁中存续下来,还增强了国家治理能力、工业基础和军事力量,并对外输出影响力。霍梅尼曾雄心勃勃地谈到:"输出革命,将正义带给伊斯兰乃至整个世界"。③ 伊朗认为自己有义务领导伊斯兰世界打破西方枷锁,重建辉煌的伊斯兰文明。核计划对塑造伊朗雄心勃勃的领导者形象有极大作用。首先,作为伊斯兰世界首个拥有核能力的国家,这具有重要的象征意义;第二,核计划使得伊朗代表能坐在谈判席上,与世界大国平起平坐,这本身就是一种胜利;第三,通过核谈判,伊朗掌握了对美国、俄罗斯等大国提要求的权力,这是其他伊斯兰国家不可想象的。核武器"可以使该地区的一个国家占据更大的主导地位。如法国和英国拥有核武器,能够保证在国际体系中保存和扩大影响力。"④ 因此,除了国家安全,伊朗也将维也纳谈判视为扩大其影响力的舞台。

伊核问题早已不是仅限于伊朗或波斯湾地区的安全议题,而是全球主要力量参与的一场博弈游戏。这场游戏的重要性在于它关系到大国的兴衰、国际体系的稳定和世界力量的平衡。透过维也纳伊核谈判的进程,可以观察到世界力量的消长与国际格局的微妙变化。

三、谈判困境背后的各方博弈关系

从表面看,美国—伊朗的分歧是影响谈判进程的主要矛盾。然而,此次谈判不是任何一方能完全主导的,它的走向取决于多个参与者的博弈结果。根据利益相关程度和影响力因

---

① 张畅:《伊朗核问题中的伊朗大战略》,《战略决策研究》2016年第5期,第38页。
② Takeyh R, "Iran's Nuclear Calculations," *World Policy Journal*, 2003, 20(2): 21–28, p. 22.
③ "Khomeini Urges Export of Iranian Revolution," *The New York Times*, October 15, 1981, http://www.nytimes.com/1981/10/15/world/around-the-world-khomeini-urges-export-ofiranianrevolution.html.
④ M Lecaj, "Analysis Of Party Motives Interested In Iran's Nuclear Program," *Perspectives of Law and PublicAdministration*, Volume 8, Issue 2, December 2019, p. 380.

素，按重要性排序，至少有 7 个利益相关且起作用的博弈者：伊朗、美国、中国、俄罗斯、以色列、海湾国家和欧洲。博弈各方的战略目标和行动策略相互作用，最终形成一股对谈判产生决定性作用的"合力"。这个部分要探讨的内容，就是博弈关系如何形成这种"合力"。

这部分的分析方法基于博弈论效用分析原则，即探究在一定世界状态下博弈者可以采取的最佳行动策略。"博弈论就是一个这样的理论，它是一个关于相互依赖的决策（也就是说，当两个或更多个体的决策一起决定一个情景的结果时）的理论"①，也就是说，博弈论关心的是决策的条件、成本、风险和收益。博弈的参与方被假定为理性的，即最大程度趋利避害，在达成自身战略目标的同时，尽可能减少风险和成本。

（一）伊朗在谈判中的目标和策略

在维也纳谈判中，伊朗的主要目标是解除制裁。"对伊朗来说，美国暂停对其石油出口的制裁，将提供急需的财政救济，并使该国能够利用接近每桶 100 美元的原油价格。"② 制裁对伊朗经济的打击极其严重。2018 年美国单方面退出伊核协议之后，"伊朗的经济已经崩溃，人民的购买力极度萎缩。伊朗现在的生活比以前更昂贵了。此外，在 2018 年美国单方面退出伊核协议后，伊朗里亚尔的价值损失了约 70%。"③ 伊朗海外资产遭到冻结，缺乏美元外汇，很难获得外国资金。伊朗 2021 年通胀率达到 43.4%，加上新冠疫情的影响，民生状况恶化，政府财政赤字高攀，企业缺乏资金和原材料，失业问题显著。伊朗希望通过谈判解除经济制裁，自由进入国际市场，获得外国投资和技术。伊朗在这场博弈中坚持的底线是必须完全解除制裁。迈赫迪·普尔萨法指出，美国将伊朗的重要机构保留在恐怖主义和人权制裁名单上，从而使任何与之有关联的法人和自然人进入制裁黑名单，这是美国的惯用伎俩。例如，伊朗在韩国约 70 亿美元的资金就因为伊朗银行被贴上恐怖主义标签而被冻结。在这种情况下，伊朗解除制裁带来的经济利益将为零，伊朗自然不会受制于这样的协议。伊核协议第一轮实施的经验表明，此类障碍的存在很容易将伊朗从任何新协议中获得的利润降至零。④ 换句话说，只要伊朗革命卫队的法律地位没有得到美国承认，即使达成了伊核协议，美国依然能以支持恐怖主义为由对伊朗实施经济制裁。这也是为什么在维也纳谈判中，伊朗坚持解除所有制裁（包括对伊斯兰革命卫队）是继续谈判的前提的根本原因。

然而，伊朗没有被制裁打倒，且正在突破制裁的道路上取得成果。经济困难依然困扰着这个国家，但状况正在好转。伊朗采取了一系列突破制裁的措施，包括加强了与友好国家的合作，从商业活动中剔除美元，将人民币列为主要外汇储备，允许加密货币贸易，使用 Sepam 代替 SWIFT 结算系统，在与俄罗斯的贸易中使用本币结算等。伊朗的通胀问题与美国有所不同。由于伊朗并未融入世界金融体系，里亚尔不能自由兑换，因此通胀并没有数字表现得那么夸张，政府依然可以通过能源和工业品出口获得收入，并补贴国内能源和粮食，维

---

① 詹姆斯·D·莫罗著：《政治学博弈论》，吴澄秋、周亦奇译，上海人民出版社，2014，第 1 页。
② Stratfor Global Intelligence, "The Final Hurdles Facing a New U. S. – Iran Nuclear Deal", 美国安全智库，February 15 2022, p. 2.
③ Sehar Azhar Dar, "Sanctions on Iran And the Role of the EU: An Overview," *Journal of European Studies* – 37/1 (2021), p. 115
④ ون درنوانق عدم اصلی عامل ،بایدنست دولت, 伊朗国家通讯社，2022 年 4 月 20 日，http://www.irna.ir/news/84726038/.

持物价稳定。

尽管中国并没有在伊核谈判中提出太多要求,但中国对造就伊朗在谈判中的地位发挥了无可替代的作用。中国有潜力提供伊朗所需的几乎所有资金、技术和市场,从而使制裁效果大打折扣。经济制裁显然"损害了伊朗的经济,但并没有说服伊朗暂停其核项目。由于与国际银行体系日益孤立,伊朗已转向与中国等主要客户进行以物易物,以维持其经济运转。"①《中伊25年全面合作协议》中一个重要内容就是中伊石油贸易使用人民币结算。"伊朗使用人民币结算可以打破美元石油制裁堵截,分散石油美元风险国际油价上涨。"② 中国在与伊朗的合作中体现了欧洲所缺乏的自主性,在规避美国"长臂管辖"的情况下,中国为伊朗提供了大量优惠贷款、机器设备和基础设施。中国巨大的能源需求为伊朗带来了一个稳定繁荣的出口市场。当然,中国企业在西方主导的世界经济体系中依然具有遭遇制裁的风险,需保持相对低调和克制。

传统上俄罗斯是伊朗可以合作的"战术盟友",双方在抵抗美国势力的扩张上具有共同利益。俄罗斯与伊朗都是能源出口国,经济结构并不算非常互补,但俄罗斯能提供给伊朗关键的能源开采设备和技术、武器装备和核技术支持。在可预见的未来,这对被西方经济体系抛弃的"难兄难弟"可能不得不相互扶持。俄罗斯是一个强大的盟友,但与俄罗斯的亲密关系意味着伊朗更难缓和与西方的关系,而且这段关系能维持多久是不确定的。

经济数据证实了以上情况。伊朗石油部部长表示,尽管多年来伊朗被实施了压迫性制裁,但伊朗石油和天然气的开发并未停止,"我们现在有能力每天生产10亿立方米的天然气。我们的石油日产量约为400万桶,石油化工产品的年生产能力约为9200万吨……未来八年我们的天然气生产能力应达到每天14亿立方米。"③ 财政状况方面,2021年国家税收性财政增长了7%。④ 国家生产力提高了2.8%,而这几年亚洲平均增长是1.8%。⑤ 除了石油贸易,据海关总署6月公布,自伊朗新年(3月21日)以来,伊朗非石油出口已达80亿美元,出口收入同比增长3.6%。⑥ 短期来看,伊朗经济仍然要经历一段时间的通货膨胀、物资短缺和生活成本上升,如果能通过谈判减轻制裁可能缓解这种痛苦。但伊朗要走独立自主的发展道路,早晚都得摆脱对西方的经济和金融依赖。长期来看,国际局势是有利于伊朗实现其战略目标的。随着友好国家的实力增强,以及西方滥用其市场主导地位的副作用,一个独立于西方控制的经济和金融体系正在形成。伊朗寄希望于通过谈判缓解目前的经济困境,但也清醒地认识到底线问题不能退让。在目前的条件下,如果不能完全解除制裁,伊朗不会

---

① Barbara Slavin, "Iran Turns to China, Barter to Survive Sanctions," Atlantic Council (2011), p. 10, https://www.atlanticcouncil.org/in-depth-research-reports November 10, 2011.

② 李月清:《中伊协议加速"去美元化"》,《中国石油企业》2021年第4期,第44页。

③ نحریم -١٥ا -مانع -بیشرفت -صنعت -نفت -ایران -نشد ظرفیت -تولید -نفت -تهران, 伊朗国家通讯社, 2022年6月2日, http://www.irna.ir/news/84775954/.

④ معاون -وزیر -درآمد -مالیاتی سال گذشته کشور -١٠٧- درصد تحقق یافت, 伊朗国家通讯社, 2022年6月2日, http://www.irna.ir/news/84775954/.

⑤ معاون -وزیر -درآمد -مالیاتی سال گذشته کشور -١٠٧- درصد تحقق یافت, 伊朗国家通讯社, 2022年6月2日, http://www.irna.ir/news/84775954/.

⑥ رشد -٢-٩- درصدی شاخص بهره وری در سال گذشته, 伊朗国家通讯社, 2022年6月2日, http://www.irna.ir/news/84771568.

在谈判中作出更多让步。

如果谈判破裂，伊朗有没有可能完全放弃履行核协议规定的义务，单方面追求核武器呢？这个选项的可能性不大。以色列和美国可能直接进行武装干涉，这对伊朗伊斯兰政权来说是得不偿失的冒险。以色列一直主张用武力解决伊核问题，但没有得到美国的支持。美国反对的原因有：第一，美国目前的战略重心在亚洲，以应对最大的对手中国，很难将有限的资源投入到中东；第二，国内经济、民生和分裂社会问题让这个超级大国疲惫不堪，难以支撑一场战争；第三，最重要的，伊朗的核计划并没有直接危害美国的核心利益。尽管有以上这些原因，但判断美国不会武力干涉依然是非常危险的想法。威慑理论为这种冒险策略敲响了警钟："国家在国际危机中的行动可能不是为了当前议题的内在价值，而是为了通过建立应对未来挑战的声誉而吓阻未来对其利益的挑战。"① 例如，美国在 1975 年南越政府垮台后武力干涉越南，很大程度是通过展示武力来威慑潜在对手发起可能的挑战，而不是维护其眼前的利益。除此之外，以色列会不会率先对伊朗使用核武器，依然是一个未知数。伊朗拥核也会起到示范作用，加强更多有安全焦虑的国家追求核武器的动机。还有，伊朗一旦直接挑战作为国际规则的核不扩散协议，等于将中俄等友好大国置于进退两难的境地。所以，单方面追求核武器的风险大于收益，在伊朗的行动策略中实属下下策。

综上所述，伊朗将在一段时间内保持在谈判桌上，但不会作出更多妥协，除非国际形势发生了质的改变。假如伊朗经济继续恶化，或失去了中国、俄罗斯等大国的支持，伊朗将有更多妥协的动机。在失去讨价还价的筹码的情况下，伊朗不得不继续在西方主导的世界体系中做一个饱受压迫的资源出口国。如果在国际体系上，以中国、俄罗斯为代表的多边主义战胜了美国单边主义霸权，套在伊朗脖子上的绳索将被解开，这对伊朗来说是最优解。

（二）围绕伊核谈判大国之间的博弈

美国自奥巴马时期就将解决伊核问题作为稳定中东局势，为战略收缩创造条件的手段。拜登政府迫切想与伊朗达成共识，根本原因是美国在中东的利益下降和中国的崛起。2014 年页岩油革命以来，美国逐渐摆脱了对中东石油的依赖，转而成为石油出口国。美国从中东抽身是长期趋势，"拜登政府中东政策的总基调仍是战略收缩，这是由美国全球战略调整以及美国在中东利益下降所决定的，不会因政府更替而发生变化。"② 另一方面，美国要集中力量应对主要竞争对手中国，就必须在中东"加紧战略收缩，其中重点就是尽快解决伊核问题，以促使美国尽快从中东脱身，甚而与伊朗一定程度实现'化敌为友'。"③ 这不是一个选项，而是必须实现的目标。在中东安全问题上，美国只能承认伊朗的地位并争取与之合作。"如果西方国家和美国想在该地区建立一个稳定的安全体系，他们就必须面对一些关于伊朗和中东问题的痛苦事实。首先，正如许多中东学者所同意的那样，伊朗将被承认为两个地区大国之一……并不是说伊朗是完美的伙伴，而是一个有能力和合适的伙伴。"④

拜登回到谈判桌的另一个动机是解决通胀危机。对俄制裁和石油禁运是近期国际能源价

---

① 詹姆斯·D·莫罗著：《政治学博弈论》，吴澄秋、周亦奇译，上海人民出版社，2014，第 263 页。
② 唐志超：《拜登政府的中东政策发展趋向》，《当代世界》2021 年第 4 期，第 15 页。
③ 田文林：《中伊关系：核协议签署带来新机遇》，《现代国际关系》2015 年第 12 期，第 5 页。
④ Josef Westermayr, "Realpolitik in Iran Opportunities and Challenges," *Politikon*：*IAPSS Political Science Journal*, Vol. 28, pp. 155 – 156.

格高涨的直接原因,无论拜登利用"普京的涨价"作为借口是否有效,当届政府都必须采取措施补上国际能源市场的巨大缺口。美国2022年前几个月的通胀率维持在8%左右,食品、能源、日用品价格都出现了大幅度上涨。随通胀而来的是拜登在民调中的支持率连续下跌,截至6月上旬,这个数字普遍已经低于40%。在俄乌僵局中,俄罗斯已经将能源价格上涨和通货膨胀用作对抗西方制裁的武器,"卢布结算令"取得的积极成果证明这套做法行之有效。在国内政治斗争中,如果拜登不能及时采取行之有效的措施,通胀将直接威胁到11月的中期选举。美国政治体制中总统和国会具有双重合法性,当国会被反对党掌控时,总统的任何改革与立法都会变得举步维艰。若在中期选举中失去国会,拜登接下来两年的执政生涯和他雄心勃勃的内政及外交计划将被套上沉重的枷锁。多种因素综合作用下,拜登政府寄希望于敦促伊朗、沙特和委内瑞拉等国进行石油增产。

然而,美国可以多大程度上达成目标十分值得怀疑。太多超出控制的因素让拜登政府焦头烂额。拜登政府在构建"反华同盟"体系过程中的一系列口惠而实不至的行为反映出美国实力的衰弱。这种衰弱不仅反映在经济和军事主导地位的下降,还反映在国内矛盾的累积和爆发中。物价飞涨、疫情、婴儿奶粉紧缺和枪击案频发等问题导致拜登民调支持率不断下降,约三分之二的美国人不信任现任总统。反对党猛烈批评拜登在伊核谈判中向俄罗斯让步的行为。以色列院外集团也在持续施压,迫使拜登离开谈判桌。国内政治因素不允许拜登在伊核谈判中作出让步,这决定了美伊两国在此次谈判中无法达成共识。牛新春指出"取消全部制裁对拜登而言无异于政治自杀。但对伊朗而言,其诉求是解除全部制裁,其谈判立场、积极性完全取决于解除制裁问题。"[①] 在国际社会上,拜登政府也不具备足够的领导力。在俄乌冲突爆发后,美国的大部分地区盟友和伙伴都不愿明确谴责莫斯科,或协助对俄罗斯进行经济制裁。沙特阿拉伯拒绝了美国提出的增产要求。阿联酋对联合国安理会2月底谴责俄罗斯入侵的决议投了弃权票。据报道,沙特和阿联酋领导人拒接了与美国总统拜登的电话,所有海湾合作委员会(GCC)国家在4月初就暂停俄罗斯加入联合国人权理事会的投票时弃权。拜登在调解国内政治矛盾、重建美国认同上乏善可陈,这让他在包括伊核谈判的许多国际事务上显得更被动。在中东的战略收缩正让美国失去对这一区域的影响力,给了其他大国力量介入的机会。

事实证明,伊朗不接美国的"大棒",对"胡萝卜"的兴趣也不大。由于国内政治的掣肘,美国的伊朗政策是不稳定的、不连贯的。两党的态度截然相反,民主党更倾向于达成伊核协议,稳定中东局势,集中力量对付中国,共和党则主张对伊朗强硬。伊通社的评论表达了这种担忧:"最近几天,我们看到一些参议员和国会议员威胁说,如果共和党总统上台,美国将再次退出核协议。这显示了美国内部的尖锐分歧,以及美国在谈判中不可靠。"[②] 在经济利益方面,面对4月初就超过每桶100美元且继续上涨的国际油价,恢复正常的石油出口对伊朗来说是一个十分具有吸引力的条件。但是同时伊朗也清醒地认识到美国开出的条件非常具有欺骗性。首先,可以预见这次谈判不可能从根本上改变与美国的关系,当美国从通胀的困难中恢复过来时,很可能重新对伊朗实施更严厉的制裁。美国对伊朗总体的强硬态度

---

① 牛新春:《重返伊朗核协议谈判难在哪儿?》,《世界知识》2021年第16期,第74页。
② طرف‌های مقابل با ایده‌های عملی در مذاکرات آنی وین حاضر شوند,伊朗国家通讯社,2021年5月12日,https://www.irna.ir/news/84566224.

极难改变，正如共和党鹰派和以色列院外集团在美国政治体系中的影响力一样。其次，西方在对俄制裁中无视规则、毫无底线的做法击碎了伊朗许多亲西方派的幻想。尤其是对俄罗斯外汇和海外资产的侵占行为让伊朗的决策者认识到，即使暂时开放石油出口，赚取更多美元和欧元也已经毫无意义。美国可以通过重新发起制裁，让伊朗在此次妥协中赢得的"蝇头小利"成为废纸。另外，如果伊朗将对俄制裁当作牟利的机会，将毫无疑问地伤害同俄罗斯的关系。换句话说，美国想在不付出真金白银的情况下，通过"空头支票"欺骗伊朗帮助美国度过通胀难关，同时分化伊朗与俄罗斯的关系。

中国已经成为中东国家平衡美国影响力的主要大国，也是伊核问题中发挥决定性作用的力量。作为被迫成为"新冷战"对象的崛起国，发展与伊朗的关系也是源于对抗美国威胁的需要。自80年代以来，中国和伊朗已经发展了一个强大的军事、经济和外交伙伴关系，对伊朗的政治、经济、安全发挥了重要作用。"对伊朗政权来说，世界上没有哪个国家像中华人民共和国那样确保其生存和帮助其免受国际压力一样重要。尽管伊朗努力从外国控制中独立出来，但它在经济上、外交上，以及一定程度上连军事也已经变得严重依赖中国。"[①] 除了经济贸易，中国在伊朗国防现代化上也发挥了极大作用。"对中国来说，对伊朗施加压力可能会将其描述为干涉第三国内政，如果谈判破裂，将危及其作为诚实中间人的地位。"[②] 更何况中美关系已经从合作走向对抗，中国需要团结尽可能多的朋友，尤其是伊朗这样立场如此接近的朋友。

中伊关系长期以来作为中国应对美国压力的一个杠杆，主要承担了保障能源安全、牵制美国力量两大作用。"一个孤立的、被锁死在与美国的冲突中的伊朗为中国在中东扩大影响力提供了独一无二的机会，同时也能把美国钳制在波斯湾，使其更难转向亚太。"[③] 在维也纳谈判中，中国一贯的立场和关切没有改变。"北京对德黑兰的政策取决于它与华盛顿的关系状况……中国正在利用伊朗作为与美国在两个关键安全问题上的谈判筹码，即台湾和石油供应。"[④] 中国经济严重依赖能源进口，且超过一半的石油来自波斯湾地区。伊朗扼守霍尔木兹海峡——中国能源贸易的生命线之一，对中国保障能源安全具有重要作用。有观点认为，在中国与美国发生冲突时，美国可能会切断中国的海上货物进口，而伊朗则会保证中国在海湾的贸易能进行下去。[⑤] 台湾问题与伊核问题似乎毫不相关，但其实二者常常在中美博弈中成为一对相互作用的筹码。中国通过对伊朗的核计划与弹道导弹支持向美方施压，而美国在台湾问题上保持克制，换取中国减少对伊朗的支持。一个例子是2008年美国对其65亿美元的对台军售案进行了严格限制，包括不向台湾出售黑鹰直升机、潜艇和 PAC-3 防空导

---

① Scott Harold and Alireza Nader, "China and Iran: Economic, Political and Military Relations," RAND Corporation, 2012, p. 1, https://www.rand.org/pubs/occasinal_papers/OP351、html.

② Bat Chen Druyan-Feldman and Galia Lavi, "China, Russia, and the Nuclear Talks in Vienna: The Gift that Keeps Giving," Institute for National Security Studies, 2022, p. 4, February 21, 2022, https://www.inss.org.il/publication/china-russia-jcpoa/.

③ Scott Harold and Alireza Nader, "China and Iran: Economic, Political and Military Relations," RAND Corporation, 2012, pp. 1-2, https://www.rand.org/pubs/occasinal_papers/OP351、html..

④ Lounnas Djallil, "China and the Iranian Nuclear Crisis: Between Ambiguities and Interests," *European Journal of East Asian Studies*, Vol. 10, No. 2, 2011, p. 227.

⑤ Kulsoom Belal, "China-Iran Relations: Prospects and Complexities," *Policy Perspectives*, Vol. 17, No. 2, 2020, p. 52.

弹等。作为回应，中国在导弹和核武器上也没有恢复与伊朗的合作。

从国家利益出发，中国并不愿看到中东的核扩散，但也没有像以色列或美国那样担心伊朗获得核武器。"伊朗获得核武器根本不符合中国的利益……中东紧张局势的风险将导致油价上涨，进而将严重影响中国经济。"① 然而，正如 Tzvi 的文章所言，"北京对过去和现在的德黑兰的支持已经表明，中国认为双边关系比阻止德黑兰获得核武器具有更重要的战略意义。正是出于这个原因，美国不应该指望北京在与伊朗达成或执行最终协议方面发挥建设性作用。换句话说，中伊伙伴关系有助于增强德黑兰在谈判桌上的不妥协态度。它有效地抵消了伊朗因西方制裁而经历的国际孤立，为伊朗提供了与其最重要对手一样强大的支持者。"② 伊朗获得核武器之后会发生什么，对此有多种预测。有观点认为伊朗与以色列的核威慑平衡有助于地区稳定，也有观点认为伊朗会加剧该地区的核竞争。无论如何，可以预见在这种情况下伊朗的国际地位和威慑能力将提升，与中国的友好关系大概率也不会发生质变。另一方面，中国一直在为能源安全建设替代方案，降低对波斯湾能源的依赖。油气进口多元化和新能源技术应用都在突飞猛进。因此，伊朗拥有核武器也不是完全不可接受。相反，如果伊斯兰政权在重重压力下倾覆，伊朗变成了一个亲西方的国家，则将严重伤害中国地缘政治利益。总之，中国支持伊朗成为"临界有核国家"，而不是直接获得核武器。然而，在"两害相权取其轻"的情况下，相比核扩散，中国更重视与伊朗的友好关系。

冷战后，俄罗斯与伊朗在军事、反恐、能源、科技和贸易等领域开展了一系列合作。在核计划中，俄罗斯帮助伊朗建设了布什尔核电站，并为伊朗核计划提供了关键的核燃料和反应堆。在国际问题上，俄罗斯在叙利亚、也门等问题上支持伊朗，反对美国向伊朗追加制裁。俄罗斯对伊朗的政策与中国具有相似性，根本出发点都是共同抵御来自西方的压力。"俄罗斯的政策是以美国为中心，而不是以伊朗为中心的，俄罗斯和伊朗都不希望看到西方在里海盆地或全球能源市场的影响力增长。"③ 很多时候，俄罗斯也将对伊朗的支持用作与美国讨价还价的筹码，"俄罗斯虽然在伊朗核协议等问题上支持伊朗，但对伊朗的支持是有限的，在很多情况下俄伊关系还不得不服从于俄美关系。"④ 在巴列维国王时期，苏联已经体会过一个亲美的伊朗政权带来的压力。1979 年革命从某种角度来说是一件好事，它扫清了美国为莫斯科埋下的"地雷"。俄罗斯绝不会允许伊朗再次倒向西方，成为西方包围俄罗斯的"前线"。因此，伊朗是一个必须争取的朋友，特别是在与西方关系恶化时。

俄乌冲突爆发后，俄罗斯将伊核谈判作为对抗西方的"顺风车"，"对普京来说，谈判可以是在乌克兰问题上与西方的讨价还价筹码，他可以促进谈判，加入对伊朗的施压，以换取在东欧做出让步"。⑤ 如俄罗斯提出其支持伊核协议的条件是不限制俄罗斯与伊朗的安全和经济合作。然而，俄乌冲突引起的一系列反应缩减了俄罗斯与西方的谈判余地，反而拉近

---

① Lounnas Djallil, "China and the Iranian Nuclear Crisis: Between Ambiguities and Interests," *European Journal of East Asian Studies*, Vol. 10, No. 2, 2011, p. 239.
② Tzvi Kahn, "China – Iran Strategic Partnership Undermines Nuclear Talks," *Foreign Policy Initiative* (2015), p. 3.
③ James Nixey, "Russian Policy on Iran: Balancing Is Best," *The World Today*, Vol. 66, No. 5, May 2010, p. 8.
④ 唐志超：《俄罗斯与伊朗：战术"联盟"还是战略伙伴？》，《世界态势》2018 年第 9 期，第 44 页。
⑤ Bat Chen Druyan – Feldman and Galia Lavi, "China, Russia, and the Nuclear Talks in Vienna: The Gift that Keeps Giving," Institute for National Security Studies, p. 4 February 21, 2022, https://www.inss.org.il/pnblication/china – russia – icpoa/.

了俄罗斯—伊朗关系，加强了俄罗斯对抗西方的能力。在伊朗代表团访问俄罗斯科学院的会谈中，俄罗斯科学院国际合作部负责人安东·瓦尔福洛梅耶夫指出，在西方40多年的制裁压力下，伊朗在创建国家创新生态系统方面取得了重大进展。在许多领域，这种经验对俄罗斯来说非常重要。① 全面制裁发起后，西方企业大量退出俄罗斯市场，为伊朗工农业品出口创造了机会。俄伊商务委员会主席奥贝杰诺夫表示："说到伊朗，我们的商业界代表很可能会找到某些西方产品的替代品。例如，伊朗生产各种日化商品，如果俄方有兴趣，在我们的市场上可以有对一些西方商品的替代品。而且为此不需要花很长时间。"② 除此之外，奥贝杰诺夫也认为伊朗能向俄罗斯供应服装和鞋类："伊朗是较高品质服装和鞋类的生产商，能够取代一些中等价位的西方品牌。"③ 伊朗也积极发展对俄贸易，"除了奶酪、牛奶、肉类和其他农产品外，伊朗还可以向俄罗斯供应工业和石化产品、建筑材料、日化品和铜版纸……为了更好地促进贸易，应该更加积极地转向使用本国货币相互结算。"④ 与中国不同的是，俄罗斯对伊朗没有能源依赖，但作为一个有2700万穆斯林人口的多民族国家，俄罗斯的国家安全和民族团结需要与伊朗合作。且不论伊朗在里海日益增长的影响力是否会触及俄罗斯传统"势力范围"，伊朗对外输出伊斯兰革命就足以引起俄罗斯的警惕。激进伊斯兰团体在俄罗斯实施的多起恐怖袭击事件不能被证明与伊朗有关，但莫斯科在处理与德黑兰关系时不得不考虑这一点，即伊朗有能力通过北高加索、中亚地区，甚至俄罗斯国内的穆斯林影响俄罗斯的国内安全和稳定，俄罗斯负担不起与伊朗敌对的代价。基于以上两个因素，俄罗斯在伊核问题中的选择无非是在多大程度上支持伊朗，站在西方立场上施压是不可想象的。

  伊核谈判带给俄罗斯的筹码并不多，不能作为摆脱目前困境的主要手段，但可以实现一些有限的目标。比如在达成伊核协议的同时保留俄罗斯与伊朗的正常合作，以此将伊朗塑造为对俄全面制裁上的一个"漏洞"。前面已经提到，作为世界主要的核大国，俄罗斯对伊朗核计划的支持具有关键作用，甚至有能力让伊朗立即获得核武器。因此，俄罗斯可以在伊核问题上向西方施压，换取西方在制裁上的部分让步。"只要伊朗的导弹和代理威胁不会引发全面的地区战争或直接威胁到俄罗斯的利益，它们造成的不稳定就会锁定美国的资源，同时将俄罗斯提升为地区调解人。"⑤ 另一方面，中东大部分国家拒绝谴责俄罗斯，普京敏锐地察觉到了这是一个扩大中东地区影响力的机会。实际上，俄罗斯过去就一直尝试在部分领域与美国进行竞争，主要作为美国武器装备出口和军事保护的替代选项。俄罗斯军售相比美国的优势是附带更少的政治条件，价格更低，补给和维护距离短。为了维护自身作为可靠合作者的形象，俄罗斯须平衡中东各国的安全利益，不太可能给予伊朗过多支持。与中国一样，俄罗斯原则上不支持核扩散。但是，如果欧洲战场局势升级使谈判变得不可能，俄罗斯将如

---

  ① 《俄科学家与伊朗开展合作》，俄罗斯卫星通讯社，2022年4月22日，https://sputniknews.cn/20220422/1041046376.html。

  ② 《俄伊商务委员会：伊朗可在日化领域替代西方生产商》，俄罗斯卫星通讯社，2022年4月19日，https://sputniknews.cn/20220419/1040772404.html。

  ③ 《俄伊实业家理事会：伊朗愿意增加对俄服装和鞋类出口》，俄罗斯卫星通讯社，2022年4月19日，https://sputniknews.cn/20220419/1040771861.html。

  ④ 《伊朗农业公司：希望通过里海发展对俄贸易》，俄罗斯卫星通讯社，2022年4月7日，https://sputniknews.cn/20220407/1040527953.html。

  ⑤ Shahram Akbarzadeh, "Iran nuclear accord and the remaking of the middle east," *Global Change*, *Peace & Security* (2018) 30: 2, p285.

何处理伊核问题就值得斟酌了。总而言之，俄罗斯与伊朗的关系高于对核扩散的担忧，"莫斯科没有理由欢迎一个拥有核武器的伊朗。但这并不意味着它将牺牲这些核心利益来阻碍伊朗。"①

以色列是伊核谈判中一个容易被忽略却非常重要的因素，它是伊核谈判主要的反对者和破坏者。以色列对伊朗的基本政策是遏制伊朗的实力，采取一切手段阻止伊朗获得核武器。具体措施包括影响美国的伊朗政策、对伊朗核设施实施军事打击、暗杀伊朗核科学家和军官、联合海湾国家制衡伊朗等。以色列坚信伊核协议会为伊朗秘密发展核武器提供保护伞，并对以色列造成致命威胁，"在以色列看来，美国的中东战略收缩是必然趋势，美国的保护伞变得不可靠，要想保护自己必然对伊朗采取强硬制衡政策，且必须主动出击。"② 虽然以色列不是伊核谈判的直接参与者，它却在美国的决策中占有重要地位，能够利用美国影响伊核谈判进程。事实上，以色列游说集团多年来都在对白宫施加压力，要求美国对伊朗采取强硬手段，是美国国内反伊朗势力的中流砥柱。米尔斯海默认为："以色列游说集团的政治权力之所以是重要的，不仅是因为它影响到总统候选人在竞选期间的言辞，而且还因为它对美国的外交政策，尤其是美国的中东政策产生重大的影响。"③ 米尔斯海默相信无条件支持以色列、遏制伊朗并不符合美国的国家利益，美国应当自主地实现与伊朗的和解，"虽然我们相信美国应该支持以色列的生存，但是以色列的安全对美国来说，最终并不具有战略上的至关重要性。倘若以色列被征服……那么美国的领土完整、美国的军事力量、美国的经济繁荣，以及美国的政治核心价值不会受到威胁。"④ 4月拜登与贝内特会面磋商伊核问题时谈到了伊朗要求将革命卫队从恐怖分子名单中删除的请求。贝内特在一份声明中说："我相信乔·拜登是以色列真正的朋友，我们的安全对他很重要，他不会允许将革命卫队从恐怖分子名单中除名。"⑤ 美国国务院发言人普莱斯表达了拜登政府希望达成协议，以及重返国际原子能机构（IAEA）以限制伊朗的核计划是符合美国的利益，"但我们可能无法达到这一点，因为这方面的谈判不仅涉及双方"⑥。普莱斯的发言也从侧面印证了美国并不能独立地决定如何处理维也纳谈判。

贝内特政府执政的第一年表明以色列的国家安全政策没有改变，以色列将继续通过有限军事打击、影响美国政策和拉拢海湾国家制衡伊朗的方式对伊朗进行施压。贝内特政府依然主张美国军事介入伊核问题，彻底摧毁伊朗核设施，但越来越难做到这一点。无论犹太人院外集团如何向白宫施压，以色列的安全始终不是美国核心利益。随着世界力量平衡的变化，美国从中东逐步撤退是大势所趋，此时发动战争不符合国家利益，对通胀和总统的选票也不

---

① James Nixey, "Russian Policy on Iran: Balancing Is Best," Royal Institute of International Affairs, *The World Today*, Vol. 66, No. 5, May 2010, p. 8.
② 王然：《以色列强化制衡伊朗政策评析》，《以色列研究》（第2辑），第120-121页。
③ 约翰·J. 米尔斯海默、斯蒂芬·M. 沃尔特著：《以色列游说集团与美国对外政策》，王传兴译，上海世纪出版社，2009，第3页。
④ 约翰·J. 米尔斯海默、斯蒂芬·M. 沃尔特著：《以色列游说集团与美国对外政策》，王传兴译，上海世纪出版社，2009，第498页。
⑤ ایران محوریت باصه‌یونیستی رژیم وآمریکا قریب‌الوقوع‌ایزنی, 伊朗国家通讯社，2022年4月25日，http://www.irna.ir/news/84731387/.
⑥ آمریکا -همچنان -امیدواریم -می -توانیم -به -توافق -با -ایران -دست - یابیم, 伊朗国家通讯社，2022年5月7日，http://www.irna.ir/news/84732891/.

利。对于以色列的行动策略，巴克斯坦媒体人穆罕默德·穆辛·瓦塔德认为："贝内特政府会像内塔尼亚胡政府一样，不急于实施对抗伊朗的军事选择，这是由于缺乏足够的能力，并且只有在德黑兰试图加速生产核弹（不太可能）的情况下，以色列才会被迫对伊朗的核设施进行大规模军事攻击。"① 以色列必须更小心地对待伊核问题，因为它无力彻底摧毁伊朗的核能力，小规模的军事行动反而会加剧伊朗的安全困境，坚定伊朗与之对抗的决心。对伊朗的军事袭击还可能擦枪走火，导致黎巴嫩"真主党"与以色列的战争，或引燃叙利亚北部和加沙地带的战火。事实上，以色列必须意识到本国的安全环境正在发生改变，并重新思考它的对外政策。美国的无条件支持不可能永久持续下去，以色列的安全目标也无法通过更多的战争得以实现。

欧洲是维也纳伊核谈判的调解人，也是最迫切要达成伊核协议的一方。尽管面临可能的核扩散威胁，在应对伊核问题上，欧洲与美国、以色列却有着截然不同的态度。欧洲主张合作而非对抗，通过和平方式解决伊核问题。其中最主要的原因是欧洲对进口能源的依赖，1973 年的石油危机给欧洲带来的社会动荡和经济衰退是一次深刻的教训。近年来，欧洲一直致力于保障能源供应安全，争取和平解决伊核问题，维持海湾地区和石油市场的稳定，在与伊朗的合作中取得了一些进展。近期由于对俄制裁，国际油价飙升，欧洲饱受能源短缺和通货膨胀之苦。对欧洲而言，眼前的能源危机比中东的核扩散来得更紧迫，达成伊核协议能缓解经济上的痛苦。然而，无论欧洲付出多少努力，毕竟不能解决伊朗与美国的根本矛盾，也无力改变伊朗或美国的基本立场。

（三）伊核谈判反映区域权力结构变化

过去美国是中东地区无可匹敌的力量，也是中东国家唯一可依赖的安全保障，但随着美国从伊拉克、阿富汗的撤退，地区权力结构发生着根本性改变。2022 年年初中东 7 国领导人访华，以及地区国家拒绝谴责俄罗斯，都表现了这种权力结构变化。唐志超总结道："美国所谓的战略收缩，对地区，过去一直坚持着所谓的安全承诺、安全保护的承诺，现在不再承诺了。从阿富汗到伊拉克，现在中东国家在安全上不敢相信美国了，不敢把自己的安全寄托在美国身上"。② 中东国家寻求域外大国力量介入是权力结构变化的根本动因。地区国家认为，俄罗斯和中国很可能填补一个日益动荡的地区的"权力真空"，而美国是一个衰落的大国。"随着美国在该地区作用的下降，美国在当地的传统盟国们也在俄罗斯和中国身上找到了更加可靠的选项。此事不仅与美国对该地区的安全承诺下降有关，也与中俄两国不断增强的影响力有关。"③ 此外，每个地区国家与俄罗斯都有自己高度具体的经济和安全利益，这排除了在乌克兰战争问题上采取更坚定的反俄立场。

对于伊核协议，沙特和以色列——伊朗的两个主要对手——表现了相似的担心，"沙特阿拉伯和以色列一直强烈反对该协议，并警告称，伊朗将利用其新获得的财富在该地区投射

---

① 《伊朗和以色列升级的情景和多线战争的可能性是什么？》，半岛电视台中文网，2022 年 6 月 13 日，https://chinese.aljazeera.net/.

② 《巨变中的中东国家缘何集体向东看？》，中国访谈，2022 年 1 月 21 日，http://fangtan.china.com.cn/2022-01/21/content_78004194.htm.

③ 《美国对中东的强大影响力正在逐步丧失》，半岛电视台中文网，2022 年 4 月 26 日，https://chinese.aljazeera.net/opinions/2022/4/26/.

其实力。"① 然而，情况正发生变化。沙特与美国正渐行渐远，与伊朗的关系反而在改善。美国安全承诺不再可靠，美国石油利益与沙特的矛盾，以及民主党对沙特王储的指控，都严重损害了双方关系。另一方面，抛开逊尼派与什叶派的宗教斗争，沙特和伊朗有着许多现实的共同利益。两国都是波斯湾大国和石油出口国，经济和安全利益息息相关。在巴勒斯坦问题上，两国都强烈谴责犹太复国主义者的暴行，这也是沙特与美国、以色列关系疏远的重要原因，"只要在巴勒斯坦问题上阿拉伯世界对美国有如此多的愤怒，沙特阿拉伯就不能与华盛顿形成一项行之有效的政策。"② 长期以来，沙特与伊朗的敌对关系很大程度上是美国"离岸平衡手"推动的，少了美国的煽风点火，两国关系有望实现正常化。沙特与伊朗这两个断交5年、对抗40年的国家，近期进行了多轮会谈，"尽管这些会谈未能带来任何官方的实地行动，但是有部分迹象表明，两国的关系正在慢慢恢复。"③ 沙特依然将反对伊朗的核计划，但不再是通过对抗施压的方式。一方面，两国的和解有助于改善伊朗的安全环境，降低伊朗追求核武器的意愿；另一方面，沙特对伊朗潜在的追求地区霸权的野心仍保持警惕，双方的矛盾可能长期存在。海湾国家总体上倾向于谨慎的对冲外交策略，争取多样化的选择和更大的外交空间。短时间内美国对海湾地区的安全而言是不可替代的，但海湾国家也在积极和中国、俄罗斯等大国建立伙伴关系，并改善与土耳其的关系。由于美国无法给予它们足够的安全保证，也不能调解它们与以色列的矛盾，不能指望美国与海湾盟友能在伊核问题上保持一致。

总体而言，伊核谈判反映了中东地区的权力结构也在向着多极化方向发展，不再完全受美国霸权支配。中国、俄罗斯等大国的介入可以在地区和平与发展上发挥建设性作用。摆脱美国控制的中东国家也将逐步解决历史遗留问题，迈向新的发展阶段。

结 论

谈判陷入困境的原因表面上是美伊矛盾，实际上是多方博弈的结果。由于大国竞争的实力消长、地区权力结构的调整，多边主义代替了霸权体系下的单边主义，多种力量的平衡实际上是伊核谈判僵持的根本原因。美国对中东战略资源投入的减少和其地区影响力的下降是一对不可解决的共生矛盾，它打破了中东地区的力量平衡。原先依赖美国保护的国家（如海湾国家）陷入安全焦虑，原先受到美国压迫的国家（如伊朗）则获得了更多自由发展的空间，二者的矛盾集中在了伊朗核问题上。因此，和平解决伊朗核问题是重建中东安全机制的核心。

目前伊核谈判正接近各方力量平衡的"纳什均衡"，即"在一个纳什均衡中，没有任何一位参与者能够通过自行其是而变得更好。"④ 由于分歧过大，各方妥协的意愿不高，且国

---

① Shahram Akbarzadeh, "Iran nuclear accord and the remaking of the middle east," *Global Change, Peace & Security*, (2018) 30: 2, p. 286.
② 约翰·J. 米尔斯海默、斯蒂芬·M. 沃尔特著：《以色列游说集团与美国对外政策》，王传兴译，上海世纪出版社，2009年，第417页。
③ 《沙特与伊朗：海湾两极到和解的时候了吗?》，半岛电视台中文网，2022年5月3日，https://chinese.aljazeera.net/opinions/long-reads/2022/5/3/.
④ 约翰·J. 米尔斯海默、斯蒂芬·M. 沃尔特著：《以色列游说集团与美国对外政策》，王传兴译，上海世纪出版社，2009，第99页。

际局势正削弱谈判基础,维也纳谈判很难有一个积极正面的结果。拜登政府无法统一国内意见,也没有能力投入更多资源解决伊核问题,只能给伊朗开"空头支票"。伊朗经历过特朗普的背叛,如今更加不信任美国的承诺。更何况拜登也没有给出什么具有吸引力的条件,几乎是在强迫着伊朗接受一个不公平的协定。从目前的趋势看,拜登恐怕无法在应对通胀危机上争取到伊朗的合作,也无法维持对伊朗的遏制。伊朗已经在局部突破西方制裁的努力中取得了积极成果,俄乌冲突和中美竞争又为伊朗带来了可以抗衡美国威胁的强大盟友。在这种情况下,伊朗没有任何理由向美国妥协。然而,中俄并不会支持伊朗在波斯湾称霸,伊朗的行为依然受到限制。以色列已经为阻止谈判做出了最大努力,但无法说服美国对伊朗进行军事打击。海湾国家试图在安全困境中找到平衡,在美国离场之前修复与伊朗的关系。俄罗斯出于对抗西方的需要将继续与伊朗走近,但会扮演一个公平的中间人形象,而不是无条件支持伊朗。中国依然需要保障能源安全和与美国讨价还价的筹码,不会在伊核问题上摊牌。欧洲因制裁俄罗斯深受能源短缺之苦,将继续致力于恢复伊核谈判,却无法对美国的决策施加多少影响。可以预见在美国国内分歧、以色列—美国特殊关系、俄乌冲突、中美实力对比、中东地缘政治格局等关键因素发生质变之前,僵持的局面可能长期存在。各方会继续通过外交和军事手段推动国际局势向着有利于己方的方向发展,直到力量的平衡发生变化。

  伊朗无法接受美国霸权主导的国际体系,这是导致伊核问题难解的根本矛盾。正如金良祥的观点:"未来一段时期内,伊朗融入国际体系的主要影响变量并不是伊朗国内政策调整,因为伊朗不可能按照体系的要求短期内实现其政治文化和政策的调适,也不是美国等西方国家改变态度,因为美国国内反伊朗力量仍然非常强大,而是国际体系自身的转型。"[①] 伊朗如果妥协,就等于同时放弃民族复兴的抱负、伊斯兰政权的合法性和国家安全的底牌。美国也无法妥协,对任何一位总统而言,向伊朗低头等于亲手埋葬自己的政治生涯。根本矛盾得不到解决,谈判桌上的任何进展都是脆弱不堪的。因此,伊朗积极靠近非西方国家并非饥不择食,而是出于推动国际体系转型的战略考量。和许多第三世界国家一样,伊朗要改变国家受西方压迫的命运,就必须致力于构建不受西方控制的多极体系。国际体系的转型能从根本上解决伊朗的安全与发展问题,也是和平解决伊核问题的唯一路径。

  我国已经成为中东地区重要的合作伙伴和具有强大影响力的世界大国,将在和平解决伊核问题中发挥建设性作用。应当认识到,伊朗核问题与巴以冲突、两伊战争和也门内战等许多问题一样,本质上都是西方列强在中东进行殖民和地缘政治斗争的产物。许多中东伙伴将中国视为美国的替代,认为中国有能力回应该地区的安全关切,包括提供武器装备和军事保护,在中东加强军事存在等。对此需要澄清,中国不会代替美国在中东的霸权地位。王毅外长在 2021 年 3 月对中东的访问中提出:"中东是中东人的中东,中东由乱向治的根本出路,在于摆脱大国地缘争夺,以独立自主精神,探索具有中东特色的发展道路;在于排除外部施压干扰,以包容和解方式,构建兼顾各方合理关切的安全框架。"[②] 中国需要在尊重各方利益的情况下解决伊核问题,不可单方面支持伊朗,也不加入对伊朗的施压,更不替中东做决定。总结起来,"中国处理伊核问题有三重挑战:第一是如何更好地平衡与西方国家和伊朗

---

① 金良祥:《伊朗与国际体系:融入还是对抗?》,《西亚非洲》2019 年第 1 期,第 112 页。
② 《王毅提出实现中东安全稳定的五点倡议》,中国新闻网,2021 年 3 月 26 日,https://www.chinanews.com.cn/gn/2021/03-26/9440882.shtml。

的关系,第二是如何平衡中国与伊朗、海合会国家的关系,第三是如何平衡自身利益与对伊朗的外交关系。"① 中国需保持中立、公正和负责,成为地区矛盾的调节者,地区规则的监护者和地区和平的维护者。而如何和平解决伊朗核问题、构建新中东安全机制,则需要交给中东各国自己决定。

---

① 孙德刚、张玉友:《中国参与伊朗核问题治理的理论与实践》,《阿拉伯世界研究》2016年第4期,第19页。

泛索马里主义的历史渊源与变流

——兼论泛索马里主义与恐怖主义的关系

王 涛 赵跃晨

【摘 要】索马里人共同的生活方式、语言、文化信仰,殖民瓜分对索马里人的冲击,反殖民主义斗争对内部认同的强化共同孕育了泛索马里主义。1948—1960 年,泛索马里主义主要以反欧洲殖民主义为旗号,诉求是初步建立一个局部统一的索马里人独立国家。1960—1969 年,它又以反"邻国殖民主义"为旗号,试图同时达成内部整合与外部扩张的双重目标。1969—1978 年,泛索马里主义被嫁接到"科学社会主义"之中。1978—1991 年,泛索马里主义回归到氏族主义层面,重新建构自身的理念与实践基础。1991—2012 年,泛索马里主义借助伊斯兰主义的力量,试图以共同的宗教调和各氏族间的差异,通过常规武装斗争消除索马里人的内在分裂。2012 年以来,泛索马里主义与恐怖主义相关联,试图以非常规恐怖袭击为手段达成所谓"大索马里伊斯兰国"的目标。泛索马里主义经历了复杂的历史嬗变。泛索马里主义既有民族主义的表征,又展现出反民族主义的跨地区文化主义特性,甚至与恐怖主义也产生了联系。不过,泛索马里主义与恐怖主义只是一种相互借势、各取所需的关系,前者有其文化合理性因素。

【关键词】泛索马里主义;索马里人;大索马里国家;民族主义;伊斯兰主义;恐怖主义

跨界民族主义是二战后世界性民族主义浪潮背景下衍生出的一种"民族统一主义"的特殊形式。它的主要表现是在相邻两个或多个国家间跨界而居、具有同一民族认同的群体在强调本民族利益与特性的基础上,追求与现有国家分离、超越现有国界、并实现本民族重整与再划界的过程。① 在非洲之角地区,索马里人的跨界民族主义思潮与运动则发展为"泛索马里主义"(Pan - Somalism)。② 自二战后泛索马里主义产生以来,逐渐发展为非洲之角索马里人中普遍流行的意识形态。它以整合全体索马里人为基本诉求,不仅深刻影响了索马里国家的政治发展轨迹,也极大地冲击了非洲之角的地缘政治格局。2012 年以来,随着索马里"青年党"(Al - Shabaab)加大了对周边国家的恐怖袭击力度,它所宣扬的泛索马里主

---

① 刘稚:《中国—东南亚跨界民族发展研究》,民族出版社,2007,第 32 页。
② 在 20 世纪 90 年代,葛公尚就对泛索马里主义问题进行了研究,着重对泛索马里主义的性质与影响等问题进行了探析。该研究对于澄清泛索马里主义问题的性质意义重大,不过限于篇幅,它缺乏对泛索马里主义形成与发展过程的梳理。另外,随着 21 世纪以来恐怖主义、暴力极端主义的泛滥,泛索马里主义又出现了极端化等此前未曾有过的新情况,也需要学界跟进对此问题的认识。参见葛公尚《索马里部族混战透析——兼论泛民族主义、民族主义、部族主义对非洲国家发展的影响》,《世界民族》1996 年第 4 期,第 27 - 31 页。

义也被一些研究者视为恐怖主义在非洲之角传播的载体。① 泛索马里主义究竟属于民族主义的范畴还是一种恐怖主义？要回答该问题，不仅需要从民族学、政治学的视角对泛索马里主义的内涵、外延进行现时性的分析，更需要从历史演进的视角对其渊源与流变进行历时性考察，才能更为准确地把握其本质特征。

一、泛索马里主义的缘起

作为一种对非洲之角政治格局产生深远影响的意识形态，泛索马里主义是多种因素互动的产物。泛索马里主义是历史因素与现实因素共同作用的结果，也是内部力量与外部力量相互碰撞的产物。

第一，索马里人共同的游牧生活方式、相似的语言与文化信仰是泛索马里主义形成的前提。

首先，非洲之角的豪德高原（Haud）气候干旱，生活在该地区的索马里人以牧羊、牧牛为生，常年逐水草而居，不断迁徙。在19世纪以前，索马里人经历了900年的大迁徙，基本占据了从塔朱拉湾（Gulf of Tajura）到贝纳迪尔海岸（Benadir）之间的广阔地区。② 游牧区域的一致性，则使他们需要共同维护草场与水源；而游牧生活的流动性，则使索马里人各氏族间的交流空前密切。在面对西部的埃塞俄比亚帝国时，索马里人也需要维护他们共同的牧场，保护自己的家园，从而形成了最初的群体性意识。③ 因而，游牧生活方式为差异性极大的索马里各氏族提供了一条相互认同的经济纽带，尽管这一纽带在历史上较为松散，但已构成泛索马里主义形成的经济前提。

其次，随着7世纪以来伊斯兰教传入索马里，该地区几乎所有索马里人都皈依了伊斯兰教。从13世纪开始，由索马里人建立的阿朱兰苏丹国（Ajuuraan）和阿达尔苏丹国（Adal）与埃塞俄比亚帝国进行了数百年的战争，这场战争是非洲之角地区基督教与伊斯兰教的势力之争。在战争中，伊斯兰教成为一种有效的黏合剂，将彼此矛盾重重的索马里各氏族整合起来，并使他们团结到伊斯兰教的旗帜下。④ 正是在穆斯林们庆祝他们战胜埃塞俄比亚基督徒的歌曲中，首次出现了指代整体的"索马里"这一名称。⑤ 而伊斯兰教提倡的"乌玛"（ummah）又进一步冲击了索马里各氏族间的边界，致力于打造一个以宗教信仰为基础的、超越地方利益的伊斯兰大家庭，成为整合索马里人、促进其相互认同的重要宗教力量。⑥ 伊斯兰教也成为索马里人识别"自我"与"他者"的重要标准。⑦ 因而可以说，伊斯兰教是泛索马里主义形成的宗教前提。

---

① 这种观点可参见 Mohamed Ibrahim, "Somalia and Global Terrorism: A Growing Connection?," *Journal of Contemporary African Studies*, vol. 28, no. 3, 2010, pp. 286 - 287.
② I. M. Lewis, "The Somali Conquest of the Horn of Africa," *Journal of African History*, vol. 1, no. 2, 1960, p. 214.
③ I. M. Lewis, "A Pastoral Democracy: A Study of Pastoralism and Politics among the Northern Somali of the Horn of Africa," *American Journal of Sociology*, vol. 68, no. 6, 1963, p. 715.
④ I. M. Lewis:《索马里史》，赵俊译，东方出版中心，2012，第18页。
⑤ I. M. Lewis, "The Somali Conquest of the Horn of Africa", p. 222.
⑥ Oscar Gakuo Mwangi, "State Collapse, Al - Shabaab, Islamism, and Legitimacy in Somalia," *Politics, Religion & Ideology*, no. 4, 2012, p. 517.
⑦ B. A. 奥戈特主编：《非洲通史（第五卷）：十六世纪至十八世纪的非洲》，李安山等译，中国对外翻译出版公司，2003，第566页。

再次，在共同游牧生活与宗教信仰的背景下，索马里人也逐渐形成统一的语言。这种语言是在各氏族方言的基础上吸收了阿拉伯语的元素发展而来的，为索马里人提供了共同的语言交流渠道。从今天的吉布提到肯尼亚塔纳河（Tana River）的加里萨（Garissa），该区域内的所有索马里人都可以使用一种统一标准的索马里语。① 在这一区域穿行，没有非洲其他地区那么严重的语言障碍，这也为索马里人的民族认同奠定了坚实的语言基础，促使索马里人之间的高度融合；而索马里语的优美与其诗歌艺术的高度发达，又使这一语言产生强大的吸引力，吸引更多索马里氏族去使用它。② 在反对西方殖民者的战争中，索马里语诗歌的广泛传播与强烈号召力，也进一步使索马里人意识到自己的身份。③ 总之，历史上统一索马里语的形成，是泛索马里主义形成的语言前提。

第二，19世纪末欧洲殖民者对非洲之角的政治瓜分及埃塞俄比亚帝国的扩张，激起了索马里人的反抗意识，强化了索马里人的族群认同感，这成为泛索马里主义形成的外部因素。

奥罗莫人（Oromo）、盖拉人（Galla）、阿法尔人（Afar）等与索马里人交错杂居，并不存在现代意义上的"边界"。索马里氏族间的土地划分，也只是服务于经济和社会生活的目的，并没有政治含义。④ 欧洲人的到来，才将现代意义上的"边界"概念引入非洲之角。1827年英国东非印度公司与亚丁湾南岸的哈巴尔·阿瓦尔氏族（Habar Awal）签订了保护协定，划定自己的势力范围。⑤ 随着1869年苏伊士运河的通航，非洲之角的战略重要性日益凸显，英国加强了对索马里北部地区的控制。到1886年，英国又相继与伊塞（Ise）、盖达布里西（Gadaburis）、哈巴尔·加尔哈吉斯（Habar Garhajis）以及哈巴尔·托尔·贾洛（Habar Tol Jalo）等索马里氏族订约，将其土地合并为"英属索马里兰保护国"（British Somaliland Protectorate）。⑥ 而法国在1885年就与索马里人伊塞氏族、阿姆巴多氏族（Ambado）缔结了友好条约，从而获得在曼德海峡（Bab-el-Mandeb）两岸的立足点，并于1888年划定与英属索马里兰的边界。1892年，意大利也与桑给巴尔苏丹国（Sultanate of Zanzibar）签署协议，租借了索马里南部地区的布拉瓦（Brava）、马尔卡（Merca）、摩加迪沙（Mogadishu）与瓦尔谢克（Waesheikh）等港口，实际上占领了整个贝纳迪尔海岸。以此为基地，意大利人将势力从沿海又扩张到了整个朱巴河（Jubba River）流域。1891年，意大利与英国划定了意属索马里（Italian Somalis）与英属东非保护国（East Africa Protectorate）的边界；1894年，又进一步划定意属索马里与英属索马里兰间的边界。⑦ 埃塞俄比亚在1896年击败意大利入侵后，也开始向东、南方向的扩张，并兼并了豪德与欧加登（Ogaden）的索马里人游牧地区。至此，索马里各氏族分别与英国、法国、意大利签订了保护条约，并被分割开

---

① I. M. Lewis：《索马里史》，赵俊译，东方出版中心，2012，第5页。
② Ali A. Mazrui, The Africans: A Triple Heritage, (Boston: Little, Brown & Company, 1986), pp. 70 – 71.
③ 穆罕默德·阿卜杜勒·哈桑（Muhammad Abdul Hassan）作为索马里反殖民主义战争的领袖，就是通过撰写大量索马里语诗歌来唤起民众的。参见 Ali A. Mazrui, The Africans: A Triple Heritage, p. 71.
④ 葛公尚主编：《当代国际政治与跨界民族研究》，民族出版社，2006，第266页。
⑤ Mahasin A. G. H. Al-safi, "Kenya Somalis: The Shift From 'Greater Somalia' to Integration with Kenya," Nordic Journal of African Studies, vol. 4, no. 2, 1995, p. 35.
⑥ 肖玉华、刘鸿武：《非洲之角安全困局述评》，《现代国际关系》2013年第2期，第35页。
⑦ Abdi Sheik-Abdi, "Somali Nationalism: Its Origins and Future," The Joatnal of Modern African Studies, Vol 15, 2 ssue 4, December 1977, p. 659.

来；另一部分则处在埃塞俄比亚的统治下。不过此时，索马里人对统一"民族"的意识尚不强烈；也正是这个原因，才使欧洲殖民者能顺利完成对非洲之角的瓜分。

真正激起索马里人"民族意识"的是欧洲人把索马里人的土地作为交易筹码随意分割。1896年埃塞俄比亚战胜意大利，英国此时正忙于与法国、俄国的对抗，故而意大利、英国都选择调整与埃塞俄比亚的东部边界，以安抚后者。① 在索马里人并不知情的情况下，1897年英国与埃塞俄比亚签约，将英属索马里兰南部部分地区的保护权转让给埃塞俄比亚。② 意大利也默认埃塞俄比亚占领欧加登大部分地区。直到1908年以前，意大利与埃塞俄比亚多次调整欧加登地区的边界，随意处置索马里人的土地。1925年，英国又将东非保护国境内索马里人居住的朱巴兰和基斯马尤（Kismayu）作为一战的战利品"赠送"给意大利。③ 这一系列的领土交换，都未考虑索马里人的放牧与饮水需求，并阻断了传统的商道。当边界在反复修正的过程中变为具有实际意义的事物时，索马里人才意识到自身被分割、殖民的现实，并恼怒于成为他国交易的筹码。直至此时，"索马里人"是一个整体的观念，即最初的泛索马里主义才开始流行起来。④ 可以说，外部瓜分所导致的索马里人居住地域与政治边界间的"错位"是泛索马里主义产生的外源。

第三，索马里人反殖民主义的斗争强化了各氏族间的相互认同与归属，成为泛索马里主义形成的内部因素。

殖民者对非洲之角的瓜分瓦解了索马里人的传统纽带，点燃了索马里人的民族意识，激起索马里人的一系列反抗斗争。这些斗争主要分为两个阶段："第一阶段以武装斗争为主，其代表是穆罕默德·阿卜杜勒·哈桑领导的反抗运动。这场运动持续二十多年，沉重打击了西方与埃塞俄比亚的入侵者。其最突出的特点在于，武装反抗并不局限在某个殖民地的边界内，而波及了索马里人各个氏族；反抗的对象也不局限于某个殖民国家，而是针对英国、意大利与埃塞俄比亚等所有的入侵者。在冲突中，反抗力量采取了游击战争的方式，战场则遍布整个索马里人居住区，各个氏族不分差别地都参与了进来。尽管反抗斗争最终失败了，却使各氏族间的联系空前加强，并锻造出强韧的统一索马里的观念。⑤ 第二阶段以政党斗争为主。随着殖民统治的深化，传统朴素的索马里民族意识发展为一种现代民族主义，以"民族自决权"为前提，更加明确地提出领土与族群统一的诉求。无论是在英属索马里兰还是意属索马里，当地索马里人都自发组织起政治俱乐部或协会，他们从争取个人权利入手，进而提出更高的自治、乃至独立的政治目标。⑥ 1943年成立的"索马里青年俱乐部"（Somali Youth Club）是其中最具影响力的组织。虽然其活动中心在摩加迪沙，但成员来自索马里各个氏族，具有广泛的代表性。其活动并不局限于意属索马里，在埃塞俄比亚的豪德、欧加登地区、英属索马里兰境内，都有其分支机构。该俱乐部最初致力于促进殖民地内索马里人的

---

① Daniel D. Kendie, "Toward Northeast African Cooperation: Resolving the Ethiopia – Somalia Disputes," *Northeast African Studies*, vol. 10. No. 2, 2003, p. 71.

② 葛公尚主编：《当代国际政治与跨界民族研究》，民族出版社，2006，第266页。

③ Mahasin A. G. H. Al – safi, "Kenya Somalis: The Shift From 'Greater Somalia' to Integration with Kenya," *Nordic Journal of African Studies*, vol. 4, no. 2, 1995, p. 35.

④ 肖玉华、刘鸿武：《非洲之角安全困局述评》，《现代国际关系》2013年第2期，第35页。

⑤ Abdi Sheik – Abdi, "Somali Nationalism: Its Origins and Future," p. 659.

⑥ I. M. Lewis, "Pan – Africanism and Pan – Somalism," *Journal of Modern African Studies*, vol. 1, no. 2, 1963, p. 148.

福利，随着形势的发展，它开始积极宣扬超越氏族边界的政治意义，宣扬"索马里人一体"的思想。① 到 1946 年，其成员已超过 2.5 万人，影响力遍及索马里人的精英阶层。② 此外，英属索马里兰境内的索马里民族协会（Somali National Society）、索马里公务员联盟（Somali Officials Union）等组织也都宣扬民族整合的理念。它们的活动推进了民众对"统一索马里"的认同，"泛索马里主义"的思想雏形初步形成。

第四，二战后英国对索马里人的政治整合计划及其失败，最终促成了泛索马里主义的产生。

二战期间非洲之角的战争摧毁了意大利的殖民统治，英国在战后接管了包括欧加登、意属索马里在内的广大地区。③ 在意识到索马里人内在的统一诉求后，英国政府试图把英属索马里兰、意属索马里与欧加登等地整合在一起。一方面，英国试图在三个地区之上建立一个最高权威，通过发行统一货币、制订统一关税，以促进内部的经济交流。④ 另一方面，英国当局主动与索马里人的政治团体合作，鼓励通过温和改良的方式达成索马里的最终独立与统一。⑤ 这些措施得到了索马里人的欢迎与积极响应，进一步推动了"统一索马里"意识的形成；然而，它也不恰当地激起了一股全盘否认现有边界、欲将全体索马里人都整合到一个"大索马里国家"中的"民族沙文主义"情绪。⑥

1946 年，英国外交大臣欧内斯特·贝文（Ernest Bevin）以索马里人的共同意愿为基础，提出了整合索马里人，建立大索马里国家的"贝文计划"（Bevin Plan）。该计划试图将意属索马里、埃塞俄比亚的欧加登地区都纳入英属索马里兰，再由英国引导其走向独立。⑦ "贝文计划"提出后，尽管索马里人的支持情绪空前高涨，但埃塞俄比亚政府却坚决反对。英国试图将厄立特里亚交予埃塞俄比亚以安抚后者，并提出愿意把泽拉港（Zeila）及英属索马里兰西北的一块地方让予埃塞俄比亚。⑧ 这一领土交换设想遭到美苏的共同反对，两国都担心英国在非洲之角的势力会因此扩张。英国无力与美苏抗衡，只得放弃"贝文计划"；同时为了履行战时英国—埃塞协议（1942 年、1944 年），承认欧加登地区为埃塞俄比亚领土。1948 年，埃塞俄比亚政府正式确认了东南部的边界，欧加登地区的索马里氏族都划归其中。⑨ 情势急转直下，大索马里国家的愿景旋起旋灭，索马里人看到自己再次被外国瓜分。在愤怒与失望之余，他们决定自主寻求一条独立建国之路。在 1948 年，由"索马里青年俱乐部"改组而成的"索马里青年联盟"（Somali Youth League）向调查索马里问题的美、英、

---

① Alice A. Adanalian, "The Horn of Africa," *World Affairs*, vol. 131, no. 1, 1968, p. 39.
② I. M. 刘易斯：《索马里史》，赵俊译，东方出版中心，2012，第 114 页。
③ Ahmed H Nur, "Does Somaliland Have a Legal Ground for Seeking International Recognition?," *Somaliland Law*, April 2011, p. 1.
④ Ahmed H Nur, "Does Somaliland Have a Legal Ground for Seeking International Recognition?," *Somaliland Law*, April 2011, p. 1.
⑤ Cedric Barnes, "The Somali Youth League, Ethiopian Somalis and the Greater Somalia Idea, c. 1946 – 48," *Journal of Eastern African Studies*, vol. 1, no. 2, 2007, p. 281.
⑥ Ahmed H Nur, "Does Somaliland Have a Legal Ground for Seeking International Recognition?," *Somaliland Law*, April 2011, p. 1.
⑦ 顾章义、付吉军、周海泓编著：《列国志·索马里、吉布提》，社会科学文献出版社，2006，第 54 页。
⑧ Saul Kelly, "Britain, the United States, and the End of the Italian Empire in Africa, 1940 – 52," *Journal of Forensic Sciences*, vol. 28, no. 3, 2000, p. 59.
⑨ Cedric Barnes, "The Somali Youth League, Ethiopian Somalis and the Greater Somalia Idea, c. 1946 – 48," p. 281.

苏、法四大国委员会（Four Power Commission）正式提出了"泛索马里主义"的设想，并论证其合理性。① 至此，作为一种超越氏族、反对分割、打造统一国家的泛索马里主义正式产生了。

二、西方政治理念影响下的泛索马里主义

泛索马里主义既是西方殖民主义的产物，也是殖民遗留问题，其演变难以脱离西方政治观念的影响。从1948年至1978年，泛索马里主义试图从西方政治话语中找到最合适的表述，以寻求思想及其行动的合法性支持。

第一阶段，从1948—1960年，泛索马里主义主要以反欧洲殖民主义为旗号，以政党政治为手段，其诉求是初步建立一个局部统一的索马里人独立国家。

1948年"贝文计划"流产后，索马里人被分割的状况愈演愈烈。一方面，英国放弃其整合英属索马里兰与意属索马里的努力，将意属索马里转交给意大利"托管十年"；另一方面，英国于1954年同埃塞俄比亚签订《英－埃塞协议》（Anglo－Ethiopian Agreement），将英属索马里兰三分之一的土地划归埃塞俄比亚。②

在索马里人看来，英国殖民主义者操纵了这一系列阴谋。因而，泛索马里主义在其最初阶段就是以反对英国殖民主义为旗号的。索马里政治家认为，只有团结全体索马里人，摆脱英、意的统治，取得独立，才能免受进一步瓜分之苦。反之，由于该地区反殖民主义本身诉求的内容空洞与形式贫乏，③ 也导致其必须寻找一个新的"填充物"，来赋予反殖民主义以实质性内涵。在索马里人中，泛索马里主义正为其提供了"战斗的火药"，使反殖民主义重新获得了生命力。

20世纪50年代，泛索马里主义与反殖民主义成为一个问题的两个方面，得到几乎所有索马里人的认可。殖民地内的政治团体如索马里兰民族联盟（Somaliland National League）、索马里青年联盟、索马里独立立宪党（Hizbia Dastur Mustaqil Somali）、索马里统一党（United Somali Party）都将其接纳为自身的政纲。④ 这使政党对外获得了反殖民主义的正义性，对内也赢取了广大索马里民众的支持。它们在活动中，经常同时提及这两个概念，进一步使其合二而一。

在各政党的活动下，1956年，英属索马里兰与意属索马里都分别建立了代议制政府，为下一步实现独立奠定了基础。在殖民末期索马里各政党的选举中，泛索马里主义已成为各派政治动员的重要精神资源。例如，1958年意属索马里的选举中，索马里青年联盟和独立立宪党正是打着泛索马里主义的旗号赢得选举；⑤ 1960年英属索马里兰的选举中，索马里兰民族联盟和索马里统一党也都因宣扬泛索马里主义，两党几乎包揽了全部议席。⑥ 此外，法

---

① 萨义德·A. 阿德朱莫比：《埃塞俄比亚史》，董小川译，商务印书馆，2009，第136页。
② I. M. Lewis, "Pan－Africanism and Pan－Somalism," p. 149.
③ 李安山：《非洲民族主义研究》，中国国际广播出版社，2004，第191页。
④ Peter J. Schraeder, *From Irredentism to Secession: The Decline of Pan－Somali Nationalism*, Ann Arbor: University of Michigan Press, 2006, p. 114.
⑤ Peter J. Schraeder, *From Irredentism to Secession: The Decline of Pan－Somali Nationalism*, Ann Arbor: University of Michigan Press, 2006, p. 114.
⑥ I. M. 刘易斯著：《索马里史》，赵俊译，东方出版中心，2012，第142-143页。

属索马里兰（French Somaliland）与欧加登的政治组织也都受到泛索马里主义的鼓动。

由于基本目标的一致性，各政党沟通彼此观点、协调行动。1959年，各属地的党派齐聚摩加迪沙，组织起"泛索马里民族运动"（National Pan-Somali Movement），提出了建立统一索马里民族国家的方案。① 该方案的第一步就是在反殖民主义胜利后，将英属索马里兰与意属索马里先行统一起来。在"泛索马里民族运动"的推动下，意属索马里与英属索马里兰各政党间经过多轮讨论，决定于1960年两地分别独立后合并为一个索马里共和国。②

第二阶段，从1960—1969年，泛索马里主义以反"邻国殖民主义"为旗号，以政府为主要实施者，试图同时达成内部整合与外部扩张的双重目标，在现有国家的基础上扩充为一个统一的大索马里。

1960年7月，初步统一的索马里共和国成立后，不仅面临着巩固新生国家的任务，而且需要妥善应对国内涌动的"收复"其他索马里土地、反击所谓"邻国殖民主义"的政治热情。③ 因而，这一时期的泛索马里主义分化出两种截然相反的实施路径：一部分人主张先进行内部整合，稳扎稳打地推进"统一"进程；另一些人则主张再接再厉，将欧加登、肯尼亚东北部等地全部"统一"之后再谈国家整合问题。④ 以此为标志，泛索马里主义就被不同主张的人群分别进行阐释与利用，成为一个内涵极度混乱的概念。

索马里政府试图平衡两种倾向。一方面它采取措施推进国内整合进程：（1）以前英属索马里兰的财政与会计制度为范本，统一全国税率及关税制度；（2）打破南北公务员的界限，实行跨区域无差别办公，并统一公务员的工资标准；（3）统一南北方法律，如将南方普选权原则扩大到北方。⑤ 不过，由于两个殖民地仓促合并，也遗留了一些问题。索马里南北方的官方语言分别是意大利语和英语，存在沟通障碍；两地间的交通基础设施建设也很滞后，导致联系不便；最关键的问题是两套殖民体系间的制度对接不畅。⑥ 这些都导致了殖民时期遗留下来的南北分歧在短时间内难以统一。合并之初，南北间的矛盾就已经凸显，北方索马里兰的分离思潮流行起来，并引发了1961年的军事政变。⑦ 新生索马里国家内部的裂痕自始至终都没有消除。

另一方面，政府则鼓励并推动大索马里国家的建立。在政策宣示上，共和国独立宪法第6条第4款就规定："索马里共和国将以合法的、和平的手段促进索马里所有领地的统一，支持世界各民族的团结，尤其是非洲和伊斯兰世界民族的团结。"⑧ 从宪法层面否认了现有边界的合法性。索马里国旗也极富扩张意味，旗帜上的五颗白星指代索马里人居住的五个地区，而其中三个地区还处于邻国"占领"之下。⑨ 在各种外交场合，索马里政府都鼓吹"统

---

① I. M. 刘易斯著：《索马里史》，赵俊译，东方出版中心，2012，第142-143页。
② Peter J. Schraeder, *From Irredentism to Secession: The Decline of Pan-Somali Nationalism*, p. 116.
③ 所谓"邻国殖民主义"是对两国间领土纠纷的一种意识形态化阐释，其根源在于盲目自我膨胀与排外的极端民族主义。
④ I. M. Lewis, "The Somali Republic since Independence," *The World Today*, vol. 19, no. 4, 1963, p. 170.
⑤ I. M. 刘易斯著：《索马里史》，赵俊译，东方出版中心，2012，第160页。
⑥ Ahmed H Nur, "Does Somaliland Have a Legal Ground for Seeking International Recognition?," p. 4.
⑦ A. Abukar, *Somalia: A Brief Country Report*, p. 20.
⑧ I. M. Lewis, *Pan-Africanism and Pan-Somalism*, p. 151.
⑨ OSC, *The Country Report: Somalia*, Reston: Open Source Center, May 2012, pp. 13-14.

一五个索马里人地区"的思想,导致与埃塞俄比亚、肯尼亚关系的紧张。① 在具体行动中,1963 年,索马里政府支持欧加登索马里人建立反政府武装"西索马里解放阵线"(Western Somali Liberation Front),试图脱离埃塞俄比亚的管辖;1964 年索马里与埃塞俄比亚间甚至爆发了边界战争。② 同时,索马里也支持肯尼亚东北省的索马里人反政府武装,引发了直至 1967 年才结束的希夫塔战争(Shifta War)。埃塞俄比亚与肯尼亚也因此结成了反索马里的"准联盟",共同遏制索马里的扩张。③ 甚至吉布提的索马里人在 1967 年全民公投中也更愿意留在法国,拒绝归并到索马里共和国中,殖民地的名字也从"法属索马里海岸"(French Coast of Somalis)改为"法属阿法尔与伊萨领地"(French Territory of the Afars and the Issas),以示与索马里划清界限。④ 总之,索马里政府的这种外部政策不仅引发了邻国的警惕与敌意,也未能成功达到"收复失地"的目标,反而令自身陷入孤立境地。⑤

这两种主张虽然最终目标都指向一个统一的大索马里国家,但具体实现路径截然不同,其内在张力令索马里新生政府左支右绌,新生国家有限的资源也无力同时支撑两种计划的顺利实施,这就导致对内整合受挫,对外扩张不利。这种"双轮驱动"的方式显然不能达成泛索马里主义的目标,反而致使索马里政党政治的破产。

第三阶段,从 1969—1978 年,泛索马里主义被"嫁接"到"科学社会主义"之中,巴雷军政府试图以此借助苏联的力量来建立大索马里国家,反而被卷入全球意识形态对抗的冲突中。

20 世纪 60 年代末,内外交困的索马里政府试图通过对内组建一党独大的政府以消除南北分歧;对外缓和与埃塞俄比亚、肯尼亚的关系以改善恶化了的外部环境。这被国内民众解读为专制与叛卖,并引发了军队干涉。1969 年底,以穆罕默德·西亚德·巴雷(Muhammad Siyad Barre)为首的最高革命委员会(Supreme Revolutionary Council)推翻民选政府,建立了军人政权。

在巴雷军政府时期,"科学社会主义"成为其推进泛索马里主义的口号,并试图为泛索马里主义注入革命动力。巴雷抛弃民选政府时期内外兼顾的政策,全力对外扩张,以实现统一的大索马里国家为核心目标,这一时期索马里内政都是服务于其外部扩张战略的。军政府首先试图通过鼓舞民众的"革命热情"来消除内部分歧,抑制地方氏族主义,⑥ 随后便将这种"革命热情"引导至"解放"境外索马里人的目标上去;并将"建立大索马里国家"置于反对民族压迫与帝国主义欺凌的"社会主义革命"语境之中大肆宣传。为了扩大宣传的影响力,1972 年军政府还以拉丁字母重新书写索马里语,并作为官方文字广泛推广,培养统一的国家认同,其中特别针对境外的索马里人。⑦

"科学社会主义"还是推进泛索马里主义的重要手段。军政府以此来索取苏联、古巴及

---

① OSC, *The Country Report*: Somalia (Reston: Open Source Center, May 2012), pp. 13 – 14.
② Daniel D. Kendie, *Toward Northeast African Cooperation*: *Resolving the Ethiopia – Somalia Disputes*, p. 76.
③ 罗伯特·马克森著:《东非简史》,王涛、鲍明莹译,世界知识出版社,2012,第 259 页。
④ Mohamed Kadamy, "Djibouti: Between War and Peace," *Review of African Political Economy*, vol. 23, no. 70, 1996, p. 512.
⑤ Daniel D. Kendie, *Toward Northeast African Cooperation*: *Resolving the Ethiopia – Somalia Disputes*, p. 77.
⑥ I. M. 刘易斯著:《索马里史》,赵俊译,东方出版中心,2012,第 160 页。
⑦ A. Abukar, "Somalia: A Brief Country Report," p. 22, 664.

东欧社会主义国家的援助,尤其是军事援助。军政府上台一年后,就对外宣称推行"科学社会主义"发展路线,其本质意图在于引入强有力的外援,重塑非洲之角的地缘政治格局。① 1974 年,索马里与苏联签订了为期 20 年的友好条约,获得了来自苏联的军事援助。② 它还加强了与古巴和东欧国家的合作。③ 埃塞俄比亚、肯尼亚等邻国则倒向美国,以制衡索马里。美苏冷战使非洲之角成为两极对抗的战场,索马里与周边国家的关系都被纳入了全球冷战体系中。反过来,索马里也借助冷战的国际大形势,试图加速践行泛索马里主义的理念。④ 可以说,巴雷军政府巧妙地利用美苏对抗,将建立大索马里国家的目标嫁接到共产主义革命的使命中去,并赋予泛索马里主义以新时期的内部合法性与外部正义性。⑤

1977—1978 年的欧加登战争(Ogaden War)成为泛索马里主义借助"科学社会主义"使自身目标进入高潮的标志事件。1974 年埃塞俄比亚政治危机与欧加登地区石油资源的潜在前景,诱使巴雷军政府发动战争"收复失地",然而随着埃塞俄比亚"德格"政权(Derg)的新建并快速转向社会主义,索马里的盟友苏联、古巴都选择拉拢地区影响力更为强大的埃塞俄比亚,并派援军支援埃塞军队,这直接导致索马里的战败。⑥

于是,欧加登战争也成为泛索马里主义与"科学社会主义"分道扬镳的转折点。一方面,苏联及社会主义阵营对索马里的背弃使其失去了"革命"的外部合法性依恃,⑦ 进而瓦解了"科学社会主义"与泛索马里主义之间的内在逻辑关系建构。另一方面,由于早期对"科学社会主义"的宣传,使索马里在这场战争中无法赢得欧美国家的同情与支持,欧美各国普遍使用"夺取""占领"等负面词汇来定位索马里的行动,"科学社会主义"甚至成为实现泛索马里主义的一个"负资产"。⑧

三、本土氏族与宗教思潮影响下的泛索马里主义

脱胎于西方民族主义思潮的泛索马里主义,因一味追求与外部世界的话语协调,因而脱离了索马里及非洲之角的实际情况,这也正是泛索马里主义与外部观念冲突的根源。1978 年以来,泛索马里主义开始从本土氏族、宗教文化传统中寻求突破与发展。

第一阶段,1978—1991 年,泛索马里主义回归到氏族主义层面,重新建构自身的理念与实践基础,并以巴雷军政府为斗争对象,试图通过推翻其统治来推进泛索马里主义。

巴雷军政府在欧加登战争中的失败,导致其加紧了对内控制,泛索马里主义逐渐被政权"冷藏"起来。为了维持统治,政府不再空谈统一的"索马里民族",转而依赖巴雷所在氏

---

① Abdi Sheik – Abdi, "Somali Nationalism: Its Origins and Future," p. 664.
② Gary D. Payton, "The Somali Coup of 1969: The Case for Soviet Complicity," *The Journal of Modern African Studies*, vol. 18, no. 3, 1980, p. 494.
③ Ahmed I. Samatar, "Self – Reliance Betrayed: Somali Foreign Policy, 1969—1980," *Canadian Journal of African Studies*, vol. 21, no. 2, 1987, pp. 211 – 212.
④ A. Abukar, "Somalia: A Brief Country Report", p. 22, 664.
⑤ A. A. 马兹鲁伊主编:《非洲通史(第八卷):1935 年以后的非洲》,屠尔康等译,中国对外翻译出版公司,2003,第 588 页。
⑥ 文安立著:《全球冷战:美苏对第三世界的干涉与当代世界的形成》,牛可等译,世界图书出版公司,2013 年,第 282 页。
⑦ Bruce D. Porter, *The USSR in Third World Conflict: Soviet Arms and Diplomacy in Local Wars*, 1945—1980, Cambridge: Cambridge University Press, 1984, p. 200.
⑧ I. M. 刘易斯著:《索马里史》,赵俊译,东方出版中心,2012,第 223 页。

族——马雷汉氏族（Marehan clan）——的支持，其统治策略也越来越趋于对国内索马里各氏族的"分而治之"。① 这种"氏族主义"看不到作为整体的"索马里人"，而只关注与自己有直接血缘关系的社群利益，它的发展严重破坏了索马里人的团结。另外，为了稳固政权，巴雷主动寻求与周边国家关系的缓和，特别是在1988年与门格斯图（Mengistu）签署的协议，标志着巴雷无论在理念上还是在实际行动中均已放弃了泛索马里主义。② 因而可以说，自欧加登战争结束以来，巴雷军政府不仅不再是泛索马里主义的代言人，反而走向其对立面。③

以此为标志，泛索马里主义中的氏族差异被放大，统一的理念被削弱。此后一段时期，一些索马里氏族领袖立足于本氏族层面，从最底层夯实泛索马里主义的基础。泛索马里主义本身就是西方民族主义思潮影响下的产物，从1948—1978年，它30年的发展也基本上是依托于西方的组织或制度形式。这种从思想到实践的"舶来型特征"是导致其根基不稳，无法切实推进的根源。索马里的现实是，氏族传统根深蒂固，民族国家尚未确立。面对这种国情，如何将泛索马里主义与索马里各氏族的具体情况相结合，探索理念的有效形式，成为1978年以来索马里人思考的问题。对泛索马里主义而言，这也是其"本土化"转型的一个重要开端，即将泛索马里主义与氏族现实充分结合。

在实践上，这一时期的泛索马里主义的主要敌人是"背叛理想"的巴雷军政府，在推翻该政府的行动中，各氏族间加强了联系与整合。1978年欧加登战争宣告失败，出身于米朱提因氏族（Majerteyn clan）的军人就发动了推翻巴雷的政变。④ 尽管这次政变以失败而告终，但此后氏族武装纷纷兴起。1979年，在阿卜杜拉希·优素福·艾哈迈德（Abdullahi Yusuf Ahamad）组织下，"索马里救国阵线"（Somali Salvation Front）成立，成为第一个对抗巴雷军政府的氏族武装。⑤ 此后，"索马里民族运动"（Somali National Movement）等反政府武装相继建立。为了尽早推翻巴雷军政府，各氏族武装进一步联合；并于1981年合并形成了"索马里救国民主阵线"（Somali Salvation Democratic Front）。⑥ 1990年，氏族武装进一步结成统一战线，并于1991年推翻巴雷军政府。⑦

尽管这一时期泛索马里主义推翻巴雷政权的目标得以实现，但以氏族为起点的理念与实践整合却在发展过程中"变质"了。氏族武装联盟在消灭了共同的敌人后，彻底分崩离析，索马里也进入了割据与内战时期。究其原因，氏族的保守性、孤立性、分散性不足以"升华"到泛索马里主义；不仅如此，氏族主义与泛索马里主义在根本理念目标上都是对立的，

---

① John L. Hirsch and Robert B. Oakley, *Somalia and Operation Restore Hope: Reflections on Peacemaking and Peacekeeping*, Washington D. C.: United States Institute of Peace, 1995, p. 9.

② Marco Zoppi, "Greater Somalia, the Never-ending Dream? Contested Somali Borders: the Power of Tradition vs the Tradition of Power," Journal of African History, Politics and Society, vol. 1, no. 1, p. 56.

③ Samuel M. Makinda, *Seeking Peace from Chaos: Humanitarian Intervention in Somalia*, London: Lynne Rienner Publishers, 1993, p. 21.

④ Marco Zoppi, "Greater Somalia, the Never-ending Dream? Contested Somali Borders: the Power of Tradition vs the Tradition of Power," p. 56.

⑤ Harry Ododa, "Somalia's Domestic Politics and Foreign Relations since the Ogaden War of 1977-78," *Middle Eastern Studies*, vol. 21, no. 3, 1985, p. 286.

⑥ Harry Ododa, "Somalia's Domestic Politics and Foreign Relations since the Ogaden War of 1977-78," *Middle Eastern Studies*, vol. 21, no. 3, 1985, p. 286.

⑦ Mark Bradbury, *Becoming Somaliland*, Cumbria: Long House Publishing Service, 2008, p. 46.

前者以本氏族利益为旨归,后者则要超越这种狭隘的利益。

第二阶段,1991—2012 年,泛索马里主义借助伊斯兰主义的力量,试图以共同的宗教调和各氏族间的差异,通过常规武装斗争消除索马里人的内在分裂。

巴雷军政府被推翻后,氏族武装间的冲突使索马里国家陷入分裂。1991 年,前英属索马里兰地区宣布"独立",从索马里国家中分离出去。而前意属索马里地区则陷入了武装割据与纷争的局面之中,沦为各氏族争权夺利的"角斗场"。① 事实证明,以氏族为基础的泛索马里主义不仅不能推动索马里人的团结,反而因强化了各自的差异性而诱发更激烈的内部冲突,民众也陷入长期的内战无法解脱。在西方理念与氏族主义都失灵的情况下,伊斯兰主义作为索马里人长期以来信奉的宗教准则,逐渐在政治上发挥了举足轻重的作用。在巴雷时期,政府曾大力压制伊斯兰主义思潮,政府发展导向是世俗性的。随着中央政府的瓦解,伊斯兰主义失去了制衡的力量,开始日益活跃。② 内战的长期性与残酷性,更使得大量民众寻求宗教的慰藉,不少人则试图从伊斯兰教中寻求拯救国家的出路。

所谓伊斯兰主义,突出表现为伊斯兰的政治化与政治的伊斯兰化,它一方面是政府自上而下地颁行伊斯兰教法、实现社会伊斯兰化、反对西方化和世俗化;另一方面则是宗教政治反对派要求政府恢复和实施伊斯兰化,并以合法或非法、暴力或非暴力的方式向政府发难。③ 伊斯兰主义解构了现代民族国家的合法性基础,并将"真主主权"作为新的政教合一国家的存在前提,④ 这正为泛索马里主义打破非洲之角现有国界提供了理论根据。因而,伊斯兰主义并不是一般意义上民族主义的对立物,而成为索马里跨界民族主义的新载体。⑤ 在这一时期,索马里的伊斯兰主义者试图通过宗教为泛索马里主义赋予新的活力——既是本土民众的共同信仰,也是消除目前各种弊端的"良方"。事实上,随着 20 世纪 80 年代末 90 年代初苏东剧变,非洲之角的地缘战略重要性也随之下降,特别是在 1993 年美国干预索马里内战失败后,索马里迅速成为一个被全世界"遗忘的地方"。⑥ 除了伊斯兰主义这一思想资源外,泛索马里主义也没有其他资源可资利用。因而,这一时期泛索马里主义与伊斯兰主义紧密结合起来,试图利用伊斯兰教在全体索马里人中的影响,填补此前世俗性泛索马里主义留下的思想真空,重新整合分崩离析的国家。

内战期间,一批宗教武装涌现出来。它们要么以氏族武装为"母体",实现对氏族武装的"跨氏族改造",要么独立于氏族武装之外,另建新的组织。随着氏族武装的局限性暴露无遗,伊斯兰慈善团体、宗教法院与武装组织开始取而代之,成为索马里各氏族民众依靠的对象。⑦ 在伊斯兰教旗帜下,索马里人中间兴起一股新的、宗教性的整合力,为泛索马里主义的发展注入新动力。其中,1992 年建立的西索马里伊斯兰联盟(al - Itihaad al - Islamiya)试图通过武装斗争建立一个以伊斯兰教为基础的统一索马里国家,进而兼并埃塞俄比亚的欧

---

① 樊小红:《索马里伊斯兰激进组织初探》,《西亚非洲》2010 年第 10 期,第 38 页。
② Hussein Ahmed, "Reflections on Historical and Contemporary Islam in Ethiopia and Somalia: A Comparative and Contrastive Overview," *Journal of Ethiopian Studies*, vol. 40, no. 1/2, 2007, p. 270.
③ 刘中民:《关于伊斯兰复兴运动概念、术语和类型研究的若干讨论》,《宁夏社会科学》2003 年第 3 期,第 70 - 72 页。
④ 刘中民:《中东民族国家建构中的民族主义与伊斯兰教》,《国际观察》2008 年第 5 期,第 40 - 41 页。
⑤ 李福泉:《索马里政治伊斯兰的演进与特点》,《国际论坛》2012 年第 6 期,第 74 页。
⑥ A. Abukar, *Somalia: A Brief Country Report*, p. 26.
⑦ 涂龙德、周华:《伊斯兰激进组织》,时事出版社,2010,第 378 页。

加登地区。① 以 1994 年的北摩加迪沙法院与 1996 年的贝莱德文（Beled Weyne）法院为基础，1999 年组建了超越氏族界限、以宗教为号召、以建立"大索马里伊斯兰国"为最终目标的"伊斯兰法院联盟"（The Islamic Courts Union）。② 以其组建为标志，泛索马里主义与伊斯兰主义正式结合起来了。

"法院联盟"建立后，通过常规战争击败各地氏族武装。2006 年 6 月它完全控制了摩加迪沙，随后将势力扩张到乔哈尔（Jowhar）、基斯马尤（Kismayo）、贝莱德文（Beledweyne）和奥比亚（Obbia）等地。③ 当年年底，"法院联盟"就已控制了邦特兰（Puntland）以南几乎全部索马里的土地。④ "法院联盟"的攻势对周边国家构成了威胁，2006 年埃塞俄比亚最终出兵干预，击溃了"法院联盟"。⑤ 作为其后继者的"青年党"（Al - Shabaab）也曾一度以复制常规战争的方式整合索马里全国。它从 2008 年 8 月夺取基斯马尤开始，到 2009 年 1 月就基本重新控制了邦特兰以南的全部索马里土地，并攻占索马里过渡政府（Transitional National Government）所在地拜多阿（Baidoa）。然而，埃塞俄比亚与肯尼亚的新一轮外部干涉再次压缩了"青年党"的势力范围。⑥

以 2012 年 9 月"青年党"最后一个据点和财源地基斯马尤的失陷为标志，通过泛索马里主义与伊斯兰主义的结合、以常规战争整合国家的努力彻底失败了。其根本原因在于这种宗教与政治的结合所带来的冲击引发邻国的警惕与干涉，而在常规战斗中双方力量对比的失衡从一开始就决定了泛索马里主义的失败。

第三阶段，2012 年以来，泛索马里主义与恐怖主义相关联，试图以非常规恐怖袭击为手段达成所谓"大索马里伊斯兰国"的目标。

"法院联盟"与"青年党"常规战争的相继失败，表明了在力量对比失衡的前提下，只能选择非常规手段实现既定目标，伊斯兰主义的号召力、影响力也只能通过恐怖袭击表现出来。尽管此后一段时期，泛索马里主义仍与伊斯兰主义结合，但随着手段的变化，伊斯兰主义也发生了"变质"。当恐怖袭击成为泛索马里主义实现目标最主要的手段时，伊斯兰主义的外壳中包裹着的就是极端主义的内核了。⑦

"青年党"首领戈达内（Ahmed Abdi Godane）早在 2009 年就宣誓向"基地"组织领导人本·拉登（Bin Laden）效忠，2012 年 2 月，"基地"组织则正式认可了"青年党"的加入，后者成为"基地"组织在非洲之角的最大分支。⑧ "青年党"逐步加强了对"圣战"的宣扬力度，试图将泛索马里主义的目标整合进"全球圣战"的宏大叙事体系中。⑨ 在人员构成上，外籍成员也逐渐成为"青年党"的重要构成，除了一部分外籍索马里裔成员以外，

---

① Alex de Waal, *Islamism and Its Enemies in the Horn of Africa*, London: Hurst & Company, 2004, p. 125.
② Lara Santoro, "Islamic Clerics Combat Lawlessness in Somalia," *The Christian Science Monitor*, July 13, 1999.
③ Angel Rabasa, *Radical Islam in East Africa*, Santa Monica: RAND Corporation, 2009, p. 62.
④ Katerina Rudincová, *Islamic Movements in Somalia: Global or Local Jihad?*, Ostrava: University of Ostrava, 2011, p. 274.
⑤ Edmund Sanders and Abukar Albadri, "Somalian Troops Take Their Capital," *Los Angeles Times*, December 29, 2006.
⑥ 王涛、秦名连：《索马里青年党的发展及影响》，《西亚非洲》2013 年第 4 期，第 80 - 83 页。
⑦ 王涛：《索马里青年党的意识形态与身份塑造》，《世界民族》2017 年第 3 期。
⑧ 蒋安全：《索马里"青年党"宣布加入"基地"组织》，《人民日报》2012 年 2 月 12 日，第 3 版。
⑨ 王涛、宁彧：《萨拉菲主义的多维透视——兼论萨拉菲主义与恐怖主义的关系》，《俄罗斯东欧中亚研究》2018 年第 1 期。

其他成员主要来自巴基斯坦、孟加拉国、阿富汗、也门、苏丹、沙特阿拉伯甚至美国。这些人怀抱"全球圣战"的理想加入"青年党",在一定程度上消解了泛索马里主义的影响。①在行动方式上,此前"青年党"以传统战争手段为主,外籍战士的加入将多种恐怖袭击形式,如远程爆炸、自杀袭击、暗杀等都带进"青年党",并成为此后"青年党"的主要行动方式。② 在战斗范围上,扩展到了周边国家,尤其是加强了对肯尼亚的袭击。其中最恶劣的事件有:2013 年 9 月,袭击内罗毕西门购物中心(Westgate Mall),导致 60 多人丧生;③ 2014 年底,"青年党"在肯尼亚东北部曼德拉郡(Mandera)先后对公交车和采石场发动袭击,60 余人丧生;2015 年 4 月,袭击肯尼亚加里萨大学学院(Garissa University College),140 多人丧生。④ 在行动目标上,青年党的短期目标是将索马里境内的外国军队全部驱逐,并"净化"国内受非伊斯兰思想影响的"世俗化地区";中期目标是暴力推翻索马里过渡政府,并建立大索马里伊斯兰政权;长期目标是团结全世界穆斯林,构建一个统一的全球性伊斯兰"哈里发"政权。⑤ 泛索马里主义成为"全球圣战"的一个阶段,它在向"全球圣战"借势的同时,自身也被恐怖主义意识形态所整合、消解了。2015 年以来,随着"伊斯兰国"在非洲之角建立了索马里省分支,泛索马里主义与恐怖主义合流,并逐渐被后者影响、操控的趋势更加明显。⑥

未来,泛索马里主义将走向何方?2012 年 9 月索马里联邦政府成立后,其生存要依赖国际社会的支持,它也必须遵守国际法的相关准则,而对现有国家边界的认可是重要一环。加之联邦政府对索马里全境的管控力持续低下,因而它恐怕不可能在短期内举起泛索马里主义的旗帜。作为一种深入人心的意识形态,泛索马里主义在未来只能继续依附于恐怖主义组织"青年党",并被后者所"异化"。从前景上看,泛索马里主义几无实现的可能,而长期的冲突、恐怖袭击则会令民众更关注安稳的生活,泛索马里主义的未来影响也有可能会被削弱。

结 论

通过对泛索马里主义渊源、流变的阐述,笔者初步得出以下几点基本看法:

第一,从历史的视角看,泛索马里主义是一个内涵相对固定,而外延不断演变的跨界民族主义意识形态。无论什么时期,泛索马里主义都追求建立统一的大索马里国家。但不同时期实现这一目标的路径、手段、方式都是极为不同的,既可能是世俗性的,也可能是宗教性

---

① Hussein Solomon, "Somalia's Al Shabaab: Clans vs Islamist Nationalism," *South African Journal of International Affairs*, vol. 21, no. 3, 2014, p. 360.
② Daniel E. Agbiboa, "Al - Shabab, the Global Jihad, and Terrorism without Borders," *Aljazeera*, September 24, 2013.
③ Daniel E. Agbiboa, "Terrorism without Borders: Somalia's Al - Shabaab and the Global Jihad Network," *Journal of Terrorism*, vol. 5, no. 1, 2014, p. 27.
④ 丁小溪:《肯尼亚遭遇恐怖主义之痛》,《参考消息》2015 年 4 月 6 日,第 11 版。
⑤ 王涛、秦名连:《索马里青年党的发展及影响》,第 79 页。
⑥ 前青年党骨干阿卜杜勒·穆明(Abdulqadir Mumin)于 2015 年转而效忠"伊斯兰国"。另一个前青年党成员穆罕默德·阿卜迪·阿里(Mohamed Abdi Ali)又组织领导了"索马里、肯尼亚、坦桑尼亚和乌干达'伊斯兰国'"(Islamic State in Somalia, Kenya, Tanzania, and Uganda,也被称为"东非贾巴"Jahba East Africa),也于 2016 年 9 月向"伊斯兰国"宣誓效忠。参见刘中民、赵跃晨《"伊斯兰国"在撒哈拉以南非洲地区的渗透及其影响因素分析》,《国际展望》2018 年第 2 期。

的。斗争对象也千差万别，从西方殖民主义者，到周边邻国，再到"圣战者"眼中的世俗政权，并无一确定的对象。

第二，泛索马里主义这种非同质化特征，决定了它不能简单等同于民族主义。一般而言，民族主义的主要功能在于加强对本民族起源与生活场域的历史认同，表达民族的集体身份并以此为基础证明国家政权的合法性，提供维系本民族价值体系的文化符号系统。① 在完成反殖民主义斗争的历史任务后，它的主要意义就集中在建设方面。而在不同地域索马里人的生活轨迹已发生显著分化的情况下，泛索马里主义完全不顾历史进程的不可逆性，拒绝对其他族群历史、现实权利的认可与接纳，试图以完全排他性的手段，彰显本民族"至高无上的利益"，从而导致对民族国家范式的误读，以及对民族自决权的滥用。② 因而，泛索马里主义产生的主要影响是破坏性的。笔者认为，泛索马里主义既带有民族主义的表征，但本质上却是反民族主义的文化沙文主义（以某种"文化符号"为依据，③ 扩大化地构建本族群的历史，从而演变为对一种文化观念的认同）。

第三，正是这种文化沙文主义的特征，使得泛索马里主义在当代与恐怖主义产生了某种联系。二者的这种联系是确实的，从恐怖主义组织青年党致力于建立"大索马里伊斯兰国"的目标中就能看出来。对于这种联系，尽管周边一些国家持"等同说"的论调，但通过本文分析可以看出，二者仅是一种相互借势、各取所需的关系，而不是谁包含谁、谁属于谁、谁等同谁的问题。随着全球恐怖主义的泛滥，泛索马里主义已有被恐怖主义日益裹挟、不断"异化"的趋势，但不应将泛索马里主义与恐怖主义等同起来。其中，最根本的原因就在于前者的诉求有其历史的合理性因素。索马里周边国家境内确实分布着大量索马里人，他们与索马里国家有着语言、习俗乃至文化、信仰上的联系。只要承认这些邻国索马里人的身份，泛索马里主义就不仅是"想象的共同体"。

第四，在承认泛索马里主义历史的合理性因素的同时，更要看到，这种合理性只是文化合理性，而非政治合理性。从政治上讲，现代索马里的边界是殖民瓜分的产物，泛索马里主义也是殖民主义遗留下的问题，因而，殖民主义才是问题的根源。但随着非洲国家的独立，特别是非洲统一组织（Organisation of African Unity）确定了"边界不可变更"的原则后，殖民瓜分的边界作为一项"遗产"被非洲独立国家所接受。无论这项原则有多少漏洞，但它至少有效阻止了因边界纠纷而可能诱发的一系列边界战争。一旦允许所有居住着索马里人的土地全都归到索马里国家，那将会刺激非洲其他跨界族群都采取同样的处理方式，非洲国家将因为边界纠纷永无宁日，这恐怕才是最大的灾难。正是基于此，本文的最终结论是，泛索马里主义的诉求是不切实际的"空想"，它只有与恐怖主义相结合，才能在当代释放出一点影响，但最终必将是徒劳的。可行的出路则是，将泛索马里主义改造为局限于索马里国境内的、有限度的"索马里国族主义"，在整合现有国家方面发挥其积极的作用。

---

① E. Hobsbawn and T. Ranger (eds.), *The Invention of Tradition*, Cambridge: Cambridge University Press, 1983.
② 郝时远：《民族分裂主义与恐怖主义》，《民族研究》2002年第1期，第7页。
③ 在非洲之角地区，"索马里语"就成为一种认同的文化符号。但事实上，并非所有索马里人都讲索马里语，而讲索马里语的人也不一定就是索马里人。

几内亚湾海盗问题及其治理

曹峰毓

【摘 要】 几内亚湾海盗已成为该地区面临的严重非传统安全威胁。其活动频率居高不下,作案手法日益专业化,目标选择渐趋多元,活动范围不断扩大,组织结构日趋复杂。究其原因,几内亚湾海盗问题是该地区社会经济发展困境、政府政策失当、族群对立、安全局势恶化与政府海洋治理能力不足的产物。这种特殊的背景使得海盗同时具有反政府武装、犯罪组织与地方社区建设参与者三重身份。几内亚湾海盗的猖獗给国际航运业带来巨大损失,损害了区域内各国的经济、社会发展,使地区内国际关系复杂化,并冲击了全球能源市场。面对几内亚湾海盗的威胁,区内国家与国际社会采取了一系列的应对措施,但目前取得的成效有限。与尼日尔河三角洲陆地反政府武装相比,几内亚湾海盗由于活动空间宽泛,防治难度更大;与索马里海盗相比,几内亚湾海盗问题呈现出因周边国家与国际社会合作失调而治理成效欠佳的结果。

【关键词】 海盗;几内亚湾;尼日利亚;尼日尔河三角洲

2008 年以来,随着联合国先后发布一系列决议,授权对索马里海盗采取打击行动,非洲附近海域的非传统安全问题随即得到了国际社会的广泛关注。在国际社会的共同治理下,索马里海盗袭击数量从 2012 年开始大幅下降。至 2013 年,几内亚湾已超过索马里周边海域成为非洲第一、世界第二的海盗犯罪高发区。[①] 时至今日,几内亚湾海盗不仅影响了中国与相关国家的海上贸易,而且对中国公民的人身安全造成了严重影响。2012 年 2 月,中国台湾地区的"天维号"散货船在尼日利亚拉各斯港(Lagos)外海遭海盗袭击,大陆船长和台湾籍轮机长在反抗过程中遭海盗开枪杀害。[②] 2015 年,中国籍渔船"鲁荣远渔 917 号"在加纳海域遭海盗袭击,其中 4 人被海盗劫持长达 5 天之久。[③] 基于上述严峻形势,本文试图以几内亚湾海盗为研究对象,阐释其特点、成因、产生的危害及国际社会的应对。

几内亚湾海盗问题的现状

几内亚湾海盗并不是近几年出现的,早在 16 世纪该地区海盗活动就曾十分活跃。在 17 世纪,为保障海上贸易的顺利进行,英国等海上强国不得不对该地区的海盗开展军事打击。

---

① IMB, *IMB Piracy and Armed Robbery Against Ships: Annual Report* 2015, London: ICC International Maritime Bureau, 2016, p. 5.
② 刘子玮:《几内亚湾海盗问题研究》,《亚非纵横》2013 年第 2 期,第 49 页。
③ "Piracy and Robbery against Ships in the Gulf of Guinea: 2015," OBP, January 02, 2017, http://oceansbeyondpiracy.org/reports/sop2015/west-africa#menu1.

最终随着几内亚湾沿海地区相继沦为西方殖民地，该地区的海盗活动在19世纪后一度被有效压制。① 20世纪60年代，几内亚湾海盗活动再度兴起。这一时期，几内亚湾沿岸国家相继取得独立并实现经济发展，以拉各斯等港口为活动中心的小型海盗组织开始频繁对周围海域运载建筑材料或其他货物的商船发动袭击。随后，这类海盗组织的规模日益扩大，组织程度不断增强。② 至1983年，几内亚湾发生的海盗袭击案件占到全球海盗发案总数的63%。③ 然而，随着地区经济在20世纪80年代因世界性经济危机而走向衰落，该地区海盗袭击事件也随着航运量的减少而下降。④ 进入21世纪以来，几内亚湾的海盗活动进入新一轮的高发期，呈现以下特点：

(一) 几内亚湾海盗犯罪案件数量居高不下

20世纪90年代中后期，几内亚湾地区发现新油田。随着几内亚湾石油工业的日益繁荣与尼日尔河三角洲地区安全环境的逐渐恶化，该地区的海盗犯罪死灰复燃。当时，由于作案规模较小（一般盗窃财物价值不过1万美元），加之很少发生大规模正面冲突，该地区的海盗活动几乎不为外界所关注。值得注意的是，海盗袭击案件在2007年呈现"井喷式"增加态势。由此，几内亚湾的海盗问题开始作为严重的海上非传统安全问题引起广泛关注。2011年，因海盗袭击事件频发，几内亚湾部分地区被列为"高风险海域"。⑤ 至2013年，几内亚湾已超过索马里周边海域而成为非洲海盗犯罪最为高发的地区。如表1所示，据不完全统计，2011—2015年间，几内亚湾海盗袭击案件每年发生30—70件。

表1 近年几内亚湾与索马里周边海域海盗袭击案件

单位：件

	2011年	2012年	2013年	2014年	2015年
几内亚湾	53	62	52	41	31
索马里周边海域	237	75	15	11	0

说明：国际海事局认为几内亚湾发生的实际海盗袭击的数量可能比官方统计数据高两倍。参见 Adjoa Anyimadu, *Maritime Security in the Gulf of Guinea: Lessons Learned from the Indian Ocean*, (London: Chatham House, 2013), p. 10.

资料来源：*IMB Piracy and Armed Robbery Against Ships: Annual Report* 2015 (London: ICC International Maritime Bureau, 2016), p. 5.

目前，估计几内亚湾地区的海盗分子共有约1250人，主要盘踞在尼日尔河三角洲地

---

① Samuel Oyewole, "Suppressing Maritime Piracy in the Gulf of Guinea: The Prospects and Challenges of the Regional Players," *Australian Journal of Maritime & Ocean Affairs*, Vol. 8, No. 2, 2016, p. 135.
② Jamie Charlebois, *Pirate Economics: The Economic Causes and Consequences of Contemporary Maritime Piracy in Sub-Saharan Africa*, Halifax: Dalhousie University, 2012, p. 24.
③ Samuel Oyewole, op. cit., p. 135.
④ Jamie Charlebois, op. cit., p. 24.
⑤ Jimmie E. Sullivan, *Maritime Piracy in the Gulf of Guinea, Regional Challenges and Solutions*, Newport: Naval War College, 2012, p. 4.

区,① 且呈现出活动范围不断扩大的趋势。我们通过梳理历史就会发现,最初几内亚湾的海盗袭击大多集中在拉各斯港等近海地区,影响基本局限于尼日利亚海域。② 后来,几内亚湾海盗逐渐将袭击范围扩大至贝宁、喀麦隆等国沿海地区。当下,几内亚湾所有国家的海上目标均有遭受海盗袭击的可能。

(二) 尼日尔河三角洲反政府武装人员与海盗相互勾结与借力

起初,海盗团伙多为临时拼凑而成,成员以尼日利亚闲杂人员为主。随着20世纪90年代几内亚湾地区油气勘探取得突破性进展,在该地区石油经济日趋活跃的同时,三角洲地区的经济发展机会却没有得到相应增加,环境问题日益严峻,这些都引发了民众的普遍不满,而政府在处置上的不当举措则进一步激化了矛盾。在1990年和1998年该地区先后出现了"奥贡尼人生存运动"(Movement for the Survival of the Ogoni People)和"伊乔青年会议"(Ijaw Youth Council)等组织,它们试图通过和平抗议的手段争取尼日尔河三角洲地区应得的石油权益。③ 在上述运动被尼联邦政府武力镇压后,该地区民众决定诉诸武力,并自2004年以来先后成立了"尼日尔三角洲人民志愿军"(Niger Delta People's Volunteer Force)、"尼日尔三角洲解放运动"(Movement for the Emancipation of the Niger Delta)等反政府武装。随着当地各类反政府武装的兴起,有着相似缘起背景的几内亚湾海盗也随即与部分反政府武装相聚合。于是,海盗组织将他们发动的袭击也看成是尼日尔河三角洲抵抗运动的一部分。尽管表面声称其针对油轮与海上石油设施的袭击活动是为了向尼日利亚联邦政府施加政治压力,目的是迫使政府改变现有的石油政策,而非获取经济利益,④ 似乎几内亚湾海盗活动也因此具有了一定的政治因素。但从其实际活动主体内容来看,海盗与反政府武装力量的结合,更多是出于海盗壮大人员力量的考虑。

(三) 追求经济利益为海盗主要犯罪目标

几内亚湾海盗致力于经济收益最大化。⑤ 最初,几内亚湾海盗主要将渔船和杂货船上的货物作为劫掠目标。海盗针对尼日利亚本国渔船的攻击从2003年的4起逐渐上升至2007年的108起,对该国捕鱼业造成了毁灭性打击。⑥ 随着尼日尔河三角洲地区石油盗窃犯罪的日益泛滥与该地区石油黑市的繁荣,石油这一在当地生活中并无直接用途的商品开始展现出巨大的经济价值。于是,海盗积极配合尼日尔河三角洲地区的反政府武装对海上石油设施发动袭击,成为后者开辟海洋这一"第二战场"的重要力量,以彰显自身"为尼日尔河三角洲解放事业而奋斗"的精神。据统计,在2004—2010年间,海盗针对尼日利亚海上油气设施

---

① Freedom C. Onuoha, "Oil Piracy in the Gulf of Guinea," *Conflict Trends*, No. 2, 2012, p. 31.
② Cyril Prinsloo, *African Pirates in the 21st Century: A Comparative Analysis of Maritime Piracy in Somalia and Nigeria*, Stellenbosch: Stellenbosch University, 2012, p. 63.
③ Kathryn Nwajiaku-Dahou, "The Political Economy of Oil and Rebellion in Nigeria's Niger Delta," *Review of African Political Economy*, Vol. 39, No. 132, 2012, p. 302.
④ Cyril Prinsloo, op. cit., pp. 60 – 63.
⑤ Jamie Charlebois, op. cit., p. 35.
⑥ Ibid., pp. 30 – 31.

的袭击至少有 29 次。① 其中海盗在 2008 年 6 月长途奔袭 120 公里，攻击了壳牌公司位于尼日利亚附近海域的 "邦加"（Bonga）浮式生产储油卸油装置（FPSO）。此次袭击使尼日利亚每天减产石油 22.5 万桶，跌至 25 年来最低点。② 相关研究表明，海盗分子甚至还会对三角洲地区的部分河流进行定期巡逻，从而阻止国际石油公司利用相关河道运输石油。③

在袭击海上油气设施的同时，海盗还将抢劫油轮上的石油产品作为主要袭击目标。④ 2014 年，以油轮为目标的海盗袭击案件占总量的一半以上。然而，2014 年末国际油价的大幅下跌极大地减少了此类活动的利润。海盗团伙则再次改变作案手段，开始效仿索马里海盗，广泛从事针对船员的绑架活动。相较于 2014 年，2015 年几内亚湾地区油轮被劫案件下降了 80%，而绑架船员事件则上升了 36.4%。由此看来，后者已成为目前海盗袭击的最主要形式。⑤ 在绑架行动中，海盗最初曾将目标对准在石油公司工作的外籍员工，释放人质的条件也多为政治性的；而如今，越来越多与石油业毫无关系的人员成为绑架案的受害者，获取赎金也变为劫持人质的主要目的。

因此，无论是海上劫掠，还是袭击海上油气设施，抑或绑架人质，海盗均把获取经济利益作为其主要活动目标。正基于此，几内亚湾海盗愿意与任何能给他们带来经济收益的团体合作，而并不在乎彼此之间是否具有共同的政治利益。为了在他国水域实施海盗袭击，他们有时甚至会吸纳贝宁等邻国居民进入组织。⑥

（四）海盗行动能力与组织水平日渐提高

几内亚湾海盗的作案手法日益专业化。在最初的袭击中，在港口或锚地进行盗窃是几内亚湾海盗的主要犯罪形式。海盗乘坐普通快艇或渔船登上目标船只，尽可能偷走船上的值钱物品，具体手法与一般的入室盗窃相比并无二致。参与此类袭击的人员大多不是职业海盗，所使用的工具也不是为海盗袭击而专门打造。截至 2005 年，2/3 的海盗袭击案件均属于此类。⑦ 不过，此后海盗的专业化程度迅速提升。2006 年，海盗开始针对海上正在航行中的船只发动攻击。⑧ 2011 年，海盗开始有能力操纵大型船只，这使其可以驾驶受害船只尽可能远离袭击地点以躲避可能的营救行动。⑨ 在 2012 年左右，几内亚湾海盗团伙引进了类似于索

---

① Mikhail Kashubsky, "A Chronology of Attacks on and Unlawful Interference with, Offshore Oil and Gas Installations, 1975—2010," *Perspectives on Terrorism*, Vol. 5, No. 5 – 6, 2011, pp. 141 – 159.

② Fidelis A. E. Paki and Kimiebi Imomotimi Ebienfa, "Militant Oil Agitations in Nigeria's Niger Delta and the Economy," *International Journal of Humanities and Social Science*, Vol. 1, No. 5, 2011, p. 142

③ Cyril Prinsloo, op. cit., pp. 60 – 63.

④ UNODC, *Transnational Organized Crime in West Africa: A Threat Assessment*, Vienna: United Nations Office on Drugs and Crime, 2013, p. 45.

⑤ "Piracy and Robbery against Ships in the Gulf of Guinea: 2015," OBP. March 07, 2017, http://oceansbeyondpiracy.org/reports/sop2015/west – africa#menu1.

⑥ UNODC, op. cit., p. 50.

⑦ Ali Kamaldeen, *Maritime Security Cooperation in the Gulf Of Guinea: Prospects and Challenges*, New South Wales: University of Wollongong, 2014, p. 179.

⑧ Ibid., p. 169.

⑨ GAO, *Ongoing U. S. Counterpiracy Efforts Would Benefit From Agency Assessments*, Washington, DC: United States Government Accountability Office, 2014, p. 29.

马里海盗的子母船技术,① 海盗的长途奔袭能力明显上升。至2012年,已有55%的海盗袭击发生在距海岸线70英里(约112065千米)以外的远海中。② 毫无疑问,这与海盗获得在远海地区发动袭击的能力密切相关。

在最初的袭击中,几内亚湾海盗团伙是临时拼凑而成的,因此呈现出单打独斗、相互竞争的特点,并没有表现出作为具有同一政治目标的反政府武装而应具备的合作精神。不同团伙间的协调行动十分鲜见,而相互拆台的事件则时有发生。例如,在绑架行动中,海盗惧怕其他海盗组织甚于政府,因为前者为了得到赎金很可能将人质劫走而自行与船主展开谈判。③ 在袭击得手后,他们也多将赃物在当地市场出售或留为己用。经过近几年的发展,几内亚湾海盗不仅与在政治上对立的尼日利亚的官僚集团建立了合作关系,寻求庇护,而且他们还建立起极为复杂的国际化犯罪网络。一些学者认为,其组织的严密程度要高于索马里海盗。在开始行动之前的计划阶段,海盗团伙会通过安插在港口、航运公司中的内线精确得知目标船只的类型、位置、所载货物;④ 在行动中,海盗团伙会与母舰驾驶员、军火供应商进行合作,确保获得必要的船只与武器装备;而在行动结束后,海盗则会通过黑市经营者、资金转移者等专业人士完成销赃、洗钱等环节。⑤ 有证据表明,几内亚湾海盗与来自俄罗斯、黎巴嫩、荷兰和法国等国的犯罪集团在融资、洗钱等环节曾开展合作。⑥

(五)海盗通过扮演"地方建设者"的角色笼络人心

尼日尔河三角洲地区经济发展落后,居民生活状况恶劣,当地民众对经济和社会发展愿望强烈,而生活在该地区的民众并不相信联邦政府真正有意愿推动尼日尔河三角洲地区的发展。在这种情况下,当地社区自然将发展的希望投向本族群中的"成功人士",而海盗作为族群中少有的拥有足够财力的团体便被寄予了推动社区发展的"厚望"。与此同时,海盗也需要得到民众的支持以便为他们从事的各类犯罪活动提供庇护。在族群政治文化与现实需求的推动下,海盗便将其不法所得中的一部分用于当地社区的建设,客观上承担了部分应由政府承担的责任。

海盗为地方社区发展投入的资金目前尚缺乏准确的统计。不过,一些学者通过对巴耶尔萨州(Bayelsa)和三角洲州(Delta)中伊乔人(Ijaw)社区的研究发现,海盗会向当地的医疗中心提供药物,为居民提供饮用水与电力供应。与此同时,他们还通过向教师支付工资、为中小学儿童缴纳学费、向大学生提供奖学金,以及赞助个人参加职业培训等手段,支持教育事业。此外,他们还向商人、企业家和工匠提供资助,促进尼日尔河三角洲地区的工

---

① Jimmie E. Sullivan, op. cit., p. 4.
② Ibid.
③ Jamie Charlebois, op. cit., pp. 30 – 31.
④ Adjoa Anyimadu, *Maritime Security in the Gulf of Guinea: Lessons Learned from the Indian Ocean*, London: Chatham House, 2013, p. 4.
⑤ MPPIWG, *Dalhousie University Marine Piracy Project Intersectoral Working Group Workshop: Summary Report*, Halifax: Dalhousie University, 2012, p. 7.
⑥ Odalonu Happy Boris, "The Upsurge of Oil Theft and Illegal Bunkering in the Niger Delta Region of Nigeria: Is There a Way Out?," *Mediterranean Journal of Social Sciences*, Vol. 6, No. 3, 2015, p. 566.

商业发展。①

综上,几内亚湾海盗现已发展为兼具反政府武装、犯罪团体与社区建设参与者三重身份的矛盾复合体。

二、几内亚湾海盗问题的成因

几内亚湾海盗的活动据点绝大多数位于尼日利亚的尼日尔河三角洲地区,尼日利亚亦是遭受海盗袭击最为频繁的国家。这些海盗的攻击方式,特别是使用的暴力方式也非常类似尼日尔河三角洲地区的各类反政府武装与犯罪团伙。因此,几内亚湾海盗问题本质上是尼日尔河三角洲的陆上危机向海洋的延伸。

(一)社会经济发展困境

尼日尔河三角洲落后的经济与社会发展水平大大降低了民众参与犯罪活动的机会成本。在石油工业兴起之前,种植业与渔业是尼日尔河三角洲地区的传统产业,当地约有60%的人口靠其维生。然而,石油业迅速发展带来的环境污染对这些产业造成沉重打击。与此同时,由于石油产业具有资本与技术密集型的特点,对资源所在地的就业拉动作用十分有限。加之尼日利亚联邦政府长期忽视尼日尔河三角洲的经济发展,该地区的失业率与贫困率长期居高不下。如表2所示,2010年尼日尔三角洲地区近1/3人口处于失业状态,2/3以上人口在国际贫困线以下艰难维生。

表2 2010年尼日尔河三角洲地区贫困状况

单位:%

地 区	失业率	贫困率
阿夸伊博姆州(Akwa Ibom)	27.7	62.8
巴耶尔萨州	27.4	57.9
克罗斯河州(Cross River)	27.9	59.7
三角洲州	27.9	70.1
埃多州(Edo)	27.9	72.5
河流州(Rivers)	27.8	79.7

资料来源:"Socioeconomic Statistics", *Nigeria Data Portal*, March 10, 2017, http://nigeria.opendataforafrica.org/iynrgrf/socioeconomic-statistics; "Nigeria Socio-Economic Indicators", *Nigeria Data Portal*, March 10, 2017, http://nigeria.opendataforafrica.org/NSEI2012Nov/nigeria-socio-economic-indicators-november-2012.

与落后的经济发展水平相伴的是社会发展的严重滞后。据统计,尼日尔河三角洲3/4地区的人类发展指标(Human Development Index)低于尼日利亚平均值。该地区各类教育与医

---

① Ibaba Samuel and Augustine Ikelegbe, "Militias, Pirates and Oil in the Niger Delta," in Wafula Okumu and Augustine Ikelegbe eds., *Militias, Rebels and Islamist Militants Human Insecurity and State Crises in Africa*, Tshwane: Institute for Security Studies, 2010, p. 242.

疗保障设施奇缺，平均每14平方千米才有一所小学，44平方千米有一所基础医疗中心。为数不多的学校与医院的运行也因缺少诸如课本、药物等最基本的物资处于半停滞状态。这导致该地区儿童5岁之前死亡率高达20%，小学毕业率不足65%。①

表3 2007年尼日尔河三角洲地区部分医疗卫生与教育数据

单位：%

可获得安全饮用水人口比例	阿夸伊博姆州	53.3	成人文盲率	阿夸伊博姆州	15.3
	巴耶尔萨州	36.6		巴耶尔萨州	18.2
	克罗斯河州	30.9		克罗斯河州	22.5
	三角洲州	65.6		三角洲州	19.0
	埃多州	60.7		埃多州	13.3
	河流州	61.0		河流州	10.4
艾滋病感染率	阿夸伊博姆州	27.8	小学毕业率	阿夸伊博姆州	68.4
	巴耶尔萨州	14.0		巴耶尔萨州	61.1
	克罗斯河州	17.5		克罗斯河州	63.2
	三角洲州	19.6		三角洲州	63.6
	埃多州	12.4		埃多州	48.3
	河流州	21.8		河流州	63.2

资料来源："Nigeria Socio – Economic Indicators"，*Nigeria Data Portal*，2016，http：//nso. nigeria. opendataforafrica. org/nqtsdag/nigeria – socio – economic – indicators – november – 2012，2017 – 03 – 10.

与尼日尔河三角洲地区民众的惨淡生活形成鲜明对比的是，该地区从事各类犯罪活动带来的利润却十分巨大。有研究表明，在尼日尔河三角洲盗窃石油的收入是公务员收入的200多倍，而非法炼油活动一天的收入就可达60美元，相当于大多数居民两个多月的生活费。②相比之下，风险较高的绑架活动利润更为可观。最终，在生活的重压以及高昂利润的诱惑下，尼日尔河三角洲地区众多青年人怀抱着"拥有豪华轿车、奢侈品与一夜暴富"的幻想，参与到了石油盗窃等各种不法勾当之中。随着犯罪组织数量与规模的不断增加与扩大，尼日尔河三角洲地区的黑色产业市场逐渐趋于"饱和"。部分组织便将目标瞄准了"竞争"相对较小的海洋。因此，尼日尔河三角洲落后的经济与社会发展水平与陆地上相对有限的资源便成为几内亚湾海盗产生的经济原因。

（二）政府政策失当

尼日利亚政府执行的石油收入分配与成本分担政策造成了尼日尔河三角洲民众的普遍不满。在独立之初，尼日利亚联邦政府沿用了英国殖民当局1914年颁布的《矿物法案》（The

---

① Paul Francis, *Deirdre LaPin and Paula Rossiasco, Securing Development and Peace in the Niger Delta：A Social and Conflict Analysis for Change*, Washington, DC：Woodrow Wilson International Center for Scholars, 2011, pp. 38 – 40.

② 约翰·伽思维尼恩：《能源战争》，伍铁、唐晓丽译，国际文化出版公司，2008，第42 – 43页。

Mineral Act）。该法案规定各类矿产资源的收益均归地方政府所有。① 然而，随着20世纪60年代末该国石油工业进入迅速发展期，出于政治整合、经济统筹等因素，1969年联邦政府出台了《石油法案》（The Petroleum Act）。该法案将所有石油资源划归联邦政府，产油地的石油收入则由联邦政府通过中央基金配发。② 此后，多届联邦政府均致力于加大对石油收入的控制，产油区获得的石油收益由1970年的45%锐减至1984年的1.5%。联邦政府虽在1992年设立了旨在帮助产油地发展的"石油矿物产区发展委员会"（OMPADEC）、"尼日尔河三角洲发展委员会"（NDDC）等部门，但由于贪污腐败与官僚作风严重，这些组织并未对尼日尔河三角洲地区的经济与社会发展起到明显的促进作用。③

在难以获得石油收益的同时，三角洲地区民众却不得不承担石油工业发展带来的一系列恶果。由于技术缺陷或人为破坏，2000年至2004年间该地区石油漏油事故约5400起，2008至2012年间2500多起。④ 据估算，清理其造成的污染需要耗费30年时间，并付出10亿美元的代价。⑤ 尤其是，尼日尔河三角洲地区的生态环境急剧恶化，当地传统的农业与渔业遭受了毁灭性打击，百姓的身体健康也受到了严重损害。⑥ 然而，尼日利亚联邦政府长期漠视该地区的环境问题。1969年颁布的《石油法案》免除了石油公司在环境保护领域的义务；1978年出台的《土地使用法令》（The Land Use Decree）则将尚未划归联邦政府的土地交由中央政府任命的州长管理，间接剥夺了地方社区与石油公司谈判并获取环境补偿的权利。⑦

尼日利亚联邦政府对尼日尔河三角洲地区民众利益的长期忽视不可避免地引起了民众的普遍不满。由于三角洲地区在尼日利亚参、众两院中的席位只占总数的24.8%与22.8%，无力左右联邦政府的能源政策走向，街头群众运动便成为该地区民众在斗争初期表达不满、维护利益的主要手段。在此过程中，三角洲民众分别在1990年和1998年成立了"奥贡尼人生存运动"和"伊乔青年会议"。前者于1993年组织了一次30万人的游行，抗议壳牌石油公司（Shell）开采油气资源所造成的环境污染。后者则发表了《卡伊马宣言》（Kaiama Declaration），要求油气公司满足当地社区的要求，并发起了一系列的集会抗议行动。不过，这些群众运动未能取得预期效果。尼日利亚联邦政府宣布"奥贡尼人生存运动"为分离主义组织，并于1994年以谋杀罪判处该组织9名领导人死刑。"伊乔全体青年会议"的集会游行也被镇压，造成数百人死伤。⑧

尼日利亚政府对和平斗争的暴力镇压使得三角洲地区的民众对政府彻底丧失了信心。此时"以暴制暴"已经成为他们维护自身利益近乎唯一的手段。他们先后组建了"尼日尔三角洲人民志愿军""尼日尔三角洲解放运动"等多支反政府武装，对该地区的石油生产设施发起有组织的破坏行动。石油公司被迫将发展重点逐渐转向海洋，以期躲避袭击。武装分子

---

① Victor Ojakorotu, *Contending Issues in the Niger Delta Crisis of Nigeria*, Delray Beach: JAPSS Press, 2009, p. 22.
② 约翰·伽思维尼恩：《能源战争》，第52页。
③ Aderoju Oyefusi, "Oil and Peacebuilding in the Niger Delta," in Devon Curtis and Gwinyayi A. Dzinesa eds., *Peacebuilding, Power, and Politics in Africa*, Athens: Ohio University Press, 2012, p. 255.
④ 朴英姬：《跨国石油公司社会责任与尼日利亚的可持续发展》，《西亚非洲》2017年第1期，第128页。
⑤ Niels Rottier, *Why Maritime Piracy Soars in the Gulf of Guinea and Plunges in Somalia*, Leiden: Leiden University, 2016, p. 25.
⑥ Rita Abrahamsen, *Conflict & Security in Africa*, Suffolk: James Currey, 2013, p. 45.
⑦ 约翰·伽思维尼恩：《能源战争》，第52页。
⑧ 王涛：《尼日利亚"油气寄生型"反政府武装探析》，《西亚非洲》2017年第3期，第147-148页。

随之在海洋开辟"第二战场",海盗袭击便成为陆上抵抗行为的延续。因此,联邦政府对三角洲民众利益的长期忽视乃至损害成为几内亚湾海盗产生的政治原因。

(三) 族群对立与安全局势恶化

尼日利亚各族群间的对立,尤其是尼日尔河三角洲地区族群间的尖锐冲突导致该地区陷入了长期的半无政府状态。在尼日利亚的政治发展中,主要族群豪萨-富拉尼人(Hausa - Fulani)、约鲁巴人(Yoruba)与伊格博人(Igbo)为争夺政治权力相互倾轧,导致历史上连绵不绝的政变与反政变。其中1967年爆发的比夫拉战争(The Biafra War)更是造成了约100万人丧生。具体到尼日尔河三角洲,该地区拥有约40个族群、约250种方言,其中的少数族群普遍对主体族群长期把持政权感到不满。① 1966年,尼日尔河三角洲地区的伊乔人因不满伊格博人对石油利益的分配政策而组织起"尼日尔三角洲志愿军"(Niger Delta Volunteer Force)与联邦政府对抗,并宣布成立独立的"尼日尔三角洲共和国"(Niger Delta Republic)。② 1990年吉迪恩·奥卡尔(Gideon Orkar)领导的军事政变也声称他们代表了中部地带和尼日尔河三角洲"边缘化的、被压迫的、受奴役的人民"的利益。此外,在几百年来,该地区各少数族群也为争夺资源而不断爆发冲突。起初是争夺奴隶与棕榈油,在独立后则转变为石油。③ 为了能使本族群在竞争中取得优势,尼日尔河三角洲地区出现了数十个族群军事组织,形成了武装割据局面。

族群间的持续对立一方面严重牵扯了联邦政府的精力,迫使其将大量资源用于调和各族群间的利益分歧,另一方面也使部分社区呈现出各自为政的局面。最终,联邦政府对尼日尔河三角洲这类偏远地区的控制仅能达到维持国家不分裂这种底线要求,甚至无法保障最低限度的稳定。据统计,尼日尔河三角洲已发生了至少120—150次极度危险的暴力冲突。④ 该地区族群间的尖锐矛盾迫使各族群用一切可能的手段获取资金,增强自身的经济、军事实力,以便在冲突中获取更多优势。这可以说是几内亚湾海盗产生的族群与社会原因。

(四) 政府海洋治理能力不足

第一,几内亚湾地区众多的海上目标与港口建设的滞后为大规模的海盗活动创造了可能。广义的几内亚湾包括北起塞内加尔,南至安哥拉的广大海域,面积超过100万平方海里。该地区地理位置优越,是开普敦至伦敦、开普敦至达喀尔、黑角至达喀尔、达喀尔至直布罗陀等国际航线重要的节点地区,且拥有拉各斯、阿比让、达喀尔、杜阿拉等200余座深水良港。⑤ 此外,几内亚湾及其沿岸还拥有着丰富的自然资源。非洲石油产量的70%、世界可可产量的75%均来自该地区。⑥ 优越的地理位置与丰富的自然资源使几内亚湾成为世界海

---

① Arild Nodland, "Guns, Oil, and 'Cake': Maritime Security in the Gulf of Guinea," in Bruce A. Elleman, Andrew Forbes, and David Rosenberg eds, *Piracy and Maritime Crime: Historical and Modern Case Studies*, Newport: Naval War College, 2010, p. 194.

② Kathryn Nwajiaku - Dahou, op. cit., p. 300.

③ J. P. Afam Ifedi and J. Ndumbe Anyu, "Blood Oil, Ethnicity, and Conflict in the Niger Delta Region of Nigeria," *Mediterranean Quarterly*, No. 4, 2011, p. 80.

④ 蒋俊:《尼日利亚国家建构进程中的少数族群问题》,《浙江社会科学》2011年第6期,第57页。

⑤ Jimmie E. Sullivan, op. cit., p. 2.

⑥ Freedom C. Onuoha, op. cit., p. 29.

运最繁忙的海域之一。据统计，该地区海上运输量高达每年 4 亿吨。① 大量的过往船只成了海盗袭击的绝佳目标。此外，随着几内亚湾地区海上石油开采活动在 21 世纪的迅速升温，沿海地区建设的大量钻井平台以及为其运输人员与补给的交通船也为海盗提供了更多袭击选择。

值得注意的是，由于途经几内亚湾的商船多是负责运输沿岸国家的进出口商品，它们无法像途经亚丁湾等高风险海域那样快速通过，反而需要减速并在港口停靠。② 由于通关效率低下，商船抵达拉各斯、科托努等港口后，往往需要等待 10 天到 1 个月甚至更长时间。而缺乏相应的安全保护则使得海盗活动变得如入室盗窃般容易。海盗乘坐普通快艇就可抢劫停泊于港内，几乎毫无抵抗之力的商船，然后轻易上岸逃走。

第二，几内亚湾国家海上治安力量的普遍薄弱与缺乏地区合作使海盗分子有了可乘之机。几内亚湾很多国家在陆地上均面临着严重的安全挑战。其中，尼日利亚南部三角洲地区存在尼日尔三角洲抵抗运动等反政府武装，北部的宗教反政府势力也十分猖獗；喀麦隆在巴卡西半岛（Bakassi）面临着分离组织"巴卡西独立运动"（Bakassi Movement for Self-Determination）带来的安全挑战；③ 而安哥拉的卡宾达地区（Cabinda）则自该国独立以来便表现出强烈的分离倾向。国内严峻的安全形势使这些国家无暇顾及海上力量的建设。目前，该地区规模最大的尼日利亚海军只有 8000 人，主要装备仅有两艘护卫舰与 5 艘海岸巡逻艇，而其他国家的海军力量普遍只有几百人，装备更为简陋。④ 相比之下，海上警卫队等准军事力量则更加弱小，且主要专注于渔业管理、海上搜救等任务，无力应对海盗袭击。⑤ 据统计，几内亚湾各国海军仅约 20 艘长于 25 米的战舰。其力量根本不足以维护几内亚湾的航行安全。⑥

此外，这一海域海上安全领域国际合作的缺失进一步削弱了几内亚湾国家对海盗袭击的防控能力。目前，几内亚湾国家尚未建立统一的海事信息交流中心，西非国家也未就共享海岸雷达等设备签订任何协议。这无疑会导致各国在安全机制上的重复建设，浪费本就十分宝贵的海上力量。各国有关部门也未开展常态化的联合执法行动，致使海盗可轻易通过进入别国领海的方式躲避追捕。⑦ 例如，在针对"达兹杰特冒险号"（Duzgit Venture）的袭击中，海盗便将其从贝宁先后劫持到了加蓬和尼日利亚。⑧

我们通过以上论述不难看出，尼日尔河三角洲地区落后的经济状况、恶劣的生存环境、尖锐的族群对立，加之政府对三角洲地区的不当政策，成为几内亚湾海盗产生的深层次原因。该地区低廉的犯罪成本，尤其是几内亚湾周边国家海洋治理能力的薄弱则成为危机向海上延伸的契机，并最终导致几内亚湾海盗袭击的大规模爆发。

---

① Ali Kamaldeen, op. cit., p. 46.
② Adjoa Anyimadu, op. cit., p. 9.
③ 关培风：《非洲边界和领土争端解决模式的新发展——以巴卡西半岛争端及其解决为例》，《西亚非洲》2013 年第 4 期，第 89 - 102 页。
④ 军事科学院《世界军事年鉴》编辑部：《世界军事年鉴》，解放军出版社，2012，第 171 - 202 页。
⑤ Jimmie E. Sullivan, op. cit., p. 7.
⑥ Matthew Fiorelli, i "Piracy in Africa: The Case of the Gulf of Guinea," *KAIPTC Occasional Paper*, No. 37, 2014, p. 8.
⑦ Jimmie E. Sullivan, op. cit., p. 78.
⑧ UNODC, op. cit., p. 50.

三、几内亚湾海盗问题的危害

几内亚湾海盗已成为该地区非传统安全领域的巨大挑战。他们通过向各类海上目标发动大量袭击,对几内亚湾的海上运输、沿岸国家乃至整个国际社会都造成了巨大危害。

(一)给国际航运人员与财产造成巨大损失

航运业是受几内亚湾海盗影响最为直接的行业。其中,海盗袭击对船员人身安全造成的威胁最为引人注目。虽然从2012年起几内亚湾海盗袭击的数量逐渐减少,但由于海盗逐渐将袭击目标锁定为远离海岸的大型船只,该地区受海盗袭击波及的船员数量并未出现相应的下降(见表4)。由于几内亚湾海盗与尼日尔河三角洲地区反政府武装的密切联系,他们的装备相较于索马里海盗更为精良,作案过程也更为暴力。随着几内亚湾海盗在2015年将作案手段由抢劫货物转变为绑架船员,他们与受害者间的对抗进一步加剧,造成伤亡人数显著上升。据统计,海盗在2015年约半数的袭击中使用了武力,绑架了44名船员,并造成23人死亡。①

表4 2012—2015年几内亚湾海盗造成的人员伤亡

单位:人

	2012年	2013年	2014年	2015年
遭受袭击总人数	966	1871	1035	1225
死亡人数	5	2	1	23
受伤人数	18	12	8	19

资料来源:"Piracy and Robbery against Ships in the Gulf of Guinea:2015",OBP,2016, March 15, 2017, http://oceansbeyondpiracy.org/reports/sop2015/west-africa#menu1.

为了保障在几内亚湾海域的正常运营,航运公司被迫采取增加船只防护、提高船员的工资、增加保险金额等手段。这些都显著地增加了航运成本。2011年,随着保险公司将尼日利亚和贝宁列为"高风险海域",该地区保险费用大幅上升。② 目前,航经几内亚湾海域的船舶除正常缴纳运输保险费用外,还需缴纳战争险附加费,每航次平均增加保费1.5万美元。2015年,航运公司因几内亚湾海盗产生的额外支出达8880万美元,其中保险费4230万美元,人力成本费4060万美元,船只防护措施相关支出390万美元,赎金160万美元,货物损失40万美元。③

(二)对几内亚湾沿岸国家经济、社会及国家间关系产生负面影响

作为地区性的非传统安全威胁,几内亚湾海盗也对该地区国家的经济、社会乃至国家间关系造成了损害。

---

① Niels Rottier, op. cit., p.4.
② Jimmie E. Sullivan, op. cit., p.4.
③ "Piracy and Robbery against Ships in the Gulf of Guinea:2015," OBP March 15, 2017, http://oceansbeyondpiracy.org/reports/sop2015/west-africa#menu1.

第一，海盗活动严重影响了地区国家的经济发展。在渔业领域，尼日利亚在 2004 年拥有 200 多艘渔船及 30 家渔业公司。在海盗的袭扰下，至 2011 年该国只有约 120 艘渔船，不到 10 家渔业公司，渔业损失高达每年 6 亿美元。① 在同一时期，贝宁也遭受了平均每年 1200 万美元的渔业损失。在石油出口领域，2006 年 1 月至 2011 年 9 月，几内亚湾海盗平均每天盗油量高达 1 万桶，折合损失约 150 万美元。而在关税收入方面，贝宁主要港口科托努因海盗袭击肆虐，停靠船舶数量在 2011 年下降了 70%，关税损失达 8100 万美元，致使政府税收下降了 28%。② 此外，沿海国家进出口贸易的减少也对布基纳法索、马里和尼日尔等内陆国家的经济发展造成了间接影响。为了应对海盗威胁，几内亚湾国家还被迫加大了在海军建设等方面的开销。相关研究指出，几内亚湾地区的海盗活动对西非地区造成的经济损失每年达 20 亿美元。③

第二，几内亚湾海盗对尼日尔河三角洲地区的社会发展带来消极影响。这主要体现在其加剧了尼日尔河三角洲地区与尼日利亚联邦政府间的割裂态势。海盗组织通过将自己美化成三角洲民众利益奋斗的"自由战士"和参与社区建设等方式收买人心，④ 致使该地区百姓虽然可能不赞同海盗所采用的暴力手段，却对海盗在本社区的存在表示容忍，甚至提供一定的支持。⑤ 然而，我们也应清楚地认识到，这种发展是以损害几内亚湾地区经济发展为代价的。其最终结果将是助长该地区本已存在的割据态势，对尼日利亚的国家稳定带来消极影响。

第三，几内亚湾海盗也成为牵动地区国家间外交关系的重要因素。作为该地区严重的非传统安全挑战，几内亚湾海盗的影响已由一般的经济、社会领域扩散至国际政治领域，其中以海盗经常发动的跨国袭击影响最为巨大。例如，几名武装分子在 2009 年 2 月经海路对赤道几内亚的总统府发动了袭击。调查显示，袭击发动者来自尼日尔河三角洲地区的海盗团伙，而喀麦隆的博塔港（Bota Port）则是本次袭击的发起地。该事件导致赤道几内亚与喀麦隆关系的一度紧张，并使两国暂时中止了所有双边贸易活动。⑥

（三）严重影响了该地区国家的能源开发国际合作

几内亚湾海盗的大肆活动还在能源安全领域对域外国家造成了损害。几内亚湾是世界重要的石油产区。其中尼日利亚的石油预计储量为 371 万亿桶，是世界第十一、非洲第二储油国；而安哥拉的预计储量则为 127 万亿桶，位列非洲第三。除了储量丰富，该地区的另一特点是原油的硫含量较少，炼化成本低廉且环境污染小，属于世界公认的"甜蜜原油"。此外，相较于中东地区，由于不需要经过狭窄的海峡或运河，几内亚湾的石油在向欧美市场的运输过程也相对容易。在这种情况下，几内亚湾已经成为世界主要石油出口地之一。2015 年，该地区石油出口量约占世界石油出口总量的 7.3%、非洲的 73.2%。⑦

---

① 王学军：《非洲海盗问题与国际反海盗合作》，《现代国际关系》2012 年第 12 期，第 30 页。
② UNODC, op. cit., p. 51.
③ Jimmie E. Sullivan, op. cit., p. 4.
④ Jamie Charlebois, op. cit., p. 36.
⑤ Cyril Prinsloo, op. cit., p. 57.
⑥ Ali Kamaldeen, op. cit., p. 212.
⑦ BP, *BP Statistical Review of World Energy* 2015, London: BP, June 2016, pp. 6–18.

海盗活动已对世界其他地区与几内亚湾国家的正常石油贸易带来了严重阻碍。关于海盗对该地区石油工业造成的损失目前尚无准确统计,但国际石油公司普遍认为其足以对国际石油市场造成影响。① 一方面,海盗对海上石油勘探、开采平台或其他石油设施的袭击降低了几内亚湾的石油产量,从而导致市场供求关系紧张。2008年针对"邦加"海上平台的袭击便使尼日利亚石油日均减产22.5万桶。另一方面,海盗对过往油轮的袭击则严重影响了国际石油公司在该地区的经营活动。据估算,几内亚湾海盗在2012—2014年针对油轮的攻击使石油公司蒙受了高达9500万美元的损失。② 虽然被窃石油最终会通过黑市流入国际市场,但国际石油公司遭受的巨额损失将最终导致对该地区投资的减少,对该地区的石油产业造成长期的负面影响,不利于国际石油市场的健康发展。

四、几内亚湾海盗问题的治理

作为严重的地区性非传统安全威胁,几内亚湾海盗已经引起了国际社会的广泛关注。相关国家与组织已针对该问题采取了多层次的治理行动。

(一)国别层面

尼日利亚等国虽已综合采取武装清剿、大赦以及与部分海盗团伙开展合作、加强立法等多重手段,但几内亚湾海盗组织的特殊性质使尼日利亚的这些努力均难以取得显著成效。

第一,海盗分子通过积极参与社区建设的方式赢得了当地民众的支持,使其得以藏匿于普通居民之中。一方面,此举使尼日利亚联邦政府难以获取海盗分子的准确情报;另一方面,海盗分子也可以将平民作为抵抗政府打击的"挡箭牌"。最终即使政府得以确定海盗的藏身地点,清剿行动也难免会造成巨大破坏与大量平民伤亡,反而会激起进一步冲突。③

第二,尼日利亚联邦政府在2009年宣布对包括海盗在内的武装分子实施大赦,并增加尼日尔河三角洲地区享有的石油收益份额,试图通过满足海盗组织政治诉求的方式平息冲突。④ 不过,该举措实际上仅在2009—2010年暂时性地减少了海盗袭击数量。当海盗分子发现大赦计划并不能满足其对金钱的渴望时,他们便重操旧业。⑤

第三,古德勒克·乔纳森(Goodluck Jonathan)上任后,尼日利亚联邦政府出台政策,允许前海盗分子成立海上安保公司,期望能够通过满足海盗分子经济欲望的方式与之开展合作,确保航运安全。这种手段虽然吸引了部分海盗组织放下武器,但是激起了"极端分子"的强烈反对。他们认为与政府进行此类合作是对三角洲"解放"事业的背叛,并在2016年成立了诸如"尼日尔三角洲复仇者"(Niger Delta Avengers)等反政府武装。⑥ 其袭击目标不仅包括联邦政府和石油公司,还包括那些被视为"叛徒"的武装团伙,导致地区局势再度

---

① Cristina Barrios, *Fighting Piracy in the Gulf of Guinea Offshore and Onshore*, Brussels: European Union Institute for Security Studies, 2013, p. 2.
② OBP, *The State of Maritime Piracy* 2014, Broomfield: Oceans Beyond Piracy, 2015, p. 50.
③ Judith Burdin Asuni, *Understanding the Armed Groups of the Niger Delta*, New York: Council on Foreign Relations, 2009, p. 12.
④ 熊易寒、唐世平:《石油的族群地理分布与族群冲突升级》,《世界经济与政治》2015年第10期,第96页。
⑤ Ali Kamaldeen, op. cit., pp. 175-176.
⑥ P&I, *Anatomy of West African Maritime Kidnappings*, London: UK P&I, 2016, p. 5.

恶化。

第四，几内亚湾沿岸国家试图通过立法的方式加强对海盗问题的治理。但目前看来，周边国家均没有为打击海盗建立起完备的法律体系。以受海盗威胁较大的国家贝宁为例。该国法律就存在着对海盗的定义过时、《海商法》（Maritime Code）管辖权与《联合国海洋法公约》不兼容、对海盗审理流程烦琐等问题。域内国家法律的不健全从根本上阻碍了各类联合反海盗行动的开展，并对这类行动的有效性造成了负面影响。2015 年，只有少数几名嫌疑人因参与海盗犯罪而被逮捕，而其中没有一人被正式起诉。①

（二）地区层面

几内亚湾国家试图依托各类区域合作组织联合打击海盗组织，但目前实质进展有限。其中，中非国家经济共同体（ECCAS）在 2008 年着手在其管辖海域建立次区域海岸防卫网络。② 西非国家经济共同体（ECOWAS）在 2011 年将海盗及海上安全问题列为西非沿岸国家的重要威胁，并决定联合成员国共同制定一体化的海洋安全战略。③ 2011 年 10 月，尼日利亚与贝宁依托"西非与中非海事组织"（Maritime Organization of West and Central Africa）发起了被称为"繁荣行动"（Operation Prosperity）的海上联合巡逻。④ 2013 年，西非与中非国家领导人在雅温得峰会（Yaoundé Summit）发表了联合宣言，重申了相关国家联合打击海盗犯罪的决心。⑤ 此外，几内亚湾国家还成立了"几内亚湾委员会"（Gulf of Guinea Commission）以进一步协调地区内国家的反海盗协同行动。⑥

不过，几内亚湾国家的上述举措多为倡议性质，因此这无法从根本上改善几内亚湾的安全形势。受制于资金短缺等因素，多数合作项目的进展十分缓慢。目前，仅有多哥、贝宁、尼日利亚、喀麦隆、圣多美与普林西比和赤道几内亚建立了一体化的信息共享中心，而区域性海上安全战略的制定与实施则遥遥无期。作为唯一的联合巡逻项目，尼日利亚与贝宁联合实施的"希望行动"虽然有效降低了两国海域海盗袭击的数量，但是导致邻国多哥和科特迪瓦的海盗袭击频率迅速增加，并不能对改善整个地区的安全局势起到决定性作用。

（三）国际层面

域外国家或国际组织努力突破相关法律与政策的制约，在反海盗问题上取得了一系列进展。目前，国际社会关于治理海盗问题的法律框架主要是《联合国海洋法公约》（United Nations Convention on the Law of the Sea）。该公约将海盗行为定义为："私人船只或私人飞机的船员、乘客或机组人员出于个人目的，对公海或不处于任何国家司法管辖范围之内的其他船只、飞机或其上的人员进行非法扣押、暴力活动和掠夺；自愿参与任何将其他船只或飞机

---

① "Piracy and Robbery against Ships in the Gulf of Guinea: 2015," OBP, January 02, 2017, http://oceansbeyondpiracy.org/reports/sop2015/west-africa#menu1, 2017-01-02.
② Nikolaos Biziouras, "Piracy, State Capacity and Root Causes," African Security Review, Vol. 22, No. 3, 2013, p. 118.
③ 王学军：《非洲海盗问题与国际反海盗合作》，第 31 页。
④ Freedom C. Onuoha, op. cit., p. 31.
⑤ Niels Rottier, op. cit., p. 22.
⑥ Nikolaos Biziouras, op. cit., p. 118.

变为海盗船只或飞机的行动；任何煽动或故意促成上述行动的行为。"① 然而，几内亚湾海盗与尼日尔河三角洲地区的反政府武装有密切联系，其部分袭击也带有政治目的。这与该公约中"出于个人目的"的描述相冲突。除此之外，几内亚湾相当一部分海盗袭击是发生在国家领海之内，而不是处于公约规定的"公海或不处于任何国家司法管辖范围之内"的地区。这导致几内亚湾海盗问题超出了《联合国海洋法公约》的管辖范围，使域外国家难以直接介入。

与此同时，出于维护主权以及管控武器的需要，几内亚湾国家还对域外国家的参与手段加以严格限制。一方面，尽管国际海事组织（IMO）起草的《制止危及海上航行安全非法行为公约》（Convention for the Suppression of Unlawful Acts of Violence Against the Safety of Maritime Navigation）将"以武力或武力威胁或任何其他恐吓形式夺取或控制船舶。对船上人员施用暴力，并有可能危及船舶航行安全"的行为定为犯罪，② 但几内亚湾沿岸的安哥拉、喀麦隆、加蓬与刚果共和国目前均未批准这一重要的反海盗条约。这大大限制了该条约在几内亚湾地区的适用效力。另一方面，目前，几内亚湾国家还禁止域外国家成立的私营军事公司（Private Military Company）等非国家行为体参与到商船的护航行动中。③ 事实上，国际社会对索马里海盗问题的治理行动已经证明，国际护航行动与私营军事公司的介入恰恰是目前打击海盗犯罪最有效的手段。几内亚湾国家对域外国家参与海上安全事务的严格限制虽然维护了"非洲问题非洲解决"的自主原则，却极大地限制了这些国家在治理几内亚湾海盗问题上所发挥的作用。

尽管阻碍重重，但国际社会为彻底消除几内亚湾海盗还是做出了一系列努力。其中美国主要通过非洲司令部（United States Africa Command）的"非洲伙伴站"（African Partnership Station）帮助相关国家进行海军建设。2010 年，几内亚湾国家在美国的帮助下开展了海军联合训练项目，其内容包括搜索和救援技术、反海盗战术、非法捕鱼监管等技术。④ 目前，美国已向尼日利亚以及该地区的其他国家投入了约 3500 万美元，以打击日益严重的海盗及其他海上犯罪活动。⑤ 欧盟同样是几内亚湾反海盗行动的关键参与者，下属的共同研究中心（Joint Research Centre）开展了"海洋感知与风险"（Maritime Awareness and Risks）项目，以帮助几内亚湾国家收集与共享监控信息。欧洲发展基金（European Development Fund）则向相关国家的安全政策改革、港口能力提升、应急反应建设等项目提供资金支持。欧盟还提出了"海上关键航道项目"（Critical Maritime Routes Program），计划在三年时间中向几内亚湾地区投入 450 万欧元，以帮助相关国家提升海上治安力量的行动能力、跨部门协调能力。⑥ 2012 年 2 月，在上述多国的支持与配合下，尼日利亚海军还组织了由欧、美、非三方 12 国海军参加的旨在加强几内亚湾国家海军反应能力的军事演习。此外，中国等域外国家

---

① 《联合国海洋法公约》，联合国网，http://www.un.org/zh/law/sea/los/article.shtml, 2017-01-02.
② "Convention for the Suppression of Unlawful Acts Against the Safety of Maritime Navigation," IMO, February 2010, January 02, 2017, http://www.imo.org/en/About/Conventions/ListOfConventions/Pages/SUA-Treaties.aspx.
③ Adjoa Anyimadu, op. cit., p. 11.
④ Nikolaos Biziouras, op. cit., p. 118.
⑤ 王学军：《非洲海盗问题与国际反海盗合作》，第 32 页。
⑥ Cristina Barrios, op. cit., p. 3.

也通过提供武器装备等手段,帮助几内亚湾国家提升反海盗能力。[1]

余论:对海盗问题治理有效路径的再思考

通过对几内亚湾海盗问题的研究,笔者认为:第一,在缘起上,几内亚湾海盗与世界其他地区的非法武装组织相比并无二致,均是因政治上严重不满、经济上被边缘化以及政府能力缺失等多重因素共同交织的产物。而在发展过程中,它们也采取迎合一些民众的诉求,进而满足一定人群利益的举措。然而,这些外部利益常常与组织的内部利益相矛盾。例如,作为犯罪团伙,几内亚湾海盗需要将经济收益放在首位;而作为反政府武装,政治目的则应是他们的首要考量因素。一个组织不可能永久地调和多种相互矛盾的利益诉求,其结果必然是对某一类利益的淡化或压制。该过程对外表现则为组织行动路线的大幅调整,由此几内亚湾海盗展现出越来越强烈的经济利益导向性质。因此,把握这类组织的各种利益诉求,不仅有助于加强对此类组织本质的了解,而且还可据此预测该组织未来的发展方向,并做出有效应对。

第二,通过对比活动在尼日尔河三角洲地区陆地上的反政府武装与几内亚湾海盗的影响力可以看出,前者纵然人数众多,造成的破坏也很大,但其影响范围基本仅限于三角洲地区,并没有成为地区性的安全威胁;而后者以海洋为活动空间,凭借仅1000余人的规模便使得几内亚湾十余国的海上交通受到了严重威胁。这很典型地展现出了海洋与陆地在安全建设上的难度差异。以陆地为主要活动范围的反政府武装通常滋生在政府权力难以触及的偏远地区,交通因素一方面限制了政府对这些组织的打击力度,另一方面也成为其发展的障碍。因此,对于这些陆缘安全威胁,纵使难以彻底根除,政府也往往可以将其孤立在某些"天然疆界"之内,尽可能减小其破坏力。不过,以几内亚湾海盗为代表的海上安全威胁则不同。海洋的开放特性意味着只要有合适的交通工具便可在其中几乎无阻碍的航行。换言之,海上安全建设有着"一点突破、满盘皆输"的特点。值得注意的是,几内亚湾并不是唯一存在类似非传统安全威胁的地区,而海盗团伙也不是几内亚湾唯一的非法武装组织。未来,几内亚湾海盗的"成功经验"存在着被其他武装组织借鉴的可能,从而引起非传统安全威胁"由陆向海"的转移,这点需要有关各方早做预防。

第三,通过比较国际社会治理几内亚湾海盗与索马里海盗的不同方式,我们不难发现两个悖论。与索马里相比,几内亚湾国家均拥有较为强力的中央政府,且具备一定的海上治安能力,在打击海盗上应该具有比前者更好的条件。然而,一方面,正是由于索马里联邦政府失去了对附近海域的基本掌控,域外国家才得以在该地区开展联合护航行动。另一方面,在治理方式上,尼日利亚等国将大量精力投入到处理与海盗问题有关的陆缘性问题之中,有助于从根本上解决几内亚湾海盗问题。而国际社会对索马里海盗的打击行动则以军事护航为主,基本属于"压制性"行动,治标不治本。不过,从结果上看,对索马里海盗的治理成效要远高于几内亚湾海盗,造成这一特例的本质原因值得学界进一步深入探析。

---

[1] BAN Ki‐moon, "Report of the United Nations Assessment Mission on Piracy in the Gulf of Guinea," United Nations Security Council, January 2012, January 02, 2017, http://www.un.org/ga/search/view_doc.asp?symbol=S/2012/45.

撒哈拉以南非洲本土冲突解决机制：特点、作用边界及发展趋势

张永宏　程　实*

【摘　要】 撒哈拉以南非洲本土冲突解决机制源远流长，但在殖民统治时期遭受冲击，直到20世纪80年代才引起广泛重视。本土冲突解决机制基于集体主义的价值观导向，注重修复原有秩序，强调公开、协商一致和公众的高度参与等原则，并有其特定的作用边界。一般在农村地区、民事领域作用突出；在城市地区、刑事领域主要充当正式司法机制的辅助和补充；在冲突后和平建设阶段作用显著，能够促进族群和解、弥合社会裂痕和维护社会稳定，但也面临着合法性被削弱这一问题。当前，撒哈拉以南非洲各国面临着传统回归和现代化转型的双重挑战，本土冲突解决机制的行为主体和组织结构正发生变化，但其价值内核仍将延续。

【关键词】 本土冲突解决机制；撒哈拉以南非洲；作用边界；合法性

撒哈拉以南非洲是全球冲突爆发频率最高的地区之一。长期以来，这一地区的国家、地区组织和国际社会为解决冲突付出了巨大努力，也取得了显著的进展，但冲突频发和冲突复发现象仍屡见不鲜。在诸多冲突解决机制中，撒哈拉以南非洲本土冲突解决机制长期被忽视，但事实证明其在冲突解决与和平建设进程中发挥着不可或缺的作用。从这一地区国家历史、社会结构和当代发展来看，本土冲突解决机制根植于撒哈拉以南非洲的社会结构和文化传统，蕴含着丰富的冲突解决理念和手段，是这一地区国家解决冲突的宝贵资源。鉴于此，撒哈拉以南非洲本土冲突解决机制值得深入研究。

冲突（Conflict）一般指意识体（个人或群体）因各自需求、义务和责任发生矛盾而采取的试图相互伤害的行为。[①] 相应地，冲突解决（Conflict Resolution）旨在改变冲突结构和消除冲突根源，使冲突各方行为不再暴力、态度不再敌对，[②] 是和平建设的主要方式之一。一般而言，冲突解决机制（Conflict Resolution Mechanism）指行为体（国际组织、国家、民间组织和个人等）为达到冲突解决这一结果而采取的方法和策略，包含仲裁机制、调解机制、谈判机制和第三方干预机制等。相对于冲突解决机制，本土冲突解决机制（Indigenous Conflict Resolution Mechanism）指具体某一地域所特有的冲突解决机制。本文所探讨的"撒

---

* 张永宏，云南大学非洲研究中心研究员、博士生导师；程实，云南大学非洲研究中心硕士生。
① Michael Nicholson, *Rationality and the Analysis of International Conflict*, Cambridge University Press, 1992, pp. 11 - 13.
② Hugh Miall, Oliver Ramsbotham & Tom Woodhouse, *Contemporary Conflict Resolution*, Polity press, 2nd edition, 2005, p. 24.

哈拉以南非洲本土冲突解决机制"，是指"本土的冲突解决机制"，而不是"本土冲突的解决机制"。

本土冲突解决机制这一概念的说法较多，定义也多种多样，其中较具代表性的定义有三种：一是联合国开发计划署（UNDP）称之为传统司法制度和本土司法制度，认为其是非正式司法系统的一部分，主要指不由国家建立的地方或社区一级的各类司法制度，通常遵循习惯法或不成文的规则，通过制裁加以执行，并随时代发展而变化；① 二是刑法改革国际（Penal Reform International）称其为传统和非正式司法系统，泛指所有非国家司法系统的冲突解决机制，其中也包含民间组织建立的各种机制，自前殖民时期以来一直存在并不断发展，一般多存在于农村地区；② 三是联合国人权事务高级专员办事处（OHCHR）称之为传统司法制度，认为其在殖民前产生，具有悠久的文化和历史基础，适用习惯程序法和实体法，通常是社区一级的争端解决机制。③

关于撒哈拉以南非洲本土冲突解决机制，卡萨利（Kasali）等人认为传统和平建设方法是指基于长期冲突转型、和平关系和价值观的和解原则，根植于文化和历史之中，强调集体团结、个人或团体之间的和解以及和平地重新融入社会，在处理个人、社区内部甚至社区间冲突方面往往有效；④ 夸库·奥塞-赫迪（Kwaku Osei-Hwedie）和莫莱娜·兰科波（Morena J. Rankopo）认为传统的冲突解决机制是一种社会资本，⑤ 通过有效运用习俗和社会规范保持集体团结，促进集体行动和实现互利目标；⑥ 阿卜杜勒·卡里姆·伊斯西夫（Abdul Karim Issifu）认为传统的和平建设方法指查明冲突的结构性根源，并利用本土的谈判、调解和文化等因素来促进可持续和平。⑦ 总体看，撒哈拉以南非洲本土冲突解决机制基于传统社会结构、文化价值和共同规则，主要是在有效运用社会规范、文化习俗和本土宗教的基础上解决各种冲突的办法和策略，如盗窃、谋杀和资源争夺等，既包括习惯法、习俗规范和传统法庭，也包括社会和经济制度以及本土宗教中包含冲突解决职能的制度。典型的例子如卢旺达的盖卡卡⑧机制（Gacaca）、布隆迪的巴辛坦赫机制（Bashingantahe）、索马里人（Somalis）

---

① United Nations Development Programme, "Programming for Justice: Access for All – A Practitioner's Guide to a Human Rights – Based Approach to Access to Justice", p. 97, August 08, 2019, https://www.un.org/ruleoflaw/files/Justice_ Guides _ ProgrammingForJustice – AccessForAll.pdf.

② Penal Reform International, "Access to Justice in Sub – Saharan Africa: The Role of Traditional and Informal Justice Systems," 2000, p. 11, April 07, 2019, http://www.gsdrc.org/docs/open/ssaj4.pdf.

③ Office of the United Nations High Commissioner for Human Rights, "Human Rights And Traditional Justice Systems in Africa," New York and Geneva, 2016, pp. 12 – 13, April 12, 2019, https://www.ohchr.org/Documents/Publications/HR_ PUB _ 16_ 2_ HR_ and_ Traditional_ Justice_ Systems_ in_ Africa.pdf.

④ Monsuru Adegboyega Kasali, Rasheed O. Olaniyi, G. I. Oyakhiromen & Oyedolapo B. Durojaye, *Concepts and Practice of peace building*, National Open University of Nigeria, 2016, p. 137.

⑤ Kwaku Osei – Hwedie & Morena J. Rankopo, "Indigenous Conflict Resolution in Africa: The Case of Ghana and Botswana," p. 35, April 16, 2019, https://home.hiroshima – u.ac.jp/heiwa/Pub/E29/e29 – 3.pdf.

⑥ Fred – Mensah Benk, "Nugormesese: An Indigenous Basis of Social Capital in a West African Community," *IK Notes*, No. 86, 2005, p. 1.

⑦ Abdul Karim Issifu, "The Role of African Women in Post – Conflict Peacebuilding: The Case of Rwanda," *The Journal of Pan African Studies* Vol. 8, No. 9, 2015, p. 67.

⑧ 刘海方：《卢旺达的盖卡卡传统法庭》，《西亚非洲》2006 年第 3 期，第 56 – 62 页；庄晨燕：《民族冲突后的和解与重建——以卢旺达 1994 年大屠杀后的国族建构实践为例》，《中央民族大学学报》（哲学社会科学版）2014 年第 3 期，第 77 – 87 页。

的习惯法（Xeer）、埃塞俄比亚奥罗莫人（Oromo）的加达机制（Gadaa）、马里班巴拉人（Bambara）的屯－西吉机制（Ton－Sigi），以及津巴布韦、莫桑比克等类似社区法院和习惯法院的机构等。

总体而言，国外学者对撒哈拉以南非洲本土冲突解决机制的研究起步较早，成果也较为丰富，主要聚焦于某一族群、部落或王国的冲突解决机制，以及本土冲突解决机制对和平建设的贡献及存在的问题。而国内学者对这一议题的研究起步较晚，多集中于习惯法和具体某一机制在族群和解过程中发挥的作用，[①] 系统研究相对较为薄弱。基于此，本文试图从撒哈拉以南非洲的角度，分析本土冲突解决机制的特点，探究其作用边界、合法性以及变化趋势等问题。

一、本土冲突解决机制的发展历程与特点

撒哈拉以南非洲本土冲突解决机制源于当地民众的文化习俗和长期实践，其产生大多与血缘关系、联姻、结盟、商业活动、宗教传统和传说等紧密相关。本文依据本土冲突解决机制在撒哈拉以南非洲的影响力对其进行历史回溯，大致将其分为三个阶段，即前殖民时期、殖民时期与后殖民时期。虽然本土冲突解决机制在撒哈拉以南非洲地区因族群、地域、历史时段的不同而存在差异，但也具有一些共性特征，值得关注。

（一）撒哈拉以南非洲本土冲突解决机制的发展历程

1. 前殖民时期：保持本土冲突解决机制的主导地位

前殖民时期，本土冲突解决机制是撒哈拉以南非洲最主要的治理机制。在殖民者入侵之前，本土文化在撒哈拉以南非洲各族群、部落和王国始终占据着主导性地位。作为本土文化的重要组成部分，本土冲突解决机制也延续了这一主导性优势，成为所在地区冲突的主要解决机制。撒哈拉以南非洲本土冲突解决机制主要通过家庭、村社、部落和王国组织起来的委员会来解决冲突和维护正义，大多由酋长（首领）、长老委员会和神职人员充当调解人或法官，由所在社区多数民众经过会议共同讨论决定。其中，长老委员会通常由所在社区中有较高地位的老者组成，受到所在社区的认同和尊重。长老委员会的职责一是为酋长或首领的管理提供建议和帮助，二是制约酋长和首领的权力，防止权力的滥用。[②]

本土冲突解决机制的主导性延续了上千年，该机制普遍分布于撒哈拉以南非洲各社会各层级，解决的冲突涵盖了社会生活的方方面面。如约鲁巴王国（Yoruba Kingdom）的冲突解决机制覆盖了各个层级，并发挥着各自的效用：家长（Baba，由父亲或丈夫这一角色担任）负责调解家庭内部矛盾，大家族首领（Olori Ebi/Agbole，通常由大家族中最长者担任）调

---

① 夏新华和洪永红从法律的视角探析了本土冲突解决机制所运用的习惯法，参见夏新华《论非洲习惯法的概念与特性》，《西亚非洲》1999 年第 3 期，第 61－65 页；洪永红：《非洲习惯法初探》，《习惯法研究》2001 年第 2 期，第 72－87 页。另外，舒展和庄晨燕都注意到卢旺达本土冲突解决机制——盖卡卡法庭在卢旺达族群和解进程中的作用，参见舒展《卢旺达民族和解探究与思考》，《西亚非洲》2015 年第 4 期，第 114－132 页；庄晨燕：《民族冲突后的和解与重建——以卢旺达 1994 年大屠杀后的国族建构实践为例》，《中央民族大学学报》（哲学社会科学版）2014 年第 3 期，第 77－87 页。

② Liya Palagashvili, "African Chiefs: Comparative Governance Under Colonial Rule," *Public Choice*, Volume 174, Issue 3－4, 2018, p. 284.

解大家族中的民事纠纷,酋长任命的村社首领(Olori Adugbo/Itun)处理村社内部的民事纠纷和轻微刑事案件,酋长(Oba)和长老委员会(Igbimo)负责处理两个及以上村社之间发生的民事纠纷和严峻的刑事案件,奥格博尼(Ogboni)宗教领袖负责处理涉及酋长和其他首领的案件。① 再如,马雷科人(Mareko)② 的马加(Maaga)机制也从家庭延伸至族群间:家庭会议(Minan woran jaana)中男性长者调解家庭内部矛盾,子氏族会议(Nihuss – Gossa)和氏族会议(Giichchoten hafa)解决氏族内部除谋杀外的冲突,村社会议(Heegeegen jenna)解决村社内不同氏族成员之间除谋杀外的冲突,马雷科大会(Assembly of Mareko)主要解决谋杀、同其他族群产生的冲突以及其他层级提出的问题。③ 此外,运用宗教元素来解决冲突也是广泛存在的,如伊格博人(Igbo)借助化装舞会集团(Masquerade Groups)、占卜师(DibiaAfa)和各种神灵来预防和解决冲突。④

尽管不同族群、部落和王国本土冲突解决机制有所差异,但共性也比较明显。如酋长、长者和神职人员在解决冲突中扮演着重要角色,宗教和传说会助力于冲突的解决,冲突的解决往往伴有仪式等。直到欧洲殖民者入侵之前,撒哈拉以南非洲社会本土冲突解决机制就一直存在并不断发展,成为各族群、部落和王国主要的治理机制。

2. 殖民时期:丧失本土冲突解决机制的主导地位

殖民统治致使本土冲突解决机制丧失了在撒哈拉以南非洲冲突解决中的主导性地位。自15世纪以来,欧洲工业化国家因生产过剩、资本过剩和消费不足等因素不断向海外扩张,寻求更多的原料产地和市场。直到19世纪70年代,基于地缘政治和经济的战略考量,殖民者开始加强对撒哈拉以南非洲的政治控制。尽管欧洲各国殖民政策各有不同,但都通过引进宗主国语言文字、法律制度、宗教文化、教育体制和操纵传统统治者等方式,使宗主国在非洲的社会、政治和经济生活中占据主导地位,达到瓦解原有社会、经济结构,建立服务殖民利益的社会体系的目的,尤其是采用"双轨司法"制度垄断所在地区的司法权,最终致使本土冲突解决机制主导性地位丧失。所谓"双轨司法"制度,指凡涉及非洲人的民事诉讼,依据殖民前习惯模式进行处理;涉及刑法和欧洲人的诉讼,则直接归殖民地当局管辖。⑤

在这一时期,本土冲突解决机制的主导性被殖民体制冲淡、削弱甚至取代。在英属殖民地区,本土冲突解决机制沦为殖民体制的附属和补充,其权限范围也逐渐缩小。英国殖民者承认传统统治权威,允许酋长和长老委员会按照习俗和传统程序来维持地方秩序,⑥ 对本土冲突解决机制予以一定程度的尊重,但其地位低于西式制度。尽管如此,殖民者还是通过多种方式削弱本土冲突解决机制的主导权。如在肯尼亚和坦桑尼亚,殖民总督曾通过运用行政

---

① Tunde Onadeko, "Yoruba Traditional Adjudicatory Systems," *African Study Monographs*, Vol. 29, No. 1, 2008, pp. 15 – 28.
② 马雷科人大多居住在埃塞俄比亚南方州的马雷科区,多信仰伊斯兰教。
③ Daniel Mekonnen, "Traditional disputes Resolution Institution among Mareko Ethnic Group Southern Ethiopia," *International Journal of Political Science and Development*, Vol. 4, No. 4, 2016, pp. 114 – 117.
④ Okpan, Samuel. O, "Extra Mundane Means of Conflict Resolution among the Igbo Group of Nigeria: An Anthropological Appraisal," *Journal of Law and Judicial System*, Vol. 2, Issue 1, 2019, pp. 8 – 13.
⑤ A·阿杜·博亨主编:《非洲通史(第七卷)》,中国对外翻译出版公司,1991,第265页。
⑥ 郑家馨:《殖民主义史·非洲卷》,北京大学出版社,2000,第424 – 427页。

官员干涉司法、扩大治安法官管辖权等多种途径,① 不断破坏本土冲突解决机制。比利时、法国则在殖民地直接推行同化政策,将本国的司法制度和成文法律全盘引入,彻底否决本土冲突解决机制,或是视其为最低层级的处理方式。如布隆迪的巴辛坦赫机制,早在布隆迪王国时期,就曾广泛用于处理财产纠纷、家庭和社会矛盾、土地争端等问题,谋杀或偷牛这类严重的案件则上交酋长法庭一级解决,国王法庭则处理酋长之间的争端和需判处死刑的案件。② 20世纪20年代早期,比利时殖民者在布隆迪建立了双重法律制度,包括规范欧洲人和布隆迪人的成文法,以及只规范布隆迪人的所有民事事项和有限刑事事项的习惯法。比利时殖民当局还通过控制和修改判决、撤销制裁等方式,削弱巴辛坦赫机制。③ 涉及西方人的纠纷或冲突和刑事案例,均由殖民政府建立的法院和任命的法官解决,致使巴辛坦赫机制在社区中影响力不断下降,该机制仅是公平与正义的象征。④

尽管本土冲突解决机制在撒哈拉以南非洲的主导性地位被打破,但并未导致其完全消亡。一些机制仍较好地被保留下来,如卢旺达的盖卡卡机制、加纳的库萨西机制(Kusasi)、博茨瓦纳的习惯法庭(Dikgotla)、肯尼亚吉利亚马人(Giriama)的恩朱里·恩耶克(Njuri Njeke)机制等。值得一提的是,埃塞俄比亚是未遭受殖民统治的国家,各族群的冲突解决机制保存得较为完整,如上文中提到的马雷科人的马加机制、奥罗莫人的加达机制、阿法尔人(Afar)的玛达机制(Madaa)、卡法区(Kaffa)⑤ 的希梅莱娜机制(Shimgelena)等。

3. 后殖民时期:重塑本土冲突解决机制的重要地位

在独立初期,撒哈拉以南非洲的本土冲突解决机制被忽视,直至20世纪80年代,一些国家开始重建本土冲突解决机制的地位。20世纪60年代,在民族解放运动的浪潮下非洲各国陆续实现独立。在撒哈拉以南非洲地区,大多数国家仍然沿用了殖民时期的行政、立法和司法体系,西式理念深刻影响着撒哈拉以南非洲地区的人才培养,各国精英大都受到宗主国的培养和熏陶,因此,他们将沿用西式的司法体系和成文法律视为理所应当,几乎均未在法律上承认和运用本土冲突解决机制。20世纪80年代撒哈拉以南非洲各国武装冲突加剧,威权主义合法化和地方民族主义抬头等问题日益突出,部分国家意识到西式体制在撒哈拉以南非洲并不适用,开始在本土知识中探寻有效解决冲突、维护社会秩序的新途径。由此,各国开始重视本土冲突解决机制的价值,并尝试通过承认习惯法和传统领导人、立法等方式来重建本土冲突解决机制的重要地位。如莫桑比克1975年独立后随即沿袭西式宪法,设立了独立的司法机构,同时禁止任何与现代国家在管理方面不同的做法,⑥ 本土冲突解决机制就是

---

① See Paul Swanepoe, "Colonial Judges, Administrative Officers and the Bushe Commission in Interwar Kenya and Tanganyika," *Fundamina* (Pretoria), Vol. 23, No. 1, 2017, pp. 89 – 110.

② Luc Huyse & Mark Salter, *Traditional Justice and Conflict Resolution After Violent Conflict: Learning From African Experiences* (Stockhdm, Sweden: International IDEA, 2008), pp. 154 – 155.

③ Tracy Dexter JD & Philippe Ntahombaye, "The Role of Informal Justice Systems in Fostering the Rule of Law in Post – Conflict Situations The Case of Burundi," The Centre for Humanitarian Dialogue, July 2005, p. 14, July 12, 2019, https://www.files.ethz.ch/isn/26971/CaseofBurundi.pdf.

④ Luc Huyse & Mark Salter, *Traditional Justice and Conflict Resolution After Violent Conflict: Learning From African Experiences* (Stockhdm, Sweden: International IDEA, 2008), p. 159.

⑤ 卡法区(也译为凯法,Keffa)位于埃塞俄比亚西南部的南方州,以卡法王国(Kingdom of Kaffa,约1390—1897年)的名字命名。

⑥ Maria Paula G. Meneses, "Traditional Authorities in Mozambique: Between Legitimisation and Legitimacy", p. 6, July 15, 2019, https://www.ces.Uc.pt/publicacoes/oficina/ficheiros/231.pdf.

其中之一。在经历了长达 18 年的内战后，新政府认识到西式法律制度在莫桑比克并不完全适用，而在冲突期间本土冲突解决机制却持续发挥着关键性作用。鉴于这种情况，莫桑比克政府于 1996 年制定了第九号法案，作为 1990 年《宪法》的修正案，承认了传统权威在国家行政组织中的作用，并作为间接治理模式开始运行。此外，第 188 条具体规定了传统权威的作用范围，即"在莫桑比克国家统一的框架内组织民众参与寻求解决社区问题的办法，促进地方发展，加强和巩固民主"。① 与此相似，乌干达自独立以来动乱不断，尤其是圣灵抵抗军（Lord's Resistance Army）对乌干达北部造成了极大的安全威胁。其间，联合国、非盟等国际组织和美国都为乌干达的和平建设付出了巨大的努力，但成效有限。直到 2006 年，乌干达政府和圣灵抵抗军最终达成协定，双方就"在受冲突影响的地区运用传统正义机制达成共识，如库洛·夸尔（Culo Kwor）、马托·奥普特（Mato Oput）、卡约·库克（Kayo Cuk）艾鲁克（Ailuc）和托努·西·科卡（Tonu ci Koka）"。② 在对圣灵抵抗军人员解除武装和重返社会等过程中，乌干达政府充分运用了本土冲突解决机制。同年，乌干达通过立法将本土冲突解决机制纳入《地方议会法院法案》（2006）（Local Council Courts Act）中，规定在每个村庄、教区、城镇、区和县都设立地方议会法院，以处理不超过 200 万先令价值的债务、合约、轻微人身伤害、财产损失等和原由习惯法管辖的土地纠纷、婚姻纠纷和习惯继承人身份等问题。③ 再如，津巴布韦于 2002 年修订了《习惯法和地方法院法案》（Customary Law and Local Courts Act），规定在民事案件中适用习惯法，并规定了地方法院的设置、组织构成、管辖权和程序。④

尽管一些国家开始重视、承认和运用本土冲突解决机制，但随着社会变迁，本土冲突解决机制赖以生存的社会结构、传统习俗文化和宗教信仰都在发生变化，重建本土冲突解决机制的地位道阻且长。

（二）撒哈拉以南非洲本土冲突解决机制的特点

撒哈拉以南非洲本土冲突解决机制多种多样，并在历史发展中发生了深刻变化，但其共有的内核依然得以传承，如今依然，彰显着其价值与特点。

1. 遵从集体主义价值观

在非洲人的传统观念中，人是社会共同体之中的人，人生就是寻求个人与集体协调一致的过程。⑤ 集体权利优先于个体权利，个人对集体的义务是首要的，个体权利是次要的。撒哈拉以南非洲社会的集体价值观深刻体现在语言之中，如班图语中"乌班图（Ubuntu）"的意思是"集体人格"或"人类大家庭的成员"，强调以人为本、相互关心、彼此尊重、互惠

---

① Manfred O. Hinz & Helgard K. Patemann, *The Shade of New Leaves: Governance in Traditional Authority a Southern African Perspective*, Sais African Stuelies library: LIT Verlag, 2006, p. 103.

② The Government of Uganda & the Lord's Resistance Army/Movement, "Agreement on Accountability and Reconciliation between the Government of the Republic of Uganda and the Lord's Resistance Army/Movement, Juba, Sudan," June 29, 2007, https://peacemaker.un.org/ugandaaccountability-reconciliation 2007.

③ See Parliament of Uganda, The Local Council Courts Act, 2006.

④ See Parliament of Zimbabwe, Customary Law and Local Courts Act [Chapter 7: 05].

⑤ 张宏明：《多维视野中的非洲政治发展》，社会科学文献出版社，1999，第 101 页。

互助、社区团结等原则，以及个人与集体的紧密关系;① 斯瓦希里语中"乌贾马（Ujamaa）"指集体劳动和共同生活的家族关系;② 约鲁巴语中的克帕拉克波（Kparakpor）、塞索托语（Sesotho）和茨瓦纳语（Tswana）中的博索（Botho）也都有着相近的含义。撒哈拉以南非洲本土冲突解决机制正是基于传统社会结构和共同价值体系建立起来的，大多依据集体主义原则来运作，更强调个人的改变和群体的和谐，而不是相互抱怨或采取报复行为。③ 这与以个人主义为导向、以惩罚为手段的西方司法观念不同。西方司法体系只对被告和罪犯负责，而撒哈拉以南非洲本土冲突解决机制是以对集体存在、集体利益负责为出发点和旨归。

2. 注重修复原有秩序

撒哈拉以南非洲本土冲突解决机制具有极强的修复性正义（Restorative Justice）④ 色彩，主要运用调解、仲裁、谈判、道歉和赔偿等非暴力手段解决冲突。解决冲突的进程往往伴有和解仪式，为冲突各方提供后悔、道歉、宽恕及和解的机会，强调社会和谐特别是原有社会关系的恢复，目的不是惩罚作恶者，而是将修复原有秩序作为主要目标,⑤ 这不仅有助于减轻当事人的负罪感和遏制冲突升级，也有利于从根本上和平解决冲突。除正式的协商和谈判外，还包括休闲、参观等各类非正式文化活动，有助于修复和重建彼此的关系。此外，它还涉及心理和精神的康复。习俗治疗师、宗教负责人和其他精神权威实施的传统净化和治疗方法，对于受害者和施害者的心理和精神康复至关重要，有利于防范冲突再次发生。如乌干达北部圣灵抵抗军之乱后，阿乔利人（Acholi）就是通过举行马托·奥普特仪式和戈莫·通（Gomo Tong）仪式实现社区和解，并实现反政府武装人员和儿童兵重新回归社会。⑥ 埃塞俄比亚卡法区的希梅莱娜机制也有这样的和解仪式，冲突解决后，长者在一个圆形的浴缸中放入冷水，将一束新鲜的草插入水中，然后把冲突各方的手放在盛有凉水和青草的盆里，象征着冲突像冷水一样冷却下来，预示着双方未来的生活将会像新鲜的青草一样生机勃勃。⑦

3. 强调公开、协商一致和公众的高度参与

参与冲突解决的行为主体一般有三类：调解员（通常由酋长或首领、长者和神职人员担任）、冲突各方和公众。解决冲突的会议是公开的，一般在村社广场、草地和树下等地举行，任何乐于参与解决冲突的部落成员或冲突各方的支持者都可以参与。调解员一般基于道

---

① Adeoye O. Akinola & Ufo Okeke Uzodike, "Ubuntu and the Quest for Conflict Resolution in Africa," *Journal of Black Studies*, Vol. 49, No. 2, 2018, pp. 94–98.

② 李安山:《非洲国家民族建构的理论与实践研究——兼论乌贾马运动对坦桑尼亚民族建构的作用》,《西亚非洲》2002年第4期，第12页。

③ Ifeanyi Menkiti, "Person And Community in African Traditional Thought," March 15, 2019, http://www2.southeastern.edu/Academics/Faculty/mrossano/gradseminar/evo% 20of% 20ritual/african% 20traditional% 20thought.pdf.

④ 修复性正义是平衡社会、受害者和罪犯的需要，以应对犯罪行为的一种方法，强调和解、赔偿和宽恕。通常指受犯罪影响的任何个人或社区成员，在调解人的帮助下共同积极参与解决犯罪所产生的问题，旨在满足当事方的个人和集体需要，实现受害者和犯罪者的重新融合。See United Nations Office on Drugs and Crime: "Handbook on Restorative Justice Programmes, Criminal Justice Handbook Series," New York, 2006, pp. 6–7.

⑤ I. William Zartman, *Traditional Cures for Modern Conflicts: African Conflict "Medicine"*, Lynne Rienner Pub., 1999, p. 163.

⑥ 王涛:《国际刑事法院介入非洲反政府武装问题的影响及限度——以乌干达圣灵抵抗军为例》,《云南大学学报》（法学版）2015年第6期，第162页。

⑦ Bisrat Gebru Wolde, "Traditional Conflict Resolution Mechanisms in Kaffa Society of Ethiopia," *ÜUniversitepark Bülten*, Vol. 7, Issue 2, 2018, p. 137.

德、声誉、智慧、经验、耐心、信誉、公正且精通传统规则等准则推举，必须正直可敬。尽管如此，调解和仲裁只有在冲突各方同意的情况下才能被接受，因此，调解员在维持和平与解决冲突方面具有重要作用。此外，在集体原则统摄下，主动参与冲突解决活动成为社区成员的义务和责任，不参与者将受到排斥或边缘化。公众的高度参与还意味着不服从最终协议等于不服从整个社会，可能招致整个社会的一致排斥。如在阿法尔人的玛达机制下，如果阿法尔人成员遇到两个及以上个人发生冲突，所有成员都有道义上的义务去调解双方的争执。① 布隆迪的巴辛坦赫机制也是如此，长者有权召唤社区内的任何人出庭作证，任何不合作的人都会被社区边缘化。②

相较于西式司法制度，本土冲突解决机制还具有灵活易获、成本低等特点。本土冲突解决机制通常在树下、广场等地并在不影响劳作的傍晚时间举行，且是无偿的，冲突解决后一般会由冲突各方提供食物和饮料分享给整个社区。而西式法院则需要前往固定的地点参与，且时间较长，向法院提出申诉产生的费用也比较高，往往超出当事人的支付能力。

二、本土冲突解决机制的作用边界与合法性

任何一种机制都有其特定适用的作用边界，撒哈拉以南非洲本土冲突解决机制也不例外。其适用性在不同群体、地区和社会之间存在较大差异，往往局限于相对较小的社区环境，局限于"我们"——家庭、村庄、部落或邻近社区的群体。③ 同时，尽管本土冲突解决机制能够在和平建设中发挥基础性、关键性作用，但也面临合法性被削弱这一挑战。

（一）撒哈拉以南非洲本土冲突解决机制的作用边界

1. 从空间维度看，本土冲突解决机制在农村地区作用显著

撒哈拉以南非洲本土冲突解决机制在农村地区扮演着至关重要的角色，而在城市地区更多是充当正式司法机制的辅助和补充。据联合国人权委员会高级专员办事处估计，在一些非洲国家，本土冲突解决机制处理的案件占案件总数的80%—90%。④ 一方面，农村相较于城市，受殖民统治、外来宗教、西方观念和现代化进程的冲击较弱，社会结构、生活方式、宗教信仰和价值观念遭受的破坏程度也较小，具备本土冲突解决机制存续的合理性和可行性。事实上，撒哈拉以南非洲国家的农村和牧区普遍存在权力真空和治理漏洞。受国家治理能力、资源分配不均和地域偏远等因素的影响，大多国家的正式法院机构无法覆盖到农村和牧区（尤其是偏远的农村和牧区），但冲突是普遍存在的，需要冲突解决机制的介入是客观需求。另外，正式法院机构的腐败也是普遍存在的顽疾，令大多数民众望而却步。根据透明国

---

① Kinfe Abraha Gebre – Egziabher, "Dispute Resolution Mechanisms among the Afar People of Ethiopia and Their Contribution to the Development Process," *The Journal for Transdisciplinary Research in Southern Africa*, Vol. 4, No. 4, 2014, p. 157.

② Tracy Dexter JD & Philippe Ntahombaye, "The Role of Informal Justice Systems in Fostering the Rule of Law in Post – Conflict Situations The Case of Burundi," The Centre for Humanitarian Dialogue, July 2005, p. 13, July 12, 2019, https://www.files.ethz.ch/isn/26971/CaseofBurundi.pdf, 2019 – 07 – 12.

③ Volker Boege, *Traditional Approaches to Conflict Transformation. Potentials and Limits*, University of Queensland, Australia. 2007, p. 16.

④ Office of the United Nations High Commissioner for Human Rights, *Human Rights and Traditional Justice Systems In Africa*, New York and Geneva, 2016, p. 17, https://www.ohchr.org/Documents/Publications/HR_PUB_16_2_HR_and_Traditional_Justice_Systems_in_Africa.pdf, 2019 – 08 – 26.

际（Transparency International）的数据，2018年撒哈拉以南非洲地区平均腐败感知指数（Corruption Perceptions Index）仅为32，指数越低代表越腐败，是全球该指数最低的地区；① 2015年34%的非洲受访民众认为法院和地方执法机构中大部分甚至全部从业人员腐败。② 另外，正式的司法程序涉及复杂的技术程序，不仅耗费大量时间、金钱和资源，而且农牧民还面临缺乏相关法律知识和语言障碍等问题。尽管撒哈拉以南非洲大多数民众能够运用官方语言进行交流，但他们运用法律知识还涉及识字率和对复杂法律文本的理解。根据联合国教科文组织统计研究所（UNESCO Institute for Statistics）的统计，2018年，撒哈拉以南非洲15岁以上成人的平均识字率为65.84%，③ 是全球成人识字率最低的地区；全球成人识字率低于50%的20个国家中，17个为撒哈拉以南非洲国家。④ 复杂的技术程序、法律文件和高昂的诉讼费用将大多数民众拒之门外，生活在城市底层的民众也难以借助成文法律和正式法院来伸张正义。因此，在贫穷偏远的农村牧区和城市的一些社区，本土冲突解决机制填补了这一空白。

2. 从时间维度看，本土冲突解决机制在冲突后和平建设阶段成效突出

本土冲突解决机制贯穿冲突解决的全过程，并在冲突后和平建设阶段成效突出，能够从地方一级逐步上升到国家一级促进族群和解、弥合社会裂痕和维护社会稳定。在大规模暴力冲突发生后，由国家主导的冲突解决机制往往停止运转，无法继续发挥作用。所以在国家混乱或无政府状态下，通常可以看到民间本土冲突解决机制的复兴，这在撒哈拉以南非洲国家不乏典型案例。如卢旺达发生种族灭绝事件后，卢旺达的正式司法体制几近瘫痪。在国际法学界、卢旺达民众和卢旺达爱国阵线（Front Patriotique Rwandais）的共同倡议下，盖卡卡法庭重新开始运作，实践证明盖卡卡法庭符合提倡共同责任感的卢旺达文化价值观，有助于卢旺达步入和解与宽恕之路。⑤ 再如布隆迪，周期性暴力冲突持续40多年，冲突期间正式司法体系基本瘫痪，巴辛坦赫机制不间断地发挥着作用。直至1996年，巴辛坦赫机制开始逐渐得到国际社会、布隆迪政府和民间社会的支持，成为解决冲突的主要手段之一。在过渡政府时期，争议或诉讼进入正式的民事法院之前，通常需要征询巴辛坦赫委员会的意见，但仅限于民事和轻微的刑事案件，该委员会对严重的刑事案件没有管辖权。⑥ 2000年，《阿鲁沙和平与和解协定》（Arusha Peace and Reconciliation Agreement for Burundi）明确要求重建巴辛坦赫机制，⑦ 但这一协定仅将巴辛坦赫机制当作是一项文化规范。《布隆迪2005年宪法》

---

① Transparency International, "Sub‐Saharan Africa: Undemocratic Regimes Undermine Anti‐Corruption Efforts – A Continuous Struggle in Fighting Corruption across the Region," January 29, 2019, https://www.transparency.org/news/feature/cpi2018‐subsaharan‐africa‐regional‐analysis.

② Transparency International, "Global Corruption Barometer Africa 10th Edition 2019," September 12, 2919, https://www.transparency.org/files/content/pages/GCB_Africa_2019_Infographic.pdf.

③ 参见教科文组织统计所网站，http://data.uis.unesco.org/index.aspx?queryid=121, 2019‐09‐04.

④ United Nations Educational, Scientific and Cultural Organization, "Literacy Rates Continue to Rise from One Generation to the Next," September 2017, p. 3.

⑤ 有关卢旺达盖卡卡法庭，参见刘海方《卢旺达的盖卡卡传统法庭》，《西亚非洲》2006年第3期，第56-62页；舒展：《卢旺达民族和解探究与思考》，《西亚非洲》2015年第4期，第126-127页。

⑥ Country Information and Policy Unit, Immigration and Nationality Directorate, Home Office, Burundi Country Report, April 2004, April 20, 2019, https://www.refworld.org/pdfid/41135ed64.pdf.

⑦ Arusha Peace and Reconciliation Agreement for Burundi, August 28, 2000, p. 22, https://peacemaker.un.org/node/1207.

（Constitution du Burundi de 2005）进一步提高该机制的地位，宪法明文规定："民族团结与和解委员会负责设计和启动必要的行动以恢复巴辛坦赫机制，使其成为维持和平和增强社会凝聚力的工具，并就国家关心的问题提供建议和意见。"① 事实上，由于缺乏控制暴力和冲突的现代国家体制、机制，撒哈拉以南非洲国家往往依赖本土冲突解决机制。

3. 从适应领域看，本土冲突解决机制在民事领域发挥的作用较刑事领域更为广泛

不同国家对民事案件和刑事案件的界定不同。本文对民事案件的界定为个人、企业和机构之间的纠纷和冲突，包含财产纠纷、小额偷盗、轻度伤害（不致残、毁容）等，一般由个人、企业和机构提出诉讼；刑事案件为危害社会、公共资源和国家的犯罪行为，如重度伤害、谋杀、叛国、种族灭绝等，通常由国家司法部门提出诉讼。历史上，殖民政府往往将刑事案件交由西式法律系统处理，撒哈拉以南非洲各国独立后继承的法律制度也在刑事领域强调惩罚。同时，随着轻武器尤其是枪支传入撒哈拉以南非洲地区，冲突导致的致残和致死概率不断提高，强调"以牙还牙"的所谓"报复性正义"（Retributive Justice）②的司法观念逐渐在撒哈拉以南非洲兴起，导致本土冲突解决机制在刑事领域的作用不甚明显。如卢旺达的阿布兹委员会（Abunzi Committee，"Abunzi"意为调解），为卢旺达立法机构结合其源远流长的调解文化③和盖卡卡法庭"现代化"的经验而创立的。自阿布兹委员会建立以来，其权限历经多次调整，最终被限定在民事纠纷领域。2004年《阿布兹委员会组织法》（以下简称《组织法》）规定，委员会的处理权限包括牲畜和其他动产纠纷、违约和不改变婚姻状况的家庭问题等5个领域的民事权限，以及偷盗、诈骗、辱骂、威胁、通奸和轻度创伤等17个领域的刑事权限，民事案件和刑事案件的最高资金限额为300万卢旺达法郎（约合3000美元），但与继承相关的资产纠纷案件除外。④ 2006年《组织法》的修改主要将对个人造成身体伤害的暴力行为从调解委员会的职权范围中删除，将涉及牲畜、其他动产案件和违约的管辖权上限从300万卢旺达法郎降至100万卢旺达法郎（约合1000美元），继承权限定在300万卢旺达法郎以内等。2010年通过的《组织法》强调阿布兹委员会仅处理个人之间的争端，并扩大了处理刑事事项的职权范围，将一些犯罪的最高限额从100万卢旺达法郎重新提高到300万卢旺达法郎，但无权处理保险合同、商业合同和"涉及国家、企业或具有法人资格的公司的投诉"等。⑤ 2016年《组织法》再次修改，其职权范围仅限于民事（包括民事纠纷）和土地财产纠纷，如价值不超过300万卢旺达法郎的动产和不动产的继承和违约，以及需要

---

① Loi N°1/010 du 18 Mars 2005 Portant Promulgation de la Constitution de la République du Burundi, Article 269, pp. 67–68.

② "报复性正义"是一种惩罚理论，与修复性正义理念不同，其主要原则为：（1）有人犯下某些类型的错误行为或典型的严重犯罪，在道德上应该受到应有的惩罚；（2）如果合法的惩罚者给予他们应有的惩罚，则惩罚者在道德上是善的——不涉及任何其他可能出现的善；（3）在道德上不允许故意惩罚无辜者或对作恶者施加不相称的重罚。See "Stanford Encyclopedia of Philosophy," https：//plato.stanford.edu/entries/justice-retributive, 2019–08–12.

③ 这一点在卢旺达2003年宪法的序言中得到了体现：有必要从我们几百年的历史中汲取先祖们的积极价值观，这些价值观是我们国家生存和繁荣的基础。See https：//en.wikisource.org/wiki/Constitution_of_Rwanda_(2003), 2019–03–25.

④ Loi Organique N° 17/2004 du 20/06/2004 Portantorganisation, Compétence et Fonctionnement du Comité de Conciliateurs, Article 7 & 8, pp. 16–17.

⑤ Organic Law N° 02/2010/ol of 09/06/2010 on Organisation, Jurisdiction, Competence and Functioning of The Mediation Committee, Article 8 & 9, pp. 13–16.

就民事身份做出决定的其他家庭问题,管理该地区的土地财产争端等。① 经过十多年的发展和改革,阿布兹委员会是现今卢旺达基层社会民事领域最主要的冲突解决机制。

(二) 撒哈拉以南非洲本土冲突解决机制的合法性

1. 外部冲击侵蚀了本土冲突解决机制的合法性

第一,殖民统治当局对本土冲突解决机制的破坏由来已久且根深蒂固。殖民前,本土冲突解决机制的运作主体不是国家,其合法性来自所在社区的认同和民众的参与,具有经验合法性。西方殖民者侵入非洲后,为了获取资源和财富,把枪支、传教士、货币贸易、私有制、西式教育体制和司法制度引入非洲,西方文化排斥非洲本土文化元素的倾向影响着非洲人的生活方式和基本的价值取向,传统的集体主义理念逐渐被个人主义冲淡,本土文化的丰富内涵被遮蔽,② 本土冲突解决机制赖以生存的社会结构和社会关系遭到严重破坏,其不如西式司法系统完善、有效的观念占据主导地位,③ 部落首领和长者解决冲突的权威和合法性下降。

第二,政治操纵不断削弱本土冲突解决机制的合法性。自20世纪60年代以来,撒哈拉以南非洲国家纷纷独立,承袭西方的司法体制,若要在国家层面重建本土冲突解决机制并充分发挥其作用,则需要赋予其法理合法性。事实上,一些国家在法律上的限制和不承认是造成本土冲突解决机制合法性被削弱的主要原因。如肯尼亚宪法第159条第3款明确规定,不得在以下情况使用本土冲突解决机制:违反《权利法案》、与正义和道德相矛盾或产生与正义和道德相矛盾的结果、不符合《宪法》或任何成文法。④ 司法和法治活动本质上都具有强烈的政治性,而不仅仅是技术问题或解决办法。任何试图运用或修改本土冲突解决机制的改革,不可避免地影响到权力和利益关系的调整。撒哈拉以南非洲国家现代政治体系建构进程中,传统领导阶层与国家权力的整合、对立,往往导致本土冲突解决机制可信度降低、效率低下和滋生腐败等问题,布隆迪政府就曾多次操纵巴辛坦赫机制,⑤ 最终,本土冲突解决机制的权威性和合法性不断被削弱。

第三,社会变迁也在一定程度上侵蚀了本土冲突解决机制的生存土壤。在传统社会,长者和部落首领拥有土地和牲畜,较为富有,他们的财富和地位使他们能够在冲突解决过程中保持中立和公正,然而,社会系统的现代化打破了传统的社会关系和社会资本,本土冲突解决机制的影响力亦随之被削弱。⑥ 此外,传统领导者滥用权力,利用地位和声望获取个人利

---

① Law N°37/2016 of 08/09/2016 Determining Organisation, Jurisdiction, Competence and Functioning of An Abunzi Committee, Article 10 & 11 & 12, p. 44 – 46.
② 张永宏:《非洲的本土知识保护与利用战略》,《国际政治研究》2010年第3期,第158页。
③ Volker Boege, "Traditional Approaches to Conflict Transformation," *Potentials and Limits*, University of Queensland, Australia, 2007, p. 3.
④ The National Council for Law Reporting with the Authority of the Attorney – General: The Constitution of Kenya 2010, Article 159, pp. 68 – 69.
⑤ 1997年,布隆迪政府曾对巴辛坦赫机制进行"改造",成立由总统任命的40名巴辛坦赫组成的全国咨询委员会。See Bert Ingelaere & Dominik Kohlhageny, "Situating Social Imaginaries in Transitional Justice: TheBushingantahe in Burundi," *The International Journal of Transitional Justice*, Vol. 6, 2012, p. 44.
⑥ Francis Kariuki, "Conflict Resolution by Elders in Africa: Successes, Challenges and Opportunities," p. 15, December 14, 2018, http://kmco.co.ke/wp – content/uploads/2018/08/Conflict – Resolution – by – Elders – successes – challenges – and – opportunities – 1. pdf.

益，损害社区利益或弱势成员的利益，① 这种行为也是侵蚀本土冲突解决机制合法性的突出因素。

2. 内部局限削弱了本土冲突解决机制的合法性

第一，由于"旧"秩序属性自身的局限。本土冲突解决机制旨在维持原状和恢复秩序，但这种秩序是"旧"秩序，对这种秩序的破坏必须加以控制和修正，因此本土冲突解决机制也只能在这种秩序的框架内发挥作用，难以应对挑战传统秩序和社会关系的冲突。

第二，一些本土冲突解决机制可能与人权的普遍标准相抵触。例如，调解员由长者、大家长或部落首领来担任，妇女常被排除在决策程序之外；为了解决冲突，冲突各方之间可能将妇女和女孩作为赔偿；对犯罪者的待遇和一些传统刑罚可能违反现代人权标准等。

第三，大多撒哈拉以南非洲本土冲突解决机制缺乏系统成文的法律和监管机构，这使得本土冲突解决机制在执行其决策时高度依赖于争议各方的和解协议、习俗规范和精神信仰。利用本土宗教信仰来执行解决冲突决定的现象普遍存在，一些本土冲突解决机制还使用誓言、祝福、诅咒和一些精神机制来证明和接受冲突各方的和解协议。相较之下，正式司法系统不仅被纳入政府体系，而且具备了完善的监管系统，冲突各方更容易遵守正式司法系统的决定。

第四，司法尺度难以对比、统一。撒哈拉以南非洲各国普遍存在较多本土冲突解决机制，不同族群和社区都有自己的一套甚至多套本土机制，难以进行有机整合。以埃塞俄比亚为例，境内索马里人运用习惯法和伊斯兰教法来解决冲突，阿法尔人运用玛达机制来解决除婚姻之外的各种冲突，奥罗莫人运用加达、贡多努（Gondooroo）等多种机制来解决不同的冲突，埃塞俄比亚卡法区运用希梅莱娜、托莫（Tommo）和埃乔（Eqqo）3 种不同机制来应对不同类型的冲突。尽管撒哈拉以南非洲本土冲突解决机制都有着一定的共性，但各族群社会有着自己独特的文化和信仰，都倾向于运用自身机制来解决冲突，有相邻部落或社区共用一种机制来解决冲突的案例，但要在一个多民族国家进行有机整合难度较大，尤其是在大多数撒哈拉以南非洲国家还处在现代民族国家构建进程中则更是难上加难。

三、本土冲突解决机制的发展趋势

当今世界，各种冲突的阴霾挥之不去，但冲突态势已然发生变化，非国家间冲突致死人数不断上升。根据普什拉大学冲突数据项目（Uppsala Conflict Data Program）的统计，自 2014 年以来有组织的暴力行为（Organized Violence）② 中，国家间武装冲突导致的死亡人数迅速下降，但其他行为体暴力冲突导致的死亡人数逐步上升。③ 撒哈拉以南非洲的情况也大抵如此。独立后的撒哈拉以南非洲各国始终在民族国家构建进程中不断探索自主发展的道

---

① 王涛：《论非洲圣灵抵抗军兴起的宗教背景及其宗教理念》，《世界宗教文化》2016 年第 2 期，第 66 - 72 页。

② 有组织的暴力行为包含国家武装冲突（State - based Armed Conflict）、非国家暴力（Non - state Conflict）和单方面暴力（One - sided Violence）。国家武装冲突指围绕执政权或领土权爆发的武装冲突，其中至少一方是国家政府的当事双方使用武力，导致一年内至少 25 人死亡。非国家暴力指两个有组织的武装团体之间使用武力，这两个团体都不是一个国家的政府，每年至少造成 25 人因战斗而死亡。单方面暴力指一个国家政府或一个正式组织的团体故意使用武力对付平民，导致一年内至少 25 人死亡。See https：//www. pcr. uu. se/research/ucdp/definitions.

③ Therese Pettersson, Stina Hogbladh & Magnus Oberg, "Organized Violence, 1989—2018 and Peace Agreements," *Journal of Peace Research*, Vol. 56, Issue 4, 2019, p. 590.

路，面临着传统回归和现代化转型的双重挑战，全球化和本土化两种力量交汇叠加。进入21世纪第二个十年以来，非洲面临的传统安全挑战，如武装冲突、内战及国家间战争数量明显下降，但各类非传统的或非结构性暴力正明显上升。① 在此形势下，撒哈拉以南非洲本土冲突解决机制在行为主体和组织结构等方面也随着时代变化而变化。

（一）行为主体的变化

一方面，传统统治者、长老委员会和大家长继续充当解决冲突的主要调解员，但会被国家吸收为公职人员，从无偿服务转变为有偿服务。传统统治者和长者（在村社一级占有资源，充当现代政府和当地民众的中间人）在今天的撒哈拉以南非洲仍具权威和影响力，这在撒哈拉以南非洲极为常见。尽管来自社会或文化传统的权威通常被认为是古老的，但传统权威往往在现代国家的形成过程中生存下来甚至重新兴盛，不仅在农村社会生存下来，维持固有地位，而且在城市治理体系中获取新职位。② 加纳、乌干达、莫桑比克和津巴布韦等国都在法律上重新承认了传统权威的地位，并且赋予其一系列国家行政任务和公民教育的职能。另一方面，调解员以统治者、长老委员会和大家长为主转变为由民意产生的代表为主，代表中女性和青年人的比重增加。撒哈拉以南非洲民众权利意识不断加强，两性差距逐渐缩小。根据联合国开发计划署的统计，2018年撒哈拉以南非洲平均性别发展指数（Gender Development Index）为0.893，③ 处于中等水平，说明女性和男性各方面的差距较小。大多撒哈拉以南非洲本土冲突解决机制不太重视女性的作用，而在倡导男女平等的今天，女性发挥越来越大的作用。以卢旺达阿布兹委员会为例，其组织法规定：在7名调解员组成的委员会中，至少30%为女性。④ 同时，随着社会财富向青年人倾斜，传统统治者和长者因现代制度和腐败等因素其地位相对下降，青年人在本土冲突解决机制中的地位和作用也在不断上升。

（二）组织结构的变化

本土冲突解决机制逐渐融入国家治理体系。冲突解决本身具有强烈的政治性，而在现代国家体制下的冲突解决则更多属于司法范畴。在国家治理能力不足的情况下，将现代司法机制和本土冲突解决机制进行一定程度上的融合，就是一种必要的选择。两者的融合主要有三种形式：一是与现代司法机制融合。如津巴布韦、乌干达、南非和加纳等国都对本土冲突解决机制进行了整合，运用法律将本土冲突解决机制以传统事务部、地方法院和社区法院等形式纳入了国家治理体系。二是设立专门的行政机构。加纳、南非、津巴布韦等国都建立了酋长和传统事务部，2011年赞比亚酋长和传统事务部（The Ministry of Chiefs and Traditional Affairs）成立，其职责之一就是管理和促进传统治理制度。⑤ 三是成立地方法院。乌干达、津

---

① 张春：《非结构性暴力增生与非洲动荡的常态化》，《当代世界》2014年第9期，第45页。
② Joris Tieleman & Justus Uitermark, "Chiefs in the City: Traditional Authority in the Modern State," *Sociology*, Vol. 53, Issue 4, 2019, pp. 707-708.
③ 参见联合国开发计划署人类发展报告网站，http://hdr.undp.org/en/composite/GDI.
④ Law N° 37/2016 of 08/09/2016 Determining Organisation, Jurisdiction, Competence and Functioning of An Abunzi Committee, Article 6, p. 41.
⑤ See The Ministry of Chiefs and Traditional Affairs, About MOCTA, August 25, 2019, https://www.mocta.gov.zm/page_id=4926.

巴布韦和莫桑比克等国都建立了社区或地方法院，如马拉维1994年《宪法》承认习惯法是法律体系的组成部分，并规定使用习惯法的法院对民事和次要刑事案件的管辖权有限，直到2011年议会通过了《地方法院法》(Local Courts Act)。南非的《传统法院法案》(Traditional Courts Bill)历经多年数次修改，终于在2019年3月南非国民议会(National Assembly of South Africa)全体会议通过，该法案旨在按照《宪法》的要求和价值观，通过提高传统法院解决争端的效力、效率和廉正，便利民众获得司法服务。①

（四）价值内核的延续

在诸多变化的背后，本土冲突解决机制的价值内核将继续得以传承。一方面，公开、协商一致和公众的高度参与等原则没有改变。这些原则有利于冲突各方就矛盾纠纷达成共识，从而能够保证冲突解决过程和结果的透明度，有利于提升社区凝聚力和遏制不正当的判决，还有助于促进本土冲突解决机制与时俱进。另一方面，本土冲突解决机制大多对调解员的道德品质有较高的要求，如加纳阿坎人（Akan）对调解员的要求是：正直、得到大家的认可，且经验丰富和在社区中具备一定地位；② 布隆迪人想要成为一名巴辛坦赫，必须具备正义感、公平感和社会责任感，以及自尊和尊重他人和具有奉献精神等素质。③ 调解人具备的优秀品质是解决冲突的关键要素之一，这一标准不会改变。

撒哈拉以南非洲本土冲突解决机制社会土壤深厚，现实需求广泛，尽管行为主体和组织结构会发生变化，但其中蕴含的理念和方法将继续在撒哈拉以南非洲各国的和平建设进程中发挥作用。

结　语

一个忽视历史传承和本土知识价值的社会，势必缺乏发展的延续性、内聚力和稳定性，是不可能自立的。殖民前的撒哈拉以南非洲社会系统独立且具特色，冲突解决、资源分配和日常事务等皆由所在社区民众共同管理。这一地区遭受西方殖民统治以来，解决冲突这一职能被殖民当局从社区"窃取"，用政府和司法体系取而代之，破坏了这一系统的完整性，这也是当今撒哈拉以南非洲诸多问题难以解决的根源之一。撒哈拉以南非洲本土冲突解决机制根植于历史和传统文化之中，源远流长，虽经历过殖民者的破坏和国家、社会剧烈嬗变的多重冲击，其合法性被不断削弱，但其中的基本精神和原则蕴藏着丰富的价值，包含着非洲自主解决自身问题的思想和方法，具有顽强的生命力，至今仍在解决社区、族群内外冲突与和平建设方面发挥着不可替代的作用。当然，撒哈拉以南非洲国家的冲突原因复杂，具有混杂性，本土冲突解决机制不可能是"万能药"，应正确把握其作用的边界，深入发掘其中的价值。

除撒哈拉以南非洲以外，本土冲突解决机制也广泛存在于全球其他地区，尤其是在发展

---

① The Parliament of The Republic of South Africa, "National Assembly Agrees to Traditional Courts Bill," September 12, 2019, https://www.parliament.gov.za/press-releases/national-assembly-agrees-traditional-courts-bill.

② B. Z. Osei-Hwedie, T. Galvin & H. Shinoda, *Indigenous Methods of Peacebuilding*, Conflict Analysis and Mediation, 1970, p. 41.

③ Luc Huyse & Mark Salter, "*Traditional Justice and Conflict Resolution After Violent Conflict: Learning From African Experiences,*" International IDEA, 2008, pp. 154–155.

中国家,如南亚次大陆的潘查亚特(Panchayat)机制。在这些地区或国家中,本土冲突解决机制通常解决 80%—90% 的争端,是大多数穷人和弱势群体解决争端和诉诸司法的基石。[①] 当今世界许多大规模暴力冲突都发生在无政府状态的地区或国家,本土的暴力控制和冲突解决机制往往快速有效。传统的西方观念将国家引发的秩序缺失等同于秩序的完全缺失,将国家层面治理机制的建设作为解决冲突的唯一途径,这种观念过于偏狭,本土冲突解决机制就超越了这一观念,因为即便在国家机器失灵的情况下它仍然可以运作。当然,在冲突解决与和平建设进程中提高国家治理能力同样十分重要,但若能与本土立足于社区的方式有机结合,将有望实现更佳的治理效果。

[①] Ewa Wojkowska, "Doing Justice: How Informal Justice Systems Can Contribute," United Nations Development Programme, Oslo Governance Centre, December 2006, p. 5, https://www.un.org/ruleoflaw/blog/document/doing-justice-how-informal-justice-systems-can-contribute/.

国际关系学与外交史研究的借鉴与融合

——从约翰·加迪斯对国际关系理论的批评谈起*

卢凌宇　沙子舒

【摘　要】 史学的基本学术功能包括描述、解释和预测。国际关系学能否以及在多大程度能够辅助外交史研究，取决于国际关系学能否以及在多大程度上能够提升外交史的学术功能。美国冷战史学家约翰·刘易斯·加迪斯在20世纪80年代曾经积极地在历史研究中应用国际关系理论。由于肯尼思·尼尔·华尔兹的"结构现实主义"未能预测到冷战和平终结，加迪斯严重质疑国际关系理论的预测功能，转而批判国际关系理论，提倡使用单一的历史研究方法从事外交史研究。国际关系理论并非不具备预测功能。加迪斯误解了"结构现实主义"的功能，把解释性的理论用来做预测，并因此质疑所有的国际关系理论。而且，由于社会科学研究对象的特性等原因，国际关系理论进行预测只可能是概率性的。事实上，只要遵守理论借鉴的"功能匹配"原则，国际关系理论就是外交史研究的犀利工具。

【关键词】 国际政治理论；约翰·加迪斯；国际关系学；外交史；预测；功能匹配

美国耶鲁大学历史学教授约翰·刘易斯·加迪斯（John Lewis Gaddis）是冷战史研究名家，被《纽约时报》誉为该领域的泰斗，曾先后出版了《美国与冷战的起源：1941—1947》《遏制战略：战后美国国家安全政策评析》《长和平：探究冷战史》《美国与冷战的结束：意义、反思与挑战》和《我们现在知道了：重新思考冷战史》等著作，[①] 分别代表了他在不同时期对冷战的思考。20世纪70年代，加迪斯主要采用传统的历史研究方法，通过复杂的、多维度的历史叙事来展现冷战发生和演化的历史进程。在该阶段的代表作《美国与冷战的起源：1941—1947》中，加迪斯运用美国新解密的大量官方档案对1941—1947年美国对苏联的政策进行分析，[②] 行文简洁明快，描述为主解释为辅，把是非判断和因果分析等留给读者，体现了加迪斯早期对冷战史的思考。

进入20世纪80年代，美国加州大学教授肯尼思·尼尔·华尔兹（Kenneth Neal Waltz）

---

* 感谢《国际政治研究》的两位匿名评审人对本文提出的很多中肯且富于建设性的修改建议。

① 参见 John Lewis Gaddis, *The United States and the Origins of the Cold War*, 1941—1947, New York: Columbia University Press, 1972；约翰·加迪斯：《遏制战略：战后美国国家安全政策评析》，时殷弘等译，世界知识出版社，2005；约翰·加迪斯：《长和平：冷战史考察》，潘亚玲译，上海人民出版社，2011；John Lewis Gaddis, *The United States and the End of the Cold War: Implications, Reconsiderations, Provocations*, New York: Oxford University Press, 1994；John Lewis Gaddis, *We Now Know: Rethinking Cold War History*, New York: Oxford University Press, 1997。

② John Lewis Gaddis, *The United States and the Origins of the Cold War*: 1941—1947, New York: Columbia University Press, 2000, pp. 66–72.

的"结构现实主义"理论日益受到关注。在华尔兹的启发下,加迪斯开始尝试纠正外交史研究中存在的"理论贫乏"和视角单一的不足,着手运用国际关系理论来分析冷战史。他在这一时期的代表作是《长和平:冷战史考察》和《遏制战略:战后美国国家安全政策评析》。他提倡以国际关系理论来指导跨学科的外交史研究,在冷战史研究中大胆地应用华尔兹的理论,从安全和国际体系的角度来解释冷战的起源等问题,[①] 同时从战略的视角对遏制战略进行综合评价,探讨冷战期间大国稳定关系的形成机制以及核武器所起的作用等。[②] 加迪斯这个阶段的工作掀起了"后修正主义"冷战史研究的高潮。

苏联的解体和两极格局的和平终结给政学两界造成了重大的冲击。几乎整个学界都没有预测到冷战的和平终结,哪怕是这个过程中的某一个方面。[③] 加迪斯深入地反思了此次预测的失败,研究了国际关系理论的限度以及历史研究方法面对的困难和前途。以 1992 年《国际关系理论与冷战的终结》一文的发表为标志,加迪斯实现了从借鉴国际关系理论来辅助外交史研究到高度重视史学研究方法尤其是新文化史的又一次转变。[④] 英国曼彻斯特大学政治学教授史蒂文·赫斯特(Steven Hurst)认为,加迪斯早期的著作体现了明显的"新现实主义"色彩,而在 20 世纪 90 年代后则回归到美国冷战史研究的"正统"。[⑤] 加迪斯强调,相较于国际关系理论,历史学方法在描述和解释国际关系和外交史上更具优势,并且历史学家的思维方式和技术手段要优于社会科学。[⑥] 作为一位在冷战史和外交史研究领域声名卓著的学者,加迪斯的这个转变不仅反映了冷战史和外交史研究方法的变化历程,而且扩大了国际关系理论与外交史研究业已存在的鸿沟。

本文的基本观点是加迪斯对国际关系理论的批判并不意味着国际关系理论无助于外交/国际关系史研究。实际上,加迪斯对"结构现实主义"等主流国际关系理论的批判是理论"功能错配"的结果,他将原本适用于解释的国际关系理论用于预测。换言之,只要功能匹配恰当,国际关系理论就是外交史研究的犀利工具。不仅如此,加迪斯还误解了国际关系理论预测的性质,对于具备预测功能的国际关系学做了不切实际的期待,掉进了"历史决定论"的陷阱。

本文正文包括四个部分:第一部分简要地探讨国际关系学和历史/外交史的关系。第二部分概述国际关系学对外交史研究的作用。第三部分是全文的重点。本文借鉴德国曼海姆大学政治学教授托马斯·克施文德(Thomas Gschwen)和瑞士联邦理工学院欧洲政治教授弗兰克·席美尔芬尼(Frank Schimmelfennig)提出的类型学标准,从研究设计的角度对国际关系理论进行分类,并在此基础上指出外交史研究借鉴国际关系理论首先要进行功能匹配,不能用解释性国际关系理论来进行预测。此外,国际关系的预测性理论都是概率性理论,无法确保预测成功。第四部分总结全文。

---

① 约翰·加迪斯:《长和平:冷战史考察》,第 179 - 183 页。
② 约翰·加迪斯:《遏制战略:战后美国国家安全政策评析》,第 6 页。
③ John Lewis Gaddis, "International Relations Theory and the End of the Cold War," *International Security*, Vol. 17, No. 3, Winter 1992—1993, p. 18.
④ John Lewis Gaddis, "International Relations Theory and the End of the Cold War," pp. 5 - 58.
⑤ Steven Hurst, *Cold War US Foreign Policy: Key Perspectives*, Edinburgh: Edinburgh University Press, 2005, pp. 68 - 71.
⑥ John Lewis Gaddis, "History, Theory, and Common Ground," *International Security*, Vol. 22, No. 1, 1997, pp. 75 - 85.

一、历史学、国际关系学与历史学的功能

历史是有记录的文字所描述的过去。① 历史学则是通过叙事来探讨和分析过去的事件，或者客观地判断过去事件的因果模式。② 作为历史学的一个子学科，外交史致力于探讨国家间关系尤其是官方交往的历史。③ 外交与国际关系学既有联系也有区别，外交是以国家为主的国际政治行为体间的互动，国际关系学则是对这些互动的系统研究。④ 从学科属性来看，历史学是所谓人文学科（humanities）的主干学科之一，国际关系学则是一门社会科学（social sciences）。⑤ 社会科学也被称为"软科学"，区别于以物理学和化学为代表的自然科学或"硬科学"，两者共同构成"科学"。人文学科和科学在目的、认识论和方法论上存在显著差别。就认识论而言，科学旨在发现一般规律，为此总是致力于"抽象化"或"普遍化"，从个别现象中归纳出规律，把特殊规律提升到一般规律。人文学科则倾向于把研究对象"具体化"或"个别化"，强调个体的特殊性。⑥

尽管外交史和国际关系学存在明显的学科定位差异，但是，外交史学家和国际关系学家都倾向于强调两者相互借重。在他们看来，两者相互借鉴的前提是它们存在共性或者紧密的内在联系。加迪斯认为，历史学和国际关系学的共同基础在于它们都关注人和他们组织事务的方式，所研究的现象也都具有不可复制性和不可替代性。⑦ 也有学者认为，两者的共性在于"实现解释这一研究目的"，它们"在提出问题和回答问题这一根本步骤上，是完全一致的"。⑧

本文认为，从操作角度看，国际关系学能否或在多大程度上能够辅助外交史研究，取决于国际关系学能否以及在多大程度上能够提升外交史的学术功能。广而言之，历史的功能主要有两类：一是个体功能，比如"明智""蓄德"；二是社会功能，包括政治功能和学术功能，其中政治功能主要指教育（比如为执政党服务）、资政。⑨ 在历史的社会功能这个范畴

---

① George Santayana, *The Life of Reason or, The Phases of Human Progress*, Cambridge, MA: The MIT Press, 2018, p. 82.

② Richard Evans, "The Two Faces of E. H. Carr," History in Focus, Issue 2: What is History? March 08, 2020, https://archives.history.ac.uk/history-in-focus/Whatishistory/evans10.html, 2020-03-08; Alun Munslow, "What History Is," History in Focus, Issue 2: What is History?, March 08, 2020, https://archives.history.ac.uk/history-in-focus/Whatishistory/munslow6.html, 2020-03-08.

③ Saho Matusumoto, "Diplomatic History," in Kelly Boyd, ed., *The Encyclopedia of Historians and Historical Writing*, Taylor & Francis, p. 314.

④ Paul Wikinson, *International Relations: A Very Short Introduction*, Cambridge: Oxford University Press, 2007, pp. 1-2; Robert Jackson and George Sørensen, *Introduction to International Relations: Theories and Approaches*, 5th ed., New York: Oxford University Press, 2013, p. 4; Richard Devetak, et al., *An Introduction to International Relations*, 2nd ed., New York: Cambridge University Press, 2012, pp. 1-7.

⑤ 汪信砚：《人文学科与社会科学的分野》，《光明日报》2009年6月16日，第11版。

⑥ 汪信砚：《人文学科与社会科学的分野》；Colin Elman and Fendius Elman, *Bridge and Boundaries: Historian, Political Scientist and the study of International Relations*, Cambridge, MA: The MIT Press, 2001.

⑦ John Lewis Gaddis, "History, Theory, and Common Ground," *International Security*, Vol. 22, no. 1, 1977, pp. 75-85.

⑧ Colin Elman and Miriam Fendius Elman, "Diplomatic History and International Relations Theory: Respecting Difference and Crossing Boundaries," *International Security*, Vol. 22, No. 1, 1997, pp. 8-11.

⑨ 刘志琴：《当代史学功能和热点的转向》，《甘肃社会科学》2012年第4期，第83-86页。

里,如果说政治功能的重点是"致用",那么"求真"则既是历史发挥"学术功能"的前提,也是"学术功能"最重要的内涵。①

历史的传统学术功能主要有两个:一是描述(description),二是解释(explanation),其中描述是解释的基础,也是传统上历史学最重要的功能,解释则是描述的延伸和升级。19世纪的史学家往往把历史定位于解释而非描述,重点关注社会的结构、政府形态的演化和国家间的关系。他们宣称历史学家有三重任务:一是收集和调查事实,研究事实间相互联系的方式;二是发现社会的组织、生命周期及主导历史进程的法则;三是重视一个个历史事实的生动面貌,展示它们的个体形态和特质。实际上,发现法则和展示特质都是解释的范畴,但它们的基础是"收集和调查事实",是描述的主要内容。

在目前西方史学的三个主要范式中,兰克史学、年鉴学派和马克思主义范式对于史学功能各有侧重。兰克史学强调"如实直说",运用原始材料对历史事件做出描述,高度重视史学的叙述功能。年鉴学派强调跨学科的长时段研究,鼓励使用计量方法来解释历史。马克思主义则认为历史学家不仅要陈述历史发展的规律,还要总结历史规律并做出解释。② 加迪斯本人则认为历史的主要功能是对历史事件做出描述与解释。他在《遏制战略》一书中写道,历史学家被分为两类,分别是"聚合者"与"分割者"。"聚合者"重视解释历史,"用一种有序的模式避开历史的混乱无序""将秩序加诸于往昔",对历史事件进行分析;"分割者"则专注于描述特定的历史事件,"他们喜欢指出例外、保留、难以协调的矛盾"。③

预测(prediction)并不被视为历史学的传统目的或功能。④ 不过,古往今来,不乏历史学家强调历史的预测功用。比如,修昔底德曾言:"过去发生的事件将要在未来的某个的时刻以大致相同的方式重复出现。"⑤ 外交史和国际关系史对预测更为重视。加拿大西蒙·弗雷泽大学历史学教授爱德华·英格拉姆(Edward Ingram)指出,时间是历史的主轴,历史学家站在现在的时间节点上向前看也向后看,虽然回顾过去更常见。⑥ 美国斯坦福大学历史学家戈登·克里格(Gordon Craig)大量地借鉴了理论家的工作,提倡历史学家寻找各种案例之间的关联性并由此进行历史预测:"在相似性的基础上,把独特的个案视为某一族或某一类现象的成员,然后通过合理的分析方法,发现不同变量间的联系。这些联系可能具有因果性,至少也可以作为具有预测价值的指标使用。"⑦

二、国际关系学如何助益外交史研究?

从知识形态和存量的角度来看,国际关系学主要是国际关系理论,这个导向在美国体现得尤其明显。有外交史学者对国际关系理论提出尖锐的批评,如英国萨塞克斯大学国际关系

---

① 尤学工:《论史学价值和历史教育》,《中国史研究》2017年第2期,第17—30页。
② 李隆国:《史学概论》,北京大学出版社,2009,第10—16页。
③ 约翰·加迪斯:《遏制战略:战后美国国家安全政策评析》前言,第5页。
④ "预测"主要由两个英语词来表达:一是"prediction",二是"forecasting"。它们的区别在于,前者既包括对未来的预见,又指对于已发生但尚未知事件的推测,而后者则只具备前一个意义。本文中按照惯例,统一使用"prediction"这个词,但在内涵上主要指针对未来的推测。
⑤ Thucydides, *The Peloponnesian War*, trans. Rex Warner, Baltimore, MD: Penguin Classics, 1972, p. 48.
⑥ Edward Ingram, "The Wonderland of the Political Scientist," *International Security*, Vol. 22, No. 1, 1997, p. 57.
⑦ Gordon A Craig, "The Historian and the Study of International Relations," *The American Historical Review*, Vol. 88, 1983, p. 9.

学教授克里斯托弗·索恩（Christopher Thorne）认为，国际关系学的高级抽象概念是"超理性的演习""与历史事实提供的复杂性脱节""进入了准神学的高级阶段"，并"使用一种不可爱的语言进行表达"。① 他认为，历史研究比理论构建厚重，"理论是灰色的而叙事的生命之树常青"。② 尽管如此，大多数外交史学家倾向于认为国际关系理论值得借鉴。

在我国，一些学者在国际关系理论的指导下从事历史研究。③ 例如，北京大学国际关系学院教授张小明认为，在对冷战性质的分析中，国际关系理论不仅能从两种政治制度和意识形态来解释，也能从比意识形态概念更为宽泛的观念和文化的角度解释（如建构主义）。既然不同的国际关系理论对冷战性质的解读各不相同，那么就并不存在一个包罗万象的国际关系理论，我们结合不同的国际关系理论来对问题进行分析，才会对冷战的性质有比较全面的把握。④ 厦门大学国际关系学院教授周桂银指出，国际关系局部理论对当代史研究特别是现状研究或案例研究具有指导意义，这是由局部理论本身的性质和特征所决定的。局部理论即微观理论，主要指对国际关系事件和对外政策的某些特定方面进行实证分析，注重精准描述与解释，运用科学的定性或定量方法来验证假设，是具有更好的预测能力的理论，而具备这些性质和特征的理论对总体理论即宏观理论做出了补充，使得国际关系的研究对象、议题和方法等都大大扩展，如决策理论、危机管理理论以及博弈论，它们对国际关系理论的研究的适切性都不言而喻。⑤ 北京大学历史系教授王立新在《国际关系理论家的预测为什么失败》一文中提到，国际关系研究的学科局限性遮蔽了试图做出预测的学者的视野，"每一个学科都试图对它与其他学科的差异进行界定"，结果则是损害了知识的完整性，并且提出了历史学可以在多个方面弥补国际关系学之不足，提升国际关系理论家的预测质量。⑥

本文认为，在既定的学科差异之下，国际关系学和历史学是相互促进的。国际关系理论能够显著地促进历史学的发展。当我们谈到历史学研究对国际关系理论的借鉴时，我们主要指国际关系理论辅助历史学更好地实现它的三个学术功能：

（一）描述历史事件和过程

国际关系理论能辅助史学更好地发挥描述功能，使陈旧的历史材料展现出新颖的描述视角。国际关系理论会让历史的叙述和分析更加紧凑，让对繁杂的历史事件的描述呈现出规律与模式。

描述的主要内容是系统地收集事实，主要来源是档案和历史事实汇总。描述是历史研究的基础。历史学家发现历史规则和进行历史解释都是在描述过程中实现的。⑦ 美国哈佛大学

---

① Thomas W. Smith, *History and International Relations*, London: Routledege, 1999, pp. 7 – 56.
② Ibid., p. 188.
③ 任东来：《美国外交史和国际关系理论的现实主义学派》，《史学月刊》2005年第6期，第19 – 21页；张曙光：《冷战国际史和国际关系理论的链接：构建中国国际关系体系的研究探索》，《世界经济与政治》2007年第2期，第9 – 16页；王立新：《跨学科方法与冷战史研究》，《史学集刊》2010年第1期，第27 – 38页；崔建树《历史学与国际关系研究》，《国际政治研究》2007年第1期，第134 – 144页。
④ 张小明：《国际关系理论与冷战史研究》，《史学月刊》2005年第6期，第17 – 19页。
⑤ 周桂银：《国际关系局部理论与当代史案例研究》，《史学月刊》2005年第6期，第14 – 17页。
⑥ 王立新：《国际关系理论家的预测为什么失败？——兼论历史学与国际关系学的差异与互补》，《史学集刊》2020年第1期，第27 – 38页。
⑦ John Lewis Gaddis, "History, Theory, and Common Ground," pp. 75 – 85.

社会科学教授加里·金（Gary King）等把描述和解释视为社会科学两个相互依赖、互相强化的目标。"没有好的描述，我们无法建构有意义的因果解释；反过来说，描述如果不和因果关系相联系，就会失去大部分意义。"① 重视史料的历史学家往往只关注一手资料的收集与积累，对抽象程度较高的国际关系理论不感兴趣，其史学研究成果表现出支离破碎与模棱两可的特点。意大利哲学家贝尼戴托·克罗齐（Benedetto Croce）指出，简单的编年史只不过是历史的废物、腐败的尸体，在理论的指导下，历史才具有前进的方向，历史事实的叙述才会呈现出规律与模式。② 历史描述本身是庞杂的，但由于理论发挥的梳理作用，历史的脉络并不是杂乱无序的，历史研究也不是单纯的事实的排列与历史事实的积累。

按照科学的标准，好的历史并不等同于对历史事件做出完整描述，而是对历史进行恰当的理论分析。理论化程度越高，理论模型越清晰，历史分析才会越有说服力。③ 所以历史学家在进行历史研究时不仅要详细地叙述，也要借助理论做出连贯地描述。历史学家要处理的历史证据复杂且多样，有必要借助"类似于身体骨骼的理论，赋予身体（史实）以形状和功能"。④ 理论的模式、概念与叙述就是历史叙事的"骨骼"。借助它们，历史学家得以理解历史事实的普遍性和特殊性以及历史进程的连续性，让历史叙述描述和分析更加紧凑，把历史经验上升为理论。⑤

美国芝加哥大学历史和政治学荣休教授威廉·休厄尔（William Sewell）指出：历史学家通常关注偶然性、复杂性和因果异质性，较少关注事件发生顺序（sequence）的重要性或者认为事件发生的背景无关紧要。事实上，事件和过程不断以多种多样的、重叠的方式互动，这样的互动模式并不是持续偶然发生的，更确切地说，规律会在特定的环境背景下出现，构成不同地点下的集合，形成社会结构的边缘和边界。也就是说，这些相对固定的互动模式会被复制，转化为社会事实（或称其为具有连贯性的实体）。有学者称这样的实体是历史和社会科学之间的"接触语言"（contact language）。可以认为"历史本体论"的研究就建立在对这些实体的出现、延续和扩散进行研究的基础之上，而这些实体也可以被理解为概念、制度或理论。⑥

此外，国际关系学中的概念有助于外交史学家精准地定位和描述历史现象，美国杨百翰大学国际关系学教授肯德尔·斯泰尔斯（Kendall Stiles）认为，历史学和国际关系学的融合具有很大潜力，概念源于对历史的审视，而历史只有通过概念才能获得理解。⑦

---

① Gary King, et al., *Designing Social Inquiry: Scientific Inference in Qualitative Research*, Princeton, NJ: Princeton University Press, 1994, pp. 12 – 13.
② Thomas W. Smith, *History and International Relations*, p. 187.
③ Jack S. Levy, "Too Important to Leave to the Other: History and Political Science in the Study of International Relations," *International Security*, Vol. 22, No. 1, 1997, pp. 32 – 33.
④ 肯尼思·汤普森：《国际政治理论的形成》，林伟成等译，斯坦利·霍夫曼选编《当代国际关系理论》，中国社会科学出版社，1990，第23页。
⑤ 秦治来：《探寻国际关系研究的历史学传统》，中国社会科学出版社，2010，第30页。
⑥ George Lawson, "The Eternal Divide? History and International Relations," *European Journal Of International Relations*, Vol. 17, No. 3, 2012, p. 217.
⑦ 斯泰尔斯：《国际政治案例史》，王郁琦译，北京大学出版社，2005，第17页。

(二) 解释和普遍化历史

国际关系理论能够显著地改善史学的解释功能。它弥补了外交史学中理论和方法的不足,帮助外交史学家发现历史事件的模式,而不是只着眼于一些独特的事件,"只见树木,不见森林",借此促进外交史的理解与描述。

按照德国哲学家卡尔·亨培尔(Carl Hempel)被广为接受的定义,解释就是"表明一件事是更具普遍性的一类事件的一员。"① 这个定义也被称为"覆盖律"或"演绎—法理模型"(deductive-nomological model),其中普遍化被视为是解释的前提,简言之,就是用抽象程度更高的概念来说明抽象程度较低的概念。

历史学家是理论的消费者,国际关系理论家则是理论的生产者,国际关系理论的建构能够为外交史研究提供理论基础,补充概念性和一般性知识。美国罗格斯大学政治学教授杰克·列维(Jack Levy)认为,外交史可以通过利用国际关系学的概念、假设、模型等理论工具来辅助外交史的研究。所有的经验观察都是通过先验的心理框架过滤的,解释必须建立在潜在的理论假设和概念的基础上,而这也是外交史研究所欠缺的,他们只是构建基于叙述的解释而不是基于理论的解释,而国际关系可以利用概念、分析和假设、模型等来对外交史进行解释和概括,从而推动外交史的研究。②

在美国雪城大学国际关系学教授埃曼夫妇(Colin Elman and Miriam Elman)看来,历史学家在考虑问题时往往忽略结构、因果、变量与战略相互作用等因素,但国际关系理论恰好弥补了这些不足。"单靠理论或者历史是不足以解释问题的,那些主张通过叙述事实来理解问题的历史学家,没有告诉我们他们在选择事实的时候所遵循或隐藏的原则。政治学家也犯了同样的错误,他们鼓励和沉迷于抽象概念的迷津之中,把自己头脑中的构想当作现实,我们只有往返于历史和理论之间才能避免这样的错误。"③

历史是理论的主要来源,理论则是历史的深化和简化。没有理论的历史是盲目的。英国伦敦经济学院国际关系学教授乔治·劳森(George Lawson)通过建构马克斯·韦伯(Max Weber)所谓的"思想图景"(thought pictures)来实现"理想类型化"(Idea-typification),并以之作为检验经验现实的启发式工具,"理想类型化"并不意味着复制历史,而是作为历史现实的简化地图,以帮助研究人员追踪和描述典型因素的配置如何在特定情况下产生特定的历史结果,以说明具体的因果关系。换言之,理想类型化并不代表"真实的历史",而是旨在简化历史,目标是揭示因果关系,而因果关系又是"可移植的知识"。理想类型化突出了历史事件和过程的关键特征,并反过来检验这些关键特征在其他时间点的显著性,理想类型化是以事件为开端的偶然性概括的发展,这种概括为理解某些同类型事件提供了有效的路

---

① Gabriel Almond and Stephen Genco, "Clouds, Clocks, and the Study of Politics," *World Politics*, Vol. 29, No. 4, 1977, pp. 499–500.

② Jack S. Levy, "Too Important to Leave to the Other: History and Political Science in the Study of International Relations," *International Security*, Vol. 22, No. 1, April 1997, pp. 22–23.

③ Colin Elman and Miriam Fendius Elman, "Diplomatic History and International Relations Theory: Respecting Difference and Crossing Boundaries," pp. 20–22.

径依赖，成为历史与社会科学连接的一个活跃点。① 这种形式的具体研究例子很多，比如，美国加州大学社会学家迈克尔·曼因（Michael Mann）对世界历史发展的全面描述，或者英国谢菲尔德大学政治学教授约翰·霍布森（John Hobson）对现代国家体系全球起源的探索。② 这些研究在关注历史的特殊性和复杂性的同时也展现了社会科学对"旨在产生事实知识的系统研究"的承诺。

（三）预测历史的走向

即使国际关系理论的预测功能只是概率性的，历史学也会因此受益。埃曼夫妇指出，历史学家在许多方面和政治科学家不同。历史学家的解释基于叙述，而非理论。历史学家聚焦于过去，对当前关注较少，也较少做预测。③ 加迪斯认为，历史的潜能在于通过理解过去为认识未来提供启示，这种启示更多地建立在类比的基础上，通过想象、感觉、有时候是推理来预测未来。虽然历史研究没有明确地说要达到什么目的，但它的预测能力比理论更强。④ 在进行历史叙述时，历史经验所蕴含的因果关系和规律是不能够被忽略的。不过，如果只是做事件陈述，而不从中寻找决定性的解释变量，就无法提取一般性结论以建立合理的因果推论。所以，盲目地认为历史学家能够做预测也是错误的。相比之下，从事件陈述中抽象出决定性的自变量显然是国际关系学的专长。

从某种意义上说，历史都是思想史，每个人对历史都有自己的解读。对历史的每次个体化解读都是一次自我创新的过程。由于个体化的差异导致每次解读都不相同，研究内容因此也就无法复制，也难以传播。既然历史的预测功能很有限，我们可以转而依赖更加简洁和程式化的国际关系理论。有学者认为，理论是一个"模型"、一个"路线图"或者一个"透镜"，理论的作用是理解历史。理论应该优雅而简洁，旨在阐明国际政治的总体趋势或结构，然而，理论也不是歪曲历史或捏造因果关系的许可证。它是理解的工具，不是不惜一切代价捍卫的信条。⑤ 我们只有通过合理地利用理论才能增强历史学的预测能力。

值得一提的是，国际关系学不仅能有助于实现历史学的学术功能，在方法和技术上也能对历史研究形成有益的启发。国际关系的方法不断发展，吸纳了各学科的方法，为外交史的研究提供了一些新的模式，拓展了外交史学家的视野，使得他们能从不同的角度进行研究。美国斯坦福大学人文与科学学院教授史蒂芬·哈伯（Stephen Haber）认为，外交史学家可以借鉴国际关系理论家使用的分析技术（如基于数据或数学模型的综合研究），并学会科学检验他们的猜想。⑥

---

① George Lawson, "The Eternal Divide? History and International Relations," *European Journal Of International Relations*, Vol. 17, No. 3, 2012, pp. 219 – 220.
② Michael Mann, *The Sources of Social Power*, Vol. 1, Cambridge: Cambridge University Press, 1986; John Hobson, *The Eastern Origins of Western Civilization*, Cambridge: Cambridge University Press, 2004.
③ Colin Elman and Miriam Fendius Elman, "Diplomatic History and International Relations Theory: Respecting Difference and Crossing Boundaries," pp. 11 – 15.
④ John Lewis Gaddis, "History, Theory, and Common Ground," pp. 78 – 81.
⑤ Edward Ingram, "The Wonderland of the Political Scientist," pp. 53 – 63.
⑥ Stephen Haber, et al., "Brothers under the Skin: Diplomatic History and International Relations," *International Security*, 1997, Vol. 22, No. 1, pp. 34 – 43.

三、国际关系理论的类型学

加迪斯认为,外交史学家是国际关系理论的消费者。作为消费者,外交史学家有必要根据自己的需要,从货架上挑选合适而非心仪的产品。① 本文认为,外交史学家选择国际关系理论产品的标准并不是史学家的个人偏好,而是理论产品本身的类型;只有当历史研究的目的与理论的功能相匹配时,理论才能为历史研究提供强有力的支持。加迪斯对"结构现实主义"理论的指责和由此产生的研究转向,实际上是理论功能错配的结果,是"关公战秦琼"。

社会科学理论分为规范理论和经验理论两个类型,其中规范理论(normative theory)回答"应然"的问题,面向未来,可能受到历史的启发,但没有经验支持;经验理论(empirical theory)则是关于"实然"的系统陈述,无论采取演绎还是归纳的理论建构方式,本质上都是对历史事实的概括和归纳。我们通常把规范理论划归政治哲学的范畴,而国际关系理论是经验国际关系理论的代名词。

常规经验研究的主干包括两个部分:一是理论建构,二是经验检验。经验检验是对研究设计的执行。研究设计则是"指导搜集、分析和阐释数据的过程的方案。"② 克施文德和席美尔芬尼根据经验检验中样本观察数和因果推理的类型,把政治学/国际关系理论分为四种类型(参见表1)。③

表1 国际关系学因果推理的类型

观察数	因果推理类型	
	因素导向	结果导向
大样本	第二象限 统计(回归)分析 例子:奥尼尔和拉塞特(2000年)	第一象限 定性比较分析 例子:柯尼希—阿奇布贾(2004年)
小样本	第三象限 比较个案研究 例子:斯摩克(1977年)	第四象限 单一个案研究 例子:埃利森(1969年)

资料来源:Thomas Gschwend and Frank Schimmelfennig, eds., *Research Design in Political Science: How to Practice What they Preach*, Palgrave Macmillan, 2007, p. 14。

上表的观察数指的是样本规模,简言之,就是支持理论的经验数据的数量。根据因果关系的类型,研究设计可以分为因素导向(factor centric)和结果导向(outcome centric)。两者的根本区别在于前者探索因果关系的必要条件,后者则寻找充分条件。因素导向研究设计忽略过程或者把过程视为一个黑匣子,只考察在控制阶段前后,自变量对因变量影响的大小和方向,自变量通常只有一个。相比之下,结果导向的设计则通过不同的自变量组合来对因

---

① John Lewis Gaddis, "International Relations Theory and The End of the Cold War," pp. 5 – 58.
② Richard Rich, et al. *Empirical Political Analysis: Quantitative and Qualitative Research Methods*, 9th ed., New York: Routledge, 2018, p. 49.
③ Thomas Gschwend and Frank Schimmelfennig, eds., *Research Design in Political Science: How to Practice What they Preach*, London: Palgrave Macmillan, 2007, p. 14.

变量做出充分的解释。

更重要的是，上述四种类型的理论有不同功能。具体而言，因素导向研究设计支持的理论只能用于解释（第二、三象限）；结果导向研究设计和大样本支持的理论可以用于预测（第一象限），而结果导向设计和小样本支持的理论很接近描述性理论（第四象限）。

因素导向的研究设计旨在测试单一或少数自变量对因变量施加影响的统计显著性、方向和强度。这样的研究追求理论的外部有效性，即研究结论（理论）能够解释尽可能多的同类现象。象限二的代表是美国阿拉巴马大学政治家约翰·奥尼尔（John Oneal）和美国耶鲁大学政治学教授布鲁斯·拉塞特（Bruce Russett）对康德"三角和平论"的系统阐发和检验。康德将国际贸易、"民主"制度和国际组织视为实现世界和平的决定性因素。[①] 两位作者把三个因素对世界和平的影响做了系统的论证，并使用1885—1992年6000个国家的大样本数据进行了经验检验，支持了康德的假说。象限三的理论可以以布朗大学已故外交政策发展中心主任斯摩克（Richard Smoke）对冲突升级的探讨为例。[②] 斯摩克认为"概念失败"（conceptual failure）是导致冲突升级的重要原因。所谓"概念失败"，指的是决策者错误地理解了决策的历史背景，未能认识到决策的后果不是一个事件而一系列事件，尤其低估了对手对于未来的期待与自身期待的差异。同时，"概念失败"又是一系列认识因素作用的结果，比如面对模糊性和复杂性时决策者的认知一贯性偏好（cognitive consistency）。斯摩克的研究方法是结构化、聚焦比较分析，包括正反五个案例：西班牙内战、普奥战争、普法战争、克里米亚战争、七年战争。

值得一提的是，"结构现实主义""新制度自由主义"和"温和建构主义"这样的体系理论通常属于因素导向理论的范畴，[③] 原因有以下两点：一是体系理论往往强调单一因素对大国关系的影响，比如，上述三个理论的贡献分别在于论证了物质（军事力量）分配、制度分配和文化分配对国家间（大国）关系的影响；二是虽然这些理论的建构者未必提供了系统的定量或定性经验检验，但它们要么符合人们的直觉或常识，要么得到后续经验研究的支持。比如，一方面，冷战被视为"结构现实主义"最重要的经验基础；另一方面，华尔兹的理论开创了新现实主义的研究纲领，得到了后续现实主义者的检验和补充。[④]

结果导向的理论分布在第一和第四象限，两者在形式上的差异是经验支持的多少。第四象限是单一个案研究，如美国哈佛大学政治学家格雷厄姆·艾利森（Graham Allison）针对古巴导弹危机期间肯尼迪总统决策提出的理性决策、组织过程和官僚政治模式的研究。[⑤] 虽然艾利森旨在解释，但由于只有单一个案作为经验支持，所以，这类文本中的解释类似于一对一的描述。尽管如此，艾利森的解释充分地体现了国际关系学解释与历史学解释的区别。

---

① John Oneal and Bruce Russett, *Triangulating Peace: Democracy, Interdependence, and International Organization*, New York: W. W. Norton & Company, 2000.

② Richard Smoke, *War: Controlling Escalation*, Cambridge University Press, 1977.

③ Kenneth Waltz, *Theory of International Politics*, New York: Addison-Wesley, 1979; Robert Keohane, *After Hegemony: Cooperation and Discord in the World Political Economy*, Princeton: Princeton University Press, 1984; Alexander Wendt, *Social Theory of International Politics*, New York: Cambridge University Press, 1999.

④ Patrick James, "Neorealism as a Research Enterprise: Toward Elaborated Structural Realism," *International Political Science Review*, Vol. 14, No. 2, 1993, pp. 123–48.

⑤ Graham Allison, "Conceptual Models and the Cuban Missile Crisis," *American Political Science Review*, Vol. 63, No. 3, 1969, pp. 689–718.

国际关系学者追求一般性与理论性解释，而历史学家则注重叙述性解释和阐释，重视事件叙述的精确性和完整性，寻求特殊事件的特殊解释。① 第一象限的理论以定性比较分析（Qualitative Comparative Analysis，QCA）为经验基础。从形式上看，定性比较分析和单一个案研究都旨在寻找结果变量的充分条件，两者的区别在于样本规模的大小：前者要求至少 14 个观察数（案例），后者则只有 1 个观察数（案例）。定性比较分析以集合论和布尔代数为数理基础，承认现实因果关系的复杂性，着重探索社会现象的多重或并发条件的一种分析方法。定性比较分析并不将各影响因素视为独立作用于因变量的自变量，而是将其视为以组合方式共同引致被解释结果的条件构型中不可与其他因素割裂的要素。这种方法并不关注个体自变量对因变量的净效应，而是专注于挖掘对被解释结果有解释力、由大量前因要素组成的相似或相异类型。② 换言之，定性比较分析寻找导致结果产生的充分条件。英国伦敦政治经济学院政治学教授马修斯·柯尼希－阿奇布贾（Mathias Koenig－Archibugi）运用定性比较分析回答了这样一个问题：一些欧盟成员国追求超国家的外交和安全政策，而另一些成员国则坚持主权至上原则。这个差异是如何产生的？作者把欧盟成员国对超国家主义（supernationalism）设置为因变量，根据 1991—1996 年的数据，发现了产生外交和安全领域超国家主义的两条路径：一是成员国的地区治理水平＋成员国在联合国大会投票与其他成员国投票的趋同性；二是成员国的地区治理水平＋公众对欧盟的认同程度＋成员国综合实力。③

在上述四种类型的理论中，只有第一象限的理论具备预测能力。在很多国际关系学者看来，预测是本学科的基本目标之一。④ 国际关系学的预测记录一直差强人意，更重要的是对重大事件的预测几乎从来没有成功过。

从形式上讲，要增强一个模型的预测能力，就有必要在该模型中添加尽可能多的变量。变量添加不是随意的，每一个变量都代表着对一种理论的认同。例如，我们在预测国家能力时，常规的控制变量包括国际冲突、内战、联邦制、政权类型、族群政治、人均国内生产总值、外来援助、国内生产总值增长率等诸多因素。这些变量往往在过去几十年的经验研究中被反复确证会显著地影响结果变量。唯有添加尽可能多的变量，才能最大化预测成功的概率。变量添加的过程，也是将探索必要条件的理论转化为寻找充分条件的理论的过程，理论从因素导向转化成了结果导向。

这个转变是有代价的，首先是牺牲了理论的简约性，导致模型的内涵越来越丰富，结果让模型丧失了作为理论的价值。不仅如此，预测还可能摧毁理论本身。纽约大学政治学教授布宜诺·德·梅斯奎塔（Bruce Bueo de Mesquita）等指出，逻辑上的一致性是理论成立的首要前提。⑤ 逻辑不能自洽的理论无法证伪，这不仅让理论的内涵复杂化，而且使唤得理论丧

---

① Colin Elman and Fendius Elman, *Bridge and Boundaries: Historian, Political Scientist, and the study of International Relations*, Cambridge: The MIT Press, 2001.

② Charles Ragin, *The Comparative Method: Moving Beyond Qualitative and Quantitative Strategies*, Oakland, CA: University of California Press, 1987; Charles Ragin, *Redesign Social Inquiry: Fuzzy Sets and Beyond*, Chicago, IL: Chicago University Press, 2008.

③ Mathia Koenig Archibugi, "Explaining Government Preferences for Institutional Change in EU Foreign and Security Policy," *International Organization*, Vol. 58, No. 1, 2004, pp. 137–174.

④ 米尔斯海默：《大国政治的悲剧》，王义桅等译，上海人民出版社，2008，第 200–210 页。

⑤ Bruce Bueno de Mesquita and James Morrow, "Sorting through the Wealth of Notions," *International Security*, Vol. 24, No. 2, 1999, pp. 56–73.

失了其经验属性。例如,在 20 世纪 70—80 年代,朝鲜的军事能力相对韩国下降很显著,对韩国形成的威胁急剧下降,维持美韩联盟的必要性因此显著降低。尽管如此,美韩联盟并没有解体或削弱,原因有四点:第一,韩国为了维持内部团结和国家身份,不能过度改善和美国的关系;第二,韩国必须无条件地在军事上依附于美国,才能在与朝鲜发生冲突时得到美国的有效保护;第三,美国的是西方世界的盟主。这个身份使得美国必须履行保护盟友的职责,对朝鲜可能对韩国形成的军事和安全威胁给予充分的威慑。① 第四,美韩联盟已经运行了三四十年,制度已经成熟,联盟的维持成本远低于建立成本,也是韩美联盟得以维持的重要原因。上述四点至少涉及现实主义(军事实力)、建构主义(国际身份)和自由主义(制度运行成本)三种理论。显然,上述对于美韩联盟延续的解释是比较充分的,它杂糅了假定很不相同的至少三种理论,由于三者的基本假定各不相同甚至冲突,所以理论本身自相矛盾,很难证伪。不仅如此,这样的理论即使预测正确,我们也很难辨别到底是哪个自变量对结果变量的影响最大,以及不同自变量的相对影响各有多大。对于单一历史事件而言,情况尤其如此。第二次世界大战的起因曾一度是国际关系学和外交史的热门问题。来自不同专业的学者们贡献了诸多解释。但是,由于历史既不可逆转,又不可复制,学者们的洞见在最好的情况下只是学术共同体达成的一个共识。我们可能永远无从确认到底是什么原因导致了第二次世界大战。②

综上所述,加迪斯对国际关系理论预测的批评是错位的。他的观点与埃曼夫妇等相同,认为历史擅长解释过去,国际关系应该预测未来。③ 不过,加迪斯也认识到历史的预测功能十分有限。他深刻地指出:"相较于数学与化学等'硬科学',历史的预测效用是十分有限的,在实验室条件下,相同数量和条件下的变量重复组合总是会产生相同的结果,而面对人类社会中不可复制的现象,历史则更多地依赖于想象。"④ 他转而寄希望于国际关系理论做出精准的预测,因为预测被不少学者视为社会科学的目的之一。

实际上,即使加迪斯运用第一象限的理论来做预测,预测结果很可能仍然是失败,原因在于:国际关系预测都是概率性的,很难确保每次预测都正确。进一步说,国际关系预测在绝大多数情况下都不会成功,成功预测是小概率事件。预测困难在很大程度上取决人类社会的复杂性。国际关系世界是人的世界的一部分,人的世界与物理世界是异质的。物理世界中存在的两个特点,即决定事物间关系的条件是稳定的与事物对条件作用的反应是稳定的,这两个特点在人类世界中都不存在,人类行为存在高度不确定性和易变形。所以,自然科学知识与社会科学知识在预测能力上存在巨大的差别,国际关系理论的预测能力是很有限的。⑤ 导致这个现实的原因还在于人的世界存在太多的偶然性和突发事件;国际关系学者所要观察到和处理的经验资料庞杂无序,所能接触到变量只是数量众多的因素的一小部分,并且很多

---

① Jae‐Jung Suh, "Bound to Last? The U. S. ‐ Korea Alliance and Analytic Eclecticism," in Jae‐Jung Suh, et al., eds., *Rethinking Security in East Asia: Identity, Power, and Efficiency*. Stanford (CA: Stanford University Press, 2004), pp. 131 – 172.
② 卢凌宇:《预测与国际关系科学》,《欧洲研究》2014 年第 3 期,第 143 – 145 页。
③ Colin Elman and Miriam Fendius Elman, "Diplomatic History and International Relations Theory: Respecting Difference and Crossing Boundaries," pp. 11 – 15.
④ John Lewis Gaddis, "*History, Theory, and Common Ground*," pp. 75 – 85.
⑤ 卢凌宇:《预测与国际关系科学》,《欧洲研究》2014 年第 3 期,第 143 – 145 页。

变量不可控制。不仅如此，不完全信息和人类认知能力的局限性进一步提高了预测的难度。加迪斯本人认识到，"没有谁比历史学家（或小说家）更能明白现实的复杂了，如此复杂以至于总结出一套可用的理论几乎成为不可能，偶然因素足以完全破坏之前建立的理论。"①

不仅如此，国际关系学研究者本身具有主观能动性。撰写历史事件的史学家即使谨遵兰克学派的学术规范，如实直言，也难免在材料的选择和辞藻的堆砌上渗透自己的观念和想法。一旦历史发展的客观规律渗入主观因素，规律本身就会被扭曲，历史事实本身的客观性也会遭到破坏。自然界的演变过程与人类基本无关，而人类历史的历程则和人类密切相关。主体本身参与了客体的发展过程，并在这个过程中改变了客观规律。②

鉴于以上的原因，摩根索认为，"国际政治学者必须懂得和永志不忘的第一个教训是，国际政治的复杂性使得简单的解决方案和可靠的预言成为不可能，正是在这一点上，学者和冒牌学者分道扬镳了"。③ 华尔兹也明确地指出，国际关系理论的目的是解释，而不是预测。④ 在这些学者看来，精确预测的本质就是"历史决定论"：人类的状况亘古不变，历史是永久的先例，未来只需按照天意的设计来生活。⑤ "历史决定论"在国际关系学中呈现为一个较弱的版本。学者们相信"过去传达了关于事务必然经历的未来路线的信息，"⑥ 政治在本质上是模式化的，并且这种模式会在一定时期持续下去，而国际关系学的功能就是发现这些模式。⑦ 加迪斯对此也有深刻的见解。他指出，预测是人的本能：人类无论是认识自然还是社会，都有天然地进行理论综合的倾向。人类的理论综合本能的目的在于得到一套可供遵循的方法、路径、视角。依靠这些方法、路径和视角，我们得以在下次遇到相同问题的时候少走弯路，提高认识客观对象的效率。尽管如此，现实的复杂性有可能会使得之前总结的判断无法完全有效指导之后的认识活动，这就容易导致理论的失效，这一情况成为任何理论都无法避免的两难困境。⑧ 加迪斯继而指出，历史是不可复制的科学。它并不假定知道过去就会揭示未来，而是提供方法，以应对将要到来的一切。历史学与其说要预测未来，不如说要为之做准备。⑨ 可见，加迪斯对于历史学预测功能有着客观、清醒的认识。相比之下，他对国际关系理论预测的期待则是反科学、非理性的。

结　语

作为当代著名的外交史学家和冷战史权威，加迪斯在 20 世纪 80 年代曾经积极运用国际关系理论来辅助冷战史研究。但是，由于华尔兹的"结构现实主义理论"未能预测到冷战和平终结，加迪斯对国际关系理论的科学性产生质疑，并做出"历史学家和小说家在预测方面做得更好"的论断。国际关系是人的世界。在复杂的人类社会，我们无法像在物理世

---

① John Lewis Gaddis, "International Relations Theory and the End of the Cold War," pp. 56 - 57.
② 秦治来：《探寻国际关系研究的历史学传统》，中国社会科学出版社，2010，第231页。
③ 汉斯·摩根索：《国家间政治：寻求权力与和平的斗争》，徐昕等译，中国人民公安大学出版社，1990，第29页。
④ Kenneth Waltz, "Evaluating Theories," *American Political Science Review*, Vol. 91, No. 4, 1997, pp. 913 - 917.
⑤ 弗里德里希·冯·哈耶克：《科学的反革命》，冯克利译，译林出版社，2003，第110、150页。
⑥ Samuel Barkin, "Realism, Prediction, and Foreign Policy," *Foreign Policy Analysis*, Vol. 5, No. 3, 2009, pp. 243 - 246.
⑦ 卡尔·波普尔：《历史决定论的贫困》，杜汝楫、邱仁宗译，华夏出版社，1987，第76页。
⑧ John Lewis Gaddis, "History, Theory, and Common Ground," pp. 78 - 81.
⑨ Ibid., p. 84.

界那样做大规模的可控实验。作为一门"软科学",国际关系难以做出准确的预测。所以,加迪斯对国际关系理论的质疑并不意味着国际关系理论无助于历史研究,而是由于他对国际关系理论的预测功能做出了不切实际的期待。

实际上,加迪斯也并未完全放弃国际关系理论,他只是彻底放弃了"结构现实主义",转而借用强调文化和意识因素的"建构主义"。本文的分析表明,国际关系理论能够帮助历史学更好地发挥描述、解释和预测的学术功能。缺乏理论的历史学研究也是支离破碎的。两个学科应该在方法和技术上互相借鉴,促进彼此的共同发展。不同类型的国际关系理论发挥着不同的作用,历史研究的目的不同对理论的需求也不同,在选择国际关系理论来辅助历史学研究时应选择合适的理论,即根据不同功能需求匹配相应类型的国际关系理论,才能更有效地推动外交史研究的进步。

美国外交决策的种族主义逻辑

潘亚玲　莫婉婷[*]

【摘　要】 种族主义逻辑是影响美国外交决策的重要因素之一。其对美国外交决策的影响主要包括三方面：第一，将多个有着类似种族背景的族裔团体加以泛种族化操作，或者将这些团体孤立出来加以族裔种族化操作，从而框定美国外交政策，特别是设定针对特定种族/族裔的政策边界，实现战略简化；第二，利用美国社会的恐外心理识别美国的战略威胁、潜在对手或"敌人"，并寻找美国内部的"特洛伊木马"，实现战略聚焦；第三，通过在国际难民移民政策领域采取人道主义举措，抢占道义高地，以实现战略掩饰。经过长期实践，种族主义逻辑的各要素已实现高度整合。泛种族化操作可有效模糊外交决策的种族主义色彩，而人道主义举措更是为其添加道德外衣；对族裔种族化和恐外心理的利用则可成功地将种族主义关切转移到"敌人"身上。至此，种族主义逻辑对美国外交决策的影响得以被成功掩藏。

【关键词】 美国种族主义；外交决策；恐外症；泛种族化

多数研究都会强调特定国家的移民政策与外交政策之间的关联[①]，对自称为"种族熔炉"的美国而言，国内民族政策对外交政策的影响自然更加明显。例如美国内战前，奴隶制使南方各州对国际形势的发展变化高度敏感，试图通过塑造美国外交而强化美国及其他地方的奴隶制度[②]；又如在二战时，种族问题便是限制美国与海地关系的核心决策要素[③]；而20世纪60年代的民权运动不仅受美国外交决策的影响，也在某种程度上为外交决策所促进，并成为更广泛的国际性民权运动的一部分。[④] 正因如此，既有研究更多侧重于美国国内种族建构与外交之间的互动关系，而对美国外交决策背后的种族主义逻辑的探讨仍存在明显

---

[*] 潘亚玲，云南大学国际关系研究院研究员，复旦大学美国研究中心兼职研究员；莫婉婷，云南大学国际关系研究院硕士研究生。

[①] Mae M. Ngai, *Impossible Subjects: Illegal Aliens and the Making of Modern America*, Princeton: Princeton University Press, 2014, p. 9.

[②] Matthew Karp, *This Vast Southern Empire: Slaveholders at the Helm of American Foreign Policy*, Cambridge: Harvard University Press, 2016.

[③] Rayford Logan, *The Diplomatic Relations of the United States with Haiti: 1776–1891*, Chapel Hill: University of North Carolina Press, 1941; Brenda G. Plummer, *Rising Wind: Black Americans and U. S. Foreign Affairs, 1935—1960*, Chapel Hill: University of North Carolina Press, 1996.

[④] Mary Dudziak, *Cold War Civil Rights: Race and the Image of American Democracy*, Princeton: Princeton University Press, 2000, p. 11; Thomas Borstelmann, *The Cold War and the Color Line: American Race Relations in the Global Arena*, Cambridge: Harvard University Press, 2001.

不足。缘何在同一时期，种族背景不同的国家可能获得的待遇相似，如欧洲各国与以色列；种族背景相似的国家却被区别对待，如中国与日本。缘何美国对同一国家的政策在不同的历史时期却存在重大差异，如一战与二战期间的德国、二战期间及冷战时期的日本，以及1949年以来的中国等等。换句话说，美国如何掩饰甚或美化其外交决策中的种族主义逻辑等问题都有待进一步探析。笔者认为，种族主义逻辑从三个层次促进了美国的外交决策：一是战略简化，即通过泛种族化或族裔种族化操作，为美国外交框定边界；二是战略聚焦，即利用恐外心理识别出美国的战略威胁、潜在对手甚至"敌人"；三是战略掩饰，即通过人道主义举措抢占外交战略的道义高地，从而掩盖其种族主义实质。种族主义逻辑对美国外交决策的三重影响并非相互独立、相互割裂，而是相互配合、相互促进，从而使美国外交种族主义面目变得模糊甚至被完全隐藏。

一、战略简化：种族化操作与边界划分

就外交决策而言，战略简化是实现外交资源有效使用的重要原则；战略简化的核心在于框定外交政策的边界，从而实现对外交对象的有效区分。对美国外交而言，边界划分的一个重要依据便是种族属性，而这又与美国自身的种族等级制建构密切相关。"种族化"（racialization）是美国种族等级制建构的核心手段，即通过确定不同群体的社会地位和相应待遇，进而启动一种基于种族的社会理解并塑造特定的种族身份；这一操作不仅应用于被奴役和处于劣等地位的群体身上，也应用于欧洲定居者或处于优势地位的群体身上。[①] 由此而来，种族化也就成为美国外交决策的重要逻辑，它不仅可有效确立美国外交政策的边界，还可有效巩固美国国内的种族等级制。但与国内操作不同的是，当运用到外交决策时，种族化事实上又被分为两类：一是泛种族化（pan-racialization），即把大致相同或相似的种族当作一个种族统一对待，这很大程度上会模糊种族或族裔边界，但有利于实现外交决策的类型化；二是族裔种族化，即把特定的族裔单列出来当作一个种族对待，这颇类似下文所述的战略聚焦，但其首要功能仍是划定边界，相比泛种族化，其边界更加明确。需要强调的是，美国外交政策中的泛种族化和族裔种族化政策组合更多是依据种族而非时间确立的，大致与美国国内的种族等级制确立相对应。

（一）伴随白人种族的建构步伐，美国对待相应的白人国家的外交政策经历了从族裔种族化到泛种族化的发展

需要承认的是，"种族"本身是一个历史性概念；其当代概念是欧洲自然主义科学和欧洲殖民与帝国权力的产物；更准确地说，为了将道德、文化、领土等内涵赋予白人，一种"白人＝欧洲人＝基督徒"的三重融合应运而生。美国白人种族的历史建构大致经历了从最为内核的英国移民到德国移民，再到爱尔兰移民及至以意大利移民为代表的东南欧移民，最后将犹太人接纳进入的历程。而正是在这一过程中，美国对上述国家的政策逐渐从最初的族裔种族化过渡到泛种族化。美国对白人世界的族裔种族化政策，最初相当典型地体现在对英

[①] Michael Omi and Howard Winant, *Racial Formation in the United States: From the 1960s to the 1980s*, New York: Routledge & Kegan Paul, 1986, p. 64.

国和法国的近乎相反的政策中。在 WASP① 成为美国白人种族的内核之后,德国、爱尔兰等移民的大规模进入使族裔种族化的对象逐渐转移到德国身上,尤其明显地体现在一战中。随着战争持续,美国媒体开始把德国人描绘成凶恶残暴、没有人性的"野蛮人""德国佬",美国人心中的德国形象迅速恶化为"敌对的他者"。② 二战结束后美国确立了自身在白人世界中的领导地位,美国对白人世界的外交政策事实上已经从早期的族裔种族化发展为泛种族化,将国内所有白人的故土视为一个整体,从而制定统一的政策。当然,这很大程度上与欧美在二战中及战后的结盟相关,美国已经没有单独区分美欧世界中的特定国家并加以特殊对待的战略必要;进而以一种整体性的政策统一对待所有盟友,不仅使泛种族化的外交政策变得合理,更变得必要。

(二)随着有色种族日益进入美国社会,族裔种族化日渐成为美国对待不同种族的决策依据

随着白人种族的边界日益确立,族裔种族化的对象逐渐从白人转移到有色种族身上。其根源在于,在确立了白人的优越地位后,美国需要建构其他种族的等级地位,必须对有色种族加以区别对待;建构有色种族的等级制的主要手段是为后者提供有限的"漂白"机会。机会的有限性既可使有色种族陷入内部分裂,也有利于实现对有色种族的"分而治之",使族裔种族化操作更为便利。族裔种族化在 19 世纪末 20 世纪初逐渐成为美国对待有色种族的决策依据,一方面源于有色人种的内部分裂,另一方面则是美国外交政策区别对待的需要,最为典型地体现在是否将 1882 年《排华法案》的原则应用于对日本的争论中。1907 年美日《君子协定》被提交美国国会时,出现了争论。在讨论这一协定的过程中,美国国会议员围绕泛种族化还是族裔种族化展开了激烈争论。那些最为坚定的种族主义者往往支持使用泛种族化逻辑,即把所有亚洲移民都描述为不可接受的群体。例如,尽管认识到日本人与中国人的差异,但民主党众议员约翰·威廉姆斯(John S. Williams)却将所有亚洲人统称为"东方人"(oriental)或"非白人"。③ 最终辩论的结果是更具针对性的族裔种族化逻辑得以胜出。虽然对日本移民有着广泛的歧视,但美国国会仍支持《君子协定》,赋予日本移民不同于中国移民的待遇,从而推动美国外交决策不再将特定地区或种族整合在一起,而是聚焦于单个国家。随着二战爆发,中国被视作对抗日本的盟友,因此泛种族化逻辑明显不再适宜。④ 对待有色种族的族裔种族化操作随二战而得以固定。

在二战中,美国将中国与日本以及其他国家都区分开来,因为这意味着更为准确地打击对手,更大程度地团结朋友。冷战结束后,对有色种族特别是亚裔的族裔种族化操作更为普遍,因为亚裔的故土与美国的关系存在巨大差异。

---

① 即白人(White)、盎格鲁—撒克逊人(Angelo - Saxon)和新教徒(Protestant)。
② Paul L. Murphy, *World War I and the Origins of Civil Liberties in the United States*, New York: W. W. Norton & Company, 1979, pp. 15 - 30.
③ Congressional Record, Vol. 41, Washington, D. C.: Government Printing Office, 1907, p. 3223.
④ Congressional Record, Vol. 89, Washington, D. C.: Government Printing Office, 1943, p. 8633.

（三）无论是早期主要出于国内经济发展需求，还是后期更多出于美苏争霸需求，美国的对非洲裔政策都为泛种族化所主导，少有族裔种族化的例外

美国的所有其他种族或族裔相比，非洲裔是一个虚构但也真实的种族。一方面，非洲裔美国人大多是奴隶贸易及奴隶制的受害者，其来源相当多元，一开始并不具备形成种族的基础；另一方面，正是美国的族裔种族化政策，使得非洲裔拥有了单一的种族意识。因为17世纪晚期前的欧洲人并不使用"黑人"来指代包括非洲人在内的任何种族，只是在1680年前后奴隶制种族化后，白人和黑人才开始代表种族类别。① 随着美国作为国家和社会经济力量的诞生，寻找有一定素质的劳动力便成为殖民者的重要目标之一。最终，非洲移民被认为是最合适的目标。② 从道德和政治上，将种族理论应用于黑人更为容易，因为无论是欧洲、美国还是非洲都有利可图。在1700—1810年的110年时间里，大约有600万非洲人被运送到美国，成为奴隶或财产。③ 但由于非洲移民来源多样，有着完全不同的实践、规范和取向④，因此泛种族化操作成为必然。尽管17世纪的种族理论并不科学，但它的确导致后来被诉诸种族理论而正当化的制度和关系的形成。⑤ 美国对非洲裔的泛种族化操作在二战结束前并未对其非洲政策产生实质性影响，因为美非彼此联系实在不多。但在冷战时期，非洲被当作美苏争霸的前沿阵地，再一次阻止了细分非洲国家的可能——除个别国家外，因此泛种族化逻辑再次被强化。正是由于美国国内种族等级制的建构，导致美国对不同移民群体的故土政策存在明显差异。正如有学者指出的，亚裔美国人有时"被当作单一种族实体对待……如同黑人或白人种族一样"，但"在其他场合，不同的亚裔团体又被当作族裔团体"，尽管与对待欧洲族裔团体的方式存在不同。⑥ 对美国外交决策而言，在对国家利益基本判断的基础上，泛种族化或族裔种族化可通过简化决策复杂性、框定政策边界从而极大地提高决策效率。

二、战略聚焦：恐外症与威胁识别

外交资源的有限性是困扰几乎所有国家外交决策的基本问题，因此战略聚焦就成为一种战略必须；这意味着任何外交决策都必须将有限的资源用于有限的目标上，其中遏制、对抗潜在威胁甚或"敌人"高度优先。由此而来，威胁识别往往是一国外交决策的关键所在。对美国外交决策而言，威胁或"敌人"既可能来自外部，也可能来自内部，更可能来自内外勾结。因此，种族主义逻辑对美国识别潜在威胁甚或"敌人"、实现战略聚焦有着重要意义。在识别外部威胁的同时，也须寻找隐藏在内部的"特洛伊木马"。因此，与种族主义密

---

① Joe L. Kincheloe, "The Struggle to Define and Reinvent Whiteness: A Pedagogical Analysis," *College Literature*, Vol. 26, No. 3, 1999, p. 167.
② William G. Roy, *Making Societies: The Historical Construction of Our World*, California: Pine Forge Press, 2001, p. 84.
③ Ibid.
④ Michael A. Gomez, *Exchanging Our Country Marks: The Transformation of African Identities in the Colonial and Antebellum South* (Chapel Hill: University of North Carolina Press, 1998); Gwendolyn M. Hall, *Slavery and African Ethnicities in the Americas: Restoring the Links*, Chapel Hill: University of North Carolina Press, 2005.
⑤ Thomas F. Gossett, *Race: The History of an Idea*, Dallas: Southern University Press, 1963, p. 17.
⑥ Neil Gotanda, "Towards Repeal of Asian Exclusion: The Magnuson Act of 1943, The Act of July 2, 1946, The Presidential Proclamation of July 4, 1946, The Act of August 9, 1946, and The Act of August 1, 1950," in Hyung-Chan Kim, ed., *Asian Americans and Congress: A Documentary History*, Westport: Greenwood Press, 1996, p. 311.

切相关的"恐外症"便成为美国实现战略聚焦的重要手段,其主要表现在三个方面,可分别称作"权势衰落恐惧症""伊斯兰恐惧症"(islamophobia)和"邻居恐惧症"。

(一)美国人自诩"天定命运"而应引领"新世界"的建设,因此对任何挑战自身世界性领导地位的国家都持高度警惕;其种族主义逻辑体现为"权势衰落恐惧症",历史上曾指向过德国、日本和苏联等,今天转向中国,其国内相应的移民群体也曾经或正遭受不公正待遇

进入21世纪后随着中美权势转移,特别是2008年全球金融危机后的加速推进,美国对来自中国的权势挑战高度警惕,并尝试对其进行预防性的管理。① 这一努力到特朗普总统上台后变得更为理论化和系统化。在理论化方面,2017年底美国民主基金会(National Endowment for Democracy)提出的"锐实力"(sharp power)理论最具代表性。② 对美国政府及对华持有偏见的人士而言,"锐实力"概念提供了区分美国利用"软实力"追求"善"与其他国家利用"软实力"服务于"恶"的理论工具。③ 在系统化方面,美国试图"将'中国威胁'视作不仅是政府性的威胁,更是社会性的整体威胁",因此美国将"采取社会性的整体响应措施";④ 美国还鼓动组成"民主联盟"来共同应对"自由世界与暴政之间的战争"。⑤ 拜登执政后,近乎全盘继承了特朗普总统的对华战略。2020年初,拜登在《外交事务》上发表的文章中13次提及中国,坚持将中国视作经济竞争对手,承诺将在贸易问题上对北京"强硬",在人权问题上与中国"对抗",尽管他也强调在气候变化、核不扩散、全球公共卫生等领域要与中国合作。拜登还提及美国需要通过对包括日本、澳大利亚、韩国等在内的盟友再投资,以加强同北美、欧洲之外的盟友、伙伴的集体能力建设,并深化与美国在印度洋—太平洋地区的伙伴关系。⑥ 拜登与中国开展战略竞争的决心在其入主白宫后迅速表露出来。2021年2月4日,在有关美国世界地位的演讲中,拜登声称"美国的领导意味着必须直面威权主义扩张的新时刻,包括中国日益增长的与美国抗衡的野心和俄罗斯破坏与扰乱我们民主的决心"。⑦ 就其实质而言,当前美国的对华政策更多出于一种"权势衰落恐惧症":美国人担心来自中国的影响可能动摇其霸权地位,并视近年来自中国的移民都是

---

① 张春:《管理中美权势转移:历史经验与创新思路》,《世界经济与政治》2013年第7期,第4-20页。
② Christopher Walker, Jessica Ludwig, et al., "Sharp Power: Rising Authoritarian Influence," Working Paper, National Endowment for Democracy, December 2017, https://www.ned.org/wp-content/uploads/2017/12/Sharp-Power-Rising-Authoritarian-Influence-FullReport.pdf.
③ Justin Chapman, "Democracies Should Fight Sharp Power with Soft Power," Pacific Council on International Policy, August 15, 2018, https://www.pacificcouncil.org/newsroom/democracies-should-fight-sharp-power-soft-power.
④ Joel Gehrke, "FBI Director: Chinese Spies 'A Whole-of-Society' Threat to US," Washington Examiner, February 13, 2018, https://www.washingtonexaminer.com/fbi-directorchinese-spies-a-whole-of-society-threat-to-us/article/2649004.
⑤ Michael R. Pempeo, "Communist China and the Free World's Future," U.S. Department of State, July 23, 2020, https://www.state.gov/communist-china-and-the-free-worldsfuture-2/.
⑥ Joseph R. Biden, Jr., "Why America Must Lead Again: Rescuing U.S. Foreign Policy after Trump," Foreign Affairs, Vol. 99, No. 2, 2020, pp. 64-76.
⑦ Joseph R. Biden, Jr., "Remarks by President Biden on America's Place in the World," The White House, February 4, 2021, https://www.whitehouse.gov/briefing-room/speechesremarks/2021/02/04/remarks-by-president-biden-on-americas-place-in-the-world/.

"间谍",或至少是中国对美国实施"影响战略"的重要组成要素。其一,高度担忧华裔有"双重忠诚"的可能,并尝试识别华裔中潜藏的"特洛伊木马"。因此,美国政府和部分社会力量往往以"从事间谍活动"为名,对其认定的潜在"敌人"或怀疑对象加以指责、干扰,甚至施加监视、追查和迫害,重点是华裔学生、学者、科学家等那些可能将美国的技术、知识带回进而帮助中国崛起的群体。其二,为预防更多中国移民"影响"美国,收紧对中国移民,特别是留学生、专家学者,以及赴美中国青年学生的签证政策。例如,美国批准给予中国移民的永久居民身份在2016年为7.7万余名,至2019年仅有6万名;而被拒绝入境的中国人数量则有大幅增长,2017年为9000余名,2019年却已超过2万名。① 特朗普政府曾于2020年5月签发第10043号总统令(Proclamation 10043),要求暂停来自中国的特定留学生、研究人员等入境,即拒绝发放赴美F/J类签证。拜登总统上台后延续了特朗普时期的政策,特别是利用第10043号总统令拒绝了大量中国理工科留学生的赴美签证。其三,炒作攻击中国的"影响"战略,并将重点放在文化交流、科技交流及统战工作等方面。例如,美国政府和民间机构在2019年初集中推出一批针对孔子学院的报告;2020年下半年起,美国政府开始限制中国统战部门的工作人员进入美国,对中国共产党党员进入美国也开始采取限制措施。

(二)宗教性种族主义在美国历史上根深蒂固,不仅第一批移民自身有着深层次的宗教纯洁追求,对德国裔、爱尔兰裔等的种族歧视也与宗教排外密切相关,"9·11"事件后宗教性种族主义主要表现为对穆斯林的歧视,往往被称作"伊斯兰恐惧症"②

自2001年"9·11"事件后,美国社会层面的"伊斯兰恐惧症"明显上升,但因小布什政府和奥巴马政府都曾尝试促进种族间关系,因此在政府和外交层面并未表现得非常明显。到特朗普政府时期,"伊斯兰恐惧症"对美国外交决策的影响显著上升,典型地体现在主要针对穆斯林的旅行禁令上。特朗普上任后第一周就签署行政命令,将承诺的"穆斯林禁令"具体化为针对7个伊斯兰国家的旅行禁令,伊朗、伊拉克、利比亚、索马里、苏丹、叙利亚、也门的几乎所有国民入境美国都被暂停。③ 该命令引发美国各机场严重混乱和全美各地的示威活动,同时也面临重大的法律挑战——多个法院下令暂时限制或禁止该命令的一些关键内容。④ 面对国内外的反对声浪,特朗普于2017年3月6日又签署了第13780号行政

---

① "Table 2. Persons Obtaining Lawful Permanent Resident Status by Region and Selected Country of Last Residence: Fiscal Years 2016 to 2019," 2019 Yearbook of Immigration Statistics, Department of Homeland Security (DHS), 2020, https://www.dhs.gov/immigration-statistics/yearbook/2019/table2; "Table 37. Aliens Determined Inadmissible by Region and Country of Nationality: Fiscal Years 2016 to 2019," 2019 Yearbook of Immigration Statistics, Department of Homeland Security (DHS), 2020, https://www.dhs.gov/immigration-statistics/yearbook/2019/table37.

② Narzanin Massoumi, Tom Mills, and David Miller, "Islamophobia, Social Movements and the State: For a Movement-centred Approach," in Narzanin Massoumi, Tom Mills and David Miller, eds., *What is Islamophobia? Racism, Social Movement and the State*, London: Pluto Press, 2017, p. 3.

③ White House, "Protecting the Nation From Foreign Terrorist Entry Into the United States," Executive Order, No. 13769, January 27, 2017, *Federal Register*, Vol. 82, No. 20, 2017, pp. 8977-8982. https://www.federalregtster.gov/documents/2017/02/012017-02281/protecting-thehation-from-forejgn-terrorist-entng-into-the-wnited-states.

④ State of Washington v. Donald J. Trump et al., 17-CV-00141-JLR, Western District of Washington, February 3, 2017, https://www.uscourts.gov/cameras-courts/state-washington-vsdonald-j-trump-et-al.

命令，将伊拉克从清单中撤销，同时推迟了执行日期，并豁免了先前已获准进入美国的个人。① 但在其即将生效的前一天，即3月15日，一项全国性的临时限制令使该行政命令无法实施。最终，美国最高法院于当年底裁决，允许特朗普的"穆斯林禁令"部分实施，但不能适用于与美国个人或实体有"真诚"关系的签证申请人。② 2017年9月24日，特朗普还发布总统第9645号公告，第三次尝试落实"穆斯林禁令"，要求对企图入境美国的恐怖分子或其他公共安全威胁加强审查能力和程序。③ 这次的禁令仅限于禁止来自乍得、伊朗、利比亚、朝鲜、索马里、叙利亚、委内瑞拉和也门的团体入境。很大程度上，特朗普的"穆斯林禁令"背后有着深刻的"伊斯兰恐惧症"根源。尽管其全面执行始终面临挑战，但的确对来自伊斯兰国家和地区的移民产生了重大影响，这可从主要伊斯兰国家赴美留学的人数变化中看出。"9·11"事件后主要伊斯兰国家赴美留学人数自2002/2003学年起持续下降，到2006/2007学年止跌回升；而奥巴马当选美国总统后，穆斯林留学生数量迅速从2008/2009学年的3.8万余人（相当于2001/2002学年），迅速上升到2015/2016学年的11.5万，增长了200%以上；但随着特朗普就任总统，穆斯林学生赴美留学人数到2018/2019学年降至8.7万人，降幅达到24%。同样，伊斯兰国家公民移居美国变得更加困难。美国接纳的穆斯林难民数量也有明显下降。凯托研究所（Cato Institute）的数据认为，2016—2018财年，美国接纳穆斯林难民数量的下降幅度达到91%；就重点国家而言，美国接纳来自阿富汗、伊朗、伊拉克、索马里、苏丹和叙利亚的难民数量从2016财年的3.9万人下降至2018年的1381人，降幅达到95%；尽管2019财年回升到2000人，但仍不到2016财年的8%。④

（三）相较于"权势衰落恐惧症""伊斯兰恐惧症"，美国"邻居恐惧症"的变化相对较小，其核心是对邻国或拉美国家非法移民及相应的犯罪、毒品、就业等的恐惧

拉美地区是美国合法和非法移民的主要来源地，这些移民及其后代在美国劳动力人口中占据了很大比重；当经济或自然灾害袭击拉美时，美国也往往是拉美难民和移民的首选目的地。⑤ 自2007年起，进入美国的墨西哥裔非法移民数量明显减少，但来自其他拉美国家特别是中美洲国家的非法移民却大量增加，其中最多的是所谓"北方三角"（Northern Triangle），即洪都拉斯、萨尔瓦多、危地马拉三国。自2014年起，来自"北方三角"的难民、庇护寻求者大幅增加，被奥巴马总统称作是一场"人道主义危机"，并启动了所谓"进攻性吓阻战略"（aggressive deterrence strategy）加以应对。该战略的核心是在中美洲发起了一场

---

① White House, "Protecting the Nation From Foreign Terrorist Entry Into the United States," Executive Order, No. 13780, March 6, 2017, Federal Register, Vol. 82, No. 45, 2017, pp. 13209 – 13219.

② Trump, President of U. S. , et al. v. International Refugee Assistance, et al. 583 U. S. （2017）, Supreme Court, December 4, 2017, https：//www. supremecourt. gov/orders/courtorders/120417zr1_ j4ek. pdf.

③ White House, "Presidential Proclamation 9645 of September 24, 2017, Enhancing Vetting Capabilities and Processes for Detecting Attempted Entry into the United States by Terrorists or Other Public – Safety Threats," Federal Register, Vol. 82, No. 186, 2017, pp. 45161 – 45172.

④ "Table 14. Refugee Arrivals by Region and Country of Nationality：Fiscal Years 2016 to 2019," 2019 Yearbook of Immigration Statistics, Department of Homeland Security （DHS）, 2020, https：//www. dhs. gov/immigration – statistics/yearbook/2019/table14.

⑤ "Rethinking U. S. – Latin American Relations：A Hemispheric Partnership for a Turbulent World," Report of the Partnership for the Americas Commission, The Brookings Institution, November 2008, p. 6.

媒体运动，强调移民的风险和非法移民的后果，从而向中美洲潜在移民传递一个信息，即不值得冒险前往美国。① 但奥巴马政府的策略并未成功，主要是其方法并未准确针对美洲移民的动机，即当地的经济形势、社会犯罪等问题。② 而墨西哥的地理位置恰好处于诸多非法活动的必经之路，每天大约有2000支枪穿越美墨边境，助长了贩毒集团之间以及与军队和警察之间的暴力。每年大约有1.75万人被贩卖到美国，另有50万非法移民。③ 正是出于对邻国各种问题的恐惧，特朗普总统上台后大幅调整了对拉美地区的政策，从历届政府所强调的接触与伙伴关系转向对抗性政策。2018年，国务院制定了美国对该地区政策框架，重点关注三大支柱——经济增长与繁荣、安全和民主治理。该框架反映了美国长期以来的地区政策重点的连续性，但它似乎与特朗普政府在移民、贸易和对外援助方面有时采取的敌对行动和声明并不一致。例如，特朗普政府自2018—2020财年连续将对拉美地区的援助削减了30%以上；2019财年，为迫使"北方三角"国家遏制移民涌入美国，特朗普甚至停止了对这些国家的援助。但国会基本上都对此加以否决，相反为该地区提供了更多援助。④ 美国的"邻居恐惧症"最为集中地体现在美墨关系中。究其原因，一是墨西哥是美国非法移民的最大来源。随着"布拉塞洛计划"（Bracero program）于1964年到期终止，美国对墨西哥季节性工人的需求无法通过合法渠道解决，导致其非法移民迅速增加。例如，美国国内非法移民1979年约为170万人，其中墨西哥籍的就占了140万⑤，2017年仍高达490万。⑥ 二是墨西哥是其他拉美国家移民进入美国的最主要通道。美墨边界长约2000英里（约3128千米），已经发现的隧道就有200多条，其中部分"超级隧道"（super tunnels）甚至安装有电梯、照明、通风管道和伪装巧妙的进出竖井，用以走私毒品和其他非法产品。因此，特朗普政府出台的大量移民限制举措，如2018年4月的"零容忍政策"、6月的"家庭分离"计划、终止"抵美儿童暂缓遣返"（Deferred Action for Childhood Arrivals, DACA）计划等，都对美墨关系产生了直接而重大的影响。但特朗普政府围绕边界前移的边境执法动作并未取得预期效果，原因不仅在于其所诱发的重大国内争议，更在于非法移民及相关问题的性质演变——越来越多的非法移民不再是非法入境，而是逾期滞留。⑦ 出于反对特朗普政策的考虑，拜登总

---

① David Nakamura, "Obama Calls for 'Aggressive Deterrence Strategy' for Border Crossers," *Washington Post*, June 30, 2014.

② "Rethinking U. S. – Latin American Relations: A Hemispheric Partnership for a Turbulent World," Report of the Partnership for the Americas Commission, The Brookings Institution, November 2008, p. 24.

③ "Rethinking U. S. – Latin American Relations: A Hemispheric Partnership for a Turbulent World," Report of the Partnership for the Americas Commission, The Brookings Institution, November 2008, p. 24.

④ "Latin America and the Caribbean: U. S. Policy Overview," CRS In Focus, Updated June 5, 2020, https://fas.org/sgp/crs/row/IF10460.pdf.

⑤ Jennifer Van Hook and Frank D. Bean, "Estimating Unauthorized Mexican Migration to the United States: Issues and Trends," in US Commission on Immigration Reform, eds. , *Binational Study: Migration Between Mexico and the United States*, Washington, DC: US Commission on Immigration Reform, 1998, pp. 538 – 540.

⑥ Ana Gonzalez – Barrera and Jens Manuel Krogstad, "What We Know about Illegal Immigration from Mexico," Pew Research Center, June 28, 2019, https://www.pewresearch.org/fact-tank/2019/06/28/what-we-know-about-illegal-immigration-frommexico/#:~:text=1%20The%20number%20of%20Mexican%20immigrants%20living%20in,residents%20of%20the%20U.S.%20...%20More%20items...%20.

⑦ Edward Alden and Bernard L. Schwartz, "Faster, Safer, and Smarter: A Modern Visa System for the United States," Council on Foreign Relations, January 2012, https://www.cfr.org/report/faster-safer-and-smarter-modern-visa-system-united-states.

统执政后试图缓解国内的"邻居恐惧症",但被证明是失败的。拜登总统上任首日(2021年1月20日)便向国会提交了《2021年美国公民法》(The U. S. Citizenship Act of 2021),涵盖为约1100万非法移民提供合法化身份的途径、优化边境控制、解决移民问题根源等重大问题;此外,拜登总统还签署多项与移民有关的行政命令,其中大多涉及美国与邻国关系。但是随着来自中美洲移难民数量的迅猛上升,拜登政府却不得不一再调低相关政策目标,使美国外交决策背后的"邻居恐惧症"被进一步暴露出来。

三、战略掩饰：人道主义决策与道义抢占

既然自诩为移民国家,美国就需要在全球难移民治理方面展示出其独特性,而这恰好也是种族主义逻辑影响美国外交决策的第三个方面,即通过实施与全球难移民相关的人道主义政策而抢占国际道义高地,从而掩饰其外交决策的种族主义实质。尤其是在进入21世纪第二个十年后,随着"阿拉伯之春"导致大量难民涌入欧洲及其他国家,难移民治理便上升为全球治理的重要议题之一。例如,2018年全球难民总量高达2590万,在2000年(1400万)的基础上增长了85%,其中52%的难民年龄不到18岁;此外,全球还有4130万由于国内暴力和冲突导致的流离失所者,这是自1998年开始实施监控以来的最高纪录,在2000年的基础上翻了一番。① 随着难民问题的重要性日益上升,相关的人道主义政策日益成为美国外交重要的战略掩饰手段,特别是难民接纳、提供庇护及对抵美儿童实施的人道主义政策等。特朗普政府奉行"美国优先"战略,大幅压缩人道主义政策空间,对美国的"软实力"产生了重大消极影响。因此,拜登上台后迅速恢复了与难民相关的人道主义政策。

(一)尽管美国长期对难民保持开放态度,但日益关注其中潜在的国家安全风险

难民接纳和安置一向服务于美国的大战略考虑,同时也是美国参与国际权势斗争的重要工具。例如,二战后美国通过《流离失所者法案》《难民救济法案》接纳了数十万难民。冷战结束后,美国难民接纳的政治关切比重逐渐下降,人道主义和国别外交等关切逐渐上升。1980年美国国会通过《难民法案》(Refugee Act of 1980),并据此建立了其现行的美国难民接纳计划(US Refugee Admissions Program, USRAP)。此后,美国历任总统都将当年难民接纳上限设定在7万名,直至特朗普总统上任。到2017年初,美国已接纳近300万难民,从而成为美国历史上最大的人道主义行动之一。② 但美国在难民接纳方面也面临诸多挑战,如协调困难、目标多样、标准严苛、筛查薄弱以及资金不足等。但更重要的是,在其表面的战略掩饰功能背后,美国的难民政策始终有着强烈的国家安全关切。自第一次世界大战结束后,美国的难民政策更多聚焦在来自重点国家的安全威胁上。例如,1940年罗斯福总统将移民局与归化局合并,并划归司法部管理,其目标是更有效地控制外国国民,并使联邦政府能够迅速查明和消除任何影响公共利益的外国国民。二战结束后直至2001年"9·11"事件爆发之前,美国首要的国家安全关切是其他国家的权势和发展意图,先后涉及德国、日本

---

① IOM, *World Migration Report* 2020, Geneva: International Organization for Migration, 2020, pp. 3, 10.
② Anastasia Brown and Todd Scribner, "Unfulfilled Promises, Future Possibilities: The Refugee Resettlement System in the United States," *Journal on Migration and Human Security*, Vol. 2, No. 2, 2014, p. 102.

和苏联,对难民的担忧因"9·11"事件的爆发而加剧。① 特朗普的"美国优先"战略撕下了美国难民政策长期的战略掩饰外衣,直白强调难民导致的安全威胁。因此其第一批行政命令强调难民带来的重大安全威胁,最为集中地体现2017年1月27日发布的第13769号行政命令《阻止外国恐怖主义分子进入美国以保护国家》(Protecting the Nation from Foreign Terrorist Entry into the United States)上。② 在特朗普政府看来,难民往往是从战乱国家逃离的,且相关信息缺乏,这使美国很难追踪他们的真实身份及其意图。而少数难民在抵达美国后因恐怖主义阴谋而被逮捕,某种程度上也印证了这一担忧。③ 此后,特朗普总统多次发布行政命令,要求对计划接纳的难民做更为严格的审查④,并命令停止接纳被认为对美国构成"高风险"的11个国家的难民,包括伊朗、利比亚、索马里、苏丹、叙利亚、也门、伊拉克、马里、朝鲜等。这些措施致使美国接纳难民的上限人数和实际接收人数都大幅下降。2017—2020年,美国接纳难民上限人数从5万降低到3万,而实际接纳的难民人数也呈大幅下降趋势,如2018年仅接纳2.2万余名难民,为1980年美国难民接纳计划设立以来的最低纪录。总而言之,特朗普在任头三年美国所接纳的难民人数不及里根、老布什和克林顿三位总统一年所接收的数量。拜登总统执政后一度雄心勃勃,宣称在2021年将接纳12.5万名难民,但面临渐趋失控的边境管理局势,于5月初将目标下调至6.5万。⑤ 尽管如此,美国的边境危机也并未得到明显缓解。拜登政府2021年的难民实际接纳人数甚至可能低于特朗普离任前创下的历史最低纪录(1.5万名)。

(二)美国往往以民主、人权的名义为符合国际"难民"界定的外国人提供庇护,但实质是针对重点国家的重要外交手段

二战后所确立的国际难民制度很大程度上是为西方政治提供合法化的外交手段⑥,20世纪五六十年代的难民迁移往往是从东方到西方,且更多的是为叛逃者提供政治庇护从而提升西方的意识形态得分。直到冷战结束前,庇护都被高度政治化为意识形态竞争的重要手段。实际上,美国在冷战时期所批准的庇护总量并不高。在1973—1990年间,美国共计批准庇

---

① United Nations Secretary General, "Environmental Threats Are Quintessential 'Problems without Passports,' Secretary General Tells European Environment Ministers," UN Press Release, SG/SM/6609, June 23, 1998, https://www.un.org/press/en/1998/19980623.sgsm6609.html.
② White House, "Protecting the Nation From Foreign Terrorist Entry Into the United States," Executive Order, No. 13769, January 27, 2017, Federal Register, Vol. 82, No. 20, 2017, pp. 8977 – 8982, https://www.federalregister.gov/documents/2017/02/012017 – 02281/protectiny – the – nation – from – foreign – terrorist – entry – into – the – united – stats.
③ Michelle Ye Hee Lee, "The Viral Claim That 'Not One' Refugee Resettled Since 9/11 Has Been 'Arrested on Domestic Terrorism Charges,'" *Washington Post*, November 19, 2015.
④ White House, "Resuming the United States Refugee Admissions Program With Enhanced Vetting Capabilities," Executive Order, No. 13815, October 24, 2017, *Federal Register*, Vol. 82, No. 2017, 2017, pp. 50055 – 50058.
⑤ "Statement by President Joe Biden on Refugee Admissions," The White House Briefing Room, May 3, 2021, https://www.whitehouse.gov/briefing – room/statementsreleases/2021/05/03/statement – by – president – joe – biden – on – refugee – admissions/.
⑥ Matthew Gibney, J., and Randall Hansen, "Asylum Policy in the West: Past Trends, Future Possibilities," *Discussion Paper*, No. 68, Helsinki: UNU – WIDER. 2003; B. S. Chimni, "The Geopolitics of Refugee Studies and the Practice of International Institutions: A View from the South," *Journal of Refugee Studies*, Vol. 11, No. 4, 1998, pp. 350 – 374.

护人数仅为5.5万余人，年均不足3000人，年均批准率为32.5%。① 冷战结束后，美国批准的庇护量大增，在1991—2019年间共计批准了71万余人的庇护申请。② 奥巴马政府时期最高的年份为约2.8万名，最低的年份只有1.9万余名。③ 特朗普任职期间，美国所批准的庇护申请案例是自2008年全球金融危机以来较多的，2017—2019年，从2.6万余名增至4.6万余名。尽管实际批准的庇护数量仍在增长，但特朗普政府上台后美国的庇护政策却发生了明显退缩。自上任起，特朗普总统就试图堵住美国南部边境的"漏洞"，即通过提供庇护进而使非法移民可通过"抓捕后释放"（catch and release）模式进入美国。④ 特朗普总统上台后第5天签发的第13767号行政命令，就要求国土安全部部长颁发有关移民的新指导政策，其中应包括结束所谓"抓捕后释放"模式的内容。为堵住庇护政策的漏洞，美国公民和移民事务局于2017年2月13日发布修改后的庇护官教程，要求在庇护首次面谈时采用对申请者来说更加困难的"可信的恐惧"（credible-fear）模式，要求申请庇护者以"优势证据"确立自己的身份，而此前的标准是"合理的确定性"；并要求庇护官员对申请人证据的可信度作全面分析，而此前的标准只是"发现存在较大可能性"。⑤ 由于庇护申请者数量持续增长，特朗普政府自2018年开始试图限制每天通过美墨边境进入美国的庇护申请者数量。特朗普总统于2019年11月9日签发一项公告，禁止任何非法越过美墨边境的人移入美国，这也就意味着这些人不具备庇护申请的资格。与此同时，国土安全部和司法部联合发布了一项庇护禁令，规定禁止任何属于总统公告中禁止入境的人员入境，即使入境也不具备庇护申请资格。特朗普时期的庇护批准率明显下降。统计显示，与奥巴马政府相比，特朗普政府的庇护批准率下降了4个百分点（24.1%—20%），而拒绝率上升了19个百分点（25.5%—44.8%）。⑥ 为建立所谓"公正、有序和人道"（fair, orderly and humane）的移民体系，拜登政府于2021年7月底出台一项"21点计划"，以提升美国庇护机制的效率与公平，撤销特朗普时期的多项政策和决策，增加2022财年相关费用等内容。⑦ 尽管如此，拜登总统执政头半年的记录显示，美国的庇护政策仍更多地停留在边境管理上：2021年1—6月，美墨

---

① 1997 Statisitcal Yearbook of the Immigration and Naturalization Service, Washington, D. C. : Immigration and Naturalization Service, U. S. Department of Justice, October 1999, Chapter 3.

② DHS, "Table 16. Individuals Granted Asylum Affirmatively or Defensively: Fiscal Years 1990 to 2019," 2019 Yearbook of Immigration Statistics, Department of Homeland Security, 2020, https://www.dhs.gov/immigration-statistics/yearbook/2019/table16.

③ Ibid.

④ Memorandum from the President to the Secretary of State, the Secretary of Defense, the Attorney General, the Secretary of Health and Human Services, and the Secretary of Homeland Security, "Ending 'Catch and Release' at the Border of the United States and Directing Other Enhancements to Immigration Enforcement," Presidential Document, 2018-07962, April 6, 2018, pp. 16179-16180, https://www.federalregister.gov/documents/2018/04/13/2018-07962/ending-catch-and-release-at-the-border-of-the-united-states-and-directing-otherenhancements-to.

⑤ "Memorandum from John Lafferty, Chief, Asylum Division to All Asylum Office Personnel, Release of Updated Asylum Division Officer Training Course (ADOTC) Lesson Plans," USCIS, February 13, 2017, HQRAIO 120/9.15b.

⑥ "Asylum Decision Rates," Executive Office for Immigration Review, Adjudication Statistics, https://www.justice.gov/eoir/page/file/1104861/download.

⑦ "FACT SHEET: The Biden Administration Blueprint for a Fair, Orderly and Humane Immigration System," The White House Briefing Room, July 27, 2021, https://www.whitehouse.gov/briefing-room/statements-releases/2021/07/27/fact-sheet-the-biden-administrationblueprint-for-a-fair-orderly-and-humane-immigration-system/.

边境被逮捕的移民达到110万人,仅6月就有19万人。①

(三)为那些由于暴力冲突或自然灾害无法回国而临时居住在美国的人,特别是无人陪伴的外国儿童提供临时保护地位,也是一个具有高度道德象征意义的政策举措,具有重要的战略掩饰功能

临时保护地位(temporal protection status,TPS)是为其他国家或特定地区的人提供临时性的人道主义保护措施,是依据1990年《移民法案》而设立的。截至2021年3月,共计有32万人依据临时保护地位而居住在美国境内。特朗普总统对该计划高度不满,认为其前任们不断延长临时保护地位的时限,有的甚至变成了永久居住权。因此,特朗普曾尝试结束至少6个国家——苏丹、尼加拉瓜、尼泊尔、海地、萨尔瓦多和洪都拉斯——公民的临时保护地位;但其努力往往被地区法院所否决,而国土安全部则反复延长既有的临时保护地位待遇。这样,到2021年7月,美国政府仍为缅甸、叙利亚、苏丹、南苏丹、索马里、尼加拉瓜、尼泊尔、海地等12国公民提供临时保护地位。无人陪伴外国儿童(Unaccompanied Children,UAC)指已进入美国但却没有父母或合法监护人、未满18岁且无合法移民身份的儿童。根据美国法律,接收的这类儿童必须是来自非邻国的儿童,即不能来自于墨西哥和加拿大,并将在处理过程中交给其父母或合法监护人。2012年,奥巴马政府启动"抵美儿童暂缓遣返"行动,到他任期结束时,该计划共计使近80万人受益——他们因此获得了工作和受教育机会,能够养活自己和家人。但特朗普认为,该计划可能会严重助长未成年人非法越境进入美国的现象②,必须尽可能阻止并对这些儿童和其家庭成员加大执法力度。自2018年4月起,特朗普政府开始实施所谓"零容忍"(zero tolerance)政策,对所有非法越境进入美国的移民实施刑事起诉,并将父母送往拘留中心,对未成年子女则另行拘押。该政策的直接后果是拆散移民家庭,使未成年儿童处于无人照顾的局面。根据2021年初的一项政府报告,该政策导致超过3000个家庭被拆散,并对那些孩子造成了情感伤害。③ 特朗普的政策提议不仅引发了重大的移民危机,在美国内也引发起重大争议,美国最高法院要求政府在裁决前停止执行。④ 拜登在就任总统第一天就恢复了"抵美儿童暂缓遣返"行动⑤,并反复催促国会尽早通过《美国梦想与承诺法案》(American Dream and Promise Act)。但因其移民政策失当而引发的边境危机,使"抵美儿童暂缓遣返"行动陷入重大争议,得克萨斯州联

---

① Annika Kim Constantino, "Biden Plans to Speed up Asylum Processing and Deportations at the Border," CNBC, July 27, 2021, https://www.cnbc.com/2021/07/27/biden-plans-tospeed-up-asylum-processing-and-deportations-at-the-border-.html.
② Catalina Amuedo-Dorantes and Thitima Puttitanun, "Was DACA Responsible for the Surge in Unaccompanied Minors on the Southern Border?" *International Migration*, Vol. 55, No. 6, 2017, pp. 12-13.
③ Colleen Long, "Watchdog: DOJ Bungled 'Zero Tolerance' Immigration Policy," American Press, January 15, 2021, https://apnews.com/article/aclu-doj-zero-tolerance-policyfailure-b8e6e0a189f5752697335f51d57b1628.
④ Andrew Daniller, "Americans' Immigration Policy Priorities: Divisions between and within-the Two Parties," Pew Research Center, November 12, 2019, https://www.pewresearch.org/fact-tank/2019/11/12/americans-immigration-policy-priorities-divisionsbetween-and-within-the-two-parties/.
⑤ "Preserving and Fortifying Deferred Action for Childhood Arrivals (DACA)," The White House Briefing Room, January 20, 2021, https://www.whitehouse.gov/briefing-room/presidentialactions/2021/01/20/preserving-and-fortifying-deferred-action-for-childhood-arrivals-daca/.

邦地区法院甚至于 2021 年 7 月作出裁决，要求拜登政府全面停止执行上述行动。①

结　语

美国自诞生以来就既是一个"帝国"（empire state），又是一个"帝国主义国家"（imperial nation）。它承诺在国内实行民主自治，在国际上强调主权独立，反对其他帝国主义；但同时它在国内也强调专制和强制服从，对外实行扩张和征服。这一矛盾结合体自美国诞生之日便持续存在，到二战结束后特别是民权运动后更加凸显，因为美国必须努力调和国际征服与国内熔炉的内在紧张。由此而来，尽管种族主义逻辑始终是美国外交决策的重要依据，但也必须采取各种手段将其种族主义面目掩盖起来，如果可能的话甚至加以美化。种族主义逻辑对美国外交决策的三重影响事实上通过整合，实现了上述目标。首先，对多个种族或族裔的泛种族化操作，可以有效模糊外交决策背后的种族主义逻辑；其次，针对特定种族或族裔的族裔种族化操作，很大程度上可通过"恐外症"而转换视线，进而也可极大地缓解其外交决策背后的种族主义色彩；最后，与全球移民、难民治理相关的人道主义政策，由于其重要道德含义，而可为其外交决策提供战略掩饰。这使美国外交决策中的种族主义逻辑变得难以识别。拜登政府上台后迅速采取多项举措，一方面通过终止包括"穆斯林禁令"等在内的多项限制入境政策，从而缓解特朗普政府时期外交政策的种族主义色彩②，另一方面通过恢复"抵美儿童暂缓遣返"计划、提高难民接收上限等举措美化美国形象。尽管如此，种族主义逻辑对美国外交决策的影响极可能持续上升。一方面，外来移民在美国人口中的比重在 2017 年再次创下自 1920 年以来的历史新高，达到 13.7%，但鉴于 1920 年以来美国曾有过长达 40 年的排外主义高潮，因此美国在未来会否回到过去是个值得认真观察的问题。另一方面，进入 21 世纪，特别是自 2008 年金融危机以来，美国霸权衰落态势日渐明显，美国的"恐外症"，尤其是"权势衰落恐惧症"正持续高涨。这两个因素的结合，极可能推动种族主义逻辑在美国外交决策中发挥作用的方式发生新的变化，尽管目前得出相关结论似乎为时尚早。

---

① Texas v. United States, No. 1: 18 - cv -00068, July 16, 2021, https://s3.documentcloud.org/documents/21010983/7 - 16 - 21 - texas - v - us - opinion.pdf.

② Julia G. Young, "Making America 1920 Again? Nativism and US Immigration, Past and Present," *Journal on Migration and Human Security*, Vol. 5, No. 1, 2017, pp. 217 - 235.

全球海洋治理视阈下的中国海洋能源国际合作探析

吴 磊 詹红兵

【摘 要】 进入21世纪，在海洋领域人类面临双重重大变革：一是全面开发利用海洋能源资源，加速推进全球能源转型及应对气候变化；二是全面发展海洋经济，深入推进海洋生态环境保护及全球海洋治理。海洋能源不仅是发展海洋经济的重要物质基础，还是联结全球能源转型与海洋治理的重要纽带。浩瀚的海洋蕴藏着巨量的能源资源，随着认识的深入和技术的进步，以海洋能为代表的海洋可再生能源逐步得到开发利用，正朝着大规模和商业化方向迈进。国际社会合作开发利用海洋能源资源的体制机制已基本建立，但还需要进一步深化。在建设海洋强国和推进全球海洋治理的战略框架下，中国需要坚持创新驱动，打造海洋能源技术强国，同时需要通过建立多边国际合作机制、建设海上能源丝绸之路和构建蓝色能源伙伴关系三根支柱推进海洋能源领域的国际合作，以此保障能源安全，保护海洋生态文明，应对气候变化，促进全球海洋治理。

【关键词】 海洋治理；海洋能源；国际合作；蓝色伙伴关系

众所周知，全球海洋面积占地球表面积的71%。海洋与地球生态息息相关，与人类社会的发展息息相关。海洋不仅是生命的摇篮，也是能源资源大宝库。21世纪将是人类全面开发海洋能源资源的世纪，也是开展全球海洋治理的世纪。然而，海洋能源资源开发与全球海洋治理正如21世纪一样年轻，还处于童年阶段。早在上个世纪，世界各国就已经在探索开发利用海洋能源资源，并且取得了丰硕的成果。文献检索发现，国内外关于海洋能源资源开发的文献非常丰富，可谓汗牛充栋，尤其集中在海洋能源利用技术领域。但是，从全球海洋治理的高度，从海洋能源资源开发的整体角度研究海洋能源的文献还非常少。随着陆上油气资源开发进入平台期，化石能源利用带来温室气体排放，以及海洋可再生能源利用技术的进步，大规模及商业化开发利用海洋能源资源已经提上日程。开发利用海洋能源资源作为发展海洋经济的重要组成部分，也将是全球海洋治理的题中应有之义。本文综合散见于各领域的海洋能源文献资料，致力于从宏观和整体的角度，在全球海洋治理的视阈下考察世界和中国海洋能源开发利用及国际合作的现状，着重探讨中国未来如何开展海洋能源国际合作、如何深度参与全球海洋治理，并尝试提出建设性的相关建议。

一、全球海洋能源开发及国际合作现状

浩瀚的海洋蕴藏着巨大的能源资源，理论上其资源量要远远高于陆上能源资源量。原因有三：一是假设地球蕴藏的化石能源与地球表面积成正比，海洋面积占全球面积的71%，

那么理论上海底蕴藏的煤炭油气等化石能源储量也将占71%，远高于陆地的29%。二是假设地球表面的太阳能、风能及地底的地热能与地球表面积成正比，那么理论上海洋与陆地太阳能、风能、地热能等的资源量比例也将是71∶29。三是海洋拥有陆地没有的独特的海洋能。在太阳和月亮等天体的作用下，海水中蕴藏了取之不尽用之不竭的物理化学等能量。在天体引力和太阳辐射作用下，海水形成了潮汐能、波浪能、海流能等机械能；海水温差形成了热能；在海水的化学成分作用下，形成了盐差能等化学能；还有溶解在海水中的铀等矿产资源，将为核能提供丰富的原材料。按照存在形式及开采技术分类，总的来说海洋能源资源可分为三大类。第一类是传统的海底化石能源如煤炭、油气等，包括浅水区域和深水区域；第二类是海洋可再生能源，除了包括潮汐能、波浪能、潮流/海流能、温差能和盐差能，还包括海洋上空的风能以及海洋生物质能等[①]；第三类是海洋非常规能源，包括海底重稠油、页岩油气、可燃冰和干热岩等。海洋蕴藏的能源资源量到底有多少至今仍是一个未知数，因为人类尚未揭开海洋的神秘面纱。2016年欧盟《全球海洋治理联合声明》指出，截至目前，人类已开发利用的全球海底面积还不到3%，还有90%以上的海底面积处于未知状态。据科学家估计，如果能够有效开发利用，仅海水中蕴藏的能量就能满足人类全部的能源需求。巨大的海洋能源宝库正在等待人类的探索与开发，海洋能源技术创新与进步是开启海洋能源宝库的金钥匙。

（一）世界海洋能源勘探开发状况

1. 海底传统化石能源

宽广的大洋底部蕴藏着丰富的煤炭、石油和天然气等传统化石能源。化石能源的储量与勘探技术和勘探程度紧密相关。根据美国地质调查局（USGS）、国际能源署（IEA）、英国石油公司（BP）等机构公布的数据，在目前的技术条件和勘探程度上，全球石油可采资源量4000亿吨左右，天然气可采资源量约400万亿立方米。[②] 据英国石油公司的统计数据，截至2017年底，全球探明石油储量2393亿吨，探明天然气储量193.5万亿立方米。按照当前的油气开采水平（2017年全球石油总产量43.87亿吨、天然气总产量3.68万亿立方米），全球油气的储产比均为50左右。[③] 换句话说，如果没有新增探明储量，全球油气工业只能支撑50年左右。业界普遍认为全球油气产量和消费量将在2040年前后达到峰值。当陆上油气资源勘探进入衰退期后，全球油气工业的未来在海洋，尤其是深水油气。由于勘探程度较低，目前探明的海底化石能源储量只是冰山一角。有专家估算，全球石油和天然气储量的70%以上集中在海洋。例如，初步勘探表明，仅北极地区，海底煤炭储量就达1万亿吨，占全球煤炭总储量的1/4，石油和天然气蕴藏量分别占全球石油和天然气总蕴藏量的20%和30%。[④] 自1896年美国在加利福尼亚近海打出第一口海上油井以来，海洋油气工业已经发展了100多年。目前，全球有100多个国家在进行海上油气开采，有50多个国家已经挺进

---

① 夏登文、康健主编：《海洋能开发利用词典》，海洋出版社，2014，第1页。
② 虽然一些国际能源机构给出了自己的统计数据，但各机构的统计数据也存在差异。对此，本文对能源资源的储量等统计数据进行折中处理，给出一个合理的范围或平均数。
③ "BP Statistical Review of World Energy 2018," BP, June 2018, pp. 12 – 35, https：//www.bp.com/content/dam/bp/en/corporate/pdf/energy – economics/statistical – review/bp – stats – review – 2018 – full – report.pdf.
④ 李长久：《公海资源：国家间下一个激烈争夺点》，《经济参考报》2013年2月21日。

深海油气领域。在当前的海洋油气技术条件下,海洋油气的探明储量和产量都已占到全球油气探明总储量和总产量的三分之一,且探明储量和产量都在逐年增加。根据国际能源署和油气杂志公布的数据看,近10年来新发现的亿吨级以上的大型油气田中,60%位于海上,且有一半在水深500米以上的深海。有专家预计未来全球油气田储量40%都将集中在深海。① 在陆上油气勘探开采进入平台期时,海洋油气正展现出光明的前景。

2. 海洋可再生能源

海洋可再生能源的资源量惊人,是名副其实的取之不尽用之不竭的可再生能源宝库。海洋可再生能源可分为两大类:一类是海洋新能源,包括海面上的太阳能和风能、海洋生物产生的生物质能,以及海底地热能等;另一类就是通称的海洋能,主要包括潮汐能、波浪能、海流/潮流能、温差能、盐差能等。在能源转型和应对全球气候变化的压力下,海洋可再生能源已经成为全球可再生能源发展的重要组成部分,成为世界各国争先发展的重要领域。21世纪以来,全球范围可再生能源包括海洋可再生能源都获得了较大发展。据国际可再生能源署(IRENA)统计,2017年全球新增可再生能源装机容量167吉瓦,全球可再生能源装机总容量达2179.4吉瓦,使可再生能源在全球最终能源消费总量中的比重由2015年的15%提升到2017年的19%。②

目前,海上风电是海洋新能源发展的标杆和重点领域。进入21世纪,伴随着低碳经济运动的兴起,欧洲国家率先进军以太阳能和风能为代表的新能源,其中也包括海上风电和海上太阳能发电。当前,"英国已投运的海上风电项目装机规模超过700万千瓦,还有近700万千瓦的项目处于施工中或者签订了开发合同,是全球最大的海上风电市场。"③ 德国近年来也在大力发展海上风电,德国联邦政府已通过税收政策鼓励海上风电发展,用以替代核电并最终完全废止核电。④ 相比较而言,我国海上风电起步较晚,但发展较快。截至2017年底,我国海上风电累计装机容量已达279万千瓦,仅次于英国、德国,居全球第三位。⑤ 据国际可再生能源署统计,2017年全球新增海上风电装机容量4吉瓦,使海上风电装机总容量达18.7吉瓦。⑥

海洋能(Ocean Energy)是海洋可再生能源的重要组成部分,也是当前国际能源领域研究开发的热点和前沿。海洋能是指以海水为能量载体,以潮汐、波浪、海流/潮流、温度差和盐度梯度等形式存在的潮汐能、波浪能、海流能/潮流能、温差能和盐差能。⑦ 国际能源署将正在研发的海洋能利用技术分为五类:潮汐能(Tidal Power)、潮流/海流能(Tidal/

---

① 傅小荣、赵婵:《海洋油气开发将引领海洋工程新时代》,《中国能源报》2018年1月8日,第4版。
② "Global Energy Transformation: A Road map to 2050," International Renewable Energy Agency, April 2018, pp. 8 - 18, April 2019, http://www.irena.org/-/media/Files/IRENA/Agency/Publication/2018/Apr/IRENA_Report_GET_2018.pd; "Renewable EnergyStatistics 2018," International Renewable Energy Agency, July 2018, pp. 2 - 9, http://www.irena.org/-/media/Files/IRENA/Agency/Publication/2018/Jul/IRENA_Renewable_Energy_Statistics_2018.pdf.
③ 夏云峰:《英国海上风电规模有望十年内翻番》,《风能》2018年第7期,第62页。
④ 张宝峰:《国内外海上风电行业发展趋势及前景分析》,《中国战略新兴产业》2018年3月16日,http://kns.cnki.net/kcms/detail/10.1156.F.20180315.2333.080.html。
⑤ 《我国海上风电起步晚发展快装机规模已达全球第三》,中国经济网,2018年6月21日,http://www.ce.cn/cysc/ny/gdxw/201806/21/t20180621_29482279.shtml。
⑥ "Renewable Energy Statistics 2018," International Renewable Energy Agency, July 2018, pp. 38 - 39, http://www.irena.org/media/Files/IRENA/Agency/Publication/2018/Jul/IRENA_Renewable_Energy_Statistics_2018.pdf.
⑦ 夏登文、康健主编:《海洋能开发利用词典》,海洋出版社,2014,第1页。

Marine Currents)、波浪能（Wave Power）、温度差能（Temperature Gradients）和盐度差能（Salinity Gradients）。① 目前，这五类技术都还处于研发和示范的早期阶段，还不能大规模商业化应用，主要原因除了能源效率有待提升外，还要应对复杂多变的海洋环境以及保护海洋生物、海洋生态、海洋运输等复杂因素。即便是最先进的潮汐能和波浪能利用技术也都还面临着许多问题和挑战。例如潮汐坝发展最早，且技术相对成熟，但其装机容量和选址都受到一定限制。② 虽然海洋能开发利用技术的发展尚需时日，但海洋能的资源量和开发前景非常鼓舞人心。以潮汐能为例，苏格兰的彭特兰湾海域拥有世界上最强大的潮汐能。据估计，"苏格兰的潮汐能蕴含量占世界潮汐能总量的7%"。③ 克莱尔（A. Kalair）等专家认为，如果得到合理开发，全球潮汐能每年能发电800太瓦时，全球盐差能每年能发电2000太瓦时，全球波浪能每年能发电8000—80000太瓦时，全球温差能每年能发电10000—87600太瓦时，各种海洋能发电量之和远远超过当前全球每年16000太瓦时的电力需求。④

尽管仍然面临诸多挑战，但在国际社会的共同努力下，近年来海洋能技术获得较大进展。早在1966年，法国就在兰斯河口建成了240兆瓦的潮汐坝电站，成为当时世界上最早和规模最大的潮汐能利用项目。2011年，韩国建成254兆瓦的西华湖潮汐能电站，超越法国兰斯潮汐坝电站成为世界第一大规模的潮汐能电站。近年来，世界各国都加大了海洋能技术的研发和投入，诸多兆瓦级规模的研发项目相继进入试验阶段。2017年，英国在潮流能开发技术方面取得突破。亚特兰蒂斯资源公司在苏格兰彭特兰湾的梅根项目（MeyGen）完成第一期6兆瓦潮流能涡轮机发电和并网试验，成为目前世界上最大的潮流能发电试验项目。面对海洋能蓬勃的发展前景，英国石油公司作出乐观展望：到2040年，非化石能源预计将能够与石油、天然气、煤炭四分天下。⑤ 对此，国际可再生能源署保持着谨慎态度，国际可再生能源署在其发布的《全球能源转型2050年路线图》中指出，要实现《巴黎协定》达成的将全球气温升高控制在2℃以内的目标，在技术上是可行的，但需要全球将可再生能源在最终能源消费总量中的比重从2017年的19%提高到2050年的2/3。⑥ 这需要整个国际社会团结合作并付出巨大努力。

3. 海洋非常规能源

当前，非常规能源主要是指非常规油气，包括致密油气、页岩油气、煤层气、天然气水合物等。广袤的海底世界不仅蕴藏着丰富的常规油气资源，也蕴藏着丰富的非常规油气资源。邹才能等专家指出，常规油气和非常规油气的资源量比例为2∶8。据美国地质调查局（USGS）等机构公布的数据，全球非常规石油的资源量约为4120亿吨，全球非常规天然气

---

① "Oceanenergy," IEA, http：//www.iea.org/topics/renew - ables/ocean/.
② Mehmet Melikoglu, "Current Statusand Future of Ocean Energy Sources：AGlobalReview," *Ocean Engineering*, Vol. 148, January15, 2018, pp. 563 - 573.
③ 王海霞：《海洋能源开发苏格兰欲独立潮头》，《中国能源报》2010年8月23日，第9版。
④ N. Khan, A. Kalair, N. Abas, A. Haider, "ReviewofOceanTidal, WaveandThermalEnergyTechnologies," *Renewableand Sustainable Energy Reviews*, Vol. 72, May 2017, p. 590.
⑤ "BP Energy Outlook 2018 Edition," BP, 2018, p. 69, https：//www.bp.com/content/dam/bp/en/corporate/pdf/energy - eco - nomics/energy - outlook/bp - energy - outlook - 2018.pdf.
⑥ "Global Energy Transformation：A Roadmap to 2050," International Renewable Energy Agency, April 2018, pp. 8 - 18, http：//www.irena.org/ -/media/Files/IRENA/Agency/Publication/2018/Apr/IRENA_ Report_ GET_ 2018.pdf.

的资源量约为921.9万亿立方米,天然气水合物可采资源量约为3000万亿立方米。① 由于技术条件的限制,目前深水油气资源也可以算是一种非常规油气。随着非常规油气技术的突破,陆上油气领域的"能源革命"也开始向海洋油气领域传播。当前,油气工业的勘探开发呈现出"三个并进"态势,即非常规与常规并进、深层与浅层并进、海洋与陆地并进。而且,常规油气资源采出程度仅为25%,非常规油气资源采出程度更低。② 除非常规油气外,海底还蕴藏着一种被公认为将替代石油、天然气的"未来能源"——可燃冰。可燃冰广泛分布于深海海底和陆上永久冻土中,不仅能量高出普通化石能源10倍,而且储量巨大。据科学家估算,可燃冰的资源量相当于全球已探明传统化石燃料碳总量的2倍,能够满足人类使用1000年。③ 由此可见,海底非常规油气和可燃冰等能源资源将是今后开发的新领域,前景也相当广阔。

(二)世界海洋能源国际合作平台及机制

当前,能源领域各个层次的国际合作平台基本上都已建立,包括国际能源署、能源宪章、世界能源理事会、国际可再生能源署、二十国集团能源部长会议、亚太经合组织能源部长会议等。但是,专门的海洋能源合作平台很少见,相应的合作机制也有待完善。尽管如此,在海洋能源技术发展领域,相关的合作平台已经建立并发挥着重要作用,主要包括联合国框架下的可持续发展目标、国际可再生能源署,国际能源署框架下的海洋能系统,以及欧盟等区域一体化组织框架下的海洋能源技术合作组织等。

1. 联合国可持续发展议程

截至目前,在联合国框架下始终没有建立起普遍性的政府间国际能源合作组织。为保证可持续的能源供应和应对全球气候变化,联合国将能源发展列为可持续发展目标之一,纳入《联合国可持续发展议程》。联合国的可持续发展目标源于1992年在巴西里约热内卢召开的联合国环境与发展大会(UNECD)。大会通过了《里约环境与发展宣言》和《21世纪议程》两个纲领性文件,环境保护和可持续发展成为国际社会的政治宣言和行动指南。2000年9月,在联合国千年首脑会议上,世界各国领导人一致通过了实现可持续发展的《千年发展目标》。2015年9月,联合国可持续发展峰会在纽约总部召开,193个成员国正式通过了17项可持续发展目标。其中与海洋能源直接相关的是"目标7"和"目标14"。目标7的内容是"确保人人获得负担得起的、可靠和可持续的现代能源"。目标7又包含"到2030年,大幅增加可再生能源在全球能源结构中的比例"等五项具体目标。④ 目标14的内容是"保护和可持续利用海洋和海洋资源以促进可持续发展"。目标14指出"世界上的海洋,其温

---

① 邹才能、杨智、张国生等:《常规—非常规油气"有序聚集"理论认识与实践意义》,《石油勘探与开发》2014年第1期,第14-25页。
② 邹才能、翟光明、张光亚等:《全球常规—非常规油气形成分布、资源潜力及趋势预测》,《石油勘探与开发》2015年第1期,第13-25页。
③ 李刚:《历史性突破!南海可燃冰试采成功》,人民网,2017年5月18日,http://scitech.people.com.cn/n1/2017/0518/c1007-29285098.html。
④ "Sustainable Development Goals —— Goal 7: Ensure Access to Affordable, Reliable, Sustainable and Modern Energy for All," United Nations, https://www.un.org/sustainabledevelopment/energy/.

度、化学成分、洋流和生物，驱动着全人类居住的地球系统。"① 与海洋能源间接相关的是"目标13"和"目标17"。目标13的内容是"采取紧急行动应对气候变化及其影响"，目标17的内容是"重振可持续发展全球伙伴关系"。这两个目标从另一个角度对海洋能源的可持续开发利用提出要求和解决方式。联合国可持续发展目标并不是国际合作平台，而是督促联合国成员国落实可持续发展目标的国际制度，依靠各成员国自觉推动落实，因此缺乏强制实施的权威性。

2. 国际可再生能源署

国际可再生能源署（International Renewable Energy Agency，简称 IRENA）是可再生能源领域的政府间国际合作组织，其宗旨是支持各成员国向可持续能源转型，建立一个可再生能源政策、技术、资源和资金的权威知识库，搭建一个有效的国际合作交流平台。国际可再生能源署鼓励各成员国广泛运用生物质能、地热能、水能、海洋能、太阳能、风能等可再生能源，致力于实现可持续发展、能源可获得性、能源安全、低碳增长和经济繁荣等目标。早在1981年，在肯尼亚首都内罗毕召开的联合国新能源和可再生能源大会上，与会国就倡议建立一个致力于可再生能源发展的国际组织。进入21世纪，随着全球对可再生能源的关注日益增加，尤其是可持续发展和气候变化议题越来越重要，成立可再生能源国际组织的议题得到越来越多国家的认同和支持。2004年波恩国际可再生能源大会的决议明确提出支持建立国际可再生能源署。经过五年多的筹备，国际可再生能源署终于在2009年1月26日在德国波恩宣告正式成立。在成立大会上，75个国家签署了协议，明确表示将致力于改变全球的能源范式。② 国际可再生能源署的总部设在阿拉伯联合酋长国首都阿布扎比，至今已有158个成员国。国际可再生能源署的主要任务包括建立和发展协同效应，促进对话，分享实践经验，制定政策，扩大影响，促进全球、地区、国家层面的合作。此外，国际可再生能源署鼓励广泛的利益攸关方增加投资，致力于技术发展和创新。海洋可再生能源是国际可再生能源署的重要研究对象和研究领域，但尚未成为专门的研究对象和研究领域。

3. 海洋能系统技术合作计划

为了开发全球巨量的海洋能资源，海洋能系统技术合作计划（The Ocean Energy Systems Technology Collaboration Programme，以下简称海洋能系统）应运而生。海洋能系统成立于2001年，是国际能源署框架下的旨在加强国际海洋可再生能源技术研发的政府间合作组织。20世纪90年代末，随着潮汐能、波浪能等海洋能技术的发展和运用，越来越多的国家认识到成立海洋能开发利用技术合作组织的必要性和紧迫性。丹麦、葡萄牙、英国三国最先倡议成立海洋能技术合作组织，三国也成为海洋能系统的创始签字国。海洋能系统将致力于研究、发展和利用各种形式的海洋能资源（如潮汐、波浪、潮流、温度差、盐度差等）的国家联合在一起，促进海洋能技术的发展与交流合作。③ 值得注意的是，如前所述，海上风电和海洋生物质能、海底地热能等虽然也属于海洋可再生能源资源，也占据海洋空间，但不直

---

① "Sustainable Development Goals——Goal14: Conserve and Sustainably Use the Oceans, Seas and Marine Resources," United Nations, https://www.un.org/sustainabledevelopment/oceans/.

② "The History of International Renewable Energy Agency," International Renewable Energy Agency, http://www.irena.org/history.

③ "The Ocean Energy Systems Technology Collaboration Programme (OES)," OES, https://www.ocean-energy-systems.org/about-us/.

接与海水能量利用相关,因此不属于海洋能系统的研究范畴。绝大多数海洋能资源都用于发电,少部分源自海水的物理和化学特性用于其他用途,如海水淡化等。

目前,海洋能系统已经拥有包括欧洲委员会在内的 25 个成员国。各成员国派出缔约方代表组成执行委员会,负责管理该系统的工作计划及日常事务。缔约方代表来自政府机构、能源部门、科研机构、学术机构等,一般由缔约国指派。① 执行委员会是海洋能系统的最高决策机构,负责制定战略规划和工作计划。2017 年是海洋能系统第四个五年委托管理(2017—2022)的开局之年。五年战略规划是海洋能系统工作计划的指南。海洋能系统执行委员会每年召开两次执委会会议。2017 年 4 月 10 日至 11 日,第 32 届执行委员会会议在摩纳哥公国召开。2017 年 11 月 14 日至 15 日,第 33 届执行委员会会议在印度金奈召开。执行委员会的秘书处设在葡萄牙的里斯本。海洋能系统定期发布年度报告、国家政策路线图、愿景规划等文件。2017 年,国际海洋能源系统发布了《国际海洋能源愿景》,该愿景提出到 2050 年,海洋能的总装机容量要达到 300 吉瓦。②

2017 年,海洋能系统成员国在海洋能技术发展方面取得了系列成果。与 2016 年相比,2017 年全球海洋能装机容量几乎翻了一番。

2017 年,潮流能装机容量增加到 17 兆瓦。主要增加的项目有英国的梅根、布鲁摩尔海峡第一期,法国的潘波—布雷阿,中国浙江舟山的 LHD 潮流能示范项目。2017 年波浪能装机容量也翻了一番达到 8 兆瓦。主要的装机容量来自瑞典的索特内斯(Sotensas),欧洲海洋能中心的韦洛企鹅原型(Wello's Penguin Prototype)。也有一些波浪能和潮流能项目进行了移除和重置。2017 年,大约有 522 兆瓦的潮汐能装机在欧洲、亚洲和北美投入运营。到目前为止,海洋温差能和盐差能电力装机在海洋能装机容量中占比仍然很小。这些装机容量主要来自欧洲和亚洲。③

二、中国海洋能源开发及国际合作现状

(一)中国海洋能源开发利用状况

1. 中国海洋油气勘探开发情况

中国是海陆兼备的世界大国。"我国管辖的海域面积约 300 万平方公里,其中近海大陆架约 130 万平方公里,蕴藏着丰富的油气资源。"④ 根据 2015 年全国油气资源评价,现阶段:我国石油地质资源量为 1257 亿吨,其中陆上占比 80.99%,资源量 1018 亿吨,近海占比 19.01%,资源量 239 亿吨;我国天然气地质资源量为 90.3 万亿立方米,其中陆上占比 76.86%,资源量 69.4 万亿立方米,近海占比 23.14%,资源量 20.9 万亿立方米。⑤ 当前,

---

① "The Ocean Energy Systems Technology Collaboration Programme (OES)," OES, https://www.ocean-energy-systems.org/about-us/.
② "The OES Annual Report 2017," OES, https://www.ocean-energy-systems.org/publications/annual-reports/document/oes-annual-report-2017/.
③ 同上。
④ 史丹、刘佳骏:《我国海洋能源开发现状与政策建议》,《中国能源》2013 年第 9 期,第 6-11 页。
⑤ 《2017 年中国海洋油气资源行业发展现状及预测分析》,中国产业信息网,2017 年 8 月 1 日,https://www.chyxx.com/industry/201708/546044.html。

与世界油气工业勘探开发格局相似，我国陆上油气勘探和生产进入平台期，而海上油气勘探开发处于早期阶段，前景广阔。我国海洋油气工业起步较晚，但发展较快。1982 年 1 月 30 日，国务院颁布《中华人民共和国对外合作开采海洋石油资源条例》，并决定成立中国海洋石油总公司（简称中海油），全面负责我国对外合作开采海洋石油资源业务。自 1982 年 2 月成立以来，经过 36 年的发展，中国海洋石油总公司已成为我国最大的海上油气生产商。在"走出去和引进来"相结合的战略思想指导下，中海油已经发展成为涵盖国内国际业务、产业链完整的国际大型能源企业。在国内，业务已覆盖我国四个海域，形成了渤海（天津）、南海西部（湛江）、南海东部（深圳）和东海（上海）四大海上油气生产基地。在国际上，业务遍及 40 多个国家和地区，建成了北非撒哈拉、南大西洋两岸、东非裂谷带、东南亚 4 个石油储量规模区和西非天然气储量规模区共 5 个海外储量规模区。[①] 进入 21 世纪，由于油田老化等原因，我国陆上油气产量出现了下滑，而海上油气产量则持续增长。据统计，在 2005 年至 2015 年的十年中，我国国内新增石油产量有 53% 来自海洋。2010 年，这一比例高达近 85%。[②] 因为这一年，中海油国内海上油气年产量突破 5000 万吨油当量大关，建成了"海上大庆"。2017 年，中海油生产原油 7551 万吨，生产天然气 259 亿立方米。其中，国内生产原油 4278 万吨、天然气 143 亿立方米，国内原油产量 4278 万吨占全国国内原油总产量 1.915 亿吨的 22.34%；海外生产原油 3273 万吨、天然气 116 亿立方米[③]。国内天然气产量 143 亿立方米占全国国内天然气总产量 1492 亿立方米的 9.58%。[④] 作为国资委直属的特大型国有企业，中国海洋石油总公司引领我国海洋油气工业从无到有，从合作经营到自主开发，从上游到下游，从浅水到深水，从国内走向世界，从单一油气到综合能源开发，创造了辉煌的历史，取得了举世瞩目的成就。[⑤] 2017 年 11 月，中国海洋石油总公司完成改制并更名为中国海洋石油集团有限公司（简称中国海油）。截至 2017 年底，公司总资产达 11260 亿元，在《石油情报周刊》杂志"世界最大 50 家石油公司"中排名第 31 位。在 2018 年《财富》杂志"世界 500 强企业"中排名第 87 位，较 2017 年的第 115 位上升了 28 位。截至 2017 年底，公司的穆迪评级为 A1，标普评级为 A +，展望均为稳定。[⑥] 2017 年 11 月 23 日，2017 深海能源大会在海南省海口市召开，会议主题是"加强科技创新开发深海能源"。同时，由中国工程院、中国海洋石油集团有限公司共同发起成立了中国海洋资源发展战略研究中心。[⑦]

2. 中国海洋可再生能源开发情况

"我国拥有 1.8 万公里的大陆海岸线和 1.4 万公里的岛屿海岸线，1 万多个大大小小的

---

① 中国海洋石油集团有限公司政策研究室：《中国海洋石油集团有限公司 2017 年度报告》，2018 年 4 月，第 4 - 9 页，http://www.cnooc.com.cn/attach/0/1805041408177036470.Pdf.
② 李志忠、赵宏伟、周昶等：《我国海洋油气开发与未来潜力分析》，《中国能源》2015 年第 4 期，第 41 - 44 页。
③ "BP Statistical Review of World Energy," BP, June 2018, pp. 12 - 34, https://www.bp.com/content/dam/bp/en/corporate/pdf/energy - economics/statistical - review/bp - stats - review - 2018 - full - report.pdf.
④ 中国海洋石油集团有限公司政策研究室：《中国海洋石油集团有限公司 2017 年度报告》，第 26 页。
⑤ 周守为、李清平、朱海山等：《海洋能源勘探开发技术现状与展望》，《中国工程科学》2016 年第 2 期，第 19 - 31 页。
⑥ 中国海洋石油集团有限公司政策研究室：《中国海洋石油集团有限公司 2017 年度报告》，第 26 页。
⑦ 《中国海洋资源发展战略研究中心成立》，新华网，2017 年 11 月 24 日，http://www.xinhuanet.com/energy/2017-11/24/c_1122003536.Htm.

海岛和岛礁。"① 海域辽阔使我国拥有丰富的海洋能储量。史丹、刘佳骏指出："我国海流能、温差能资源丰富，能量密度位于世界前列。其中海流能可开发的资源量约为1400万千瓦，温差能可开发的资源量超过13亿千瓦，是我国资源量最大的海洋能。我国潮汐能资源较为丰富，位于世界中等水平，可开发的资源量约为2200万千瓦。我国的波浪能资源具有开发价值，可开发的资源量约为1300万千瓦。此外，我国海上风能资源和海洋生物质能资源也都具有巨大的开发潜力。仅海上可开发的风电资源量就达7.5亿千瓦，是陆上风能资源的3倍。我国拥有大量富油藻类种群，可大力发展海洋生物质能。"② 我国《风电发展"十三五"规划》提出，到2020年海上风电装机容量达到500万千瓦。据彭博新能源财经预计，到2020年中国的海上风电累计装机容量可以达到800万千瓦，2020年至2030年每年新增容量将达到200万至300万千瓦。③ 自20世纪50年代以来，我国也开始了海洋能开发利用的科学研究。1975年和1980年先后建成海山和江厦潮汐能电站，成为我国海洋能研究利用的先驱。进入21世纪，我国加快了海洋可再生能源开发利用的步伐，加大了财政支持和资金投入力度。为了支持海洋可再生能源技术的发展，财政部和国家海洋局成立了"海洋可再生能源专项基金计划"。截至2017年9月，海洋可再生能源专项基金计划已经支持了111个海洋可再生能源项目，提供资金总计12.5亿元，为支持国家工业结构调整、培育战略性新兴产业、维护国家能源安全和探索能源结构调整等树立了重要的政府财政政策导向。2017年，海洋可再生能源专项基金计划向4个海洋可再生能源项目提供1.37亿元预算支持，包括1兆瓦波浪能示范项目、海岛潮汐能示范项目、由波浪能和海上装备形成的电力供应系统，以及由波浪能和深水网箱形成的电力供应系统。2016年12月，国家能源局将海洋可再生能源关键技术列入《能源技术创新"十三五"规划》。同月，国家能源局和国家海洋局发布了《海上风电发展措施》。为了激励市场主体发展海洋可再生能源的积极性，2017年2月，国家发展和改革委员会、财政部、国家能源局发布了《可再生能源绿色电力证书核发规则（试行）》。在各项政策的支持鼓励下，我国海洋可再生能源技术发展取得了一系列成绩。2017年，中科院广州能源研究所对100千瓦鹰式波浪能发电装置进行了升级，能更好地为偏远海岛提供电力。到2017年底，新升级的"万山号"鹰式波浪能发电装置累计发电已超过50兆瓦时。浙江舟山联合动能新能源开发有限公司研发的LHD模块化潮流能发电机组装机容量达1兆瓦，并于2016年8月完成海试和并网发电。2017年，浙江大学在其60千瓦、120千瓦潮流能涡轮机的基础上开始了600千瓦潮流能发电涡轮机的测试和海试。2017年，友联船厂蛇口有限公司和中科院广州能源研究所研发出了一套60千瓦的深水网箱波浪能电力工业系统，适用水深为15米到100米，2019年就可以进行海上实验。

2017年，国家海洋技术中心完成了一套200瓦的温差能电力系统的安装和海洋实验，最大操作深度达500米。中国海洋大学正在研发一套100瓦的海洋盐差能发电系统，2016年完成了该系统的设计和测试工作，总的效率已超过3%。这些项目都获得了海洋可再生能源专项基金计划的资金支持。此外，国家海洋技术中心在山东威海建立了国家小规模测试

---

① 刘伟民、麻常雷等：《海洋可再生能源开发利用与技术进展》，《海洋科学进展》2018年第1期，第1—18页。
② 史丹、刘佳骏：《我国海洋能源开发现状与政策建议》，《中国能源》2013年第9期，第6—11页。
③ 《我国海上风电起步晚发展快装机规模已达全球第三》，中国经济网，2018年6月21日，http://www.ce.cn/cysc/ny/gdxw/201806/21/t20180621_29482279.Shtml。

点，并于 2017 年在该测试点完成了检测中心和海洋观测系统的建设。

中国三峡集团公司在浙江舟山建立了波浪能测试和示范点，该测试点将建设 3 个测试泊位和 1 个示范泊位。中科院广州能源研究所建立了广东万山波浪能测试和示范点：2017 年 7 月，已经完成了测试和示范项目。在测试和示范的基础上，部分海洋能试验项目进入安装阶段。2018 年 3 月，国电联合动力技术有限公司基于浙江大学研发的涡轮机技术，在浙江舟山摘箬山"海洋科技示范岛"上安装一台 300 千瓦海流能涡轮机。杭州江河水电科技有限公司基于东北师范大学研发的两通道涡轮机技术也在摘箬山岛安装了一台 300 千瓦的海流能涡轮机。据国际可再生能源署统计，2017 年中国海洋能装机容量达 4 兆瓦，海上风电装机容量 2641 兆瓦。①

3. 中国海洋非常规能源开发情况

在海洋非常规能源领域，中国也取得了显著成绩。以中国海油为龙头的能源企业已经挺进深水和非常规油气领域。在天然气水合物领域，我国南海可燃冰试采成功，取得标志性成果。2017 年 5 月 18 日，中国国土资源部部长姜大明宣布"我国首次可燃冰试采宣告成功"，标志着我国实现天然气水合物勘探开发理论重大突破和天然气水合物全流程试采核心技术重大突破，成为世界上第一个实现海底可燃冰安全可控开采的国家。② 2017 年 11 月 3 日，国务院批准同意将天然气水合物列为新矿种，成为我国第 173 个矿种。③

（二）中国的洋能源政策及国际合作状况

中国地处亚洲大陆东部，太平洋西岸，具有陆海兼备的独特地理位置优势，孕育了陆海兼备的独具特色的中华文明。与世界上大多数海洋国家一样，中国有着悠久丰富的海洋文明。在新时代中国特色社会主义思想的指导下，我国的海洋事业将迎来前所未有的大发展。十八大报告将我国海洋事业发展的战略目标由"海洋大国"提升到"海洋强国"，体现了一种质的飞跃。党的十九大报告再次明确："坚持陆海统筹，加快建设海洋强国。"④ 战略方针确定后，我国在海洋能源开发领域加大了政策支持和资金投入，在短短几年内取得了显著成就。

首先，明确了建设海洋强国的战略思想。以习近平同志为核心的党中央提出了建设海洋强国的战略思想，为在新时代发展海洋事业、建设海洋强国指明了方向。建设海洋强国战略思想的具体内容为以习近平新时代中国特色社会主义思想为指导，坚持陆海并重、开发与保护并重，以"五位一体"总体布局和"四个全面"战略布局的总要求统筹推进海洋经济发展，着力发展海洋科学技术，以科技创新引领质量效益发展和开发方式转变，保护海洋生态环境，维护国家主权、安全、发展利益，提升综合国力和海洋强国地位，服务全面建成小康

---

① "Renewable Energy Statistics 2018," International Renewable Energy Agency, July 2018, pp. 2 – 53, http://www.irena.org//media/Files/IRENA/Agency/Publication/2018/Jul/IRENA_ Renewable_ Energy_ Statistics_ 2018.pdf.
② 李刚：《历史性突破！南海可燃冰试采成功》，人民网，2017 年 5 月 18 日，http://scitech.people.com.cn/n1/2017/0518/c1007 – 29285098.html.
③ 《国务院批准天然气水合物成为我国第 173 个矿种》，中国自然资源部网站，2017 年 11 月 17 日，http://www.mlr.gov.cn/xwdt/jrxw/201711/t20171117_ 1674082.html.
④ 《习近平：决胜全面建成小康社会夺取新时代中国特色社会主义伟大胜利——在中国共产党第十九次全国代表大会上的报告》，新华网，2017 年 10 月 27 日，http://www.xinhuanet.com/pol – itics/2017 – 10/27/c_ 1121867529.html.

社会、实现中华民族的伟大复兴的大局。在发展方针上坚持走依海富国、以海强国、人海和谐、合作共赢的发展道路,通过和平、发展、合作、共赢方式,实现建设海洋强国的目标。①

其次,制定了建设海洋强国的系列战略规划和政策法规。2017年5月4日,国家发展改革委、国家海洋局印发了《全国海洋经济发展"十三五"规划》,成为我国十三五期间海洋经济发展的行动指南。具体到海洋能源开发领域,2016年12月30日,国家海洋局印发了我国第一个海洋能源发展专项规划——《海洋可再生能源发展"十三五"规划》。规划明确提出:"到2020年,全国海洋能总装机规模超过50000千瓦……海洋能开发利用水平步入国际先进行列。"②

再次,积极参加已有国际合作组织,维护自身利益并发挥中国作用,贡献中国智慧。中国一直是联合国宪章的坚定遵守者,一直是联合国进步事业的坚定支持者和践行者。早在2000年9月联合国千年发展目标高级别会议上,中国政府就明确表态支持并积极落实联合国千年发展目标。2015年7月24日,中国政府与联合国驻华系统共同发布了《中国实施千年发展目标报告(2000—2015年)》,总结了15年来中国在落实千年发展目标上所取得的卓越成就和所做出的巨大贡献。2015年9月25日,在联合国可持续发展峰会上,国家主席习近平再次明确表示积极支持《2030年可持续发展议程》。2011年4月,我国正式加入国际能源署框架下的海洋能系统技术合作计划,国家海洋技术中心作为中国政府指派的缔约方,派出代表参加海洋能系统执行委员会,参加一年两次的执行委员会会议,具有投票权和相应的决策管理权。随着中国在可再生能源领域异军突起,成立国家可再生能源中心和加入国际可再生能源署也成为必然。2011年12月,在"中国—丹麦可再生能源发展项目"的经验基础上,国家能源局依托国家发展改革委能源研究所设立了国家可再生能源中心,协助能源主管部门开展政策研究和行业组织管理工作。2014年1月2日,中国正式加入国际可再生能源署。

最后,明确提出深入参与全球海洋治理,共建"海上丝绸之路""冰上丝绸之路",积极构建蓝色伙伴关系,推动海洋命运共同体建设。首先,积极推动共建"海上能源丝绸之路"和"冰上丝绸之路"。能源是经济社会发展的重要物质基础,也是海洋经济发展的重要组成部分。自2013年国家主席习近平提出"一带一路"倡议以来,建设"海上能源丝绸之路"就成为"海上丝绸之路"的题中应有之义和重要组成部分。郑崇伟指出:"海洋新能源开发无疑将为'海上丝路'关键节点建设作出积极贡献。"③ 为深入推进"一带一路"建设,促进沿线各国在能源领域务实合作,2017年5月国家发展和改革委员会与国家能源局共同制定并发布了《推动丝绸之路经济带和21世纪海上丝绸之路能源合作愿景与行动》。④ 能源合作愿景与行动提出了合作原则、合作重点、中国积极行动等促进国际能源合作的行动

---

① 《王宏局长在全国海洋工作会议上的讲话(摘登)》,国家海洋局网站,2018年1月22日,http://www.soa.gov.cn/xw/ztbd/ztbd_2018/2018hygzhy/xwzx/201801/t20180122_60052.html.
② 《国家海洋局关于印发〈海洋可再生能源发展"十三五"规划〉的通知》(国海发〔2016〕26号),国家海洋局网站,2017年1月12日,http://www.soa.gov.cn/zwgk/zcgh/kxcg/201701/t20170112_54473.html.
③ 郑崇伟:《21世纪海上丝绸之路:关键节点的能源困境及应对》,《太平洋学报》2018年第7期,第77页.
④ 《推动丝绸之路经济带和21世纪海上丝绸之路能源合作愿景与行动》,国家能源局网站,2017年5月12日,http://www.nea.gov.cn/2017-05/12/c_136277473.html.

指南。为深化与沿线国家的海上合作，2017年6月19日，国家发展改革委和国家海洋局编制并印发了《"一带一路"建设海上合作设想》。设想勾勒出了21世纪海上丝绸之路宏伟蓝图的框架与路线图，并且对构建蓝色伙伴关系进行了阐述。① 随着2017年12月8日中俄能源合作重大项目——亚马尔液化天然气项目正式投产，中国开启了"冰上丝绸之路"建设的大门。2018年1月26日，国务院新闻办公室发表了《中国的北极政策》白皮书。白皮书正式提出与各方共建"冰上丝绸之路"。② 其次，在构建新型国际关系、推动建设人类命运共同体框架下，中国政府提出在海洋领域积极构建蓝色伙伴关系。2017年6月5日，国家海洋局副局长林山青在首届联合国海洋大会边会上首次提出"构建蓝色伙伴关系，促进全球海洋治理"。③ 2017年11月3日，在2017厦门国际海洋周开幕式上，国家海洋局局长王宏再次倡导积极与世界各国和国际组织在海洋领域构建开放包容、具体务实、互利共赢的蓝色伙伴关系。④ 当天，中国与葡萄牙正式签署了建立"蓝色伙伴关系"的概念文件及海洋合作联合行动计划框架，葡萄牙成为欧盟国家中第一个与中国正式建立蓝色伙伴关系的国家。⑤ 中葡蓝色伙伴关系内容涵盖蓝色经济、深海研究、海洋生物科技、海洋可再生能源、海洋可持续发展等诸多海洋领域。2018年7月16日，中国和欧盟签署了蓝色伙伴关系宣言。中欧"蓝色伙伴关系"将推动双方携手完善全球海洋治理体系、发展可持续性蓝色经济和促进可持续渔业治理，共同应对气候变化、海洋生态环境保护、海洋资源养护和可持续利用所面临的挑战，一道努力实现《2030年可持续发展议程》目标。⑥

三、全球海洋治理视阈下中国海洋能源国际合作建议

在新时代，开展海洋能源国际合作，推动全球海洋治理，需要坚持推动能源消费革命、能源供给革命、能源技术革命、能源体制革命和全方位加强国际合作的"四个革命、一个合作"的能源发展改革战略思想，构建清洁低碳、安全高效的现代能源体系，坚持立足国内、开放发展的基本原则，统筹国内国际两个大局，充分利用两个市场、两种资源，确保国家能源安全，推动全球能源治理。立足国内，就是要推动"四个革命"，尤其是要推动能源技术革命，聚焦重大技术研发、重大装备制造与重大示范工程建设，集中攻关重点领域和核心技术，推动我国从能源生产消费大国向科技装备先进的能源强国迈进。开放发展，就是要深度融入全球能源合作体系当中，积极参与全球能源治理，推动"一带一路"建设，推进能源基础设施互联互通，积极构建能源伙伴关系、全球能源互联网、能源命运共同体。

---

① 《"一带一路"建设海上合作设想》，中国国家发展和改革委员会网站，2017年11月16日，http://www.ndrc.gov.cn/zcfb/zcf-btz/201711/W020171116582151403282.pdf.

② 《中国的北极政策》，新华网，2018年1月26日，http://www.xinhuanet.com/politics/2018-01/26/c_1122320088.html.

③ 《国家海洋局倡议的边会在联合国海洋大会首日召开——构建蓝色伙伴关系促进全球海洋治理》，国家海洋局网站，2017年7月5日，http://www.soa.gov.cn/xw/ztbd/ztbd_2017/lh-gkcxfzhy/201707/t20170705_56826.html.

④ 《中国政府倡导在各国之间构建蓝色伙伴关系》，中国新闻网，2017年11月3日，http://www.chinanews.com/cj/2017/11-03/8368061.S.html.

⑤ 《中国与葡萄牙正式建立蓝色伙伴关系》，中国日报网，2017年11月3日，http://cn.chinadaily.com.cn/2017-11/03/content_34076042.html.

⑥ 《中欧签署〈宣言〉建立蓝色伙伴关系》，中国海洋在线，2018年7月20日，http://www.oceanol.com/content/201807/20/c79284.html.

（一）深度融入多边能源合作框架，推动全球海洋能源治理

推动全球海洋能源合作与治理，首先必须依靠联合国多边合作框架。二战后至今，虽然联合国机制本身还存在一些不完善的地方，但毫无疑问，联合国在全球多边事务中发挥的作用无可替代。以联合国宪章的宗旨和原则为基础建立的国际多边合作机制，就是这一"有序安排"的最终体现，在国际秩序尚未发生质变之前，联合国仍将在全球海洋能源治理中发挥最重要的作用。因此，推动全球海洋能源治理，必须依靠联合国这个全球最大的多边合作机制。当前，在海洋治理、海洋能源开发利用领域，在联合国框架下，如前所述，已有的多边合作机制包括联合国可持续发展议程、国际可再生能源署。《中国实施千年发展目标报告（2000—2015年）》表明，在过去15年中，中国政府坚持不懈地落实联合国千年发展目标，取得了前所未有的卓越成就。① 在落实联合国可持续发展议程的新征程上，国家主席习近平明确表示："落实可持续发展议程是当前国际发展合作的共同任务，也是国际社会的共同责任。……中国将坚持不懈落实可持续发展议程，推动国家发展不断朝着更高质量、更有效率、更加公平、更可持续的方向前进。"② 中国政府高度重视落实联合国可持续发展议程，2016年9月19日，李克强总理在纽约联合国总部主持召开"可持续发展目标：共同努力改造我们的世界——中国主张"座谈会，并宣布发布《中国落实2030年可持续发展议程国别方案》。③ 该国别方案将成为指导中国开展落实工作的行动指南。联合国可持续发展"目标7"提出的"确保人人获得负担得起的、可靠和可持续的现代能源"以及"目标14"提出的"保护和可持续利用海洋和海洋资源以促进可持续发展"与海洋能源可持续发展及海洋治理密切相关，中国在落实好国内的可持续发展议程的同时，要加强落实可持续发展议程的国际合作，尤其是海洋能源可持续发展领域的合作，积极推动海洋能源可持续发展及全球海洋治理。

其次，要高度重视海洋能源国际合作，在多边双边国际合作平台积极推动海洋能源发展议程，提高海洋能源国际合作水平。在国际能源合作领域，除联合国外，还有二十国集团能源部长会议、亚太经合组织能源部长会议、能源宪章、国际能源署、国际可再生能源署等国际合作平台。中国已经积极参加了这些国际合作平台，但需要进一步推动将海洋能源合作列入会议议程，参与海洋能源重大事务的决策以及规则制定等。在海洋合作领域也一样，如亚太经合组织海洋部长级会议、中国—小岛屿国家海洋部长圆桌会议、中国与南欧国家海洋合作论坛、中国—东南亚国家海洋合作论坛等，中国需要主动推动将海洋能源合作列为合作内容，提升海洋能源合作水平。此外，在这些国际合作平台下成立专门的海洋能源合作工作小组，通过建立分论坛、分会场等方式将海洋能源纳入这些合作机制当中。

---

① 《联合国赞赏中国实施千年发展目标的进展及其最终报告》，中国新闻网，2015年7月24日，http://www.chinanews.com/gn/2015/07-24/7426103.shtml。

② 《习近平：中国将坚持不懈落实可持续发展议程》，新华网，2017年8月22日，http://www.xinhuanet.com/mrdx/2017-08/22/c_136544831.htm。

③ 《中方发布〈中国落实2030年可持续发展议程国别方案〉》，中国外交部网站，2016年10月12日，https://www.fmprc.gov.cn/web/zyxw/t1405173.shtml。

（二）建设好"一带一路"合作平台，积极打造海上能源丝绸之路、冰上能源丝绸之路

进入 21 世纪，保障能源安全、保护生态环境、应对气候变化已经成为世界各国的普遍共识和一致行动。沿海国家和地区尤其重视海洋能源开发利用、海洋生态环境保护和应对海平面上升带来的影响。建设 21 世纪海上丝绸之路已经获得沿线国家的普遍认同，携手共进、合作共赢已经成为共识。当前，21 世纪海上丝绸之路建设已经取得成效。中国与柬埔寨签署了海洋领域合作谅解备忘录；与印尼、泰国等国签署了双边海洋领域合作文件，建立了东亚海洋合作平台、中国—东盟海洋合作中心、中国—东盟海洋科技合作论坛等双边、多边合作平台；与葡萄牙、乌拉圭等国签署了多项合作协议或举行了双边海洋合作联委会。开发利用北极航道和北极资源的"冰上丝绸之路"也提上议程，并且取得了中俄亚马尔液化天然气项目的早期成果。中国应积极利用这些海洋合作平台，将海上能源合作纳入其中，积极构建海上能源丝绸之路。《推动丝绸之路经济带和 21 世纪海上丝绸之路能源合作愿景与行动》提出，将在政策沟通、贸易畅通、能源投资合作、能源产能合作、能源基础设施互联互通、推动人人享有可持续能源、完善全球能源治理结构七个领域加强合作，积极实施中国—东盟清洁能源能力建设计划，推动中国—阿盟清洁能源中心和中国—中东欧能源项目对话与合作中心建设，共建"一带一路"能源合作"俱乐部"，依托多双边能源合作机制，促进"一带一路"能源合作向更深更广发展。① 推动与沿线国家的能源合作是建设海上丝绸之路的重要内容，甚至是核心内容。因此，推动建设海上能源丝绸之路、冰上能源丝绸之路是"一带一路"建设的重中之重。今后，推动海上能源丝绸之路、冰上能源丝绸之路建设，需要加快与沿线国家的战略对接（如中国的"一带一路"与印尼的"全球海上支点"战略对接），尽快搭建合作平台，加强能源规划、能源政策方面的交流合作；需要加快推进能源基础设施互联互通，加快能源产能合作，确保海上油气稳定供应及海上油气运输通道安全畅通；需要加快落实"一带一路"国际合作高峰论坛成果，尽快出台《"一带一路"建设海上合作规划》，加快建设"一带一路"能源合作"俱乐部"，加强能源技术、投资、政策等方面的合作，推进沿线电力电网合作，推动海上能源丝绸之路服务于全球能源互联网建设和全球海洋能源治理。

（三）抓住构建蓝色伙伴关系契机，积极构建蓝色能源伙伴关系

构建新型国际关系，推动建设人类命运共同体，需要国际社会切实摒弃单边主义与零和博弈思维，跳出简单的国家主权及国家利益至上的狭隘主义，从人类命运共同体的高度，在维护自身发展利益的基础上，担负起维护全球及全人类利益的责任，积极开展交流合作，互利共赢。2017 年 6 月，在联合国海洋大会上，为了加强全球海洋治理，中国政府提出了构建蓝色伙伴关系的倡议。中国与葡萄牙、欧盟已经签署了建立蓝色伙伴关系的协议，正式建立了蓝色伙伴关系。蓝色伙伴关系的合作内容包括海洋资源开发利用、应对海洋污染、保护海洋生态环境、海洋渔业发展、应对气候变化等内容。其中，开发海洋资源、保护海洋生态环境、应对气候变化等都与开发利用海洋能源资源息息相关。因此，在蓝色伙伴关系的框架

---

① 《推动丝绸之路经济带和 21 世纪海上丝绸之路能源合作愿景与行动》，国家能源局网站，2017 年 5 月 12 日，http://www.nea.gov.cn/2017-05/12/c_136277473.htm.

下，应该着重发展海洋能源国际合作，建立蓝色能源伙伴关系。在当前的海洋能源发展形势下，加强海洋能源技术合作是关键。在多边领域，以海洋能系统为依托，加快推进海洋能技术合作，尽快降低海洋能开发利用成本，提高海洋能利用效率，尽早实现海洋能开发的规模化和商业化。按照《海洋可再生能源发展"十三五"规划》提出的要求："积极参与国际海洋能事务，开展国际海洋能技术路线图、开放水域测试、规模化应用、发电成本、环境影响、政策许可及国际标准等热点问题研究，借鉴国际海洋能发展经验，不断提升我国海洋能发展水平。鼓励联合开展资源调查评估，开放和共享海洋能公共服务平台，启动人才联合培训计划等。"[①] 在双边领域，以建立蓝色伙伴关系为主导，加强能源技术、装备与工程服务领域的合作，深化合作水平，开展重点技术的联合研发，重大装备的联合制造等，以双边能源合作为基础，引领和推动区域、国际层面的多边能源合作。

（四）坚持创新驱动发展战略，积极打造海洋能源技术强国

打铁还需自身硬。国际合作的基础与重心始终在国内。引领和推动国际海洋能源合作，中国必须掌握海洋能源领域的关键技术和核心技术，否则合作将会受制于人，成为国际合作的配角，而不是主角，更无法主导国际合作的话语权、决策权和规则制定权。在主动参与对外合作，深度融入国际合作机制，充分共享全球海洋能源领域的创新资源和市场的同时，中国还需要立足自身的能源技术和产业优势，坚持"引进来"和"走出去"的技术创新发展战略，"深入实施创新驱动发展战略，加快推进能源重大技术研发、重大装备制造与重大示范工程建设，超前部署重点领域核心技术集中攻关，加快推进能源技术革命，实现我国从能源生产消费大国向能源科技装备强国转变。"[②] 在海洋油气领域，加快海洋油气勘探开发，向1500米以下深海常规油气，渤海湾等地区超低渗油、稠油、致密油等低品位资源，以及页岩油、页岩气等非常规资源进军；加快重大装备研发，包括国产水下生产系统、万吨级半潜式起重铺管船、海上大型浮式生产储油系统、非常规油气勘探开发技术装备、重大海上溢油应急处置技术装备等。在海洋可再生能源领域，坚持陆海齐进，积极开发海上风电和太阳能发电，积极开展海上风能和太阳能资源勘测评价，完善沿海各省（区、市）发展规划，加快在建和规划项目的建设，确保到2020年建成500万千瓦海上风电。[③] 因地制宜开展海洋能开发利用，初步建成山东、浙江、广东、海南等四大重点区域的海洋能示范基地，提高海洋能装备制造水平，重点开发300千瓦—1000千瓦模块化、系列化潮流能装备，50千瓦—100千瓦模块化、系列化波浪能装备，开展万千瓦级低水头大容量潮汐能发电机组设计及制造，形成具备国际市场竞争能力的潮汐能装备，力争潮汐能总装机规模突破3万千瓦，积极推进潮流能、波浪能示范工程建设，开展海岛可再生能源资源评估，发展技术装备，积极利用海岛可再生能源，依托高校、科研院所和企业，依靠战略性新兴产业政策，创建海洋能国家重点实验室和工程实验室，推进"政产学研用创"紧密结合，构筑海洋能科技创新服务

---

① 《国家海洋局关于印发"海洋可再生能源发展'十三五'规划"的通知》（国海发〔2016〕26号），国家海洋局网站，2017年1月12日，http：//www.soa.gov.cn/zwgk/zcgh/kxcg/201701/t20170112_54473.html.
② 《能源发展"十三五"规划》，中国国家发展和改革委员会网站，2016年12月，http：//www.ndrc.gov.cn/zcfb/zcfbtz/201701/w020170117335278192779.pdf.
③ 《可再生能源发展"十三五"规划》，中国国家发展和改革委员会网站，2016年12月，http：//www.ndrc.gov.cn/zcfb/zcfbtz/201612/w020161216659579206185.pdf.

平台，构建技术创新体系。

结　语

在全球化时代，全球海洋治理已经成为国际社会共同的责任和一致行动的共识。但是，全球海洋治理的国际规范及制度框架尚未真正建立。海洋不仅是生命的摇篮，也是巨大的资源宝库。开发利用海洋能源资源，有利于保障全球能源安全、保护海洋生态环境、应对全球气候变化。中国作为世界第二大经济体，世界上最大的发展中国家，最大的能源生产国和消费国，有责任也有能力推动和引领全球海洋能源合作，实现人海和谐。在全球海洋治理的框架下，中国制定了明确的海洋强国战略目标，通过国际、区域多边合作，"一带一路"倡议，蓝色伙伴关系三根支柱构建全球海洋能源合作平台，推动海洋能源领域更大范围、更高水平和更深层次的开放交融，为全球海洋治理作出应有贡献。